Manfred Woidich

Das Kairenisch-Arabische

PORTA LINGUARUM ORIENTALIUM

Neue Serie

Herausgegeben von Werner Diem und Lutz Edzard

Band 22

2006

Harrassowitz Verlag · Wiesbaden

Manfred Woidich

DAS KAIRENISCH-ARABISCHE

Eine Grammatik

2006
Harrassowitz Verlag · Wiesbaden

Die Abbildung auf dem Umschlag zeigt die Zitadelle und Muhammad Ali-Moschee in Kairo im Januar 2005.

Bibliografische Information Der Deutschen Bibliothek:
Die Deutsche Bibliothek verzeichnet diese Publikation in der Deutschen Nationalbibliografie; detaillierte bibliografische Daten sind im Internet über http://dnb.ddb.de abrufbar.

Bibliographic information published by Die Deutsche Bibliothek:
Die Deutsche Bibliothek lists this publication in the Deutsche Nationalbibliografie; detailed bibliographic data is available in the internet at http://dnb.ddb.de.

Informationen zum Verlagsprogramm finden Sie unter
http://www.harrassowitz.de/verlag

Gedruckt auf alterungsbeständigem Papier.
Druck und Verarbeitung: Hubert & Co., Göttingen
Printed in Germany

ISSN 0554-7342
ISBN 3-447-05315-1 ab 1.1.2007: 978-3-447-05315-0

Inhalt

Abkürzungen		XXV
Quellenangaben		XXV
Zur Umschrift		XXVI
Vorwort		XXIX
Einleitung		1
1.0	**Phonologie**	7
1.1	Segmente	7
1.1.1	Vokale	7
1.1.1.1	Inventar	7
1.1.1.2	Realisierung	7
1.1.1.2.1	Kurze Vokale	7
1.1.1.2.2	Lange Vokale	8
1.1.1.3	Oppositionen	9
1.1.1.4	Distribution der Vokale	10
1.1.2	Konsonanten	11
1.1.2.1	Inventar	11
1.1.2.2	Realisierung	12
1.1.3	Varianten	14
1.1.4	Alliterationen	15
1.2	Phonotaktik	15
1.2.1	Pausalerscheinungen	15
1.2.1.1	Entsonorisierung	15
1.2.1.2	Geminatenreduktion	16
1.2.1.3	Pausal-Imāla	16
1.2.1.4	Kurze Vokale in Pausa	16
1.2.1.5	/h/ nach langen Vokalen in Pausa (-v̄h#)	16
1.2.2	Distribution der segmentalen Phoneme	16
1.2.3	Phonembündel	17
1.2.3.1	Konsonantenbündel	17
1.2.3.1.1	Stimmhaftigkeit in Konsonantenbündeln	17
1.2.3.1.1.1	Regressive Sonorisierung	17
1.2.3.1.1.2	Regressive Entsonorisierung	18
1.2.3.1.2	Zischlaute	19
1.2.3.1.3	Nasale	19
1.2.3.1.4	Liquiden	19
1.2.3.2	Vokale: Assimilation von Vokalen an Vokale	19

1.2.3.3	Assimilation von Konsonanten an Vokale	19
1.2.3.4	Assimilation von Vokalen an Konsonanten	20
1.2.4	Dissimilation	20
1.2.5	Metathesis	20
1.2.6	Elision von Konsonanten	20
1.2.7	Silbenstruktur	20
1.2.7.1	Inventar	20
1.2.7.2	Verteilung im Wort	21
1.2.7.3	Einteilung in Silben	21
1.2.7.4	Sandhi	21
1.2.7.5	Lehnwörter	21
1.2.7.6	Silbenstruktur und Vokalqualität	22
1.2.7.7	Silbenellipsen	22
1.2.7.7.1	Bei Liquiden und Nasalen	22
1.2.7.7.2	Ellipsen und Kürzungen	23
1.2.7.7.3	Ellipse von *ma-*	23
1.2.8	Emphase	23
1.2.8.1	Artikulation	23
1.2.8.2	Bereich der Emphase	23
1.2.8.2.1	Primäre Emphase	24
1.2.8.2.2	Sekundäre Emphase	24
1.2.8.2.2.1	Auftreten	24
1.2.8.2.2.2	Oppositionen	24
1.2.8.2.2.3	Deemphatisierung	25
1.2.8.2.2.4	Ausbreitung der Emphase	25
1.2.8.2.3	Rolle der Emphase	27
1.3	Akzent, Morphophonologie und Elision von Hamza	27
1.3.1	Akzent	27
1.3.1.1	Wortakzent	27
1.3.1.1.1	Morphologische Konditionierung	28
1.3.1.1.2	Phonologische Konditionierung	28
1.3.1.2	Größere akzentuierbare Einheiten, Enklise	29
1.3.1.2.1	Syntaktische Einheiten	29
1.3.1.2.2	Enklise	29
1.3.2	Morphophonologie	29
1.3.2.1	Elisionen	30
1.3.2.1.1	Elision von *-i-* und *-u-*	30
1.3.2.1.2	Elision von *-a-*	30
1.3.2.1.3	Elision langer Vokale	30
1.3.2.2	Kürzung langer Vokale	31
1.3.2.3	Epenthese von *-i-* (Aufsprengung)	32
1.3.2.4	Femininendungen	32

1.3.2.5	Längung auslautender Vokale	34
1.3.2.6	3.sg.f. Perfekt	35
1.3.2.7	*-a-* aus *-ē-*	35
1.3.3	Elision von Hamza	35
1.3.3.1	Nach auslautendem Konsonant	36
1.3.3.2	Nach Vokal	37
2.0	**Morphologie**	39
2.1	Personalpronomen	39
2.1.1	Das selbständige Personalpronomen	39
2.1.2	Die Pronominalsuffixe	40
2.1.2.1	Form der Suffixe	40
2.1.2.1.1	Possessiv- und direkte Objektsuffixe	40
2.1.2.1.2	Indirekte Objektsuffixe	41
2.1.2.2	Allomorphe	42
2.1.2.3	Antritt der Suffixe	43
2.2	Demonstrativa, Quantoren und andere Pronomina	44
2.2.1	Demonstrativa	44
2.2.1.1	Nahdeixis „dieser“	44
2.2.1.1.1	Formen	44
2.2.1.1.2	Gebrauch	44
2.2.1.2	Ferndeixis „jener, der erwähnte“	46
2.2.1.3	*kida* als anaphorisches Pronomen	46
2.2.2	Demonstrativadverbien	47
2.2.2.1	Formen	47
2.2.2.2	Gebrauch	47
2.2.2.2.1	Ortsadverbien	47
2.2.2.2.2	Zeitadverbien	48
2.2.2.2.3	*kida* als Adverb	48
2.2.3	Demonstrativpartikeln (Präsentativa)	48
2.2.3.1	*ahú, ahí, ahúm* „da ist ...!“	48
2.2.3.2	*ādi* „da ist ...! da hast du ...!“	49
2.2.3.3	Satzeinleitende Partikeln: *atāri, atābi, agrann*	49
2.2.4	Fragepronomen	49
2.2.4.1	*mīn* „wer?“	49
2.2.4.2	*ʾē(h)* „was?“ (*ēš*)	50
2.2.4.3	*anhu, āni* und *ʾayy* „welcher“	51
2.2.5	Relativpronomen	51
2.2.6	Reflexivpronomen	52
2.2.7	Reziprokpronomen	52
2.2.8	Indefinitpronomen *wāḥid, ilwāḥid, ḥadd, ma-ḥaddiš, ḥāga*	52
2.2.8.1	*ḥadd* „jemand, niemand“, *ma-ḥaddiš* „niemand“	52

2.2.8.2 *wāḥid* „jemand, einer" ... 53
2.2.8.3 *ilwāḥid* „man, einer, jemand" ... 54
2.2.8.4 *ḥāga* „etwas, nichts" ... 54
2.2.8.5 *wala ḥāga* „nichts" ... 55
2.2.9 Distributivpronomina ... 55
2.2.10 Quantoren ... 55
2.2.10.1 *kull* ... 55
2.2.10.2 *kām, kaza* und *baʿḍ* ... 56
2.2.11 Frageadverbien ... 56
2.2.11.1 *fēn* „wo?" ... 56
2.2.11.2 *minēn* „woher?" ... 56
2.2.11.3 *ʿala fēn, fēn* „wohin?" ... 57
2.2.11.4 *imta* „wann?" ... 57
2.2.11.5 *izzāy* ~ *izzayy* „wie?" ... 57
2.2.11.6 *kām* „wie viele?" ... 57
2.2.11.7 *ʾaddi ʾē(h)* ~ *ʾadd ē(h)* „wieviel?" ... 58
2.2.11.8 *bikām* „wie teuer?" ... 58
2.2.11.9 *lē, ʿašān ē* „warum?" ... 58
2.2.11.10 *išmiʿna, māl+* „wieso?" ... 59
2.2.11.11 *ʿašān ē, ʿalašān ē* „wozu?" ... 59
2.2.12 Genitivexponent *bitāʿ* ... 59
2.3 Verbum ... 60
2.3.1 Allgemeines ... 60
2.3.1.1 Struktur der Verbalformen ... 60
2.3.1.2 Präfixe des Imperfekts ... 61
2.3.2 Der Grundstamm ... 61
2.3.2.1 Perfekt (Flexionsbasis) ... 61
2.3.2.1.1 a-Perfekt und i-Perfekt ... 61
2.3.2.1.2 Oppositionen zwischen a-Perfekt und i-Perfekt ... 62
2.3.2.2 Perfekt ⇔ Imperfekt ... 62
2.3.2.3 Vierradikalige Wurzeln ... 64
2.3.3 Stammbildung ... 66
2.3.3.1 Allgemeines ... 66
2.3.3.2 Bildung der Verbalstämme ... 67
2.3.3.2.1 II. Stamm: KaKKiK ~ KaKKaK ... 67
2.3.3.2.2 III. Stamm: KāKiK ... 68
2.3.3.2.3 t-Stämme ... 69
2.3.3.2.4 ista-Stamm (Stamm X): istaKKiK ~ istaKaKK ... 70
2.3.3.2.5 IX. Stamm: iKKaKK ... 71
2.3.3.3 Bedeutung der Verbalstämme ... 72
2.3.3.3.1 II. Stamm ... 72
2.3.3.3.2 III. Stamm ... 73

2.3.3.3.3 t-Stämme ... 73
2.3.3.3.4 ista-Stamm ... 74
2.3.3.3.5 IX. Stamm ... 74
2.3.4 Flexion des Verbs ... 74
2.3.4.1 Flexion des Perfekts ... 75
2.3.4.2 Flexion des Imperfekts ... 75
2.3.4.3 Flexion des Imperativs ... 76
2.3.5 Die schwachen Verben ... 77
2.3.5.1 Verba mediae infirmae ... 77
2.3.5.2 Verba tertiae infirmae ... 78
2.3.5.3 Verba mediae geminatae ... 80
2.3.6 Unregelmäßige Verben ... 80
2.3.6.1 Zweiradikalige Verben: *xad, yāxud* und *kal, yākul* ... 81
2.3.6.2 Verba primae /w/: *wiʾif, yuʾaf* und *wiʾiʿ, yuʾaʿ* ... 81
2.3.6.3 *gih, yīgi* „kommen“ ... 82
2.3.6.4 *idda, yiddi* „geben“, *iddan, yiddin* „zum Gebet rufen“ ... 82
2.3.7 Das Partizip ... 83
2.3.7.1 Das aktive Partizip ... 83
2.3.7.2 Das passive Partizip ... 85
2.3.8 Das Verbalnomen (Infinitiv, *maṣdar*) ... 86
2.3.8.1 Grundstamm ... 86
2.3.8.2 Verbalstämme ... 87
2.3.8.3 Vierradikalige Verben ... 89
2.3.9 Nomen vicis ... 89
2.4 Nomen ... 90
2.4.1 Allgemeines ... 90
2.4.2 Nominalschemata ... 90
2.4.2.1 Dreiradikalige Wurzeln ... 90
2.4.2.1.1 Einsilbig ... 90
2.4.2.1.2 Zweisilbig ... 91
2.4.2.1.3 Dreisilbig ... 97
2.4.2.1.4 Mit Postformativ *-ān* ... 100
2.4.2.1.5 Mit Präformativen ... 101
2.4.2.2 Vierradikalig ... 102
2.4.2.2.1 Zweisilbig ... 102
2.4.2.2.2 Dreisilbig ... 104
2.4.2.2.3 Viersilbig ... 105
2.4.2.3 Fünfradikalig ... 105
2.4.3 Derivationssuffixe ... 105
2.4.4 Univerbierungen ... 109
2.4.5 Lehnwörter ... 110
2.4.6 Interjektionen ... 110

2.4.7 Kindersprache ... 111
2.4.8 Genus der Substantive ... 111
2.4.9 Flexion der Substantive ... 112
2.4.9.1 Der Ausdruck des Einzahl ... 112
2.4.9.1.1 Allgemeines ... 112
2.4.9.1.2 Nomen unitatis ... 113
2.4.9.2 Der Ausdruck der Zweizahl ... 113
2.4.9.2.1 Dualsuffix *-ēn* ... 113
2.4.9.2.2 *itnēn* + Pl. ... 114
2.4.9.2.3 *itnēn* + Sg. ... 115
2.4.9.3 Der Ausdruck der Mehrzahl ... 115
2.4.9.3.1 Externe Pluralbildung mit *-īn, -āt* und *-a* ... 115
2.4.9.3.2 Interne Pluralbildung (gebrochener Plural) ... 116
2.4.9.3.2.1 Allgemeines ... 116
2.4.9.3.2.2 Einsilbige Pluralformen ... 117
2.4.9.3.2.3 Zweisilbige Pluralformen ... 117
2.4.9.3.2.4 Dreisilbige Pluralformen ... 119
2.4.9.4 Der status constructus ... 120
2.4.9.4.1 Femininendung *-a* > *-it* ... 120
2.4.9.4.2 *-iyya* ... 121
2.4.9.4.3 Plurale der Form KuKaKa ... 121
2.4.9.4.4 **-ā* ~ **-āʾ* > *-a* ... 121
2.4.9.4.5 Besonderheiten von mask. Substantiven ... 121
2.4.9.4.6 Dual ... 122
2.4.9.4.7 Pseudodual ... 122
2.4.9.5 Der Artikel ... 123
2.4.9.5.1 Determination ... 123
2.4.9.5.2 Indetermination ... 123
2.4.9.5.3 Eigennamen ... 124
2.4.9.6 Flexion der Adjektive ... 124
2.4.9.6.1 Bildung des Femininums ... 124
2.4.9.6.2 Pluralbildung ... 125
2.4.9.6.3 Farbadjektive ... 125
2.4.9.6.4 Elativ aKKaK ... 125
2.5 Die Zahlwörter ... 127
2.5.1 Die Kardinalzahlen ... 127
2.5.1.1 Die Formen der Zahlwörter ... 127
2.5.1.1.1 Die Zahlwörter 1 und 2 ... 128
2.5.1.1.2 Die Zahlwörter von 3 bis 10 ... 128
2.5.1.1.3 Die Zahlwörter von 11 bis 19 ... 130
2.5.1.1.4 Die Zehner ... 130
2.5.1.1.5 Hundert, Zweihundert und die anderen Hunderter ... 130

2.5.1.1.6 Die Tausender 131
2.5.1.1.7 „1 000 000" 131
2.5.1.1.8 Zusammengesetzte Zahlen 132
2.5.1.2 Zum Gebrauch der Kardinalzahlen 132
2.5.1.2.1 Approximativzahlen 132
2.5.1.2.2 Distributivzahlen 133
2.5.1.2.3 Zahladverbien 133
2.5.1.2.4 Paar, Vierzahl und Dutzend 133
2.5.1.2.5 Datum 133
2.5.1.2.6 Uhrzeit 134
2.5.1.2.7 Wochentage 134
2.5.1.2.8 Rechnen 135
2.5.2 Die Ordinalzahlen 135
2.5.2.1 1 bis 10 135
2.5.2.2 Ab 11 136
2.5.3 Die Bruchzahlen 137
2.6 Präpositionen 138
2.6.1 Präpositionen mit (Pronominal-)Suffixen 138
2.6.1.1 Präpositionen mit Auslaut *-i*: *bi* „mit", *li* „für", *fi* „in" 138
2.6.1.2 Präpositionen mit Auslaut *-a* 139
2.6.1.3 Mit konsonantischem Auslaut 140
2.6.1.4 *min* „von", *ʿan* „weg von" 140
2.6.2 Zusammensetzungen von Präpositionen 140
2.6.2.1 Mit folgendem *min* 140
2.6.2.2 *min* mit lokaler Präposition 141
2.6.3 Präpositionalsatz 141
2.6.3.1 *ʿand, maʿa, li* und *fi* für „haben" 141
2.6.3.2 *ʿand* „bei" 141
2.6.3.3 *maʿa* „bei, zusammen mit" 142
2.6.3.4 *li* „für" 143
2.6.3.5 *fi* „in" 144
2.6.4 Gebrauch der Präpositionen 145
2.7 Konjunktionen 157
2.7.1 Allgemeines 157
2.7.2 Koordinierende Konjunktionen 158
2.7.3 Subordinierende Konjunktionen 161
2.8 Partikeln 162

3.0 Syntax I: Der einfache Satz 169
3.1 Satztypen 169
3.1.1 Nominalsatz 169
3.1.2 Verbalsatz 171

3.1.3	Präpositionalsatz	172
3.1.3.1	Grundform	172
3.1.3.2	Präpositionalsatz und Topic-comment-Satz	173
3.1.3.3	Existentialpartikel *fī* „es gibt“	174
3.2	Freie Angaben	174
3.3	Wortstellung	175
3.3.1	Nominalsatz	175
3.3.2	Verbalsatz	176
3.3.3	Präpositionalsatz	176
3.4	Links- und Rechtsverschiebungen	177
3.4.1	Fokussierung	177
3.4.2	Topic-comment-Sätze	178
3.4.2.1	Form	178
3.4.2.2	Gebrauch	179
3.4.3	Isolierung mit *wi*	179
3.5	Nachtragsstellung	180
3.6	Satzdeixis	180
4.0	**Syntax II: Die Nominalphrase**	182
4.1	Allgemeines	182
4.2	Determinierte und indeterminierte NP	182
4.2.1	Indeterminierte NP	182
4.2.1.1	Semantisch	182
4.2.1.2	Syntaktisch	182
4.2.1.2.1	Indeterminierte NP als Subjekt in S + P	183
4.2.1.2.2	Erhalt der Indetermination	184
4.2.1.2.3	Reduplikation	184
4.2.2	Determinierte NP	184
4.2.2.1	Arten der Determination (semantisch)	184
4.2.2.2	Besonderheiten bei Eigennamen	185
4.2.3	Nominalisierung anderer Wortarten	185
4.3	Komplexe NP	185
4.3.1	Arten der komplexen NP	186
4.3.1.1	Postmodifizierende NP	186
4.3.1.1.1	Genitivverbindung (Annexion)	186
4.3.1.1.2	Attributive Verbindungen	186
4.3.1.2	Prämodifizierende NP	186
4.3.1.2.1	Quantoren	187
4.3.1.2.2	Statusanzeiger	187
4.3.1.2.3	Elativ und Ordinalzahl	188
4.3.1.2.4	Numeralphrase I (NumPh I) subordinierend	188
4.3.1.3	Kombinationsmöglichkeiten	188

4.3.1.4 Kongruenz ... 189
4.3.1.4.1 Interne Kongruenz ... 189
4.3.1.4.2 Externe Kongruenz ... 189
4.3.2 Genitivverbindung (Annexion) ... 189
4.3.2.1 Determination ... 190
4.3.2.2 Art der Modifikation (nomen rectum) ... 191
4.3.2.3 Pluralbildung ... 191
4.3.2.4 Suffigierbarkeit ... 192
4.3.2.5 Topikalisierung der Genitivverbindung ... 192
4.3.2.6 Auflösung der postmodifizierenden Genitivverbindung ... 193
4.3.2.7 Semantik ... 194
4.3.3 Attributive Verbindungen ... 196
4.3.3.1 Adjektive als Attribut ... 196
4.3.3.2 Demonstrativpronomen als Attribut ... 198
4.3.3.3 Relativsatz ... 199
4.3.3.3.1 Attributiver Relativsatz ... 199
4.3.3.3.1.1 Asyndetischer Relativsatz ... 199
4.3.3.3.1.2 Syndetischer Relativsatz ... 199
4.3.3.3.1.3 Syndetischer Relativsatz nach indet. NP ... 199
4.3.3.3.1.4 Relativsatz zur 1. oder 2. Person ... 199
4.3.3.3.2 Selbständiger (substantivierter) Relativsatz ... 200
4.3.3.3.2.1 Position ... 200
4.3.3.3.2.2 Topikalisierung ... 200
4.3.3.3.2.3 1. und 2. Personen ... 201
4.3.3.3.2.4 Konditionale Implikation ... 201
4.3.3.3.2.5 *mīn* und *ma* ... 201
4.3.3.4 badal-NP ... 201
4.3.3.4.1 Struktur der badal-NP ... 201
4.3.3.4.2 Semantische Relationen ... 202
4.3.4 Die prämodifizierende NP ... 204
4.3.4.1 Quantoren ... 204
4.3.4.1.1 NP mit *kull* ... 204
4.3.4.1.1.1 Form der NP mit *kull* ... 204
4.3.4.1.1.2 Nachstellung von *kull* ... 205
4.3.4.1.1.3 Kongruenz ... 205
4.3.4.1.1.4 *kull* mit Possessivsuffixen ... 205
4.3.4.1.2 NP mit *ba'iyyit+* „Rest“ ... 205
4.3.4.1.3 NP mit *baʿḍ* „einige“ ... 205
4.3.4.1.4 NP mit *šuwayyit+*, *ḥabbit+* „ein wenig“ ... 206
4.3.4.1.4.1 Kongruenz ... 206
4.3.4.1.4.2 Determination ... 206
4.3.4.1.5 *akṭar* etc. „die meisten“ ... 206

4.3.4.1.6 *nuṣṣ* „Hälfte", *rub*ʿ „Viertel", etc. 207
4.3.4.1.7 *ḥittit+* „ein Stück" 207
4.3.4.1.8 *kām* „ein paar" 208
4.3.4.1.9 *kaza* „eine Reihe von, mehrere" 208
4.3.4.2 Statusanzeiger 209
4.3.4.2.1 *nafs* „derselbe" und „selbst" 209
4.3.4.2.2 *ʾayy* „jeder" und „irgend-" 210
4.3.4.2.3 *mugaṛṛad* „bloß" 210
4.3.4.2.4 *zayy* „wie" 210
4.3.4.2.5 *ġēr* „ander-" 211
4.3.4.2.6 NP mit *wāḥid* 211
4.3.4.2.6.1 Form der NP mit *wāḥid* 211
4.3.4.2.6.2 *wāḥid ṣaḥbi* „ein Freund von mir" 213
4.3.4.3 Elativ 214
4.3.4.4 *awwil* „erster" und *ʾāxir* „letzter" 215
4.3.4.5 Die Numeralphrase der Kardinalzahlen 215
4.3.4.5.1 Komplexe Numeralphrase 215
4.3.4.5.2 Attributive Zahlwörter 216
4.3.4.5.3 Voranstehende Zahlwörter 216
4.3.4.5.3.1 Die Numeralphrase-Kurzform 216
4.3.4.5.3.2 Die Numeralphrase-Langform 218
4.3.4.5.3.2.1 Mit Numeruskongruenz (α) 218
4.3.4.5.3.2.2 Ohne Numeruskongruenz (β) 219
4.3.4.5.3.2.3 Klassifikationen 221
4.3.4.5.3.2.4 Lehnwörter 221
4.3.4.5.3.3 Das Gezählte bei Zahlen über 100 222
4.3.4.5.3.4 Die Numeralphrase mit Zählwörtern 222
4.3.4.5.4 Die Numeralphrase ohne das Gezählte 224
4.3.4.6 Die Numeralphrase der Ordinalzahlen 225
4.3.4.6.1 Attributiv 225
4.3.4.6.2 Genitivverbindung 225
4.3.4.6.3 Semantik 225
4.3.4.7 Die Numeralphrase der Bruchzahlen 226
4.3.5 Appositionen 226
4.3.5.1 Die NP mit *abu* oder *umm* (*ibn, bint, axx, uxt, šiʾīʾ*) 226
4.3.5.2 Die NP mit *bitāʿ* 228
4.3.5.2.1 *bitāʿ* + NP alleinstehend 228
4.3.5.2.2 Die NP mit *bitāʿ* als Apposition 228
4.3.5.2.3 Semantik 232
4.3.5.2.4 Oppositionen 232
4.3.5.3 NP mit Präpositionalphrase 233
4.3.5.4 *iyyā+* „der gewisse" 235

4.3.5.5	NP mit Adverbien	235
4.3.5.6	Asyndetische NP als Spezifizierung	237
4.3.5.7	Häufung der Attribute	238
4.3.5.8	Appellativa	238
4.4	Vokativphrase	239
4.4.1	Funktion des Vokativs	239
4.4.2	Arten der Vokativphrase	240
4.4.3	Satzbildung	241
4.4.4	Syntaktischer Gebrauch der Vokativphrase	242
4.4.4.1	Inklusion	242
4.4.4.2	Vokativ mit Verbalnomen	243
4.4.5	Vokativ mit *yādi*	243
4.5	Reduplikation als expressives Mittel	244
5.0	**Syntax III: Die Verbalphrase**	245
5.1	Typen der Verbalphrase	245
5.1.1	Kopulaverben	245
5.1.2	Valenzen der Verbalphrase	247
5.2	Subjekt der Verbalphrase	247
5.2.1	Inhärentes Subjekt	247
5.2.2	Personalpronomen als Subjekt	248
5.2.3	Aktives Partizip	248
5.3	Kongruenz zwischen Subjekt und Prädikat	248
5.3.1	In S + P	248
5.3.1.1	Basisregel	248
5.3.1.2	Abweichungen	249
5.3.1.2.1	Plurale von Sachen	249
5.3.1.2.2	Plurale von Personen	249
5.3.1.2.3	Numeralphrase und Quantoren	249
5.3.1.2.4	Enumeratives Subjekt	250
5.3.1.2.5	Personenkollektiva	250
5.3.2	In P + S	251
5.3.2.1	Syntaktische Faktoren	251
5.3.2.1.1	*kān* vor PräpPh	251
5.3.2.1.2	Abstand zwischen P und S	251
5.3.2.1.3	Enumerative NP als Subjekt	252
5.3.2.1.4	Verben im aktiven Partizip	252
5.3.2.1.5	Spezifische Verben	252
5.3.2.1.6	Kopulaverb *kān, yikūn*	252
5.3.2.2	Semantische Faktoren	253
5.3.2.2.1	Thema	253
5.3.2.2.2	Spezifizität	253

5.4 Objektsergänzungen der Verbalphrase ... 254
5.4.1 V+Ø ... 254
5.4.1.1 Intransitive Verben ... 254
5.4.1.2 Medio-passivische Verben ... 255
5.4.2 V+Objekt ... 255
5.4.2.1 V+dirO (transitive Verben) ... 255
5.4.2.2 V+indirO + dirO (ditransitive Verben) ... 255
5.4.2.2.1 Transformation zu V+dirO+*li*-indirO ... 257
5.4.2.2.2 Pronominalisierung und Passivtransformation ... 257
5.4.2.2.3 Ausnahmen ... 258
5.4.2.3 V+dirO+PräpO (ditransitiv-präpositionale Verben) ... 259
5.4.2.4 V+dirO+Loc (transitiv-lokative Verben) ... 259
5.4.2.5 V+dirO+Prädnom (komplex-transitive Verben) ... 260
5.4.2.6 V+PrO (präpositionale Verben) ... 261
5.4.2.7 V+PrO+PrO (dipräpositionale Verben) ... 262
5.5 Weitere Ergänzungen der Verbalphrase ... 262
5.5.1 Pseudoobjekte ... 262
5.5.1.1 Lokale Ergänzung ... 262
5.5.1.2 Limitative Ergänzung (Maßangaben) ... 263
5.5.2 NP als adverbiale Angabe ... 264
5.5.3 Qualitative und zirkumstantielle Prädikationen ... 264
5.5.4 V+dirO+Medium ... 265
5.5.4.1 Holistische Verben ... 265
5.5.4.2 Instrumentale Angaben ... 266
5.5.4.3 Affizierende Verben ... 267
5.5.4.4 Paronomastische Erweiterung der Verbalphrase ... 268
5.6 Nominalisierung (Verbalnomen) ... 269
5.7 Einfache, komplexe und erweiterte Verbalphrase ... 270
5.7.1 Einfache Verbalphrase ... 270
5.7.1.1 Perfekt ... 270
5.7.1.1.1 Temporaler Gebrauch ... 270
5.7.1.1.2 Besonderheiten ... 272
5.7.1.2 y-Imperfekt ... 273
5.7.1.2.1 Temporaler Gebrauch ... 273
5.7.1.2.2 Modaler Gebrauch ... 275
5.7.1.3 ḥa-Imperfekt ... 278
5.7.1.3.1 Temporaler Gebrauch ... 278
5.7.1.3.2 Modaler Gebrauch ... 278
5.7.1.3.3 Konkurrenz zum aktiven Partizip ... 280
5.7.1.4 bi-Imperfekt ... 280
5.7.1.4.1 Aktuelle Gegenwart ... 281
5.7.1.4.2 Habitueller Gebrauch ... 281

5.7.1.4.3 Historisches Präsens ... 282
5.7.1.4.4 Koordination von bi-Imperfekta ... 282
5.7.1.4.5 bi-Imperfekt im uS ... 282
5.7.1.5 *ʿammāl* ... 282
5.7.1.6 Das aktive Partizip ... 283
5.7.1.6.1 Stative Verben ... 283
5.7.1.6.2 Inchoative Sachverhalte ... 284
5.7.1.6.3 Polyseme Verben ... 289
5.7.1.6.4 Nicht-inchoative Verben ... 291
5.7.1.6.5 Zum Ausdruck der Zukunft ... 295
5.7.1.6.6 Zum Ausdruck des emotionalen Gehalts ... 296
5.7.1.6.7 Koinzidenzfall ... 296
5.7.1.7 Der Imperativ ... 297
5.7.1.7.1 Der einfache Imperativ ... 297
5.7.1.7.2 Imperativ von „sein" ... 297
5.7.1.7.3 Imperativ mit Präverbien ... 297
5.7.1.7.4 Imperativ mit *ma-* ... 298
5.7.1.7.5 Asyndetische Imperative ... 298
5.7.1.7.6 Nomina als Direktiva ... 299
5.7.1.7.7 Imperativpartikeln ... 299
5.7.1.7.8 Konditionalsätze mit dem Imperativ ... 300
5.7.1.7.9 Narrativer Imperativ ... 300
5.7.2 Mit *kān, yikūn* erweiterte Verbalformen ... 300
5.7.2.1 *kān, yikūn*+ Verb ... 300
5.7.2.1.1 *kān* + Verb ... 301
5.7.2.1.1.1 *kān* + Perfekt ... 301
5.7.2.1.1.2 *kān* + y-Imperfekt ... 302
5.7.2.1.1.3 *kān* + bi-Imperfekt ... 303
5.7.2.1.1.4 *kān* + ḥa-Imperfekt ... 303
5.7.2.1.1.5 *kān* + aktives Partizip ... 305
5.7.2.1.1.6 *kān* + Imperativ ... 305
5.7.2.1.2 *yikūn* + Verb ... 305
5.7.2.1.2.1 *yikūn* + Perfekt ... 305
5.7.2.1.2.2 *yikūn* + bi-Imperfekt ... 307
5.7.2.1.2.3 *yikūn* + ḥa-Imperfekt ... 307
5.7.2.1.2.4 *yikūn* + aktives Partizip ... 308
5.7.2.1.3 *ḥaykūn* + Verb ... 309
5.7.2.1.3.1 *ḥaykūn* + Perfekt ... 309
5.7.2.1.3.2 *ḥaykūn* + aktives Partizip ... 309
5.7.2.1.4 *biykūn* + Verb ... 309
5.7.3 Komplexe Verbalphrasen ... 310
5.7.3.1 Form der Präverbien ... 310

5.7.3.1.1 Flektierbare Präverbien 310
5.7.3.1.2 Nicht-flektierbare Präverbien 311
5.7.3.1.3 Anbindung und Unterordnung 311
5.7.3.1.4 Erweiterung mit *kān, yikūn* 313
5.7.3.2 Semantik 314
5.7.3.2.1 Modalausdrücke 314
5.7.3.2.1.1 Deontische Modalität (objektiver Gebrauch) 314
5.7.3.2.1.1.1 Direktiva 314
5.7.3.2.1.1.2 Permissiva 317
5.7.3.2.1.1.3 Volitiva 317
5.7.3.2.1.1.4 Potentialia 319
5.7.3.2.1.2 Epistemische Modalität 320
5.7.3.2.1.2.1 Spezifisch epistemische Ausdrücke 320
5.7.3.2.1.2.2 Deontisch als epistemisch 322
5.7.3.2.2 Dauer und Intensität 323
5.7.3.2.3 Andere Modifikationen der VP 324
5.7.3.2.3.1 *liḥiʾ, yilḥaʾ* "dazukommen zu tun, es schaffen zu tun" 324
5.7.3.2.3.2 *rigiʿ, yirgaʿ* "wieder tun" 324
5.7.3.2.3.3 *baʾa, yibʾa* „beginnen zu"; *ma-baʾāš* „nicht mehr tun" 325
5.7.3.2.3.4 *xalla, yixalli* „lassen" 325
5.7.3.2.3.5 *sāb, yisīb* „lassen" 326
5.7.3.2.3.6 *ma-saddaʾ, ma-ysaddaʾ* "kaum glauben können, daß" 326
5.7.3.2.3.7 *ʾaṛṛab, yiʾaṛṛab* +-y-Imperfekt "nahe daran sein, beinahe tun" 327
5.7.3.2.3.8 *ʿād* "noch, wieder" 327
5.7.3.2.3.9 *giri, yigri* „schnell, unverzüglich tun" 327
5.7.3.2.3.10 *itnayyil, yitnayyil* + Verb „verdammt nochmal, zum Teufel" 328
5.7.4 Periphrase mit *ʾām, ṛāḥ. gih* 328
5.7.4.1 *ʾām, yiʾūm* 329
5.7.4.1.1 Syntax und Gebrauch 329
5.7.4.1.2 Ausbleichung 330
5.7.4.1.3 Partikelbildung 330
5.7.4.2 *ṛāḥ, yirūḥ* 331
5.7.4.3 *gih, yīgi* 331
5.7.5 Verbpaare 332
5.7.5.1 *baʿat gāb* „holen lassen" 332
5.7.5.2 *daxal nām* „sich schlafen legen" 333
5.7.5.3 *baṣṣ laʾa* „gewahr werden, bemerken" 333

6.0 Syntax IV: Die Negation 334
6.1 Prädikative Negation. 334
6.1.1 *miš ~ muš* 334
6.1.2 *ma-...-š* 334

6.1.2.1 Verbalsätze ... 335
6.1.2.2 Präpositionalsätze ... 335
6.2 Nicht-prädikative Negation ... 336
6.2.1 Vertauschbare nicht-prädikative Negation. ... 336
6.2.1.1 Personalpronomen ... 336
6.2.1.2 Substantive ... 336
6.2.1.3 *ʿumr-* „niemals" ... 337
6.2.2 Nicht vertauschbare nicht-prädikative Negation ... 337
6.2.2.1 *ma-ḥaddiš* „niemand" ... 337
6.2.2.2 Präverbien ... 337
6.2.2.3 Negation von Konstituenten ... 337
6.3 Negation durch *ma-* ... 339
6.3.1 Wunschsätze ... 339
6.3.2 Beteuerungen und Schwüre ... 339
6.4 Nachdruck und Kontrastierung mittels *miš* ... 340
6.4.1 *miš* zum Nachdruck ... 340
6.4.2 Rhetorische Fragen ... 341
6.4.2.1 *miš* als Ersatz für andere Negationspartikel ... 341
6.4.2.2 *miš* mit y- und ḥa-Imperfekt ... 341
6.5 *wala* „auch nicht, nicht einmal" ... 342
6.5.1 *wala* anstelle von *miš* oder *ma-...-š* ... 342
6.5.2 Satzeinleitendes *wala* ... 342
6.5.3 Hervorhebung durch *wala* ... 343
6.5.4 *wala* „besser als, mehr als; wie nicht einmal" ... 343
6.6 Weiterführung und Koordination bei Negation ... 344
6.6.1 Weiterführung ... 344
6.6.1.1 Einfache Weiterführung ... 344
6.6.1.2 Hervorhebung der Parallelität mit *la* und *wala* ... 344
6.6.1.3 *la ... wala ...* beim Subjekt ... 345
6.6.1.4 Unterbleiben der Weiterführung ... 345
6.6.2 Koordination ... 345
6.6.2.1 Verbindung eines positiven mit einem negierten Satz ... 345
6.6.2.2 Verbindung zweier negierter Sätze ... 346
6.7 Zum Gebrauch von *laʾ* ... 346
6.7.1 Als emphatische Zurückweisung ... 346
6.7.2 Als anaphorische Proform ... 347
6.8 Der Gebrauch von *illa* und *ġēr* als Ausnahmepartikeln ... 347
6.8.1 *illa* ... 347
6.8.1.1 In negierten Sätzen ... 347
6.8.1.2 In positiven Sätzen ... 348
6.8.2 *ġēr* ... 348
6.9 Modifikation negierter Sätze durch Partikel ... 349

6.9.1 *lissa* ... 349
6.9.2 *'abadan* „überhaupt nicht“ ... 349

7.0 Syntax V: Zur Syntax des Personalpronomens ... 350
7.1 Epexegese mit dem selbständigen PNP ... 350
7.1.1 Nachdruck und Konstrastierung ... 350
7.1.2 Enumerativer Plural ... 350
7.2 PNP als Kopula ... 351
7.3 Ausdruck der Identität ... 351
7.4 Das unabhängige PNP als Objekt ... 351
7.5 Pronominalwörter als Statusanzeiger ... 351
7.5.1 *nafs* ... 352
7.5.2 *ġēr* ... 352
7.5.3 *zayy* ... 352
7.5.4 *min* ... 352
7.5.5 *baʿḍ* ... 352
7.6 Relationsanzeige mittels *bitāʿ* ... 353
7.7 Attribute zu Personalpronomina ... 353
7.8 Reflexivität ... 353
7.8.1 t-I und t-II ... 353
7.8.2 *nafs* und *rūḥ* ... 354
7.8.3 *nafs* ~ *ṛūḥ* ~ Objektsuffix ... 354
7.9 Reziprozität ... 355
7.9.1 t-III-Stamm ... 355
7.9.2 *baʿḍ* ... 355
7.10 Neutraler Sachverhalt ... 355
7.10.1 3.sg.f. *-ha* ... 356
7.10.2 Demonstrativa *di* und *da* ... 356
7.10.3 Ausdruck am Verbum ... 357
7.10.3.1 3.sg.f. ... 357
7.10.3.2 3.pl. ... 357
7.10.3.3 Passiv ... 357

8.0 Syntax VI: Satztypen ... 358
8.1 Fragesätze ... 358
8.1.1 Entscheidungsfragen ... 358
8.1.1.1 Ohne Fragepartikel ... 358
8.1.1.2 Fragepartikel *-š* ... 358
8.1.1.3 Anhangfragen: *miš kida?, walla 'ē?* ... 358
8.1.2 Ergänzungsfragen ... 359
8.1.2.1 Fragepronomina ... 359
8.1.2.2 Frageadverbien ... 360

8.1.2.3	Abweichende Stellung	360
8.1.2.4	Spaltsätze als Fragesätze	361
8.1.3	Fragesätze mit einleitendem *huwwa, hiyya, humma*	361
8.1.3.1	Mit Kongruenz	361
8.1.3.2	Ohne Kongruenz	362
8.1.4	Fragepartikeln	362
8.1.4.1	*hal*	362
8.1.4.2	*ya tạra*	362
8.1.4.3	*māl* und *išmiʿna*	363
8.1.4.4	*ummāḷ*	363
8.1.4.5	*baʾa*	363
8.1.4.6	*yaʿni*	363
8.1.4.7	Häufung der Fragepartikeln	363
8.1.5	Rhetorische Fragen	364
8.1.5.1	Positiver Fragesatz mit negativem Sinn	364
8.1.5.2	Negierter Fragesatz mit positivem Sinn	365
8.1.5.3	Fragen mit *izzāy*	365
8.1.6	Untergeordnete Fragesätze	365
8.1.6.1	Untergeordnete Entscheidungsfragen	366
8.1.6.1.1	Asyndetisch	366
8.1.6.1.2	Syndetisch	366
8.1.6.1.3	Untergeordnete Ergänzungsfragen	366
8.2	Ausrufesätze	367
8.2.1	Lexikalische Mittel	367
8.2.2	Syntaktische Mittel	367
8.3	Wunschsätze	368
8.3.1	Ohne einleitende Partikel	368
8.3.2	Mit einleitender Partikel	369
8.3.2.1	*yarēt*	369
8.3.2.2	*iyyāk*	369
8.3.2.3	*gak* und *gatak*	369
8.3.2.4	*aḥsan* ~ *laḥsan*	370
8.3.2.5	*inšaḷḷa*	370
8.3.2.6	*ḥabbaza*	370
8.3.2.7	*lamma*	370
8.3.3	Bedingungssätze als Wunschsätze	371
8.3.4	*kān* + Imperativ	371
9.0	**Syntax VII: Untergeordnete Sätze**	372
9.1	Bedingungssätze	372
9.1.1	Reale Bedingung	372
9.1.1.1	Vordersatz	372

9.1.1.2 Nachsatz 373
9.1.2 Irreale Bedingung 373
9.1.2.1 Vordersatz und Nachsatz 374
9.1.2.2 *lōla* 375
9.1.3 Konditionales *lamma* 375
9.1.4 *illa ma* „es sei denn, daß“ 376
9.1.5 Parataktische Bedingungssätze 376
9.1.6 Disjunktive Bedingungssätze 376
9.2 Konzessivsätze 377
9.2.1 *walaw* „selbst wenn, wenn auch; wenigstens“ 377
9.2.2 *sawa ... ʾaw ~ walla* ... „ob ... oder ...“ 377
9.2.3 Dreigliedrige Konzessivsätze 378
9.2.4 *maʿa ʾinn* „obwohl“ 378
9.3 Alternativsätze 378
9.4 Finalsätze 379
9.4.1 Syndetische Finalsätze 379
9.4.2 Asyndetische Finalsätze 379
9.5 Konsekutivsätze 380
9.5.1 Syndetische Konsekutivsätze 380
9.5.2 Asyndetische Konsekutivsätze 380
9.6 Befürchtungssätze 381
9.7 Temporalsätze 382
9.7.1 Vorzeitigkeit 382
9.7.1.1 „nachdem“ 382
9.7.1.2 „sobald, wie, sowie“ 382
9.7.1.3 *yadōb* „kaum ..., als ...“ 383
9.7.2 Nachzeitigkeit 383
9.7.3 Gleichzeitigkeit 383
9.7.3.1 *sāʿit ma* etc. „als, wie, wenn“ 383
9.7.3.2 *kulli̥ ma* „jedesmal wenn“ 384
9.7.3.3 *ṭūl ma* „so lange“ 384
9.7.4 Zeitpunkt oder Sachverhalt in der Zukunft 384
9.7.5 Zeitpunkt oder Sachverhalt in der Vergangenheit 385
9.8 Lokalsätze 385
9.9 Kausalsätze 386
9.9.1 *liʾinn* 386
9.9.2 *ḥēs inn* 386
9.9.3 *ʿašān ~ ʿalašān* 386
9.9.4 *aḥsan ~ laḥsan* (< *la-aḥsan) 386
9.9.5 *illi* 387
9.9.6 *madām* 387
9.9.7 *ikminn* (< *ḥākim inn) 387

9.10 Vergleichssätze ... 388
9.10.1 Reale qualitative Vergleiche ... 388
9.10.1.1 *zayyi ma* „wie wenn" ... 388
9.10.1.2 *aḥsan ma* „besser, als wenn" ... 388
9.10.1.3 *ʿala ma* „wie", *ġēr ma* „anders als" ... 388
9.10.2 Irreale qualitative Vergleiche ... 388
9.10.2.1 *zayyi ma ykūn, akinn, zayy illi* „als ob" ... 388
9.10.2.2 *kaʾinn, wala kaʾinn* „als ob" ... 389
9.10.2.3 *tiʾulš ~ ma-tʾulš* „als ob" ... 389
9.10.3 Quantitative Vergleiche ... 389
9.11 Privativer uS ... 390
9.12 Exklusiver uS ... 390
9.13 Substituierter uS ... 390
9.14 Assumptiver uS ... 391
9.15 Eingebettete Sätze (Komplementssätze) ... 391
9.15.1 Als Subjekt ... 391
9.15.2 Als Objekt ... 392
9.15.3 Als Prädikat eines Nominalsatzes ... 393
9.15.4 In Abhängigkeit von einer Präposition ... 393
9.15.5 In Abhängigkeit von einem Substantiv ... 393
9.15.6 Vorwegnahme des pronominalen Subjekts des uS ... 394
9.16 Zustandssätze ... 394
9.16.1 Formtyp 1 ... 394
9.16.1.1 Syndetischer Formtyp 1 ... 395
9.16.1.2 Asyndetischer Formtyp 1 ... 395
9.16.1.3 Formtyp 1 mit Perfekt ... 396
9.16.1.4 Formtyp 1 mit *lissa* ... 396
9.16.2 Formtyp 2 ... 396
9.16.3 Formtyp 3 ... 397
9.16.4 Zum Gebrauch des Zustandssatzes ... 398
9.16.4.1 Zeitangaben ... 398
9.16.4.2 Inzidenzschema ... 399
9.16.4.3 Sinnesverben (verba sentiendi) ... 399
9.17 Asyndetische Verben zur Einführung von Pseudo-Komplementen 400
9.17.1 Richtungsangabe ... 400
9.17.2 Angabe der Rede ... 401

10.0 Bibliographie ... 403
11.0 Paradigmen ... 413
12.0 Sachindex ... 425
13.0 Wortindex ... 437

Abkürzungen

äg.	ägyptisch	nom.loc.	nomen locis
akt.	aktiv	nom.un.	nomen unitatis
Anm.	Anmerkung	nom.vic.	nomen vicis
c.	kollektiv	NP	Nominalphrase
det.	determiniert	NumPh	Numeralphrase
engl.	englisch	pass.	passiv
f.	feminin	pl.	Plural
fem.	feminin	Pl.	Plural
frz.	französisch	PNP	Personalpronomen
gr.	griechisch		
ḥ	*ḥāga* „etwas“	PrädNom	Prädikatsnomen
Harab.	Hocharabisch	PRÄPP	Präpositionalphrase
harab.	hocharabisch		
indet.	indeterminiert	refl.	reflexiv
IPA	International Phonetic Alphabet	rezip.	reziprok
		s.	sich
ital.	italienisch	s.	siehe
kair.	kairenisch	sg.	Singular
KF	Kurzform	Sg.	Singular
LF	Langform	stat.cstr.	status constructus
m.	maskulin		
mask.	maskulin	tert.inf.	tertiae infirmae
med.gem.	mediae geminatae	uS	untergeordneter Satz
med.inf.	mediae infirmae	VP	Verbalphrase
		w	*wāḥid* „jemand“
MSA	Modernes Standardarabisch	w.	werden
nom.	nomen	z.B.	zum Beispiel

Quellenangaben

mündlich

[MA]	Aufnahme
[ME]	ex ore vivo
[MF]	Film und Fernsehen

schriftlich

[SB]	Hinds-Badawi
[SG]	Grammatik
[SO]	Orientalistische Publikation

[MI] Informant

[SP] Prosatext
[SPR] Sprichwort
[ST] Theaterstück

Zur Umschrift

Die mündlichen Belege sind nach Gehör transkribiert, die schriftlichen zitiert, wenn es sich um Quellen in Transkription handelt, wobei diese an die heute übliche angepaßt wurde. Belege in arabischer Schrift wie die zahlreichen Beispiele aus der Dialektliteratur wurden transliteriert und mit Hilfe der Informanten überprüft. In Zweifelsfällen wurde die in HINDS-BADAWI (1986) angegebene Aussprache verwendet.

Die Umschrift erfolgt in Kursive mit den heute in der Dialektologie üblichen Zeichen. Die Reihenfolge orientiert sich am arabischen Alphabet.

Konsonanten:

ʾ *b* *t* *g* *ḥ* *x* *d* *r* *z* *s*
š *ṣ* *ḍ* *ṭ* *ẓ* *ʿ* *ġ* *f* *q* *k*
l *m* *n* *h* *w* *y*

Vokale:

a *e* *i* *o* *u*
ā *ē* *ī* *ō* *ū*

/ / Ein Laut als Phonem ist mit /.../ notiert wie /a/ [ɛ̈], als morphologischer Teil eines Wortes aber kursiv: *-a*.
[ ] Phonetische Umschrift in IPA-Transkription stehen zwischen eckigen Klammern: *balaḥ* [bɛ̈lɑħ] „Datteln“, *ṭiliʿ* [ˈtˤɨlɛʕ] „er stieg hinauf“.
⟨ ⟩ Grapheme werden mit ⟨ ⟩ angegeben: ⟨ʾ⟩.
{ } Abstrakte Morpheme stehen zwischen geschweiften Klammern { }: {T} = Femininendung. Ebenso die Wurzelkonsonanten: {drdš}.

Der Glottisschlag (Hamz) /ʔ/ wird im Anlaut nach Pause als ⟨ʾ⟩ geschrieben, wenn er fest ist wie in *ʾayy* „irgend“, *ʾalb* „Herz“ und nicht im Sandhi elidiert wird, s. dazu 1.3.3. Ist er elidierbar, wird er nicht geschrieben wie in *abyaḍ* „weiß“, wohl aber dann aber *ilʾabyaḍ* „der weiße“, wenn er ins Wortinnere tritt und ausgesprochen wird. Die gekürzten Langvokale /ē/ und /ō/ werden mit den Graphemen ⟨*e*⟩ und ⟨*o*⟩

wiedergegeben wie in *bēt* „Haus“ – *betna* „unser Haus“, *yōm* „Tag“ – *yomha* „ihr Tag“, s. dazu 1.1.1.1. Der Sproßvokal [ə] im Sandhi wird mit ⟨*i̊*⟩ bezeichnet, s. 1.3.2.3.

Der Bindestrich - wird gebraucht, um die Elision eines Vokals im Sandhi anzugeben wie in *huww-ana* ... (= ¢*huwwa ana* ... „bin ich etwa ...?“), *f-idēn ilbulīs* (= ¢*fi idēn ilbulīs* „in die Hände der Polizei“), oder bei den Präpositionen *fi, bi* und *li*, wenn diese ihr *-i-* verlieren: *talāta f-xamsa* (= ¢*talāta fi xamsa* „drei mal fünf“). Ferner verbindet der Bindestrich die Negationspartikel *ma-* mit dem folgenden Wort: *ma-ʾiblitš* „sie akzeptierte nicht“.

Das Pluszeichen nach einem Wort wie in *tann+* gibt an, daß dieses obligatorisch mit einem Pronominalsuffix verbunden wird.

Formen, die nicht dem synchronischen System angehören, sind wie folgt gekennzeichnet:

*	= historische Vorform: **kātiba*
°	= Vorform in einer synchronischen Ableitung: °kātba
¢	= nicht existierende bzw. nicht korrekte Form: ¢*mabyūʿ*

Vorwort

Nach umfänglichen Vorarbeiten kann ich nun endlich diese Grammatik des Kairenisch-Arabischen der Leserschaft vorlegen. Der Plan dazu wurde schon vor vielen Jahren gefaßt, als der Herausgeber der „Porta Linguarum Orientalium“, mein Freund und Kollege Werner Diem, an mich mit dem Wunsche herantrat, eine Grammatik des Kairenisch-Arabischen zu dieser ehrwürdigen Reihe beizutragen. Daß die Verwirklichung dieses Plans solange Zeit in Anspruch nehmen würde, hatte ich mir freilich damals nicht vorgestellt. Zweifelsohne ist das Kairenische einer der am meisten beschriebenen und untersuchten Dialekte des Arabischen, mit zahlreichen Einzeluntersuchungen wie auch Grammatiken und Lehrbüchern, doch gehen diese, sieht man von SPITTA (1880) ab, insbesondere was Syntax betrifft, kaum über die elementaren Fakten hinaus. Aus diesem Grunde hatte ich schon in den 60er Jahren begonnen, eine Datenbank insbesondere zur Syntax aufzubauen, durchaus mit dem Gedanken neben Einzelstudien auch einmal eine systematische Grammatik zu schreiben. Inzwischen enthält diese Datenbank mehr als 12000 Einträge. Gerade die Verwertung dieses Materials erwies sich nun als zeitraubend, da oft sehr viele Belege – in manchen Fällen über 1000 – zu einzelnen Themen vorlagen, die zunächst analysiert werden mußten. In jüngster Zeit sind zudem mit EISELE (1999) und BRUSTAD (2000) auch noch höchst nützliche und sprachwissenschaftlich fundierte syntaktische Untersuchungen zum Kairenischen erschienen, die ebenfalls überprüft und gebührend berücksichtigt werden mußten; gleiches gilt für die syntaktischen Anmerkungen, die in HINDS-BADAWI (1986) zu finden sind. All dies führte dazu, daß die Zusammenstellung dieser Grammatik weit länger gedauert hat, als ich mir ursprünglich vorgestellt hatte.

Es ist mir eine angenehme Pflicht, den vielen Personen und Institutionen zu danken, die beim Zustandekommen dieses Buches geholfen haben. In erster Linie sind hier meine ägyptischen Bekannten und Freunde zu nennen, die mir als Gewährsleute dienten, oft stundenlang mit mir zusammensaßen und ihr Bestes taten, um meine Fragen zu verstehen und zu beantworten. Ich möchte hier besonders die Damen und Herren Maha El-Antabli, Sanaa Swelim, Ashraf Abdel Monem (Z), Omneyya Elfekeh und Mukhtar Salih vom Goethe-Institut Kairo sowie Azza El-Tahtawi, Shahdan Ibrahim, Khaled Hussein, Mushir Mikhail, Hashem El-Swefi, und Saad El-Zananiri (Z) vom Nederlands-Vlaams Instituut te Cairo (NVIC) erwähnen, ebenso aber auch Jane Emile und, – nicht zuletzt – meine bewährte Kollegin Frau Rabha Heinen-Nasr von der Lehrstuhlgruppe Arabisch der Universiteit van Amsterdam. Auch meiner Schülerin Mona Hegazy (Amsterdam), mit der zusammen eine letzte Musterung aller in dieser Grammatik angeführten Sätze auf korrekte Aussprache und Transkription vorgenommen wurde, sei hier gedankt. Es erübrigt sich zu sagen, daß alle Fehlinterpretationen und Mißverständnisse, denen ein Nichtmuttersprachler zwangsläufig immer wieder erliegt, allein dem Schreiber dieser Zeilen anzulasten sind.

Mein Dank richtet sich ferner an die Universiteit van Amsterdam, Faculteit der Geesteswetenschappen, die mir in früheren Jahren mehrere Studienaufenthalte in Kairo finanziert hat. Auch der „Nederlandse Organisatie voor Wetenschappelijk Onderzoek" (NWO) schulde ich Dank, da sie es mir durch finanzielle Unterstützung ermöglichte, im Jahre 2001 vier Monate in Kairo zu verbringen und eine Revision der ersten Fassung des Manuskripts vorzunehmen. Wenn auch das Buch damals nicht, wie geplant, fertig und publizierbar geworden ist, so gab mir dieser Aufenthalt doch den entscheidenden Anstoß, weiterzumachen und den Faden, der zeitweise abzureißen drohte, wieder aufzunehmen.

Zahlreiche Verbesserungen, nützliche Hinweise und Vorschläge verdanke ich meinen Freunden und Kollegen Peter Behnstedt, Werner Diem und Lutz Edzard, die sich die Zeit genommen haben, das Manuskript zu lesen, um mich auf allerlei Nachlässigkeiten, Gedankensprünge, Undeutlichkeiten, Tippfehler und – das sei am Rande auch vermerkt – die sich zwangsläufig in mein Deutsch einschleichenden Nederlandismen hinzuweisen. Auch meine Nichte Stefanie Woidich hat sich dankenswerterweise der Mühe unterzogen, das Manuskript nochmals auf Deutsch-, Rechtschreib- und Tippfehler hin durchzusehen. Ebenso schulde ich Frau Alice Gastkemper (Amsterdam) Dank für eine letzte Überprüfung des Inhaltsverzeichnisses. Auch hier gilt, daß alle stehengebliebenen Unzulänglichkeiten mir anzukreiden sind. Schließlich danke ich noch Werner Diem und Lutz Edzard als Herausgebern der Reihe „Porta Linguarum Orientalium", daß sie das Buch in ihre Reihe aufgenommen haben, und ebenso auch den Herren Michael Langfeld, Reinhard Friedrich und Jens Fetkenheuer vom Harrassowitz Verlag, die mir bei der Herstellung des Manuskripts mit Rat und Tat zur Seite gestanden haben.

Diemen, im Dezember 2005

Manfred Woidich

Einleitung

Die vorliegende Referenzgrammatik des Kairenischen ist das Ergebnis einer nunmehr 40-jährigen Beschäftigung mit diesem Dialekt des Arabischen. Ihr Ziel ist es, eine allgemein verständliche, deskriptive Darstellung der wesentlichen Elemente der Grammatik unter besonderer Berücksichtigung der Syntax zu bieten, ohne sich dabei einer bestimmten sprachwissenschaftlichen Schule verpflichtet zu fühlen. Vorkenntnisse im Arabischen und der gebräuchlichen Terminologie grammatischer Beschreibungen von semitischen Sprachen sind allerdings wünschenswert, da diese nicht immer ausführlich erklärt werden können. Es handelt sich also nicht um ein Lehrwerk für den Anfänger, sondern um ein Nachschlagewerk für fortgeschrittene Studenten und interessierte Fachkollegen.

Das Kairenische, das oft schlechthin mit „Ägyptisch-Arabisch" gleichgesetzt wird, ist nur einer der zahlreichen ägyptischen Dialekte, freilich der wichtigste, nimmt es doch innerhalb Ägyptens die Position einer Standardsprache ein, die von den städtischen Mittel- und Oberschichten auch außerhalb von Kairo gesprochen wird. In den Medien Radio und Fernsehen spielt es eine hervorragende Rolle, da sich der Gebrauch des Hocharabischen auf das Verlesen von Nachrichten und Kommentaren sowie auf Sendungen mit bestimmten Themenkreisen wie Religion und Politik beschränkt. Nirgends in der arabischen Welt ist der Dialekt der Hauptstadt überall so prominent anwesend wie in Ägypten.

Auch außerhalb des Nillandes – *mina l-muḥīṭ ilā l-xalīğ* – wird das Kairenische meist mühelos verstanden, und nicht selten erhält man auch die Antwort auf Kairenisch zurück, wenn man darin eine Frage stellt. Der Grund dafür ist nicht allein das zahlenmäßige Übergewicht der Ägypter – mit den nunmehr etwa 75 Millionen repräsentieren sie etwa ein Drittel aller Sprecher des Arabischen – sondern die Ausstrahlung, die dieses Land in der arabischen Welt besitzt. Zum einen ist hier der kulturelle Export der Unterhaltungsindustrien Film und Fernsehen zu nennen, die die Kino- und Soapszene der arabischen Welt beherrschen, zum anderen der Export an Menschen, einfachen Arbeitskräften wie geschultem akademischem Personal, die in jedem arabischen Land zu Tausenden anzutreffen sind. Es ist wohl kaum übertrieben zu sagen, daß das Ägyptische in seiner kairenischen Variante einen wesentlichen Anteil bei der Herausbildung eines „Interarabisch" hat, das Araber verschiedener Herkunft untereinander gebrauchen. Die kommunikative Reichweite des Kairenischen innerhalb der arabischen Welt kann darum kaum überschätzt werden, wenn auch in der neuesten Zeit mit dem Aufkommen des Internetchats das Golfarabische in gewissem Maße konkurriert und sich auch andere lokale Varianten des Arabischen wie das Libanesische in Beirut auf diesem Gebiet manifestieren.

Während sich die meisten anderen arabischen Dialekte traditionell auf die Fertigkeiten Sprechen und Hören beschränken, kann man feststellen, daß das Kairenische seit langem auf dem besten Wege ist, sich auch das Schreiben und Lesen zu erobern, mit anderen Worten, sich zu einer Schriftsprache zu entwickeln. Zwar mangelt es an einer Standardisierung von Orthographie, Grammatik und Lexikon, von einer Kodifizierung ganz zu schweigen, doch hat das Schreiben im Dialekt in Ägypten Tradition. Mehrere Texte aus dem Mittelalter und aus dem 17. Jahrhundert sind erhalten geblieben. Gegen Ende des 19. Jahrhunderts bis in die Mitte des 20. Jahrhunderts nahm das Schreiben im Dialekt einen regelrechten Aufschwung, und in den letzten 50 Jahren hat sich die Zahl der Publikationen nochmals stark erhöht; selbst neue Bereiche wie Reklame, comic strips und Zeitschriften wie *Bārti* (Party) und *Iḥna,* die sich an ein jugendliches, gutsituiertes und westlich orientiertes Publikum der höheren Mittelklasse richten, sind hinzugekommen. Man kann schon von einer ägyptisch-arabischen Dialektliteratur sprechen, die sich nicht mehr auf die traditionellen Genres wie humoristische Zeitschriften, Poesie, Karikaturen, Dialog im Roman, fiktive Memoiren und Theaterstücke (DIEM 1974), also auf die Wiedergabe gesprochener Sprache beschränkt, sondern durchaus auch, freilich in geringerer Zahl, Prosatexte wie Novellen, Romane und echte Memoiren hervorbringt, s. dazu neuerdings ROSENBAUM (2004) und DAVIES (2005). In den Buchhandlungen Kairos sind heute etliche Publikationen im kairenischen Dialekt erhältlich, und es sei hier nur auf die Sammelbände mit den Theaterstücken bekannter Autoren wie Sa^{c}d ad-Dīn Wahba, Rašād Rušdī, Nu^{c}mān ^{c}Āšūr u.a., auf Yūsuf al-Qa^{c}īds Roman *Laban il^{c}aṣfūr* und auf die Memoiren von Aḥmad Fu'ād Nigm und Fatḥiyya al-^{c}Assāl hingewiesen.

Mangels Standardisierung der Orthographie lassen die Autoren beim Schreiben ihren eigenen Vorstellungen freien Lauf. Sie schwanken zwischen einer konservativen, dem Standardarabischen folgenden Schreibweise und einer angepaßten, die die phonologischen Gegebenheiten so gut wie möglich berücksichtigt. Keiner handelt aber konsequent, so daß in einem Text alle denkbaren orthographischen Varianten anzutreffen sind. Bei konservativer Orthographie, die sich soweit wie möglich an das Standardarabische hält, kann ein Wort verschieden interpretiert und gelesen werden, als Standardarabisch oder als Dialekt. Lexikon und Morphologie – bei letzterer etwa die Form der Demonstrativpronomina oder die Verbalpräfixe – lassen jedoch schnell erkennen, was die Absicht des Schreibers ist, und dementsprechend wird man lesen. Beimischungen des Standardarabischen beschränken sich im allgemeinen auf leicht erkennbare lexikalische Elemente und idiomatische Ausdrücke.

Zwar gibt es mehrere Grammatiken des Kairenischen und auch ein vortreffliches modernes Wörterbuch Ägyptisch-Englisch liegt vor (HINDS-BADAWI 1986), diese richten sich jedoch in erster Linie, wie die vorliegende Grammatik ja auch, an den Nicht-Araber, der, aus welchem Grunde auch immer, das Kairenische lernen und beherrschen will. Auch dies hat Tradition, denn zu den ersten wissenschaftlichen Grammatiken eines arabischen Dialekts zählen die

Darstellungen von SPITTA (1880) und VOLLERS (1895), die dem Kairenischen gewidmet sind. Neuere Grammatiken gehen leider kaum über eine elementare Beschreibung phonologischer und morphologischer Gegebenheiten hinaus und behandeln die Syntax nur rudimentär. Auch die zahlreichen Lehrbücher für Anfänger bilden hier naturgemäß keine Ausnahme. Es ist daher ein Anliegen dieser Grammatik, hierin eine Veränderung zu bewirken und die Syntax gebührend zu berücksichtigen.

Daß es nie zu einer bewußten Standardisierung des Kairenischen und zu seiner schriftlichen Fixierung durch und für Muttersprachler gekommen ist, hat seinen Grund in der geringen akademischen Wertschätzung einschlägiger Forschung und in der daraus resultierenden Abneigung ägyptischer Sprachwissenschaftler, sich mit ihrer Muttersprache zu beschäftigen. Dieses Desinteresse wiederum liegt in einer Kultur begründet, die dem klassischen Arabischen als der Sprache der Offenbarung einseitig Vorrang einräumt und deshalb nur diese Ausprägung des Arabischen als legitimen Gegenstand wissenschaftlicher Betätigung anerkennt. Die landläufige Meinung ist, daß die Umgangssprache „keine Regeln kenne" (*ma-lhāš qawāᶜid*) und sich daher jeder Beschreibung entziehe. Auch verstößt die Anerkennung der Existenz verschiedener Varianten des Arabischen gegen die herrschende Ideologie der arabischen Einheit. Zwar fehlen Arbeiten von Muttersprachlern zum Kairenischen nicht, doch entstanden diese zum größten Teil im Rahmen einer akademischen Beschäftigung an europäischen oder amerikanischen Universitäten, bez. an den Fremdsprachenfakultäten der einheimischen Universitäten. Nur wenige wie Aḥmad Taymūr, al-Saᶜīd Badawī und Madiha Doss haben diese Vorurteile durchbrochen und ausgezeichnete Arbeiten geliefert, s. HINDS-BADAWI (1986), TAYMŪR (1971–2000), DOSS (1979, 1985–86, 1987, 1996) in der Bibliographie. In den letzten Jahren erscheinen auch mehr und mehr von Muttersprachlern zusammengestellte elementare Lehrbücher für den Unterricht für Ausländer, die dem allgemein wachsenden Interesse an der arabischen Sprache entgegenkommen. Wenn dennoch eine faktische Standardisierung heutzutage in gewissem Maße stattfindet, so ist dies dem Einfluß der Massenmedien zuzuschreiben, die eben nur das Gangbare und allgemein Akzeptierte durchlassen und verbreiten.

Dialektologisch zählt das Kairenische im engeren ägyptischen Rahmen zu den Dialekten des zentralen Niltals, s. TAVO-Karte A50, im weiteren Rahmen zu den ostarabischen prähilalischen Dialekten und steht damit den syrisch-palästinensischen Stadtdialekten relativ nahe. Es ist ein Stadtdialekt der ostmediterranen Region mit seinem Ersatz des uvularen stimmlosen Plosiv *q durch den glottalen Plosiv /ʾ/ [ʔ], der Entwicklung der interdentalen Frikative /ṯ/, /ḏ/ und /ḏ̣/ zu den entsprechenden dentalen Plosiven, der mangelnden Unterscheidung von Mask. und Fem. im Plural etc. Mit dem Erhalt von *g als [g], seinem charakteristischen Wortakzent auf der Penultima vom Typ *madrása* „Schule" und seiner phonologischen Vokalalternation in der Ultima des II. Stammes des starken Verbs mit /i/ bzw. /a/ je nach konsonantischer Umgebung (*sallim, yisallim* „grüßen" vs. *baṭṭal, yibaṭṭal*

„aufhören") unterscheidet es sich aber auch deutlich von seinen Verwandten in Jerusalem, Beirut und Damaskus, die hier /ǧ/ ~ /ž/, den Wortakzent auf der Antepenultima *mádrase* und einen morphologischen Wechsel mit /a/ im Perfekt und /e/ (= *i) im Imperfekt in der Ultima des II. Stammes (*sallam, ysallem*, ebenso *baṭṭal, ybaṭṭel*) aufweisen.

Es versteht sich von selbst, daß in Kairo, wo sich täglich Tausende von Zuzüglern aus den ländlichen Gegenden niederlassen, alle denkbaren ägyptischen Dialekte zu hören sind. Im allgemeinen erfolgt die Anpassung der Zuwanderer schnell, bei Oberägyptern aber eher in der zweiten Generation (MILLER 2004). Das Kairenische ist ohnehin durch die Medien überall bekannt und wird dementsprechend auch von den meisten Nichtkairenern verstanden und gebraucht. Nicht zu vergessen sind in diesem Zusammenhang auch die Rolle der Armee als sprachlichem Schmelztiegel aufgrund des Militärdienstes des männlichen Teils der Bevölkerung sowie der Einfluß der Beamtenschaft, die als Repräsentantin der Obrigkeit als Multiplikator fungiert, und dies nicht nur wegen ihres Vorbildcharakters, sondern auch weil sie eine gewisse Mobilität zeigt, die sie im Laufe ihrer Karriere von Kairo aufs Land und von Region zu Region führt. Dies sind Faktoren, die neben den heute allgegenwärtigen Massenmedien zur Verbreitung des Kairenischen innerhalb von Ägypten beitragen.

Unterschiedliche Dialekte von Muslimen, Christen und Juden (communal dialects), wie sie in anderen Städten der arabischen Welt, etwa in Aleppo oder Baghdad, anzutreffen sind bzw. waren, können im heutigen Kairo kaum festgestellt werden. Die Kopten sprechen, was die Grammatik angeht, wie ihre muslimischen Landsleute, und die Unterschiede beschränken sich auf Lexikon und Phraseologie. Beide Glaubensgemeinschaften haben lediglich ihre spezifischen christlichen bzw. muslimischen Begriffe und Ausdrucksweisen, die von der jeweils anderen Gemeinschaft vermieden werden. Allenfalls läßt sich eine kleine Gruppe christlicher Kairener syrisch-libanesischer Herkunft unterscheiden, die erst gegen Ende des 19. Jahrhunderts einwanderten und – in ägyptisierter Form – gewisse Züge ihrer levantinischen Dialekte bewahrt haben, etwa *iga* „er kam" für *gih, 'akal* „er aß" für *kal,* oder *'ultillu* „ich sagte zu ihm" für *'ultilu* (TADIÉ 1994). Der Dialekt der Juden, wie ihn BLANC (1974) beschreibt, trägt nordafrikanische Züge und dürfte heute kaum mehr in Kairo anzutreffen sein.

Gegenstand dieser Referenzgrammatik ist also das Kairenisch-Arabische als Standarddialekt des Ägyptisch-Arabischen, wie es von der gebildeten Mittelschicht der Bevölkerung gesprochen und in den Medien verbreitet wird. Sie basiert auf einer von mir schon in den 60er Jahren begonnen Sammlung von Belegen, die zum größten Teil aus schriftlichen Quellen wie den oben erwähnten Theaterstücken und Prosatexten sowie aus älteren und neueren Textsammlungen wie ELDER (1926) und HASSAN (1970) stammen. Um dem Schriftlichen nicht ein zu großes Übergewicht zu geben, wurden auch mündliche Quellen wie Filme, Serien und Fernseh-Diskussionen aus den letzten Jahren zur Erweiterung der Datenbank herangezogen, und auch mehrere Stunden Tonbandaufnahmen aus den 70er und 80er Jahren des vorigen Jahrhunderts wurden ausgewertet. Die jeweilige Herkunft eines Belegs wird mit Siglen gekennzeichnet, s. oben S. XXVIII. Mit etwa einem Dutzend Gewährsleuten, alle Angehörige des oben genannten akademisch gebildeten Mittelstandes, wurden die schriftlichen wie mündlichen Belege durchgegangen und da, wo es notwendig war, nach deren Angaben erweitert und ergänzt.

Es ist nicht immer einfach, mit Gewährsleuten einer Sprache zu arbeiten, die eine gewisse Variationsbreite aufweist und der eine wirkliche Standardisierung mit dazugehöriger Kodifizierung fehlt, vor allem wenn es um subtilere syntaktische Dinge geht. Die Fähigkeit, sich eine Situation vorzustellen, die die Verwendung einer bestimmten syntaktischen Variante erlaubt, ist von Individuum zu Individuum verschieden. Nicht selten sind deshalb Gewährsleute nicht einer Meinung hinsichtlich der Akzeptabilität eines Satzes. Letztendlich muß dann der Schreiber der Grammatik, seiner Intuition folgend, eine Entscheidung treffen und seine Regeln formulieren. Ich hoffe, hier in den meisten Fällen das Richtige getroffen zu haben und somit eine verläßliche Beschreibung des Kairenischen vorzulegen, die sowohl dem fortgeschrittenen Lerner wie dem allgemein an der Grammatik des Arabischen Interessierten eine Hilfe ist und ihm als Nachschlagwerk dienen kann.

1.0 Phonologie

1.1 Segmente

1.1.1 Vokale

1.1.1.1 Inventar

	Kurze Vokale		Lange Vokale	
	vorn	hinten	vorn	hinten
hoch	/i/	/u/	/ī/	/ū/
mittel			/ē/	/ō/
tief	/a/		/ā/	

Kurzvokale [e] und [o]:
Bei sorgfältiger und langsamer Aussprache (lento) tendieren gebildete Sprecher dazu, gekürztes /ē/ und /ō/ als [e] bzw. [o] zu realisieren und damit die Oppositionen [ɪ] – [e] bzw. [ʊ] – [o] und Minimalpaare wie [ʔʊlnɛ̈] „wir sagten" – [ʔolnɛ̈] „unsere Rede" bzw. [gɪbnɛ̈] „Käse" – [gebnɛ̈] „unsere Tasche". Für diesen Fall wären /e/ und /o/ als Phoneme anzusetzen. Dies gilt jedoch nicht bei normaler Sprechgeschwindigkeit, für die /i/ bzw. /u/ als Kürzungsprodukt von /ē/ bzw. /ō/ steht, s. unten 1.3.2.2 und NORLIN (1987) 47 ff. Aus Gründen der Transparenz schreiben wir jedoch die Grapheme ⟨*e*⟩ und ⟨*o*⟩ in der Umschrift anstelle von ⟨*i*⟩ und ⟨*u*⟩: *gebna* „unsere Tasche", *'olna* „unsere Rede" etc.

1.1.1.2 Realisierung

1.1.1.2.1 Kurze Vokale

/i/: [ɪ] wenn unbeeinflußt von der Umgebung, ungespannt: *šilt* [ˈʃɪlt] „ich trug"; *mišyu* [ˈmɪʃju] „sie gingen"; *sikka* [ˈsɪkkɛ̈] „Weg".

[ɛ] vor silbenschließenden Pharyngalen: *tiʿmil* [ˈtɛʕmɪl] „sie macht"; *ṭiliʿ* [ˈt̶ilɛʕ] „er stieg hinauf"; *iḥna* [ˈʔɛħnɛ̈] „wir".

[ɨ] in der Nachbarschaft von /q/ und von emphatischen Konsonanten: *qidir* [ˈqɨdɨr] „konnte"; *ṭifl* [ˈt̶ɨfl] „Kind"; *ḍill* [ˈd̶ɨl:] „Schatten".

[e] betont vor /yy/: *hiyya* [ˈheyyɛ̈] „sie"; *fiyya* [ˈfeyyɛ̈] „in mir"; betont vor /a/ in der folgenden Silbe: *lina* [ˈlenɛ̈] „für uns"; *kida* [ˈkedɛ̈] „so"; betont in Pausa vor [h]: *ahí* [ʔaˈhe] „da ist ...!".

[ə] epenthetisch und unbetont vor Wortjunktur im Sandhi, geschrieben als *-ỉ* : *baᶜdỉ kida* [ˌbaʕdəˈkɪdɛ̈] „danach".

/u/: [ʊ] wenn unbeeinflußt von der Umgebung, ungespannt: *uskut* [ˈʊskʊt] „schweig!"; *kulluhum* [kʊˈlːʊhʊm] „sie alle"; *aškurik* [ʔaʃˈkʊrɪk] „ich danke dir [f.]".

[o] in der Umgebung von Pharyngalen: *ḥubb* [ħobb] „Liebe"; *yikuḥḥ* [jiˈkoħː] „er hustet"; betont und mit /a/ in der folgenden Silbe: *aškurak* [ʔaʃˈkoʀɑk]; betont in Pausa vor [h]: *ahú* [ʔaˈho] „da ist ...!". Auch vor /w/: *huwwa* [howːɛ̈] „er".

[ʉ] bei emphatischer Umgebung: *ṣulb* [ˈsʉɫb] „Stahl"; *šunaṭ* [ˈʃʉʜɑt] „Taschen"; *ḍuhr* [ˈdʉhʀ] „Nachmittag".

/a/: [ɛ̈] unbeeinflußt von der Umgebung: *sana* [ˈsɛ̈nɛ̈] „Jahr"; *katab* [ˈkɛ̈tɛ̈b] „er schrieb"; *bass* [ˈbɛ̈sː] „nur".

[a] offener bei Nachbarschaft von Pharyngalen: *ᶜamal* [ˈʕamɛ̈l] „er machte"; *balaḥ* [ˈbɛ̈laħ] „Dattel"; *ḥadd* [ˈħadː] „jemand".

[ɑ] weiter hinten bei Nachbarschaft von /q/ und emphatischen Konsonanten: *qatal* [ˈqɑtɛ̈l] „er tötete"; *naqal* [ˈnɑqɑl] „er transportierte"; *ṭalab* [ˈtɑlɑb] „Bestellung"; *faṣl* [ˈfɑsɫ] „Klasse".

Anmerkung: In anglophoner Literatur wird /a/ wie auch /ā/ in IPA-Umschrift als [æ] bzw. [æː] wiedergegeben, d.h. mit dem gleichen Zeichen, das für *a* engl. *cat, hat* etc. gebraucht wird. Kairenisches /a/ und /ā/ sind aber deutlich weniger offen und mehr zentralisiert als das englische [æ] bzw. [æː]. Aus diesem Grunde erscheinen [ɛ̈] oder [å] des IPA-Alphabets geeigneter, das /a/, /ā/ des Kairenischen wiederzugeben.

1.1.1.2.2 Lange Vokale

/ī/: [iː] unbeeinflußt von der Umgebung: *mišīt* [mɪˈʃiːt] „ich ging"; *fīl* [ˈfiːl] „Elefant"; *dīn* [ˈdiːn] „Religion".

[iːᵃ] mit Abglitt vor silbenschließenden Pharyngalen: *rīḥ* [ˈriːᵃħ] „Wind"; *mafatīḥ* [mɛ̈fɛ̈ˈtiːᵃħ] „Schlüssel"; *yibīᶜ* [jiˈbiːᵃʕ] „er verkauft".

[ɪː] bei /q/ und emphatischen Konsonanten: *daqīqa* [dɑˈqɪːqɑ] „Minute"; *ṭīn* [ˈtɪːn] „Erde"; *ṣīn* [ˈsɪːn] „China".

/ē/: [eː] unbeeinflußt durch die Umgebung: *fēn* [ˈfeːn] „wo?"; *bēt* [ˈbeːt] „Haus".

[eːᵃ] mit Abglitt vor silbenschließendem Pharyngal: *ʾēḥ* [ˈʔeːᵃħ] „Eiter"; *bēᶜ* [ˈbeːᵃʕ] „Verkauf".

[eːᵊ] mit Abglitt vor silbenschließenden emphatischen Konsonanten: *ġēṭ* [ˈɣeːᵊt] „Feld".

/ū/: [uː] unbeeinflußt von der Umgebung: *būma* [ˈbuːmɛ̈] „Eule"; *mašhūr* [mɛ̈ʃˈhuːr] „berühmt".
[uːᵃ] mit Abglitt vor silbenschließendem Pharyngal: *mabḥūḥ* [mabˈħuːᵃħ] „heiser"; *mamnūʿ* [mɛ̈mˈnuːᵃʕ] „verboten".

/ō/: [oː] unbeeinflußt durch die Umgebung: *dōl* [ˈdoːl] „diese pl."; *sōda* [ˈsoːdɛ̈] „schwarze [pl.]".
[oːᵃ] mit Abglitt vor silbenschließendem Pharyngal: *nōʿ* [ˈnoːᵃʕ] „Sorte"; *lōḥ* [ˈloːᵃħ] „Brett".
[oːᵊ] mit Abglitt vor silbenschließenden Emphatischen: *ḥōḍ* [ˈħoːᵊdˤ] „Bekken"; *šōṭ* [ˈʃoːᵊtˤ] „Halbzeit".

/ā/: [ɛ̈ː] unbeeinflußt durch die Umgebung: *bāb* [ˈbɛ̈ːb] „Tür"; *kitāb* [kɪˈtɛ̈ːb] „Buch".
[ɑː] bei Emphatischen und /q/: *ṭāb* [ˈtˤɑːbˤ] „wurde gut"; *ṛās* [ˈʀɑːs] „Kopf"; *bāṭ* [ˈbˤɑːtˤ] „Achsel"; *ballāṣ* [bˤɑˈlˤːɑːs] „Wasserkrug"; *qām* [ˈqɑːm] „er stand auf".
[aː]~ [ɛ̈ː] vor und nach /ʿ/ und /ḥ/ kann die Aussprache zwischen diesen beiden Allophonen variieren: *sāʿa* [ˈsɛ̈ːʕa] ~ [ˈsaːʕa] „Uhr"; *wāḥid* [ˈwɛ̈ːħɛd] ~ [ˈwaːħɛd] „eins".

Anmerkung: Die Neigung /ā/ [ɛ̈ː] als [ɛː] zu sprechen, die bis zu [eː] gehen kann (Imāla), ist bei Frauen ausgeprägter als bei Männern. Zu [ɛ̈ː], s. oben 1.1.1.2.1 Anm.

1.1.1.3 Oppositionen

a. Kurze Vokale
Für alle denkbaren Oppositionen gibt es Minimalpaare, freilich wird die Opposition /i/ – /u/ in vortoniger Silbe wenig genutzt:

a – i	*šadd – šidd*	„er zog" – „zieh!"
	šaʾi – šiʾi	„ungezogen" – „er mühte sich ab"
	faṛāša – firāša	„Schmetterling" – „Heiratsgut"
	taʿbān – tiʿbān	„müde" – „Schlange"
	šaʾa – šaʾi	„Mühsal" – „ungezogen"
a – u	*šarba – šurba*	„Purgativ" – „Suppe"
	baka – buka	„er weinte" – „Weinen"
	ġana – ġuna	„er bereicherte" – „Singen"
	gamāl – gumāl	„Schönheit" – „schöne [pl.]"
	balṭa – balṭu	„Axt" – „Mantel"
i – u	*filla – fulla*	„Kork" – „Jasminblüte"
	ġina – ġuna	„Reichtum" – „Singen"
	gimāl – gumāl	„Kamele" – „schöne [pl.]"
	ilBiḥēra – ilbuḥēra	„die Provinz Biḥēra" – „der See"
	imši – imšu	„geh!" – „geht!"

b. Lange Vokale
Auch hier sind alle Oppositionen zu belegen.

ā – ē – ī – ō – ū	*dāṛ – dēr – dīr – dōr – dūr*
	„Haus“ – „Kloster“ – „dreh!“ – „Reihe“ – „dreh dich!“
ā – ē – ī – ū	*šāl – šēl – šīl – šūl*
	„er trug“ – „Tragen“ – „trage!“ – „Linkshänder [pl.]“
ā – ō – ū	*ṣām – ṣōm – ṣūm*
	„er fastete“ – „Fasten“ – „faste!“
ā – ī – ū	*fāl – fīl – fūl*
	„Omen“ – „Elefant“ – „Saubohnen“
ē – ī – ū	*dēn – dīn – dūn*
	„Schuld“ – „Religion“ – „gemein“

c. Oppositionen zwischen langen und kurzen Vokalen kann es nur in offener und betonter Silbe geben, s. unten 1.1.1.4 und 1.3.2.2. Beispiele:

ā – a	*šāfit – šafit*
	„sie sah“ – „sie heilte“
ī – i	*ġīra – ġira*
	„Eifersucht“ – „Leim“
ū – u	*mūna – Muna*
	„Mörtel“ – „Mona“ (Vorname)

Oppositionen zwischen /ē/ und /e/ sind ausgeschlossen, da /e/ nur in unbetonter und geschlossener Silbe auftritt, /ē/ dagegen immer betonter Silbe, s. 1.1.1.4. Gleiches gilt für /ō/ – /o/.

1.1.1.4 Distribution der Vokale
Für die Distribution der langen und der kurzen Vokale gelten die folgenden Regeln, s. auch 1.3.2.2:

> Lange Vokale stehen nur in betonter Silbe.
> Lange Vokale stehen nur vor einem Konsonanten, nie vor zwei.

In unbetonter Position und vor Doppelkonsonanz ist die Opposition lang – kurz zugunsten der kurzen Vokale aufgehoben (neutralisiert).

Es gibt daher auch keine langen unbetonten Vokale am Wortende. Die Vokale dort werden kurz realisiert, wenn sie unbetont sind: *katabti, ismu, inta, šāfu* usw.

Bei aus dem Harab. entlehnten Wörtern kann in dem Fall, daß dort ein langer Vokal vor einem langen Konsonanten erlaubt ist (aktives Partizip der Verba med.gem.), auch in dialektaler Aussprache der lange Vokal erhalten bleiben. Beispiele sind *mudīr ʿāmm* „Generaldirektor“ und *ʾalam ǧāff* „Kugelschreiber“, wobei der auslautende lange Konsonant in der Aussprache gekürzt wird. S. das Wortspiel unten 1.2.1.2 Anm. 4.

1.1.2 Konsonanten

1.1.2.1 Inventar

Ort:[1] / Art:	1	2	3	4	5	6	7	8
Plosive								
stimmlos			*t*		*k*	*(q)*		*ʾ*
emphatisch			*ṭ*		*(ḳ)*			
stimmhaft	*b*		*d*		*g*			
emphatisch	*(ḅ)*		*ḍ*					
Frikative und Sibilanten								
stimmlos		*f*	*s*	*š*	*x*		*ḥ*	*h*
emphatisch			*ṣ*					
stimmhaft		*(v)*	*z*	*(ž)*	*ġ*		*ʿ*	
emphatisch			*ẓ*					
r-Laute			*r*					
emphatisch			*ṛ*					
Laterale			*l*					
emphatisch			*(ḷ)*					
Nasale	*m*		*n*					
emphatisch	*(ṃ)*							
Halbvokale	*w*			*y*				

A n m e r k u n g 1 : Ein Punkt unter dem Konsonanten bezeichnet die emphatischen Konsonanten (außer bei *ḥ*, s. 1.2.8.1 Anm.). Marginale Phoneme stehen in Klammern. /v/ und /ž/ kommen in Lehnwörtern vor.

A n m e r k u n g 2 : Die phonologische Relevanz der sekundär emphatischen Konsonanten kann durch Minimalpaare nachgewiesen werden:

/r/–/ṛ/:	*firān*	– *fiṛān*	„Mäuse“	–	„Backöfen“
	girān	– *giṛān*	„Nachbarn“	–	„Tennen“
	gāri	*gāṛi*	„laufend“	–	„mein Nachbar“
/m/–/ṃ/:	*mayy*	– *ṃayya*	„ein Mädchenname“	–	„Wasser“
	yamma	– *yaṃṃa*	„Richtung“	–	„Mutter!“
/b/–/ḅ/:	*bābu*	– *ḅāḅa*	„seine Tür“	–	„Papa“
	ʾabla	– *ʾaḅla*	„zuvor“	–	„Fräulein“
/l/–/ḷ/:	*hall*	– *haḷḷa*	„anfangen“	–	„wie wundervoll!“
	alla	– *aḷḷa*	„nun, denn“	–	„Allah!“

Alle Konsonanten erhalten durch Assimilation emphatische Varianten, s. 1.2.8.2.2. Sie können gelängt werden und zählen dann phonologisch als zwei Konsonanten.

1 Artikulationsort: 1 = bilabial, 2 = labio-dental, 3 = alveolar, 4 = palatal, 5 = velar, 6 = postvelar, 7 = pharyngal, 8 = laryngal (glottal).

Länge und Kürze sind phonologisch relevant und ergeben Minimalpaare: *baṭal* „Held" – *baṭṭal* „hör auf!", *ḥamām* „Tauben" – *ḥammām* „Badezimmer".

1.1.2.2 Realisierung[2]

/t/ [t] dental, Verschlußlaut, stimmlos; nicht aspiriert im Anlaut und intervokalisch: *tīn* „Feigen"; *kitīr* „viel"; pausal auch aspiriert: *katabt* [kɛ̈tɛ̈ptʰ]# „ich schrieb".

/k/ [k] velar, Verschlußlaut, stimmlos; nicht aspiriert im Anlaut und intervokalisch: *kalb* „Hund"; *tiktib* „du [m.] schreibst"; pausal auch aspiriert: *samak* [ˈsɛ̈mɛ̈kʰ] „Fisch".

/q/ [q] postvelar, Verschlußlaut, stimmlos; marginal, in Bildungswörtern aus dem Hocharabischen: *ilQurʾān* „der Koran"; *inqilāb* „Umsturz"; *qaṛya* „Dorf"; *ṛaqam* „Nummer". Nicht selten wird /q/ als velarisiertes [k] = [ƙ] gesprochen: *iḳtiṣadiyya* „wirtschaftlich"; *gabal ilmuḳaṭṭam* (= *ilmuqaṭṭam*) „der Muqaṭṭam-Berg". Zu humoristischen Zwecken kann es /k/ ersetzen: *sibtⁱ f-Maṣrⁱ ḥittit dīn qaṭqūṭa* (*katkūta*) „ich habe in Kairo 'ne dufte Biene zurückgelassen" [ME].

/ṭ/ [ƫ] dental, Verschlußlaut, stimmlos, emphatisch: *ṭifl* „Kind"; *baṭal* „Held"; *balāṭ* „Fließen".

/ḳ/ [ƙ] velar, Verschlußlaut, stimmlos, emphatisch; als Ersatz für postvelares /q/ in Bildungswörtern: *iḳtiṣād* „Ökonomie".

/ʾ/ [ʔ] laryngal, Verschlußlaut, stimmlos (Hamz, glottal stop); in allen Positionen: *ʾalb* „Herz"; *naʾl* „Transport"; *saʾal* „er fragte"; *salʾ* „Mangold". /ʾ/ < */ʾ/ und /ʾ/ < */q/ werden gleich ausgesprochen.

/b/ [b] bilabial, Verschlußlaut, stimmhaft; in Pausa stimmlos und aspiriert: *katab* [ˈkɛ̈tɛ̈pʰ]# „er schrieb"; *bard* „Kälte"; *gabal* „Berg".

/d/ [d] dental, Verschlußlaut, stimmhaft; in Pausa stimmlos und aspiriert: *dēn* „Schuld"; *badla* „Anzug"; *balad* [ˈbɛ̈lɛ̈tʰ]# „Ort".

/g/ [g] velar, Verschlußlaut, stimmhaft; in Pausa stimmlos und aspiriert: *gild* „Haut"; *figl* „Rettich"; *namōzag* [nɛ̈ˈmoːzɛ̈kʰ]# „Modell".

---

2 Zur Aussprache der emphatischen Konsonanten s. ferner unten 1.2.8.1.

/ḅ/ [ɓ] bilabial, Verschlußlaut, stimmhaft, emphatisch: *ḅāḅa* „Papa".

/ḍ/ [ɗ] dental, Verschlußlaut, stimmhaft, emphatisch: *ḍuhr* „Mittag"; *maḍa* „er unterschrieb"; *ġamaḍ* „er schloß [die Augen]".

/f/ [f] labiodental, frikativ, stimmlos: *filūs* „Geld"; *ʼafal* „er schloß"; *malaff* „Dossier".

/s/ [s] alveo-dental, Sibilant, stimmlos: *salīm* „unversehrt"; *xamsa* „fünf"; *šams* „Sonne".

/š/ [ʃ] präpalatal, Sibilant, stimmlos: *šams* „Sonne"; *kabš* „Widder"; *miši* „er ging".

/x/ [x] postvelar, frikativ, stimmlos: *xuff* „Kamelpfote"; *dāxil* „innen"; *zinix* „ranzig".

/ġ/ [ɣ] postvelar, frikativ, stimmhaft: *ġāli* „teuer"; *bulġa* „Lederpantoffel"; *sidġ* „Kinnbacke".

/ḥ/ [ħ] pharyngal, frikativ, stimmlos: *ḥasad* Neid"; *naḥl* „Biene"; *yimsaḥ* „er wischt".

/h/ [h] laryngal, frikativ, stimmlos; in allen Positionen: *hawa* „Luft"; *nadah* „er rief"; *ʼahwa* „Kaffee"; *ʿala mahlak* „langsam!".

/ṣ/ [s] alveo-präpalatal, Sibilant, stimmlos, emphatisch: *ṣudfa* „Zufall"; *baṣala* „Zwiebel"; *ballāṣ* „Wasserkrug".

/v/ [v] labiodental, frikativ, stimmhaft; in Lehnwörtern: *villa* „Villa" *mitnarvis* „nervös". Dafür oft /f/: *filla*, *mitnarfis* oder /b/: *billa* für *villa*, *abukātu* „Advokat" (ital. *avvocato*).

/z/ [z] apiko-alveolar, Sibilant, stimmhaft: *zēt* „Öl"; *ʿazīz* „lieb"; *markaz* „Zentrum".

/ž/ [ʒ] palato-alveolar, Sibilant, stimmhaft; in Lehnwörtern: *abažūṛa* „Nachttischlampe"; *žakitta* „Jackett"; *žambōn* „Schinken"; *žarkin* „Kanister"; /ž/ in gebildeter Sprache; sonst durch /š/ oder /z/ ersetzt: *gaṛāš* „Garage"; *zakitta* „Jackett".

/ʿ/ [ʕ] pharyngal, frikativ, stimmhaft: *ʿēn* „Auge"; *ziʿil* „er wurde wütend"; *kūʿ* „Ellenbogen".

/ẓ/ [z̴] alveo-präpalatal, Sibilant, stimmhaft, emphatisch: *ẓarf* „Briefumschlag“; *nāẓir* „Vorsteher“; *mikalbaẓ* „plump“.

/r/ [r] apiko-alveolar, vibrantisch, stimmhaft:[3] *rigl* „Fuß“; *siriʾ* „er hat gestohlen“; *bizr* „Samenkörner“.

/ṛ/ [r̴] apiko-alveolar, vibrantisch, stimmhaft, emphatisch: *ṛās* „Kopf“; *ḥaṛām* „verboten“; *ḥagaṛ* „Stein“.

/l/ [l] apiko-alveolar, lateral, stimmhaft: *lōn* „Farbe“; *balad* „Ort“; *gabal* „Berg“.

/ḷ/ [ɫ] apiko-alveolar, lateral, stimmhaft, emphatisch: *yaḷḷa* „auf geht's!“.

/m/ [m] bilabial, nasal: *mōt* „Tod“; *šams* „Sonne“; *ʾalam* „Stift“.

/ṃ/ [m̴] bilabial, nasal, emphatisch: *ṃāṃa* „Mamma“; *ṃayya* „Wasser“.

/n/ [n] apiko-alveolar, nasal: *nūr* „Licht“; *ʿand* „bei“; *ʿōn* „Hilfe“.

/w/ [w] bilabial, Approximant. stimmhaft (wie Engl. w): *walad* „Junge“; *dawša* „Lärm“; *girw* [ˈgɪrw] „Welpe“.

/y/ [j] palatal, Approximant, stimmhaft: *yōm* „Tag“; *ṃayya* „Wasser“; *gidy* [ˈgɪdj] „Böckchen“.

A n m e r k u n g : Vor Pausa werden die stimmhaften Konsonanten, auch die Nasale und Liquiden, stimmlos und oft mit Aspiration realisiert, s. 1.2.1.1. Zur Realisierung von anlautendem /ʾ/ < /*ʾ/ s. 1.3.3.

1.1.3 Varianten

Individuelle Schwankungen zwischen einer offeneren und einer geschlosseneren Aussprache von /i/ und /u/ treten bei vielen Sprechern auf, z.B. *filla* [fɪllɛ̈ ~ fellɛ̈] „Korken“, *umm* [ʊmm ~ omm] „Mutter“. Gelegentlich sind Schwankungen zwischen /ō/ und /ū/ festzustellen: *ṛūḥ* ~ *ṛōḥ* „Seele“, *kūsa* ~ *kōsa* „Zucchini“, *būxa* ~ *bōxa* „Wasserdampf“. Die Stärke der Imāla von /ā/ variiert bei Frauen zwischen [ɛ̈ː] und [eː].

Sprecher ohne Fremdsprachenkenntnis ersetzen /ž/ durch /z/: *zambōn* „Schinken“, *zakitta* „Jackett“, und /v/ durch /f/ oder /b/: *villa* ~ *filla* ~ *billa* „Villa“, und

3 Uvulares /r/ kommt nicht selten vor, gilt aber als fehlerhaft.

/q/ durch emphatisches /ḳ/ [k̴]: *iḳtiṣād* „Ökonomie". Schwankungen treten auf zwischen:

/n/ ~ /l/:	*kaṛakōn* ~ *kaṛakōl* „Polizeirevier"; *Ismaʿīn* ~ *Ismaʿīl* „Ismael"; *ʿunwān* ~ *ʿulwān* „Adresse"; *gōn* ~ *gōl* „Tor" (Fußball) *yahantaṛa* ~ *yahaltaṛa* „ob wohl ...?" (Fragepartikel); *ilBaṭniyya* ~ *ilBaṭliyya* „Stadtteil von Kairo"
/l/ ~ /r/	*nisīl* ~ *nisīr* „Fasern"; *milahlaṭ* ~ *mirahraṭ* „schwabbelig"; *talfīḥa* ~ *tarfīḥa* „feiner Schal"
/k/ ~ /ʾ/:	*kāwiḥ* ~ *ʾāwiḥ* „s. aufmotzen"; *kašaṭ* ~ *ʾašaṭ* „abkratzen, abschleifen"
/n/ ~ /m/	*banzīn* ~ *banzīm* „Benzin"; *šilin* ~ *šilim* „5-Piaster-Stück"; *Faṭna* ~ *Faṭma* „Fāṭima"; *naṭar* ~ *maṭar* „Regen"; *gurnān* ~ *gurnāl* „Zeitung"
/b/ ~ /m/	im Substandard: *banṭalōn* ~ *manṭalōn* „Hose"; *rubatizm* ~ *rumatizm* „Rheumatismus"
/b/ ~ /f/	*barwil* ~ *farwil* „zerbröseln"; *baranda* ~ *faranda* „Veranda"

1.1.4 Alliterationen

In vielen idiomatischen Phrasen wird ein Ausdruck wiederholt, wobei der erste Konsonant durch /m/ ersetzt wird (*mīm*-Alliteration): *ma-lūš daʿwa wala maʿwa* „es geht ihn gar nichts an"; *dawwaṛti̊ ʿalē fi ṣalʾaṭ malʾaṭ* „ich habe überall nach ihm gesucht"; *kulli̊ ḥīn wi mīn* „dann und wann, ab und zu"; *yišurri̊ ʿaṛaʾu maṛaʾu* „er schwitzt wie verrückt"; *xāliṣ māliṣ bāliṣ* „überhaupt gar nicht"; *ziʿēṭ wi miʿēṭ wi naṭṭāṭ ilḥēṭ* „Hinz und Kunz"; *šaʾāni wi maʾāni* „großartig, fabelhaft"; *yitḥangil yitmangil* „auf einem Fuß rumhüpfen"; *bala kāni wala māni* „ohne Ausflüchte"; *haṛag wi maṛag* „Kuddelmuddel".

Mit /b/: *šēla bēla* „alles auf einmal"; *fi ḥēṣ bēṣ* „total verwirrt"; *ʿayānan bayānan* „öffentlich"; *ḥatatak batatak* „in aller Eile".

1.2 Phonotaktik

1.2.1 Pausalerscheinungen

1.2.1.1 Entsonorisierung

In Pausa werden auslautende stimmhafte Konsonanten und Konsonantenbündel mit Ausnahme von /ʿ/ stimmlos:

katab	[ˈkɛ̈tɛ̈pʰ]#	„schreiben"	*balad*	[ˈbɛ̈lɛ̈tʰ]#	„Ort"
nadaġ	[ˈnɛ̈dɛ̈x]#	„kauen"	*nadġ*	[ˈnɛ̈tx]#	„Kautabak"
ism	[ˈʔism̥]#	„Polizeistation"	*ʾifl*	[ˈʔifl̥]#	„Schloß"
ʾaḅṛ	[ˈʔɑp̴r̴̥]#	„Grab"	*mašy*	[ˈmɛ̈ʃç]#	„Gehen"

Ebenso /i/ und /u/ fakultativ nach stimmlosen Konsonanten: *dilwaʾti* [dɪlwɛ̈ʔti̥]# „jetzt"; *miš waʾtu* [wɛ̈ʔtu̥]# „das ist nicht die Zeit dazu".

1.2.1.2 Geminatenreduktion

Geminaten (lange Konsonanten) werden vor Pause reduziert: *xadd* „Wange" = *xad* „er nahm" > [xad̥]#. Doch bleibt die Opposition indirekt erhalten, da das /a/ in *xadd* kürzer und gespannter gesprochen wird als in *xad*.[4]

1.2.1.3 Pausal-Imāla

Auslautendes /a/ in Pausa unterliegt im heutigen Kair. nicht der Imāla zu [eh], [e], [ɪh], [ɪ] wie in den ländlichen Dialekten: *warda* [wɛ̆rdɛ̆]# „Blume", nicht [wɛ̆rdeh ~ ɪh].[5]

1.2.1.4 Kurze Vokale in Pausa

Kurze betonte Vokale gibt es im Auslaut der folgenden drei Wörter; sie erhalten in Pausa oft einen Abglitt [h]: *ahú* [ʔa'hoh]#, *ahí* [ʔa'heh]# „da ist ...! [f.]", *al̤l̤áh* [ʔɑɫ'ɫɑh] „Allah!".

1.2.1.5 /h/ nach langen Vokalen in Pausa (-v̄h#)

Finales auslautendes /h/ des Possessivsuffixes der 3.sg.m. wird meist nicht ausgesprochen. -v̄# alterniert hier mit -v̄h# auch im Kontext:[6]

insā(h)	„vergiß ihn!"	*insī(h)*	„vergiß ihn! f."	*šuftū(h)*	„ihr habt ihn gesehen"

Ebenso *ēh* ~ *ē*, vor folgendem Vokal ist /h/ hier nicht selten zu hören: *ēh illi gaybak hina* „was bringt dich hierher", auch in *dehda* „was ist denn das!" (< **da ʾēh da*). Ebenso wechseln *al̤l̤āh* ~ *al̤l̤ā* „Allah" und *ginēh* ~ *ginē* „äg. Pfund". Mit Wegfall von /h/: *ē lli gābak* „was hat dich hierher gebracht?"; *axū ttawʾam* „sein Zwillingsbruder". Vgl. auch *fiʾi* „Rechtsgelehrter" (**faqīh*), und den Pl. *fuʾaha* dazu.

1.2.2 Distribution der segmentalen Phoneme

Vokale kommen nicht im Silbenanlaut vor, da jede Silbe mit einem Konsonanten beginnen muß. Konsonanten stehen im Silbenanlaut und im Silbenauslaut, nicht im Silbenkern. Alle segmentalen Phoneme treten lang und kurz auf, d.h. es gibt lange Vokale und lange Konsonanten (Geminaten).

---

4 Doppelkonsonanz reimt mit einfacher Konsonanz wie im folgenden Wortspiel: *kān fī itnēn mudirīn, wāḥid ʿām(m) wāḥid ġiriʾ* „es waren einmal zwei Direktoren, ein(er) Generaldirektor (~ schwamm), einer ging unter". Die Aussprache von *ʿāmm* „General-" muß so sein, daß ein *ʿām* „er schwamm" assoziiert werden kann.

5 Die heutige Situation trat erst zu Beginn des 20.Jh. ein, davor war Pausal-Imāla in Kairo vorherrschend, s. Blanc (1973-74) und Willmore (1919) S.3 Fn.2 u. S.5.

6 Bei Antritt weiterer Suffixe erscheint /h/ wieder: *ma-šuftuhūš* „ihr habt ihn nicht gesehen", s. unten 2.1.2.2.

A n m e r k u n g : In der hier verwendeten phonologischen Umschrift wird das anlautende, aber elidierbare [ʔ], s. 1.3.3., im Anlaut eines Wortes nicht notiert, um es von dem festen und nicht-elidierbaren [ʔ] = /ʾ/ zu unterscheiden.

1.2.3 Phonembündel

1.2.3.1 Konsonantenbündel

Konsonantenbündel gibt es nur im Inlaut und im Auslaut, nicht im Anlaut. An einem Bündel sind nie mehr als zwei Konsonanten beteiligt. Es gibt keine spezifischen Inkompatibilitäten, außer daß in den meisten Fällen durch Assimilation die beiden beteiligten Konsonanten entweder stimmhaft oder stimmlos sind.[7]

1.2.3.1.1 Stimmhaftigkeit in Konsonantenbündeln

Die Stimmhaftigkeit wird vom letzten Konsonanten K_2 eines Bündels bestimmt, wenn dieser ein Verschlußlaut oder Frikativ ist:

$$\underset{[-\alpha\ \text{son}]}{K_1} \rightarrow \underset{[\alpha\ \text{son}]}{K_1} \ / \ \underline{\qquad} \ \underset{[\alpha\ \text{son}]}{K_2}$$

(son = Sonorität, α = +/-)

1.2.3.1.1.1 Regressive Sonorisierung

Stimmlose Verschlußlaute und Frikative werden vor stimmhaften Konsonanten obligatorisch stimmhaft:

/x + z/	>	[ɣz]	*maxzan*	[ˈmɛ̈ɣzɛ̈n]	„Lagerraum“
/x + d/	>	[ɣd]	*yixdim*	[ˈyɪɣdɪm]	„er arbeitet“
/s + d/	>	[zd]	*isdās*	[ʔɪzˈdɛ̈:s]	„Sechstel“
/s + b/	>	[zb]	*usbūʿ*	[ʔuzˈbu:ᵃʕ]	„Woche“
/s + g/	>	[zg]	*masgūn*	[mɛ̈zˈgu:n]	„im Gefängnis sitzend“
/š + b/	>	[ʒb]	*yišbaʿ*	[ˈyɪʒbaʕ]	„er wird satt“
/ṣ + b/	>	[ƶb]	*uṣbur*	[ˈʉƶƀʉɼ]	„sei geduldig!“
/k + d/	>	[gd]	*yikdib*	[ˈyɪgdɪb]	„er lügt“
/k + z/	>	[gz]	*yikzib*	[ˈyɪgzɪb]	„er lügt“
/t + g/	>	[dg]	*ma-tgibūš*	[mɛ̈dgiˈbu:ʃ]	„bringt nicht!“
/t + z/	>	[dz]	*asatza*	[ʔɛ̈ˈsɛ̈dzɛ̈]	„Professoren“
/t + ġ/	>	[dɣ]	*yitġadda*	[jɪdˈɣɛ̈d:ɛ̈]	„er ißt zu Mittag“
/f + ḍ/	>	[ꝟđ]	*yifḍal*	[jɨꝟđɑɫ]	„er bleibt“

Dieselbe Regel gilt auch im Satz über Wortgrenzen hinweg (Sandhi): /x + ġ/ > [ɣ:] *nusax ġalya* [ˌnʊsɛ̈ˈɣ:ɛ̈lyɛ̈] „teure Exemplare“; /k + g/ > [gg] *hinād gasad* [hɪnɛ̈ˈg:ɛ̈sɛ̈d] „dort ist ein Leichnam“.

7 Zur Assimilation von /l/ des Artikels und von /t/ der t-Stämme s. unten 2.4.9.5.1 und 2.3.3.2.3.

Die Stimmtonassimilation unterbleibt vor den stimmhaften Frikativen /ᶜ/ und /ġ/ und vor Nasalen, Liquiden und Approximanten:

/s + ᶜ/	>	[sʕ]	*tisᶜa*	[ˈtɪsʕa]	„neun“
/t + ᶜ/	>	[tʕ]	*yitᶜab*	[ˈjɪtʕab]	„er wird müde“
/k + ᶜ/	>	[kʕ]	*makᶜūm*	[mɛ̈kˈʕuːm]	„verbogen“

/ḥ/ wird vor stimmhaftem Konsonant nicht stimmhaft:

/ḥ + d/	>	[ħd]	*maḥdūd*	[maħˈduːd]	„begrenzt“
/ḥ + b/	>	[ħb]	*maḥbūb*	[maħˈbuːb]	„beliebt“

Ausnahme ist die Position vor dem stimmhaften /ᶜ/, an welches sich /ḥ/ total assimilieren kann:

/ḥ + ᶜ/	>	[ʕː]	*ṛāḥ ᶜa lbēt*	[ˌʀɑʕːalˈbeːt]	„er ging nach Hause“

/ᵓ/ assimiliert sich total an folgendes /ᶜ/:

/ᵓ + ᶜ/	>	[ʕː]	*yuᵓᶜud*	[ˈyuʕːud]	„er bleibt“

1.2.3.1.1.2 Regressive Entsonorisierung

Stimmhafte Verschlußlaute und Frikative werden vor stimmlosen Konsonanten obligatorisch stimmlos:

/d + t/	>	[tː]	*xadtu*	[ˈxɛ̈tːʊ]	„ihr nahmt“
/d + x/	>	[tx]	*madxal*	[ˈmɛ̈txɛ̈l]	„Eingang“
/d + k/	>	[tk]	*baladkum*	[bɛ̈ˈlɛ̈tkʊm]	„euer Dorf“
/b + t/	>	[pt]	*katabt*	[kɛ̈ˈtɛ̈ptʰ]	„ich schrieb“
/b + ṣ/	>	[ps]	*yibṣum*	[ˈjɪ̵psʉm]	„er druckt ab“
/g + s/	>	[ks]	*agsām*	[ʔakˈsɛ̈ːm]	„Körper pl.“
/z + t/	>	[st]	*xabazt*	[xaˈbɛ̈stʰ]	„ich backte“
/z + f/	>	[sf]	*azfat*	[ˈʔɛ̈sfɛ̈tʰ]	„schlimmer“
/ġ + t/	>	[xt]	*ballaġt*	[bɛ̈lˈlaxt]	„ich zeigte an“
/ġ + f/	>	[xf]	*istaġfaṛ*	[ʀuxˈfɛ̈ːn]	„Brotfladen pl.“
/ġ + s/	>	[xs]	*yiġsil*	[ˈjɪxsɪl]	„er wäscht“
/ᶜ + ṭ/	>	[ħƫ]	*aṛbaᶜṭāšaṛ*	[ɑʀbɑħˈƫɑːʃɑʀ]	„vierzehn“
/ᶜ + š/	>	[ħʃ]	*ma-yisraᶜš*	[mɛ̈jɪsˈraħʃ]	„er eilt nicht“

Die Entsonorisierung von /ᶜ/ vor /h/ zu /ḥ/ führt fakultativ weiter zur Assimilation von /h/ an dieses /ḥ/ und damit zur Totalassimilation mit dem Resultat /ḥḥ/ [ħħ]:

/ᶜ + h/	>	[ħː]	*maᶜhad*	[ˈmaħːad]	„Institut“
/ᶜ + h/	>	[ħː]	*simiᶜha*	[sɪˈmɛħːa]	„er hörte sie“

1.2.3.1.2 Zischlaute
In Kontaktstellung erfolgt regelmäßig regressive und totale Assimilation:

/z + š/	>	[ʃː]	*ma-xabazš*	[mɛ̈xɛ̈ˈbɛ̈ʃː]	„er backte nicht“
/š + z/	>	[zː]	*iš zayyak*	[ɪˈzːɛ̈yːɛ̈k]	„wie geht es dir?“
			ma-fīš zayyu	[mɛ̈fiˈzːɛ̈jːu]	„es gibt keinen wie ihn“

aber:

/ṣ + š/	>	[sː]	*ma-xallaṣṣ*	[mɛ̈xɛ̈ˈlːɛ̈sː]	„er beendete nicht“

1.2.3.1.3 Nasale
In Kontaktstellung erfolgt regelmäßig regressive und partielle Assimilation an folgendes /b/ und /f/:

/n + b/	>	[mb]	*yinbiṣiṭ*	[jɪmˈbɨs̴ɨt̴]	„er freut sich“
			ʾanbūba	[ʔɛ̈mˈbuːbɛ̈]	„Gasflasche“
/n + f/	>	[nf]	*yunfux*	[ˈjʊɱfʊx]	„blasen“
			galanf	[gɛ̈ˈlɛ̈ɱf]	„grob, ungehobelt“

Anmerkung: Totale Assimilation kann eintreten in *ʿamnawwil* > *ʿannawwil* „voriges Jahr“. *yinʿan* < *yilʿan* „er verflucht“ kann als Fernassimilation gesehen werden.

1.2.3.1.4 Liquiden
Totale und regressive Assimilation (fakultativ)

/n + l/	>	[ll]	*kān lu*	[ˈkɛ̈lːʊ]	„er hatte ...“
/l + n/	>	[nn]	*malna*	[ˈmɛ̈nːɛ̈]	„was geht uns das an?“
			ʾulna	[ˈʔʊnːɛ̈]	„wir sagten“
/n + t/	>	[tt]	*kunt*	[ˈkʊtː]	„ich war“
			bint	[ˈbɪtː]	„Mädchen“

1.2.3.2 Vokale: Assimilation von Vokalen an Vokale
/i/ und /u/ können sich über Pharyngale hinweg an folgendes /a/, /ā/ assimilieren, so daß etwa folgende Varianten zu finden sind: *Muḥammad* ~ *Maḥammad* „Mohammed“, *miʾayyaḥ* ~ *maʾayyaḥ* „vereitert“.

An *u*-haltige Flexionsbasen kann sich das /i/ der Imperfektpräfixe assimilieren: *yikūn* ~ *yukūn* „er soll sein“; *tiskun* ~ *tuskun* „du sollst wohnen“.

Anmerkung: Historisch liegt in Fällen wie *maʿād* < **mīʿād* „Termin“, *gaʿān* < **gīʿān* „hungrig“, *kaʿān* < **kīʿān* „Ellenbogen pl.“ Assimilation von /ī/ an /ā/ vor.

1.2.3.3 Assimilation von Konsonanten an Vokale
Dentale und Velare vor /ī/, /i/ oder /y/ werden in der Aussprache vieler Frauen deutlich palatalisiert, z.B. *dilwaʾti* [dilˈwɛ̈ʔt^{j}i̥] „jetzt“, *titīna* [tiˈt^{j}iːnɛ̈] „Schnuller“, *madyūn* [mɛ̈dˈjuːn] ~ [mɛ̈ˈdʒuːn] „verschuldet“, *tanyīn* [tɛ̈ñˈjiːn] „andere“. So auch bei emphatischen Konsonanten: *šunaṭi* [ˈʃunɑt̴^{j}i] „meine Taschen“.

1.2.3.4 Assimilation von Vokalen an Konsonanten

/i/ assimiliert sich an vorangehendes /w/: *wi* ~ *wu* „und“, *wiṣṭ* ~ *wuṣṭ* „Mitte“. Zum Wechsel von /i/ und /u/ in bestimmten Nominalformen s. 2.4.9.3.2.1. Zu den Allophonen s. oben 1.1.1.2.1 und 1.1.1.2.2.

1.2.4 Dissimilation

/tt/ (< /dt/) in *ma-ʿuttiš* wird zu /nt/ *ma-ʿuntiš* dissimiliert, was aber auch nach dem Vorbild der Alternation *ma-kuntiš* ~ *ma-kuttiš* erklärbar ist, die wiederum durch die Assimilation /nt/ > /tt/ zustande kommt. Ferner *ʿabnawwil* < *ʿamnawwil* „voriges Jahr“.

Vor *-w-* und *-ww-* kann Dissimilation von /u/ zu /i/ eintreten: *ʾuwaḍ* ~ *ʾiwaḍ* „Zimmer pl.“; *xuluww* ~ *xiliww* „Freisein“; *ʾuwwa* ~ *ʾiwwa* „Kraft“.

1.2.5 Metathesis

In einigen Fällen werden Konsonanten mit einander vertauscht, so daß zwei Varianten eines Wortes vorkommen

bahdala ~ *bahlada*	„schlechte Behandlung“
baṭramān ~ *barṭamān*	„Marmeladeglas“
gōz ~ *zōg*	„Ehemann“
ilmisīḥ iddaggāl ~ *ilmisīḥ iggaddāl*	„der Antichrist“
masṛaḥ ~ *marsaḥ* (veraltet)	„Theater“
miʿaṭṭab ~ *mibaṭṭaʿ*	„angeschlagen“ (Frucht)
siḥlifa ~ *silḥifa*	„Schildkröte“
wallif ~ *lawwif*	„Freunde werden, familiär werden“
wannāsa ~ *nawwāsa*	„Nachtlicht“
xalbaṭ ~ *laxbaṭ*	„durcheinanderbringen“
yidarmaġ ~ *yimardaġ*	„sich wälzen“
yilʿan ~ *yinʿal*	„verfluchen“
faylasūf ~ *falyasūf* (Substandard)	„Schlaumeier“
yimāṭil ~ *yimāliṭ* (Substandard)	„hinauszögern“ (Zahlungen)
tamwīn ~ *tawmīn* (Substandard)	„Staatsladen“
arānib ~ *anārib* (Substandard)	„Kaninchen [pl.]“

1.2.6 Elision von Konsonanten

-y- in *rayḥa* und *rayḥīn* „gehend“ kann gelegentlich elidiert werden: *ṛāḥa bēt Saʿīd* „ich gehe zu Saʿīd nach Hause“.

1.2.7 Silbenstruktur

1.2.7.1 Inventar

Das Kairenische kennt offene und geschlossene, kurze, lange und überlange Silben (**K** = Konsonant, **v** = Vokal, **v̄** = langer Vokal)

	offen	geschlossen	doppelt geschlossen
kurz	**Kv**	---	---
lang	**Kv̄**	**KvK**	---
überlang	---	**Kv̄K**	**KvKK**

Eine Silbe beginnt mit einem und nur einem Konsonanten. Sie enthält einen kurzen oder langen Vokal und endet auf diesen Vokal, einen Konsonanten oder zwei Konsonanten. Eine vokalisch endende Silbe ist offen. Endet sie auf einen Konsonanten, so ist sie geschlossen, bei zwei Konsonanten doppelt geschlossen. **Kv** gilt als kurz, **Kv̄** und **KvK** als lang, **Kv̄K** und **KvKK** als überlang. Die Art der Silben bedingt, daß keine drei Konsonanten aufeinander folgen können.

1.2.7.2 Verteilung im Wort

Die überlangen Silben **Kv̄K** und **KvKK** treten nur am Wortende auf, während die anderen in jeder Position zu finden sind. **Kv̄** trägt immer den Wortakzent.

1.2.7.3 Einteilung in Silben

Bei der Einteilung eines Worts in Silben beginnt man von rechts. Da eine Silbe nur mit einem Konsonanten beginnen kann, liegt die erste Silbengrenze nach dem ersten Konsonanten, der auf einen Vokal folgt usw.:

šuftuhum	>	*šuf - tu - hum*	„ich sah sie“
ma-msikš	>	*mam - sikš*	„er packte nicht“
ma-gabithalnāš	>	*ma - ga - bit - hal - nāš*	„sie brachte sie uns nicht“

1.2.7.4 Sandhi

Die Silbenstruktur spielt auch im Satz eine Rolle, wenn Wörter aufeinander folgen (Sandhi) sowie bei der Adaption von Lehnwörtern. Zur Beseitigung nicht zulässiger Silbensequenzen wird ein Vokal, meist [i̊], inseriert, s. 1.2.7.1.5 und 1.3.2.3. Ebenso bestimmt sie die Insertion von Vokalen beim Antritt von Suffixen bzw. die Wahl bestimmter Suffixreihen.

1.2.7.5 Lehnwörter

Lehnwörter, die nicht den Silbenstrukturregeln entsprechen, insofern als sie Bündel von drei oder mehr Konsonanten enthalten oder mit Doppelkonsonanz beginnen, werden mittels Insertion von /i/ oder /a/ angepaßt, s. auch 2.4.5:

sibirtu (spirito)	„Spiritus“	*kilubatra*	„Kleopatra“
biṛāwu!	„bravo!“	*iksibrēs*	„Express“
faransa (France)	„Frankreich“	*sandawitš*	„Sandwich“
balakk (black)	„Teer“	*santarafīš*	„Zentrifuge“
ablaṭīn	„Platin“	*bilastik* ~ *balastik*	„Plastik“

1.2.7.6 Silbenstruktur und Vokalqualität

a. Sequenzen von drei offenen Silben, wobei die mittlere kurz ist und unbetontes /i/ oder /u/ enthält, werden durch Elision dieses /i/ bzw. u/ auf zwei Silben reduziert, s. 1.3.2:

(a) KvKiKv > KvKKv (b) Kv̄KiKv > Kv̄KKv > KvKKv

wiḥiš + a	>	*wiḥša*	„schlecht f."
xuluṣ + it	>	*xulṣit*	„sie ging zu Ende"
kāmil + a	>	*kāmla* > *kamla* f.	„vollständig"

Die Elision geschieht auch über Wortgrenzen hinweg, s. auch 1.3.2.2.c:

ṣāḥib ilbēt	>	*ṣaḥb ilbēt*	„der Hausherr"
ana fi xidmitak	>	*ana f-xidmitak*	„ich stehe dir zu Diensten"
ʿandu filūs	>	*ʿandu flūs*	„er hat Geld"
ʿandi ṣudāʿ	>	*ʿandi ṣdāʿ*	„ich habe Kopfweh"

A n m e r k u n g : Ausnahmen sind: 1. Entlehnungen aus dem Hocharabischen z.B. *kútubu* „seine Bücher", *muntáẓira* f. „wartend", *šahādit sēr wi sulūk* „Führungszeugnis", *bi kulli surūr* „mit großem Vergnügen". 2. Wenn ein Vokal in dieser Position aus morphologischen Gründen den Akzent erhält wie bei der 3.sg.f. Perfekt mit vokalisch anlautenden Suffixen: *ramítu* „sie warf ihn", *katabítu* „sie schrieb es", *šafítu* „sie sah ihn" (s. auch 1.3.2.6) und bei den Pluraltypen KiKíKa und KuKúKa, z. B. *ḥiṣína* „Pferde", *ġiríba* „Raben", *bunúka* „Bänke", *tukúsa* „Taxis", *subúʿa* „Löwen", *kurúta* „Karten". 3. Wenn durch die Elison eine Geminate entstehen würde wie in *miziz + a > miziza* „säuerlich [f.]", *ġitit + īn > ġititīn* „ekelhafte Leute". 4. In Lehnwörtern wie *šilin + ēn > šilinēn* „zwei 5-Piasterstücke" (engl. shilling). 5. Selten wird /i/ elidiert, wenn es auf **ī* oder **ē* zurückgeht wie in *wi ʿnēha* „und ihre Augen" [SP], s. auch 1.3.2.1.3.

b. Eine Folge von drei offenen Silben, von denen die erste einen langen Vokal und die mittlere ein kurzes /a/ enthält, wird durch Elision dieses /a/ auf zwei Silben reduziert:

Kv̄KaKv > KvKKv

midōḥas + a	>	*miduḥsa* f.	„entzündet"
bani'ādam + a	>	*bani'adma* f.	„Mensch"
yišōbaš + u	>	*yišubšu*	„sie rufen *šōbaš*"
sōra' + u	>	*sur'u*	„sie fielen in Ohnmacht"

1.2.7.7 Silbenellipsen

1.2.7.7.1 Bei Liquiden und Nasalen

Bei den Präpositionen *ʿala* und *min* werden vor dem Artikel die Sequenzen *-la-* oder *-ni-* sehr oft elidiert:

ʿala ṣṣufra	>	*ʿa ṣṣufra*	„auf dem Eßtisch“
ʿalašān	>	*ʿašān*	„damit; weil“
min ilbēt	>	*mi lbēt*	„von dem Haus“

Ebenso fakultativ *-in-* in *bāyin innu* > *bayinnu* „es scheint, daß er ...“ und *kū-* in *kakūla* < *kūkakūla* „Coca Cola“.

1.2.7.7.2 Ellipsen und Kürzungen
Im Allegrostil werden *kānit* zu *kat* „sie war“, *walad* zu *wad* ~ *wād* „Junge“ und *ṭayyib!* zu *ṭab!* „in Ordnung, o.k.“ reduziert. Ellipsen und Kürzungen sind in allerlei Ausrufen nicht ungewöhnlich: *salxēr!* < *masā lxēr!* „Guten Abend!“; *ḥaẓẓābiṭ!* < *ḥaḍrit iẓẓābiṭ!* „Herr Offizier!“, *šillāh!* < *šē lillāh!* „etwas für Allah! [Ruf der Bettler]“, *ḥamdilla ʿa ssalāma!* < *ilḥamdu lillāh!* „Gott sei Dank für die glückliche Ankunft!“.

1.2.7.7.3 Ellipse von *ma-*
Bei der Negation der Präposition *maʿa* „mit, bei“ kann das *ma-* der Negation wegfallen, ebenso wenn dieses mit dem *ma* der Konjunktionen zusammentrifft:

ma-maʿīš	>	*maʿīš* „ich habe nicht bei mir“
liḥaddi ma ma-xallīš li dyūn	>	*liḥaddi ma-xallīš li dyūn* „bis ich keine Schulden mehr habe“

1.2.8 Emphase

1.2.8.1 Artikulation
Die Emphase ist eine sekundäre Artikulation und besteht in einer Velarisierung und Pharyngalisierung der betreffenden Segmente, die durch Heben und Verschieben der Hinterzunge nach hinten hervorgebracht wird. Die Artikulationspunkte der einzelnen Konsonanten sind leicht nach hinten verschoben. Hohe vordere Vokale werden durch die Emphase zentralisiert, hohe hintere Vokale werden gesenkt, und niedrige Vokale werden nach hinten verlagert.

A n m e r k u n g : Emphatische Konsonanten und Vokale werden mit einem untergesetzten Punkt geschrieben: *ṭ, ṣ, ḷ, ạ̄* usw. Traditionellerweise wird auch der Pharyngal *ḥ* [ħ] mit einem Punkt notiert, obwohl er nicht zu den emphatischen Konsonanten zählt.

1.2.8.2 Bereich der Emphase
Die Emphase ist eine suprasegmentale Erscheinung, d.h. sie ist nicht an ein Segment gebunden, sondern umfaßt mindestens eine Silbe Kv. Traditionellerweise nimmt man jedoch an, daß die Emphase einem Wurzelkonsonanten inhärent ist. Je nachdem, ob bei morphologischen Abwandlungen (Plural-, Singular-, Verb-, Imperfektbildung, Suffixen aller Art) die Emphase erhalten bleibt oder nicht, spricht man von primärer oder sekundärer Emphase.

1.2.8.2.1 Primäre Emphase

Als primär emphatisch gelten die Konsonanten /ṭ, ḍ, ṣ, ẓ/, die auch in der arabischen Schrift ein eigenes Zeichen besitzen. Von diesen verbreitet sich die Emphase über die benachbarten Segmente und bleibt auch bei morphologischen oder derivationellen Veränderungen erhalten:

ṭyn	*ṭīn*	>	*aṭyān*	„Land, Lehm“
ḍyᶜ	*ḍāᶜ*	>	*yiḍīᶜ*	„verlorengehen“
ṣyḥ	*ṣāḥ*	>	*yiṣīḥ*	„schreien“
ḥyṭ	*iḥtiyāṭ*	>	*iḥtiyāṭi*	„vorsorglich“

Emphatische und nicht-emphatische Konsonanten bilden Oppositionen:

ṭīn – tīn	„Lehm – Feigen“	*bāṭ – bāt*	„Achselhöhle – übernachten“
ṣāḥ – sāḥ	„schreien – schmelzen“	*ṭiflḷ – tifl*	„Kind – Teesatz“

1.2.8.2.2 Sekundäre Emphase

1.2.8.2.2.1 Auftreten

Sekundäre Emphase in weiterem Sinne tritt bei allen Segmenten durch Ausbreitung der primären Emphase ein. Im engeren Sinne erscheint sie vor allem bei der Kombination vor /r/ mit den Vokalen /a, ā/ oder /ū, ō/ und verschwindet bei morphologischer und derivationeller Abwandlung, wenn für diese /i, ī, ē/ eintritt. [r] kann also innerhalb einer Wurzel je nach Umgebung mit [ʀ] wechseln, s. unten 1.2.8.2.2.3. Sekundäre Emphase kommt auch bei /l/ vor:

sifāṛa – safīr	*tigāṛa – tigāri*	*ṃafṛaš – mafāriš*
„Botschaft – Botschafter“	„Handel – Handels-“	„Tischtuch – Tischtücher“
aḅṛaḍ – bard	*aḳḅaṛ – kibīr*	*gāṛ – girān*
„kälter – Kälte“	„größer – groß“	„Nachbar – Nachbarn“
tōṛ – tirān	*waḷḷāhi – billāhi*	*muxaddiṛāt – muxaddir*
„Stier – Stiere“	„bei Allah! – mit Allah“	„Drogen – Droge“

Wann Emphase eintritt, ist nicht exakt vorhersagbar; so heißt es zwar *ṛāyiḥ* „gehend“, aber *rāgiᶜ* „zurückkehrend“, *faṛāmil* „Bremsen“, aber *mafāriš* „Tischtücher“, *bard* „Kälte“ aber *baṛḍ* „Feilen“. Sekundäre Emphase kann zu Homophonen führen:

xaḍḍaṛ – ṭaxḍīṛ (xḍr)	aber:	*xaḍḍaṛ – taxdīr* (xdr)
„begrünen“		„betäuben“
ṣāṛ – yiṣīr (ṣyr)	aber:	*ṣāṛ – sāyir* (syr)
„werden“		„gehen“

1.2.8.2.2.2 Oppositionen

Sekundäre emphatische Konsonanten bilden Oppositionen und sind phonologisch relevant:

gāṛi – gāri
„mein Nachbar – laufend“

ʾaḍṛa – ʾadra
„wissender – könnend f.“

ḅaʾaṛi – baʾari
„meine Kühe – Rinds-“

baṛd – bard
„Feilen – Kälte“

waṛṛāni – warrāni
„hinter – er zeigte mir“

ṛāʾid – rāʾid
„Major – liegend“

ʾaḅḷa –ʾabla
„Fräulein [Schule) – davor“

waḷḷa – walla
„bei Gott! – oder“

ḅāba – bāba
„Papa – kopt. Monat“

ṃayyiti – mayyit
„mein Wasser – tot“

1.2.8.2.2.3 Deemphatisierung
Die Nisba-Endung /-i/ deemphatisiert unmittelbar vorangehendes /ṛ/:

tigạ̄ṛạ – tigāri
„Handel – Handels-“

bạʾạṛ – baʾari
„Rinder – Rinds-“

fạʾṛ – faʾri
„Armut – ärmlich“

idạ̄ṛạ – idāri
„Verwaltung – administrativ“

Ohne direkten Kontakt bleibt jedoch /ṛ/ erhalten:[8]

diṛạ̄sạ – diṛạ̄si
„Studium – Studien-“

ṛumād – ṛumādi
„Asche – grau“

šiṛāʿ – šiṛāʿi
„Segel – Segel-“

Primäre Emphase bleibt in diesem Fall erhalten: *iḥtiyāṭ – iḥtiyāṭi* „Vorsorge“ – „vorsorglich“.

1.2.8.2.2.4 Ausbreitung der Emphase
Ausgehend von dem emphatischen Konsonanten erfaßt die Emphase die umgebenden Silben regressiv wie progressiv:

ḅạṣạḷạ > [ƀɑsɑɫɑ] „Zwiebel“ *ṛạḅạṭ* > [ʀɑƀɑŧ] „er band“
ṣạf̣ạṛ > [sɑfɑʀ] „Reise“ *ʾạṃạṛ* > [ʔɑmɑʀ] „Mond“

Die Emphase erfaßt auch Suffixe über Morphemgrenzen hinweg:

ḍạṛạḅiṭhạ	„sie schlug sie“	*ḅạṭnạḳ*	„dein Bauch“
ṭaḅxaḷnạ	„sie hat für uns gekocht“	*ṛāṣaḳ*	„dein Kopf“
gaṛṛabnạ̄	„wir haben es versucht“	*buṛṭuʾạnạ̄yạ*	„eine Orange“
mixạṣṃạ̄ḳ	„sie spricht nicht mit dir“	*ṭạṣạṛṛufạṭhạ*	„ihr Verhalten“

8 Aus dem Harab. entlehnt und nur teilweise dem Dialekt angepaßt ist *ʾạṃạṛi* „lunar“ in *sana ʾạṃạṛiyya ~ qạṃạṛiyya* „Mondjahr“ mit erhaltener Emphase.

Desgleichen überspringt die Emphase auch Wortgrenzen:

in šạ̄ ʾaḷḷạ̄	„so Gott will“	*ḳafạ ḷḷạ ššạṛṛ*	„Gott verhüte!“
mạ šạ̄ ʾaḷḷạ̄	„wie wunderbar!“	*libạn ḍạḳạṛ*	„Olibanum-Harz“

Segmente wie /ī/,/y/ können die Ausbreitung der Emphase stoppen, müssen es aber nicht:

mạṣāyib	„Unglücke“	*ṭạyyib*	„gut“
ʿạṣạfīr	„Vögel“	*infigạ̄ṛ*	„Explosion“
fạḍya f.	„leer“	*ṣạhyin*	„vergessen“

Aber auch mit Ausbreitung über das ganze Wort:

ṣiyạ̄ṃ	„Fasten“	*ṭạʾiyyạ*	„Mütze“
ạḅyạḍ	„weiß“	*yihạyyạṣ*	„Gaudi haben“
ṣubyạ̄n	„Laufburschen“	*tạṣliḥạ̄t*	„Reparaturen“
ʿaṛabiyyạ̄t	„Autos“	*yiṣīḅaḳ*	„trifft dich“

Das /l/ des Artikels assimiliert sich auch an emphatische Konsonanten, das /i/ kann daher emphatisch werden:

iṭṭạṃạʿ [ɨˈt̴ːɑmɑʕ]	„die Gier“	*iṣṣụḅḥ* [ɨˈsːʉbħ]	„der Morgen“
iṛṛạ̄giḷ [ɨˈʀːɑːgɨɫ]	„der Mann“	*iggạ̄ṛ* [ɨˈgːɑːʀ]	„der Nachbar“

aber: *innạhạ̄ṛ* [inːɑˈhɑːʀ] „der Tag“

Erfolgt keine Assimilation, so ist die Ausbreitung der Emphase fakultativ:

iḷṃạṛạḍ ~ *ilṃạṛạḍ*	„die Krankheit“	*iḷhạḍṃ* ~ *ilhạḍṃ*	„die Verdauung“

Auch die Präfixe *it-*, *in-*, *yi-* und *la-* können nicht-emphatisch bleiben, ebenso wie das Suffix der 3.sg.f. Perfekt *-it*:

ṃạṭṭạrit [mɑˈt̴ːɑrɪt] „es regnete“	*yitṛiḅiṭ* [jɪtˈʀɨbɨt̴] „er wird gebunden“
ġuṛḅitak [ɣʉʀˈbɨtɛ̈k] „deine Abwesenheit“	*minṣạ̄ḅ* [mɪnˈsɑːb] „getroffen“

aber mit Ausbreitung:

yíḍṛạḅ [ˈjɨdʀɑb] „er schlägt“	*ṭiṭxạṭṭạṭ* [t̴ɨt̴ˈxɑt̴ːɑt̴] „sie plant“
yiṛxạṣḷạḳ [jɨʀˈxɑsɫɑk] „es ist billiger für dich“	*ṭiḷʿiṭ* [ˈt̴ɨɫʕɨt̴] „sie stieg“
ṣạnniṭhạ [sɑˈʀɨːt̴hɑ] „ihr Gestank“	*yixbạṭ* [ˈjɪxbɑt̴] „er schlägt“

1.2.8.2.3 Rolle der Emphase
Bei der Ausbreitung der Emphase und bei der Entstehung der sekundären Emphase gibt es individuelle, soziale und regionale Unterschiede. Emphase ist mit den Merkmalen „männlich“ und „sozial niedrig“ behaftet, d.h. je kräftiger sie in der Rede eines Sprechers auftritt, desto eher werden ihm diese beiden Merkmale zugewiesen. Als weiblich gilt eine minder starke Emphase, und bei manchen Frauen der Mittelklasse, die auch besonders starke Imāla zeigen, ist sie auch nur schwach ausgeprägt. Übertriebene Emphase gilt als Kennzeichen der Haschischraucher.[9]

Regionale Unterschiede sind recht groß. So sagt man zwar in Kairo *farxa* Huhn“, *firāx* „Hühner“, in weiten Teilen des Deltas und Oberägyptens jedoch *faṛxa, fiṛāx*. Kairenischem *yōm ḷạṛḅạʿ* „Mittwoch“ steht alexandrinisches *yōm larbaʿ* gegenüber.

Stilistische Schwankungen kommen vor in z.B. *li ṛạḅḅāṭ ilbiyūt – li ṛạḅbāti lbuyūt* „für die Hausfrauen“. Ersteres ist die gewöhnliche Aussprache, wie sie im Radio in einem Interview gebraucht wird. Bei der Ansage des Programms, bei der ein höheres stilistisches Niveau verlangt wird, ist jedoch letzteres zu hören.[10]

Emphase bei nicht-emphatischen Konsonanten kann als expressives Mittel und zu humoristischen Zwecken gebraucht werden: *sibti̊ f-Maṣri̊ ḥittit dīn qaṭqūṭa!* „ich habe in Kairo ’ne dufte Biene zurückgelassen!“, für *katkūta* „Küken“, oder *waẓwūẓa* „Mädchen“ < *wazwūza* „Gänschen“.

1.3 Akzent, Morphophonologie und Elision von Hamza

1.3.1 Akzent

Im Kairenischen hat die Silbe des Wortes mit stärkerem dynamischen Akzent auch gleichzeitig die höhere Tonlage. Der Akzent ist nicht in allen Fällen aus den phonologischen Gegebenheiten vorhersagbar, da in einigen Fällen auch morphologische Fakten eine Rolle spielen. Phonologisch konditionierter Akzent ist daher von morphologisch konditioniertem zu unterscheiden. Wie das Minimalpaar *sínima* „Kino“ – *sinìma* „Höcker [pl.]“ zeigt, ist der Akzent, wenn auch marginal, phonemisch.

1.3.1.1 Wortakzent
Der Bereich des Wortakzents sind die letzten drei Silben eines Wortes, wobei Proklitika wie der Artikel *il-* und die Präpositionen *li, bi* etc. sowie *it-* oder *in-* der

9 Auch von Oberägyptern wird behauptet, daß sie alles emphatisch aussprechen. Diese Meinung beruht aber auf einer Fehlinterpretation der weniger starken Imāla von /ā/ vor allem im Süden Oberägyptens.

10 Im gesprochenen Hocharabischen breitet sich die Emphase weniger stark aus.

abgeleiteten Stämme nicht zählen. Bei der Feststellung des Wortakzent ist zunächst eine morphologische Konditionierung auszuschließen, sodann kommen die phonologischen Regeln zur Anwendung:

1.3.1.1.1 Morphologische Konditionierung: diese liegt vor bei der 3.sg.f. Perfekt mit vokalisch anlautendem Suffix, Pluralen der Form KuKúKa, KiKíKa[11] und den Präsentativa *ahú, ahí, ahúm*. Sie erhalten den Akzent gemäß ihrer morphologischen Form, und zwar die beiden ersten Fälle immer auf der Penultima und *ahú* etc. auf der Ultima, s. zu letzterem auch 2.2.3:

katabítu	„sie schrieb es“	*xadítu*	„sie nahm es“
ramítu	„sie warf es“	*šafítu*	„sie sah es“
tukúsa	„Taxis“	*bunúka*	„Bänke“
ġiríba	„Raben“	*sibíta*	„Körbe“

1.3.1.1.2 Phonologische Konditionierung: phonologisch hängt der Akzent in allen anderen Fällen von der Abfolge von v, v̄ und K ab. Sequenzen von vKK und v̄K zählen als schwer, alle anderen als leicht. Wenn nur leichte Sequenzen vorliegen wie KvKv oder KvKvKv, so wird die erste Silbe dieses Bereichs betont.

šíta	„Winter“	*bá'aṛ*	„Kühe“
bá'aṛa	„Kuh“	*kátabit*	„sie schrieb“
ilbá'aṛa	„die Kuh“	*itkátabit*	„sie wurde geschrieben“

Sind schwere Sequenzen vorhanden, bestimmt die dem Wortende am nächsten liegende Sequenz den Akzent.

a. folgt kein oder nur ein Vokal, dann liegt der Akzent auf dem Vokal der Sequenz -vKK bzw. -v̄K:

katabt	„ich schrieb“	*šanṭa*	„Tasche“
maṭār	„Flugplatz“	*fūla*	„eine Bohne“

b. folgt mehr als ein Vokal, dann liegt der Akzent auf dem Vokal, der der Sequenz folgt:

madrása	„Schule“	*ištáġalit*	„sie arbeitete“
ilQāhíra	„Kairo“	*sālísan*	„drittens“

11 Die Pluralform KiKíKa wechselt nicht selten mit iKKíKa: *ġiríba* ~ *iġriba*, *sibíta* ~ *isbíta* etc. KiKíKa ist eine Neubildung aus iKKíKa über die Kontextform -KKíKa, s. 2.4.9.3.2.1.

Anmerkung: *ilQāhíra, sālísan* etc. sind Entlehnungen aus dem Hocharabischen, daher der lange Vokal vor dem Akzent. Meist wird dieser jedoch nach der Akzentzuweisung der Regel entsprechend gekürzt zu *ilQahíra* „Kairo", *salísan* „drittens", *ʿalámi* „weltweit".

1.3.1.2 Größere akzentuierbare Einheiten, Enklise

1.3.1.2.1 Syntaktische Einheiten: Genitivverbindung, Substantiv und Adjektiv, Verbum und Objekt, Partizip und untergeordnetes Verb bilden eine größere akzentuierbare Einheit. Der Hauptakzent liegt auf dem zweiten Element dieser Einheit und löst Vokalelisionen und -kürzungen aus, die im lento-Stil unterbleiben können:

ṣāḥib ilbēt	>	*ṣaḥb ilbēt*	„Hausherr"
fi bīr ġawīṭ	>	*fi bir ġawīṭ*	„in einem tiefen Brunnen"
šāf ilmudīr	>	*šaf ilmudīr*	„er sah den Direktor"
kānit imbāriḥ . . .	>	*kant imbāriḥ* ...	„sie war gestern ..."
ʿāwiz anām	>	*ʿawz anām*	„ich will schlafen"

1.3.1.2.2 Enklise: Die Demonstrativpronomina *da* und *di* sowie die suffigierten Formen der Präposition *li,* selten die von *bi,* treten an vorangehende Träger der NP, VP oder PRÄPP, zu denen sie gehören, und bilden eine größere akzentuierbare Einheit. Im Unterschied zur Suffigierung tritt bei Enklise nicht der stat. cstr. *-it-* der Femininendung auf, sondern das *-a* wird lang. Ebensowenig wird auslautendes *-a* durch *-ē-* ersetzt. Akzent und Längung, Kürzung und Elision von Vokalen folgen den üblichen Regeln: *wala kalām mínda* „auch nicht so etwas"; *ilfustánda* „dieses Kleid"; *ixṣi ͥ ʿalāda* „pfui darüber!"; *lādi walādi* „weder dies noch das"; *aḥsánlu* „besser für ihn"; *bi nnisbālu* „ihn betreffend"; *ana miḥtagālak* „ich brauche dich"; *lissāli fi lʿumri ͥ baʾiyya* „ich habe noch einige Zeit zu leben"; *innuṣṣi ͥ gibnābu lamūn* „für die Hälfte kauften wir Limonen"; *mawʿudābak* „sie ist dir versprochen"; *afráḥbak inta w hiyya* „ich will eure Hochzeit feiern".

Inseriertes *i* erhält den Akzent und wird wie /i/ ausgesprochen: *wi fōʾ kullída* „und über all das hinaus"; *bi lʾismída* „mit diesem Namen"; *šuġlāna zayyídi* „eine Arbeit wie diese"; *ʾultilu* „ich sagte ihm"; *iddūni šarbit mayya ʾabilli‿bha* (= *abillibha*) *rīʾi* „gebt mir einen Schluck Wasser, um meinen Mund anzufeuchten" [SP]. S. auch unter „Demonstrativa" 2.2.1.1.2 und unter „Längung" 1.3.2.5.

1.3.2 Morphophonologie

Beim Antritt von Suffixen an Nomina, Verben und Präpositionen treten wegen der Veränderung der Silbenstruktur Elisionen, Kürzungen und Insertionen von Vokalen sowie Akzentverschiebungen auf.[12]

---

12 Lautliche Veränderungen, die auf bestimmte Verbalklassen oder Präpositionen beschränkt sind, werden in dem entsprechenden Kapitel behandelt.

1.3.2.1 Elisionen

1.3.2.1.1 Elision von *-i-* und *-u-*

Gemäß den Silbenstrukturregeln (s. 1.2.7.6.a) werden *-i-* und *-u-* in offener unbetonter Silbe nach einfachem Konsonanten elidiert:

REGEL:

$$\underset{[\text{-akz}]}{i, u} \rightarrow \emptyset \,/\, \left\{\begin{array}{c}\text{KvK}\\ \text{K}\bar{\text{v}}\text{K}\end{array}\right\}\_\_\text{Kv}$$

Beispiele:

wiḥiš + a > *wiḥša* „schlecht f.“
xuluṣ + it > *xulṣit* „sie endete“
ṛāgil + ēn > *ṛaglēn* „zwei Männer“

Anmerkung: Das *-i-* der 3.sg.f. Perfekt bleibt erhalten, auch wenn es den Akzent verliert: *ḍarabítak* > *ma-ḍarabitakš*, s. unten 1.3.2.6. Zu *ma-šafkīš* „er hat dich nicht gesehen“ aus °ma-šaf+iki+š, und *ma-ʾabilkīš* „er ist dir nicht begegnet“, s. 2.1.2.2.

Die Regel gilt auch über Wortgrenzen hinweg (s. oben 1.3.1.2.1):

fi + diʾīʾa > *fi dʾīʾa* „in einer Minute“
kānit + imbāriḥ > *kant imbāriḥ* „es war gestern“
ya + ḥumāṛ > *ya-ḥmāṛ* „du Esel!“

1.3.2.1.2 Elision von *-a-*

-a- wird in offener unbetonter Silbe nach -Kv̄- elidiert

REGEL:

$$\underset{[\text{-akz}]}{a} \rightarrow \emptyset \,/\, \text{K}\bar{\text{v}}\text{K}\_\_\text{Kv}$$

Beispiele:

bani ʾādam + īn > *baniʾadmīn* „Menschen“
miṭēwal + a > *miṭiwla* „länglich f.“
yisōṛaʾ + u > *yisuṛʾu* „sie fallen in Ohnmacht“
ṛāxaṛ + a > *ṛaxṛa* „auch“
ratīnag + i > *ratingi* „harzig“

Anmerkung: Weitere Elisionen von /a/ kommen vor, wenn ursprüngliches /i, u/ zugrundeliegt: *ya + Maḥammad* (**Muḥammad*) > *ya Mḥammad*; *ma-maʿahāš* (**miʿāha*) > *ma-mʿahāš* „sie hat nicht bei sich“; *ṣaḥn + naḥās* (**niḥās*) > *ṣaḥni nḥās* „Kupferplatte“; *ya + nahāṛ* (**nihār*) > *ya nhāṛ iswid* „was für ein schwarzer Tag!“. Und auch in *wi + ḥayātak* > *wi ḥyātāk* „bei deinem Leben!“.

1.3.2.1.3 Elision langer Vokale

Bei der Negation des Imperfekts *yīgi* „er kommt“ etc. wird *-ī-* elidiert, ebenso bei der Negation der Präposition *fi*:

ma + tīgi + š	>	*ma-tgīš*	„sie kommt nicht“
ma + fīha + š	>	*ma-fhāš*	„nicht in ihr“

A n m e r k u n g : Dies ist eine rein synchronische Beschreibung, denn die negierte Form ist historisch nicht direkt von *yīgi* mit *-ī-* abzuleiten, sondern geht auf **yigi* mit kurzem *-i-* zurück, so daß die Elision historisch gesehen regulär ist. Bei *fi* handelt es sich um eine Analogie zu *li*, wo die regulär aus *liha* entstandene negierte Form *ma-lhāš* lautet.

Gelegentlich werden auch Vokale, die auf einen langen Vokal zurückgehen, elidiert: *al̤la ygāzi šṭānak!* (*šiṭān* < **šēṭān*) „Allah bestrafe dich für deine Untaten!“ [SB]; *wi ʿnēha biyṭuʾʾi minhum šāṛāṛ* (*ʿenēha* < **ʿēnēha*) „und aus ihren Augen sprühen Funken“ [SP].

1.3.2.2 Kürzung langer Vokale

a. Die überlange Silbe der Form KV̄K kommt nur am Wortende vor. Gerät sie bei Antritt eines konsonantisch anlautenden Suffixes ins Wortinnere oder entsteht sie durch die Elision eines Vokals, so wird sie beseitigt, indem der lange Vokal gekürzt wird. Dabei wird *-ā-* zu *-a-*, *-ē-* und *-ī-* zu *-i-* und *-ō-* und *-ū-* zu *-u-*:[13]

bāb + kum	>	*babkum*	„eure Tür“
fēn + ha	>	*finha*	„wo ist sie?“
yōm + ha	>	*yumha*	„ihr Tag“
ma + tišīl + š	>	*ma-tšilš*	„trage nicht!“
ṣāḥib + i > ṣāḥbi	>	*ṣaḥbi*	„mein Freund“

b. Da lange Vokale nur in betonter Silbe vorkommen, tritt die gleiche Kürzung ein, wenn sich der Akzent verschiebt:

bēt + ēn	>	*bitēn*	„zwei Häuser“
yōm+ ēn	>	*yumēn*	„zwei Tage“
šāfu + (h)	>	*šafū(h)*	„sie sahen ihn“
kātib + īn > kātbīn	>	*katbīn*	„sie haben geschrieben“

A n m e r k u n g : Diese Kürzungen sind obligatorisch. Anstelle von *bitēn, bitna, ṭurēn* schreiben wir aus Gründen der Anschaulichkeit *betēn, betna, ṭorēn* etc.

c. Kürzungen dieser Art treten auch im Sandhi über Wortgrenzen hinweg auf: *ṣaḥb ilbēt* (= *ṣāḥib ilbēt*) „Hausbesitzer“; *ma-niš ʿārif* (= *ma-nīš*) „ich weiß nicht“; *liban dákaṛ* (= *libān*) „Olibanum, Weihrauchharz“; *zet ḥāṛ* [zɪtˈħɑːʀ] „Leinsamenöl“, s. oben 1.2.7.6.

13 S. oben 1.1.1.1 zum phonologischen Status von gekürztem /ē/ und /ō/ und zur Schreibung derselben als ⟨*e*⟩ bzw. ⟨*o*⟩.

d. Kürzung durch Diphthongbildung: Sequenzen der Struktur *-ūy-* und *-ūw-*, die bei Antritt von Suffixen und bei der Derivation entstehen, werden zu *-iyy-* bzw. *-uww-* umgebildet. Dabei bleibt die lange Silbe erhalten:

KuKīK	**fuḍūy*	>	*fuḍiyy*	„Leere"
KuKūK	**ġulūw*	>	*ġuluww*	„Teuerung"
-i + ya	>	*-īya*	>	*-iyya* (s. 1.3.2.4.a)

Vor *-ww-* wird *-u-* nicht selten zu *-i-* dissimiliert: **murūwa > muruwwa ~ miriwwa* „Standvermögen"; *ġuluww ~ ġiliww* „Teuerung"; *'uwwa ~ 'iwwa* „Macht, Kraft".

1.3.2.3 Epenthese von *-i-* (Aufsprengung)
Überlange Silben der Form KvKK treten nur am Wortende auf. Bei Antritt vokalisch anlautender Suffixe verschwinden sie. Bei konsonantisch anlautenden Suffixen oder im Sandhi entsteht eine Folge von mehr als zwei Konsonanten, die durch Einschub eines *-i- bzw. -i̊* nach dem zweiten Konsonanten von links beseitigt wird:

REGEL: Ø → i̊ / KK_K(K)

Beispiele:

'ult + lu	>	*'ultílu*	„ich habe ihm gesagt"
ma + šuft + š	>	*ma-šuftiš*	„ich habe nicht gesehen"
šuft mīn	>	*šufti̊ mīn*	„wen hast du gesehen?"

Im Sandhi schreiben wir diesen Vokal als *-i̊*, um ihn von anderem auslautenden *-i* zu unterscheiden. *-i̊* ist auch phonetisch von *-i* verschieden, da es weniger gespannt etwa wie [ə] ausgesprochen wird. *-i̊* kann jedoch bei Enklise des Demonstrativpronomens betont werden: *iššahr̤ da > iššahr̤i̊ da > iššahr̤ída* „diesen Monat", wobei es auch phonetisch einem [ɪ] entspricht und phonologisch als /i/ zu werten ist. In labialer Umgebung kann es einen *u*-artigen Klang erhalten [ʊ]: *ummů Kalsūm*. *-i̊* und *-i-* sind silbenbildend und lösen wie die anderen Vokale die Elisionsregeln aus:

ištaġalt kitīr > *ištaġalti̊ kitīr* > *ištaġalti̊ ktīr* „ich habe viel gearbeitet"

Lehnwörter mit Bündeln von mehr als zwei Konsonanten inserieren *-i-* nach derselben Regel, wobei Pausa zu Beginn eines Wortes wie ein Konsonant zählt: *iksibrēs* (< frz. express) „Express", *diriksiyōn* (< frz. direction) „Steuer [Auto]".

1.3.2.4. Femininendungen

a. Allomorphe: *-a, -ya* (zum Gebrauch s. 2.4.3)
-a tritt an konsonantisch auslautende Substantive:

fallāḥ + a > fallāḥa „Fellachin" *gamūs + a > gamūsa* „Büffelkuh"

-ya tritt nach auslautendem Vokal ein, der entsprechend gelängt wird:

xawāga + ya > *xawagāya* „eine Ausländerin"
manga + ya > *mangāya* „eine Mangofrucht"
mistanni + ya > *mistannīya* > *mistanniyya* „wartend f." (s. 1.3.2.2.d)

b. Genitivverbindung: In der nominalen Genitivverbindung und bei Antritt von Suffixen wird *-a* der Femininendung durch *-it* ersetzt, dessen *-i-* den üblichen Elisionsregeln unterliegt:

šanṭa + axūya > *šanṭit axūya* „die Tasche meines Bruders"
šanṭa + i > *šanṭiti* „meine Tasche"
ba'aṛa + i > *ba'aṛiti* > *ba'aṛti* „meine Kuh"

Bei *sana* „Jahr" und *luġa* „Sprache" jedoch *-at* wie in *sanat 'alfēn* „das Jahr 2000". Liegt keine Genitivverbindung vor und treten enklitische Suffixe an das *-a*, wird dieses gelängt, s. 1.3.1.2.2:

mawʿūda + bak > *mawʿudābak* „dir versprochen"
gayba + lu > *gaybālu* „ihm gebracht habend"
issana + di > *issanādi* „dieses Jahr, heuer"

Die Verbindung Partizip + Objektsuffix ist keine Genitivverbindung, und so wird auch hier das *-a* gelängt:

maska + hum > *maskāhum* „sie gepackt habend"
šayfa + na > *šayfāna* „uns sehend"

c. *-iyya* : Im Standardkairenischen wird die Endung *-iyya* nach der obigen Regel zu *-iyyit-* umgeformt:

ʿaṛabiyya + i > *ʿaṛabiyyiti* „mein Auto"

Im Substandard besteht auch *-īt-*, also *ʿaṛabīti*. Die Opposition *-iyyit-* ↔ *-īt-* wird bei den Zahlen genutzt: **miyitēn* > **miytēn* > *mītēn* > *mitēn* „zweihundert", aber *miyyitēn* „zwei Hunderter". Dies ist historisch zu erklären: während *mitēn* direkt auf **mi'atayn* zurückgeht, ist *miyyitēn* eine reguläre Ableitung von *miyya* „hundert".

d. Plurale der Form KuKaKa mit einem *-a*, das historisch auf **-ā'* zurückgeht, ersetzen dies bei folgendem Genitiv durch *-āt*: *zumala* > *zumalātu* „seine Kollegen" (analog zu *ṣala* ~ *ṣalātu*). Ebenso *ḥama* „Schwiegervater, Schwiegermutter" mit Suffix *ḥamāti, ḥamātak* etc.

e. Im Substandard gilt auch *-a*, das aus **-ā* oder **-āʾ* entstanden ist, als fem. und erhält dementsprechend *-it* im stat.cstr.: *maʿna*: *maʿnitha ʾē* ~ *maʿnāha ʾē* „was bedeutet das?". *ašya* (**ašyāʾ*, pl. von *šayʾ*): *ašyitu maʿdan* „es geht ihm prächtig", *mistašfa* „Krankenhaus": *mistašfitna* „unser Krankenhaus", *ʾimḍitak* „deine Unterschrift", *fī dinyiti kullaha* „in meiner ganzen Welt" [SB]. Dies gilt nur nach Doppelkonsonanz, denn nach einfachem Konsonanten tritt Längung ein: *misa* „Abend" – *misāk* „dein Abend"; *ʿaša* „Abendessen" – *ʿašāk* „dein Abendessen"; *ġada* „Mittagessen" – *ġadāk* „dein Mittagessen"; *ʾafa* „Nacken" – *ʾafāya* „mein Nacken"; *ḥima* „Schutz" – *ḥimāk* „dein Schutz".

Anmerkung: Bei *ḇāḇa* „Papa" wird das *-a* gelängt, bei *ṃāṃa* „Mama" jedoch durch *-it* ersetzt: *ḇaḇāya* „mein Papa", aber *ṃaṃtak* „deine Mama". Dies in Analogie zu dreisilbigem *abūya* bzw. zweisilbigem *ummi*.

1.3.2.5 Längung auslautender Vokale

Treten Suffixe an auslautende Vokale, bei denen es sich nicht um die Femininendung handelt, so werden diese gelängt und erhalten den Akzent.

REGEL: $v\# \rightarrow \bar{v}$ / __+ Suffix

Beispiele:

ḇāḇa + k	>	*ḇaḇāk*	„dein Papa"
ġaṭa + ha	>	*ġaṭāha*	„ihr Deckel"
abu + ya	>	*abūya*	„mein Vater"
muḥāmi + na	>	*muḥamīna*	„unser Rechtsanwalt"
ma + gaṛa + š	>	*ma-gaṛāš*	„es ist nicht passiert"
ma + miši + š	>	*ma-mšīš*	„er ging nicht"
šāfu + na	>	*šafūna*	„sie sahen uns"

Die Sequenz *-īya* wird dabei zu *-iyya* : *lūli + ya* > ^{0}*lulīya* > *luliyya* „eine Perle". Dies ist insbesondere bei den Partizipien der abgeleiteten Stämme von Wurzeln tert.inf. (miKaKKi, mitKaKKi, miKāKi, mitKāKi etc.). zu beachten: *miġaṭṭi + ya* > ^{0}*miġaṭṭīya* > *miġaṭṭiyya* „bedeckt f.", *muḥāmi + ya* > ^{0}*muḥamīya* > *muḥamiyya* „Rechtsanwältin". Ebenso verhalten sich Nomina der Form KaKi wie *ṣabi* „Lehrling": *ṣabiyyi, ṣabiyyak, ṣabiyyu, ṣabiyyina* „mein Lehrling etc." und *ġani* „reich", fem. *ġaniyya*.

Nomina und Partizipien der Form KāKi längen jedoch auslautendes *-i* bei Antritt des Femininallomorphes *-ya* nicht, sondern elidieren es: *hādi + ya* > ^{0}*hādiya* > *hadya* f. „ruhig"; *māši + ya* > ^{0}*māšiya* > *mašya* „gehend".

abb „Vater" und *axx* „Bruder" erhalten vor Genitiv und vor Suffixen die Form *abu* bzw. *axu* und lauten dementsprechend mit Suffixen *abūya, axūya, abūna* etc.

Endet ein anderes Nomen als *abu, axu* auf *-u*, so wird dieses vor Possessivsuffix zu *-i*: *balṭu* „Mantel", aber *balṭiyya* (< ^{0}*balṭīya*), *balṭīk* „mein Mantel usw."; *avukātu, avukatiyya* „mein Advokat".

Auch bei Enklise der Demonstrativpronomina *da* und *di* und der mit Suffix versehenen Präpositionen *bi* und *li* wird der auslautende Vokal gelängt:

issana + di > *issanādi* „dieses Jahr“
ilwara'a + di > *ilwara'ādi* „dieses Papier“
ʿala + di > *ʿalādi lḥāl* „in dieser Lage“
bi nnisba + lu > *bi nnisbālu* „was ihn betrifft“
ʾālu + li > *ʾalūli* „sie sagten zu mir“
gibna + bu > *gibnābu* „wir kauften dafür“
baṭṭalūda w ismaʿūda „wohin soll das denn noch führen!“

Inseriertes *-i-* wird dagegen bei Enklise nicht gelängt: *iššahri̊ + da* > *iššahrída*: „diesen Monat [der aktuelle Monat]“.

1.3.2.6 3.sg.f. Perfekt
Die Endung *-it* der 3.sg.f. Perfekt erhält den Akzent, und *-i-* wird somit nicht elidiert:

ḍarabit + u > *ḍarabítu* „sie schlug ihn“
šāfit + u > *šafítu* „sie sah ihn“
ramit + u > *ramítu* „sie warf ihn“

Wird der Akzent durch Antritt weiterer Suffixe verschoben, so daß das *-i-* nicht mehr akzentuiert ist, so bleibt es dennoch bewahrt:

šafítu > *ma-šafitūš* „sie sah ihn nicht“
ramítu > *ma-ramitūš* „sie warf ihn nicht“

1.3.2.7 *-a-* aus *-ē-*
Geraten *-ē-* und *-ō-* durch morphologische Prozesse in eine unbetonte Position oder vor zwei Konsonanten, so werden sie i. A. durch *-i-* bzw. *-u-* ersetzt, s. 1.3.2.2. Bei einigen Sprechern tritt jedoch *-a-* für *-ē-* ein:

ramē̱tu > *ma-rama̱tūš* „du hast ihn nicht geworfen“
ḥabbē̱tu > *ma-ḥabba̱tūš* „du hast ihn nicht geliebt“
itnēn+ēn > *itna̱ntēn* „zwei Zweier“

Es handelt sich hier um den Reflex einer älteren Regel **ay* > *a*, die in vielen ländlichen Dialekten noch zu finden ist.

1.3.3 Elision von Hamza

Beim Glottisschlag /ʾ/ [ʔ] (Hamz) im Anlaut eines Wortes sind zwei Arten zu unterscheiden, je nachdem ob er im Kontext elidierbar ist oder nicht. Nicht elidierbar ist er in jedem Fall, wenn er auf *q zurückgeht sowie in Wörtern, die dem Harab. entlehnt sind wie *ʾabadan* „niemals“, *ʾayy* „irgend ...“, *ʾagāza* „Urlaub“, *ʾizn*

„Erlaubnis", *'izāʿa* „Radio", oder wenn er sonst zur Wurzel gehört wie in *'akl* „Essen"; *'ugṛa* „Miete", *'amaṛ* „befehlen", *'axxaṛ* „verspäten" etc. In diesem Fall wird er als ⟨'⟩ geschrieben: *'alb* „Herz". In den anderen Fällen ist er elidierbar wie in *inta* „du m.", *umm* „Mutter", *abyaḍ* „weiß" und wird nicht geschrieben.

Elidierbar heißt nicht, daß immer elidiert wird. Im allgemeinen findet die Elision bei langsamer und formellerer Sprechweise weniger oft statt. Sie ist auch individuellen Schwankungen unterworfen und kommt in der Sprache der Gebildeten weniger häufig vor.

1.3.3.1 Nach auslautendem Konsonant

/ʔ/ wird elidiert und der Konsonant fungiert als Auftakt der Silbe:

/ʔ/ → Ø / ...K#_vK... → ...K‿vK

Beispiel: *izzayyak 'inta* > *izzayyak‿inta* [ɪz.ˌzɛ̈y.yɛ̈.ˈkɪn.tɛ̈] „wie geht es dir?"; *ʿamaltī 'ē* ~ *ʿamalt ē* [ʕa.mɛ̈l.ˈte:] „was hast du getan?".

Elidierbares Hamza tritt auf

a. obligatorisch beim Artikel[14] und bei *itnēn* „zwei":

min 'ilbēt	>	*min‿ilbēt*	„aus dem Haus"
yōm il'itnēn	>	*yōm litnēn* ~ *illitnēn*	„Montag"

b. fakultativ bei den Personalpronomen *ana, inta, inti, intu, iḥna sowie* bei *ē, imta, anhu, ahú, illi, inn*:

'addi 'ē	~	*'add‿ē*	„wieviel?"
kunti 'ana	~	*kunt‿ana*	„ich war"
gēt 'imta	~	*gēt‿imta*	„wann bist du gekommen?"
ilwalad 'ahú	~	*ilwalad‿ahú*	„da ist der Junge!"
ilbēt 'illi‿štarētu	~	*ilbēt‿ill‿ištarētu*	„das Haus, das ich kaufte"
'āl 'innu ...	~	*'āl‿innu ...*	„er sagte, daß ..."

c. fakultativ bei einer Reihe von Nomina: *umm* „Mutter", *ibn* „Sohn", *axx* „Bruder", *uxt* „Schwester", *abb* „Vater", *ism* „Name", *īd* „Hand" u.a.

miṛāt 'abūya	~	*miṛāt‿abūya*	„meine Stiefmutter"
bint 'ibni	~	*bint‿ibni*	„die Tochter meines Sohnes"
kān 'ismu	~	*kān‿ismu*	„sein Name war ..."
bint 'uxtu	~	*bint‿uxtu*	„die Tochter seiner Schwester"
min bizz 'ummu	~	*min bizz‿ummu*	„von der Brust seiner Mutter"

14 In lento-Formen und in formeller Sprache ist das /ʔ/ wohl zu hören.

d. fakultativ bei der 1.sg. Imperfekt:

ʿašān ʾaktib	~ *ʿašān‿aktib*	„damit ich schreibe"

e. fakultativ bei auf *ʾi-* anlautenden Verbalformen und deren Infinitiven:

hal ʾištaġalt	~ *hal‿ištaġalt*	„hast du gearbeitet?"
l-ʾistiʾbāl	~ *l‿istiʾbāl*	„der Empfang"

f. fakultativ bei Pluralen der Form iKKāK, d.h. mit *ʾi-* beginnenden Pluralen:

l-ʾibwāb	~ *l‿ibwāb*	„die Türen"
l-ʾiyyām	~ *l‿iyyām*	„die Tage"

g. fakultativ bei Farbadjektiven und Elativen und *aṛbaʿa* „vier":

ya xabaṛ ʾabyaḍ	~ *ya xabaṛ‿abyaḍ*	„ach du liebe Güte!"
l-ʾazraʾ	~ *l‿azraʾ*	„der Blaue"
kān ʾarxaṣ	~ *kān‿arxaṣ* [MA]	„es war billiger"
yōm ilʾaṛbaʿ	~ *l‿aṛbaʿ*	„Mittwoch"

1.3.3.2 Nach Vokal

Elision von wortanlautendem /ʾ/ tritt auch auf, wenn das vorangehende Wort auf einen Vokal endet. Dies kann zu einem zweigipfligen Vokal führen, vor allem dann, wenn eine Konstituentengrenze dazwischen liegt: *da* + *ʾaḥmaṛ* > *dà‿áḥmaṛ* „das ist rot". In zusammenhängender Rede wird aber meist einer der beiden Vokale getilgt (Hiatustilgung).

a. Bei gleicher Qualität der Vokale wird regelmäßig elidiert:

ma ʾana ʿārif	> *ma‿na ʿārif*	„ich weiß es doch"
ya ʾaxūya	> *ya‿xūya*	„o mein Bruder"
ʾabli̊ ma ʾamši	> *ʾabli̊ ma‿mši*	„bevor ich gehe"
ʿawza ʾākul	> *ʿawz‿ākul*	„ich [f.] will essen"
fi ʾīdu	> *f‿īdu*	„in seiner Hand"
li ʾibnu	> *l‿ibnu*	„für seinen Sohn"
wi ʾismak	> *w‿ismak*	„und dein Name"
ḥa+aktib	> *ḥaktib*	„ich werde schreiben"

b. Bei ungleicher Qualität der Vokale folgt die Elision der Hierarchie /i/ vor /u/ vor /a/. /a/ verdrängt sowohl /i/ und /u/, /u/ nur /i/ unabhängig von der Position. Ist der elidierte Vokal betont, erhält der elidierende den Akzent.

a + i ~ u > a

da ʾínta	> *dá‿nta*	„doch du ..."
dana ʾúmmak	> *daná‿mmak!*	„ich bin deine Mutter!"
yaʾ ílli	> *yá‿lli*	„o der du ..."

ʿala ʾilbēt > *ʿala‿lbēt* „nach Haus"
baʿdi ma ʾitfataḥit > *baʿdi ma‿tfataḥit* „nachdem sie geöffnet worden war"
ʿala ʾuxtaha > *ʿala‿xtaha* „nach ihrer Schwester"

Ebenso wird /i/ elidiert, wenn /a/ folgt: i + a > a

wi ʾana > *w‿ana* „und ich ..."
xallīni ašūf > *xallīn‿ašūf* „laß mich sehen"
da ʾilli ʾana ʿayzu > *da‿ll‿ana ʿayzu* „das ist es, was ich will"
nāwi ʾarūḥ > *nāw‿arūḥ* „ich habe die Absicht zu gehen"
aḥmaṛ fi ʾaḥmaṛ ~ *aḥmaṛ f‿aḥmaṛ* „über und über in rot"
ḥāgi ʾašūfu > *ḥāg‿ašūfu* „ich werde kommen, ihn zu sehen"
sibni ʾafakkaṛ > *sibn‿afakkaṛ* „laß mich mal nachdenken"
bi+ʾaktib > *baktib* „ich schreibe"

Bei i + ú > ú:

inti ʾummu > *int‿ummu* „du bist seine Mutter"
li ʾuxti > *l‿uxti* „für meine Schwester"

Bei u + i > u, wenn *i* unbetont ist:

gibtu + ʾizzāy > *gibtu‿zzāy* „wie hast du ihn hierhergebracht?"
šuftu ʾimbāriḥ > *šuftu‿mbāriḥ* „ich sah ihn gestern"

Bei betontem /i/ in dieser Position wird dieses jedoch meist nicht elidiert, und nicht selten bleibt auch das Hamza erhalten: u + í > u‿í

iktibu ʾíntu > *iktibu‿íntu* „schreibt ihr!"
ʾallu ʾiktib > *ʾallu‿íktib* „er sagte zu ihm: schreib!"

Betontes /u/, das auf /a/ folgt kann elidiert werden (a+ú > á), wobei der elidierende Vokal wieder den Akzent erhält:

ya ʾúmmu Kalsūm > *yá‿mmu Kalsūm* „O Umm Kalsūm!"
ya ʾúsṭa > *yá‿sṭa* „Hallo Chef!"
maʿa ʾummi > *maʿá‿mmi* „mit meiner Mutter"

Auslautendes /u/ (Possessivsuffix der 3.sg.m.) bleibt erhalten: u + a > u‿a.

šuftu ʾana > *šuftu‿ana* ~ *šuftu ʾana* „ich habe ihn gesehen!"

A n m e r k u n g : Für diese Sandhi-Regeln gilt allgemein, daß sie von der Sprechgeschwindigkeit und der Situation abhängen. Bei langsamerem und bewußterem Sprechen (lento) werden nicht selten beide Vokale gesprochen, wobei es zu einem gleitenden Übergang zwischen den beiden kommt.

2.0 Morphologie

2.1 Personalpronomen

Personalpronomen (PNP) treten selbständig und als Suffixe am Nomen (Possessiv), am Verbum (Objekt) auf, ebenso an Präpositionen, Konjunktionen, Adverbien und Partikeln. Sie verfügen über Singular und Plural, nicht jedoch über den Dual. Nur die 2.sg. und die 3.sg. unterscheiden m. und f.

2.1.1 Das selbständige Personalpronomen

		1.	2.	3.
sg.	m.	*ana*	*inta*	*huwwa*
	f.		*inti*	*hiyya*
pl.	c.	*iḥna*	*intu*	*humma*

Neben der Standardform *intu* kommt im Substandard auch *intum* als 2.pl.c.vor.

Verbunden mit der Negation *ma-...-š* zeigen die PNP teilweise abweichende Formen:

		1.	2.	3.
sg.	m.	*ma-nīš*	*ma-ntāš*	*ma-huwwāš* ~ *ma-hūš*
	f.		*ma-ntīš*	*ma-hiyyāš* ~ *ma-hīš*
pl.	c.	*ma-ḥnāš*	*ma-ntūš*	*ma-hummāš*

ma-nīš „ich bin nicht ..." geht auf *ani* „ich" zurück, das sonst nur in Verbindung mit der emphatischen Negation wie in *waḷḷāhi ma-ni ʿārif* „ich weiß wirklich nicht!" vorkommt. Die Kurzformen der 3.sg. *hu, hi,* die in *ma-hūš, ma-hīš* (auch *walahūš, walahīš*) enthalten sind, existieren nur als gebundene Form in dem Frageadverb „welcher": *ánhu, ánhi* bzw. *anhū, anhī*; ebenso in *ahú, ahí* „da ist ...!" und in *fēnhu* „wo ist er?". In der 2.pl.c. nur *ma-ntūš.* Zu den Zusammensetzungen mit den Demonstrativa und anderen Erweiterungen s. unten 2.2.1.1.1.

Die Zweizahl kann mit attributivem *litnēn* „die zwei" ausgedrückt werden: *iḥna litnēn* „wir beide"; *intu litnēn* „ihr beide" *humma litnēn* „sie beide".

Auch Umschreibung der 2.pl. mittels der der 2.sg. und der 3.sg. als *inta w huwwa, inta w hiyya, inti w huwwa, inti w hiyya* „ihr beide" ist möglich: *yikūn fi maʿlūmak inta w huwwa* „du sollst es wissen, und er auch" [ST]; *ya ʿabīṭa inti w huwwa* „ihr beiden Dummköpfe!" [MF], s. 7.1.2.

2.1.2 Die Pronominalsuffixe

2.1.2.1 Form der Suffixe

2.1.2.1.1 Possessiv- und direkte Objektsuffixe
Die Suffixe sind die gebundenen Formen der Personalpronomen und treten an Nomina (Possessivsuffixe) und Verben (Objektsuffixe) sowie an Präpositionen, Konjunktionen, Adverbien und einige Partikeln. Die Verteilung der Allomorphe hängt von deren Auslaut -v, -K oder -KK ab:

Possessivsuffixe

	1.			2.			3.		
	-v	**-K**	**-KK**	**-v**	**-K**	**-KK**	**-v**	**-K**	**-KK**
sg. m.	*-ya*	*-i*	*-i*	*-k*	*-ak*	*-ak*	*-(h)*	*-u*	*-u*
f.				*-ki*	*-ik*	*-ik*	*-ha*	*-ha*	*-aha*
pl.	*-na*	*-na*	*-ina*	*-ku*	*-ku*	*-uku*	*-hum*	*-hum*	*-uhum*

-ni ~ *-ini* wird bei der 1.sg. als Objektsuffix am Verb anstelle von *-i* gebraucht, ebenso bei der Präsentativpartikel *ādi* und der Wunschpartikel *yarēt*: *adīni* ... „da bin ich ...“; *yaretni* „wäre ich doch ...!“; neben *lolāya* kommt auch *lolāni* „wenn ich nicht ... wäre“ vor. Bei der 2.pl. anstelle von *-ku* auch *-kum* im Substandard.

Substantive mit Possessivsuffixen

	-v	**-K**	**-KK**
	abu	*balad*	*šuġl*
1.sg.	*abūya*	*baladi*	*šuġli*
2.sg.m.	*abūk*	*baladak*	*šuġlak*
2.sg.f.	*abūki*	*baladik*	*šuġlik*
3.sg.m.	*abū(h)*	*baladu*	*šuġlu*
3.sg.f.	*abūha*	*baladha*	*šuġlaha*
1.pl.	*abūna*	*baladna*	*šuġlina*
2.pl.	*abūku*	*baladku*	*šuġluku*
3.pl.	*abūhum*	*baladhum*	*šuġluhum*

Das (*-h*) des Suffixes der 3.sg.m. wird meist nicht ausgesprochen, längt aber auslautende Kurzvokale nach 1.3.2.5. *-kum, -ukum* tritt bei der 2.pl. im Substandard auf, vgl. oben 2.1.1 und entsprechend beim Verb 2.3.4.1. und 2.3.4.2. Die Zweizahl kann mittels auf *-hum* folgendem *litnēn* ausgedrückt werden: *wiššuhum litnēn yiʾṭaʿ ilxamīra mi lbēt* „die Gesichter der beiden verheißen Unglück“ [SP].

2.1.2.1.2 Indirekte Objektsuffixe

Bei diesen handelt es sich um die Präposition *li* mit Suffixen, die enklitisch an das Verb – auch an das Partizip – tritt. Die Grundformen lauten:

Indirekte Objektsuffixe

		1.	2.	3.
sg.	m.	*-li*	*-lak*	*-lu*
	f.		*-lik*	*-liha*
pl.	c.	*-lina*	*-luku*	*-luhum*

Je nach Auslaut gelten die entsprechenden Elisions- und Insertionsregeln, woraus sich das folgende Paradigma ergibt:

Verbum mit indirekten Objektsuffixen

		1.	2.	3.	
-K	*ʾāl*	*ʾalli*	*ʾallak*	*ʾallu*	„er sagte ihm etc."
			ʾallik	*ʾallaha*	
		ʾallina	*ʾalluku*	*ʾalluhum*	
-v	*ʾālu*	*ʾalūli*	*ʾalūlak*	*ʾalūlu*	„sie sagten ihm etc."
			ʾalūlik	*ʾalulha*	
		ʾalulna	*ʾalulku*	*ʾalulhum*	
-KK	*fukk*	*fukkili*	*fukkilak*	*fukkilu*	„wechsle ihm etc.!"
			fukkilik	*fukkilha*	
		fukkilna	*fukkilku*	*fukkilhum*	

Am Partizip: *baʿitluhum* „er hat ihnen geschickt"; *baʿtālu* „sie hat ihm geschickt"; *baʿtinlak* „sie haben dir geschickt"; *issikka maftuḥālak* „der Weg ist frei für dich" [SB].

Bei der 1.sg. tritt bei *gih, yīgi* „kommen" und *idda, yiddi* „geben" statt *-li* häufig auch *-ni* auf: *gāli* ~ *gāni* „er kam zu mir"; *yiddihāni* „er gibt sie mir" [MA]; *iddithāni* „sie gab sie mir" [SP].

Anmerkung: In ländlichen Dialekten, seltener in Kairo, wird *bi* wie *li* dem Verb enklitisch angefügt: *afraḥbak* [MF] ~ *afraḥ bīk* „ich will deine Hochzeit feiern"; *huwwa miš darībi* „er nimmt mich nicht wahr" [MF]; *da-na maʿudābak w inta mawʿudbi* „ich bin dir und du bist mir versprochen" [SP].

Ein indirektes Objektsuffix kann an ein bereits vorhandenes direktes Objektsuffix der 3. Personen treten: gabha + liha > *gabhalha* „er brachte sie ihr", wobei das *-u* des direkten Objektsuffixes der 3.sg.m. durch *-hu* ersetzt werden kann, s. 2.1.2.2.

Verbum mit indirektem Objektsuffix nach direktem Objektsuffix

gābu „er brachte ihn etc.“			
gabūlu	*gabūlak*	*gabūli*	„er brachte ihn ihm“
~ *gabhūlu*	~ *gabhūlak*	~ *gabhūli*	
gabulha	*gabūlik*		
~ *gabhulha*	~ *gabhūlik*		
gabulhum	*gabulku*	*gabulna*	
~ *gabhulhum*	~ *gabhulku*	~ *gabhulna*	
gabha „er brachte sie [sg.f.] etc.“			
gabhālu	*gabhālak*	*gabhāli*	„er brachte sie ihm“
gabhalha	*gabhālik*		
gabhalhum	*gabhalku*	*gabhalna*	
gabhum „er brachte sie [pl.] etc.“			
gabhumlu	*gabhumlak*	*gabhumli*	„er brachte sie ihm“
gabhumlaha	*gabhumlik*		
gabhumluhum	*gabhumluku*	*gabhumlina*	

An das Verb mit den beiden Suffixreihen kann noch das Negationssuffix *-š* enklitisch treten: *ma - baʿatit-hā-lū-š* „sie schickte sie ihm nicht“.

2.1.2.2 Allomorphe

Bei Antritt des Negationssuffixes *-š* oder der indirekten Objektsuffixe mit *-l-* ergeben sich, abgesehen von der Längung eines auslautenden Vokals, auch Veränderungen bei einigen Objektsuffixen:

1.sg. *-ya* > *-yi* obligatorisch vor *-š* der Negation: ^{o}ma-waṛa+ya+š > *ma-waṛayīš*, „nicht hinter mir“ etc., s. Präpositionen 2.6.1.2 a.

2.sg.f. *-ik* > *-iki* obligatorisch vor *-š* der Negation: *šuftik* „ich sah dich“ > *ma-šuftikīš* „ich sah dich nicht“. Mit Elision des /i/ des Suffixes nach -K: *šāfik* > *ma-šafkīš* „er sah dich nicht“; ^{o}ma-misik+iki+š > *ma-msikkīš* „er packte dich nicht“; ^{o}ma-ʾābil+iki+š > *ma-ʾabilkīš* „er ist dir nicht begegnet“, s. auch 1.3.2.1.1 Anm.

3.sg.m. *-(h)* > *-hu* obligatorisch vor *-š* der Negation: *šuftū(h)* „ihr saht ihn“ > *ma-šuftuhūš* „ihr saht ihn nicht“. Ebenso *šuftī(h)* „du [f.] sahst ihn“ > *ma-šuftihūš* „du [f.] sahst ihn nicht“; *insā(h)* „vergiß ihn!“ > *ma-tinsahūš* „vergiß ihn nicht!“; *fī(h)* „in ihm“ > *ma-fihūš* ~ *ma-fhūš* ~ *ma-fihš* „nicht in ihm“. Vor *-li-* der indirekten Objektsuffixe: iddī(h)+li > *iddihūli* „gib ihn mir!“.
-u ~ *-uhu* fakultativ vor *-š* der Negation und *-li-* der indirekten Objektsuffixe: *ʾultūlak* ~ *ʾultuhūlak* „ich habe es dir gesagt“.
Mit Elision des /u/ des Suffixes: ^{o}ba^{c}atituhu+li > *baʿatithūli* „sie schickte ihn mir“ (~ ^{o}ba^{c}atitu+li > *baʿatitūli*); ma-^{o}xallituhu+š > *ma-xallithūš* „sie ließ ihn nicht“ (~ ^{o}xallitu + š > *ma-xallitūš*).

A n m e r k u n g : Den älteren, heute noch auf dem Lande vorherrschenden Zustand mit *-h-* anstelle von *-hū-* vor dem Negationssuffix zeigen *ma-ʿalešš* < **ma-ʿalehš* „macht nichts!"; *ma-maʿahš* „er hat nicht dabei"; *ma-fihš* „nicht darin". Ebenso ist auf dem Land überall auch *ma-šuftikš* anstelle städtischem *ma-šuftikīš* gebräuchlich.

2.1.2.3 Antritt der Suffixe: Die Possessivsuffixe treten an das nominale Pl.-Suffix *-īn*: *xaddamīnak* „deine Diener", nicht aber an das *-ēn* des Dual, s. 2.4.9.4.6. Hier ist die Umschreibung mit *bitūʿ* obligatorisch: *iṣṣurtēn bitūʿi* „meine beiden Fotos". Zum Pseudodual s. 2.4.9.4.7. An Bruchzahlen: *aṛbaʿ t-ixmāsu* „vier Fünftel davon"; *talat t-irbaʿu* „drei Viertel davon"; und auch *tiltēnu* „zwei Drittel davon".

Possessivsuffixe können auch an Adverbien treten, z.B. *kifāya* „genug": *ma-kfayāk harš* „du hast doch genug gekratzt!" [ST]. Seltener auch an *lissa* „noch": *lissāya gayyi min baṛṛa* „ich komme gerade von draußen" [ST]; *lissāk* „du bist noch ..." [ST]; *lissāh biydaxxan* „er raucht nach wie vor" [MI]. Ferner an Konjunktionen, Imperativ-, Wunsch- und Präsentativpartikeln:

innak	„daß du ..."
kannak ~ kaʾinnak	„als ob du ..."
liʾinnak	„weil du ..."
sībak, sībik, sibku min ...	„laß ab von ...!"
fuḍḍak, fuḍḍik, fuḍḍuku min ...	„laß ab von ...!"
iyyāk, iyyāki, iyyāku ...	„hoffentlich ...!"
iwʿāk tiʿmil kida tāni! iwʿāki, iwʿāku	„tu das bloß nicht nochmal!"
yarētni, yarētu etc. ...	„ach wäre ich doch ...!"
ʾādīni, ʾadīk etc. ...	„da bist du ...!"

Nicht selten werden die Suffixe bei Präpositionen und Adverbien nach Analogie zu *fi* „in" mittels *-ī-* verbunden: *gambīna* „neben uns"; *ayyamīha, yomīha, naharīha* „damals"; *waʾtīha* „seinerzeit"; *min yomīha* „seither". Aber auch bei *nafs, baʿḍ* und *li waḥd-*: *min nafsīhum* „aus sich selbst heraus"; *baʿḍīhum* „einander"; *li waḥdīna* „wir allein". Zu den Präpositionen s. 2.6.1.3.

Bei erweiterten Nominalphrasen tritt das Possessivsuffix an das letzte Substantiv, wenn es sich um eine Genitivverbindung handelt. Dies beschränkt sich allerdings auf gewisse feste Begriffe:

ʾōḍit nōm	>	*ʾōḍit nōmi*	„mein Schlafzimmer"

Ferner: *gawāz safari* „mein Reisepaß"; *yōm gawazna* „unser Hochzeitstag"; *ḥaflit ʿīd milādi* „meine Geburtstagsparty" [ME]; *yōm xabizha* „ihr Backtag" [SP]. Aber auch mit *bitāʿ*: *ʾōḍit ilmaktab bitāʿti* „mein Büro" [ST], s. auch 4.3.5.2. Bei attributiver NP tritt das Suffix an den Träger: *ʿamūdu lfaqri* „sein Rückgrat" [SP]; *hiwayitha lmufaḍḍala* „ihr Lieblingshobby" [ST], s. auch 4.3.2.4.

2.2 Demonstrativa, Quantoren und andere Pronomina

2.2.1 Demonstrativa

2.2.1.1 Nahdeixis „dieser“

2.2.1.1.1 Formen

sg. m.	*da*	*irrāgil da*	„dieser Mann“
f.	*di*	*issitti di*	„diese Frau“
pl.	*dōl*	*ilbanāt dōl*	„diese Mädchen“

Häufig treten Zusammensetzungen mit *huwwa*, *hiyya* oder *humma* auf, die vor allem im Substandard mit *-t* oder *-n* erweitert sein können:

dahuwwa	*dahiyya ~ dihiyya*	*dahumma ~ dōlahumma*
dahuwwat	*dahiyyat ~ dihiyyat*	*dahummat ~ dōlahummat*
dahuwwan	*dahiyyan ~ dihiyyan*	*dahumman ~ dumman ~ dōlahumman*
dawwa	*diyya*	*dōla, dōli*
dawwat	*diyyat*	*dōlat*
dawwan	*diyyan*	*dōlan ~ dōlam*

2.2.1.1.2 Gebrauch

a. Selbständiger Gebrauch

1. Demonstrativa können als solche jede Stellung in einem Satz einnehmen, so als Subjekt: *da kanz* „das ist ein Schatz“ [ST]; als nomen rectum in einer Genitivverbindung: *wi da yisʿa fi ʾaṭʿi ʿēš da* „und der bemüht sich, das Brot von dem wegzunehmen“ [SO]; *wi ḥyāt šēx di ...* „beim Leben des Scheichs dieses ...!“ [ME]. Als Objekt: *law wāḥid hirib kunti ḥatiʾdaṛ tiḥuṭṭi da maṭraḥu* „wenn einer geflohen wäre, hättest du den da an seine Stelle setzen können“ [ST]. Nach einer Präposition: *ma-fīš kalām min da hina* „sowas gibt es hier nicht!“ [SP].

2. Anaphorisch in einer topic-comment-Struktur: *Nūḥ da ḥāga tanya* „Nūḥ, der ist etwas anderes“ [ST]; *Umm Ibrahīm di aḥla minha* „Umm Ibrahīm, die ist hübscher als sie“ [ST]. Dagegen kataphorisch satzeinleitend: *di Naʿīma ma-lhāš ġērak* „Naʿīma hat niemand anderen als dich“ [MF]; *ḥaddi yiʾdaṛ yinṭaʾ bi kilma? di Nīna tiftaḥ nafūxu* „kann da irgendeiner noch ein Wort sagen? Nīna reißt ihm den Kopf ab!“ [MF]; *dōl sittāt ilʿimāṛa byithiblu ʿalašānu* „die Frauen des Wohnblocks sind verrückt nach ihm“ [ST]. Zur Satzdeixis s. 3.6.

b. Attributiver Gebrauch

1. Nachstellung: Das attributive Demonstrativpronomen folgt dem determinierten Substantiv als Attribut: *iggadaʿ da* „dieser Bursche“; *iššanṭa di* „diese Tasche“;

innās dōl „diese Leute" etc. Dabei zeigen *da* und *di*, nicht aber *dōl*, die Tendenz, sich enklitisch an das Substantiv zu fügen, s. 1.3.1.2.2.

Fest etabliert im Sprachgebrauch ist, daß auf diese Weise eine Reihe von temporalen Adverbien gebildet werden, wie *innahaṛda* „heute" und *issanādi* < *issána di* „dieses Jahr [= heuer]":

illēla di	>	*illelādi*	„heute abend"
iššáhrⁱ da	>	*iššahrída*	„diesen Monat"
issāʿa di	>	*issaʿādi*	„zu dieser Stunde, jetzt"
ilmaṛṛa di	>	*ilmaṛṛādi*	„dieses Mal"
ilmudda di	>	*ṭūl ilmuddādi*	„diese ganze Zeit"
illaḥẓa di	>	*mi llaḥẓādi*	„von diesem Augenblick an"

Beispiele: *ēh illi gābu ssaʿādi* „was führt ihn zu dieser Stunde hierher?" [MF]; *wi māši bīha ṭūl ilmuddādi* „und gehst mit ihr diese ganze Zeit um" [MF].

Enklise erfolgt ferner in einer Reihe von konventionellen Phrasen: *min da ʿalāda* „von allem was" [SB]; *ʿalādi lḥāl* „in diesem Zustand" [SB]; *fi lḥalādi* „in diesem Fall" [MF]; *li ddaṛagādi* „in diesem Maße" [SP]; *bi ṭṭari'ādi la'* „auf diese Weise, nein!"; *baṭṭalūda w ismaʿūda* „schaut mal, was das ist!?" [SPR]. Und frei: *fahma maʿna kkilmādi 'ē* „verstehst du, was diese Wort bedeutet?" [MF]; *ismaʿi kalām ʿammitik fīdi bass* „hör nur hier auf deine Tante!" [MF]; *kalām zayyída* „so etwas" [MF]; *fi lēla zayyídi* „in einer Nacht wie dieser" [MF]; *ʿandⁱ sittinādi* „bei unserer Großmutter" [SP]; *ilḥikayādi ma-ḥasalitš* „diese Geschichte ist nicht passiert" [SP]; *ma-fīš ḥaddⁱ ʿandina bi l'ismída* „bei uns gibt es niemand mit diesem Namen" [MF]; *fi lḥittādi* „in diesem Viertel" [SP].

Bei Nachdruck und direktem demonstrativem Verweis auf einen Gegenstand bzw. auf eine Vorerwähnung unterbleibt die Enklise: *ibʿid ʿanni ssaʿādi* „jetzt mach dich augenblicklich davon!" [MI], aber *ištaretha fēn issāʿa di* „wo hast du diese Uhr gekauft?" [MI]. So ergeben sich Oppositionen wie *issanādi* „dieses Jahr [= heuer]" [MI] und *issana di ʿumri ma ḥansāha* „jenes Jahr werde ich nie vergessen" [MI].

Weitere Attribute zum Nomen treten zwischen dieses und das Demonstrativpronomen: *ilḥu'an illi maktūba hina di* „diese Spritzen, die hier aufgeschrieben stehen" [ST]; *ilmaḥfaẓa lbunni di* „diese braune Brieftasche" [ME], s. ferner 4.3.3.2. *kull* folgt jedoch dem Demonstrativpronomen: *ilḥagāt di kullaha* „diese ganzen Sachen" [ST]. Auch als Attribut zu einem Relativsatz: *inta ʿārif ʿu'ūbit illi inta ʿamaltu da 'ē* „du weißt, was die Strafe ist für das, was du getan hast?" [ST].

2. Voranstellung: In Ausrufen und emphatischen Ausdrücken können *da* und *di* vorangestellt werden: *kullⁱ yōm ʿala da lhāl* „jeden Tag war es der gleiche Zustand!" [SP]; *lā mu'axza ʿala di kkilma* „Verzeihung für dieses Wort" [ME]; *yā di lmuṣība* „was für ein Unglück!" [ME]; *yā salām ʿala da llōn* „was für eine Farbe!" [ME]. Dabei steht oft invariables *di* wie in *yā di nnahāṛ* „was für ein Tag!" [ME]; *yā di lʿāṛ* „was für eine Schande!" [ME] und auch *kullⁱ yōm ʿala di lḥāl* „jeden Tag

war es das gleiche“ [ST], wobei *di* meist enklitisch an die vorangehende Präpostion tritt: *kulli yōm ʿalādi lḥāl.*

Das folgende Nomen kann dabei indeterminiert bleiben und die Phrase mit „ein solcher“ wiedergegeben werden: *ya salām ʿala di ʿaṛabiyya* ~ *ʿalādi lʿaṛabiyya* „was für ein tolles Auto!“ [MI]; *tislam ʾīdak ʿala di ʾahwa* ~ *di lʾahwa* „was für ein prima Kaffee!“ [ME]; *aʿūzu billāh ʿalāda lōn* „was für eine schreckliche Farbe!“ [MI]; *itfūh ʿala da šuġl* „was für eine scheußliche Arbeit!“ [SP]; *ixṣi ʿalāda ṛāgil* „pfui über einen solchen Mann!“ [MI]; *ʾaṭīʿa tiʾṭaʿ išŠēx ʿAli wi di šaʾʾa* „der Teufel hole doch den Scheich ᶜAli und eine solche Wohnung!“ [ST].

2.2.1.2 Ferndeixis „jener, der erwähnte“

sg. m.	*dukha*
f.	*dikha*
pl.	*dukham* ~ *dukhum* ~ *dukhumma*

Wie die Demonstrativpronomina der Nahdeixis können *dukha, dikha, dukham* durch *huwwa, hiyya* sowie durch *-t* oder *-n* erweitert werden: *dukhat, dikhayyat, dikhiyyat, dukhamman* etc.

dukha etc. wird anaphorisch als Gegensatz oder in erzählenden Texten zum Verweis auf Vorerwähntes im Gegensatz zu Näherliegendem gebraucht: *ya wuliyya inti miš xaltik mātit ilʾusbūʿ illi fāt – dikha Ummi Ḥasan, di xalti ttanya* „liebe Frau, ist deine Tante nicht vorige Woche gestorben? – Die damals war Umm Ḥasan, die jetzt ist meine andere Tante“ [ST]; *ṣūrit ilfaṛaḥ bitibʾa fi lʾistudio – fi lhawa ṭṭalʾi btibʾa aḥla, dikha taqlidiyya* „die Hochzeitsfotos machen wir im Studio! – Im Freien werden sie schöner, die anderen sind traditionell“ [ST].

Anmerkung 1: Invariantes voranstehendes *dīk* findet sich in gewissen Zeitadverbien wie *dīk innahāṛ* „neulich“; *dīk issāʿa* „zu diesem Zeitpunkt“; *dīk ilwaʾt* „seinerzeit“; *dīk issana* „vor einigen Jahren“. Auch *dāk issāʿa* „in diesem Moment“.

Anmerkung 2: In gehobener Umgangssprache treten auch verschiedene dem Harab. entlehnte Formen der Demonstrativpronomen auf, z.B.: *maʿa zālik* „trotzdem“; *w iḥna ya madām miš wišši zālik, ʾasfīn* „wir sind nicht von dieser Art, beste Frau, wir bedauern“ [ST]; *fi waʾtina hāza* „in dieser unserer Zeit“ [ME].

2.2.1.3 *kida* als anaphorisches Pronomen

kida, und auch die erweiterten Formen *kidahú, kidahuwwa, kidahuwwat,* referieren auf erwähnte Sachverhalte, wobei es alle Positionen im Satz einnehmen kann: *kida aḥsanlu* „so ist es besser für ihn“ [ST]; *izzāy tiʾūli kida* „wie kannst du das nur sagen!“ [MF]; *maʿna kida ʾinni ...* „das bedeutet also, daß ...“ [ST]; *ēh illi xallāni ʿamalti kida* „was hat mich dazu veranlaßt, das zu tun?“ [ST]; *wi lamma nti ʿarfa kida ...* „wenn du das weißt ...“ [ST]; *baʿdi kidahuwwat ḥatkūn ilmuluxiyya baʾa nišfit* „danach ist die Mulukhiyya getrocknet“ [MA]; *ʾabli kida* „davor“; *w inta fāhim inni gayyi ʿalašān kida* „du denkst, daß ich deswegen gekommen bin“ [ST]; *wi ssitti btaʿtu ma-fīš baʿdi kida* „und seine Frau ist unübertrefflich“ [ST]; *itnēn wi ḥabbu baʿḍ, ʾē lġarīb fi kida* „zwei, die sich lieben, was ist daran so seltsam?“ [MF].

Mit folgendem spezifizierendem Nomen: *ma-fīš aḥsan min kida madāris* „es gibt nichts besseres an Schulen“ [ME]; *huwwa fī aktar min kida xaṭar* „gibt es eine größere Gefahr als sowas?!“ [MF]; *akbar min kida ʿēb?!* „eine größere Schande als diese?!“ [ST]. S. unten 2.2.2.2.3.

2.2.2 Demonstrativadverbien

2.2.2.1 Formen

lokal	*hina*	„hier“	*hināk*	„dort“
temporal	*dilwaʾti*	„jetzt“	*imbāriḥ*	„gestern“
	innaharda	„heute“	*bukra*	„morgen“
modal	*kida*	„auf diese Weise“	*kēt*	„so“

hina kann auch temporale Bedeutung haben: *min hina w rāyiḥ* „von nun an“ (= *min dilwaʾti w rāyiḥ*). *hina* und *hināk* geben auch die Richtung an „hierher“ bzw. „dorthin“: *taʿāla hina* „komm her!“. Für „hier entlang, hierlangs, dort entlang“ wird *min hina* bzw. *min hināk* gebraucht.

Anmerkung: *kēt* kommt nur in festen Wendungen vor: *ʾālu ʿalēha kēt wi kēt* „sie erzählten über sie so und so [alles Mögliche]“. Dem Harab. entlehnt sind die vielfach gebrauchten *kazālik* „ebenso“ und *kaza*: *w ana kazālik* „und ich ebenso“; *wa hwa kazālik* „abgemacht!“; *kaza w kaza* „so und so, und so weiter“: *iʿmil kaza w kaza aḥsan mistaʿgil* „mach so und so, denn ich habe es eilig“ [SP]. Zu *kaza* als Quantor, s. 4.3.4.1.9.

2.2.2.2 Gebrauch

2.2.2.2.1 Ortsadverbien

hina „hier“ und *hināk* „dort“ werden syntaktisch wie Nomina behandelt und nehmen deren Stellen im Satz ein. Subjekt: *hina aḥsan min hināk* „hier ist [e]s besser als dort“. Objekt: *hiyya bitḥibbi hnāk* „sie ist gerne dort“; *ʿāwiz asīb hina* „ich will weg von hier“ [ST]. Prädikat: *ana hnāk baʿdi nuṣṣi sāʿa* „ich bin in einer halben Stunde dort“. Nomen rectum in einer Genitivverbindung: *ʿagabūki ḥallaʾīn hina* „haben dir die hiesigen Friseure gefallen?“ [SP]. Nach Präposition: *ē raʾyukum fi hina* „was haltet ihr von hier?“ [ST]; *liḥaddi hina* „bis hierher“. Als Attribut zum Nomen: *wuʾūf hina miš ʿāyiz* „hier stehenbleiben will ich nicht“ [ST]; *lākin ʾahalīna hnāk ma-yruddūš ʿa ggawāb* „aber unsere Leute dort antworten nicht auf Briefe“ [SP]; *ilmaḥallāt hina fīha ḥagāt tigannin* „in den Läden hier gibt es tolle Sachen“ [ST].

2.2.2.2.2 Zeitadverbien

Auch Zeitadverbien können alle Stellen im Satz einnehmen:
Subjekt: *imbāriḥ xiliṣ* „das Gestern ist zu Ende“ [ST]; *bukṛa lissa ma-gāš* „das Morgen ist nicht gekommen“ [ST]. Als Prädikatsnomen nach *kān*: *ana ʾimtiḥāni kān bukṛa* „meine Prüfung war morgen“ [ST]. Nomen rectum in einer Genitivverbindung: *gurnāl imbāriḥ* „die Zeitung von gestern“ [ST]; *laḥmit ʾawwil imbāriḥ* „das Fleisch von vorgestern“ [ST]; *fi gaṛāyid bukṛa* „in den Zeitungen von morgen“ [ST] neben *ilʾiṣṣa btāʿit bukṛa* „die Geschichte von morgen“ [ST].

2.2.2.2.3 *kida* als Adverb

kida „so, auf diese Weise“ wird als Adverb zu Verben und Adjektiven gebraucht: *bithizzini kida lē* „warum schüttelst du mich so?“ [ST]; *da law istamarrēna kida miš ḥanixlaṣ* „wenn wir so weitermachen, kommen wir zu keinem Ende“ [ST]; *inta kida baʾālak dōr muhummⁱ fi lʾaḍiyya di* „auf diese Weise hast du eine wichtige Rolle in dem Verfahren bekommen“ [ST]; *xarga lē w inti suxna kida* „warum gehst du aus dem Haus, wenn du so Fieber hast“ [ST]; *ya sātir māl šaʿrik kullu ʾamlⁱ kida lē* „du lieber Himmel, warum ist dein Haar so voller Läuse?“ [ST].

Nachgestellt dient *kida* bei meßbaren Angaben wie das deutsche „so“ zum Ausdruck des Ungefähren: *wi nimla lḥalla taʾrīban nuṣṣaha kida šuṛba* „wir füllen den Topf so etwa zur Hälfte mit Brühe“ [MA]; *ḥawāli ssāʿa sabʿa kida* „so gegen sieben Uhr“ [MA]. Zu *kida* als Pronomen s. 2.2.1.3

2.2.3 Demonstrativpartikeln (Präsentativa)

2.2.3.1 *ahú, ahí, ahúm* „da ist ...!“

m.	f.	pl.
ahú	*ahí*	*ahúm*

Zur Aussprache als [a'hoh] und [a'heh] s. 1.1.1.2.1. Mittels *ahú* etc. wird dem Hörer eine Sache oder Situation präsentiert. Es kann dabei satzeinleitend oder am Satzende stehen: *iššāy abu niʿnāʿ ahú* „da ist der Pfefferminztee!“ [ST]; *ilʾutubīs gayy ahú* „da kommt der Bus“ [ME]; *bakkallim ʿaṛabi ahú* „da schau, ich spreche Arabisch“ [ST]; *ahí di gdīda* „das ist aber was Neues!“ [ME]; *ahí kullitha zayyⁱ baʿḍaha* „sie sind ja doch alle gleich!“ [ST].

Invariables *ahú* verbindet sich mit folgendem Personalpronomen der 1. und 2. Personen: *ahú-nta, ahú-nti* etc. „da bist du also ...“: *ahú-nta ḥmāṛ ilbiʿīd* „du bist doch, mit Verlaub, ein Esel!“ [SG]. Oft dazu mit vorangehendem *ma-* „doch“: *ma-hú-na* (< *ma ahú ana*) „ich bin doch ...“, *ma-hú-nta* etc.: *ana lāzim aštaġal w asaʿdu ma-hu gōzi ġalbān* „ich muß arbeiten und ihm helfen, mein Mann ist doch arm“ [ST]; *ma-hu bāṣiṣ innaḥya ttanya* „er schaut ja in die andere Richtung!“ [ST].

2.2.3.2 *ādi* „da ist ...! da hast du ...!"

Ebenso wie *ahú* weist *ādi* auf eine Situation hin. Es steht immer voran und ist invariabel: *ādi lli aʿṛafu* „das ist es, was ich weiß!" [ST]; *ādi lmargala* „das sind noch Männer!" [ST]; *ādi nuṣṣi sāʿa tanya fātit* „nun ist also eine weitere halbe Stunde vergangen!" [SB].

ādi kann sowohl mit den selbständigen PNP wie mit den Suffixen der 1. und 2. Personen verbunden werden, z.B. *adīni* „da bin ich also ...", *adīk* ~ *ad-ínta, adīki* ~ *ad-ínti, adīna* ~ *ad-iḥna* etc.: *ādi nta šāyif innuqqād bititkallim ʿanni zzāy* „nun siehst du, wie die Kritiker über mich sprechen!" [ST]; *adīki ʿirifti* „jetzt weißt du es also!" [MF]; *adīni gēt* „und da bin ich jetzt" [ST]. Zur Steigerung der Expressivität kann es mit *ahú* kombiniert werden: *ādi lʿēš ahú* „da schau, da ist das Brot" [ST]; *adīni ṛāyiḥ ahú* „ich geh ja schon!" [ST].

Anmerkung: Mit enklitischem *li* zur Angabe der Zeitdauer „seit": *miskīn Ġazāla, gāyiz ʾadīlu xamsa w ʿišrīn sana byiḥlam bi llēla di* „der arme Ġazāla, seit 25 Jahren vielleicht schon träumt er von dieser Nacht!" [SP].

2.2.3.3 Satzeinleitende Partikeln: *atāri, atābi, agrann*

atāri, atābi, agrann mit Suffix weisen auf neue Umstände und Ursachen hin: *wi fiḍlu yʾaṛṛabu lākin barḍu ma-šafithumš, atarīha ʿimyit min kutr ilʿiyāṭ* „sie kamen immer näher, trotzdem sah sie sie nicht, sie war nämlich vom vielen Weinen erblindet" [SP]; *ana kunt aḥsib innayba di ʿandina f-maṣri bass, atarīha hina kamān* „ich dachte, dieses Desaster gibt es nur bei uns in Ägypten, doch da schau an, auch hier gibt es das!" [SP]; *ya salām, atabī kān miggawwiz wala-ʿṛafš* „herrje, da war er also verheiratet und ich wußte nichts davon!" [ST]; *agrannak nāzil mitʾaxxaṛ* „daher kommt es also, daß du zu spät weggehst" [ST].

2.2.4 Fragepronomen

Personen	*mīn*	„wer?"
Sachen	*ē(h)*	„was?"
Attribute	*anhu, ʾayy, āni*	„welcher?"
	ē(h)	„was für ein?"

Fragepronomina stehen dort im Fragesatz, wo das erfragte Satzglied im entsprechenden Aussagesatz steht. *mīn* „wer?" und *ē(h)* „was?" werden häufig durch einen Relativsatz mit *illi* topikalisiert: *mīn illi ʾamaṛhum* „wer hat es ihnen befohlen?" [ST]; *ēh illi gābak hina* „was hat dich hierhergebracht?" [ME]. S. ferner „Ergänzungsfragen" 8.1.2.

2.2.4.1 *mīn* „wer?"

Voranstehend als Subjekt: *mīn ʾallak kida* „wer hat dir das gesagt?" [ME]. Als nomen rectum in Genitivverbindungen: *kitāb mīn da* „wessen Buch ist das?" [ME].

Als Prädikat: *ʾulīli ʾana mīn* „sag mir, wer ich bin!" [ST]. Als Frage nach dem Vatersnamen (neben *ʾē*): *Ṣāliḥ mīn – Ṣāliḥ Silīm* „Ṣāliḥ und weiter? – Ṣāliḥ Silīm" [ME]. Zu *mīn* als Relativpronomen s. 4.3.3.3.2.5.

mīn im Sinne von „was für einer": *tēs mīn illi baʾa yisraḥ bi xyāṛ walla b-ġēru* „was ist das für ein Bock [Blödmann), der da mit Gurken oder sonst was handelt" [SP].

2.2.4.2 *ē(h)* „was?" (*ēš*)

Auslautend wird meist *ē* gesprochen. *ēh* kann vor Vokal eintreten: *ēh illi gābak* ~ *ē lli gābak* „was hat dich hierher gebracht?" [ME] und ist auch in der Phrase *dehda* (< **da ēh da*) „was ist denn das?!" [ME] bewahrt.

ē(h) „was?" fragt nach Sachen, auch wenn sie syntaktisch als Genitivattribute vorliegen. Es entspricht dann „was für ...?" oder „welch-?": *sign? signi ʾē? fahhimni* „Gefängnis? Was für ein Gefängnis? Erklär mir das!" [ST]; *baʿatu ḥaddi xad ilʿagala min ilmadrasa – ʿagalit ē ya wād* „sie schickten jemand, der das Fahrrad von der Schule geholt hat. – Was für Fahrrad, Junge?" [ST]; *innahaṛda yōm ē* „welchen Wochentag haben wir heute?" [ME]. Wird nach mehreren Dingen gleichzeitig gefragt, wiederholt man *ē*: *ʿawza tīgi yōm ʾē wi ʾē* „an welchen Tagen willst du kommen?" [ME]. Als Frage nach dem zweiten Namen: *Darwīš ʾē* „was für ein Darwīš denn?" (etwas abfällig) [SP].

Gelegentlich kann „wie?" Übersetzungsäquivalent von *ē(h)* sein: *bitḥibb ilʾahwa ʾē* „wie möchtest du den Kaffee? [z.B. *sāda* ohne Zucker]" [ME]; *bitākul ilxuḍār ē* „wie ißt du das Gemüse? [z.B. *maslūʾ* gekocht]" [ME]. Und auch: *ismak ē* „wie ist dein Name?" [ME]; *tiʾṛablu ʾē* „wie bist du mit ihm verwandt" [ST].

An *ē* kann ein spezifizierendes Nomen treten: *ʿanduku ʾē samak innahaṛda* „was für Fisch habt ihr heute?" [ME]. S. auch unten 2.2.11.6 zu *kām* „wie viele?".

In erzählenden Texten werden damit rhetorische Fragen gebildet: *wi ʾaʿad ṛāḥ ʾē? miṭallaʿ ilḥašīš* „und er tat was? er holte das Haschisch heraus" [MA]; *baʿdi kida ḥatitʾē? titšaḥḥam wi titġisil* „danach wird es was? abgeschmiert und gewaschen" [MA].

Im Sinne von „wieso ...? was heißt hier ...?" nach dem betrefffenden Wort stehend: *miggawwiz ʾē wi mṭallaʾ ʾē? ana miš fahma ḥāga xāliṣ* „was heißt hier ‚verheiratet' und was heißt hier ‚geschieden'? Ich versteh rein gar nichts mehr!" [ST]. Euphemistisch wird es verwendet in *ya bn ilʾē* „du Sohn von ...!" (für *ikkalb* oder *ilʾaḥba*) [ME].

Anmerkung: *ēš* „was?", das in Texten des 19. Jahrhunderts noch öfter vorkommt, ist in der Form *iš-* heute auf feste Wendungen beschränkt und steht stets satzeinleitend: *išʿaṛṛafak* „woher willst du das wissen?!"; *išmiʿna* „wieso?" (< **ēš maʿna*); *izzayy* „wie?" (< **ēš zayy*). Öfters in Sprichwörtern wie *ēš tiʿmil ilmašṭa fi lwišš ilʿikir* „was kann die Baderin denn schon mit unreiner Gesichtshaut anfangen? [= da ist Hopfen und Malz verloren]" und im Märchenstil *ēš tuṭlubi* „was wünschest du?" [SP]. Ebenso in Theaterstücken, die im ländlichen Milieu angesiedelt sind: *ilʿumda ʾēš ḥašaṛu* „was hat den Omda sich einmischen lassen?" [ST]; *ēš fahhimu lḥagāt di* „was hat ihm diese Dinge beigebracht?" [ST].

2.2.4.3 *anhu, āni* und *ʾayy* „welcher"

a. *anhu* wird dem Substantiv voran- oder nachgestellt und kongruiert damit. Vorangestellt ist es auf der ersten, nachgestellt auf der letzten Silbe betont:

	m.	f.	pl.
voran	*ánhu ~ ánhi*	*ánhu ~ ánhi*	*ánhu ~ ánhi*
nach	*anhū*	*anhī ~ anhīn*	*anhūm ~ anhūn*

Auch sind hier Erweiterungen mit *-n* geläufig: *anhūn, anhīn*. Bei Voranstellung schwankt der Gebrauch zwischen *anhu* und *anhi*, meist jedoch *anhi*: *anhi nōʿ* „welche Sorte?"; *anhi ṭabʿa* „welcher Druck?"; aber auch: *min anhu ttigāh* „aus welcher Richtung?" [ST]; *ḥaʾullik hiyya malṭūṭa b-anhi ginn* „ich werde dir sagen, von welchem Dämon sie besessen ist" [ST].

Attributiv nachgestellt und selbständig erfolgt immer Kongruenz: *ṣiyāmak anhū da ya rūḥi* „welches Fasten von dir ist das, meine Liebe?" [ST]; *tilbisi ʾanhū fīhum* „welchen davon ziehst du an?" [ST].

b. *āni* ist invariabel und wird vorangestellt:
āni ist invariabel und steht vor der NP: *āni ṣṭuwāna* „welche Schallplatte?" [ST]; *f-āni ḥitta* „in welchem Viertel?" [ME]; *sāfir f-āni dahya* „in welche vermaledeite Gegend ist er denn gereist?" [ST].

c. *ʾayy* bildet mit dem folgenden indet. Substantiv ein Genitivverbindung: *fi ʾayyi bēt* „in welchem Haus?" [ME]; *ʾayyi xidma* „zu Diensten?" [ME]; *intu b-ʾayyi ḥaʾʾi txuššu lbēt da* „mit welchem Recht betretet ihr dieses Haus?" [ST], s. 4.3.4.2.2.

d. Zu *ē(h)*, s. oben 2.2.4.2.

2.2.5 Relativpronomen

Das Relativpronomen *illi* leitet den Relativsatz nach einem determinierten Nomen ein.

ikkitāb illi štarētu	„das Buch, das ich gekauft habe"
ilbint illi gat	„das Mädchen, das gekommen ist"
innās illi gum	„die Leute, die gekommen sind"

Ebenso gebraucht man es als selbständiges Relativpronomen: *illi fāt fāt* „was vorbei ist, ist vorbei" [SPR]. Zum Relativsatz s. 4.3.3.3. Zu *illi* als Konjunktion s. 9.9.5 und 9.15.1 b. Ferner finden sich *mīn* „derjenige, der" und *ma* „das, was" als Relativpronomen, s. dazu 4.3.3.3.2.5.

2.2.6 Reflexivpronomen

Reflexivität kann durch die Verbalstämme t-I, n-I und t-II ausgedrückt werden, s. 2.3.3.3.3 und 7.8.1, aber auch durch Reflexivpronomina, und zwar durch *nafs+*, im Substandard auch *rūḥ+* ~ *rōḥ+*. An diese treten die Possessivsuffixe, die sich auf das Subjekt beziehen.

„selbst“	*nafsu*	*nafsak*	*nafsi*
	nafsaha	*nafsik*	
	nafsuhum	*nafsukum*	*nafsina*

Entsprechend *rūḥu, ruḥha, rūḥak* etc. Zum Gebrauch s. 7.8. Beispiele mit *nafs+*: *ḥaṭṭēt nafsak b-īdak fi ssign* „du hast dich selbst mit eigener Hand ins Gefängnis gebracht“ [ST]; *kān yimši f-ganāzit nafsu* „er ging auf seinem eigenen Begräbnis mit“ [ST]. Mit *rūḥ+*: *gum min ruḥhum* „sie kamen von selbst“ [ST]; *iṛṛāgil biykallim rūḥu*; „der Mann spricht mit sich selbst“ [ST]. Idiomatisch und nur mit *rūḥ*: *šaxxi ʿala rūḥu* „er machte sich die Hosen voll“ [ME].

2.2.7 Reziprokpronomen

Zum Ausdruck eines reziproken Verhältnisses wird *baʿḍ* mit oder ohne ein sich auf das Subjekt beziehendes Possessivsuffix gebraucht: *ahí kullitha zayyi baʿḍaha* „sie sind ja doch alle einander gleich!“ [ST]; *bitākul fi baʿḍaha zayy issamak* „sie fressen einander auf wie die Fische“ [ST]; *zayyi baʿḍu* „eins wie's andere [= ist egal]“ [ME]. Ohne Suffix: *gambi baʿḍ* „nebeneinander“; *bitḥibbu baʿḍ* „ihr liebt einander“ [ST], s. 7.9.

2.2.8 Indefinitpronomen *wāḥid, ilwāḥid, ḥadd, ma-ḥaddiš, ḥāga, wala ḥāga*

2.2.8.1 *ḥadd* „jemand, niemand“, *ma-ḥaddiš* „niemand“
ḥadd „jemand“ bezeichnet beliebige Personen und ist genus- und numerusneutral. Es kann alle Stellen im Satz einnehmen: *ḥaddi yimkin yiṣḥa fagʾa* „vielleicht wacht jemand plötzlich auf“ [ST]; *ḥaddi ḥaṣallu ḥāga* „ist jemand etwas passiert?“; *ṛabbina ma ywarri ḥadd illi gaṛāli* „der Herr möge niemandem das mitmachen lassen, was mir widerfahren ist“ [ST]; *ṣōṭ ḥaddi gayy* „die Stimme von jemand, der kommt“ [ST].

ḥadd kann mit *ʾayy* verbunden werden: *ʿāwiz akkallim maʿa ʾayyi ḥadd* „ich will mit irgendjemand sprechen“ [ST]. Da es nicht mit dem Artikel auftritt und nicht zählbar ist, verbindet es sich nicht mit *kull* und ebensowenig mit dem verstärkenden *wala* der Negation: *¢kulli ḥadd* und *ma-šuftiš ¢wala ḥadd*, dafür jeweils *wāḥid*.

Im negierten Satz nach dem Prädikat stehend vertritt es *ma-ḥaddiš*, das in dieser Position nicht vorkommt: *ma-ʿṛafši ḥadd wi miš ʿāwiz aʿṛaf wala ašūf ḥadd* „ich kenne niemand und ich will auch niemanden kennen oder sehen“ [ST]; *laʾ miš samʿa kalām ḥadd* „nein, ich will auf niemanden hören“ [ST].

Ist *ḥadd* Subjekt im Satz, so kann die Negation auch an *ḥadd* treten, *ma-ḥaddiš* steht dann obligatorisch vor dem Prädikat: *ma-gāš ḥadd = ma-ḥaddiš gih* „niemand ist gekommen"; *ma-ḥaddiš yiʾaṭiʿni w ana bakkallim* „niemand soll mich unterbrechen, wenn ich rede!" [MF]; bzw. als Subjekt in Existentialsätzen: *ma-ḥaddiš luh daʿwa bīna* „niemand ist verantwortlich für uns" [ST].

Auf *ḥadd* wie *ma-ḥaddiš* kann ein attributives Adjektiv folgen: *lāzim ḥaddi ġarīb* „es muß wohl jemand Fremder sein" [ST]; *iḥna ma-ḥaddiš ġarīb daxal betna* „kein Fremder hat unser Haus betreten" [ST].

2.2.8.2 *wāḥid* „jemand, einer"

wāḥid m., *waḥda* f. „jemand, einer, eine gewisse Person" beschränkt sich im Gegensatz zu *ḥadd* auf den Sg., unterscheidet aber m. und f. Es kann alle Positionen im Satz einnehmen: *ifriḍ wāḥid ḥabbi yifḍal wāʾif* „gesetzt den Fall, daß einer lieber stehenbleiben will" [ST]; *yimkin kān biyḥibbi waḥda ʾablik* „vielleicht hat er vor dir eine andere geliebt" [ST]; *ithayyaʾli inni xayāl wāḥid waṛa lbāb* „mir schien, daß da der Schatten von jemand hinter der Tür war" [ST].

Häufig wird es in Zusammensetzungen gebraucht wie *kulli wāḥid* „ein jeder": *kulli wāḥid yāxud naṣību* „ein jeder nehme seinen Anteil" [ST]. Und *ʾayyi wāḥid* „jeder beliebige, wer immer auch": *ʾayyi wāḥid ḥayaxudha ḥāxud minnu xluwwi rigl* „wer sie auch nimmt, von dem nehme ich Schlüsselgeld" [ST]. Nach Zahlen und nach *kām* „einige":*ḥawāli ʿišrīn wāḥid* „ungefähr zwanzig Leute" [MA]; *itʾaddimli kām wāḥid* „einige haben sich mir angetragen" [ST]; *bi kām wāḥid tanyīn* „mit einigen anderen" [ST].

wala wāḥid „kein einziger" kann *ma-ḥaddiš* ersetzen, wobei sich der Affektgehalt, aber nicht die Bedeutung des Satzes ändert: *ma-ḥaddiš fīku xad bālu* „keiner von euch hat aufgepaßt" [ST], aber nachdrücklicher: *izzāy wala wāḥid fīna xad bālu* „wieso hat denn nur kein einziger von uns aufgepaßt!" [ST].

wāḥid, waḥda „einer, eine" kann anaphorisch gebraucht werden und bezieht sich dann auf Personen wie Sachen: *ma-lbanāt malyīn iddinya, naʾʾīlu waḥda min ilbank* „die Welt ist doch voller Mädchen, such ihm eine von der Bank aus" [ST]; *šūf ilmuftāḥ da, haʿmillak wāḥid zayyu* „sieh den Schlüssel da, ich mache dir einen wie ihn" [ST].

Distributiv bei Reduplikation: *hanšufhum wāḥid wāḥid* „wir werden sie einen nach dem anderen sehen" [ST]; *ʿārif iššagaṛ illi zaraʿtu waḥda waḥda* „ich kenne die Bäume, die ich jeden einzeln gepflanzt habe" [ST].

Attributiv zum Nachdruck der Einzahl: *ʿala sirīr wāḥid* „in einem Bett" [ST]; *maṛṛa waḥda* „ein Mal" [ME]; *fi sana waḥda sabna yīgi sabʿīn* „in einem Jahr verließen uns etwa siebzig" [ST]. Parallel dazu der Gebrauch von *itnēn* beim Dual: *ḥittitēn itnēn* „zwei Stück" [ME].

Zu *wāḥid* als indeterminiertem Artikel s. 4.3.4.2.6. Zum Gebrauch beim Elativ s. 4.3.4.2 Anm.1 und Anm.2.

2.2.8.3 *ilwāḥid* „man, einer, jemand“

ilwāḥid m., *ilwaḥda* f. „man, einer“ bezieht sich allgemein auf eine Gruppe von Personen, wobei sich der Sprecher einschließt. *ilwāḥid* kann alle syntaktischen Positionen einnehmen: *ilwāḥid yiʿmil ē bass* „was soll man da nur tun?“ [ME]; *ma-yṣaḥḥiš ilwaḥda tiṭṭalla' baʿdi ma tiggawwiz ʿala ṭūl* „es ist nicht recht, daß eine geschieden wird, gleich nachdem sie geheiratet hat“ [ST]; *innās bitnādi lwāḥid b-abū miš b-ummu* „die Leute rufen einen beim Namen des Vaters, nicht der Mutter“ [SP]; *iššuġlī miš mixalli ʿand ilwāḥid wa't* „die Arbeit läßt einem keine Zeit mehr“ [MF]; *law ma-kanšī mṛāt ilwāḥid tifraḥ bi tar'iyyitu mīn yifraḥ* „wenn sich nicht mal jemands Frau über seine Beförderung freut, wer soll sich dann freuen?“ [ST].

Mit folgendem *minhum* ~ *min dōl* oder *fīhum* bezieht sich *ilwāḥid* auf Angehörige einer Gruppe, was oft mit „ein solcher“ wiedergegeben werden kann: *ilwāḥid minhum bi 'alfi ṛāgil* „ein solcher ist tausend Männer wert“ [ST]; *ilwāḥid fīhum biyiṭlaʿ min ilbēt tamanya ṣabāḥan* „so einer geht um acht Uhr morgens aus dem Haus“ [SP]. Inklusiv bei der 1.pl.: *lāzim ilwāḥid minna yiʿra' ʿalašān yākul lu'mitu* „unsereins muß schwitzen, um sein Stück Brot zu essen“ [ST].

Anmerkung: Anstelle von *ilwāḥid* kann auch ein anderes Nomen stehen, das eine Person bezeichnet: *iṛṛāgil minna yʿīš ḥurrī wi ymūt ḥurr* „jemand wie wir lebt frei und stirbt frei“ [ST].

2.2.8.4 *ḥāga* „etwas, nichts“

ḥāga „Sache“ wird als indefinites Pronomen in der Bedeutung „etwas“ verwendet. Es gilt als indeterminiert und nimmt meist Stellen nach dem Prädikat ein: *ʿāwiz ḥāga* „willst du etwas?“ [ME]; *ana sāmiʿ ṣōt ḥāga gayya min biʿīd* „ich höre den Laut von etwas, das von fern kommt“ [ST]; *ḥassa b-ḥāga* „fühlst du etwas?“ [ST]. Nach einem Elativ zum Ausdruck des Superlativs: *aktaṛ ḥāga tiʿgibni* „was mir am meisten gefällt“ [ST].

Ein vorangehendes verbales Prädikat braucht nicht zu kongruieren: *waḷḷāhi in ḥaṣal li Šafʿi ḥāga la-katba fīk balāġ* „wenn dem Šafʿi etwas passiert, dann werde ich dich aber anzeigen“ [ST]. Als Subjekt vor dem Prädikat wird es meist mit *fī* eingeführt, so daß ein Relativsatz entsteht: *fīh ḥāga twarrīk innī kān ṛāgil walla la'* „es gibt etwas, das dir zeigt, ob es ein Mann ist oder nicht“ [SP]. Im Fragesatz und im uS nach *inn* aber auch frei: *ḥāga mday'āki* „hat dich was geärgert?“ [ST]; *wala ka'innī ḥāga ḥaṣalit* „als ob nichts passiert wäre“ [ST].

ḥāga wird nicht wie *ḥadd* direkt mit *ma-...-š* negiert, sondern die Negation tritt ans Prädikat, dem *ḥāga* folgt, wenn es Subjekt oder Objekt ist: *ma-la'āš ḥāga* „er fand nichts“ [ME]; *ma-ḥaṣallūš ḥāga* „es ist ihm nichts passiert“ [ST]; *ma-fīš ḥāga tistanna ẓayyaha* „nichts bleibt wie es ist“ [ME].

In Zusammensetzung mit *'ayy* erhält es die Bedeutung „irgendwas, was immer auch“, mit *kull* „alles“: *'ayyī ḥāga tinfaʿ* „irgendetwas wird schon nützen“ [ME]; *niḥuṭṭu ʿala 'ayyī ḥāga wara'* „wir legen es auf irgendwas aus Papier“ [MA]; *ʿarfīn kullī ḥāga* „sie wissen alles“ [SP]; *kullī ḥāga ʿandu* „alles ist bei ihm“ [ST].

A n m e r k u n g 1 : Ausrufe, die mit *ḥāga* beginnen, sind als verkürzte Sätze ohne Subjekt zu verstehen: *ḥāga tgannin* „zum Verrücktwerden! (= das ist etwas, das verrückt macht!]" [ME]; *ḥāga tiksif* „beschämend!" [ME]; *ḥāga tif'aʿ ilmaṛāṛa* „das läßt einem ja die Galle platzen!" [ME].
A n m e r k u n g 2 : Nicht selten wird „etwas" auch durch ein inneres Objekt zum Ausdruck gebracht: *inta sara'tī srī'a* „hast du etwas gestohlen?" [ST]; *huww-ana tixfi ʿanni xafiyya* „verbirgst du mir etwas?" [ST]; *la'a l'iyya* „er hat etwas gefunden" [SP].

2.2.8.5. *wala ḥāga* „nichts"

wala ḥāga „nichts" kann die Stelle einer NP einnehmen: *ʿašān wala ḥāga* „für nichts" [ST]; *yib'a 'addi wala ḥāga* „das ist soviel wie nichts" [ST]; *iktašaft inn ilḥayā wala ḥāga* „ich entdeckte, daß das Leben ein Nichts ist" [MF]; *'ahwa walla ḥāga sa'ʿa – wala ḥāga, kattaṛ xērak* „Kaffee oder was Kühles? – Nichts, danke!" [ME]. Es kann jedoch nicht die Subjektstelle einnehmen: *¢wala ḥāga ḥaṣalit*, dafür *ma-ḥaṣalši ḥāga* „nichts ist passiert".

2.2.9 Distributivpronomina

Als Distributiva „die einen ..., die anderen ...", „ein paar ..., ein paar andere ..." gebraucht man *ēši ... ēši ...* bzw. *iši ... iši ...*: *iši bitrūḥ kida w iši bitrūḥ kida* „die einen gehen dahin, die anderen dorthin" [ME]; *ēši mašwi w ēši mḥammaṛ* „die einen gegrillt, die anderen gebraten" [ST]. Auch *illi ... illi ...* kommt in ähnlicher Bedeutung vor: *tigān wi zaṛāyir, xawātim wi salāsil, 'illi mraṣṣaʿ w illi mašġūl* „Kronen und Knöpfe, Ringe und Ketten, die einen [mit Edelsteinen] eingelegt, die anderen [mit Brokat] besetzt" [SP]. Zur Distribution durch Reduplikation s. 2.2.8.2, 4.2.1.2.3 und 4.5.

2.2.10 Quantoren

2.2.10.1 *kull*

kull bildet mit Substantiven Nominalphrasen, mittels derer „jeder", „ganz", und „alle" ausgedrückt werden. *kull* kann, mit einem rückweisenden Possessivsuffix versehen, dem Substantiv folgen.

	voran		nach	
kull + indet. Sg.	*kulli bēt*			„jedes Haus"
kull + det. Sg.	*kull ilbēt*	~	*ilbēt kullu*	„das ganze Haus"
kull + det. Pl.	*kull ilbiyūt*	~	*ilbiyūt kullaha*	„alle Häuser"

Nur vor den Suffixen der 3.sg.f. und 3.pl. tritt im Substandard als Variante *kullit+* auf: *ilbalad kullitha* „das ganze Dorf" [ST]; *'uddām iggidʿān dōl kullithum* „vor all diesen Kerlen" [ST]. S. ferner Syntax 4.3.4.1.1.

2.2.10.2 *kām*, *kaza* und *baʿḍ*
Im Aussagesatz bezeichnet *kām* vor Substantiven im Sg. „ein paar, einige", *kaza* „eine Reihe von, etliche", und *baʿḍ* mit Genitivverbindung „einige, manche".

kām + indet. Sg.	*kām yōm*	„ein paar Tage"
kaza + indet. Sg.	*kaza nōʿ*	„eine Reihe von Arten"
baʿḍ +det. Pl.	*baʿḍ ilmašākil*	„einige, manche Probleme"

Beispiele: *kām ʿilbit bīra* „einige Dosen Bier" [ST]; *fi kaza mašrūʿ* „in etlichen Projekten" [ST]. Vor die NP mit *kām* und *kaza* kann wie bei der Numeralphrase der Artikel treten: *mistaxsaṛīn fina kkām ginē lli bnaxudhum ziyāda* „sie mißgönnen uns die paar Pfund, die wir mehr bekommen" [ST]; *baṭāṭis ikkaza mīza* „die Kartoffeln mit einer Reihe von Vorteilen" [ME]. Zu *kām* als Fragewort s. 2.2.11.6. S. ferner Syntax 4.3.4.1.8, 4.3.4.1.9.

Im Gegensatz zu *kām* und *kaza* bildet das aus dem Harab. entlehnte *baʿḍ* in der Bedeutung „einige" eine Genitivverbindung mit dem folgenden Substantiv: *ḥallēna baʿḍ ilmašākil* „wir haben einige der Probleme gelöst" [ST]. Auch mit Suffix: *baʿḍuhum kān hizāṛu laṭīf* „von einigen war das Scherzen nett" [ST]. Und mit pl. Kongruenz: *baʿḍuhum xadūha muturigl* „einige kamen auf Schusters Rappen" [SP]. S. Syntax 4.3.4.1.3.

2.2.11 Frageadverbien

fēn	„wo? wohin?"	*ʾaddi ʾē*	„wie viel?"
minēn	„woher?"	*bikām*	„für wieviel?"
ʿala fēn	„woher?"	*lē*	„warum?"
imta	„wann?"	*išmiʿna*	„wieso?"
izzayy	„wie?"	*ʿašān ē*	„wozu?"
kām	„wieviele?"		

Frageadverbien stehen an der Stelle des erfragten Satzteils des entsprechenden Aussagesatzes. Sie können aber auch den Satz als Topic einleiten. Zu den Fragesätzen s. 8.1.

2.2.11.1 *fēn* „wo?"
Als Frage nach dem Ort: *adawwaṛ fēn* „wo soll ich suchen?" [ST]; *sākin fēn iṛṛāgil da* „wo wohnt dieser Mann?" [SP]; *fēn iggawāb* „wo ist der Brief?" [ST].

2.2.11.2 *minēn* „woher?"
Als Frage nach der Richtung zum deiktischen Zentrum hin: *gālu flūs minēn* „woher hat er Geld bekommen?" [ST]; *minēn ʿirif inni liyya ʿilāqa bi ssiyāsa* „woher hat er

erfahren, daß ich Beziehungen zur Politik habe?" [ST]; auch *min fēn*: *min fēn iggawāb da* „von woher kommt dieser Brief?" [ST].

2.2.11.3 *ʿala fēn, fēn* „wohin?"
Als Frage nach der Richtung vom deiktischen Zentrum weg: *ʿala fēn in šạ̄ʾ aḷḷāh* „wohin des Wegs?" [ME]; *rayḥa ʿala fēn* „wohin gehst du?" [MF]; *inti mwaddiyyāni ʿala fēn* „wohin hast du mich gebracht?" [ST].

Wenn der Richtungsbezug schon in der Semantik des Verbs vorliegt, wird meist nur *fēn* gebraucht: *rayḥa fēn issaʿādi* „wo gehst du hin zu dieser Stunde?" [MF]; *waddētu fēn* „wo hast du ihn hingebracht?" [ME]; *safru fēn* „wo sind sie hingereist?" [ME]; *yikūn ixtafa fēn* „wohin sollte er verschwunden sein?" [ST]; *ḥatiflit minha fēn* „wohin willst du vor ihr fliehen?" [ST]. Zur Richtungsangabe mit *rāḥ* s. Syntax 9.17.1.

2.2.11.4 *imta* „wann?"
Zur Frage nach dem Zeitpunkt: *tīgi imta ummāḷ* „wann kommst du dann?" [ST]. Auch voranstehend: *ʾummāḷ imta šuftu baʿḍi̊ ʾawwil maṛṛa* „wann habt ihr euch denn zum ersten Mal gesehen?" [ST]. Als Genitiv: *min mawalīd imta* „wann geboren?" [ME]; *humma ḥudūd imta ḥayiftaḥu lbawwabāt?* „gegen wann ungefähr werden sie die Tore öffnen?" [ST].

Nach Präpositionen: *min imta byiḥṣallu kida* „seit wann passiert ihm das?" [ST]; *ana ḥastannāk l-imta* „bis wann soll ich auf dich warten?" [ST].

2.2.11.5 *izzāy* ~ *izzayy* „wie?"
Zur Frage nach der Art und Weise: *inta kunti̊ sāyiʾ izzāy* „wie bist du gefahren?" [ST]; *izzāy ḥaṣal da* „wie ist das passiert?" [ST]; *izzāy wi lē ittarīx ʿammāl yiʿīd nafsu* „wie und warum wiederholt sich die Geschichte ständig?" [SP]. Mit Suffixen immer *izzayy*: *izzayyak* „wie geht es dir?".

Zur Einleitung rhetorischer Fragen: *izzāy aʿīš fi balad wi Laṭīfa miš fiha* „wie kann ich an einem Ort leben, wenn Laṭīfa nicht da ist?!" [ST]. Auch im Sinne von „wieso?" als Reaktion auf etwas, das in Frage gestellt wird: *wi baʾit fiḍīḥa – fiḍīḥa izzāy* „und es wurde ein Skandal. – Wieso Skandal?" [ST]. In einigen Fällen fragt man im Arabischen mit *ē*, wo *izzāy* zu erwarten wäre, s. oben bei *ē* 2.2.4.2.

2.2.11.6 *kām* „wie viele?"
Zur Frage nach einer Zahl oder einer Anzahl: *nimrit ittilifōn kām* „wie ist die Telefonnummer?" [ME]; *innahaṛda kām fi ššahṛ* „den wievielten haben wir heute?" [ME]. Es wird mit dem Sg. des Gezählten verbunden: *kām bēḍa* „wie viele Eier?" [ME]; *ḥāmil, ḥāmil fi kām šahṛi̊ ya ddalʿādi* „schwanger? Wieviele Monate [schon] schwanger, meine liebe Güte?" [ST].

Bei der Frage nach einer Ordinalzahl auch als Adjektivattribut: *iḥna f-ṣafḥa kām* „auf der wievielten Seite sind wir?"; dann auch mit dem Artikel: *iddōr ikkām* „das wievielte Stockwerk?" [ME]; *hiyya fi ššahṛ ikkām* „im wievielten Monat ist sie?"

[MI]; *inti f-sana kām dilwa'ti* „im wievielten Schuljahr bist du?“ (Antwort z.B. *sana talta* „im dritten Jahr“) [ME].

Es kann ohne das Gezählte stehen, wenn dieses aus dem Kontext klar ist: *dafaʿti kām* „wieviel hast du bezahlt?“ [ME]; *bikām da* „wieviele [Pfunde) kostet das?“ [ME]; *inti mḥawwišālu kām* „wieviel hast du für ihn zurückgelegt?“ [ST]. In einer Genitivverbindung: *min mawalīd kām* „wann geboren?“ [ME]; *hiyya ssawra lfaransawiyya kānit sanat kām* „in welchem Jahr war die französische Revolution?“ [ST]; *bi surʿit kām* „mit wieviel km?“ [ST].

Nomina im Pl. können als Spezifizierung zu *kām* treten: *huwwa ntu btiddūni kām fawāyid* „wieviel gebt ihr mir als Zinsen?“ [ST]; *ʿamalna kām innahaṛda nu'ūṭ* „wieviel haben wir heute als Spenden hereinbekommen?“ [ST]. S. auch 2.2.4.2 zu *ē* „was?“ und 2.2.11.7 zu *'addi 'ē(h)* „wieviel?“. Zu *kām* als Quantor s. 4.3.4.1.8.

2.2.11.7 *'addi 'ē(h)* ~ *'add ē(h)* „wieviel?“

Zur Frage nach Quantitäten einschließlich der Mengeneinheiten: *hatu'ʿud 'addi 'ē* „wie lange bleibst du?“ [ST]; *ʿāwiz 'addi 'ē* „wieviel willst du?“ [ME]; *ilḥāla di ʿandi ba'alha 'addi 'ē* „wie lange schon habe ich diesen Zustand?“ [ST]; *ilḥikāya di btitkallif 'addi 'ē* „wieviel kostet diese Sache?“ [ST]. Mit asyndetischem Substantiv zur Spezifierung: *ʿāwiz 'addi 'ē sukkaṛ* „wieviel Zucker willst du?“ [ME].

Als Genitiv: *min muddit 'addi 'ē* „seit wie lange?“ [ST]; *kulli 'addi 'ē* „wie oft?“ [ST]. Das Gemessene kann als Spezifizierung folgen: *gibti 'addi 'ē kibda* „wieviel Leber hast du gebracht?“. S. auch oben *kām* 2.2.11.6.

Maße werden mit den entsprechenden Abstrakta wie *ṭūl* „Länge“, *wazn* „Gewicht“ und *'addi 'ē* erfragt: *waznu 'addi 'ē* „wie schwer ist er?“ [ME]; *ilʿaṛabiyya di ṭulha 'addi 'ē* „wie lang ist dieses Auto?“ [MI]; *iššāriʿ da ʿarḍu 'addi 'ē* „wie breit ist diese Straße?“ [MI]. Auch als Genitivverbindung: *wi ġūṭ 'addi 'ē ilballāʿa di* „wie tief ist dieser Gully?“ [ST]. Zu *'addi 'ē* „wie sehr ...!“ s. Ausrufesätze 8.2.1.

Ist die Maßangabe aus dem Kontext klar, kann auch *kām* gebraucht werden: *inta miš ʿārif ilḥisabāt iggarya bitigri b-surʿit kām* „du weißt nicht, wie schnell die laufenden Rechungen laufen?“ (Wortspiel) [ST]. Für „wie alt?“ kann *ʿumr* gebraucht werden: *ʿumrak kām sana* oder *ʿandak kām sana* „wie alt bist du?“ [ME].

2.2.11.8 *bikām* „wie teuer“

Zur Frage nach dem Preis: *ti'aggaṛhāli bkām fi ššahṛ* „für wie wieviel im Monat vermietest du sie mir?“ [ME]; *bikām kīlu lmuluxiyya* „wieviel kostet das Kilo Mulukhiyya?“ [MA]; *kunti ḥatištaġali bkām* „für wieviel hättest du gearbeitet?“ [ST]. Durch Umschreibung mit *taman*: *išša''a di tamanha kām* „wieviel kostet diese Wohnung?“ [ME].

2.2.11.9 *lē, ʿašān ē* „warum?“

Zur Frage nach Grund und Ursache: *sikitti lē ma-tikkallim* „warum schweigst du? Sprich doch!“ [ST]; *idēk wisxa kida lē ya walad* „warum sind deine Hände so schmutzig, Junge?“ [ST]. Oft sind *lē* und *ʿašān ē* im Vorfeld des Verbs zu finden: *iḥna lē baʿatnalha tīgi* „warum haben wir nach ihr geschickt?" [ST]; *wi lē bitiʿmil kida? ʿašān inti waḥda sitt* „und warum tut sie das? Weil du eine Frau bist!" [MF]; *wi ʿašān ē ma-getši ʿala hina* „und warum bist du nicht hierher gekommen?" [ST]. S. auch 2.2.11.11.

2.2.11.10 *išmiʿna, māl+* „wieso?"
Zur Frage nach dem Grund, stets satzeinleitend: *išmiʿna kida* „wieso denn das?" [ME]; *išmiʿna ʾana bizzāt* „wieso denn ausgerechnet ich?" [ME]; *ya ʿamm iddinya kullaha ʾawanṭa išmiʿna iḥna laʾ* „die ganze Welt besteht aus Betrug, mein Lieber, wieso wir dann nicht?" [SP].

māl + Gen. im Sinne von „was ist mit ..., daß ...?" bzw. „warum? wieso?", stets satzeinleitend: *mālak itxaḍḍēt kida* „warum bist du so erschrocken?" [ST]; *mālak kida zayyi ma tkūn ʿaʾṛaba ʾaraṣitak* „warum bist du, als ob ein Skorpion dich gestochen hätte?" [ST]; *māl zibūnak da ṭāliʿ yigri kida wi ṣṣabūn ʿala daʾnu* „was ist mit deinem Kunden da, daß er so davonrennt mit der Seife auf dem Kinn?" [ST].

2.2.11.11 *ʿašān ē, ʿalašān ē* „wozu?"
Zur Frage nach Zweck und Absicht: *ʿawza lfilūs di ʿašān ē* „wozu brauchst du dieses Geld?" [ME]; *bitfukku lē ʿalašān ē bitfukku* „warum nimmst du es auseinander? Wozu nimmst du es auseinander?" [ST]. S. oben 2.2.11.9.

2.2.12 Genitivexponent *bitāʿ*

m.	f.	pl.
bitāʿ	*bitāʿa*	*bitūʿ*

Der Genitivexponent bildet mit dem folgenden Substantiv eine Genitivverbindung und kongruiert mit dem Substantiv, auf das er sich bezieht. Er wird attributiv wie prädikativ verwendet: *inta Fahīm bitāʿ zamān?* „bist du der Fahīm von früher?" [ST]; *ikkaṛafattāt bitūʿik* „deine Kravatten" [ST]; *issittāt bituʿna* „unsere Frauen" [SP]; *ittalatīn ginēh bitūʿak* „deine dreißig Pfund". Prädikativ: *di btaʿti* „die gehört mir" [ST]; *hiyya ddikka kānit bitaʿtik* „gehörte die Bank dir?" [ST].

Der Genitivexponent tritt auch an indet. Nomina: *marākib malḥi btāʿit wāḥid tāgir* „die Salzschiffe eines Kaufmanns" [SP]; *fī kuški btāʿ sagāyir* „es gibt da einen Zigarettenkiosk" [MA].

Selbständiger, nicht-attributiver Gebrauch liegt vor in: *huwwa btāʿ ilḥalāwa ḥayīgi imta* „wann kommt denn der ḥalāwa-Mann?" [ST]; *kulli wāḥid min bitūʿ illukanda* „jeder von den Hotelangestellten" [SP]. S. ferner 4.3.5.2 und 7.6.

Bei Maßangaben im Sinne von „ungefähr": *ġāb ʿAwaḍēn bitāʿ diʾīʾa* „ʿAwaḍēn war ungefähr eine Minute abwesend" [ST]; *ʾaʿad bitāʿ talat sinīn yiʾṛa fīha* „er las etwa drei Jahre lang darin" [SP].

2.3 Verbum

2.3.1 Allgemeines

2.3.1.1 Struktur der Verbalformen

Eine Verbalform besteht aus einer Flexionsbasis und verschiedenen Affixen (Präfix, Suffix). Die Flexionsbasis selbst kann durch Präfixe und Infixe sowie durch Längungen von Konsonanten und Vokalen erweitert sein. Fehlen solche Erweiterungen, sprechen wir vom Grundstamm des Verbs. Perfekt und Imperfekt des Grundstammes lassen sich wie folgt analysieren:

katabt „ich habe geschrieben“	*yiktibu* „sie schreiben“
katab - t	yi - ktib - u
⇓ ⇓	⇓ ⇓ ⇓
Basis Suffix	Präfix Basis Suffix

Anhand der Basis unterscheidet man starke von schwachen Verben. Stark sind die Verben, deren Basis drei oder vier Konsonanten aufweist:

{ksr}	*kasar̻, yi-ksar̻* „brechen“	{msk}	*misik, yi-msik* „nehmen“
{drdš}	*dardiš, yi-dardiš* „plaudern“	{wṣ̈ṭn}	*waṣ̈ṭan, yi-waṣ̈ṭan* „zentrieren“

Die Basiskonsonanten formen die Wurzel, hier {ksr}, {drdš}. Sie werden schematisch durch ein K wiedergegeben. *katab* und *kasar̻* haben also die Basisstruktur KaKaK, *yi-ktib* und *yi-msik* die Struktur yi-KKiK. Schwache Verben enthalten eine schwache Wurzel, d.h. daß der zweite oder der dritte Konsonant ein *w* oder *y* ist, die in der Flexionsbasis meist nicht als solche auftreten, sondern ihre Spur in den Vokalen hinterlassen. Die Basis der schwachen Verben zeigt somit entweder:

→ zwei Konsonanten und einen Vokal im Auslaut (Verba tertiae infirmae): *mala, yi-mla* „füllen“; *miši, yi-mši* „gehen“; *nisi, yi-nsa* „vergessen“

oder:

→ zwei Konsonanten mit einem langen Vokal dazwischen (Verba mediae infirmae): *šāl, yi-šīl* „tragen“; *'āl, yi-'ūl* „sagen“; *xāf, yi-xāf* „fürchten“

oder:

→ der zweite und der dritte Konsonant sind gleich (Verba mediae geminatae): *kaḥḥ, yi-kuḥḥ* „husten“; *lamm, yi-limm* „aufsammeln“

Ferner gibt es unregelmäßige Verben: zweiradikalige Verben wie *kal, yākul* „essen“, Verben mit /w/ als erstem Konsonanten und unregelmäßigem Imperfekt

(Verba primae w): *wa'af ~ wi'if, yu'af* „stehenbleiben" sowie *idda, yiddi* „geben" und *gih, yīgi* „kommen".

Durch Hinzufügung von Präfixen und Infixen können mit den Wurzeln neben dem Grundstamm noch weitere Flexionsbasen gebildet werden, beispielsweise ein Passiv-Reflexiv-Stamm durch ein Präfix *it-*: *šāl* „tragen" > *itšāl, yitšāl* „getragen werden". Oder ein Intensivstamm durch Längung des mittleren Konsonanten: *'aṭaʿ, yi'ṭaʿ* „schneiden" und *'aṭṭaʿ, yi'aṭṭaʿ* „in viele Stücke zerschneiden". Wir sprechen hier von Verbalderivation oder von Verbalstämmen, s. dazu 2.3.3.

2.3.1.2 Präfixe des Imperfekts

a. *bi-*

Das Präfix *bi-* tritt proklitisch vor das Imperfekt und folgt dabei den üblichen Regeln, d.h. das /i/ löst, wenn nötig, Elision aus bzw. wird elidiert: bi+tiʾūl > *bit'ūl* „sie sagt"; bi+aktib > *baktib* „ich schreibe", s. 1.3.3.2 b und 1.3.2.1.1. Das bi-Imperfekt dient zur Bezeichnung der Gegenwart und habitueller Verbalhandlungen: (Gegenwart) *adīni bastaʿiddi̊ ẓayyi̊ ma ḥaḍritak šāyif* „ich bereite mich vor, wie Sie sehen" [ST]; (habituell) *biyiddūhum dilwa'ti riyāl fi lyōm* „sie geben ihnen einen Real am Tag" [ST], s. 5.7.1.4.

b. *ḥa-*

Das Präfix *ḥa-* tritt proklitisch vor das Imperfekt und folgt dabei den üblichen Regeln, d.h. das /a/ löst, wenn nötig, Elision aus bzw. wird elidiert: ḥa+tiʾūl > *ḥat'ūl* „sie wird sagen"; ḥa+aktib > *ḥaktib* „ich werde schreibe", s. 1.3.3.2 b und 1.3.2.1.1. Das ḥa-Imperfekt dient zum Ausdruck der Zukunft und der Intention: (Zukunft) *kamān šuwayya wi lfagṛi̊ ḥayiṭlaʿ* „noch ein wenig und Morgen graut" [MF]; (Intention) *min hina w ṛāyiḥ ḥaʿmil kulli̊ ḥāga lwaḥdi* „von jetzt an werde ich alles selbst tun!" [MF], mehr darüber 5.7.1.3. Neben *ḥa-* ist *ha-* in derselben Bedeutung geläufig: *mīn haytargimu 'almāni* „wer wird es ins Deutsche übersetzen?" [MF]. Zu *ṛāyiḥ* und *ṛāḥ,* s. 5.7.1.3.3 Anm.2.

2.3.2 Der Grundstamm

Für Perfekt und Imperfekt bestehen verschiedene Flexionsbasen. Die Bildung dieser Flexionsbasen und ihr Verhältnis zueinander werden im folgenden besprochen, ebenso wie die zugehörigen Flexionspräfixe und -suffixe.

2.3.2.1 Perfekt (Flexionsbasis)

2.3.2.1.1 a-Perfekt und i-Perfekt

Anhand der Vokale sind beim starken Verb und bei den Verba tert.inf. zwei Typen zu unterscheiden: ein a-Perfekt KaKaK und ein i-Perfekt KiKiK. Seltener ist ein u-Perfekt, das auf das starke Verbum beschränkt ist.

(a) KaKaK		(b) KiKiK		(c) KuKuK	
katab	„schreiben"	*nizil*	„hinabgehen"	*xulus̱*	„zu Ende gehen"
ʿamal	„machen, tun"	*libis*	„anziehen"	*ʾudum*	„alt werden"
ʾafal	„schließen"	*ʿirif*	„erfahren"	*ġulub*	„unterliegen"
rama	„werfen"	*miši*	„weggehen"	*nudur*	„selten sein"
ʾaṛa	„lesen"	*nisi*	„vergessen"	*ṣuʿub ʿala w*	„j.dem leid tun"

Anmerkung: In Fällen wie *ġumi ʿala* „ohnmächtig werden" liegen Entlehnungen aus dem Hocharabischen vor.

Schwankungen zwischen KaKaK und KiKiK ohne irgendwelche semantischen Unterschiede sind gelegentlich zu beobachten:

waʾaf ~ wiʾif	„stehen bleiben"	*waʾaʿ ~ wiʾiʿ*	„fallen"
wasal ~ wiṣil	„ankommen"	*ṣabaḥ ~ ṣibiḥ*	„am Morgen wach werden"

Anmerkung: Schwankungen dieser Art sind sehr wahrscheinlich auf den Hintergrund der Sprecher zurückzuführen. In den Dialekten des westlichen Deltas herrscht das a-Perfekt vor, also *faham, šarab, nazal* etc., in denen des östlichen Deltas dominiert dagegen das i-Perfekt mit *fihim, širib, nizil* etc., s. Karte 196 in BEHNSTEDT-WOIDICH (1985). In Kairo findet sich beides.

2.3.2.1.2 Oppositionen zwischen a-Perfekt und i-Perfekt

Nicht selten stellt das a-Perfekt das Kausativ-Faktitiv zu einem Zustandsverben mit i- oder u-Perfekt dar (s. 2.3.2.2 c), z.B.:

xaṛab	„zugrunde richten"	⇔	*xirib*	„zugrunde gehen"
taʿab	„müde machen"	⇔	*tiʿib*	„müde werden"
ʾaraṣ	„stechen [Insekt]"	⇔	*ʾiriṣ*	„gestochen werden"
ʾaṛaf	„verärgern"	⇔	*ʾirif*	„die Nase voll kriegen"
ġalab	„überwinden"	⇔	*ġulub*	„unterliegen"
raḍa	„zufriedenstellen"	⇔	*riḍi*	„zufrieden sein"
šafa	„heilen"	⇔	*šifi*	„geheilt werden"
ṭafa	„auslöschen"	⇔	*ṭifi*	„ausgehen"
ʿama	„blenden"	⇔	*ʿimi*	„erblinden"
ḥala	„süßen"	⇔	*ḥili*	„süß werden"

Anmerkung 1: Kein semantischer Zusammenhang dieser Art besteht bei: *ġala, yiġli* „kochen" ⇔ *ġili, yiġla* „teuer werden", und bei *gaṛa, yigṛa* „geschehen" ⇔ *giri, yigri* „laufen, rennen".

Anmerkung 2: Das a-Perfekt geht in diesen Fällen historisch auf einen IV. Stamm zurück, das i-Perfekt auf ein internes Passiv oder intransitives Verb.

2.3.2.2 Perfekt ⇔ Imperfekt

Die Flexionsbasis des Imperfekts des Grundstammes ist beim starken Verb -KKiK, -KKaK, -KKuK bzw. bei den Verba tert.inf. -KKi, -KKa. Aus der Form des Perfekts läßt sich in vielen Fällen der Vokal der Imperfektbasis vorhersagen. Zu einem a-Perfekt kann ein i-, u-, oder a-Imperfekt gehören, während ein i-Perfekt bis auf wenige Ausnahmen ein a-Imperfekt hat. Die Verba tert.inf. kennen kein u-Imperfekt.

a. a-Perfekt ⇔ i~u-Imperfekt

katab, yiktib	„schreiben“	*xaṛag, yuxrug*	„hinausgehen“
ʾafal, yiʾfil	„schließen“	*ṭabax, yuṭbux*	„kochen“
rama, yirmi	„werfen“	*daxal, yudxul*	„eintreten“
kasa, yiksi	„bekleiden“		

Anmerkung: Ein semantischer Unterschied zwischen u-Imperfekt und i-Imperfekt besteht bei *xaṛag, yuxrug* „hinausgehen“ ⇔ *xaṛag, yixrig* „hinaussetzen“; letzteres geht historisch auf den IV. Stamm **axrağ, yuxriğ* zurück. Ebenso *daxal, yudxul* „eintreten“ ⇔ *daxal, yidxil* „hineinbringen“.

b. a-Perfekt ⇔ a-Imperfekt

a-Imperfekt zu a-Perfekt tritt dann häufig auf, wenn ein Pharyngal oder ein emphatischer Konsonant in der letzten Silbe der Basis steht.

ḍarab, yiḍrab	„schlagen“	*xaṭaf, yixṭaf*	„wegschnappen“
ḥafaẓ, yiḥfaẓ	„bewahren“	*samaḥ, yismaḥ*	„erlauben“
nadah, yindah	„rufen“	*ʾaṭaʿ, yiʾṭaʿ*	„abschneiden“
balaʿ, yiblaʿ	„verschlucken“	*saraʾ, yisraʾ*	„stehlen“

Dazu gehören ferner auch Verba tert.inf., deren letzter Radikal historisch ein /ʔ/ ist: *mala* < **malaʾ* „füllen“; *ʾaṛa* < **qaraʾ* „lesen“. Aber auch *baʾa, yibʾa* „werden, sein“, *laʾa, yilʾa* „finden“.

c. i-Perfekt (u-Perfekt) ⇔ a-Imperfekt

i-Perfekt ⇔ a-Imperfekt ist charakteristisch für eine Reihe intransitiver Zustandsverben (1), doch zählen auch einige transitive Verben hierher (2):

1.	*tiʿib, yitʿab*	„müde werden“	*birid, yibrad*	„kalt werden“
	kitir, yiktar	„viel werden“	*sixin, yisxan*	„heiß werden“
	nišif, yinšaf	„trocknen“	*rixiṣ, yirxaṣ*	„billig werden“
	ziʿil, yizʿal	„wütend werden“	*ṣuġur, yiṣġaṛ*	„klein werden“
	ġili, yiġla	„teuer werden“	*ʿiyi, yiʿya*	„krank werden“
2.	*fihim, yifham ḥ*	„verstehen“	*rikib, yirkab ḥ*	„einsteigen“
	simiʿ, yismaʿ ḥ	„hören“	*širib, yišṛab ḥ*	„trinken“
	ʿirif, yiʿraf ḥ	„erkennen, wissen“	*kisib, yiksab ḥ*	„gewinnen“
	nidim, yindam ḥ	„bereuen“	*ʿilim, yiʿlam ḥ*	„wissen“
	ʾibil, yiʾbal ḥ	„annehmen“	*nisi, yinsa ḥ*	„vergessen“

d. i-Perfekt ⇔ i-Imperfekt

nizil, yinzil	„aussteigen“	*ḥilif, yiḥlif*	„schwören“
misik, yimsik	„ergreifen“	*libis, yilbis*	„s. ankleiden“
giri, yigri	„rennen“	*miši, yimši*	„gehen“

e. i-Perfekt ⇔ u-Imperfekt

sikit, yiskut	„schweigen“	*sikin, yiskun*	„wohnen“

Anmerkung: Einige Verben, darunter *yišbah* „ähneln“, *yiʾṛab li w* „verwandt sein mit j.dem“, *yiswa* „wert sein“ kommen nur im Imperfekt vor.

2.3.2.3 Vierradikalige Wurzeln

Vierradikalige Wurzeln lassen verschiedene Bildungsweisen erkennen: (a) Häufig sind sie von einem Nomen mit vier Konsonanten abgeleitet, wovon einer einem Derivationsmorphem entstammen kann. (b) Durch Reduplikation vor allem schwacher Wurzeln wird eine Art verbaler Diminutiv gebildet. (c) Es können Konsonanten in eine dreiradikalige Wurzel eingeschoben sein, so vor allem an zweiter Position eine Liquida, aber auch /ʿ/ oder /b, m, w, y, ʾ/ an dritter Position. Auch finale Reduplikation tritt auf. (d) Gelegentlich liegen auch Kombinationen semantisch nahestehender Wurzeln vor.

Die Vokalisierung der Endsilbe unterliegt denselben Regeln wie beim II. Stamm, s. 2.3.3.2.1, mit Ausnahme der onomatopoetischen reduplizierten Verben, die nur /a/ enthalten.

a. abgeleitet von vierkonsonantigen Nomina

1. ohne Derivationsmorphem

itmaskin	„s. arm stellen“	<	*maskīn*	„arm“
ġarbil	„sieben“	<	*ġurbāl*	„ein Sieb“
ʿanwin	„adressieren“	<	*ʿunwān*	„Adresse“
itsaʿwid	„s. wie ein Saudi benehmen“	<	*saʿūdi*	„Saudi-Araber“

2. mit /m/ als erstem Konsonant aus einem Präfix

masmaṛ	„nageln“	<	*musmāṛ*	„Nagel“
itmanẓar	„auf Schau machen“	<	*manẓar*	„Anblick“
itmaryis	„den Chef spielen“	<	*mitrayyis*	„zum Chef ernannt“

3. mit /n/ als viertem Konsonant

itṛahban	„Mönch werden“	<	*ruhbān*	„Mönche [pl.]“
waṣṭan	„zentrieren“	<	*wuṣṭāni*	„mittlerer“
itfalḥin	„s. bäurisch benehmen“	<	*fallaḥīn*	„Bauern [pl.]“
itgadʿan	„s. als ganzer Kerl zeigen “	<	*gidʿān*	„Prachtburschen [pl.]“

Anmerkung: Vgl. auch dreiradikalig *gawwin* „tief hineingehen“ < *guwwāni* „innen“.

b. Reduplikation: abgeleitet von med.gem, aber auch von tert.inf. und anderen Wurzelklassen. Oft mit diminutiver oder intensiver Bedeutung:

šamšim	„schnüffeln“	<	*šamm*	„riechen“
ʿaḍʿaḍ	„herumkauen an“	<	*ʿaḍḍ*	„beißen“
balbil	„anfeuchten“	<	*ball*	„naß machen“
daʾdaʾ	„zerkleinern“	<	*daʾʾ*	„zerstoßen“
dašdiš	„zerschmettern“	<	*dašš*	„zerschmettern“
taftif	„spucken [beim Sprechen]“	<	*taff*	„ausspucken“
ʿasʿas	„im Dunkeln herumtasten“	<	*ʿass*	„tasten“
raxrax	„schlapp machen“	<	*ṛaxa*	„schwach machen“
ṣaḥṣaḥ	„erfrischen, munter w.“	<	*ṣiḥi*	„wach werden“

daldil „baumeln lassen“ < *dalla* „hinunterlassen“
faḍfaḍ „s. aussprechen“ < *faḍḍa* „leer machen“
raṣraṣ „auswuchten [Autorad]“ < *ruṣāṣ* „Blei“

Bei onomatopoetischen Bildungen hat die Endsilbe immer /a/:

hawhaw „bellen“ — *ʿawʿaw* „heulen [Hund]“
nawnaw „miauen“ — *habhab* „bellen“
ṣawṣaw „zwitschern“ — *zaʾzaʾ* „zwitschern“

c. Insertion eines weiteren Konsonanten
Bei einer bestehenden dreiradikaligen Wurzel kann ein Konsonant hinzugefügt werden. Eine gewisse Tendenz, beide Silben mit dem gleichen Konsonanten beginnen zu lassen, ist zu erkennen, vgl. unten 2und 3. Auch scheint es bevorzugte Kombinationen der beiden mittleren Konsonanten zu geben, z.B. Liquida + Stop, /ʿ/ + Stop oder Konsonant + /w/:

1. Erster Konsonant *š* oder *s* (letzteres aus dem X. Stamm):
šaʾlib „umwerfen“ < *ʾalab* „umdrehen“
šaʿlaʾ „aufhängen“ < *ʿallaʾ* „aufhängen“
sahmid „einebnen“ < *mahhid* „ebnen“

2. Erster Konsonant nimmt den dritten Konsonant vorweg:
daḥdar „hinunterrollen“ < *inḥadar* „hinfallen“
dardim „auffüllen“ < *radam* „auffüllen“

3. Wiederholung des ersten Konsonanten als dritten:
daldaʾ „verschütten“ < *dalaʾ* „verschütten“
farfaṭ „verstreuen“ < *faraṭ* „verstreuen“
itmarmaġ „s. wälzen“ < *itmarraġ* „s. wälzen“
naʿniš „erfrischen“ < *naʿaš* „erfrischen“
balbaʿ „Opium schlucken“ < *balaʿ* „schlucken“

4. Zweiter Konsonant /r/, /l/, /ʿ/, /n/:
ṣalṭaḥ „einebnen“ < *ṣaṭṭaḥ* „eben machen“
xarmiš „ins Gesicht schlagen“ < *xašm* „Mund, Nase“ (oberäg.)
karmiš „zerknittern“ < *kamaš* „zerknittern“
kaʿmiš „zerknittern“ < *kamaš* „zerknittern“
iddaʿbil „verblühen“ < *dibil* „verwelken, verblühen“
naʿkiš „zerwühlen“ < *nakaš* „zerwühlen, zerzausen“
itḥangil „auf einem Fuß hüpfen“ < *ḥagal* „auf einem Fuß hüpfen“

5. Dritter Konsonant /b/, /m/, /w/, /y/, /d/:
ʾarbaṭ „s. Ausgaben kürzen“ < *ʾaraṭ* „abschneiden“
ʾarmiš „zerkauen“ < *ʾaraš* „zerkauen“
itʾaryif „die Nase voll haben“ < *ʾaraf* „Ärger, Überdruß“
dahwis „trampeln“ < *dahas* „treten auf“
natwaṛ „verstreuen“ < *nataṛ* „verstreuen“
itmardaġ „s. wälzen“ < *itmarraġ* „s. wälzen“

6. Mit Reduplikation des dritten Konsonanten:

zaġlil „trüben, verwischen" < *zaġal* „s. trüben, verwischt w."
šaʿlil „anfachen" < *šaʿal* „anzünden"
daġšiš „verschwimmen" < *daġġaš* „verschwimmen"
dahnin „fettig machen" < *dihn* „Fett"

d. Wurzelkombinationen: zwei semantisch ähnliche, dreiradikalige Wurzeln können kombiniert sein:

xalbaṭ „durcheinanderbringen" < *xalaṭ* „mischen" + *labax* „verwirren"
xaṛba' „zerstören" < *xaṛab* „zerstören" + *xaṛa'* „durchbohren"
iṣṣalbaṭ „inständig bitten" < *ṣallaṭ* „richten auf" + *ṭalab* „fordern"
'armaṭ „s. Ausgaben kürzen" < *'araṭ* „abschneiden" + *mi'aṛṛam* „geizig"
šarmaṭ „zerreißen" < *šaraṭ* „aufschlitzen" + *šaṛam* „zerreißen"
'ašʿaṛ „Gänsehaut kriegen" < *'išr* „Haut" + *šaʿar* „fühlen"
laʿwaṣ „verschmieren" < *ʿāṣ* „verschmieren" + *lāṣ* „verschmieren"
xarba' „durchlöchern" < *xara'* „durchbohren" + *xarab* „zerstören"

A n m e r k u n g : In einigen Fällen werden verschiedene Möglichkeiten zur Bildung einer vierradikaligen Wurzel genutzt: s. *kamaš* ~ *karmiš* ~ *kaʿmiš* „zerknittern"; *šaḥbaṛ* ~ *šaḥwaṛ* „besudeln"; *maṛṛaġ* ~ *mardaġ* ~ *marmaġ* ~ *damraġ* „im Staub wälzen"; *'aṛmaṭ* ~ *'aṛwaṭ* „abschneiden, kürzen"; *'armiš* ~ *'aṛ'aš* „zerkauen, zermahlen"; *daġšiš* ~ *daġwiš* „verwischen".

2.3.3 Stammbildung

2.3.3.1 Allgemeines

Neben dem Grundstamm oder I. Stamm gibt es die Stämme II und III, die sich durch Längung des zweiten Radikals (II, KaKKaK ~ KaKKiK) oder durch /ā/ nach dem ersten Radikal (III, KāKiK) auszeichnen. Die Flexionsbasen von Perfekt und Imperfekt sind bei II und III identisch:

Verbalstämme I, II und III (starkes Verb)

I	II	III
daxal, yudxul	*daxxal, yidaxxal*	*'ābil, yi'ābil*
„eintreten"	„hineinbringen"	„begegnen"
fihim, yifham	*fahhim, yifahhim*	*sāmiḥ, yisāmiḥ*
„verstehen"	„erklären"	„verzeihen"

Zu diesen Stämmen I, II und III werden Reflexiv-Passiv-Stämme (t-I, t-II, t-III) mit dem Präfix *it-* gebildet. Diese sind produktiv. Nur t-I weist mit /a/ im Perfekt und /i/ im Imperfekt zwei verschiedene Flexionsbasen auf:

Verbalstämme t-I, t-II und t-III (starkes Verb)

I	*fataḥ*	>	t-I	*itfataḥ, yitfitiḥ*	„geöffnet werden“
II	*ṣallaḥ*	>	t-II	*itṣallaḥ, yitṣallaḥ*	„repariert werden“
II	*kallim*	>	t-II	*itkallim, yitkallim*	„sprechen“
III	*ḥāsib*	>	t-III	*itḥāsib, yitḥāsib*	„miteinander abrechnen“

Nicht frei bildbar und auf bestimmte Wurzeln und Bedeutungen beschränkt sind der n-I (inKaKaK) und der I-t Stamm (iKtaKaK). Sie folgen bei den Vokalen der Flexionsbasen dem t-I Stamm: *inkatab, yinkitib* „geschrieben werden“; *iftakaṛ, yiftikir* „denken, meinen“; mit Ausnahme von *ištaġal, yištaġal* „arbeiten“, das /a/ im Imperfekt hat.[1] t-II entspricht dem V. und t-III dem VI. Stamm des Harab., n-I dem VII. und I-t dem VIII. Stamm.

A n m e r k u n g : Beim n-I Stamm wird /n/ vor /b/ zu [m] assimiliert: *inball* „naß werden“ [ʔɪmˈbɛ̈lː]; *inbaṣaṭ* „s. freuen“ [ʔɪmˈbɑsɑt̶]. In Texten aus der Zeit vor dem 2. Weltkrieg ist der n-I Stamm noch häufig zu finden, heute ist er jedoch in Kairo nicht produktiv.

Ferner existiert ein ista-Stamm mit dem Präfix *ista-* ~ *isti-*, z.B. *istabṛad* „kalt finden“ (X. Stamm des Harab.), und der Stamm für Farben und körperliche Eigenschaften, iKKaKK, z.B. *iḥmaṛṛ* „erröten“, *iṣlaʿʿ* „kahl werden“ (IX. Stamm des Harab.).

2.3.3.2 Bildung der Verbalstämme

Von den Verbalstämmen sind der II. Stamm und die t-Stämme produktiv.

2.3.3.2.1 II. Stamm: KaKKiK ~ KaKKaK.

a. Starke Verben

Kennzeichen des II. Stammes ist die Längung des mittleren Konsonanten: Die Verteilung von /a/ und /i/ in der Endsilbe der Basis ist phonologisch konditioniert und hängt von den umgebenden Konsonanten ab. /a/ tritt auf, wenn die Umgebung emphatische Konsonanten, Laryngale (nicht /h/), Pharyngale oder postvelare Frikative enthält. In den anderen Fällen steht /i/:

/a/		/i/	
ballaġ, yiballaġ	„informieren“	*kammil, yikammil*	„vollenden“
ṣallaḥ, yiṣallaḥ	„reparieren“	*mawwit, yimawwit*	„töten“
lammaʿ, yilammaʿ	„polieren“	*ṭabbil, yiṭabbil*	„trommeln“
naḍḍaf, yinaḍḍaf	„säubern“	*ṣabbin, yiṣabbin*	„einseifen“
nahhaʾ, yinahhaʾ	„iahen“	*ṭammin, yiṭammin*	„beruhigen“

1 In den Dialekten des westlichen Deltas herrscht diese a-Vokalisierung des Imperfekts vor, s. Karte 250 in BEHNSTEDT-WOIDICH (1985).

xallaṣ, yixallaṣ	„beenden“	*fahhim, yifahhim*	„erklären“
waṣṣal, yiwaṣṣal	„hinbringen“	*nabbih, yinabbih*	„warnen“
ʿaṭṭal, yiʿaṭṭal	„j.den aufhalten“	*fakkik, yifakkik*	„lockern“
farraʾ, yifarraʾ	„austeilen“	*fallis, yifallis*	„bankrott gehen“

/r/ als dritter Konsonant ist immer sekundär emphatisch, s. 1.2.8.2.2, in der Endsilbe steht /a/:

saffaṛ, yisaffaṛ	„auf Reisen schicken“	*kabbaṛ, yikabbaṛ*	„vergrößern“
kattaṛ, yikattaṛ	„vermehren“	*waffaṛ, yiwaffaṛ*	„ersparen“

Wenn der mittlere Konsonant /r/ ist, kann in der Endsilbe in Abhängigkeit von den weiteren Konsonanten der Wurzel und dem Wort, wovon das Verb abgeleitet ist, sowohl /i/ als /a/ auftreten:

darris, yidarris	„lehren“ (< *mudarris*)	*kaṛṛam, yikaṛṛam*	„ehren“ (< *kaṛam*)
ġarriẓ, yiġarriẓ	„absteppen“ (< *ġarẓ*)	*maṛṛan, yimaṛṛan*	„trainieren“ (< *itmaṛṛan*)
sarrig, yisarrig	„satteln“ (< *sarg*)	*gaṛṛaš, yigaṛṛaš*	„in die Garage stellen“(< *gaṛāš*)
darriẓ, yidarriẓ	„einkerben“	*darraʿ, yidarraʿ*	„mit dem Ellbogen stoßen“ (< *dirāʿ*)

A n m e r k u n g : Schwankungen kommen nicht selten vor: *sarrag* ~ *saṛṛag* „anheften“; *ẓarrad* ~ *ẓaṛṛad* „ersticken“; *warris* ~ *waṛṛas* „vererben“.

b. Schwache Verben
Verba tert.inf.: Auslautendes /a/ im Perfekt wechselt mit /i/ im Imperfekt:

ṣalla, yiṣalli	„beten“	*waṭṭa, yiwaṭṭi*	„leiser machen“

Verba med.inf.: Mittleres /w/, /y/ verhalten sich wie starke Konsonanten:

mawwit, yimawwit	„töten“	*layyil, yilayyil*	„Nacht werden“

Verba med.gem. verhalten sich wie starke Verben:

sabbib, yisabbib	„verursachen“	*ḥassis, yiḥassis*	„betasten“

2.3.3.2.2 III. Stamm: KāKiK

a. Starke Verben
Kennzeichen des III. Stammes ist das lange /ā/ als erster Vokal der Flexionsbasis mit /i/ in der Endsilbe:

sāfir, yisāfir	„verreisen“	*lāḥiẓ, yilāḥiẓ*	„bemerken“

Hierher sind auch die nicht allzu häufigen, meist eine krankhafte Entwicklung bezeichnenden Verben des Typs KōKaK und KēKaK zu stellen, die jedoch durchweg /a/ in der Endsilbe haben (zur Elision s. 1.2.7.6 b):

sōṛa', yisōṛa'	„ohnmächtig w."	*dōḥas, yidōḥas*	„ausschwären"
'ēlaṭ, yi'ēlaṭ	„Krampfadern bilden"	*fēta', yifēta'*	„eine Hernie entwickeln"

b. Schwache Verben
Verba tert.inf.: auslautend /a/ im Perfekt und /i/ im Imperfekt:

dāra, yidāri	„beschirmen"	*dāwa, yidāwi*	„heilen"

Verba med.inf.: für den mittleren Konsonanten tritt /w/ bzw. /y/ ein:

ḥāwil, yiḥāwil	„versuchen"	*dāyi', yidāyi'*	„belästigen"

2.3.3.2.3 t-Stämme

a. Assimilation des Präfixes *it-*
Das /t/ assimiliert sich an den ersten Konsonanten des Grundstammes:

1. obligatorisch und total:

it + d > idd	*iddāxil* „s. einmischen"	*iddaffa* „s. wärmen"
it + ṭ > iṭṭ	*iṭṭabax* „gekocht w."	*iṭṭalla'it* „geschieden werden"
it + ḍ > iḍḍ	*iḍḍarab* „geschlagen w."	*iḍḍallil* „beschattet werden"
it + ṣ > iṣṣ	*iṣṣawwar* „abgebildet w."	*iṣṣādif* „zufällig geschehen"
it + ẓ > iẓẓ	*iẓẓabaṭ* „festgenommen w."	*iẓẓāhir* „vorgeben"

2. fakultativ und total:

it + s > its ~ iss	*issabbib* „Grund sein für"	*issadd* „zugestopft w."
it + k > itk ~ ikk	*ikkatab* „geschrieben w."	*ikkallim* „sprechen"
it + š > itš ~ išš	*iššaṛab* „getrunken w."	*iššākil* „streiten"

3. fakultativ und teilweise:

it + z > idz ~ izz	*izzaḥla'* „ausrutschen"	*izzaffit* „versaut werden"
it + g > idg ~ igg	*iggannin* „verrückt w."	*iggaraḥ* „verwundet werden"
it + ġ > idġ	*idġalab* „überwunden w."	*idġaṭṭa* „bedeckt werden"

Diese Teilassimilation des Stimmtons wird in der phonologischen Umschrift nicht notiert; man schreibt *it-*: *itgannin, itġaṭṭa.*

b. t-I Stamm
Starke Verben: Der t-I Stamm kennt hier nur zwei Basen, itKaKaK für das Perfekt und yitKiKiK für das Imperfekt, ungeachtet der Vokale des Grundstammes:

katab	> *itkatab, yitkitib*	„geschrieben werden"
misik	> *itmasak, yitmisik*	„gefaßt werden"

Entsprechend n-I (VII) *inkatab, yinkitib* „geschrieben werden" und I-t (VIII) *iftakaṛ, yiftikir* „denken, meinen". Ausnahme: *ištaġal, yištaġal* „arbeiten".

Schwache Verben: Auch diese besitzen zwei Basisvarianten:

itlaġa, yitliġi	„abgesagt werden"	*itkawa, yitkiwi*	„gebügelt werden"

Verba med.inf. und med.gem. besitzen nur eine Variante der Flexionsbasis mit /ā/ bzw. mit /a/:

itḥall, yitḥall	„gelöst werden"	*itfakk, yitfakk*	„demontiert werden"
it'āl, yit'āl	„gesagt werden"	*itšāl, yitšāl*	„weggetragen werden"

Anmerkung: Verba prim.w bilden den t-I-Stamm wie das starke Verb: *itwagad, yitwigid* „s. befinden"; *itwaʿad, yitwiʿid* „versprochen werden". Aus dem Harab. entlehnt sind einige I-t-Verben mit gelängtem /t/ wie *ittaṣal, yittiṣil* „anrufen" {wṣl}; *ittasaʿ, yittisiʿ* „weit sein" {wsʿ}; *ittafa'* „übereinkommen" {wfq}.

c. Stämme t-II und t-III (Stamm V und Stamm VI)

Die Stämme t-II und t-III werden durch Vorsetzen von *it-* vor II bzw. III gebildet. Auch die Verba tert.inf. kennen hier nur eine Flexionsbasis (im Gegensatz zu II und III), und zwar eine solche mit /a/ in der Endsilbe:

ṣallaḥ, yiṣallaḥ	„reparieren"	>	*itṣallaḥ, yitṣallaḥ*	„repariert werden"
tabbil, yitabbil	„würzen"	>	*ittabbil, yittabbil*	„gewürzt werden"
mašša, yimašši	„laufen lassen"	>	*itmašša, yitmašša*	„spazierengehen"
'ābil, yi'ābil	„begegnen"	>	*it'ābil, yit'ābil*	„ein. begegnen"
dāra, yidāri	„verstecken"	>	*itdāra, yiddāra*	„versteckt werden"

d. t-Stamm bei vierradikaligen Verben

Dieser wird mit dem Präfix *it-* gebildet und entspricht in seiner Vokalisierung dem t-II Stamm:

ġarbil, yiġarbil	„sieben"	>	*itġarbil, yitġarbil*	„gesiebt werden"
laxbaṭ, yilaxbaṭ	„verwirren"	>	*itlaxbaṭ, yitlaxbaṭ*	„verwirrt werden"

Anmerkung: Bei *izdaḥam* „überfüllt sein" {zḥm}, *izdahar* „erblühen" {zhr} handelt es sich nicht um synchronische Assimilationsregeln wie ⊄*zt* > *zd*, sondern um Lexikalisierungen älterer historischer Regeln.

2.3.3.2.4 ista-Stamm (Stamm X): istaKKiK ~ istaKKaK

a. *ista-* ~ *isti-*: Vor einfachem Konsonanten kann für *ista-* auch *isti-* eintreten: *istabān* ~ *istibān* „deutlich werden"; *istaḍāf*, aber *yistiḍīf* „als Gast aufnehmen". Beim starken Verb steht /a/ oder /i/ in der Endsilbe nach den Regeln des II. Stammes:

istaxdim, yistaxdim	„gebrauchen"	*istaṭraf, yistaṭraf*	„nett finden"
istafhim, yistafhim	„s. erkundigen"	*istaʿbaṭ, yistaʿbaṭ*	„für dumm halten"
ista'bil, yista'bil	„empfangen"	*istaṭʿam, yistaṭʿam*	„schmackhaft finden"

Die Verba med.gem. haben in der Endsilbe /i/, teils auch /a/:

istaṛadd, yistaridd	„zurückholen"	*ista'all, yista'ill*	„geringschätzen"
istaxaff, yistaxiff	„leichtnehmen"	*istafazz, yistafizz*	„provozieren"
istaḥall, yistaḥall	„ḥalāl finden"	*istaḥa'', yistaḥa''*	„verdienen"

Die Verba tert.inf. lauten teils in Perfekt und Imperfekt auf /a/ aus, teils zeigen sie auch den Wechsel /a/ im Perfekt und /i/ im Imperfekt. Auch schwankt der Gebrauch von Sprecher zu Sprecher:

istaġla, yistaġla	„für teuer halten"	*istagla, yistagli*	„aufdecken"
istaġna, yistaġna	„entbehren können"	*istadʿa, yistadʿi*	„aufrufen"
istadfa, yistadfa	„s. warm fühlen"	*istagra, yistagri*	„wagen"

Die Verba med.inf. haben /ā/ im Perfekt und /ī/ im Imperfekt, im Substandard finden sie sich jedoch auch einallomorphig mit /ā/:

istafād, yistafīd	„profitieren"	*istafād, yistafād*	„profitieren"
ista'ām, yista'īm	„rechtschaffen w."	*ista'ām, yista'ām*	„gerade machen"

Vom Nomen abgeleitet wird dieser Stamm bei den Verba med.inf. stark gebildet: *istalwaḥ* „sich wie ein Blödmann benehmen" (*lōḥ*); *istamwit* „sich sterbend stellen" (*mōt*); *istaṭyab* ~ *istaṭyib* „für gut finden" (*ṭayyib*); *istanyim* „für schlafend halten" (*nāyim*).

A n m e r k u n g : Nicht direkt einzuordnen ist *istāhil, yistāhil, mistāhil* vom ista-Stamm **ista'hil* „etwas verdienen".

b. ista-+II. oder III. Stamm: *ista-* ~ *isti-* verbindet sich in einzelnen Fällen mit dem II. oder dem III. Stamm sowie mit vierradikaligen Verben:

istarayyaḥ, yistarayyaḥ ~ istirayyaḥ	„sich ausruhen"
isti'akkid, yisti'akkid	„sich überzeugen"
istabārik, yistabārik ~ istibārik	„Segen suchen"
isti'āmin, yisti'āmin	„sich sicher fühlen"
istaḥamma, yistaḥamma ~ istiḥamma	„baden"
istahagga, yistahagga ~ istihagga	„buchstabieren"
istala''a, yistala''a ~ istila''a	„empfangen, fangen"
istaxabba, yistaxabba ~ istixabba	„sich verstecken"
istiṛaxrax, yistiṛaxṛax	„schwabbelig werden"

A n m e r k u n g : Das Verb *istanna, yistanna* „warten" geht auf eine solche Verbindung von *ista-* mit *'annā* zurück: **ista'annā* > *istanna.*

2.3.3.2.5 IX. Stamm iKKaKK

Der dritte Radikal ist hier gelängt, Perfekt und Imperfekt enthalten /a/ als Vokal der Basis: *iḥmaṛṛ, yiḥmaṛṛ* „rot werden"; *ismaṛṛ, yismaṛṛ* „braun werden"; *iṣlaʿʿ, yiṣlaʿʿ* „kahl werden". In den meisten Fällen korrespondieren dazu Adjektive der

Form $aK_1K_2aK_3$: *aḥmaṛ* - *iḥmaṛṛ*; *aʾṛaʿ* - *iʾṛaʿʿ*. Eine Ausnahme dazu stellen *iḥlaww, yiḥlaww* „süß, hübsch, angenehm werden" (*ḥilw*) und *idlaʿʿ, yidlaʿʿ* „fade werden" (*diliʿ*) dar.

2.3.3.3 Bedeutung der Verbalstämme

2.3.3.3.1 II. Stamm

Der II. Stamm ist ein produktives Mittel, um neue Verben zu bilden. Formal abgeleitet von Substantiven, Adjektiven (denominal) oder Verben (deverbal), leistet er eine Reihe von semantischen Erweiterungen. Deren wichtigste sind:

a. Kausativ (machen zu, bringen zu, veranlassen zu):

deverbal

daxxal (< *daxal*)	„hineinbringen"	*xaṛṛag*(< *xaṛag*)	„hinausbringen"
daḥḥak (< *diḥik*)	„zum Lachen bringen"	*ʿaṛṛaf* (< *ʿirif*)	„wissen lassen"
bakka (< *baka*)	„zum Weinen bringen"	*sakkit* (< *sikit*)	„zum Schweigen bringen"

denominal

naḍḍaf (< *niḍīf*)	„säubern"	*wassax* (< *wisix*)	„beschmutzen"
kattaṛ (< *kitīr)*	„vermehren"	*gaddid* (< *gidīd*)	„erneuern"
kabbaṛ (< *kibīr*)	„vergößern"	*ṣaġġaṛ* (< *ṣuġayyaṛ*)	„verkleinern"

b. Intensität der Handlung, Vielzahl der Objekte (deverbal):

kassaṛ (< *kasaṛ*)	„in viele Stücke brechen"	*fallaʾ* (< *falaʾ*)	„zersplittern"
ʾaṭṭaʿ (< *ʾaṭaʿ*)	„in viele Stücke zerreißen"	*xabbaṭ* (< *xabaṭ*)	„heftig klopfen"
šaṛṛax (< *šaṛax*)	„schnarchen"	*šannaʾ* (< *šanaʾ*)	„[viele] hängen"

c. Deklarativ (etwas nennen, etwas aussprechen; denominal):

kaḅḅaṛ	„aḷḷāhu akbaṛ sagen"	*sallim*	„assalāmu ʿalēkum sagen"
ṣabbaḥ	„ṣabāḥ ilxēr sagen"	*massa*	„masāʾ ilxēr sagen"
kaddib	„der Lüge [*kidb*] zeihen"	*ʾabbil*	„j.den ʾaḅḷa nennen" (< *ʾaḅḷa* „ältere Schwester")
gahhil	„der Unkenntnis [*gahl*] zeihen"		

d. Denominal im Sinne von „versehen mit etwas":

ṣabbin (< *ṣabūn*)	„einseifen"	*nammaṛ* (< *nimra*)	„numerieren"
ballaṭ (< *balāṭ*)	„pflastern"	*šaḥḥam* (< *šaḥm*)	„einfetten"
ʿašša (< *ʿaša*)	„Abendessen geben"	*xallil* (< *xall*)	„in Essig einlegen"

e. Andere Ableitungen (denominal):

ṣayyif (< *ṣēf*)	„den Sommer zubringen"	*ṣawwar* (< *ṣūra*)	„fotografieren"
mazzik (< *mazzīka*)	„musizieren"	*mazziz* (< *mazza*)	„Vorspeisen essen"

f. Intransitivität: Der II. Stamm kann intransitiv (nicht-fientisch) wie transitiv sein, s. auch 5.4.1.2:

ṭawwil	„lang dauern, verlängern“	*ʿallaʾ*	„hängenbleiben, aufhängen“
nawwaṛ	„hell werden, erleuchten“	*fattaḥ*	„s. öffnen, öffnen lassen“
ʾaṛṛab	„näher kommen, näher bringen“	*nayyil*	„etw. versauen“
ʿaggiz	„alt werden, unfähig machen“	*tallig*	„frieren, einfrieren“ (< *talg*)

Nur intransitiv (oft denominal von KiKiK):

zannax (< *zinix*)	„ranzig werden“	*kaṛṛaš* (< *kirš*)	„Bauch ansetzen“
ġallis (< *ġilis*)	„s. unangenehm benehmen“	*maṛṛaṛ* (< *muṛṛ*)	„bitter werden“
baggaḥ"(< *bigiḥ*)	„s. unverschämt benehmen“	*mazziz* (< *miziz*)	„sauer werden“
massax (< *māsix*)	„geschmacklos werden“	*maššiš* (< *mišš*)	„faulen [Eier]“
nammiš (< *namaš*)	„Sommersprossen bekommen“		

Auch viele Ausdrücke mit *iddinya* für Wetter, Tages- und Jahreszeiten sind hier zu nennen:

iddinya ḍallimit	„es ist dunkel geworden“
iddinya layyilit	„es ist Nacht geworden“
iddinya ḥaṛṛarit	„es ist heiß geworden“
iddinya baṛṛadit	„es ist kalt geworden“
iddinya saʾʾaʿit	„es ist kalt geworden“
iddinya šattit	„es ist Winter geworden“

2.3.3.3.2 III. Stamm

Der III. Stamm ist nicht frei bildbar, Bedeutung und Funktion treten weniger deutlich hervor als beim II. Stamm. Oft ist die Verbalhandlung auf eine Person gerichtet:

sāʿid w	„j.dem helfen“	*ʿāšir w*	„mit j.dem zusammenleben“
ṣāriʿ w	„mit j.dem ringen“	*sābiʾ w*	„mit j.dem um die Wette laufen“
xāṣim w	„nicht mit j.dem reden“	*ʾātil w*	„j.den bekämpfen“
ʾāwim w	„j.dem Widerstand leisten“	*ḥārib w*	„j.den bekriegen“
ʿāyiš w	„mit j.dem zusammenleben“	*xāwa w*	„j.dem ein Bruder sein“

Damit hängt die Bedeutung „zu j.dem etwas sein“ zusammen:

lāṭif w (< *laṭīf*)	„zu j.dem nett sein“	*ʾābil w*	„j.dem begegnen“
gāmil w (< *gamīl*)	„j.dem schön tun“	*sāmiḥ w*	„j.dem verzeihen“
gāwir w (< *gāṛ*)	„benachbart sein mit“	*kārim w*	„großzügig zu j.dem sein“

2.3.3.3.3 t-Stämme

Das it-Präfix bezeichnet ein Reflexiv-Passiv zum einfachen Stamm:

itsagan	„ins Gefängnis gesteckt w.“	*itʾāl*	„gesagt werden“
itmala	„s. füllen“	*itlamm*	„s. versammeln“
itwassax	„s. schmutzig machen“	*itṣallaḥ*	„repariert werden“
itsalla	„s. amüsieren“	*itġarbil*	„gesiebt werden“
iṭṭāhir	„beschnitten werden“	*iddāra*	„s. verbergen“

Der t-II-Stamm kann auch transitiv sein: *iggawwizitu* „sie heiratete ihn"; *ilmudarris mit'aṣṣadni* „der Lehrer hat es auf mich abgesehen".

Der t-III-Stamm drückt auch Reziprozität aus:

itxāni'	„miteinander streiten"	*itḥāsib*	„miteinander abrechnen"
itsāmiḥ	„einander verzeihen"	*it'ābil*	„einander treffen"
itgāhil	„einander ignorieren"		

Anmerkung 1: Gelegentlich beinhaltet der t-III-Stamm auch ein „so tun als ob": *itmāriḍ* „s. krank stellen"; *itmāwit* „s. totstellen"; *itʿāma* „s. blind stellen"; *ithābil* „den Narren spielen".
Anmerkung 2: Der neutrale Sachverhalt kann durch einen t-Stamm ausgedrückt werden: *lāzim yitmazziklu ʿašān yinām* „man muß ihm Musik vorspielen, damit er schläft" [SB]; *ḥaṣīra yit'iʿid ʿalēha* „eine Matte, auf der man sitzt ~ zum Sitzen" [SB]. S. 7.10.3.3.

2.3.3.3.4 ista-Stamm
Der ista- oder X. Stamm bezeichnet oft ein „halten für, finden":

istaṛxaṣ	„billig finden"	*istaḥsin*	„für besser finden"
istaġṛab	„seltsam finden"	*istaktaṛ*	„zuviel finden"
ista'all	„unterschätzen"	*istaʿbaṭ*	„für dumm halten"
istaġfil	„für dumm halten"	*istašwa*	„für wenig erachten"

Ferner ein „suchen nach, erlangen wollen": *istaʿlim* „s. informieren" (*ʿilm*); *ista'zin* „um Erlaubnis bitten" (*'izn*); *istafhim* „s. erkundigen" (*fahm*). Oder ein „sich stellen": *istaʿma* „s. blind stellen" (*aʿma*); *istamwit* „s. tot stellen" (*mōt*).

2.3.3.3.5 IX. Stamm
Der IX. Stamm bezeichnet Farben und körperliche Eigenschaften:

iḥmaṛṛ	„erröten"	*i'raʿʿ*	„krätzig werden"
ismaṛṛ	„braun werden"	*iʿwagg*	„hinken"
izṛa''	„blaue Flecken bekommen"	*iṣlaʿʿ*	„kahl werden"
ibyaḍḍ	„weiß werden"	*iʿwaṛṛ*	„ein Auge verlieren"
ixḍarr	„grün werden"	*iḥwall*	„schielen"
iḥlaww	„schön werden"	*iwḥašš*	„häßlich werden"
idlaʿʿ	„fade werden"		

Gelegentlich besteht Konkurrenz zum i-Perfekt des Grundstammes: *'iriʿ ~ i'raʿʿ* „kahl werden"; *ḥiwil ~ iḥwall* „schielen"; *ʿiwir ~ iʿwaṛṛ* „ein Auge verlieren".

2.3.4 Flexion des Verbs

Bei der Flexion werden Präfixe und Suffixe, die Person, Numerus und Genus bezeichnen, an die Flexionsbasen von Perfekt und Imperfekt angefügt, wobei das Perfekt nur Suffixe, das Imperfekt Präfixe und Suffixe erhält.

2.3.4.1 Flexion des Perfekts

Basisform ist die 3.sg.m., an welche die Suffixe hinzugefügt werden. Letztere sind im Prinzip für alle Verbalklassen gleich und lauten:

Perfektsuffixe

		3.p.	2.p.	1.p.
sg.	m.	*-ø*	*-t*	*-t*
	f.	*-it*	*-ti*	
pl.		*-u(m)*	*-tu(m)*	*-na*

Die Varianten *-tum, -um* sind dem Substandard zuzurechnen. Bei Antritt von Suffixen wird nur *-tu, -u* gebraucht: *katabtum,* aber *ma-katabtūš* „ihr habt nicht geschrieben"; *katabūha* „sie heben sie geschrieben".

Bei Antritt der Flexionssuffixe tritt entsprechend den morphophonologischen Regeln i-Elision ein, s. 1.3.2.

Perfekt des Grundstammes

		a-Perfekt			i-Perfekt		
		3.p.	2.p.	1.p.	3.p.	2.p.	1.p.
sg.	m.	*katab*	*katabt*	*katabt*	*misik*	*misikt*	*misikt*
	f.	*katabit*	*katabti*		*miskit*	*misikti*	
pl.		*katabu*	*katabtu*	*katabna*	*misku*	*misiktu*	*misikna*

2.3.4.2 Flexion des Imperfekts

Diese geht von der Basis des Imperfekts aus, an welche die Präfixe und Suffixe treten. Sie sind im Prinzip für alle Verbalklassen gleich und lauten:

Imperfektpräfixe und -suffixe

		3.p.	2.p.	1.p.
sg.	m.	*yi-...-ø*	*ti-*	*a-*
	f.	*ti-*	*ti-...-i*	
pl.		*yi-...-u(m)*	*ti-...-u(m)*	*ni-*

Die Variante *-um* beim Plural sind dem Substandard zuzurechnen. Bei Antritt von Suffixen wird nur *-u* gebraucht: *yiktibum* aber *ma-yiktibūš*. Das Paradigma des Imperfekts des Grundstammes des dreiradikaligen Verbs lautet:

Imperfekt des Grundstammes

	3.p.	2.p.	1.p.
sg. m.	*yi-ktib*	*ti-ktib*	*a-ktib*
f.	*ti-ktib*	*ti-ktib-i*	
pl.	*yi-ktib-u*	*ti-ktib-u*	*ni-ktib*

Anstelle von /i/ im Präfix kann /u/ auftreten, wenn die Basis /u/ oder /ū/ enthält: *yuxrug* „er geht hinaus"; *yukūn* „er ist"; *yurūḥ* „er geht weg".

2.3.4.3 Flexion des Imperativs
Der Imperativ ist identisch mit der Flexionsbasis der Imperfekts, die man durch Abtrennen des Präfixes vom Imperfekt erhält. Beginnt die Basis mit einem Konsonanten, so bleibt sie unverändert, beginnt sie mit zweien, dann tritt ein *i-*, bei /u/-haltiger Basis wahlweise auch ein *u-* davor: *yiktib* > *yi-ktib* > *ktib* > *iktib* „schreib!"; *u'ʿud* „setz dich!". Die Flexion erfolgt wie beim Imperfekt mit *-i* für das F. und *-u* für den Pl.: *iktibi* „schreib!"; *iktibu* „schreibt!".

Imperativ

Stamm				
beginnend mit -K	I	med.inf.	*nām*	„schlaf!"
	I	med.gem.	*limm*	„pack zusammen!"
	II		*baṭṭal*	„hör auf!"
	III		*gāwib*	„antworte!"
beginnend mit -KK	I	stark	*iktib*	„schreib!"
	I		*u'ʿud*	„setz dich hin!"
	I		*uxrug*	„geh hinaus!"
	I	tert.inf.	*insa*	„vergiß!"
	t-I		*itrimi*	„wirf dich hin!"
	n-I		*inkitim*	„schweig!"
	I-t		*irtāḥ*	„entspanne dich!"
	t-II		*itmašša*	„geh spazieren!"
	t-III		*ittāwib*	„gähne!"
	IX		*ismaṛṛ*	„werde braun!"
	X		*istaġill*	„nütze aus!"

Nicht von *yīgi* „kommen" abgeleitet, sondern von einer anderen Wurzel ist *taʿāla, taʿāli* f., *taʿālu* pl. „komm!". Neben *iddi* „gib!" wird *hat, hāti* f., *hātu* pl. „gib her!" gebraucht. Beachte auch *u'af* „bleib stehen!" von *yu'af*, s. 2.3.5.2.

2.3.5 Die schwachen Verben

2.3.5.1 Verba mediae infirmae

a. Grundstamm

Verba med. inf. haben in der Basisform des Perfekts /ā/. Das Imperfekt zeigt im allgemeinen /ū/ bei den Verba med. /w/, /ī/ bei den Verba med. /y/ und in einigen Fällen aber auch /ā/.

Verba med. /w/

Perfekt	*ʾāl, yiʾūl* „sagen"			Imperfekt		
	ʾāl	*ʾult*	*ʾult*	*yiʾūl*	*tiʾūl*	*aʾūl*
	ʾālit	*ʾulti*		*tiʾūl*	*tiʾūli*	
	ʾālu	*ʾultu*	*ʾulna*	*yiʾūlu*	*tiʾūlu*	*niʾūl*
Imperativ:	*ʾūl, ʾūli, ʾūlu*			Partizip: (akt.)		*ʾāyil*
				Partizip: (pass.)		*mitʾāl*

Verba med. /y/

Perfekt	*šāl, yišīl* „tragen"			Imperfekt		
	šāl	*šilt*	*šilt*	*yišīl*	*tišīl*	*ašīl*
	šālit	*šilti*		*tišīl*	*tišīli*	
	šālu	*šiltu*	*šilna*	*yišīlu*	*tišīlu*	*nišīl*
Imperativ:	*šīl šīli šīlu*			Partizip: (akt.)		*šāyil*
				Partizip: (pass.)		*mitšāl*

Bei Antritt von konsonantischen Flexionssuffixen an die Basisform des Perfekts wird /ā/ durch den kurzen Vokal ersetzt, der qualitativ dem Imperfektvokal entspricht: *ʾāl - yiʾūl - ʾult, šāl - yišīl - šilt.* Dies gilt jedoch nicht, wenn das Imperfekt /ā/ hat, hier tritt ebenfalls /i/ oder /u/ ein: *xāf - yixāf -xuft* „fürchten"; *nām - yinām - nimt* „schlafen"; *bāt - yibāt - bitt* „übernachten"; zu den schwach gebildeten Verbalstämmen s. unten b.

b. Verbalstämme

Die Stämme II, t-II, III, t-III und IX werden stark gebildet mit /w/ bzw. /y/, die anderen t-I, n-I, I-t, X sind schwach und enthalten /ā/:

II	*xawwif*	„Angst machen"	*šayyil*	„tragen"
t-II	*itbawwaẓ*	„verdorben w."	*itxayyib*	„enttäuscht w."
III	*ʾāwim*	„Widerstand leisten"	*dāyiʾ*	„verärgern"
t-III	*ittāwib*	„gähnen"	*iddāyiʾ*	„verärgert sein"

IX	*iḥwall*	„schielen“	*ibyaḍḍ*	„weiß werden“
t-I	*itšāl, yitšāl*	„weggetragen w.“		
n-I	*inṭāl, yinṭāl*	„erreichbar sein“		
I-t	*ixtāṛ, yixtāṛ*	„aussuchen“		
ista-	*istahān, yistahīn*	„unterschätzen“		

Bei konsonantischen Flexionssuffixen wird /ā/ zu /a/ gekürzt:

itšāl, yitšāl	>	*itšalt*	„weggetragen werden“
ixtāṛ, yixtāṛ	>	*ixtaṛt*	„wählen, aussuchen“
ista'ām, yista'īm	>	*ista'amt*	„ein anständiges Leben führen“

Während t-I, n-I, I-t stets /ā/ im Imperfekt zeigen, hat der ista-Stamm hier ein /ī/: *ista'ām, yista'īm* „anständig werden“; *istahān, yistahīn* „unterschätzen“, allerdings neben *yistafīd* auch *yistafād* (Substandard).

Anmerkung: Im II. und im ista-Stamm können Verba med. /w/ mit /y/ auftreten, wenn sie von einer entsprechenden Nominalform abgeleitet sind. So heißt es zwar *nawwim* „einschlafen lassen“ (< *nōm* „Schlaf“), aber *nayyim* „hinlegen“ (< *nāyim* „schlafend, liegend“); ebenso *'awwim* „aufrichten“ (< *yi'ūm* „aufstehen“), aber *'ayyim* „schätzen“ (< *'īma* „Wert“). Vgl. auch *istanyim* „für schlafend halten“ (< *nāyim*).

c. Verben mit starkem /w/, /y/
Als starker zweiter Radikal treten /w/ oder /y/ auf in z.B.

hawas, yihwis	„verrückt machen“	*dawaš, yidwiš*	„mit Lärm belästigen“
ḥiwil, yiḥwal	„schielen“	*ʿiwir, yiʿwaṛ*	„ein Auge verlieren“
xayal, yixyil	„ablenken“	*dayan, yidyin*	„Gläubiger sein“
ʿiyi, yiʿya	„erkranken“		

Anmerkung: *ʿāyiz*, das aktive Partizip von *ʿāz, yiʿūz* „wollen“, ist frei vertauschbar mit *ʿāwiz* von einem nicht vorhandenen ⊄*ʿawaz* oder ⊄*ʿiwiz*.

d. Das passive Partizip
Das passive Partizip des Grundstamms der Verba med.inf. wird im allgemeinen mittels des t-I-Stammes gebildet: *mitbāʿ* „verkauft“; *mitšāl* „weggetragen“. Doch existieren auch einige Bildungen in Analogie zum starken Verb mit /y/: *madyūn* „verschuldet“; *maʿyūb* „getadelt“; *maḍyūʿ* „verloren“; *maxyūṭ* „genäht“.

2.3.5.2 Verba tertiae infirmae

a. Grundstamm
Die Flexionsbasis der Verba tert.inf. endet auf /a/ oder /i/, so daß wie bei den starken Verben im Perfekt und im Imperfekt ein a-Typ und ein i-Typ auftreten. Die Suffixe des Perfekts unterscheiden sich von denen der anderen Verbalklassen, indem die ansonsten konsonantisch anlautenden Suffixe hier mit /ē/ (a-Typ) bzw. /ī/ (i-Typ) anlauten (*-ēt, -ēti* etc.). Bei Antritt vokalisch anlautender Suffixe werden die Vokale der Basis teilweise elidiert.

Verba tert.inf.

a-Perfekt	*rama* „werfen“		i-Imperfekt		
rama	*ramēt*	*ramēt*	*yirmi*	*tirmi*	*armi*
ramit	*ramēti*		*tirmi*	*tirmi*	
ramu	*ramētu*	*ramēna*	*yirmu*	*tirmu*	*nirmi*
Imperativ:	*irmi, irmi, irmu*		Partizip: (akt.)		*rāmi*
			Partizip: (pass.)		*marmi*
i-Perfekt	*nisi* „vergessen“		a-Imperfekt		
nisi	*nisīt*	*nisīt*	*yinsa*	*tinsa*	*ansa*
nisyit	*nisīti*		*tinsa*	*tinsi*	
nisyu	*nisītu*	*nisīna*	*yinsu*	*tinsu*	*ninsa*
Imperativ:	*insa, insi, insu*		Partizip: (akt.)		*nāsi*
			Partizip: (pass.)		*mansi*

a-Typ und i-Typ unterscheiden sich durch eine abweichende Reihe von Suffixen (*-it, -u, -ēt* versus *-it, -u, -īt*) und in der Behandlung des auslautenden Vokals bei Antritt der Suffixe. Beim Imperfekt sowie beim a-Perfekt wird der Vokal der Basis elidiert: tinsa +i > *tinsi*, rama+u > *ramu*. Beim i-Perfekt tritt dagegen ein /y/ zwischen das auslautende /i/ der Basis und den Flexionsendungen *-it* (3.sg.f.) und *-u* (3.pl.), worauf Elision des mittleren /i/ erfolgt: nisi+y+it > nisiyit > *nisyit*, nisi+y+u > nisiyu > *nisyu*. Die Partizipien folgen den Formen KāKi (akt.) und maKKi (pass.).

Anmerkung: Gelegentlich sind auch die Formen *nisit, nisu, nisēt* zu hören, die vor allem im Nordosten des Deltas, im Fayyūm und in der Provinz Bani Swēf heimisch sind, s. BEHNSTEDT-WOIDICH (1985) Karten Nr.187, 289.

b. Verbalstämme

Zur Bildung der Verbalstämme allgemein, s. oben 2.3.3. Die Stämme II und III der Verba tert.inf. enden im Perfekt auf *-a*, im Imperfekt auf *-i*; bei t-II, t-III jedoch durchgehend auf *-a*. Der ista-Stamm (X) zeigt im Imperfekt teils *-a*, teils *-i*. t-I, n-I und I-t haben in beiden Silben der Basis ein /i/.

II	*ṣalla, yiṣalli*	„beten“
III	*dāra, yidāri*	„verbergen“
t-I	*itrama, yitrimi*	„s. werfen“
n-I	*inšara, yinširi*	„gekauft werden“
t-II	*itʿašša, yitʿašša*	„zu Abend essen“
t-III	*itfāda, yitfāda*	„vermeiden“
ista-	*istakfa, yistakfa*	„genügen“
	istadʿa, yistadʿi	„j.den aufrufen“
	istaʿma, yistaʿma w	„j.den für blind halten“

A n m e r k u n g : Mit festem /w/ *iḥlaww, yiḥlaww* IX „süß sein, werden", das wegen der auslautenden Doppelkonsonanz der Flexion der Verba med.gem. folgt.

2.3.5.3 Verba mediae geminatae

a. Grundstamm

Die Basis der Verba med.gem. endet auf einen doppelten Konsonanten: *ḥass, yiḥiss* „fühlen"; *lamm, yilimm* „aufsammeln, zusammenpacken"; *ṣaḥḥ, yiṣaḥḥ* „korrekt sein".

Verba med.gem.

Perfekt			Imperfekt		
lamm	*lammēt*	*lammēt*	*yilimm*	*tilimm*	*alimm*
lammit	*lammēti*		*tilimm*	*tilimmi*	
lammu	*lammētu*	*lammēna*	*yilimmu*	*tilimmu*	*nilimm*
Imperativ:	*limm limmi limmu*		Partizip: (akt.)		*lāmim*
			Partizip: (pass.)		*malmūm*

Mit den Endungen *-ēt, -ēti, -ētu,-ēna* folgt das Perfekt dem a-Perfekt der Verba tert.inf. Die Partizipien dagegen folgen den starken Verben und behandeln die Doppelkonsonanz als zwei getrennte Konsonanten.

b. Verbalstämme

Der II. und der t-II Stamm werden stark gebildet und folgen hinsichtlich ihrer Vokele den starken Verben, s. 2.3.3.3.1: *ḥassis ʿala* „betasten"; *ṣaḥḥaḥ, yiṣaḥḥaḥ* „korrigieren". Einen III. Stamm gibt es nicht. Der t-Stamm zum Grundstamm folgt den üblichen Regeln: *lamm* > *itlamm* „sich versammeln"; *fakk* > *itfakk* „auseinandergenommen werden".

II	*ḥassis, yiḥassis*	„betasten"	III	–	
t-I	*itlamm, yitlamm*	„s. versammeln"	n-I	*inzall, yinzall*	„gedemütigt w."
t-II	*itmaddid, yitmaddid*	„s. ausstrecken"	t-III	–	
ista-	*ista'all, yista'ill*	„unterschätzen"			
	istaḥa'', yistaḥa''	„verdienen"			

2.3.6 Unregelmäßige Verben

Wirklich unregelmäßige Verben, die in keine der Kategorien der schwachen Verben passen, gibt es nur wenige: *xad, yāxud* „nehmen"; *kal, yākul* „essen"; *wi'iʿ, yu'aʿ* „fallen"; *wi'if, yu'af* „stehenbleiben"; *gih ~ ga, yīgi* „kommen" und *iddan, yiddan* „zum Gebet rufen"; *idda, yiddi* „geben". Die Flexionssuffixe die gleichen sind wie beim starken Verb.

2.3.6.1 Zweiradikalige Verben: *xad, yāxud* und *kal, yākul*
Die zweiradikaligen Verben *xad, yāxud* „nehmen" und *kal, yākul* „essen" flektieren das Perfekt wie die starken Verben. Im Imperfekt erhalten sie die Präfixe *yā-, tā-, nā-* anstelle von *yi-* etc.

***xad, yāxud* „nehmen"**

Perfekt			Imperfekt		
xad	*xadt*	*xadt*	*yāxud*	*tāxud*	*āxud*
xadit	*xadti*		*tāxud*	*taxdi*	
xadu	*xadtu*	*xadna*	*yaxdu*	*taxdu*	*nāxud*
Imperativ:	*xud xudi xudu*		Partizip: (akt.)		*wāxid*
			Partizip: (pass.)		*mittāxid*
			Verbalnomen:		*'axd, 'axadān*

Das aktive Partizip erhält /w/ als ersten Konsonanten: *wāxid, wākil*. Das Passiv zu *kal, xad* ist der I-t-Stamm gelängtem /t/ und langem /ā/: *ittāxid, yittāxid* „genommen werden" bzw. *ittākil, yittākil* „gegessen werden".

Anmerkung: *'akal, 'axad* anstelle von *kal* und *xad* kommt vor und wird vor allem von Christen syrisch-libanesischen Ursprungs gebraucht.

2.3.6.2 Verba primae /w/: *wi'if, yu'af* und *wi'iᶜ, yu'aᶜ*
Die Verben *wi'if* „stehenbleiben" und *wi'iᶜ* „fallen" mit /w/ als erstem Radikal folgen im Perfekt den starken Verben. Im Imperfekt und Imperativ entfällt /w/ und die Flexionspräfixe erhalten /u/ anstelle von /i/: *'ú'af* „bleib stehen!"; *yú'af* „er bleibt stehen"; *yu'aᶜ* „er fällt" etc. Daneben gibt es auch auch die a-Perfekta *wa'aᶜ* und *wa'af* bei gleichem Imperfekt. Die anderen Verben mit /w/ als erstem Radikal wie etwa *wazan, yiwzin* „wiegen" folgen dem Paradigma der starken Verben.

***wi'if, yiw'af* „stehenbleiben"**

Perfekt			Imperfekt		
wi'if	*wi'ift*	*wi'ift*	*yú'af*	*tú'af*	*á'af*
wi'fit	*wi'ifti*		*tú'af*	*tú'afi*	
wi'fu	*wi'iftu*	*wi'ifna*	*yú'afu*	*tú'afu*	*nú'af*
Imperativ:	*ú'af ú'afi ú'afu*		Partizip:(akt.)		*wā'if*
			Verbalnomen:		*wu'ūf*

2.3.6.3 *gih, yīgi* „kommen"

Das Paradigma folgt den Verba tert.inf., mit Ausnahme der 3.sg.f. *gat*, die mit *-at* eine ältere Form bewahrt. Das Imperfekt besitzt Präfixe mit Langvokal: *yīgi, āgi*.
gih ist ursprünglich eine Pausalform; an ihrer Stelle steht bei Suffigierung stets *ga-*: *ma-gāš* „er kam nicht"; *gālu* „er kam zu ihm"; *gāni* „er kam zu mir". *gum* wird vor Suffix durch *gu-* ersetzt: *ma-gūš* „sie kamen nicht".

Der Imperativ wird suppletiv von einer anderen Wurzel gebildet: *taʿāla* „komm!"; *taʿāli* f., *taʿālu* pl.

Das aktive Partizip lautet *gayy, gayya* f., *gayyīn* pl., wofür in Pausa *gāy* eintreten kann. Suffixe treten aber immer an *gayy*: *gayyílak* „ich komme zu dir". Das Verbalnomen ist *migiyy*.

gih ~ ga, yīgi „kommen"

Perfekt			Imperfekt		
gih ~ ga	*gēt*	*gēt*	*yīgi*	*tīgi*	*āgi*
gat	*gēti*		*tīgi*	*tīgi*	
gum	*gētu*	*gēna*	*yīgu*	*tīgu*	*nīgi*
Imperativ:	*taʿāla taʿāli taʿālu*		Partizip: (akt.)		*gayy*
			Verbalnomen:		*migiyy*

A n m e r k u n g : *ʾiga, ʾigat, ʾigu* mit einem prosthetischen *ʾi-* kommt vor und wird in erster Linie von Christen syrisch-libanesischer Herkunft gebraucht.

2.3.6.4 *idda, yiddi* „geben", *iddan, yiddan* „zum Gebet rufen"

Unregelmäßig an diesen beiden Verben ist die Flexionsbasis mit den Vokalen /i/ - /a/, anlautendes *i-* entfällt bei Antritt der Imperfektpräfixe.

idda, yiddi „geben"

Perfekt			Imperfekt		
idda	*iddēt*	*iddēt*	*yiddi*	*tiddi*	*addi*
iddit	*iddēti*		*tiddi*	*tiddi*	
iddu	*iddētu*	*iddēna*	*yiddu*	*tiddu*	*niddi*
Imperativ:	*iddi iddi iddu*		Partizip: (akt.)		*middi*
	hāt hāti hātu		Verbalnomen:		*middiyya*

idda, yiddi verhält sich wie die Verba tert.inf. vom II. Stamm. Neben *iddan, yiddan* kommt auch das reguläre *ʾaddin, yiʾaddin, miʾaddin* vor.

iddan, yiddan „zum Gebet rufen“

Perfekt			Imperfekt		
iddan	*iddant*	*iddant*	*yiddan*	*tiddan*	*addan*
iddanit	*iddanti*		*tiddan*	*tiddani*	
iddanu	*iddantu*	*iddanna*	*yiddanu*	*tiddanu*	*niddan*
Imperativ:	*iddan iddani iddanu*		Partizip: (akt.)		*middan*
			Verbalnomen:		*ta'dīn*

2.3.7 Das Partizip

Das Verb bildet zwei Partizipien, das aktive und das passive, die nur im Grundstamm morphologisch voneinander geschieden sind. Die Stammformen, die keine morphologische Alternation der Flexionsbasen aufweisen, kennen nur eine partizipiale Form, die je nach Stamm und syntaktischem Zusammenhang aktiv oder passiv verstanden werden kann. Das aktive Partizip ist in das Verbalsystem integriert und besitzt eine Vielzahl von Funktionen, s. Syntax 5.7.1.6. Die Flexion erfolgt mittels der nominalen Endungen *-a* für das F. und *-īn* für den Pl.

2.3.7.1 Das aktive Partizip

a. Grundstamm
Das aktive Partizip wird nach dem Schema KāKiK gebildet. Bei den Verba med.inf. tritt ein *-y-* an die Stelle des zweiten Radikals. Bei den Verba tert.inf. endet das Partizip auf *-i*, doch tritt im Fem. und im Pl. *-y-* ein: māši + a > māšiya > *mašya* f. „gehend“.

Aktives Partizip KāKiK des Grundstammes

			m.	f.	pl.	
stark	*ġasal*	>	*ġāsil*	*ġasla*	*ġaslīn*	„gewaschen habend“
	fihim	>	*fāhim*	*fahma*	*fahmīn*	„verstanden habend“
med.inf.	*nām*	>	*nāyim*	*nayma*	*naymīn*	„schlafend“
tert.inf.	*rama*	>	*rāmi*	*ramya*	*ramyīn*	„geworfen habend“
	miši	>	*māši*	*mašya*	*mašyīn*	„gehend“
med.gem.	*ḥass*	>	*ḥāsis*	*ḥassa*	*ḥassīn*	„fühlend“

Unregelmäßig sind: *gayy* (zu *gih* „kommen“) „kommend“; *wākil* (zu *kal* „essen“) „gegessen habend“; *wāxid* (zu *xad* „nehmen“) „genommen habend“.

Zustandsverben KiKiK, yiKKaK bilden regelmäßig ein Partizip der Form KaKKān:

ziʿil, yizʿal	> *zaʿlān*	„wütend“		*tiʿib, yitʿab*	>	*taʿbān*	„müde“
šiʾi, yišʾa	> *šaʾyān*	„frech“		*ʿiyi, yiʿya*	>	*ʿayyān*	„krank“

auch: *gāʿ, yigūʿ* > *gaʿān* „hungrig“ (< **gīʿān*)

Ebenso manche transitive Verben der Form KiKiK wie *kisib, yiksab* „gewinnen“ und *xisir, yixsaṛ* „verlieren“: *ʿārif ana mbāriḥ kasbān kām min ittalat waraʾāt* „weißt du, wieviel ich gestern beim Hütchenspiel gewonnen habe?“ [ST]; *yaʿni ilwaḥda xasṛāna dinyitha yibʾa ḥatixsaṛ ʾaxritha kamān* „das heißt, eine hat schon die [diesseitige] Welt verloren, dann wird sie die jenseitige auch noch verlieren“ [SP].

b. Stammformen

Die Stammformen bilden das Partizip, indem das Präfix *yi-* des Imperfekts durch *mi-* ersetzt wird. Bei transitiven Verben besitzt das Partizip sowohl aktive wie passive Bedeutung: *iḥna mbayyaḍīn ilʾōḍa ʾrayyib* „wir haben das Zimmer vor kurzem geweißelt“ und *ilʾōḍa mbayyaḍa* „das Zimmer ist geweißelt“; *inti mḥawwišālu kām* „wieviel hast du für ihn gespart?“ und *ilfilūs ilmiḥawwiša* „das ersparte Geld“; *huwwa mnazzil ilʿaddād* „er hat den Zähler angemacht [Taxi]“ und *ilʿaddād minazzil* „der Zähler ist angemacht“; *kull innās miṭaffiyya nnūr* „alle Leute haben das Licht ausgemacht“ und *innūr miṭaffiyya* „das Licht ist ausgemacht“. Das Partizip des II. Stammes kann daher bei einigen Verben für dasjenige des t-II Stammes eintreten: *mirayyiš* ~ *mitrayyiš* „gefiedert [= reich]“; *miġayyaṛ* ~ *mitġayyaṛ* „verändert“; *milaswaʿ* ~ *mitlaswaʿ* „angebrannt“; *milawwis* ~ *mitlawwis* „verschmutzt [Umwelt]“. Zum III. Stamm: *kān miṭāhir gidīd* „er war frisch beschnitten“.

Bei den n-I (VII) und I-t (VIII) Stämmen werden die Partizipien nach der obigen Regel gebildet und sind auch gebräuchlich: *yistilif* > *mistilif* „ausgeliehen habend“. Dagegen ist das Partizip des t-I Stammes im passiven Sinne wenig gebräuchlich und wird durch das passive Partizip des Grundstammes ersetzt: anstelle von *¢mitsiliʾ, ¢mitkitib, ¢mitġisil* heißt es *maslūʾ* „gekocht“, *maktūb* „geschrieben“, *maġsūl* „gewaschen“ etc. Aber *mitraṣṣ* „aufgereiht“.

Das Partizip des t-I Stammes fungiert als das passive Partizip des Grundstammes bei den Verba med.inf. maKKūK, das nicht produktiv ist: also nicht *¢mabyūʿ*, *¢mašyūl* etc., sondern *mitbāʿ* „verkauft“, *mitšāl* „entfernt, weggetragen“, *mitʾāl* „gesagt“. Vereinzelt jedoch auch *madyūn* „verschuldet“, *maryūḥ* „besessen“.

Beim IX. Stamm wird das /a/ des Imperfekts durch /i/ ersetzt und es nimmt bei Farbbezeichnungen die Bedeutung von „in die Richtung von ... gehend an“:

yiṣfaṛṛ	> *miṣfirr*	„gelblich“		*yiḥmaṛṛ*	> *miḥmirr*	„rötlich“
yizraʾʾ	> *mizriʾʾ*	„mit blauen Flecken“				

Das auslautende /-a/ der Verba tert.inf. im t-II, t-III und im ista-Stamm wird beim Partizip durch /-i/ ersetzt:

yiṭrabba	>	*miṭrabbi*	„erzogen"	*yitʿāfa*	>	*mitʿāfi*	„befreit von"
yistaġla	>	*mistaġli*	„teuer findend"	*yistanna*	>	*mistanni*	„wartend"

Partizip der Verbalstämme

II. Stamm	*yifallis*	>	*mifallis*	„bankrott"
	yiʾaggaṛ	>	*miʾaggaṛ*	„gemietet habend; gemietet"
med.inf.	*yiḥawwiš*	>	*miḥawwiš*	„gespart habend; erspart"
tert.inf.	*yiʿabbi*	>	*miʿabbi*	„gefüllt habend; gefüllt"
med.gem.	*yihabbib*	>	*mihabbib*	„versaut habend; versaut"
III. Stamm	*yisāfir*	>	*misāfir*	„auf Reise gehend; verreist"
med.inf.	*yiḥāwil*	>	*miḥāwil*	„versucht habend"
tert.inf.	*yidāri*	>	*midāri*	„verborgen habend"
IX. Stamm	*yiḥlaww*	>	*miḥliww*	„süßlich"
t-I med.inf	*yitbāʿ*	>	*mitbāʿ*	„verkauft"
t-II	*yiggawwiz*	>	*miggawwiz*	„geheiratet habend; verheiratet"
	yitʾaxxaṛ	>	*mitʾaxxaṛ*	„verspätet"
tert.inf.	*yitġaṭṭa*	>	*mitġaṭṭi*	„bedeckt"
t-III	*yitnāzil*	>	*mitnāzil*	„abgetreten"
	yittākil	>	*mittākil*	„abgenutzt"
med.inf.	*yitnāwil*	>	*mitnāwil*	„kommuniziert habend"
tert.inf.	*yiddāri*	>	*middāri*	„verborgen"
t-vierrad.	*yitnarfis*	>	*mitnarfis*	„nervös"
ista-Stamm	*yistaʿgil*	>	*mistaʿgil*	„eilig"
med.inf.	*yistiḍīf*	>	*mistiḍīf*	„als Gast aufgenommen habend"
tert.inf.	*yistaḥla*	>	*mistaḥli*	„nett findend"
med.gem	*yistaḥall*	>	*mistiḥill*	„*ḥalāl* findend"
ista-+ II. Stamm	*yistarayyaḥ*	>	*mistarayyaḥ*	„bequem"
	yistaḥamma	>	*mistaḥammi*	„gebadet"
vierradikalig	*yitaltil*	>	*mitaltil*	„aufgehäuft"

Anmerkung: In der Umgangssprache finden sich viele Partizipien, die mit *mu-* beginnen. Diese sind aus dem Harab. übernommen und stellen meist feste Begriffe dar, die nicht direkt von einem Verb des Dialekts abgeleitet sind: *muntaẓir* „wartend" neben *mintiẓir* (Substandard); *mudarris* „Lehrer"; *mubāšir* „direkt"; *mustaḥīl* „unmöglich"; *mutaʾassif* „bedauernd". Schwankend z.B. *munāsib* ~ *mināsib* „passend"; *munādi* ~ *minādi* „Parkwächter, Taxiausrufer"; *mulawwas* ~ *milawwis* „verschmutzt [Umwelt]"; *mukayyaf* ~ *mikayyif,* wobei die Variante mit *mi-* einem niedrigeren stilistischen Niveau angehört und u.U. eine andere Bedeutung hat als etwa *mikayyif* „zufriedengestellt". Es gibt auch Kompromißformen wie *mutšakkir* aus *mitšakkir* „dankbar" und dem harab. *mutašakkir.*

2.3.7.2 Das passive Partizip

Der Grundstamm des starken Verbs bildet das passive Partizip nach der Form maKKūK, die Verba tert.inf. nach maKKi, maKKiyya f., maKKiyyīn pl.:

Passives Partizip maKKūK des Grundstammes

ġasal	>	*maġsūl*	„gewaschen“	*sala'*	>	*maslū'*	„gekocht“
fihim	>	*mafhūm*	„verstanden“	*ʿirif*	>	*maʿrūf*	„bekannt“
ḥaṭṭ	>	*maḥṭūṭ*	„gelegt“	*fakk*	>	*mafkūk*	„gelockert“
'ala	>	*ma'li*	„gebraten“	*šawa*	>	*mašwi*	„gegrillt“

Bei den Verba med.inf. ist dieses Partizip nicht frei bildbar, stattdessen verwendet man das Partizip des t-I-Stammes, s. oben 2.3.4.1 d. Zum passiven Partizip der Verbalstämme s. 2.3.6.1 b.

Das passive Partizip kann auch eine Möglichkeit ausdrücken: *mašrūb* „zu trinken = trinkbar“; *mafhūm* „zu verstehen = verständlich“; *miš maʿ'ūl* „nicht zu fassen!“, s. ferner 5.7.1.6.7.

2.3.8 Das Verbalnomen (Infinitiv, *maṣdar*)

Von den Verben wird ein Verbalnomen gebildet, z.B. *fahm* „Verstehen, Verständnis“ von *fihim* „verstehen“, *isti'bāl* „Empfang“ von *ista'bal* „empfangen“. Beim Grundstamm gibt es mehrere Formen, während es bei den anderen Verbalstämmen weitgehend festliegt und vorhersagbar ist. Das Verbalnomen kann aktive und passive Bedeutung haben, z.B. *ḍarb* in *ḍarb ilḥabīb zayyi 'akl izzibīb* „geschlagen werden vom Geliebten ist wie das Essen von Rosinen“ [SPR], aktiv dagegen *iḍḍarbi fi lmayyit ḥaṛām* „auf einen Toten einschlagen ist sündhaft“ [SPR]. Zum Gebrauch s. 5.6.

2.3.8.1 Grundstamm

Zum Grundstamm gibt es eine Reihe von Formen, die sich nicht vorhersagen lassen. Nicht selten bildet ein Verb mehrere Verbalnomina. KaKK kommt am häufigsten vor. Bei den schwachen Verben ist das Verbalnomen KaKaKān in der Umgangssprache nahezu frei bildbar:

Verba med.inf.: *fāṛ, yifūr*: *fawaṛān fi ddamm* „Kochen des Blutes [= Wut]“ [MI]; *'ām, yi'ūm*: *il'awamān fi 'ayyām ilḥaṛṛi di ṣaʿbi ʿalayya* „das Aufstehen fällt mir schwer an diesen heißen Tagen“ [SB]; *ḍāʿ, yiḍīʿ*: *baʿdi ḍayaʿān iššanṭa* „nach dem Verlieren der Tasche“ [SP]; *bāt, yibāt*: *bayatān ilbanāt baṛṛa* „das Übernachten der Mädchen außerhalb des Hauses“ [ST].

Verba tert.inf.: *miši, yimši*: *mašayān ilbaṭn* „Durchfall“ [ME]; *sara, yisri*: *sarayān ilbōl* „Blasenschwäche“ [MI].

Verba med.gem.: *ġamm, yiġumm*: *ġamamān innifs* „Brechreiz“ [MI]; *fašš, yifišš*: *šibiʿ fašašān* „er ist total aufgeplatzt“ [ST].

Auch bei starken Verben: *ḥaṛa'ān ilbōl* „Brennen beim Wasserlassen“ [ME]; *ma-fīš samaʿān ikkalām* „du willst partout nicht hören!“ [ME].

Verbalnomen des Grundstammes

KaKK	*fatḥ (fataḥ)* „Öffnen"	*'aṭ' ('aṭa')* „Schneiden"	*mask (misik)* „Nehmen"
KiKK	*diḥk (diḥik)* „Lachen"	*siḥr (saḥar)* „Zaubern"	*libs (libis)* „Anziehen"
KiKKa	*xidma (xadam)* „Dienen"	*sir'a (sara')* „Stehlen"	
KiKKiyya	*xissiyya (xass)* „Abmagern"	*xiṣṣiyya (xaṣṣ)* „Aussondern"	
KuKK	*šuṛb (širib)* „Trinken"	*ḥubb (ḥabb)* „lieben"	*sukr (sikir)* „Trunkenheit"
KaKaK	*ta'ab (ti'ib)* „Ermüden"	*'ama ('imi)* „Blindsein"	*'amal ('amal)* „Tun"
KaKaKān	*bayatān (bāt)* „Übernachten"	*xašašān (xašš)* „Eintreten"	*ġalayān (ġili)* „Teuerung"
KaKāK	*samā' (simi')* „Hören"	*samāḥ (samaḥ)* „Erlauben"	*xaṛāb (xirib)* „Verderben"
KaKāKa	*ṭarāwa (ṭiri)* „Kühlsein"	*salāma (silim)* „Heilsein"	*ġaṛāma (ġirim)* „Strafzahlung"
KaKīK	*ġasīl (ġasal)* „Waschen"	*ṭabīx (ṭabax)* „Kochen"	*xabīz (xabaz)* „Backen"
KiKāK	*dirās (daras)* „Dreschen"	*xidā' (xada')* „Betrügen"	*ḥisāb (ḥasab)* „Rechnen"
KiKāKa	*kitāba (katab)* „Schreiben"	*'iṛāya ('aṛa)* „Lesen"	*ziyāṛa (zāṛ)* „Besuchen"
KiKīK	*silī' (sala')* „Kochen"	*sirīx (sarax)* „Schreien"	
KuKāK	*'u'ād ('a'ad)* „Sitzen"	*su'āl (sa'al)* „Fragen"	*sukāt (sikit)* „Schweigen"
KuKāKa	*xusāṛa (xisir)* „Verlieren"		
KuKūK	*rugū' (rigi')* „Zurückkehren"	*duxūl (daxal)* „Eintreten"	*nuzūl (nizil)* „hinabsteigen"

Abweichend sind die mit einem *mi*-Präfix gebildeten *migiyy* von *gih, yīgi* „kommen" und *miṛwāḥ* von *ṛāḥ, yirūḥ* „weggehen".

2.3.8.2 Verbalstämme

Die Verbalstämme bilden das Verbalnomen regelmäßig und verfügen nur über ein oder zwei Schemata. Für die Verbalnomina der t-Stämme treten die der einfachen Stämme ein, die damit eine aktive oder reflexiv-passive Bedeutung besitzen können.

Bei denominalen Verben kann das Ausgangsnomen als Verbalnomen dienen: *'iyāṭ* „Weinen" (*'ayyaṭ*), *safaṛ* „Reise" (*sāfir*), *šuġl* „Arbeit" (*ištaġal*). In einigen Fällen gehört ein Verbalnomen des Grundstammes zu einer Stammform: *šira* (zu

I-t *ištara*) „Kauf", *kalām* (zu t-II *ikkallim*) „Sprechen", *dirāwa* „Dreschen" (zu II *darra, yidarri* „dreschen").

Verbalnomen der Stammformen II, III und t-II, t-III

II und t-II:	taKKīK	*tašḥīm (šaḥḥam)* „Abschmieren"	*tanḍīf (naḍḍaf)* „Säuberung"
		taʾxīr (itʾaxxaṛ) „Verspätung"	*takrīʿ (itkaṛṛaʿ)* „Rülpsen"
III und t-III:	miKaKKa	*miḥawla (ḥāwil)* „Versuch"	*miḥasba (ḥāsib)* „Abrechnung"
		mitawba (ittāwib) „Gähnen"	*midariyya (dāra)* „Verbergen"
	KiKāK	*sibāʾ (sābiʾ)* „Wettlaufen"	*xiṣām (xāṣim)* „Schneiden"

Bei mehr harab. getönten Wörtern ist auch muKaKKa gebräuchlich: *mišarka* ~ *mušarka* „Teilnahme"; *musaʿda* „Hilfe". Direkt aus dem Harab. entlehnte Verbalnomen mit konkreter Bedeutung behalten *mu-*: *mugamla* „das Kompliment" – *migamla* „das Komplimentemachen"; *muḥasba* „Buchhaltung" – *miḥasba* „das Abrechnen". Bei Verba tert.inf. enden die Verbalnomina des II. und die des III. Stammes auf *-iyya*.

Verbalnomen der Stammformen n-I, I-t, IX, ista-Stamm

n-I (VII):	inKikāK	*inbiṣāṭ* (*inbaṣaṭ*) „Freude"	*inšikāḥ* (*inšakaḥ*) „Freude"
I-t (VIII):	iKtiKāK	*iʿtiẓāṛ* (*iʿtaẓaṛ*) „Entschuldigen"	*intiẓār* (*intaẓar*) „Warten"
		ittiṣāl (*ittaṣal*) „Kontaktieren"	*ištiha* (*ištaha*) „Appetit haben"
IX	iKKiKāK	*iḥmiṛāṛ* (*iḥmaṛṛ*) „Rötung"	*ismiṛāṛ* (*ismaṛṛ*) „Bräunung"
ista-	istiKKāK	*istiḥmāl* (*istaḥmil*) „Ertragen"	*istixdām* (*istaxdam*) „Gebrauchen"
		istīfa (*istawfa*) „Einfüllen"	*istiʿfa* (*istaʿfa*) „Rücktritt"

Die Stammformen n-I (VII) I-t (VIII) und IX sowie der ista-Stamm, bilden ebenfalls ein Verbalnomen, das mit dem des Harab. identisch ist: Es endet auf die Silbe -KāK, bei Verba tert inf. auf -Ka, wobei der Akzent auf der vorletzten Silbe liegt.

2.3.8.3 Vierradikalige Verben

Vierradikalige Verben bilden ein Verbalnomen der Form KaKKaKa: *narfasa* „Nervosität"(zu *narfis* „nervös machen"), *laxbaṭa* „Verwirrung" (zu *laxbaṭ* „verwirren"). Vom t-Stamm wird auch tiKaKKīK gebildet: *tilaxbīṭ* ~ *laxbaṭa*, *tisaflīt* ~ *saflata* „Asphaltieren, Asphaltiertwerden". Beide Formen kommen nebeneinander vor: *'awwil iṛṛa'ṣi ḥangala* ~ *tiḥangīl* „zu Anfang des Tanzens hüpft man auf einem Bein [= aller Anfang ist schwer]" [SPR].

Verbalnomen der vierradikaligen Verben

KaKKaKa	*dardaša* (*dardiš*) „Geplauder"	*tarya'a* (*ittarya'*) „Gespött"
tiKaKKīK	*tiḥangīl* (*itḥangil*) „Hüpfen"	*tišaxlīʿ* (*itšaxliʿ*) „Klimpern"

2.3.9 Nomen vicis

Für die einmalige Aktion findet sich ein Nomen der Form KaKKa, seltener KiKKa. Es kann oft nicht vom Verbalnomen KaKK abgeleitet werden und stellt somit eine selbständige Nominalform dar. Teilweise besitzen diese Nomina konkrete Bedeutung: *ḍarba (ḍarb)* „ein Schlag"; *šēla* (*šēl*) „ein Aufwasch (Transport]"; *šōṭa* (*šōṭ*) „ein Schuß"; *labsa* (*libs*) „ein Anziehen"; *šaṛba* (*šuṛb*) „ein Schluck"; *šaṛwa* (*šira*) „ein Kauf"; *'aʿda* (*'uʿād*) „ein Beisammensein"; *ġalṭa* (*ġalaṭ*) „ein Fehler [einmal Irren]"; *saʿla* ~ *siʿla* (*suʿāl*) „einmal Husten"; *ḥisba* (*ḥisāb*) „eine Abrechnung". Seltener wird es mittels der Femininendung *-a* vom Verbalnomen abgeleitet: *diḥka* „ein Lachen" (< *diḥk*); *mirwāḥa* „ein Gang [z.B. auf ein Amt]"; *migiyya* „ein Kommen" (< *migiyy*), neben *gayya*.

Bei den Stammformen wird das nom.vic. mittels der Femininendung *-a* gebildet: *takrīʿa* „ein Rülpser"; *tanhīda* „ein Seufzer"; *taxrīma* „eine Abkürzung"; *taṣbīra* „ein Geduldshäppchen, Imbiß"; *taškīla* „ein Sortiment"; *ta'yīla* „eine Mittagsrast"; *ingirāṛa* „eine Anschreibeschuld".

Ebenso bei den vierradikaligen Verben: *tiṣanfīra* „ein Schmirgeln", daneben auch *ṣanfara*.

2.4 Nomen

2.4.1 Allgemeines

Die Nomina umfassen Substantive und Adjektive. Sie können in Schemata und Wurzeln zerlegt werden; viele dieser Schemata können beide Wortarten formen. Wir unterscheiden einfache Nominalformen, die aus Schema und Wurzel gebildet sind, und komplexe Nominalformen, die aus einer einfachen Form und einem Prä- oder Postformativ bestehen. Ausnahmen bilden nicht arabisierte Lehnwörter sowie eine kleine Zahl nicht analysierbarer, zweiradikaliger Wörter: *sana* „Jahr“; *mar̤a* „Weib“. Nicht wenige dieser Schemata sind produktiv und dienen zur Bildung neuer Nomina.

2.4.2 Nominalschemata

2.4.2.1 Dreiradikalige Wurzeln

2.4.2.1.1 Einsilbig

KvKK

KaKK
Konkreta: *ʿamm* „Onkel“; *r̤aff* „Regal“; *r̤axw* „Peitschenschnur“; *r̤aml* „Sand“; *šaʾf* „Scherben“; *šaḥm* „Fett“; *baṭn* „Bauch“; *waḥš* „Bestie“
Abstrakta: *bard* „Kälte“; *šaḥḥ* „Mangel“; *ʿarḍ* „Breite“
Adjektive: *ḍaxm* „gewaltig groß“; *sahl* „einfach“; *ṣaʿb* „schwierig“; *r̤axw* „schlaff“
Kollektiva: *baʾʾ* „Wanzen“; *kaḥk* „Kuchen“; *naml* „Ameisen“
Verbalnomen: *rabṭ* „Festbinden“; *šar̤r̤* „Tröpfeln“; *šēl* „Tragen“; *mašy* „Laufen“

KiKK
Konkreta: *bizz* „Busen“; *mišṭ* „Kamm“; *nims* „Ichneumon“; *lift* „Steckrüben“; *ḥiml* „Last“; *gidy* „Böcklein“; *dirs* „Backenzahn“; *fīl* „Elefant“
Abstrakta: *ġiwṭ* „Tiefe“; *kidb* „Lügen“; *ʿilw* „Höhe“
Adjektive: *ḥilw* „süß“; *rixw* „schlaff“
Kollektiva: *rīš* „Federn“; *ʿitt* „Motten“; *sinn* „Schneidezähne“
Verbalnomen: *kisb* „Verdienen“; *liʿb* „Spielen“; *diḥk* „Lachen“
Bruchzahl: *tilt* „Drittel“

KuKK
Konkreta: *luġd* „Doppelkinn“; *ḍufr* „Fingernagel“; *muxx* „Gehirn“; *burš* „Matte“; *šuġl* „Arbeit“; *xurg* „Satteltasche“; *fūl* „Saubohnen“
Abstrakta: *sumk* „Dicke“; *kutr* „Menge“; *kubr* „Größe“; *ʾuṣr* „Kürze“; *ʾurb* „Nähe“
Adjektive: *suxn* „heiß“; *ṣulb* „fest“; *mur̤r̤* „bitter“
Verbalnomen: *šur̤b* „Trinken“; *tuxn* „Fettwerden“; *ġulb* „Leiden“; *šukr* „Danken“
Bruchzahlen: *rubʿ* „Viertel“; *xums* „Fünftel“

KvK

KāK (von Wurzeln med.inf.; entspricht KaKaK oder KaKK)
Konkreta: *bāṭ* „Achsel“; *fāṛ* „Maus“; *fās* „Hacke“; *tāṛ* „Blutrache“; *ṛās* „Kopf“; *nāb* „Eckzahn“

KēK (von Wurzeln med. y; entspricht KaKK)
Konkreta: *bēt* „Haus“; *sēl* „Sturzbach“; *sēr* „Riemen“
Verbalnomen: *bēʿ* „Verkauf“; *mēl* „Neigung“

KīK (von Wurzeln med. w oder y; entspricht KiKK)
Konkreta: *fīl* „Elefant“; *bīr* „Brunnen“; *gīr* „Kalk“

KōK (von Wurzeln med. /w/; entspricht KaKK)
Konkreta: *tōm* „Knoblauch“; *yōm* „Tag“; *kōm* „Haufen“; *mōt* „Tod“; *nōl* „Webstuhl“
Verbalnomen: *bōs* „Küssen“; *ʾōl* „Sagen“; *nōm* „Schlafen“

KūK (von Wurzeln med. /w/; entspricht KuKK)
Konkreta: *nūr* „Licht“; *mūs* „Rasierklinge“
Abstrakta: *ṭūl* „Länge“
Kollektiva: *dūd* „Würmer“; *fūl* „Saubohnen“

2.4.2.1.2 Zweisilbig

KvKv (von Wurzeln tert.inf.)

KaKa (entspricht KaKaK oder KaKāK)
Konkreta: *dawa* „Medizin“; *ṛaxa* „Fülle“; *ġaṭa* „Deckel“; *sama* „Himmel“

KaKi (entspricht KaKīK)
Konkreta: *nabi* „Prophet“; *ṣabi* „Lehrling“;
Adjektive: *šaʾi* „frech“; *ġani* „reich“; *zaki* „intelligent“

KiKa (entspricht KiKāK)
Konkreta: *kila* „Niere“; *misa* „Abend“; *šifa* „Heilung“; *šira* „Kauf“

KiKi (entspricht KiKīK)
Konkreta: *fiʾi* „islamischer Geistlicher“ (**faqīh*)

KuKa (entspricht KuKāK)
Konkreta: *duṛa* „Hirse“
Verbalnomen: *buka* „Weinen“; *ġuna* „Gesang“; *buna* „Bauen“

KvKvK

KaKaK

Konkreta: *sabat* „Korb“; *šanab* „Schnurrbart“; *bakaš* „Bluff, Trick“; *mara᾿* „Bouillon“

Abstrakta: *taʿab* „Anstrengung“; *šabah* „Ähnlichkeit“; *ṭaraš* „Taubheit“; *šawal* „Linkshändigkeit“; *kasal* „Faulheit“

Kollektiva: *samak* „Fische“; *šagaṛ* „Bäume“; *zaʿaf* „Palmwedel“; *ġagaṛ* „Zigeuner“

Verbalnomen: *wagaʿ* „Schmerz“; *ġara᾿* „Untergehen“; *šabaʿ* „Sattwerden“

KiKiK

Adjektive (oft unangenehme Eigenschaften): *bigiḥ* „unverschämt“; *kiliḥ* „dickfellig“; *ġitit* „unausstehlich“; *wiḥiš* „schlecht“ *wisix* „schmutzig“; *zinix* „ranzig“; *miziz* „sauer“. Andererseits: *širiḥ* „offenherzig“; *mirin* „biegsam“; *riṭib* „feucht“

KiKaK

Konkreta: *ʿinab* „Trauben“ (einziges Beispiel)

KuKaK

Konkreta: *ruṭab* „weiche Frühdatteln“

Adjektive: *buṛam* „aalglatt“; *šukal* „streitsüchtig“

KuKuK

Konkreta: *šukuk* „Kredit, Anschreiben“

Adjektive: *šuruk* „untauglich“

KvKv̄K

KaKāK

Konkreta: *gaṛād* „Heuschrecke“; *faṛāš* „Schmetterlinge“; *ṣafār* „Eidotter“; *šaṛār* „Funken“

Abstrakta: *gamāl* „Schönheit“; *ṭašāš* „Schwachsichtigkeit“; *tamām* „Vollständigkeit“

KaKīK (bei hinteren Konsonanten) ~ **KiKīK** (bei vorderen Konsonanten)

Konkreta: *raṣīf* „Bahnsteig“; *ġasīl* „schmutzige Wäsche“; *ġafīr* „Wächter“; *šiʿīr* „Gerste“

Adjektive: *baṣīṭ* „einfach“; *ġawīṭ* „tief“; *᾿abīḥ* „häßlich“; *kitīr* „viel“; *ti᾿īl* „schwer“; *ša᾿i* „frech“; *ġabi* „dumm“

Verbalnomen zum Grundstamm: *ġasīl* „Waschen“; *ṭabīx* „Kochen“; *wiṭiww* „Niedrigwerden“. Geräusche: *šaxīr* „Schnarchen“; *ṛanīn* „Klingeln“; *ziʿī᾿* „Schreien“; *xarīr* „Gluckern“

Bei med.inf. KayyiK: *layyin* „biegsam; weich“; *rayyis* „Chef“; *mayyit* „tot“; *dayyi᾿* ~ *dayya᾿* „eng“; *ʿayyil* „Kind“

KaKūK

Konkreta: *kalūḥ* „abgenagter Maiskolben"; *magūr* „Backtrog"; *saṭūr* „Hackbeil"
Adjektive: *ṣabūr* „geduldig"; *šafūʾ* „mitleidig"; *bašūš* „freundlich"; *ġatūt* „unausstehlich"; *faxūṛ bi* „stolz auf"; *fašūš* „nutzlos"
Instrumente: *šakūš* „Hammer"; *kanūn* „Ofen"; *šaṭūr* „Fleischermesser"; *ṭalūš* „Maurerkelle"; *gaṛūf* „Schaufel"; *fatūl* „Tampon"; *gadūn* „Fahrradlenker" (frz. guidon)

KiKāK

Konkreta: *dirāʿ* „Arm"; *ginVāḥ* „Flügel"; *šiwāṛ* „Aussteuer"
Gebrauchsgegenstände: *birām* „irdener Tiegel"; *ligām* „Zügel"; *liṭām* „Schleier"; *liḥāf* „Bettdecke"; *šināf* „Nasenring"; *zimām* „Zügel"; *šiwāl* „Sack"; *šiṛāʿ* „Segel"; *ġilāf* „Hülle"; *zināʾ* „Halsband [Pferd]"; *libās* „Unterhose"; *libān* „Kaugummi"
Infinitif I: *ṣiyām* „Fasten"; *ʾiyām* „Aufstehen"; *šiyāṭ* „Anbrennen"; *ʿiyāṭ* „Weinen"; *fiṭām* „Entwöhnen"
Infinitif III. Stamm: *difāʿ* „Verteidigung"; *xināʾ* „Streiten"; *fiṣāl* „Feilschen"
Abfälle, Überbleibsel: *tifāf* „Spucke"; *rikāz* „Rest"; *hibāb* „Ruß"; *fišāṛ* „Popcorn"

KiKēK

Diminutiva: *ʾilēb* „Herzchen"; *binayy* „Bübchen" (Frauensprache); *abu flēḥ* „Bauerntölpel"

KuKāK

Konkreta: *ḥumāṛ* „Esel"; *tuṛāb* „Staub"; *duxān* „Rauch"; *ruxām* „Marmor"; *ruṣāṣ* „Blei"; *buṣāṭ* „Teppich"; *zuṛāṛ* „Knopf"
Adjektive: *šugāʿ* „tapfer"
Krankheiten: *zukām* „Schnupfen"; *kusāḥ* „Rachitis"; *ṭurāš* „Kotzen"
Abfälle: *šuxāx* „Pisse; Scheiße"; *ṛumād* „Asche"; *ʿufāṛ* „Staub"; *suxām* „Ohrenschmalz"; *ʿumāṣ* „Augenschmiere"; *muxāṭ* „Schleim"; *luʿāb* „Speichel"
Verbalnomen: *ʾuʿād* „Sitzen"; *rubāṭ* „Festbinden"; *sukāt* „Schweigen"

KuKūK ~ KiKūK

Abstrakta: *burūd* „Unverschämtheit, Frigidität"; *luzūm ~ lizūm* „Notwendigkeit"; *xuluww ~ xiluww ~ xiliww* „Freiheit"
Verbalnomen: *rugūʿ* „Rückkehr"; *šuʿūr* „Fühlen"; *wuḍuww ~ wiḍuww* „Waschung"; *xurūg* „Ausgang"; *ṭulūʿ* „Aufstieg"; *nuzūl* „Abstieg"; *ġurūb* „Untergang"; *duxūl* „Eintritt"; *wuʾūf* „Stehen"; *wuʾūʿ* „Fallen"; *wuṣūl* „Ankunft"; *sukūt ~ sikūt* „Stille"; *ġuluww ~ ġiluww ~ ġiliww* „Teuerung"; *rukūb* „Fahren"

KuKēK

Diminutiva: *ʾulēb* „Herzchen"; *abu kuʿēb* „Mumps"; *muxēṭ* „Brustbeere"
Sekundäre Angleichung eines Lehnworts: *burēk* „ein Gebäck" (türkisch *börek*); *šurēk* „eine Art Gebäck" (türkisch *çörek*); *rubēr* „Maßstab" (frz. repère); *bunē(h)* „Badekappe" (frz. bonnet)

KvKvKK

KaKaKK
Lehnwörter: *balakk* „Teer"

KaKiKK
Lehnwörter: *kawirk* „roh, ungeschliffen [Rekrut]" (türkisch?)

KiKiKK(a)
Abwertend: *fišill* „Fettkloß"; *tirill* „Blödmann"; *giʿirr* „Strolch, Niete"; *hitirra* „lang, dumm und wertlos"
Lehnwörter: *sigill* „Register"

KuKuKK
Abwertend: *buruṭṭ* „träge"; *duhull* „doof"; *suhunn* „hinterhältig"
Lehnwörter: *kulubb* „Gaslampe"

Kv̄KvK

KāKaK
ʿālam „Welt; Menschen [f.!]"

KāKiK
Akt.part. > Adjektive: *ġāli* „teuer"; *ġāmiʾ* „dunkel"; *šāṭir* „klug"; *māsix* „fade"; *wāsiʿ* „weit, breit"
Ordinalzahlwörter: *xāmis* „fünfter"; *tāni* „zweiter"
Konkreta: *kāriʿ* „Kamelfuß"; *šārib* „Schnurrbart"; *ṛāmix* „unreife Datteln"; *xātim* „Siegelring"

KīKiK
Konkreta: *sīrig* „Ölpresse"

KēKaK
Konkreta: *mētam* „Totenfeier"

KōKaK
Konkreta: *rōšan* „Oberlicht"

KūKiK
tūnis „Krugseil [Schöpfrad]"; *mūlid* „Heiligenfest"

KvKKa

KaKKa
Konkreta: *badla* „Anzug"; *kabša* „Schöpflöffel"; *šaṭṭa* „roter Pfeffer"

nom.vic.: *šarwa* „ein Kauf"; *ġasla* „eine Waschung"; *rakba* „ein Ritt"
Berufe: *sa''a* „Wasserträger"; *banna* „Baumeister" (nur tert.inf. = KaKKāK)
f. zu aKKaK (Farben): *samra* < *asmar* „braun"; *ṭarša* „taub"; *sōda* „schwarz"
Ort: *šamsa* „Sonnenplätzchen"; *ramla* „Sandplatz"

KiKKa

Konkreta: *birka* „Teich"; *'irfa* „Zimt"; *'idra* „Wasserkrug"; *šilla* „Clique"; *'irba* „Wassersack"; *fišša* „(Tier-)Lunge "; *šiffa* „Lippe"; *rimma* „Aas"
Abstrakta: *timma* „Vollständigkeit"; *rība* „Zweifel"; *ḥisba* „Kalkulation"
nom.vic.: *kidba* „eine Lüge" (*kidb*); *diḥka* „ein Lachen" (*diḥk*)
nom.un.: *rīša* „Feder"; *rimša* „ein Wimpernhaar"

KuKKa

Konkreta: *rukba* „Knie"; *'ulla* „Wasserkrug"; *'ubba* „Kuppel"
Abstrakta: *ġurba* „Fremde"; *'udra* „Können"
Diminutiva (klein, zusammengeballt, minderwertig): *bu'ʿa* „Fleck"; *kusba* „Öl-kuchen"; *kubba* „Klumpen"; *'urma* „Holzklotz"; *kudya* „buschige Pflanze"; *kutla* „Block"; *zu'la* „Knüppel"; *ru'ʿa* „Flicken"; *luṭʿa* „Häufchen [z.B. Insekteneier]"; *kuxxa* „schmutzig"; *kuḥla* „Mörtel"; *lukša* „verkümmerte Melone"; *lu'ma* „Brocken"; *muzza* „Mädchen" (Jugendslang < *mazmazēl* „Fräulein, Serviererin")

KvKKvK

KaKKiK (von med.inf. Wurzeln; entspricht KaKīK)
Adjektive: *dayyi'* „eng"; *layyin* „weich"; *mayyit* „tot"

KiKKiK

Konkreta: *sillim* „Treppe"; *dimmil* „Abszeß"; *'innib* „Hanf"

KuKKuK

Konkreta: *ḥummuṣ* „Kichererbsen"; *'urṭum* „Färberdistel"; *'ummuṣ* „Erzpriester"

KuKKaK

Konkreta: *sukkar* „Zucker"
Adjektive: *kummal* „wohlerzogen"

KvKKv̄K

KaKKāK

Berufe: *ba''āl* „Krämer"; *labbān* „Milchmann"; *farrāš* „Bürobote"; *ʿaṭṭār* „Gewürzhändler"; *ṭabbāx* „Koch"; *gazzār* „Metzger"; *zabbāl* „Müllmann"; *wannāš* „Kranführer"; *zammār* „*zummāra*-Spieler"; *rabbāb* „Geigenspieler"

Intensiva: *lattāt* „schwatzhaft"; *šakkāy* „klagesüchtig"; *nassāy* „vergeßlich"; *zannān* „quenglerisch"; *ḥaššāš* „Haschischraucher"; *ġaššāš* „Betrüger"; *ġaṭṭās* „Taucher"; *šaxxāx* „ein frequenter Bettnässer"
Adjektive (intensiv): *ṭammāᶜ* „habgierig"; *makkāṛ* „schlau"; *baṭṭāl* „schlecht"; *lazzāʾ* „klebend"; *kaddāb* „verlogen"; *šaffāf* „durchsichtig"; *fawwāṛ* „sprudelnd"
Instrumente: *raʾʾāṣ* „Pendel"; *xallāṭ* „Mixer"; *saxxān* „Durchlauferhitzer"; *raddāx* „Benzinpumpe"; *raffāṣ* „Motorboot"

KaKKīK
Konkreta: *baṭṭīx* „Melonen"; *zarrīᶜ* „Setzling"
Intensiva: *kayyīf* „Liebhaber"; *šarrīb* „Säufer"; *hattīf* „Fan"; *laᶜᶜīb* „guter Spieler"; *ḥarrīf* „Kenner"; *šawwīṭ* „Torjäger"; *yammīk* „Freßsack". Adjektive: *fayyīs* „verschwenderisch"; *lammīᶜ* „glänzend"; *labbīs* „elegant"; *fahhīm* „scharfsinnig"

KaKKōK
Lehnwörter: *žambōn* „Schinken"; *ballōn* „Ballon"

KaKKūK
Instrument: *makkūk* „Weberschiffchen"; *dabbūs* „Büroklammer"; und daran angeglichen *kabbūt* „Kondom" (frz. capote)
Konkreta: *kammūn* „Kümmel"; *dabbūr* „Hornisse"
Abfälle, Minderwertiges: *ʾallūṭ* „Scheißhaufen"; *šallūt* „Fußtritt"; *gaᶜlūṣ* „dickwanstig"
Diminutiva: *binti bannūt* „ein feines Mädchen"; *zaġlūl* „Vogeljunges"
Intensiv: *wallūd* „clever"; *ballūši* „umsonst"

KiKKāK
Konkreta: *bittāw* „Dura-Brot"; *kittān* „Flachs"; *libbād* „Filz"; *šibbāk* „Fenster"; *dibbān* „Fliegen"

KiKKēK
Pflanzen: *libbēn* „Wilder Lattich"; *gimmēz* „Sykomore"

KiKKīK
Adjektive: *širrīr* „böse". Konkreta: *sikkīna* „Messer"

KuKKāK
Pflanzen: *kuṛṛāt* „Lauch"; *rummān* „Granatäpfel"; *tuffāḥ* „Äpfel"; *ḥummāḍ* „Sauerampfer"
Konkreta: *šuṛṛāb* „Troddeln"; *tuʾʾāl* „Gegengewicht"; *dukkān* „Laden"; *xuṛṛāg* „Abszeß"

KuKKēK

Pflanzen: *ḥummēḍ* „Sauerampfer"; *zummēr* „Wilder Hafer"; *ḥurrē'* „Brennessel"; *šubbēṭ* „Spitzklette"; *'ullē'* „Ackerwinde"; *suwwēd* „Falsches Gänseblümchen"; *ṣubbēr* „Indische Feige"; *duḥrēg* „Wicke"
Minderwertiges: *lukkēm* „Mumps"; *kuttēt* „Schwänzer"; *ruṭrēṭ* „Morast"

2.4.2.1.3 Dreisilbig

KvKvKv

KaKaKa

Konkreta: *šabaka* „Netz"; *ra'aba* „Hals"; *kanaka* „Kaffeekännchen"; *bakaṛa* „Spule"; *'ataba* „Schwelle"
Abstrakta: *ġalaba* „Unannehmlichkeit"; *zaxama* „Gestank"; *laka'a* „Trödelei"; *malaka* „Fähigkeit"; *baṛaka* „Segen"

KaKaKa

Adjektive: *ṣaḥafi* „journalistisch, Journalist"

KiKaKi

Adjektive, meist negative Eigenschaften von Personen: *biṭani* „gefräßig"; *lika'i* ~ *luka'i* „trödelig"; *li'abi* „leichtfertig"; *widani* „klatschmäulig"; *ġišaši* „betrügerisch"; *nimaki* „heikel"; *ḥiyali* „trickreich"; *siwa'i* „vulgär"; *ni'ari* „nörglerisch"

KuKaKi

Adjektive, meist negative Eigenschaften von Personen: *šukali* „streitsüchtig"; *nukati* „witzig"; *fuḍaḥi* „skandalös"; *šuḍali* „streitsüchtig"; *kusali* „faul"; *kunazi* „geizig"; *nu'ari* „nörglerisch"
Beruf: *ḥuṣari* „Mattenflechter"; *tuṛabi* „Totengräber"

KvKv̄Kv

KaKāKa

Konkreta: *faṛāša* „Schmetterling"
Abstrakta zu Adjektiven: *bagāḥa* „Unverschämtheit";*ġalāwa* „Teuerung";*'abāḥa* „Obszönität"; *ġabāwa* „Dummheit"; *nadāma* „Bedauern"

KaKāKi

zabādi „Joghurt"; *šarā'i* „unbewässert"

KaKīKa ~ KiKīKa:

Konkreta: *marīna* „Balken"; *zikība* „Sack"; *wi'iyya* „Unze"
Passivisch: *rimiyya* „Auswurf [Person]"; *ġaliyya* „Kochwäsche"
Verbalnomen: *taniyya* „Beugen"; *riwiyya* „Bewässerung"

KaKūKa

bakūṛa „erstes Produkt"; *šabūṛa* „Bug"
Instrument: *ṭaḥūna* „Mühle"; *kafūla* „Windel"; *raʾūba* „Gipsei"; *baṛūka* „Glücksbringer"; *ṣamūla* „Schraubenmutter"; *baṛūda* „Gewehr"

KiKāKa

Konkreta: *biṭāʾa* „Ausweis"; *wiʿāya* „Kochtopf"
Abfälle, Überbleibsel: *tifāfa* „Spucke"; *hibāba* „Rußfleck"; *biṛāda* ~ *buṛāda* „Feilspäne"; *miṣāṣa* „Ausgelutschtes"; *biṭāna* „Futter [Kleider]"; *zibāla* „Müll"
Abstrakta: *dirāya* „Wissen, Erfahrung"; *ziyāda* „Zunehmen"; *šiyāka* „Chic"
Berufe: *xirāṭa* „Drechslerhandwerk"; *nigāṛa* „Zimmermannshandwerk"; *dibāġa* „Färberhandwerk"; *šiḥāta* „Betteln"
Verbalnomen: *rimāḥa* „Galoppieren"; *rimāya* „Schießsport"; *riḍāʿa* „Säugen"; *ziyāṛa* „Besuchen"; *ṣiyāʿa* „Herumlungern"

KiKēKa

Diminutiva: *ʾiṭēṭa* „Kätzchen"; *ḥitēta* „Stückchen"; *biḥēra* „See"; *ginēna* „Garten"; *šiṭēṭa* „Pfeffersoße"; *binayya* „Mädchen"; *šinēṭa* „Schlinge"; *ġiwēša* „Armreif"; *ḥilēwa* „süßer Junge"
Pflanzen: *dinēba* „eine Grasart"; *zifēta* „gelber Oleander"; *šiṭēṭa* „Vogelpfeffer"
Tiernamen: *abu dnēba* „Kaulquappe"; *ṭirēša* ~ *ṭurēša* „Hornviper"

KiKēKi

Nisba vom Diminutiv: *biṭēni* „Vielfraß, Freßsack"; *widēni* „klatschmäulig"; *sidēri* „Weste"

KuKāKa

Abstrakta: *xusāṛa* „Verlust"; *xuṛāfa* „Aberglauben"
Abfälle, Minderwertiges: *kunāsa* „Kehricht"; *nušāṛa* „Sägemehl"; *fuṛāka* „Abrieb"; *buṛāda* "Feilspäne"; *šuʾāfa* „Scherben"; *ruṭāna* „Kauderwelsch (Nubisch)"

KuKēKa

kubēba „Hackfleischbällchen"; *kurēša* „Kreppapier"; *buḥēra* „See"

KuKēKi

gudēri „Pocken"

KuKūKa ~ KiKūKa

Konkreta: *rukūba* „Reittier"; *milūḥa* „Salzfische"; *filūka* „Nilboot"
Abstrakta: *burūda* „Kälte, Frigidität"; *ruṭūba* „Feuchtigkeit"; *ʿuzūma* „Einladung"; *liyūna* „Weichheit, Flexibilität"; *ṣuʿūba* „Schwierigkeit"
Verbalnomen (nom.vic.): *xurūga* „ein Ausgang"

KvKayyvK

KuKayyiK ~ KiKayyiK
Adjektive: *rixayyiṣ* „billig“; *kuwayyis* „gut“; *ʾulayyil* „wenig“; *ḥinayyin* „zärtlich“; *xifayyif* „leicht“; *ruhayyif* „zart, sensibel“; *ruʾayyaʾ* „dünn, fein“; *ṣuġayyaṛ* „klein“; *ʾuṣayyaṛ* „kurz“
Diminutiva: *wulayyid* „Junge“; *ġuṛayyiba* „Butterkeks“; *šuwayya* ~ *šiwayya* „ein wenig“

KvKvKKv

KuKuKKa ~ KaKuKKa ~ KaKuKKi
Abwertend: *ẓuġuṭṭa* „Schluckauf“; *zamukka* „Bürzel, Schwanzwurzel [Pferd]“; *habulli* „einfältig“
Lehnwörter: *šukubba* „Besen [nautisch]“; *rikutta* „ital. Weißkäse, Ricotta“

KvKKvKv

KiKKiKa
Konkreta: *sillima* „Stufe“

KvKKv̄Kv

KaKKāKa
Instrumente: *baxxāxa* „Zerstäuber“; *kammāša* „Zange“; *barrāya* „Bleistiftspitzer“; *bazzāza* „Babyflasche“; *wallāʿa* „Feuerzeug“; *šaffāṭa* „Trinkhalm“; *fallāya* „Läusekamm“; *faṛṛāza* „Zentrifuge“
Intensiva: *wallāda* „viel gebärend“; *raʿʿāša* „Malaria“
Ort, wo etwas ist oder wo man etwas tut: *ballāʿa* „Ausguß“; *maššāya* „Läufer“; *fawwāṭa* „Handtuchhalter“; *ġarrāya* „Leimtopf“; *ṣabbāna* „Seifenspender“; *labbāna* „Milchkanne“; *baddāṛa* „Puderdose“; *mallāḥa* „Salzfaß“

KaKKāKi
Adjektive: *kaʿʿābi* „zu Fuß“; *ḥammāri* „auf dem Esel“; *gammāli* „auf dem Kamel“; *labbāni* „noch saugend“; *šayyāli* „tragbar“; *xaṛṛāmi* „abkürzend [Weg]“; *ṣabbāḥi* „bis in den frühen Morgen“; *ṭawwāli* „direkt“; *gaʿʿāṣi* „enorm, riesig“; *ṭayyāri* „hastig“

KaKKīKa
Instrumente: *barrīma* „Korkenzieher“; *labbīsa* „Schuhlöffel“

KaKKūKa
Konkreta: *šabbūṛa* „Nebel“; *zannūba* „eine Art Sandale“; *xaddūga* „eine Art Sandale“; *šaḥḥūṭa* „eine Art Meißel“; *fazzūṛa* „Rätsel“; *ḥaddūta* „Märchen“; oft mit

abwertender Nuance: *za'lūṭa* „Klumpen" *kalkūʿa* „Klumpen"; *karkūba* „Gerümpel"; *šaxbūṭa* „Krakelei; Gekritzel"; *barṭūša* „alter Schuh"; *šarmūṭa* „Lumpen; Fetzen; Hure"
Diminutiva: *taftūfa* „Stückchen"; meistens von Eigennamen und anderen Kosebezeichnungen: *Faṭṭūma* < *Faṭma*; *Ḥammūda* < *Aḥmad*; *Xaddūga* < *Xadīga*; *Zannūba* < *Zēnab; šaṭṭūra* „vives Kerlchen" < *šāṭir*; *karrūma* „liebes Kerlchen" < *karīm*; *'ammūṛa* „süßes Kerlchen" < *'amaṛ*; *bannūta* „süßes Mädchen"< *bint*
Hervorstehend: *zallūma* „Rüssel"; *šalḍūma* „wulstige Lippe"; *zaʿzūʿa* „Wedel"; *lahlūba* „Flamme"

KiKKēKa
Pflanzen: *widdēna* „Gartenwolfsmilch"
Diminutiva: *ġinnēwa* „Liedchen"

KuKKāKa
Instrumente, Gebrauchsgegenstände: *zummāṛa* „Doppelklarinette"; *su''āṭa* „Fallriegel"; *kullāba* „Kombizange"; *šuṛṛāʿa* „Oberlicht in der Tür"; *šuṛṛāba* „Troddel"; *tu''āla* „Gewicht"; *zuwwāda* „Reisevorräte"; *ṣuffāra* „Pfeife"
Pflanzen: *rummāna* „Granatapfel"
Adjektive: *kubbāṛa* „hervorgehoben"

KuKKēKa
Für KuKKāKa und KaKKāKa (Instrumente): *buxxēxa* = *baxxāxa* „Zerstäuber"; *tu''ēla* „Gewicht"; *zummēra* „Blasinstrument"; *furrēra* „Kreisel"; *nuffēxa* „Ballon"
Ort, wo eine Gefahr besteht: *zullē'a* „Rutschbahn"
Diminutiva, leicht abfällig: *duḥḥēka* „Lachobjekt"; *fukkēra* „Idee" (slang); *ʿullēma* „fixe Idee"
Pflanzen: *ġubbēra* „Glinus lotoides L."; *'uṣṣēba* „Hirseart"; *xubbēza* „Malve"; *zurrēʿa* „Setzling"

KuKKēKi
Adverbien: *sukkēti* „ruhig; still"; *bu''ē'i* „mündlich, verbal"; *kuttēmi* „im Geheimen"; *ġummēḍi* „mit geschlossenen Augen"; *ḥummēri* ~ *ḥimmēri* ~ *ḥimmīri* „auf dem Esel reitend"; *ḍubbēši* „blind tastend"; *kuḥḥēti* „minderwertig [was man aus dem Topf rauskratzt]"; *ẓullēṭi* „nackt"

2.4.2.1.4 Mit Postformativ *-ān*

KaKKān
Adjektive und aktive Partizipien meist von Verben der Form KiKiK, yiKKaK: *bardān* „frierend"; *talmān* „stumpf"; *šabʿān* „satt"; *zaʿlān* „wütend"; *ḥaṛṛān* „heiß" (körperlich wie in „mir ist heiß"); *ġayṛān* „eifersüchtig"; *dablān* „welk"

KuKKān
Verbalnomen: *šukṛān* „Danken"; *bunyān* „Bauen"; *ġufṛān* „Verzeihen"
Konkreta: *rubbān* „Kapitän"

KaKaKān
Verbalnomen, kann von nahezu allen schwachen Verben gebildet werden: *ġamaḍān* „Schließen der Augen [intr.]"; *ġalayān* „Kochen"; *ṛawaḥān* „Gehen"; *kašašān* „Schrumpfen", s. 2.3.7.1

2.4.2.1.5 Mit Präformativen

aKKaK
Farben: *aḥmaṛ* „rot"; *asmaṛ* „braun"; *azra'* „blau"; *axḍar* „grün"
Hervorstechende persönliche Kennzeichen: *aktaʿ* „einarmig"; *aṛwaš* „zerstreut"; *atṛam* „zahnlückig"; *aṣlaʿ* „kahlköpfig"; *ašwal* „linkshändig"; *abraṣ* „leprös"
Elativ: *aksal* „äußerst faul"; *aṛbaḥ* „profitabler"; *ašadd* „stärker"; *aḥla* „hübscher"

maKv̄K(a) (von Wurzeln med.inf.)~ **maKaKK(a)** (von Wurzeln med.gem.)
maṛām „Wunsch"; *mašāl* „Transportkosten"; *malāma* „Tadel"; *mašūra* „Konsultation"; *malaff* „Akte"; *malamm* „Sammelplatz"; *maṭabb* „Schlagloch"; *maša''a* „Not, Elend"

maKKaK
Instrumente: *mabṛad* „Feile"; *makbas* „Presse"; *mal'af* „Windfänger"; *maġzal* „Spindel"; *makwa* „Bügeleisen"; *mašbak* „Klammer"; *manšaṛ* „Gestell zum Wäschetrocknen "; *ma'baḍ* „Handgriff"; *maḍrab* „Schläger"
nom.loc.: *manḥal* „Bienenkorb"; *mar'ad* „Ruheplatz"; *maštal* „Frühbeet"; *mašta* „Winterkurort"; *maṣyaf* „Sommerfrische"; *marsa* „Hafen"
Verbalnomen: *maġna* „Singen"; *maṛʿa* „Beschützen"; *maksab* „Profit"

maKKaKa
Instrumente: *ma'lama* „Federmäppchen"; *mamsaḥa* „Türmatte"; *mabxaṛa* „Weihrauchfaß"; *mašḥama* „Fettpresse"; *mafṛama* „Fleischwolf"; *maknasa* „Besen"

maKKūK
Pass. Partizip zum Grundstamm, s. 2.3.7.2

miKaKK ~ **miKaKKa** (von Wurzeln med.gem.)
Instrumente: *mifakk* „Schraubenzieher"; *misann* „Schleifstein"; *misalla* „Nadel"; *mi'ašša* „Strohbesen"

miKKāK
Instrumente: *mirzāb* „Hohlmeißel"; *mit'āb* „Bohrer"; *mihmāz* „Sporn"; *migdāf* ~ *mi'dāf* „Ruder"
Verbalnomen: *miṛwāḥ* „Gehen"
Adjektive: *mitlāf* „extravagant"

miKKiK
Adjektive: *mifrid* „ungerade, einfach"; *migwiz* „doppelt"; *mitxin* „stämmig, solide"; *mibxit* „mit glücklicher Hand"; *midhin* „fett"; *miš'ir* „behaart"
Konkreta: *midwid* „Futtertrog"

muKKāK
Instrumente: *munfāx* „Luftpumpe"; *muftāḥ* „Schlüssel"; *mul'āṭ* „Zange"; *mugdāf* ~ *mu'dāf* „Ruder"; *muzmāṛ* „Blasinstrument"; *mufṛāk* „Quirl"

taKKīKa
Nom. vic.: *takrīʿa* „ein Rülpser"; *tabsīma* „ein Lächeln"
Konkretisierung des Verbalnomens: *tawṣīla* „Verlängerungsschnur [el.]"; *taḥwīla* „Umleitung, Umfahrung"; *taškīla* „Sortiment"; *talbīsa* „künstliches Gebiß"; *ta'yīla* „Mittagsschläfchen"; *taṣbīra* „Geduldshappen"; *tafwīla* „Tankfüllung"

2.4.2.2 Vierradikalig

2.4.2.2.1 Zweisilbig

KvKvKK
Konkreta (meist Lehnwörter): *kaṛafs* „Sellerie"; *maward* „Rosenwasser"; *rawind* „Rhabarber"; *safing* „Schwamm"; *šamurt* „halb erwachsenes Huhn"; *birišt* „halbweiches Ei"; *kurumb* „Kohl"; *kawitš* „Gummi"
Abwertend: *xurung* „Hallodri"; *fišing* „leer, Nichtsnutz"

KaKKaK
Konkreta: *taʿlab* „Fuchs"; *zaʿtaṛ* „Thymian"; *šankal* „Haken"; *šafša'* „Glaskrug"

KiKKiK
Konkreta: (redupliziert) *birbir* „jung [Huhn]"; *liblib* „eloquent"; *filfil* „Pfeffer"; *simsim* „Sesam"; *mišmiš* „Aprikosen"; *šibšib* „Pantoffel"; *tirmis* „Lupinenkerne"; *firfir* „Revolver"

KuKKiK ~ KuKKuK
Konkreta: *bur'uʿ* „Schleier"; *bundu'* „Haselnüsse"; *burnus* „Bademantel"; *guʿluṣ* „Fettwanst"; *ḥuṣrum* „unreife Datteln"; *'unfid* „Igel"; *xunfis* „Käfer"; *šu'ruf* „eine Sichelart"

KaKKīK
Konkreta: *barmīl* „Faß"; *baškīr* „Badetuch"; *gargīr* „Kresse"; *kabrīt* „Streichhölzer"; *mandīl* „Taschentuch"; *ṣahrīg* „Wassertank"

KaKKōK
Konkreta: *kambōš* „Haarschopf"

KaKKūK
Adjektive: *kalbūẓ* „plump"; *šamlūl* „lebhaft"; *laẓlūẓ* „plump"; *zaflūṭ* „schlüpfrig"; *zaʿzūʿ* „lang und dünn"; *zarbūn* „aufbrausend"; *falḥūs* „superschlau"; *falfūs* „schlaumeierisch"; *baʾlūẓ* „plump und fett"
Konkreta: *šanyūr* „Bohrer"; *ṭarbūš* „Fes"; *ṭarṭūr* „Spitzhut, Zipfelmütze"
Diminutiva: *zaġlūl* „Jungvogel"; *zaṛzūr* „Star, Vogeljunges"; *katkūt* „Küken"; *waẓwūẓ* „Gänseküken"; *baʿrūr* „kleines Kamel"; *ṭarṭūr* „Zipfelmütze"
Minderwertiges, abwertend: *šarbūš* „Pfeifendeckel"; *šardūḥ* „Schandmaul [Frau]"; *šarmūṭ* „Fetzen"; *baṛbūṛ* „Rotz"; *dandūn* „Rotzglocke"
Körperteile (keine besonders edlen Teile, hervorstehend): *ʿaṣʿūṣ* „Steißbein"; *bazbūz* „Schnabel [Gefäß]"; *laġlūġ* „Zungenwurzel"; *karsūʿ* „Ellbogen"
Lange oder züngelnde Objekte: *lahlūb* „Flamme"; *lablūb* „Latte"

KiKKāK
Adjektive: *mihyāṣ* „launisch"; *biṣbāṣ* „flirtend"
Pflanzen: *liḥlāḥ* „Distel"; *liblāb* „dolichos lablab"; *wiswās* „Baumwollknospe"
Tiere: *tiʿbān* „Schlange"; *wiṭwāṭ* „Fledermaus"
Konkreta: *biršām* ~ *buršām* „Pillen"; *fingān* „Tasse"; *birwāz* „Bilderrahmen"
Berufe: *rimṛām* „Ährenleser"; *simsāṛ* „Makler"; *biškāṛ* „Schinder"
Infinitive: *zinzān* „Kopfbrummen"; *mišwāṛ* „Gang, Besorgung"

KiKKēK
Tierkrankheit: *šilbēn* „Infektion der Zunge mit dornartigen Vorstülpungen"

KuKKāK
Instrumente: *ġuṛbāl* „Sieb"; *kuṛbāg* „Nilpferdpeitsche"; *rufṛāf* „Augenklappe"; *ʾubʾāb* „Holzpantoffel"

KuKKēK
Pflanzen: *duḥrēg* „gemeine Wicke"; *guʿḍēḍ* „Saudistel"; *šuʿbēṭ* „Nesselart"; *zurbēḥ* „eine Art Wermut"
Adjektive: *ruṣrēṣ* „beißend kalt"
Abfälle: *ruhrēṭ* ~ *rubrēb* ~ *ruṭrēṭ* „Schlamm"

2.4.2.2.2 Dreisilbig

KvKvKv̄K
Konkreta: *bašaṛōš* „Flamingo“; *bakašīn* „Schnepfe“; *yanaṣīb* „Lotterie“

KaKKaKa
Konkreta: *bardaʿa* „Eselssattel“; *šaṛšaṛa* „gezahnte Sichel“; *ʾaṛmala* „Witwe“; *tazkaṛa* „Fahrschein“
Verbalnomen: *laxbaṭa* „Verwirrung“; *wašwaša* „Flüstern“; *ṣanfara* „Schmirgeln“; *šalfaṭa* „Schmiererei“

KiKKiKa
Konkreta: *birbira* „Hühnchen“; *ziʿnifa* „Flosse“; *ziḥlifa* ~ *zuḥlifa* „Schildkröte“

KuKKaKa
Konkreta: *kusbaṛa* „Koriander“; *ḍufḍaʿa* „Frosch“

KaKKīKa
Konkreta: *zargīna* „Handgriff“; *bartīta* „Glücksspielrunde“; *batrīna* „Schaufenster“; *banzīma* „Tankstelle“

KaKKūKa
Diminutiva: *basbūsa* „ein Gebäck“; *baʾlūla* „Bläschen“; *taftūfa* „Stückchen“; *namnūma* „winzigkleines Stückchen“
Minderwertiges, abwertend: *barṭūša* „ein Paar alte Schuhe“; *baʿkūka* „alte Karre“; *karkūba* „Krempel“; *kalkūʿa* „Klumpen“; *šaxbūṭa* „Gekritzel, Krakel“; *šaʿnūna* „Giftnudel“; *fatfūta* „Krümel“; *fasfūsa* „Pickel [Haut]“; *ṭaʾṭūʾa* „Aschenbecher“
Körperteile (keine besonders edlen Teile, hervorstehend): *kaʿkūʿa* „Knie [Kamel]“; *šaftūra* „dicke Lippe“; *šalḍūma* „wulstige Lippe“
Hervorstehende lange Objekte: *zaʿzūʿa* „Wedel [Zuckerrohr]“; *zalʾūma* „Ausstülpung“; *šamrūx* „Dattelzweig“; *ṭarṭūfa* „Spitze“; *lahlūba* „Flamme“

KuKKēKa
Diminutiva (oft Spielzeug): *šuxlēla* „Rassel“; *šuxšēxa* „Rassel“; *nuffēxa* „Luftballon“; *murgēḥa* „Wiege, Schaukel, Karussell“; *luflēfa* „Wickeltuch“; *ṭurṭēʿa* „Klapper“
Was unangenehme Empfindungen auslöst oder gefährlich ist: *zuḥlēʾa* „Abhang, Rutschbahn“; *duḥdēra* „Abhang“; *rubrēba* „Schlammpfuhl“; *furʾēʿa* „Knall“; *šuʿlēla* „Flamme“; *fuʾfēʾa* ~ *buʾbēʾa* ~ *buʾbēša* „Bläschen“
Minderwertiges: *kulkēʿa* „Klumpen“; *furkēša* „Tohuwabohu“
Gegenstände: *burnēṭa* „Hut“; *bušnēʾa* „Kopftuch“

2.4.2.2.3 Viersilbig

KaKaKāKa
Konkreta: *'aṛašāna* „alte Vettel"; *kaṛaxāna* „Bordell"

KvKvKvKKa
Scherzbildungen: *zalamukka* „Bürzel"; *zalabaṭṭa* „kahl, splitterfasernackt"

2.4.2.3 Fünfradikalig

KvKvKvKK(a)
Lehnwörter wie *baṛaband* „Schwätzer"; *gaṛabuks* „Getriebe" (engl. gear-box); *kafatirya* „Cafeteria"

KvKvKKvKi
Konkreta: *zalanṭaḥi* „Vagabund"

KvKvKKv̄K(a) u.ä.
Lehnwörter wie *baṭaršīl* „Stola [des Priesters]"; *riburtāž* „Reportage"; *šamandūra* „Boje"; *diriksiyōn* „Steuer"

KvKKvKv̄K(a) u.ä.
Lehnwörter wie *birlanṭ* „Brilliant"; *baẓramīṭ* „Bastard"; *radyatēr* „Kühler"; *banṭalōn* „Hose"; *barda'ōš* „Majoran"; *mazla'ān* „Bahnübergang"; *bu'sumāṭ* „Semmelbrösel"; *santarafīš* in *sukkaṛ santarafīš* „raffinierter Zucker [Zentrifuge]"
Scherzbildungen: *šaxbaṭīṭa* „Gekritzel, Krakel"; *xalṭabīṣa* „Durcheinander"; *zambalēṭa* „Lärm, Aufregung"

2.4.3 Derivationssuffixe

-a
Zur Bezeichnung weiblicher Personen und Tiere abgeleitet von der Bezeichnung für das männliche Gegenstück: *malika* „Königin" (*malik*); *tilmīza* „Schülerin" (*tilmīz*); *'uṭṭa* „Katze" (*'uṭṭ*); *kalba* „Hündin" (*kalb*)

Als natürliche Einheit abgeleitet von Gattungsbegriffen (Singulativ, nom.un.): *mōza* „Banane" (*mōz*); *dibbāna* „Fliege" (*dibbān*); *ba'aṛa* „Kuh" (*ba'aṛ*); *ruzza* „Reiskorn" (*ruzz*); *ḥabba* „Korn" (*ḥabb*); *gimmēza* „Sykomore" (*gimmēz*); *asbirīna* (*asbirīn*) „Aspirintablette"

Von Massen- und Stoffnamen als „ein Stück" des Materials: *xašaba* (*xašab*) „ein Stück Holz"; *ḥadīda* (*ḥadīd*) „ein Stück Eisen"; *gild* (*gild*) „ein Stück Leder"; *šaġata* (*šaġat*) „flechsiges Stück Fleisch"

Speise: *laḥma* „Fleisch [Speise]" (*laḥm* „Fleisch [lebend]"); *kirša* „Kutteln [Speise]" (*kirš* „Bauch"); *kibda* „Leber [Speise]" (*kabid* „Leber [Organ]")

Diminutiva, z.T. abwertend: *kīsa* „kleiner Beutel" (*kīs*); *markiba* „kleines Boot" (*markib*); *widna* „Neider" (*widn*); *šuġla* „Arbeit" (*šuġl*); *xurma* „kleines Loch" (*xurm*)

Ort, versehen mit: *šamsa* „sonniger Fleck" (*šams*); *'amaṛa* „Mondenschein" (*'amaṛ*); *rubrēba* „Schlammpfuhl" (*rubrēb*); *zuḥlē'a* „rutschige Stelle"

-i

Nisba-Adjektive aller Art:

Gehörend zu: *yōmi* „täglich"; *maṣri* „ägyptisch"; *ba'ari* „Rinder-"; *labani* „noch saugend"

Individuum aus Personenkollektiv: *ġagari* „ein Zigeuner" (*ġagaṛ*); *rūsi* „ein Russe" (*rūs*)

Farben: *mišmiši* „aprikosenfarbig"; *rummāni* „dunkelrot"; *zēti* „olivgrün"; *labani* „hellblau"; *ruṣāṣi* „bleigrau"; *ʿasali* „tiefbraun"; *bunni* „braun"; *'amḥi* „hellbraun"

Berufe (vom Pl.): *marakbi* „Bootsmann"; *mawaldi* „*mūlid*-Sänger". Nach diesem Schema dann *sanad'i* „Kistenmacher"; *mawardi* „Rosenwasserhändler"; *ṣanayʿi* „Handwerker"; *fawaʿli* „Bauarbeiter"; *faṭaṭri* „*faṭāyir*-Bäcker"; *ʿawaṭli* „Tagedieb". Andere: *kutbi* „Buchhändler" (*kutub*); *libūdi* „Filzkappenmacher"; *surūgi* „Polsterer"; *ḥuṣari* „Mattenflechter"

Ähnlichkeit (von Sg. oder Pl.): *maṛwaḥi* „fächerartig"; *baġġāli* „maultierartig"; *šubbāni* „jugendlich"; *ġuzlāni* „gazellenartig"; *ġeṭāni* „frisch [Gemüse]"; *šiṭāni* „wild [Pflanze]"; *šawarʿi* „Gassenkind"; *mulūki* „wunderbar"; *šabaki* „netzförmig"

Versehen mit: *šōki* „dornig"; *ṛamli* „sandig"; *lamʿi* „glänzend"; *ṛamadi* „entzündet [Auge]"

-iyya

Dinge, die für etwas bestimmt sind oder sonst mit etwas in Zusammenhang gebracht werden können: *namliyya* „Küchenschrank [gegen Ameisen]"; *namusiyya* „Moskitonetz"; *šamsiyya* „Sonnenschirm"; *sukkariyya* „Zuckerdose"; *šahriyya* „Monatsgehalt"; *yomiyya* „Tagelohn"; *ʿidiyya* „Festgabe"; *ṣabaḥiyya* „Morgengabe"; *ṣayyadiyya* „Fischgericht"; *laḥmiyya* „Geschwulst".

Gerichte nach dem Hauptbestandteil: *mišmišiyya* „Kompott aus getrockneten Aprikosen"; *tomiyya* „Knoblauchfleisch"; *kammuniyya* „ein Gericht mit Kreuzkümmel"; *fuliyya* „Fūl-Gericht"; *ḥummuṣiyya* „Zuckerkichererbsen". Ort, wo etwas ist: *ṛamliyya* „Sandplatz [da, wo Sand ist]"; *zarbiyya* „Viehhürde [da, wo ein *zarb* „Hecke" ist]".

Ungefähre Zeiten: *badriyya* „früher Morgen"; *ʿaṣriyya* „früher Nachmittag"; *ḍuhriyya* „Mittagszeit"; *ṣubḥiyya* „Morgenzeit"; *maġribiyya* „Spätnachmittag"; *šitwiyya* „Winterzeit"

Konkreta: *baṭṭaniyya* „Decke"; *kubabiyya* „Knäuel"; *kuṛaṛiyya* „Knäuel"; *šiʿriyya* „Fadennudeln"

Aktionen: *lukkamiyya* „Faustschlag"; *rusiyya* „Kopfstoß"; *'ikṛamiyya* „Trinkgeld"; *'abḍiyya* „Barauszahlung"; *rafdiyya* „Entlassung"; *ġumu'iyya* „Dunkelwerden"; *laṭaxiyya* „eine Schmierung"

Abstrakta: *lamᶜiyya* „Glanz"; *ṭarḥiyya* „Jahresernte [Obstbaum]"; *ribḥiyya* „Profitabilität"; *šiddiyya* „Stärke, Not"; *šiḥḥiyya* „Mangel"; *ri''iyya* „Feinheit"; *mašġuliyya* „Beschäftigung"; *ruguliyya* „Männlichkeit"; *kuruhiyya* „Abscheu"; *ġušumiyya* „Naivität"; *šububiyya* „Jugend"; *mafhumiyya* „Verständnis"; *rufuᶜiyya* „Dünnwerden"; *ruxuṣiyya* „Billigkeit"; *zuru'iyya* „Bläue"; *šafafiyya* „Transparenz"; *ḥasasiyya* „Allergie"; *talafiyyāt* „Bruch, Verluste"

Gefäße: *birniyya, barāni* „irdenes Gefäß"; *ṭubsiyya* „kleine Schüssel"; *'aṣriyya* „Blumentopf"; *zahriyya* „Vase"; *zibdiyya* „Buttergefäß"; *zamzamiyya* „Feldflasche"; *ṣaniyya* „Tablett"

Bestimmt für: *ra'abiyya* „Halsstück"; *ṛamadiyya* „Augenhospital"; *baladiyya* „Stadtbehörde"

Ähnlich wie: *šabakiyya* „Netzhaut"; *zarradiyya* „Zange"; *zibdiyya* „eine Mangoart" (*zibda*); *'aṛniyya* „cornea"

Amt: *ᶜumudiyya* „Bürgermeisterschaft"; *'ustaziyya* „Professorat"

Personenkollektiva: *rubbaṭiyya* „Bande"; *durriyya, darāri* „Nachkommenschaft"; *xalwatiyya* „Khalvetiyya-Orden"

-āna

Abwertend: *šuġlāna* „eine Heidenarbeit"; *'aṛašāna* „ein häßliches altes Weib"

-āwi

Herkunft: *maṣrāwi* „Kairener" (im Gegensatz zu *maṣri* „Ägypter"; *isnāwi* „aus Esna"; *ṭanṭāwi* „aus Ṭanṭa"; *šar'āwi* „aus der Šarqiyya"; *baḥṛāwi* „aus der Biḥēra"; *ġazzāwi* „aus Ghaza". Fußballfans: *zamalkāwi* „Anhänger des Zamalek-Clubs"; *ismaᶜalāwi* „Anhänger des Ismaᶜiliyya-Clubs"; *'ahlāwi* „Anhänger des Ahli-Clubs"

Adjektive: *ġillāwi* „schlechtgelaunt"; *ġalabāwi* „schwatzhaft"

Beruf: *miġannāwi* „Sänger"

-āya

Diminutiva: *kekāya* „kleiner Kuchen"; *gatohāya* „kleiner Kuchen"; von Frauen verniedlichend gebraucht für *-a* wie in *waḥdāya* für *waḥda* „eine"; *baṣalāya* „ein Zwiebelchen"; *miyyāya* „ein Hunderter"

Singulativ (nom.un.) häufig für *-a*: *mozāya* „eine Banane"; *ruzzāya* „Reiskorn"; *mogāya* „Welle"; *laḥmāya* „Tumor, Wucherung"; *mangāya* „eine Mango"; *baṭaṭsāya* „Kartoffel"; *šaġatāya* „flechsiges Stück Fleisch"; *ša'fāya* „eine Scherbe"; *šatlāya* „Setzling"; *šaᶜṛāya* „ein Haar"; *šaḥmāya* „Stück Fett"; *'aššāya* „Strohhalm". Vor allem wenn das nom.un. auf einen Vokal endet: *ringāya* „ein Hering" (*ringa*); *širšāya* „Plastikstückchen" (*širši*); *gambariyāya* „eine Garnele" (*gambari*);

kusāya „eine Zucchini" (*kūsa*); *miluḥāya* „ein Stück Salzfisch" (*milūḥa*); *mangāya* „Mango-Baum, Mango-Frucht" (*manga*); *sibirtāya* „Spirituskocher" (*sibirtu*)

Bildung des Femininums: *ḥaṛamiyyāya* „Diebin" (*ḥaṛāmi*); *xawagāya* „Ausländerin" (*xawāga*)

nomen loci: *wasaʿāya* „weiter freier Platz"; *gabalāya* „Hügel"; *nazalāya* „Abhang"; *ʿilwāya* „hochgelegener Platz"; *šamsāya* = *šamsa* „Sonnenplätzchen"; *ʾamaṛāya* = *ʾamaṛa* „Plätzchen im Mondschein"

-āni

Körperfarben (von a**KK**a**K**): *ašʾaṛāni* „blond"; *asmaṛāni* „dunkelhäutig"; *abyaḍāni* „hellhäutig"

Negative Eigenschaften: *mišʿaṛāni* „haarig"; *miġlawāni* „Beutelschneider"; *muklimāni* „Schwatzmaul"

Bezug habend auf: *ruḥāni* „spirituell"; *šaṛṛāni* „bösartig"; *wusṭāni* „mittlerer"; *waḥdāni* „vereinsamt"; *faṛadāni* „einzeln"; *ʾawwalāni* „erster"; *ʾaxṛāni* „letzter"; *wusṭāni* „mittlerer"

Berufe: *fakahāni* „Obsthändler"; *zalabāni* „zalabya-Hersteller oder Verkäufer"; *fasaxāni* „fisīx-Händler"; *kanafāni* „kunāfa-Hersteller"

Lokal von Adverbien: *baṛṛāni* „äußerer"; *guwwāni* „innerer"; *taḥtāni* „unterer"; *fuʾāni* „oberer"; *ʾuddamāni* „vorderer"; *warrāni* „hinterer"

Herkunft: *iskandaṛāni* „Alexandriner"

-āt

Von Partizipien pl. tantum: *mašwiyyāt* „Gegrilltes"; *mikassaṛāt* „Knabberzeug"; *mitaʾʾalāt* „Schwergüter"; *mašṛubāt* „Getränke"; *kamaliyyāt* „Accessoires"

Übertreibend: *šaṛbatāt* „süß; hübsch"; *ʾulalāt ilʾadab* „ungezogenes Volk"

-āti

Berufe oder dauernde Eigenschaften und Gewohnheiten: *mazzikāti* „Musikant"; *saʿāti* „Uhrmacher"; *kamangāti* „Geigenspieler"; *migabbaṛāti* „Knocheneinrenker"; *miġannawāti* „Sänger"; *miṭabbilāti* „Trommler"; *miġassilāti* „Totenwäscher"; *mikalfitāti* „Murkser"; *mikayyifāti* „Hedonist"; *ʾuṛadāti* „Affenführer"; *mikassisāti* „Speichellecker"; *mizawwaġāti* „notorischer Schwänzer"; *mibaṣbaṣāti* „Flirter"

Temporale Adjektive: *yomāti* „täglich"; *lelāti* „nächtlich, jede Nacht"

-gi (türkisch -ci)

Berufe: *maktabgi* „Buchhändler"; *kutubgi* „Buchhändler"; *tazkaṛgi, -yya* „Fahrkartenverkäufer"; *kababgi* „Kebab-Verkäufer"; *kalungi* „Schloßmacher"; *kawalingi* „Schloßmacher"; *makwagi* „Bügler"; *ʿaṛbagi* „Kutscher";; *busṭagi* „Postbote"; *liwangi* „Oberdiener"; *baramilgi* „Küfer"; *barawizgi* „Bilderrahmer"; *ṭuršagi* „Mixed-Pickles-Hersteller"; *tuḥfagi* „Kunsthändler". Variante *-ši* (türkisch -çi):

tufakši „Kanonier"; *nubatši* „Wachtposten". Heute nicht selten durch Neubildungen ersetzt, z.B. *taxliṣgi* „Schleuser [bei Behörden, Zoll]" durch *muxalliṣ*.

Besonders verbunden mit: *baṣmagi* „Ja-Sager"; *furṣagi* „Opportunist"; *wahmagi* „Hypochonder"; *zumbagi* „hinterhältiger Kerl"; *baṭaḥgi* „bullig"; *burmagi* „Weiberheld"; *mazahirgi* „*mazhar*-Spieler"; *ʾawanṭagi* „Betrüger"

In älteren Texten auch zur Bildung von Ordinalzahlen: *aṛbaʿgi dōr* „vierter Stock"; *talatgi dōr* „dritter Stock"

-angi

Negative Eigenschaften: *maklamangi* „Schwätzer"; *falasangi* „Bankrotteur"; *kalamangi* „Klatschmaul"; *lumangi* „Knastbruder"; *ṭamaʿangi* „einer, der nicht genug kriegen kann"; *ʿazabangi* „Junggeselle"

-li

Relation: *šaṛbatli* „Verkäufer von *šaṛbāt*"; *wagibatli* „beflissen"; *ʿusmalli* „osmanisch [Küche]"; *ʾaswalli* „assuanesisch"

-xāna

Gebäude, Haus: *šafaxāna* „Tierklinik"; *salaxāna* „Schlachthaus"; *baṭraxāna* „kopt. Patriarchat"; *kutubxāna* „die Ägyptische Nationalbibliothek [veraltet]"; *ʾantikxāna* „das Ägyptische Museum"; *ʾaṛaxāna* „Bordell"

-u

Hypocoristisch (zu Kindern): *ya ʿammu* „Onkel"; *ya xālu* „Onkel"; auch *ya bu xālu*; *giddu* „Großvater"; *sittu* „Großmutter"; *lahalību* „aktive und dynamische Person"

In Kosenamen: *Mīdu* „Aḥmad"; *Ṣambu* „Kosename für ein Kamel"; *Zīzu* „ʿAbd alʿAzīz"; *Mīšu* „Hišām"

-āh

Bedauern: *wildāh* „armes Ding!"

-ti

Relation mit: *ʾumaṛti* „Glücksspieler"; *nuʾaṛti* „Trommler"; *naʾarti* „Stänkerer"

-ēra

Behältnis (nur in Lehnwörtern): *bumbunēra* „Bonboniere"; *šambanēra* „Champagnerkübel"; *budrēra* „Puderdose"

2.4.4 Univerbierungen

Gelegentlich sind Sequenzen von ursprünglich unabhängigen Wörtern zu einem Begriff zusammengefügt: *kullišinkān* „x-beliebig; Schlendrian"; *baʿḍiši* „ein wenig“; *mafīš* „nichts“ in *ʿala mafīš* „für nichts“; *ġerši* „nur“; *ballūši* „umsonst“ (< **bala šē*); *šillāh* „hilf mir!“ (< **šēʾ lillāh*); *yanaṣīb* „Lotterie“ (< **ya naṣīb*).

A n m e r k u n g : Die ursprüngliche Segensformel *bisalamtu* (^{O}bi salāmit+u „möge es ihm wohlergehen“), heute oft ironisch gebraucht, kann wie ein Substantiv alle Stellen im Satz einnehmen: *tiʾaddimhum li-bsalamtu* „sie übergibt sie ‚seiner Wohlfahrt‘ “ [ST]; *liʾanni̊ bsalamtu gayyi̊ mitʾaxxaṛ* „weil ‚seine Wohlfahrt‘ zu spät gekommen ist“ [ST], s. auch 4.3.5.8. c.

2.4.5 Lehnwörter

Das Lexikon des Kairenischen enthält zahlreiche Lehnwörter aus orientalischen wie europäischen Sprachen, die hier nicht systematisch behandelt werden können. Oft entziehen sie sich der Einordnung in Nominalformen wie *rutīn* „Bürokratie“; *kulōn* „Strumpfhose“; *bitillu* „Kalbfleisch“; *bisilla* „Erbsen“; *mubayl* „Handy“; *fulkis ~ filuks* „Volkswagen“; *naylu* „nylon“.

Lehnwörter können eine dem Arabischen angepaßte Silbenstruktur erhalten, s. 1.2.7.5. Dies ist insbesondere bei mehr als zweisilbigen Wörtern der Fall, für die sich eine präferierte Struktur KaKaKvKK oder KaKaKv̄K herausgebildet hat: *sandawitš* „Sandwich“; *barbarēz* „Windschutzscheibe“ (< frz. pare-brise). Häufig kommt es so zu zwei Varianten, wobei die weniger angepaßte dem höheren Register zuzurechnen ist: *girbuks ~ gaṛabuks* „Getriebe“ (engl. gear box); *tuwalitt ~ tawalitt* (frz. toilette); *bilastik ~ balastik* (engl. plastic); *bišamill ~ bašamill* (frz. béchamelle); *šukulāṭa ~ šakalāṭa* „Schokolade“ (ital. cioccolato); *fitrīna ~ batrīna* „Schaufenster“ (ital. vetrina); *bilakk ~ balakk* „Teer“ (engl. black) usw. Andere werden in eine der gängigen Nominalformen überführt: *baṛūma* „Rost“ (gr. brōma); *birīza ~ barīza* „Steckkontakt“ (frz. prise); *gadūn* „Lenkstange (Fahrrad]“ (frz. guidon). Die Übernahme von Verben geschieht im II. Stamm wie in *ikkumbiyūtaṛ biyhannig* „der Computer ist abgestürzt“ (= engl. is hanging); *yisayyif* „abspeichern“ (engl. to save); seltener im III. Stamm wie *bāṣa, yibāṣi* „einen Paß schießen“ (engl. to pass, Fußball).

Je nach dem Grad der Einbürgerung bilden solche Nomina gebrochene, gesunde oder keine Plurale bzw. können direkt mit Possessivsuffixen verbunden werden oder brauchen *bitāʿ* dazu.

2.4.6 Interjektionen

ṭuzz ~ ṭuzzi̊ fišš „Unsinn!“ (= türk. tuz „Salz“); *ixṣ* „pfui!“; *ixṣi̊ ʿalēk* „pfui über dich! schäm dich!“; *isfuxṣi̊ ʿalēki* „pfui über dich! schäm dich!“; *tifūh ~ itfūh ~ tifuww* „pfui!“: *itfūh ʿala da šuġl* „pfui über so eine Arbeit!“; *ʾāy* „au!“; *ʾayyūh* „da schau an!“ (alexandrinisch); *yāy* „herrjeh!“ wie in *yāy di ssāʿa sitta w nuṣṣ* „herrjeh; es ist ja schon halb sieben!“; *yāh ilwaʾti̊ siriʾna* „herrjeh, die Zeit ist uns davongeflogen!“

2.4.7 Kindersprache

imbū „trinken!"; *biḥḥ* ~ *baḥḥ* „futsch!"; *ninna* „Heia"; *daḥḥ* „hübsch"; *mam̩* „hamham"; *kuxx* „pfui!"; *wāwa* „wehweh"; *'uff* „aufpassen! heiß!"; *tāta* „gehen, Schuh"; *ḅaḅḅa* „rutsch mir den Buckel runter!"; *'a''a* „schlagen"; *yaᶜᶜ* „pfff!" (= *mu'rif*); *nūnu* „Baby"; *būsi* „Miau"; *ham* „hamham".

2.4.8 Genus der Substantive

Das Substantiv ist maskulin oder feminin. Mit dem Femininsuffix *-a* endende Substantive sind Feminina mit Ausnahme der Bezeichnungen für männliche Personen wie *ᶜumda* „Dorfschulze", *xalīfa* „Nachfolger", *xawāga* „christl. Ausländer", die ad sensum konstruiert werden. Feminina ohne Femininendung *-a* sind:

Bezeichnungen für weibliche Wesen: *umm* „Mutter"; *faṛas* „Stute"; *ᶜānis* „alte Jungfer"; *madmazēl* „Fräulein"; *madām* „Frau"; *sitt* „Frau"

Ortsnamen: *maṣr il'adīma* „Altkairo"

Ländernamen: *maṣr ilmaḥbūba* „das geliebte Ägypten"; *ilyabān ilḥadīsa* „das moderne Japan"; *ilhind ilḥadīsa* „das moderne Indien"; *isṛa'īl širbit ilma'lab* „Israel fiel auf den Trick herein" [SP]. Andere wie *issudān, ilyaman, lubnān* und *ilᶜirā'* werden sowohl m. wie f. gebraucht: *issudān ilḥadīs* „der moderne Sudan"; *ilyaman issaᶜīd* „der glückliche Jemen".

Die Namen der Buchstaben: *'alif mamdūda*; *tā marbūṭa*; *il'alif tigurr ilbih* „eins ergibt das andere" [SB]

Die Wörter als Zeichen: *illākin bitaᶜitkum* „euer ‚aber'"

Inhärent eine Anzahl von Substantiven, darunter viele, die Körperteile bezeichnen:

'adam	„Fuß"	*'arḍ*	„Erde"	*'īd*	„Hand"
baṭn	„Bauch"	*balad*	„Ort"	*žūb*	„Rock"
ḥarb	„Krieg"	*xal'*	„Leute"	*da'n*	„Bart"
databēz	„Datenbank"	*dimāġ*	„Kopf"	*rūḥ*	„Seele"
šams	„Sonne"	*ṛās*	„Kopf"	*ṭīz*	„Arsch"
ᶜēn	„Auge"	*ᶜālam*	„Leute"	*filūs*	„Geld"
manaxīr	„Nase"	*markib*	„Schiff"	*nāṛ*	„Feuer"
nafūx	„Kopf"	*nafs*	„Seele"	*nās*	„Leute"
nifs	„Lust"	*rigl*	„Fuß, Bein"	*widn*	„Ohr"

Daher: *'arḍi kwayyisa* „guter Boden"; *balad tanya* „ein anderes Dorf"; *ᶜēni ᶜalēk barda* „ich beneide dich nicht"; *da'ni ṭawīla* „ein langer Bart"; *baṭnu mašya* „er hat Durchfall"; *dimāġu našfa* „er ist störrisch"; *žūb ṭawīla* „ein langer Rock"; *iddatabēz bitaᶜt iggihāz* „die Datenbank des Geräts" [SP]. Auch: *ablatīnak ladᶜa* „deine Unterbrecherkontakte sind geschmolzen" [SP].

Anmerkung: Bei *manaxīr* „Nase“ und *filūs* „Geld“ handelt es sich um gebrochene Plurale von Sachen. Daß *manaxīr* als Sg. aufgefaßt wird, zeigt der Umstand, daß davon der Dual gebildet werden kann: *manaxirēn* „zwei Nasen“. Einige Lehnwörter besitzen Pl.-Strukturen und werden daher auch fem. konstruiert: *baṭāṭis miḥammaṛa* „Bratkartoffeln“; *ṭamāṭim miʿaṭṭaba* „angeschlagene Tomaten“; *sabānix ḥilwa* „schöner Spinat“; ebenso *iddetabēz bitaʿti* „meine Datenbank“ [SP]. Von den Gebetszeiten ist *ilʿiša* fem.: *ilʿiša ddanit* „es ist zum Abendgebet gerufen worden“; manchmal auch *ilmaġrib*: *ilmaġrib iddan ~ iddanit* „es ist zum maġrib-Gebet gerufen worden“ [SP].

Kollektiva, die Personen bezeichnen, wie *nās, ʿālam* und *xal'* „Volk, Leute“ kongruieren f. oder pl.: *innās di* [ST], *ilʿālam di* [ST], *ilxal'i di* [ST] „dieses Volk“ (oft pejorativ); aber *innās zamanhum gayyīn* „die Leute werden gleich kommen“ [ST]; *di ḥārit ilxal'i kullithum* „das ist die Gasse aller Leute“ [ST]; *ilḥa'ūni ya ʿālam* „helft mir Leute!“ [ST]. Plurale von Personen können, wenn sie als Kollektiva mit geringerem Individualisierungsgrad aufgefaßt werden, auch fem. kongruieren: *aḥsan ilfallaḥīn tidḥak ʿalēk* „sonst lachen die Bauern über dich“ [ST] und auch *kulli zumalāti btidḥak ʿalayya* „alle meine Kollegen lachen mich aus“ [ST]. *gamāʿa* „Gruppe, Leute [Familie]“ gilt jedoch stets als Plural: *istanna lamma ggamāʿa yīgu* „warte, bis die Leute kommen!“ [ST]; *iggamāʿa wiṣlum* „die Leute sind angekommen“ [ST]; und immer *iggamāʿa dōl* „diese Leute“. S. dazu auch 5.3.1.2.5.

Anmerkung: Gekürztes auslautendes **ā* oder **ā'* wird meist als Femininendung reinterpretiert: *maʿna* „Bedeutung“; *mistašfa* „Krankenhaus“; *'imḍa* „Unterschrift“. Diese kongruieren daher als fem.: *fi lmustašfa btaʿtak* „in dein Krankenhaus“ [ST]; *'imḍa tanya* „eine andere Unterschrift“ [MI]; *ilʿiša di* „dieses Abendgebet“ [MI]; *maʿnitha* „ihre Bedeutung“ [ST]. Nicht so *ġada* „Mittagessen“; *ʿaša* „Abendessen“, s. unten 2.4.9.4.4.

2.4.9 Flexion der Substantive

Das Substantiv kennt als Numerus den Singular, den Dual und den Plural. An ein Substantiv kann ein Possessivsuffix treten oder es kann ein weiteres Substantiv davon abhängen. In letzterem Falle spricht man von einer Genitivverbindung, wobei das erste Substantiv als Träger der Phrase gilt. Dieses steht dann im status constructus (st.cstr.), ebenso bei Antritt eines Possessivsuffixes, s. 4.3.2.

2.4.9.1 Der Ausdruck der Einzahl

2.4.9.1.1 Allgemeines

Zum Ausdruck der Einzahl dient zunächst der Singular des Substantivs wie *dulāb* „ein Schrank“; *ʿaṛabiyya* „ein Auto“; *aktaṛ min nōba* „mehr als ein Mal“ [SP] etc. Mit nachfolgendem *wāḥid* kann die Einzahl betont werden: *miligṛām wāḥid bass* „nur ein Millgramm“ [ST]; *ḥāga waḥda* „eine Sache“ [ST]. Bei Personen kann *wāḥid* davor treten wie in *wāḥid maġribi* „ein Maghrebiner“ [SP] oder in einer Nominalphrase wie *waḥda zmilti* „eine Kollegin von mir“ [ST]; *wāḥid baladiyyātu* „ein Landsmann von ihm“. Zu *wāḥid 'ahwa* „einen Kaffee!“ etc. s. 4.3.4.5.3.2.2.

2.4.9.1.2 Nomen unitatis

Von Kollektiva, Massennamen und Gattungsbegriffen wird mittels den Suffixen *-a*, *-āya* oder *-i* das nom.un. abgeleitet, das Individuen und Einheiten bezeichnet: *naxl* „Palmen", aber *naxla* „eine Palme". Es handelt sich meistens um Pflanzen, Lebewesen, Früchte und andere Konkreta sowie um Bezeichnungen für Stücke aus einem Material. Während die Massenbezeichnungen nicht zählbar sind, tritt das nom.un. gerade im Zusammenhang mit Zahlen auf, da es zählbar ist.

a. nomen unitatis mit *-a* und *-āya*

Die Femininendung *-a* dient zur Bildung des nom.un. wie in *namla* „eine Ameise" (von *naml*); *burtuʾāna* „eine Orange" (von *burtuʾān*); *ʾuṭna* „Wattebausch" (von *ʾuṭn*). Weitere Beispiele s. 2.4.3 unter *-a*.

-āya konkurriert mit *-a*, hat aber im Gegensatz dazu oft diminutiven Sinn, s. 2.4.3 unter *-āya*: *baṣala* „eine Zwiebel" ~ *baṣalāya* „Zwiebelchen"; *figlāya, balaḥāya* etc. Es kommt in der Sprache der Frauen häufiger vor als in der der Männer, typisch für erstere ist *waḥdāya* anstelle von *waḥda* „eine". In anderen Fällen vertritt es ohne diminutive Bedeutung das *-a*, vor allem bei Kollektiva, die auf einen Vokal enden, wie *gawāfa* „Guaven" > *gawafāya; bulṭi* „bulṭi-Fisch (tilapia]" > *bulṭiyyāya*; *maḥši* „gefülltes Gemüse" > *maḥšiyyāya*; *ṭaʿmiyya* „Falafel" > *ṭaʿmiyyāya*; *ʾatta* „eine Kürbisart" > *ʾattāya*; *ʾūṭa* „Tomaten" > *ʾuṭāya* usw. Der Dual lautet entsprechend: *ʾuṭaytēn; ṭamaṭmaytēn*; von *xaṣṣ* „Kopfsalat" *xaṣṣāya* „ein Salatkopf", *xaṣṣaytēn* „zwei Salatköpfe", *xaṣṣayāt* „Salatköpfe".

Bei *baṭāṭis* „Kartoffeln" ist *baṭaṭsāya* üblich, für die Bildung des Duals und des Plurals kann von beiden Suffixen ausgegangen werden: *baṭaṭsitēn* ~ *baṭaṭsaytēn, baṭaṭsāt* ~ *baṭaṭsayāt*; *manga* „Mango": *mangāya, mangaytēn, talat mangāt* ~ *mangayāt*; *gawāfa* „Guaven": *gawafāya,* aber nur *gawaftēn, gawafāt.*

b. nomen unitatis mit *-i*

Von einigen Personenkollektiva wird das Individuum mittels der Nisba-Endung *-i* abgeleitet: *rūsi* „ein Russe" (von *rūs*); *ʾalmāni* „ein Deutscher" (von *ʾalmān*); *yahūdi* „Jude" (von *yahūd*), s. auch 2.4.3 unter *-i*. Seltener mit dem Suffix *-li*: *ʾaṛmanli* „armenisch, Armenier" (von *ʾaṛman*). S. oben 2.4.3.

2.4.9.2 Der Ausdruck der Zweizahl

Zum Ausdruck der Zweizahl besitzt das Kairenische zwei Möglichkeiten, nämlich das Dualsuffix *-ēn* und das Zahlwort *itnēn* mit anschließendem Plural. Zur Zweizahl beim Personalpronomen s. 2.1.1.

2.4.9.2.1 Dualsuffix *-ēn*

Grundsätzlich werden alle Sachbezeichnungen, worunter auch Tiere fallen, mit dem Dualsuffix *-ēn* versehen. Dieses tritt an den Sg. des zählbaren Substantivs, wobei die Femininendung *-a* durch *-it* ersetzt wird (status constructus):

šibbāk	> *šibbakēn*	„zwei Fenster"		*fāṛ*	> *faṛēn*	„zwei Mäuse"
badla	> *badlitēn*	„zwei Anzüge"		*ṣūra*	> *ṣurtēn*	„zwei Bilder"

Anmerkung: Substantive, die auf *-i* oder *-u* auslauten, inserieren vor der Dualendung einen Halbvokal oder /h/: *kursi* > *kursiyyēn* „zwei Stühle"; *taksi* > *taksiyyēn* „zwei Taxis"; *balṭu* > *balṭuyēn* „zwei Mäntel"; *bāku* > *bakwēn* „zwei Päckchen"; *radyu* > *radyuhēn* „zwei Radios"; *banyu* > *banyuhēn* „zwei Badewannen". Bei *mustašfa* „Krankenhaus" existiert neben *mustašfitēn* auch *mistašfaytēn* und *mustašfayēn,* ebenso wie *ġaṭayēn* „zwei Deckel", *maʿnayēn* (~ *maʿnitēn*) „zwei Bedeutungen" mit einer Insertion von *-y-*. *ʿēn* im Sinne von „Herdflamme" bildet den Dual mittels *-tēn*: *butagāz bi ʿentēn* „ein zweiflammiger Gasherd".

Bei Kollektiva und Massennamen wird das nom.un. mit dem Dualsuffix gebraucht: *namla* > *namlitēn* „zwei Ameisen"; *mōza* > *moztēn* „zwei Bananen"; zum Nachdruck folgt *itnēn* „zwei": *samaktēn itnēn* „zwei Fische [nicht einer]" [ME].

Im st.cstr.: *ʿilbitēn sagāyir* „zwei Schachteln Zigaretten" [SP]; *širiṭtēn ilʿarīf* „die beiden Streifen des Sergeanten" [SP]. Possessivsuffixe werden nicht direkt mit dem Dualsuffix verbunden, sondern mittels des Pl. *bitūʿ* des Genitivexponenten: *ikkilmitēn bitūʿu* „seine zwei Worte" [SP], wie der Dual auch sonst mit dem Pl. kongruiert: *fustanēn sūd* „zwei schwarze Kleider" [ST]; *ḥangīb maʿlaʾtēn samna wi nsaxxanhum* „wir nehmen zwei Löffel Butterschmalz und erhitzen sie" [MA].

Anmerkung: Nicht selten ist die Verwendung des Duals als Litotes zum Ausdruck von „einige ~ ein paar": *ilʾiršēn illi ḥawwištuhum* „die paar Piaster, die ich gespart habe" [SP]; *fi lyomēn illi fātu* „in den vergangenen paar Tagen" [ST].

2.4.9.2.2 *itnēn* + Pl.

Personenbezeichnungen erhalten kein Dualsuffix, sondern drücken die Zweizahl durch *itnēn* + Pl. oder Koll. aus: *itnēn ʿumy* „zwei Blinde"; *itnēn ṣaʿayda* „zwei Oberägypter"; *itnēn muxbirīn* „zwei Geheimagenten" [SP]; *itnēn rūs* „zwei Russen"; *itnēn šuhūd* „zwei Zeugen"; *itnēn ʾafandiyya* „zwei Effendis" [SP]; *itnēn sittāt* „zwei Frauen" [SP]. Vgl. auch *itnēn ṣḥābi, ʾaṛaybi, maʿarfi, ṣaḥbāti* „zwei Freunde, Verwandte, Bekannte, Freundinnen von mir etc.", s. 4.3.4.5.3.2.1.

Ausgenommen davon sind wiederum einige Substantive, die Verwandtschaftsbeziehungen oder natürliche Klassen von Menschen bezeichnen, wie: *axx* „Bruder"; *uxt* „Schwester"; *bint* „Mädchen, Tochter"; *maṛa* „Weib"; *gidd* „Großvater"; *walad* „Junge"; *ʿayyil* „Kind". Also *axxēn, uxtēn, bintēn, waladēn, giddēn, ṛaglēn, ʿayyilēn, maṛatēn.* Auch: *kānu tilmizēn ḥuʾūʾ saknīn fi ṛrabʿ* „zwei Jurastudenten wohnten in dem Wohnblock" [SP].

Der Sprachgebrauch ist nicht bei allen Sprechern gleich, so wird ohne erkennbaren Bedeutungsunterschied neben *bintēn* auch *itnēn banāt* „zwei Töchter", neben *ṛaglēn* auch *itnēn riggāla* für „zwei Ehemänner" gebraucht: *baʾēt dilwaʾti ʿala zimmit ṛaglēn* „jetzt stehe ich unter der Fürsorge von zwei Männern" [SP], aber *ya ḥirti bēn litnēn riggāla* „wie verwirrt bin ich doch zwischen den beiden Männern" [SP]. Neben *axxēn, uxtēn* gibt es auch *itnēn ixwāt* „zwei Geschwister" wie in *kān laha tnēn ixwāt* „sie hatte zwei Geschwister"; desgleichen *itnēn zamāyil* neben *zimilēn* „zwei Kollegen". Am Anfang einer Geschichte ist beides möglich: *kān fī marṛa ṛaglēn/bintēn* ~ *itnēn riggāla/ banāt* „es waren einmal zwei Männer/ Mädchen" [SP]. Anstelle von *il'aẋxēn bitūʿi* sagt man jedoch *ixwāti litnēn* „meine zwei Brüder". Vgl. aber *malyunēn* „2 x 1 Million" im Gegensatz zu *itnēn malyūn* „2 000 000".

Bei Determination von *itnēn* + Pl. kann der Artikel gleichzeitig an Zahlwort und Substantiv treten, oder nur an das Zahlwort: *litnēn l-afandiyyāt* [SP] „die beiden Efendis"; *illitnēn issittāt* „die beiden Frauen" [SP]. Aber auch *bēn litnēn riggāla* „zwischen den beiden Männern" [SP].

2.4.9.2.3 *itnēn* + Sg.

Bei nicht voll integrierten Lehnwörtern tritt *itnēn* + Sg. ein: *itnēn dišš* „zwei Antennenschüsseln" [MI]; *itnēn mubayl* (~ *mubaylēn*) „zwei Handys" [MI]; *itnēn mirsīdis* „zwei Mercedes" [MI]; nicht alle Lehnwörter werden freilich gleich behandelt: *rūḥ hatluhum tišertēn w itnēn žins* „bring ihnen zwei T-Shirts und zwei Jeans" [ST]. Ferner ist *itnēn* + Sg. bei Maßeinheiten üblich: *itnēn ṣanti* „2 cm"; *itnēn milli* „2 mm"; *itnēn kīlu* „2 kg"; *itnēn ginēh* „zwei Pfund"; *itnēn būṣa* „zwei Zoll". Auch bei handelsüblichen Einheiten wie sie bei Bestellungen im Restaurant gebraucht werden: *itnēn 'ahwa* „zwei Kaffee!"; *itnēn ʿaša* „zwei Abendessen"; *itnēn ḥāga sa'ʿa* „zweimal Limonade" [MF]. S. dazu Zahlwörter 4.3.4.5.3.2.2.

2.4.9.3 Der Ausdruck der Mehrzahl

Die Mehrzahl wird durch den Plural des Substantivs ausgedrückt. Dieser wird entweder extern durch Endungen am Sg. oder intern durch Veränderung der Silbenstruktur des Nomens gebildet, was nicht immer vorhersagbar ist.

2.4.9.3.1 Externe Pluralbildung mit *-īn, -āt* und *-a*

-īn tritt nur bei Nomina auf, die männliche Personen bezeichnen, und zwar bei Partizipien wie *mudarris, -īn* „Lehrer", *muḥāfiẓ, -īn* „Gouverneure" und Nomina der Striktur KaKKāK wie *kaddāb, -īn* „Lügner"; *šaḥḥāt, -īn* „Bettler"; *bawwab, -īn* „Bawwab"; *gazzaṛ, -īn* „Metzger" etc. Varianten: *-yīn* bei KaKKa: *malla, -yīn* „Wasserträger"; *banna, -yīn* „Baumeister". – *-yyīn* bei Nisba-Adjektiven *maṣri, -yyīn* „Ägypter"; ebenso *muḥāmi, muḥamiyyīn* „Rechtsanwalt". Mit anderem Allomorph des Nomens: *sana, sinīn* „Jahr" (einziges Beispiel).

-āt tritt ein bei

fem. Substantiven mit der Endung *-a*, die Sachen oder Personen bezeichnen können: *tallāga, tallagāt; šāma, šamāt* „Muttermal"; *ṛāya, -āt* „Flagge"; *barrāya, -āt* „Bleistiftspitzer"; *mudarrisa, -āt* „Lehrerin". Auch *sitt, -āt* „Frau".

mask. Sachbezeichnungen und Abstrakta: *šanab, -āt* „Schnurrbart"; *ʿiyāṛ, -āt* „Kaliber"; *malaff, -āt* „Akte"; *gawāb, -āt* „Brief"; *imtiḥān, -āt* „Prüfungen".

Verbalnomina: *muwaṣla,-āt* „Verkehrsmittel".

Es ist produktiv bei Lehnwörtern und abweichenden Nominalschemata: *šilin, -āt* „5-Piaster"; *'utubīs, -āt* „Bus"; *tilifōn, -āt* „Telefon"; *faks, -āt* „Fax"; *barṭamān, -āt* „Marmeladeglas"; *dusēh, -āt* „Dossiers"; *kulōn, -āt* „Strumpfhose"; *fišill, -āt* „Fettkloß"; *tirill, -āt* „Blödmann"; *il'ahlanāt* „die Ahlan's".

-āt tritt selbst an den Dual: *sawa fīha 'iršenāt walla ḥayīgi na'bu ʿala šōna* „ganz gleich, ob da eine hübsche Summe Geld drin ist oder ob es eine taube Nuß ist" [SP].

Varianten: *-'āt*: *'imḍa, -'āt* „Unterschrift"; *liwa, -'āt* „General"; *ʿaṭa, -'āt* „Offerte". – *-hāt*: *radyu, -hāt* „Radio"; *banyu, -hāt* „Badewanne"; *dínamu, -hāt ~ -wāt* „Dynamo". – *-yāt*: *zikra, -yāt* „Erinnerung"; *mustašfa, -yāt* „Krankenhaus". – *-yyāt*: *taksi, -yyāt* „Taxi". – *-wāt*: *bāku, -wāt* „Päckchen"; *tifa, -wāt* „Ichneumon"; *ṛaga, -wāt* „Hoffnung"; *sama, -wāt* „Himmel"; *sana, -wāt* „Jahr"; *ḥama, -wāt* „Schwiegermutter"; *mumya, -wāt* „Mumie"; *usṭa, -wāt* „Meister". Mit anderem Allomorph: *axx, ixwāt* „Bruder"; *bint, banāt* „Mädchen".

-a tritt auf

bei einigen Nomina der Schemata KaKKāK und KaKKīK, die männliche Personen bezeichnen: *hattīf, -a* „Fan"; *ḥarrīf,-a* „Kenner"; *šawwīṭ,-a* „Torjäger"; *labbān, -a* „Milchmann"; *fawwāl, -a* „Getreidehändler"; *kayyīf, -a* „Liebhaber, Genießer".

Varianten: *-yya* bei Nomina auf *-āti, -āni, -li, -gi* und *-i,* wenn diese männl. Personen bezeichnen: in *minādi, -yya* „Parkwächter"; *fawaʿli, -yya* „Bauarbeiter"; *makwagi, -yya* „Bügler"; *mizawwaṛāti, -yya* „Fälscher"; *fakahāni, -yya* „Obsthändler". – *-iyya* bei *šawīš, šawišiyya* „Wachtmeister".

-ēn

Die Wörter *īd* „Hand", *ʿēn* „Auge", *rigl* „Fuß" bilden den Plural mit der Endung *-ēn* (Pseudodual): *īdēn; ʿenēn; riglēn,* s. 2.4.9.4.7.

-Ø

Nichtintegrierte Lehnwörter wie *dišš* „Satellitenschüssel", *'ansaṛ* „Antwortapparat", *mubayl* „Handy", *filuks ~ fulkis* „Volkswagen" etc. bilden keinen Plural.

2.4.9.3.2 Interne Pluralbildung (gebrochener Plural)

2.4.9.3.2.1 Allgemeines

Einige der Pluralschemata dienen nur zur Pluralbildung (z.B. KiKíKa, KaKāKiK, KuKaKa), während andere auch singularische Nominalbasen bilden (z.B. KuKK, KiKKa, KuKūK). Zu einem Nomen können mehrere Plurale gehören, teils mit Bedeutungsunterschied wie bei *ʿāmil, ʿawāmil* „Faktor" ~ *ʿāmil, ʿummāl* „Arbeiter", *masal, amsāl* „Sprichwort" ~ *masal, amsila* „Beispiel", teils ohne: *ṭišṭ, iṭšāṭ ~ ṭišāṭ ~ ṭušúṭa* „Wanne", *axx, xiwāt ~ ixwāt* „Bruder". Auch kommt externer Plural neben internem Plural vor: *ribāṭ, ribíṭa ~ rubaṭāt* „Schnürsenkel".

Häufig steht eine dem Harab. entlehnte Pluralform einer mehr dialektalen Form gegenüber, woraus sich stilistische Unterschiede ergeben. So findet man aKKāK (Harab.) neben iKKāK oder KikāK z.B. *burš, abṛāš ~ ibṛāš* „Matten"; *gōn, igwān ~ giwān* „Tore [Fußball]"; *aṣḥāb ~ ṣiḥāb* „Freunde"; *ġilāf, aġlifa ~ iġlifa ~ ġilífa* „Hüllen"; sowie aKKiKa (Harab.) neben iKKiKa z.B. *raṣīf, arṣifa ~ irṣifa* „Bahnsteige"; und iKKiKa ~ KiKíKa z.B. *riyāl, iryila ~ riyíla* „20-Piasterstücke"; *diṛāʿ, idriʿa ~ diríʿa* „Arme"; *ḥuṣān, iḥṣina ~ ḥiṣína* „Hengste". Zum höheren Stil gehört auch KuKūK anstelle von KuKúKa: *ẓarf, ẓurūf ~ ẓurúfa* „Briefumschlag"; *dakaṛ, dukūr ~ dukúṛa* „Männchen".

A n m e r k u n g : Eine Reihe von aKKāK-Pluralen erhält die Form iKKāK nach den Zahlen von 3-10, wobei noch ein *t-* präfigiert wird: *ayyām* > *talat t-iyyām* „drei Tage", *akyās* > *xamas t-ikyās* „fünf Beutel", s. Zahlwörter 2.5.1.1.2. Historisch gesehen ist es so, daß die ursprüngliche ungebundene Form aKKāK über die Kontextform ‿KKāK (nach Vokal) zu iKKāK wird, das dann auch als gebundene Form nach Zahlwörtern gebraucht wird, °talātit iKKāK, das regulär zu °talattiKKāK wird. Dieses wurde sodann als °talat t-iKKāK reanalysiert. Sodann wurde aKKāK über das Harab. erneut als ungebundene Pluralform eingeführt, so daß heute bei vielen Sprechern aKKāK (ungebunden) neben iKKāK (gebunden) steht: *aṣfār* „Nullen", aber *talat t-iṣfār* „drei Nullen". Daneben findet sich auch noch KiKāK, das sich aus einer neueren Reinterpretation der Kontextform ‿KKāK entwickelt hat. Analog dazu findet die Entwicklung von aKKiKa, iKKíKa, KiKíKa statt. Das präfigierte *t-* geht also auf die ursprüngliche Femininendung des Zahlworts zurück.

u wechselt häufig mit *i* in KuKūK ~ KiKūK z.B. *bēt, buyūt ~ biyūt* „Haus", ebenso in KuKúKa ~ KiKúKa *rimš, rumúša ~ rimúša* „Wimper", wobei das *i* über eine Rückbildung aus der Kontextform ‿KKūK bzw. ‿KKúKa zu erklären ist.

Enthält ein Wort mehr als vier Radikale, kann die Anzahl derselben auf vier reduziert und ein gebrochener Pl. gebildet werden: *manṭalōn, manaṭīl* „Hose" (vulg.).

2.4.9.3.2.2 Einsilbige Pluralformen

KūK: *ṛās, rūs* „Kopf"; *fās, fūs* „Hacke"; *dāṛ, dūr* „Haus"

KuKK: *ʿaṣāya, ʿuṣy* „Stock"; *ḥaṣīra, ḥuṣr* „Binsenmatte"; *ġašīm, ġušm* „naiv"; *aṭraš, ṭurš* „taub". Zu Adjektiven vom Typ aKKaK: *aḥmaṛ, ḥumr* „rot"; *ašwal, šūl* (< **šuwl*) „linkshändig"; *abyaḍ, bīḍ* (< **buyḍ*) „weiß"; *iswid, sūd* „schwarz"; *aʿma, ʿumy* „blind" etc.

2.4.9.3.2.3 Zweisilbige Pluralformen

KiKa: *kilya, kila* „Niere"

KaKaK: *ġafīr, ġafaṛ* „Wächter"; *xādim, xadam* „Diener"

KiKaK: zu Nomina vom Typ KaKKa oder KiKKa: *šalta, šilat* „Sitzkissen"; *madna, midan* „Minarett"; *ġadwa, ġidaw* „Mittagessen"; *birka, birak* „Teich"; *ʾōḍa, ʾiwaḍ* „Zimmer"

KuKaK: zu Nomina vom Typ KaKKa oder KuKKa: *šanṭa, šunaṭ* „Taschen"; *šaʾfa, šuʾaf* „Scherbe"; *taxta, tuxat* „Schulbank"; *šōna, šiwan ~ šuwan* „Vorratskammer"; *fūṭa, fuwaṭ* „Wischtuch"; *ḥuʾna, ḥuʾan* „Spritze"

KuKuK: *madīna, mudun* „Städte"; *ʾassīs, ʾusus* „Priester"; *kitāb, kutub* (auch *kutib*) „Bücher"

KiKūK: *šilʾ, šilūʾ* „Strick"; *hidūm* „Kleider"

KaKīK: *ʿabd, ʿabīd* „Schwarzer"

KiKān: *nāṛ, niṛān* „Feuer"; *gāṛ, girān* „Nachbar"; *ḥēṭ, ḥiṭān* „Wand"; *tōṛ, tirān* „Stier"; *kūʿ, kaʿān* (**kīʿān*) „Ellbogen"; *kūz, kizān* „Maiskolben"

KiKīK: *ḥumāṛ, ḥimīr* „Esel"; *miʿza, miʿīz* „Ziege"

KiKāK: *rīḥ, riyāḥ* „Wind"; *ʿamm, ʿimām* „Onkel"; *šabak, šibāk* „Gitter"; *ḥabl, ḥibāl* „Seil"; *gabal, gibāl* „Berg"; *mūs, miwās ~ amwās* „Rasierklinge"; *faxd, fixād ~ ifxād* „Schenkel"

KiKūK: *baṭn, biṭūn ~ buṭūn* „Bauch"; *šilʾ, šilíʾa ~ šilūʾ* „Strick"; *wišš, wušūš~ wišūš ~ wišāš ~ awšāš* „Gesicht"; *bēt, biyūt* „Haus"

KuKāK: zu Adjektiven vom Typ KaKīK ~ KiKīK: *šidīd, šudād* „stark"; *gamīl, gumāl* „schön"; *ṭawīl, ṭuwāl* „lang"; *ġani, ġunāy* „reich"; *dini, dunāy* „gefräßig"

KuKūK: *wišš, wušūš* „Gesicht"; *tēs, tuyūs* „Ziegenbock"; *kaff, kufūf* „Handfläche"; *waḥš, wuḥūš* „Bestie"; *riʾʾ, ruʾūʾ* „Tambourin"; *tuʾb, tuʾūb* „Loch"; *baṭn, biṭūn ~ buṭūn* „Bauch"; *ẓarf, ẓurūf ~ ẓurúfa ~ uẓruf* „Umschlag [Brief]"; *saṭr, suṭūr ~ t-usṭur* „Zeile"; *šāhid, šuhūd ~ šuhhād* „Zeuge"; *zind, zunūd ~ zinād ~ zunúda ~ zinída* „Vorderhaxe"; *šahr, šuhūr ~ ušhur ~ šuhúra* „Monat"; *dakaṛ, dukúṛa ~ dukūr* „Männchen"

aKKāK: *burg, abṛāg ~ biṛāg ~ burūg* „Turm"; *walad, awlād ~ wilād* „Junge"; *kabš, akbāš ~ kibāš* „Widder"

iKKāK: *raʾaba, irʾāb ~ riʾāb* „Hals"; *kīs, ikyās ~ kiyās ~ akyās* „Beutel, Tüte"; *ʾalam, iʾlām* „Stift"

uKKuK: *šahṛ, ušhur ~ šuhūr* „Monat"; *ṭaʾm, uṭʾum ~ aṭʾum ~ ṭuʾúma* „Gebiß"; *ṛaff, rufūf ~ urfuf ~ arfuf* „Regal"; *ẓarf, ẓurūf ~ uẓruf* „Briefumschlag"; *dirāʿ, udruʿ ~ diríʿa ~ idriʿa* „Arm"; *farx, furūx ~ ufrux ~ furúxa* „Blatt Papier"

KiKKa: *axx, ʾixwa* „Brüder"; *šuwāl, šiwla ~ šiwāl ~ šiwíla* „Sack"; *ġabīṭ, ġibṭa ~ ġibṭān ~ ġibíṭa ~ iġbiṭa* „Tragekorb"; *ġuṛāb, ġirba ~ ġirbān ~ ġiríba* „Rabe"

KuKKaK: *ṣuyyaʿ* < *ṣāyiʿ* „Tunichtgut"

KiKKān: *aʿma, ʿimyān* „blind"; *xaṛūf, xirfān* „Schaf"; *gadaʿ, gidʿān* „Bursche"

KuKKān: *ʾamīṣ, ʾumṣān* „Hemd"; *ġaṭa, ġuṭyān* „Deckel"; *ʿaṣāya, ʿuṣyān* „Stock"; *ṣabi, ṣubyān* „Jungen"; *ṛāhib, ṛuhbān* „Mönch"; *šugāʿ, šugʿān* „tapfer"

KiKKāK: *sāyis, siyyās* „Garagenwärter"

KuKKāK: zu Personenbezeichungen vom Typ KāKiK: *tāgir, tuggāṛ* „Kaufmann"; *šāhid, šuhūd* ~ *šuhhād* „Zeuge"; *rākib, rukkāb* „Fahrgast"; *ʿāmil, ʿummāl* „Arbeiter"

2.4.9.3.2.4 Dreisilbige Pluralformen

KaKaKa: *mārid, marada* „Riese"; *ṭālib, ṭalaba* „Student"; *kātib, kataba* „Schreiber"; *gāhil, gahala* „ignorant"

KiKiKa: *litām, litíma* „Schleier"; *gibīn, gibína* „Stirn"; *riġīf, riġifa* ~ *arġifa* „Brotfladen"; *liḥāf, liḥífa* ~ *ilḥifa* „Bettdecke"; *sabat, sibíta* ~ *isbita* „Korb"; *libās, libísa* „Unterhose"; *ġuṛāb, ġiríba* „Rabe"; *ḥagaṛ, iḥgira* ~ *ḥigíra* „Pfeifenkopf"

KiKaKa: *ġawīṭ, ġiwaṭa* „tief"

KuKaKa: zu Personenbezeichnungen vom Typ KaKīK ~ KiKīK: *faʾīr, fuʾaṛa* „arm"; *zimīl, zumala* „Kollege"; *širīk, šuṛaka* „Partner"; *naḥīf, nuḥāf* ~ *nuḥafa* „dünn, überschlank"; *šiʾīʾ, šuʾaʾa* ~ *šaʾāyiʾ* „Bruder". Auch *limiḍ, lumaḍa* „geschwätzig". Unregelmäßig ist *fuʾaha* von *fiʾi* „Rechtsgelehrter"

KuKúKa: *yaxt, yuxúta* „Yacht"; *taks, tukúsa* „Taxi"; *bank, bunúka* „Sitzbank"; *winš, wunúša* „Kran"; *sabʿ, subúʿa* „Löwe"; *muhr, muhúra* ~ *muhūr* „Fohlen"; *waṣl, wuṣúla* ~ *wuṣulāt* „Quittung"; *dakaṛ, dukúṛa* ~ *dukūr* „Männchen"

KaKāKa: *kaslān, kasāla* „faul, träge"; *wiliyya, walāya* „Frau"; *ḥazīn, ḥazāna* „traurig"; *hidiyya, hadāya* „Geschenk"; *yatīm, yatāma* „Waise"

KaKāKi: *ʿirwa, ʿaṛāwi* „Knopfloch"; *ʾahwa, ʾahāwi* „Kaffeehaus"; *kubri, kabāri* „Brücke"; *arḍ, arāḍi* „Boden, Grund"; *mašta, mašāti* „Winterkurort"; *mīna, mawāni* „Hafen"; *sidēri, sadāri* „Weste"; *zarradiyya, zarādi* „Zange"; *šamsiyya, šamāsi* „Sonnenschirm"

KaKāKiK: zu Nomina der Form KvKKvK: *gardal, garādil* „Eimer"; *šibšib, šabāšib* „Pantoffel"; *burʾuʿ, barāʾiʿ* „Schleier"; auch *mirzabba, marāzib* „Vorschlaghammer"

KaKāyiK: zu Nomina der Form KvKv̄K: *ʾarīb, ʾaṛāyib* „Verwandter"; *ḥabīb, ḥabāyib* „Freund"; *biḍāʿa, baḍāyiʿ* „Waren"; *zuṛāṛ, zaṛāyir* „Knopf"; auch *šiffa, šafāyif* „Lippe"

KawāKiK: zu Nomina der Form KāKiK: *šāriʿ, šawāriʿ* „Straße"; *mūlid, mawālid* „Heiligenfest"; auch *ṣubāʿ, ṣawābiʿ* „Finger"

KaKaKīK: zu Nomina der Form KvKKv̄K: *lazlūẓ, lazalīẓ* „plump"; *baʾlūla, baʾalīl* „Blase"; *barmīl, baramīl* „Faß"; *mandīl, manadīl* „Taschentuch"; *baṭṭaniyya, baṭaṭīn* „Decke"; *birwāz, barawīz* „Bilderrahmen"; *ġurbāl, ġarabīl* „Sieb"; *šuxlēla, šaxalīl* „Rasseln"; *manḥūs, manaḥīs* „Pechvogel"

KawaKīK: *maʿād, mawaʿīd* „Verabredung"; *kalūn, kawalīn* „Türschloß"; *šakūš, šawakīš* „Hammer"; *šaṭūr, šawaṭīr* „Fleischmesser"; *ʿamūd, ʿawamīd* „Säule"

KayaKīK: *šiṭān, šayaṭīn* „Teufel"; *midān, mayadīn* „Platz"

KaKaKKa: *sumsāṛ, samasra* „Makler"; *ustāz, asatza* „Professor"; *duktūr, dakatra* „Doktor"; *farʿōn, faṛaʿna* „Pharao". Einwohner: *Asyūṭi, Aṣayṭa* „Assiuter [pl.]"; *maṣrāwi, maṣarwa* „Kairener [pl.]"

KiKāKa: *ḥagaṛ, ḥigāṛa* „Stein"

KiKKāKa: *ṛāgil, riggāla* „Mann"

iKKika: *riġīf, irġifa ~ riġífa* „ein Fladen Brot"; *libās, ilbisa ~ libísa* „Unterhose"; *liḥāf, ilḥifa ~ liḥífa* „Bettdecke"; *riyāl, iryila ~ riyíla* „20 Piaster"; *dirāʿ, idriʿa ~ diríʿa ~ udruʿ* „Arm"; *gin.āḥ, igniḥa ~ agniḥa* „Flügel"; *sabat, isbita ~ sibíta* „Korb"; *ṛaṣīf, riṣifa ~ irṣifa ~ arṣifa* „Bürgersteig"; *šiwāl, išwila* „Sack"

aKKiyya: *ġani, aġniyya* „reich"; *šaʾi, ašʾiyya* „frech"; *dawa, adwiyya* „Medizin"

2.4.9.4 Der status constructus

Ein Substantiv als Träger einer Genitivverbindung mit folgendem Genitiv oder Possessivsuffix (s. 4.3.1.1.1) steht im status constructus. Dieser unterscheidet sich bei mask. Substantiven nur in Ausnahmefällen vom status absolutus (*abb ~ abu, axx ~ axu*). Bei fem. Substantiven mit der Endung *-a* wird dieses durch *-it* ersetzt. Zur Genitivverbindung bei der Dualendung *-ēn* s. 2.4.9.2.1. Die Pl.-Endung *-īn* verändert sich im stat. cstr. nicht: *bawwabīn ilḥitta* „die Bawwabs des Viertels"; *sawwaʾinha* „ihre Fahrer"; ebensowenig die Endung *-ēn* des Pseudoduals: *riglēn mīn di* „wessen Füße sind das?", s. unten 2.4.9.4.7.

2.4.9.4.1 Femininendung *-a* > *-it*

In der Genitivverbindung ersetzt *-it* das *-a* der Femininendung des Trägers der NP (nomen regens), s. 4.3.2:

šanṭa + axūya	>	*šanṭit axūya*	„die Tasche meines Bruders“
šanṭa + i	>	*šanṭiti*	„meine Tasche“

Bei *sana* und *luġa* lautet der stat. cstr. *sanat-* bzw. *luġat-*, nicht *sanit-* etc. Andere Wörter wie *ʾafa* „Nacken“, *ḥama* „Schwiegervater“ und *ḅāḅa* „Papa, Papst“ verändern das auslautende *-a* im stat.cstr. nicht, da es sich hier nicht um die Femininendung handelt, z.B. *ʿala ʾafa mīn yišīl* „auf dem Nacken dessen, der tragen kann [= in rauhen Mengen]“, *ḅāḅa Rōma* „der Papst von Rom“. Bei Suffigierung wird das *-a* gelängt: *ʾafāk* „dein Nacken“, *ḥamāya* „mein Schwiegervater“, *ḅaḅāya* „mein Papa“. Dies im Gegensatz zu *ṃāṃa*, vgl. *ṃaṃti* „meine Mama“, *ṃāṃit Salwa* „die Mutti von Salwa“. Bei *maṛa* „Weib“ (< **marʾa*), tritt im st.cstr. *miṛāt-* (< **imraʾat*) ein, z.B. *miṛāt abū* „seine Stiefmutter“, ebenso bei *ḥama* „Schwiegermutter“ und *ḥamātu* „seine Schwiegermutter“.

Anmerkung: Bei Enklise wird das *-a* stets gelängt: ilmaṛṛa + di > *ilmaṛṛādi* „dieses Mal“, s. 1.3.1.2.2. Die Verbindung Partizip + Objektsuffix ist keine nominale Genitivverbindung und das *-a* wird gelängt: šayfa + na > *šayfāna* „uns sehend“.

2.4.9.4.2 *-iyya*

Die Endung *-iyya* wird nach der obigen Regel zu *-iyyit-* umgeformt: ʿaṛabiyya + i > *ʿaṛabiyyiti* „mein Auto“. Im Substandard besteht jedoch auch *-īt-*, also *ʿarabīti*, auch *baʾīt ilʿidda* „der Rest der Ausrüstung“ anstelle von *baʾiyyit ilʿidda*.

2.4.9.4.3 Plurale der Form KuKaKa

Das auslautende *-a* geht historisch auf **-āʾ* zurück und wird bei folgendem Genitiv durch *-āt-* ersetzt: *zumala* > *zumalātu* „seine Kollegen“ (analog zu *ṣala* ~ *ṣalātu*). Doch kann dieses auch auf den ebenfalls vorhandenen Plural *zumalāt* zurückgehen.

2.4.9.4.4 **-ā* ~ **-āʾ* > *-a*

Umgangssprachlich gilt *-a*, das aus **-ā* oder **-āʾ* entstanden ist und nach Doppelkonsonanz steht, als f. und erhält *-it* im stat.cstr., z.B. *maʿna*: *maʿnitha ʾē* ~ *maʿnāha ʾē* „was bedeutet das?“. *ašya* (**ašyāʾ*, pl. von *šayʾ*): *ašyitu maʿdan* „es geht ihm prächtig“; *mistašfa* „Krankenhaus“: *mistašfitna* „unser Krankenhaus“; *ʾimḍitak* „deine Unterschrift“. Nicht so nach einfachem Konsonanten wie in *misa* „Abend“; *ʿaša* „Abendessen“; *ġada* „Mittagessen“: *misāk* „dein Abend“; *ʿašāk* „dein Abendessen“; *ġadāk* „dein Mittagessen“.

2.4.9.4.5 Besonderheiten von mask. Substantiven

a. *ạbb* „Vater“ und *ạxx* „Bruder“ verändern sich vor Genitiv und vor Suffix in *abu* bzw. *axu*: *abu ʿAli* „der Vater von ʿAli“; *axu Zēnab* „der Bruder von Zēnab“. Entsprechend mit Längung des *-u* bei Antritt von Suffixen: *abūya* „mein Vater“; *axūha* „ihr Bruder“. Im Vokativ kommen neben *yaxūya* „mein Bruder!“ auch *yaxxi* und *yaxīna* vor.

b. Einige auf *-u* endende Substantive, meist Lehnwörter, ersetzen dieses vor Possessivsuffix durch *-i*: *balṭu* „Mantel", aber *balṭiyya, balṭīk* „mein Mantel, dein Mantel"; *avukātu,* aber *avukatiyya* „mein Advokat". Nicht so *banyu* „Badewanne", dafür *ilbanyu btaʿna.*

c. Substantive der Form KaKi (*KaKīK) werden vor Possessivsuffixen zu KaKiyy, z.B. *ṣabi* „Lehrling", aber *ṣabiyyi* (sic!) „mein Lehrling", *ṣabiyyak, ṣabiyyu, ṣabiyyina* etc. *wali* „Heiliger" wird nur mit *bitāʿ* verbunden: *ilwali btaʿna,* und Dual *itnēn awliya.*

d. Substantive der Form KāKi und sonstige auf *-i* endende längen dieses: *ʾāḍi* > *ʾaḍīku* „euer Richter" (neben *ilʾāḍi btaʿku), muḥāmi* > *muḥamiyya* „mein Rechtsanwalt" (neben *ilmuḥāmi btaʿna*); *kursi* > *kursīk* „dein Stuhl", *layāli* > *layalīha* „ihre Nächte". Bei der Nisba-Endung *-i* und bei dem Berufssuffix *-gi* werden nicht die Possessivsuffixe sondern nur *bitāʿ* gebraucht: *issaʿāti btāʿi* „mein Uhrmacher", nicht ¢*saʿatiyya,* s. auch 4.3.5.2.2 1a.

e. *fiʾi* (**faqīh*) „Rechtsgelehrter" erhält keine Suffixe, auch nicht der Pl. *fuʾaha*: *ilfiʾi btaʿna* „unser Rechtsgelehrter" [MI]; *ilfuʾaha btuʿna* [MI]. Der Dual lautet *itnēn fuʾaha*; das Fem. *fiʾiyya* wird regulär von *fiʾi* gebildet.

2.4.9.4.6 Dual

Die Verbindung des Duals mit Suffixen geschieht ausschließlich analytisch mittels *bitūʿ*: *iššanṭitēn bitūʿi* „meine beiden Taschen"; *ikkilmitēn bitūʿu* „seine paar Worte" [SP]. Folgt ein nomen rectum, bleibt die Dualendung unverändert: *širiṭṭēn ilʿarīf* „die beiden Streifen des Korporals" [SP]; *tilmizēn ilḥuʾūʾ* „die beiden Jurastudenten" [SP]. Auflösung mittels des Genitivexponenten ist möglich: *ikkilmitēn bitūʿu* „seine paar Worte" [SP]. S. 4.3.5.2.2.

Bei Personenbezeichnungen wird in der Umgangssprache anstelle des Duals die Umschreibung mit dem Plural und *l-itnēn* „die beiden", vorgezogen: *xilāni l-itnēn* „meine beiden Onkels"; *ixwāti litnēn ilbanāt* „meine beiden Schwestern" [SP]; *banāti litnēn* „meine beiden Töchter", letzteres i. G. zu dem metaphorischen *ilbintēn bitūʿi* „meine beiden Mädchen" [MI].

2.4.9.4.7 Pseudodual

Die Pseudoduale sehen formal wie Duale aus, sind aber semantisch sowohl Dual wie Plural. Das Kair. besitzt drei davon: *idēn* „Hände", *riglēn* „Füße, Beine" und *ʿenēn* „Augen". Im Gegensatz zum echten Dual nehmen sie Suffixe an, wobei sie das *-n* des Dualsuffixes verlieren. Beim Suffix der 1.Sg. lautet die Dualendung *-ay-* und entsprechend das Suffix *-ya.*

riglēn „Füße"	*riglē(h)*	*riglēk*	*riglayya*
	riglēha	*riglēki*	
	riglēhum	*riglēkum*	*riglēna*

Wie beim Dual lautet der stat. cstr. *-ēn*: *riglēn ilfīl* „die Beine des Elefanten" [ST]; *'uddām ᶜenēn ilbulīs* „vor den Augen der Polizei" [ST]. Der Pseudodual bezeichnet zunächst den Plural wie in *arbaᶜ riglēn* „vier Beine" [ST]; *wi'ᶜit f-idēn ilbulīs* „sie fiel in die Hände der Polizei" [SP], aber den Dual, wenn mit *itnēn* verstärkt: *ᶜenēn itnēn wi bašūf bīhum kuwayyis* „zwei Augen und ich sehe gut damit" [ST]; *inta miš riglēk illitnēn itkasaru* „hast du dir nicht beide Beine gebrochen?" [ST].

2.4.9.5 Der Artikel

2.4.9.5.1 Determination

Der bestimmte Artikel lautet *il-*. Dessen /l/ assimiliert sich an Konsonanten mit dentalem Element /t, d, ṭ, ḍ, r, ṛ, s, z, š, ž, ẓ, ṣ, n/ sowie an /g/ und /k/. Bei /k/ und /g/ kann die Assimilation bei sorgfältigerer Sprechweise unterbleiben.

bint	>	*ilbint*	„Mädchen"	*malik*	>	*ilmalik*	„König"
tīn	>	*ittīn*	„Feigen"	*dēr*	>	*iddēr*	„Kloster"
ṭīn	>	*iṭṭīn*	„Lehm"	*ḍarb*	>	*iḍḍarb*	„Schlagen"
rigl	>	*irrigl*	„Bein"	*ṛāgil*	>	*iṛṛāgil*	„Mann"
sēf	>	*issēf*	„Schwert"	*zēt*	>	*izzēt*	„Öl"
šagaṛ	>	*iššagaṛa*	„Baum"	*žambōn*	>	*iždžambōn*	„Schinken"
ṣēf	>	*iṣṣēf*	„Sommer"	*ẓābiṭ*	>	*iẓẓābiṭ*	„Offizier"
nāṛ	>	*innāṛ*	„Feuer"	*lēl*	>	*illēl*	„Nacht"
gabal	>	*iggabal* ~ *ilgabal*	„Berg"	*kalb*	>	*ikkalb* ~ *ilkalb*	„Hund"

Vor Vokal treten in zwangloser Umgangssprache die Varianten *l-* und *ill-* auf, wobei /ʾ/ elidiert wird: *yōm il'aṛbaᶜ* ~ *yōm laṛbaᶜ* ~ *yōm illaṛbaᶜ* „Mittwoch"; *yom litnēn* ~ *yōm illitnēn* „Montag"; *il'afandi* ~ *lafandi* ~ *illafandi* „der Herr"; *litnēn* „die beiden"; *labyaḍ* „der weiße"; *liswid* „der schwarze"; *ᶜa llarbiᶜīn* „auf die vierzig"; *bi liᶜlām* „mit den Flaggen"; *ᶜa llibwāb* „an die Türen". Nebeneinander kommen *il'abrī'* ~ *labrī'* und *illabrī'* „der Wasserkrug" vor, ebenso *il'abwāb* ~ *illibwāb* „die Türen"; vgl. auch *ẓayy illixwāt* „wie Brüder"; zu *ibwāb* anstelle von *abwāb* s. oben 2.4.9.3.2.1. Der Erhalt des Hamza ist ein Kennzeichen des gehobeneren Stils.

2.4.9.5.2 Indetermination

Ein Substantiv ohne Genitiv, Artikel oder Possessivsuffix, das kein Eigenname ist, gilt als indeterminiert: *kilma minnik fi lmaḥḍar tinaggīki wi tnaggi lkull* „ein Wort von dir im Protokoll rettet dich und rettet alle" [ST]. Ausschließlich bei Personenbezeichnungen wird ein *wāḥid* m., *waḥda* f. in der Funktion eines unbestimmten Artikels vorangesetzt: *ʿašān inti waḥda sitt* „weil du eine Frau bist" [ST]; *biyištaġal fi maktab wāḥid muḥāmi* „er arbeitet im Büro eines Rechtsanwalts" [ST]; *aṛbaʿa w aṛbaʿīn wāḥid muraššaḥīn* „vierundvierzig Kandidaten" [ST]. Adjektive werden auf diese Weise substantiviert: *wāḥid aʿma* „ein Blinder" [ST]; *waḥda ʿamya* „eine Blinde" [MI]; *gussit waḥda ġarīʾa* „die Leiche einer Ertrunkenen" [ME]; *wāḥid rūsi* „ein Russe"; aber *ilʾaʿma* „der Blinde". Im Pl. gebraucht man häufig *gamāʿa* „Gruppe" in diesem Sinne: *gamāʿa ʿumy* „eine Gruppe von Blinden, Blinde". S. auch 4.3.4.2.6.

2.4.9.5.3 Eigennamen

Diese sind zwar per se definiert, können aber auch als indefinit aufgefaßt werden: *biyiḥlam bi maṣri gdīda* „er träumt von einem neuen Ägypten" [ST].

2.4.9.6 Flexion der Adjektive

Die Nominalschemata der Adjektive gleichen denen der Substantive. Einige wie KaKīK, KaKūK, KiKaKi, KuKaki treten bevorzugt bei Adjektiven auf. Adjektive können auch einfach als Substantive gebraucht werden: *ikkibīr* „der Große"; *iṣṣuġayyaṛ* „der Kleine". Auch Partizipien werden sowohl als Substantive wie als Adjektive gebraucht. Adjektive erscheinen als sg.m., sg.f. und als pl. und kongruieren mit ihrem Bezugssubstantiv, s. 4.3.3.1. Sie bilden keinen Dual, werden sowohl prädikativ wie attributiv gebraucht und erhalten gegebenfalls den Artikel.

2.4.9.6.1 Bildung des Femininums

a. Die Femininendung bei Adjektiven lautet *-a*: *zinix* „ranzig" > *zinxa* f., *wisix* „schmutzig" > *wisxa* f., *kibīr* „groß" > *kibīra* f.

b. Adjektive, die auf *-i* enden, bilden das Fem. mit der Endung *-ya*, wobei das *-i* gelängt wird: *-i* + *ya* > *-īya* > *-iyya*:

ġani	>	*ġaniyya*	„reich"	*mistanni*	>	*mistanniyya*	„wartend"
mansi	>	*mansiyya*	„vergessen"	*mistaxabbi*	>	*mistaxabbiyya*	„verborgen"
baladi	>	*baladiyya*	„einheimisch"	*maṣri*	>	*maṣriyya*	„ägyptisch"

c. Bei Partizipien der Form KāKi wird dagegen das *-i* elidiert: *hādi* + ya > *hādiya* > *hadya* f. „ruhig"; *ḥāfi* „barfuß" > *ḥafya*; *ġāli* „teuer" > *ġalya*.

d. Adjektive der Form aKKaK bilden das Fem. KaKKa: *aṣfar* „gelb" > *ṣafra* f., *aṭraš* „taub" > *ṭarša* f., *iswid* „schwarz" > *sōda* f.

e. Einige Adjektive wie *maẓbūṭ* „richtig"; *ṣaʿb* „schwierig"; *ṣaḥḥ* „richtig"; *maxṣūṣ* „speziell"; *kitīr* „viel" werden selten f. gebraucht. S. 4.3.3.1 b,c.

2.4.9.6.2 Pluralbildung

a. Externer Plural: Adjektive der Form KiKiK, KaKKān, KaKKāK, KaKūK, KuKayyiK oder KaKKūK sowie solche mit der Nisba-Endung *-i* formen den Plural mit der Endung *-īn*: *wiḥiš* „schlecht“ > *wiḥšīn*; *kaslān* „faul“ > *kaslanīn, maṣri* > *maṣriyyīn*; *falfūs* „schlaumeierisch“ > *falfusīn; bašūš* „freundlich“ > *bašušīn; kaddāb* „verlogen“ > *kaddabīn*; *kuwayyis* „gut“ > *kuwayyisīn*. KaKKīK erhält das Pl.-Suffix *-a*: *fayyīs, -a* „verschwenderisch“.

b. Interner Plural: Adjektive der Form aKKaK bilden den Pl. KuKK: *aṣfar* „gelb“ > *ṣufr, aṭraš* „taub“ > *ṭurš*; *iswid* „schwarz“ > *sūd, abyaḍ* „weiß“ > *bīḍ*.

Die meisten Adjektive der Form KaKīK ~ KiKīK haben den Plural KuKāK: *laṭīf* „nett“ > *luṭāf*; *kibīr* „groß“ > *kubāṛ*; *gidīd* „neu“ > *gudād*. Aber auch KuKaKa: *baxīl* „geizig“ > *buxala*; *ṣarīḥ* „ehrlich“ > *ṣuraḥa*.

aKKiyya tritt bei Wurzeln tert.inf. auf: *ġabi* „dumm“ > *aġbiyya, ġani* „reich“ > *aġniyya, zaki* „intelligent“ > *azkiyya*.

2.4.9.6.3 Farbadjektive

Farbadjektive bilden eine eigene Gruppe von Adjektiven mit den Formen aKKaK m., KaKKa f., KuKK pl.:

m.	f.	pl.	
aṣfar	*ṣafra*	*ṣufr*	„gelb“
asmaṛ	*samṛa*	*sumr*	„braun“
azraʾ	*zarʾa*	*zurʾ*	„dunkelblau“
aḥmaṛ	*ḥamra*	*ḥumr*	„rot“
axḍar	*xaḍra*	*xuḍr*	„grün“
ašʾaṛ	*šaʾṛa*	*šuʾr*	„blond“
abyaḍ	*bēḍa* (*bayḍa)	*bīḍ* (*buyḍ)	„weiß“
iswid	*sōda* (*sawda)	*sūd* (*suwd)	„schwarz“

Auch einige andere Adjektive, die auffallende körperliche Merkmale bezeichnen, haben die Form aKKaK, z.B. *aṭraš, ṭarša, ṭurš* „taub“; *aʿṛag, ʿarga, ʿurg* „lahm“; *ašwal, šōla, šūl* „linkshändig“; *aḥwal, ḥōla, ḥūl* „schielend“; *aʿma, ʿamya, ʿumy* „blind“. Das der Form nach abweichende *iswid* „schwarz; unglückselig“ bildet einen Elativ der Form aKKaK: *aswad min ʾaṛn ilxaṛṛūb* „schwärzer als eine Frucht des Johannisbrotbaums“ [ST].

2.4.9.6.4 Elativ aKKaK

Der Elativ, die Steigerungsform der Adjektive, wird mit der genus- und numerus-neutralen Form aKKaK gebildet. Bei Wurzeln tert.inf. lautet er aKKa, bei med. gem. aKaKK, bei med.inf. entsprechend mit /w/ oder /y/ als mittlerem Radikal.

Elativ

kitīr	„viel“	→	*akta̤r*	„mehr“
ḥadīs	„modern“	→	*aḥdas*	„moderner“
wiḥiš	„schlecht“	→	*awḥaš*	„schlechter“
ṣaʿb	„schwierig“	→	*aṣʿab*	„schwieriger“
ḥilw	„schön“	→	*aḥla*	„schöner“
hādi	„ruhig“	→	*ahda*	„ruhiger“
zaki	„intelligent“	→	*azka*	„intelligenter“
xafīf	„leicht“	→	*axaff*	„leichter“
ʾulayyil	„wenig“	→	*aʾall*	„weniger“
ṭawīl	„lang“	→	*aṭwal*	„länger“
šīk	„schick“	→	*ašyak*	„schicker“

Partizipien bilden den Elativ mit den Wurzelkonsonanten: *murīḥ* > *aryaḥ* „bequemer“; *maḍmūn* > *aḍman* „sicherer“; *magnūn* > *agann* „verrückter“; *munāsib* > *ansab* „passender“; *muhimm* > *ahamm* „wichtiger“. Auch von Nomina kann ein Elativ gebildet werden wie von *zaḥma* „Menschenmenge, Überfüllung“ > *azḥam* „überfüllter“, vgl. auch die Scherzbildung *aḥma̤r* „eseliger“ in *aho nta ḥmā̤r ilbiʿīd, wi lbarbari ʾaḥmar minnak ilʾabʿad* „du bist, mit Verlaub, ein Esel, und der Nubier ist, mit Verlaub, eseliger als du“ [SG].

Teilweise wird er aber auch mit Hilfe von nachgestelltem *akta̤r* „mehr“ umschrieben: *mitʿallima akta̤r* „gebildeter“ [ST]; *mistaʿgil akta̤r* „eiliger“ [ST]; *mastūra akta̤r* „behüteter“ [SP]. Das gleich gilt für Adjektive der Form KaKKān, KaKKāK KaKūK etc. sowie für Nisba-Adjektive auf *-i*: *gaʿān akta̤r* „hungriger“; *ṭabīʿi akta̤r* „natürlicher“. Ebenso bei Substantiven: *ʿumri f-ḥayāti kuntⁱ gadd akta̤r min dilwaʾti* „niemals in meinem Leben war ich ernsthafter als jetzt“ [ME]. Suppletiv zu *kuwayyis* „gut“ steht *aḥsan* „besser“. Aber auch *akba̤r ġalṭān* „der am meisten unrecht hat“. Von *iswid* „schwarz“ wird ein Elativ *aswad* geformt: *aswad min ʾurūn ilxar̤rūb* „schwärzer als Johannisbrotschoten“ [SP].

Zum besonderen Nachdruck kann der Elativ mit dem Pronominalsuffix *-ha* versehen werden, worauf ein indet. Substantiv folgt: *ana agdaʿha sabbāk* „ich bin der allertollste Klempner“ [MF]; *zayyⁱ aḥsanha waḥda ʾurubbawiyya* „wie die allerbeste Europäerin“ [SP]; *ṣiḥīt min aḥlāha nōma* „ich erwachte aus dem allerschönsten Schlaf“ [SP].

Die Suffixserie mit *-l-* tritt enklitisch an den Elativ: *ilmōt ahwanli min issirʾa* „Sterben ist mir leichter als Stehlen“ [ST]; *nugūm issama aʾ̤rablak* „die Sterne des Himmels sind dir näher [= niemals!]“ [SPR]; *iskut aḥsanlak* „schweig lieber!“ [ME], s. 2.1.2.1.2.

A n m e r k u n g 1 : Der Elativ wird nicht nur von Adjektiven, sondern auch von Substantiven gebildet: *zift* „Pech, Mist“ > *azfat* „bescheuerter“; *gadaʿ* „ein toller Kerl“ > *agdaʿ* „toller“; *ḍamān* „Sicherheit, Garantie“ > *aḍman* „sicherer“.
A n m e r k u n g 2 : Als Ausruf der Bewunderung kommt *ma* + Elativ auch außerhalb der Volkspoesie vor: *ya maḥla layāli lʿīd* „wie schön sind die Nächte des Festes!“ [SP]; *yā marxaṣ ilbaniʾādam fi lbalad di* „wie billig ist der Mensch in diesem Land!“ [ST]; *ma-ḥlāki ya šams ya šammūsa* „wie schön bist du, liebe Sonne!“ [SPR].

Der Elativ bildet alleinstehend eine NP mit komparativischem Sinn: *miš kān ansab tittiṣlu biyya fi ttilifōn* „wäre es nicht passender gewesen, mich anzurufen“ [ST]. Das Komparativum wird mit *min* eingeführt: *di aḥla minha* „die ist hübscher als sie“ [ST]; *ana ma-šuftiš aḥsan minnik* „ich habe nichts besseres als dich gesehen“ [ST]. Komparativische untergeordnete Sätze werden durch *min inn* eingeleitet: *inta aṭyab min innak tizaʿʿal ḥadd* „weil du zu gut bist, um jemand zu verärgern“ [ST]; *huwwa ʾazka min ʾinnu ysibha f-ʾayyi makān* „er ist zu intelligent, um sie irgendwo zurückzulassen“ [MF]. Nach *ʿala* im Sinne von „zu ... um ...“ auch asyndetisch: *ḥatta kilmit mabrūk aʿazzi ʿalēha tʾulha* „sogar das Wort *mabrūk* ist ihr zu teuer, um es zu sagen“ [ST]. Dem Elativ kann ein spezifizierendes Nomen folgen: *aktaṛ minnu ʿabqariyya* „genialer als er“ [ST].

Der Elativ folgt dem Substantiv wie ein Adjektiv und ist dann als Komparativ zu verstehen: *bitiʿmil maghūd akbaṛ* „du strengst dich mehr an“ [ST]; *fi ʾafandiyya asxam minhum* „es gibt noch schlimmere Herrschaften“ [SP]. Steht er mit dem Artikel, so kann er abhängig vom Kontext als Komparativ oder als Superlativ verstanden werden: *ḥāxud iššanṭa lʾaṣġar* „ich nehme die kleinere ~ kleinste Tasche“ [ME]. Zum Elativ in einer Genitivverbindung s. 4.3.4.3.

A n m e r k u n g 1: Der vergleichende attributive Elativ wird in Ausrufesätzen, wenn das tertium comparationis genannt ist, oft mittels Elativ + *min kida* + spezifizierendes Substantiv umschrieben: *fi akbar min kida ʿēb* „gibt es eine größere Schande als eine solche?“ [ST]; *huwwa fi aktaṛ min kida xaṭar* „gibt es eine größere Gefahr als eine solche?“ [MF]; *ma-fīš aḥsan min kida madāris* „es gibt keine besseren Schulen als solche!“ [ME].
A n m e r k u n g 2: Vergleiche können auch mittels *ʿan* ausgedrückt werden, das auf ein Adjektiv folgt: *huwwa kbīr ʿanni* „er ist älter als ich“ [ME]; *ma-šuftahāš fōʾ ʿan sana* „ich habe sie mehr als ein Jahr nicht gesehen“ [MF], s. Präpositionen 2.6.3 (27).

2.5 Die Zahlwörter

2.5.1 Die Kardinalzahlen

2.5.1.1 Die Formen der Zahlwörter

Die Zahlwörter von 3 bis 10 treten in einer Langform (LF) und in einer Kurzform (KF) auf. Die KF ist ein gebundenes Morphem und beschränkt sich auf die Verbindung mit einem Subst. im Pl. (Numeralphrase, NumPh). Die LF wird dagegen sowohl als freie Zählform „eins, zwei, drei etc.“ als auch in der NumPh gebraucht.

Der KF von *wāḥid* „1" entspricht der Sg. des Substantivs, der KF von *itnēn* „2" der Dual. Die Zahlwörter von *ḥiḍāšar* „11" bis „99" sowie „1000" *'alf* kennen nur eine Form, die gebunden wie frei gebraucht wird. „100" tritt wieder in einer LF *miyya* und einer KF *mīt* auf, ebenso „300" und die anderen Hunderter, während „200" *mitēn* nur diese eine Form kennt. Zur Verbindung der Zahlwörter mit Substantiven s. Numeralphrase 4.3.1.2.3 und 4.3.4.5.

Die Zahlwörter von 1 bis 10 (LF)

wāḥid	„eins"	*sitta*	„sechs"
itnēn	„zwei"	*sabʿa*	„sieben
talāta	„drei"	*tamanya*	„acht"
aṛbaʿa	„vier"	*tisʿa*	„neun"
xamsa	„fünf"	*ʿašaṛa*	„zehn"

Alle LF der Zahlwörter werden wie Substantive behandelt und können mit dem *-ēn* des Duals und mit dem *-āt* des Plurals versehen werden. Dabei wird für „ein" von der fem. Form *waḥda* ausgegangen:

waḥdāt „Einer [pl.]" *itnenāt* „Zweier" *xamsāt* „Fünfer"

Anmerkung: Auch *waḥdēn* und *itnenēn* kommen vor, ebenso der Plural *waḥāyid.*

Der Dual wird z.B. beim Geldzählen gebraucht: *xamsitēn* „zwei Fünfpfundscheine" [ME]; *itninēn* ~ *itnantēn* „zwei Zweier" [SG]. Für Geldscheine sind auch *ʿišrintēn* „zwei Zwanziger"; *xamsintēn* „zwei Fünfziger" [ME] etc. gebräuchlich. Der Pl. wird bei Gruppierungen gebraucht: *tisʿāt* „in Neunergruppen" [SG]; *innās 'aʿadu ʿašaṛāt ʿašaṛāt* „die Leute setzten sich jeweils zu zehn hin" [ST]; *sittī xamasṭāšaṛāt* „sechs Fünfzehner" [ME]. Der Pl. von *ʿašaṛa* dient auch als Approximativzahl: *ʿašaṛāt ikkutub* „Dutzende von Büchern" [ST].

2.5.1.1.1 Die Zahlwörter 1 und 2

Die LF lauten *wāḥid* „eins" und *itnēn* „zwei". In der NumPh kann *wāḥid* kongruieren und hat dann die fem. Form *waḥda*: *maṛṛa waḥda bass* „nur einmal". Zu *wāḥid 'ahwa* „einen Kaffee!" s. 4.3.4.5.3.2.2. *itnēn* „zwei" ist dagegen unveränderlich. Adjektivisch beim Nomen zum Nachdruck: *maṛṛitēn fi l'usbūʿ badal maṛṛa waḥda* „zweimal die Woche anstatt einmal" [ST]; *ʿenēn itnēn* „zwei Augen" [ST]. Zum Gebrauch von *wāḥid* als Pronomen, s. 2.2.8.2, zu *ilwāḥid* s. 2.2.8.2. Zu *itnēn* + Pl. s. 2.4.9.2.3.

2.5.1.1.2 Die Zahlwörter von 3 bis 10

Neben der LF kennen diese Zahlwörter eine KF, die ausschließlich in der NumPh in Verbindung mit einem Subst. im Plural auftritt. Sie ist bis auf *sitt* „sechs" zweisilbig. In Verbindung mit *maṛṛāt* „Male" lautet das Paradigma:

Kurzform der Zahlwörter von 3 bis 10

talāta	→	*talat maṛṛāt*	*sabʿa*	→	*sabaʿ maṛṛāt*
aṛbaʿa	→	*aṛbaʿ maṛṛāt*	*tamanya*	→	*taman maṛṛāt*
xamsa	→	*xamas maṛṛāt*	*tisʿa*	→	*tisaʿ maṛṛāt*
sitta	→	*sittⁱ maṛṛāt*	*ʿašaṛa*	→	*ʿašaṛ maṛṛāt*

Die Pl.-Typen iKKāK, iKKiKa und uKKuK erhalten ein *t-* vorgesetzt: *ʾalam, iʾlām*: *xamas t-iʾlām ~ t-iʾlima* „fünf Stifte"; *axx, ixwāt*: *sabaʿ t-ixwāt* „sieben Brüder"; *faxda, ifxida*: *sabaʿ t-ifxida* „sieben Lammkeulen". Ebenso bei uKKuK: *ẓarf, uẓruf*: *taman t-uẓruf* „acht Briefumschläge". Bei *sitt* „sechs" unterbleibt dieses *t-*: *sitt irġifa* „sechs Brotfladen" [ST]. S. auch den Pl. von *ʾalf* „tausend" *ʾalāf,* der ebenfalls ein *t-* erhält, wobei das anlautende *a-* erhalten bleibt: *xamas t-alāf* „5000".

Bei einer Reihe von Pl. der Form aKKāK und aKKiKa wird gewöhnlich anlautendes *a-* durch *i-* ersetzt, vor welches dann *t-* tritt: *kōm, akwām*: *taman t-ikwām* „acht Haufen"; *kīs, akyās*: *xamas t-ikyās* „fünf Beutel"; *nafaṛ, anfāṛ*: *talat t-infāṛ* „drei Mann"; *yōm, ayyām*: *aṛbaʿ t-iyyām* „vier Tage"; *ṭabaʾ, aṭbāʾ*: *sabaʿ t-iṭbāʾ* „sieben Teller"; *dōr, adwāṛ*: *talat t-idwāṛ* „drei Stockwerke"; *mitr, amtāṛ*: *ʿašaṛ t-imtāṛ* „drei Meter"; *rūḥ, aṛwāḥ*: *aṛbaʿ t-irwāḥ* „vier Leben"; *ṣifr, aṣfāṛ*: *talat t-iṣfār* „drei Nullen"; *riġīf, arġifa*: *talat t-irġifa* „drei Brotfladen". Ebenso bei aKKuK mit *u-*: *šahṛ, ašhur*: *xamas t-ušhur* „fünf Monate"; *ṣaṭr, aṣṭur*: *tisaʿ t-uṣṭur* „neun Zeilen". S. dazu 2.4.9.3.2.1 Anm.

ʾayyām

∅	*yōm (wāḥid)*	„ein Tag"	*sitt*	*-iyyām*	„sechs Tage"
∅	*yomēn (itnēn)*	„zwei Tage"	*sabaʿ*	*t-iyyām*	„sieben Tage"
talat	*t-iyyām*	„drei Tage"	*taman*	*t-iyyām*	„acht Tage"
aṛbaʿ	*t-iyyām*	„vier Tage"	*tisaʿ*	*t-iyyām*	„neun Tage"
xamas	*t-iyyām*	„fünf Tage"	*ʿašaṛ*	*t-iyyām*	„zehn Tage"

ašhur „Monate"

∅	*šahr (wāḥid)*	„ein Monat"	*sitt*	*-ušhur*	„sechs Monate"
∅	*šahrēn (itnēn)*	„zwei Monate"	*sabaʿ*	*t-ušhur*	„sieben Monate"
talat	*t-ušhur*	„drei Monate"	*taman*	*t-ušhur*	„acht Monate"
aṛbaʿ	*t-ušhur*	„vier Monate"	*tisaʿ*	*t-ušhur*	„neun Monate"
xamas	*t-ušhur*	„fünf Monate"	*ʿašaṛ*	*t-ušhur*	„zehn Monate"

Anmerkung: In gehobenerem Sprachstil lauten diese Plurale mit Hamza an und werden daher als konsonantisch anlautend behandelt: *aṛbaᶜ ʾawlād* „vier Jungen“ neben *aṛbaᶜ t-iwlād* [SG]. S. auch oben bei Pluralbildung.

2.5.1.1.3 Die Zahlwörter von 11 bis 19

Die Zahlwörter von 11 bis 19 kennen nur eine Form, die als Zählform und in der NumPh gebraucht wird. Sie enthalten die Endung *-āšaṛ* bei 11, 12 und 16, die anderen bestehen aus der KF der Einer und der Endung *-ṭāšaṛ*. Die Emphase erstreckt sich auf das ganze Wort: *ḥiḍāšaṛ, xạmạṣṭāšaṛ* etc.

Zahlwörter von 11 bis 19

ḥiḍāšaṛ	„elf“	*siṭṭāšaṛ*	„sechzehn“
iṭnāšaṛ	„zwölf“	*sabaᶜṭāšaṛ*	„siebzehn“
talaṭṭāšaṛ	„dreizehn“	*tamanṭāšaṛ*	„achtzehn“
aṛbaᶜṭāšaṛ	„vierzehn“	*tisaᶜṭāšaṛ*	„neunzehn“
xamasṭāšaṛ	„fünfzehn“		

Anmerkung: Abweichend ist *siṭṭāšāṛ* für **sitt-ṭāšar*, s. auch unten 2.5.1.1.6. *sittalāf* für **sitt t-alāf*. *-ṭāšaṛ* kann auch mit *ḥāga* zu einer Approximativzahl *ḥagaṭāšaṛ* „eine Zahl zwischen 11 und 19“ verbunden werden.

2.5.1.1.4 Die Zehner

Die Zehner 30 bis 90 sind aus den LF 3 bis 9 herzuleiten, deren Endung *-a* durch *-īn* ersetzt ist. Abweichend gebildet ist *ᶜišrīn* „zwanzig“.

Zehner

ᶜišrīn	„zwanzig“	*sittīn*	„sechzig“
talatīn	„dreißig“	*sabᶜīn*	„siebzig“
arbaᶜīn	„vierzig“	*tamanīn*	„achtzig“
xamsīn	„fünfzig“	*tisᶜīn*	„neunzig“

arbaᶜīn wechselt mit *arbiᶜīn*. In *tamanīn* entfällt das *-y-* von *tamanya*. Die Zehner bilden Plurale: *xamas ᶜišrināt* „fünf Zwanziger“; mit Artikel bezeichnen diese Plurale das entsprechende Jahrzehnt: *ittalatināt* „die dreißiger Jahre“; *ilxamsināt* „die fünfziger Jahre“; auch *ṛāgil fi lxamsināt* „ein Mann in den Fünfzigern“.

2.5.1.1.5 Hundert, Zweihundert und die anderen Hunderter

Das Zahlwort für „100“ lautet *miyya*, die KF dazu ist *mīt*, wovon „200“ mittels der Dualendung gebildet wird. Die anderen Hunderter sind aus dem Schema KuKKu + *miyya* zusammengestellt und bilden die KF ebenfalls auf *-mīt*: *tultumīt ginē* usw.

Hunderter

miyya	„100"	*suttumiyya*	„600"
mitēn	„200"	*subʿumiyya*	„700"
tultumiyya	„300"	*tumnumiyya*	„800"
rubʿumiyya	„400"	*tusʿumiyya*	„900"
xumsumiyya	„500"		

Anmerkung: Die KF *mīt* von *miyya* „100" wird nur in der NumPh gebraucht: *mitēn* „200"; *mīt ʾalf* „100 000"; *mīt malyūn* „100 000 000"; *mīt maṛṛa* „hundert Mal". Bei Antritt des Dualsuffixes *-ēn* wird von *miyya* ein stat.cstr. *miyyit* gebildet: *miyyitēn* „zwei Hunderter"; der Pl. lautet *miyyāt*: *talat miyyāt* „drei Hunderter".

2.5.1.1.6 Die Tausender

ʾalf „1000" verhält sich bei der Bildung der Tausender wie ein Substantiv. „2000" *ʾalfēn* ist der Dual von *ʾalf* und die Zahlwörter 3000 bis 10 000 entsprechen der üblichen NumPh. Sie bestehen aus den KF von 3 bis 10 mit dem Pl. *ʾalāf*, dem *t-* vorgesetzt ist: *xamas t-alāf* „5000". Für „1001": *alfi lēla w lēla* „1001 Nacht". Ein anderer Pl. von *ʾalf* ist *ʾulūf* „Tausende", der aber nicht innerhalb der NumPh gebraucht wird.

Auch die Zahlwörter über 10 000 bilden eine regelmäßige NumPh mit dem Zahl-wort ab 11 und folgendem *ʾalf* im Sg.:

Tausender

ʾalf	„1000"	*sitt -alāf*	„6000"
ʾalfēn	„2000"	*sabaʿ t-alāf*	„7000"
talat t-alāf	„3000"	*taman t-alāf*	„8000"
aṛbaʿ t-alāf	„4000"	*tisaʿ t-alāf*	„9000"
xamas t-alāf	„5000"	*ʿašaṛ t-alāf*	„10 000"
ḥidāšar ʾalf	„11 000"	*iṭnāšar ʾalf*	„12 000"
mīt ʾalf	„100 000"	*miyya w sabʿa ʾalf*	„107 000"
xumsumīt ʾalf	„500 000"		

Bei Zahlen über 100 erfolgt keine Veränderung der Zahlwörter und *wāḥid* bleibt maskulin auch bei fem. Gezähltem: *miyya w wāḥid nusxa* oder *mīt nusxa w nusxa* „101 Exemplare"; *miyya w itnēn nusxa* „102 Exemplare"; *miyya w talāta nusxa* „103 Exemplare"; *mitēn wi wāḥid qarya* „201 Dörfer"; *ʾalfi w talāta nusxa* „1003 Exemplare".

2.5.1.1.7 „1 000 000"

milyōn ~ *malyōn* ~ *malyūn, malayīn* „1 Million" gehört zu den Substantiven, die mit der LF der Zahlwörter verbunden werden. Daher wird wie folgt weitergezählt:

itnēn malyūn, talāta malyūn, aṛbaʿa malyūn etc., aber *mīt malyūn* „100 Millionen". Der Dual *malyunēn* bezeichnet zwei einzelne Millionen. Wird es mit anderen Zahlwörtern kombiniert, so muß *wāḥid* gebraucht werden: *wāḥid milyōn wi sabʿa w ʿišrīn* „1 000 027". Ferner gibt es noch *nuṣṣi milyōn* „500 000" und *balyōn* für „1 Milliarde". Kontrastierend mit folgendem *wāḥid*: *ittaʿwīḍ talāta malyūn miš malyūn wāḥid* „die Kompensation ist drei Millionen, nicht eine!" [ST].

2.5.1.1.8 Zusammengesetzte Zahlen

a. Mittels *wi* werden verbunden:

Einer mit Zehnern:

wāḥid wi ʿišrīn	21	*talāta w xamsīn*	53

Hunderter oder Tausender mit den Zahlen von 1 bis 19 sowie mit den Zehnern allein:

miyya w xamsa	105	*mitēn wi xamasṭāšar*	215
tultumiyya w wāḥid	301	*xumsumiyya w ʿišrīn*	520
tusʿumiyya w tisʿīn	990	*ʾalfi w sabʿa*	1007
ʾalfēn wi ʿišrīn	2020	*mitēn ʾalfi w ʿašaṛa*	200 010

Tausender mit Hundertern allein:

ʾalfi w miyya	1100	*ʾalfi w tultumiyya*	1300

b. Ohne *wi* wird verbunden, wenn die niedrigere Zahl bereits *wi* enthält, d.h.:

Hunderter + Zehner mit Einern:

mitēn waḥid wi ʿišrīn	221	*suttumiyya sabʿa w talatīn*	637

Tausender oder Million + Hunderter mit Zehnern oder Einern:

ʾalfi miyya sabʿa w xamsīn	1157
ʾalfi xumsumiyya tamanya w ʿišrīn	1528
xamasṭāšar ʾalfi tumnumiyya w sabaʿṭāšar	15 817
miyya w xamsīn ʾalfi subʿumiyya w wāḥid	150 701
itnēn malyūn suttumiyya w talāta	2 000 603

Anmerkung: Jahreszahlen werden auf dieselbe Weise geformt: *sanat ʾalfi tusʿumiyya sitta w tisʿīn* „im Jahre 1996".

2.5.1.2 Zum Gebrauch der Kardinalzahlen

2.5.1.2.1 Approximativzahlen

Neben dem Gebrauch von Adverbien wie *taʾrīban, ḥawāli, yīgi* „ungefähr, zirka" besteht die Möglichkeit, zwei aufeinanderfolgende Zahlwörter nebeneinander zu setzen, um eine ungefähre Angabe wie etwa „drei, vier", „vier, fünf" zu machen.

Dabei steht auch das erste Zahlwort in der KF, wenn das Substantiv dies erfordert: *tàlat-árbaᶜ nusax* „drei, vier Exemplare"; *aṛbaᶜ xamas t-infāṛ* „vier, fünf Mann"; *xamas sittⁱ ᶜyāl* „fünf, sechs Kinder". Andere belassen das erste Zahlwort in der LF: *talāt-aṛbaᶜ saᶜāt* „drei, vier Stunden"; *xamsa sitt infāṛ* „fünf, sechs Mann"; *sabᶜa taman saᶜāt* „sieben, acht Stunden".

Für „ein oder zwei" gebraucht man den Sg. mit dem Dual: *yōm yomēn* „ein, zwei Tage", oder einfach mit *walla* „oder": *yōm walla yomēn, yōm walla tnēn*. Auch der Dual gefolgt durch *talāta* „drei" drückt eine ungefähre Zahl aus: *yomēn talāta* „zwei, drei Tage ~ ein paar Tage".

Ebenso treten die Plurale einiger Zahlwörter als ungefähre Angaben auf: *ᶜašaṛāt* „Dutzende"; *miyyāt ~ mi'āt* „Hunderte"; *'alāf* „Tausende".

Ferner *ḥagaṭāšaṛ* „eine Zahl zwischen 11 und 19", die mit der Endung *-ṭāšaṛ* von den Zahlwörtern für 13 bis 19 abgeleitet ist.

2.5.1.2.2 Distributivzahlen

Zum Ausdruck der Distribution werden die Zahlwörter wiederholt, wobei je nach Bezug *wāḥid* oder *waḥda* auftritt: *wāḥid wāḥid* „einer nach dem anderen"; *ᶜārif iššagaṛ illi zaraᶜtu waḥda waḥda* „ich kenne jeden Baum, den ich gepflanzt habe, jeden einzeln" [ST]; *xamsa xamsa* „jeweils fünf" [ME].

Daneben findet auch die Präposition *bi* Verwendung: *daxalu wāḥid bi wāḥid* „sie kamen einer nach dem anderen herein" [ME]. Bei Zahlwörtern über 10 ist *bi* obligatorisch: *xamasṭāšaṛ bi xamasṭāšaṛ* „jeweils fünfzehn"; *mitēn bi mitēn* „jeweils 200" [SG].

2.5.1.2.3 Zahladverbien

Als Zahladverbien „erstens, zweitens etc." sind die hochsprachlichen Formen in Kairener Aussprache *awwálan, sāníyan, sālísan, ṛābíᶜan, xāmísan, sādísan* usw. gebräuchlich.

2.5.1.2.4 Paar, Vierzahl und Dutzend

Für Dutzend ist die das Wort *dasta, disat* in Gebrauch: *dastit bēḍ* „ein Dutzend Eier" [ME], *nuṣṣⁱ dastit ᶜiyāl* „ein halbes Dutzend Kinder" [ME]. Für „ein Paar" dient *gōz, igwāz*: *gōz ḥamām* „ein Paar Tauben". Für ein Einzelteil eines Paares oder eines Satzes dient *farda, firad*: *fardit gazma* „ein Schuh"; *fardit kawitš* „ein Autoreifen"; *fardit šaṛāb* „ein Socken"; *fardit ḥala'* „ein Ohrring"; *fardit ṭīz* „eine Gesäßhälfte". S. dazu 4.3.4.1.7 Anm.2 und 4.3.4.5.3.4.

A n m e r k u n g : Die auf dem Lande üblichen Ausdrücke für die Vierzahl *kāṛa* und *ṭōṛa* sind im Kairenischen nicht gebräuchlich: *kāṛit balaḥ* „vier Datteln"; *ṭurtēn fūl* „ein wenig Ful". In einem älteren Text wurde noch *iṭṭurtēn ilfūl* „das bißchen Ful" notiert.

2.5.1.2.5 Datum

Das Datum erfragt man mit *innahaṛda kām fi ššahṛ* „der wievielte ist heute?". Für den Tag gebraucht man die LF der Kardinalzahlen: *talāta yanāyir* „der dritte Januar"; *wāḥid māris* „der erste März"; *xamsa w ʿišrīn yulyu* „der 25. Juli". „Am" wird mit *fi* wiedergegeben: *fi ʿišrīn ʾabrīl* „am 20. April" oder mit *yōm* wie in *ḥayīgi yōm siṭṭāšaṛ* „er kommt am Sechzehnten".

Auch die Monate können mit den Zählform der Zahlwörter angegeben werden: *yōm sitta ʿašaṛa* „am sechsten Oktober".

Jahreszahlen werden mit *sanat* eingeleitet: *sanat ʾalfi tusʿumiyya sitta w tisʿīn* „im Jahre 1996".

2.5.1.2.6 Uhrzeit

Nach der Uhrzeit fragt man mit *issāʿa kām*, was sowohl „wieviel Uhr [ist es]?" als auch „um wieviel Uhr?" bedeutet. Zur Angabe der vollen Stunden gebraucht man die Zählzahlen: *issāʿa tnēn* „es ist zwei Uhr" oder „um zwei Uhr"; *issāʿa xamsa* „es ist fünf Uhr" oder „um fünf Uhr". Ausnahme ist *issāʿa waḥda* „es ist ein Uhr" oder „um ein Uhr" mit dem fem. *waḥda*.

Die Stunde wird unterteilt mit *rubʿ* „Viertel", *tilt* „Drittel" und *nuṣṣ* „Hälfte", die mittels *wi* „und" und *illa* „weniger, außer" der vollen Stunde hinzugefügt bzw. abgezogen werden:

itnēn wi rubʿ	„2.15"	*itnēn illa rubʿ*	„1.45"
itnēn wi tilt	„2.20"	*itnēn illa tilt*	„1.40"
itnēn wi nuṣṣ	„2.30"		

Für genauere Unterteilungen nach Minuten (*diʾīʾa, daʾāyiʾ*) werden ebenfalls die Zählformen der Zahlwörter verwendet:

itnēn wi xamsa	„2.05"	*itnēn illa xamsa*	„1.55"
itnēn wi nuṣṣi w xamsa	„2.35"	*itnēn wi nuṣṣ illa xamsa*	„2.25"

Nach der Zeitdauer fragt man mit *ʾaddi ʾē*: *baʾālik ʾaddi ʾē hina* „wie lange bist du schon hier?" oder mit Angabe der erfragten Zeiteinheit: *kām sāʿa, kām sana* „wie viele Stunden, wie viele Jahre?" etc.

2.5.1.2.7 Wochentage

Zum Teil sind hier die Zahlwörter von 1 bis 5 zu erkennen.

yōm ilḥadd	„Sonntag"	*yōm ilxamīs*	„Donnerstag"
yōm ilʾitnēn	„Montag"	*yōm iggumʿa*	„Freitag"
yōm ittalāt	„Dienstag"	*yōm issabt*	„Samstag"
yōm ilʾaṛbaʿ	„Mittwoch"		

Varianten sind *yōm illitnēn ~ yōm litnēn* „Montag", *yōm laṛbaʿ* „Mittwoch". Wenn syntaktisch erforderlich, kann der Artikel weggelassen werden, z. B. *kulli yōm gumʿa* „jeden Freitag" [ME], *agmal yōm ḥadd* „der schönste Sonntag".

2.5.1.2.8 Rechnen

a. Grundrechnungsarten

Für die Grundrechnungsarten gebraucht man *wi* „und, plus", *nā'iṣ* „weniger, minus", *fi* „in, mal" und *ʿala* „auf, durch". Das Resultat wird jeweils mit verschiedenen Ausdrücken angegeben:

Addition:	*xamsa w sabʿa*	*yib'a ṭnāšar*	„5 + 7	=	12"
oder:	*talāta zā'id sitta*	*yisāwi tisʿa*	„3 + 6	=	9"
Subtraktion:	*ḥiḍāšar nā'iṣ talāta*	*yisāwi tamanya*	„11 - 3	=	8"
oder:	*talāta min ḥiḍāšar*	*yisāwi tamanya*	„11 - 3	=	8"
Multiplikation:	*talāta f-xamsa*	*bi xamasṭāšar*	„3 x 5	=	15"
Division:	*tisʿa ʿala talāta*	*yisāwi talāta*	„9 : 3	=	3"

b. Prozentangaben mit *fi*: *wāḥid fi lmiyya* „ein Prozent"; *xamsa w talatīn fi lmiyya* „35%"; *miyya fi lmiyya* „hundert Prozent".

c. Ferner werden die folgenden Präpositionen beim Rechnen gebraucht:

min für „Komma": *wāḥid min ʿašaṛa* „Null Komma eins"; *talāta w sabʿa min ʿašaṛa* „drei Komma sieben"; *talāta w xamsa min miyya* „3,05"

ʿala bei Brüchen: *itnēn ʿala sabʿa* „zwei Sibtel"; *aṛbaʿa w talāta ʿala xamsa* „4 3/5". Zu den Bruchzahlen s. 2.5.3.

'ila „zu" (Verhältnis): *sabʿa 'ila 'aṛbaʿa* „7 : 4". Torangaben beim Fußball jedoch ohne Präposition: *talāta ṣifr* „drei zu Null"; *itnēn wāḥid* „2:1"

fi „mal": *aṛbaʿa f-xamsa mitr* „vier mal fünf Meter"

Anmerkung 1: Als Multiplikativum wird *iṭṭā'* gebraucht: *iṭṭā'* in *dilwa'ti ba'it iṭṭā' ʿašaṛa* „jetzt ist es zehnmal soviel geworden" [MF]. Oder umschreibend mit *'add*: *'add ilʿumūla btaʿtu ʿišrīn maṛṛa* „zwanzigmal soviel wie seine Kommission" [SP]; *kuntì fākir innì lingilīz dōl kutāṛ 'addina mīt nōba* „ich dachte, daß die Engländer viele seien, hundertmal mehr als wir" [SP].

Anmerkung 2: Als idiomatische Ausdrücke sind etwa *nimṛa wāḥid* „Nummer eins, erstklassig", *waḥda waḥda* „langsam, vorsichtig", *miyya lmiyya* „hundertprozentig, todsicher" anzuführen.

2.5.2 Die Ordinalzahlen

2.5.2.1 1 bis 10

Die Ordinalzahlen werden nach dem Schema KāKiK von den Kardinalzahlen gebildet: *tāni* „zweiter" von *itnēn*, *tālit* „dritter" von *talāta*; das Femininum lautet entsprechend KaKKa, also *tanya, talta, ṛabʿa* etc. Ausnahme ist *'awwil* „erster".

Ordinalzahlen

wāḥid	→	*ʾawwil*	*sitta*	→	*sādis ~ sātit*
itnēn	→	*tāni*	*sabʿa*	→	*sābiʿ*
talāta	→	*tālit*	*tamanya*	→	*tāmin*
aṛbaʿa	→	*ṛābiʿ*	*tisʿa*	→	*tāsiʿ*
xamsa	→	*xāmis*	*ʿašaṛa*	→	*ʿāšir*

ʾawwil bildet ein Femininum *ʾawwila*, das jedoch nur in festen Redensarten vorkommt, z.B. *ilʾawwila ʿasal wi ttanya baṣal* „zu Beginn ist es süß, und dann wird es bitter" [SB]. Neben *ʾawwil* gibt es das dem Harab. entlehnte *ʾawwal* „erster", das wie ein Elativ gebildet ist, und dessen feminine Form dementsprechend *ʾūla* lautet. Als Adjektiv wird stets *ʾawwal* gebraucht, wie in *iddars ilʾawwal* „die erste Lektion". Häufig tritt auch das Adjektiv *ʾawwalāni* „erster" auf, wie z.B. *xadni Fatḥi ʿala mṛātu lʾawwalaniyya* „Fatḥi heiratete mich zusätzlich zu seiner ersten Frau" [SP]. Auch *ʾāxir* „letzter" verhält sich wie eine Ordinalzahl.

Die Ordinalzahlwörter können substantiviert und mit einem Possessivsuffix versehen werden: *law itʾafal ʿalēki bāb inti w ṛāgil haykūn iššiṭān talitkum* „wenn sich eine Tür hinter dir und einem Mann schließt, wird der Teufel der Dritte im Bunde sind" [SP]. Zu Syntax und Gebrauch s. ferner 4.3.4.6.

2.5.2.2 Ab 11

Für die Ordinalzahlen über 10 benutzt man die Kardinalzahlwörter: *iddōr ilḥiḍāšar* „der elfte Stock"; *ilqarn ittisaʿṭāšar* „das 19. Jahrhundert".

Anmerkung 1: In älteren Texten findet man noch die türkische Bildungsweise mit dem Suffix *-gi* für die Ordinalzahlen: *talatgi dōr* „das dritte Mal"; *aṛbaʿgi dōr* „das vierte Mal". Heute veraltet, waren jedoch in den 60er Jahren am Taxistand noch *biringi, ikingi, išingi* mit der ebenfalls türkischen Endung *-ingi* für die Reihenfolge üblich.

Anmerkung 2: *tāni* „zweiter" entwickelt sich se mantisch weiter zu „anderer": *maṛṛa tanya* „ein anderes Mal"; *ḥaddi tāni* „jemand anderer"; *innuṣṣ ittāni* „die andere Hälfte". Und weiter zu „ebenfalls, auch": *zayyi ma ykūn biyraʾibni huwwa ttāni* „als ob er mich ebenfalls beobachten würde" [ST]. In bestimmten Kontexten hat es die Bedeutung „nächster, folgender": *tāni maṛṛa* „nächstes Mal"; *tāni yōm* „am folgenden Tag"; *iwʿi tāni maṛṛa tiʿmili kida* „hüte dich, nächstes Mal das gleiche zu tun" [ST]; dagegen *kulli yōm wi ttāni* „jeden zweiten Tag" [ST].

Anmerkung 3: Dem Harab. sind entlehnt Bildungen wie *sunāʾi* „aus zweien bestehend", *sulāsi* „aus dreien bestehend", *rubāʿi* „aus vieren bestehend", die in bestimmten festen Ausdrücken vorkommen und auch umgangssprachlich gebraucht werden können: *ilʿilaqāt issunaʾiyya* „die bilateralen Beziehungen"; *ilʾism issulāsi* „der dreigliedrige Name [Name, Vater, Großvater]"; *lagna xumasiyya* „ein Ausschuß mit fünf Mitgliedern"; *xumāsi* „Quintett".

2.5.3. Die Bruchzahlen

Bruchzahlen bildet man mit dem Schema KuKK, Pl. aKKāK ~ t-iKKāK. Ausnahmen sind *tilt* „Drittel" und der Plural *irbaʿ* von *rubʿ* „Viertel" in *talat t-irbaʿ* „drei Viertel":

Bruchzahlen

talāta	→	*tilt* „Drittel"		*sabʿa*	→	*subʿ*	„Siebtel"
aṛbaʿa	→	*rubʿ* „Viertel"		*tamanya*	→	*tumn*	„Achtel"
xamsa	→	*xums* „Fünftel"		*tisʿa*	→	*tusʿ*	„Neuntel"
sitta	→	*suds* „Sechstel"		*ʿašaṛa*	→	*ʿušr*	„Zehntel"

suds „Sechstel" ist nicht direkt von *sitta* gebildet, sonder dem Harab. entlehnt. Die Bruchzahlen können mit dem Dual verbunden werden: *tiltēn* „zwei Drittel"; *xumsēn* „zwei Fünftel" etc. Die Plurale lauten z.B. *xamas t-isdās* „fünf Sechstel"; *sabaʿ t-iʿšāṛ* „sieben Zehntel". Für „Hälfte" wird *nuṣṣ, inṣāṣ* gebraucht; für „anderthalb" *wāḥid wi nuṣṣ*, determiniert *ilyōm wi nuṣṣ* „die anderthalb Tage"; *iddīni xamas t-inṣāṣ kabāb* „gib mir fünfmal ein halbes Kilo Kebab"; *gāb ikkabāb inṣāṣ inṣāṣ* „er brachte den Kebab halbkiloweise" [ME]. *rubʿ* „Viertel" hat den unregelmäßigen Plural *irbaʿ*: *niʾaṭṭaʿha aṛbaʿ t-irbaʿ* „wir teilen sie in vier Viertel" [MA]. Mit Possessivsuffix: *talat t-irbaʿu ʿaḍm* „drei Viertel davon sind Knochen" [ST].

Bei den Zahlen über „zehn" gebraucht man die Kardinalzahlen und die Präposition *ʿala* „auf", s. oben 2.5.1.2.8 c: *sabʿa ʿala ʿišrīn* „sieben Zwanzigstel"; *talāta ʿala miyya* „drei Hundertstel".

Das Gemessene folgt der Bruchzahl, wenn sie allein die NumPh bildet: *xamas t-irbaʿ kabāb* „fünf Viertelkilo Kabab". Gehört sie aber zu einer ganzen Zahl, so steht das Gemessene nach dieser und die Bruchzahl folgt: *talat saʿāt wi nuṣṣ* „dreieinhalb Stunden"; *itnēn kīlu w rubʿ* „zweieinviertel Kilo".

Mit Artikel: *innuṣṣi sāʿa di* „diese halbe Stunde"; *innuṣṣi frank* „der halbe Franken" [SP]; *ikkīlu w nuṣṣ* „das anderthalb Kilo"; *fi lyōm wi nuṣṣ illi ʾaʿadtuhum fi ttaxšība* „in den anderthalb Tagen, die ich hinter Gittern saß" [SP]. Zu *nuṣṣ* und *rubʿ* als Quantoren s. dort 4.3.4.1.6.

Mittels *illa* „weniger" kann ein Bruchteil, meist *rubʿ* „Viertel" oder *tilt* „Drittel", von einer ganzen Zahl abgezogen werden: *sitta gṛām illa rubʿ* „sechs Gramm weniger ein Viertel [= 5,75 gr]". So auch bei den Uhrzeiten mit *tilt* „Drittel [= 20 Minuten]" und *rubʿ* „Viertel [= 15 Minuten]": *issāʿa sabʿa lla tilt* „um Viertel vor sieben", s. 2.6.1.2.6.

2.6 Präpositionen

2.6.1 Präpositionen mit (Pronominal-)Suffixen

Abhängig vom Auslaut verbinden sich dieselben Suffixreihen mit den Präpositionen wie mit den Substantiven. Bei Antritt der zirkumfigierenden Negationspartikel *ma-...-š* kommt es zu Varianten. Anstelle des *-ya* bei der 1.sg. kann *-yi* eintreten, wie in *ma-waṛayīš* „nicht hinter mir". Anstelle von *-(h)* und *-u(h)* findet sich oft *-uhu-*, was zusammen mit der Negationspartikel *-hūš* ergibt, wie in *ma-ʾuddamhūš* „nicht vor ihm", *ma-mʿahūš* „nicht mit ihm", *ma-fihūš* „nicht in ihm" etc., s. oben 2.1.2.2. Konsonantisch auslautende Präpositionen übernehmen von *fi* „in" vielfach die Suffixreihe mit *-ī-*.

2.6.1.1 Präpositionen mit Auslaut *-i*: *bi* „mit", *li* „für", *fi* „in"
Auslautendes *-i* ist kurz und unterliegt im Sandhi der Elisionsregel:

ḥassa bi ḥāga?	>	*ḥassa b-ḥāga?*	„fühlst du etwas?"
ruḥt li Maḥmūd	>	*ruḥti l-Maḥmūd*	„ich ging zu Maḥmūd"
huwwa fi bētu	>	*huwwa f-bētu*	„er ist zu Hause"

Die Suffixe treten an die Präposition, wobei deren Auslaut gelängt wird. Daneben besteht bei *li* eine Reihe von kurzvokaligen Varianten.

fi „in", *bi* „mit"

fī(h)	*fīk*	*fiyya*	*bī(h) ~ buh*	*bīk*	*biyya*
fīha	*fīki*		*bīha*	*bīki*	
fīhum	*fīku*	*fīna*	*bīhum*	*bīku(m)*	*bīna*

li „für"

lī(h) ~ lu(h)	*līk ~ lik ~ lak*	*liyya*
līha ~ liha ~ laha	*līki ~ liki*	
līhum ~ luhum	*līku(m) ~ luku(m)*	*līna ~ lina*

li und *fi* können mit den Suffixen versehen als Prädikat in einem Präpositionalsatz auftreten (s. 2.6.3 und 3.1.3) und erhalten dann *ma-...-š* als Negation. Diese tritt bei *li* an die kurzvokaligen Varianten, dementsprechend heißt es: *ma-lūš ~ ma-lihš* „nicht für ihn"; *ma-lhāš*; *ma-lhumš*; *ma-likš ~ ma-lakš*; *ma-lkīš*; *ma-lkūš*; *ma-līš ~ ma-liyyāš*; *ma-lnāš*. Hieran hat sich *fi* weitgehend angeglichen: *ma-fihš ~ ma-fihūš*;

ma-fhūš; ma-fihāš ~ ma-fhāš; ma-fihumš ~ ma-fhumš; ma-fikš; ma-fikīš ~ ma-fkīš; ma-fikūš ~ ma-fkūš; ma-fiyyāš ~ ma-fiyyīš; ma-fināš ~ ma-fnāš.

Die kurzvokaligen Varianten von *li* werden auch beim Verb als indirekte Objektsuffixe gebraucht und unterliegen den entsprechenden lautlichen Veränderungen, s. 2.1.2.1.2. Das gleiche gilt für das enklitische *bi-*, s. oben 2.1.2.1.2 Anm.

2.6.1.2 Präpositionen mit Auslaut *-a*

a. *maʿa* „mit [in Begleitung von]“, *wara* „nach“, *wayya* „mit“, *guwwa* „in“
Auslautendes *-a* wird hier wie üblich gelängt: maᶜa + k > *maʿāk* „mit dir“.

maʿa „mit“

maʿā(h)	*maʿāk*	*maʿāya*
maʿāha	*maʿāki*	
maʿāhum	*maʿāku(m)*	*maʿāna*

Ebenso *warāya* „hinter mir“, *wayyāya* „mit mir“, *guwwāya* „in mir“ etc. Bei Negation von *maʿa* mit *ma-...-š* kann *ma-* durch haplologische Silbenellipse verlorengehen: *ma-mʿahš ~ ma-maʿahūš ~ ma-mʿahūš ~ ma-maʿūš ~ maʿūš; ma-maʿakš ~ maʿakš; ma-mʿakīš ~ maʿakīš; ma-maʿakūš ~ ma-mʿakūš; ma-maʿīš ~ ma-mʿīš ~ maʿīš ~ ma-maʿayīš ~ ma-mʿayīš* „nicht bei mir“ etc. Auch *ma-warayīš; ma-warahūš* etc.

b. *ʿala* „auf, gegen“, *ḥawalēn* „um herum“
Vor dem Artikel kann *ʿala-* einer haplologischen Silbenellipse unterliegen: *ʿala lkursi* > *ʿa lkursi* „auf dem Stuhl“. Bei Antritt von Suffixen wird *-a* zu *-ē-*: ᶜalē+k > *ʿalēk* „auf dir“ bzw. vor *-ya* zu *-ay-*: ᶜalay + ya > *ʿalayya* „auf mir“. *ḥawalēn* „um herum“ verliert das /n/ vor Suffixen, z.B. *ḥawalayya* „um mich herum“; sonst verhält es sich wie *ʿala*: *ḥawalēha* etc.

ʿala „auf“

ʿalē(h)	*ʿalēk*	*ʿalayya*
ʿalēha	*ʿalēki*	
ʿalēhum	*ʿalēku(m)*	*ʿalēna*

Mit Negation: *ma-ʿalehūš zamb* „er hat keine Schuld“ [SG]; *ma-ʿalehumši dyūn* „sie haben keine Schulden“ [SG]. Jedoch *ma-ʿalešš* < **ma-ʿalehš* „nichts für ungut!“.

2.6.1.3 Mit konsonantischem Auslaut

Neben den üblichen Suffixreihen besteht auch eine mit *-ī-* beginnende, von der Präposition *fī* stammende Suffixreihe, die vor allem bei auslautender Doppelkonsonanz zur Anwendung kommt.

fō' „über", *gamb* „neben"

fō' ~ fo'ī	*fō'ak ~ fo'īk*	*fō'i ~ fo'iyya*
fo'ha ~ fo'īha	*fō'ik ~ fo'īki*	
fo'hum ~ fo'īhum	*fo'ku(m) ~ fo'īkum*	*fo'na ~ fo'īna*
gambu ~ gambī	*gambak ~ gambīk*	*gambi ~ gambiyya*
gambaha ~ gambīha	*gambik ~ gambīki*	
gambuhum ~ gambīhum	*gambuku(m) ~ gambīkum*	*gambina ~ gambīna*

Ebenso: *taḥtu* „unter ihm" - *taḥtī(h)*; *wusṭīha* „mitten in"; *'ablīha* „vor [temp.]"; *baʿdīha* „nach". Andere Präpositionen wie *'uddām, bidāl, zayy, ʿand, ṭūl, min* übernehmen die *ī*-Serie nicht. An lokale Präpositionen, die im Präpositionalsatz auftreten (s. 2.6.3), tritt *ma-...-š* als Negation: *ma-'uddamūš* ~ *ma-'uddamhūš* „nicht vor ihm"; *ma-'uddamakš; ma-'uddamkīš* etc.

2.6.1.4 *min* „von", *ʿan* „weg von"

Vor Artikel kann *min* einer Silbenellipse unterliegen, s. 1.2.7.7: *min ilbēt* > *mi lbēt* „vom Haus". *min* und *ʿan* enden auf *-n,* welches bei Antritt von Suffixen gelängt wird.

min „von" und *ʿan* „weg von"

minnu	*minnak*	*minni*	*ʿannu*	*ʿannak*	*ʿanni*
minnaha	*minnik*		*ʿannaha*	*ʿannik*	
minnuhum	*minnuku(m)*	*minna*	*ʿannuhum*	*ʿannuku(m)*	*ʿannina*

Daneben auch *minha, ʿanha, minhum* etc. Mit Negation *ma-minnūš* etc.

2.6.2 Zusammensetzungen von Präpositionen

2.6.2.1 Mit folgendem *min*

taḥt „unter", *gamb* „neben", *fō'* „über", *barra* „außerhalb", *wara* „hinter" sowie *'abl* „vor" können auch mittels *min* mit einem Suffix oder Nomen verbunden werden: *taḥtu* ~ *taḥti minnu* „darunter, unterhalb davon".

2.6.2.2 *min* mit lokaler Präposition
Hiermit wird die Richtung „von ... her" angegeben

min ʿala ṭṭarabēza	„vom Tisch"	*min taḥt ilʾarḍ*	„unter der Erde hervor"
min ʿand ittāgir	„vom Händler"	*min waṛa lbāb*	„hinter der Tür hervor"

Beispiele: *ma-tʿaddīš min benhum šaʿra* „da geht kein Haar mehr durch" [ME]; *kulli ma amurr min ʾuddām bētak* „jedesmal wenn ich an deinem Haus vorbeikomme" [ST]; *wiʾiʿna min fōʾ ilmadna* „wir sind vom Minarett gefallen" [ST]; *ḥargaʿ min ʿandu mudīr* „ich werde von ihm als Direktor zurückkommen" [MF]. S. unten 2.6.3 (38).

ʿala gibt in Zusammensetzungen mit lokalen Präpositionen und Adverbien die Richtung an: *wi ʿala taḥt issirīr!* „und unter das Bett damit!" [SP]; *wi tannu ṭāliʿ garyi ʿala fōʾ* „und er stieg gleichnach oben" [SP]. Vgl. auch *ʿala fēn* „wohin?".

2.6.3 Präpositionalsatz

Alle lokalen Präpositionen treten als Träger der Präpositionalphrase im Präpositionalsatz auf, s. dazu 3.1.3, der zusätzlich mit *fī(h)* „es gibt" und *ma-fīš* „es gibt nicht" eingeleitet werden kann: *ʾuddāmu šuġla tanya* ~ *fī ʾuddāmu šuġla tanya* „er hat etwas anderes zu tun" [MI]; *ʿalēha ḍarība* ~ *fī ʿalēha ḍarība* „darauf liegt eine Steuer" [ME]; *maʿāk kabrīt* ~ *fī maʿāk kabrīt* „hast du Streichhölzer dabei?" [ME]; *huwwa lbēt da ma-fīš fī ʾaṣanṣēr* „gibt es in diesem Haus keinen Aufzug?" [ST]; *ana ma-fīš ʿandi ʾuwwa* „ich habe keine Kraft" [SP]. Ebenso *li* „für": *wi fī līhum ʾōḍa maxṣūṣ* „sie haben ein eigenes Zimmer" [MA]. Zur Negation s. 6.1.2.2.

2.6.3.1 *ʿand, maʿa, li* und *fī* für „haben"
Der Präpositionalsatz mit den lokalen Präpositionen *ʿand, maʿa, li* oder *fī* drückt Zugehörigkeit, insbesondere das Besitzverhältnis, aus und wird dementsprechend meist mit possessivischem „haben" übersetzt, s. dazu 3.1.3 und zu *fī* 2.6.3 (32). Neben der Grundbedeutung dieser Präpositionen spielen für ihren Gebrauch auch die Art der beiden beteiligten Referenten eine Rolle, zwischen denen eine Zugehörigkeit angezeigt wird. Diese sind nicht gleich gewichtet, vielmehr ist einem das Zentrum (Possessor), dem anderen die Peripherie (Possessum) zugeordnet. Der Possessor fungiert syntaktisch als Subjekt des Präpositionalsatzes, das Possessum als NP innerhalb der Präpositionalphrase, s. 3.1.3. Letzteres kann auch determiniert sein.

2.6.3.2 *ʿand* „bei"
ʿand bezeichnet allgemeinen Besitz und wird ausschließlich mit einer Person oder zumindest Lebewesen als Subjekt/Possessor gebraucht. Es kann sich um allgemeinen materiellen Besitz handeln: *ʿandu malayīn ma-lhāš ʿadad* „er hat zahllose Millionen" [MF]; *ḥaykūn ʿandina baṣal* „wir haben dann Zwiebeln" [MA]; *ʿandi*

ddawa luh „ich habe die Medizin für ihn" [ST]. Allgemeines und zeitweiliges Zur-Verfügung-Haben auch von abstrakteren Dingen: *ma-hú ʿāwiz tiʾūl ḥāga ʿandak abūya* „wenn du was sagen willst, da hast du meinen Vater" [ST]; *ʿandi saʿtēn riḍāʿa* „ich habe zwei Stunden Stillzeit" [ST]; *kān ʿandi šwayyit ḥaẓẓ* „ich hatte ein wenig Glück" [ST]. Alles was vom Subjekt selbst produziert wird, von ihm ausgeht und sich an ihm manifestiert, u.a. psychische Eigenschaften und Zustände: *ma-ʿanduhumši siqa* „sie haben kein Vertrauen" [ME]; *kān lissa ʿandi ʾamal* „ich hatte noch Hoffnung" [ST]; *ʿandu ggurʾa nnu ...* „er hat den Mut zu ..." [ME]; *ʿandu ʾinhiyār ʿaṣabi ḥadd* „er hat einen akuten Nervenzusammenbruch" [SP]; *ʿandi ʾiqtirāḥ* „ich habe einen Vorschlag" [MF]; *ʿandi ʾasbābi* „ich habe meine Gründe" [ST]; *ʿandi mufagʾa līk* „ich habe eine Überraschung für dich" [ST]; *ʿandaha muʿgabīn kitīr* „sie hat viele Bewunderer" [SB]; *iddīb ma-ʿandūš tafriʾa ʿunṣuriyya* „der Wolf kennt keine Rassendiskriminierung" [ST].

Verpflichtungen: *ʿandi ḥiṣṣa dilwaʾti* „ich habe jetzt Unterricht" [ME]; *ana miš fāḍi, ʿandi ʿyāda* „ich habe keine Zeit, ich habe Sprechstunde [Praxis]" [ST].

Verwandtschaft, Familie, Kinder: *ʿandak uxti ḥatitgawwiz ʾurayyib* „du hast eine Schwester, die bald heiraten wird" [ST]; *ʿandu xamas wilād* „er hat fünf Kinder" [ST]; *ma-ʿandīš wilād* „ich habe keine Kinder" [SP]; *ʿandik ʾarāyib* „hast du Verwandte?" [SP], doch s. auch *li*.

Auch bei den inalienablen Körperteilen sind Fälle mit *ʿand* anstelle von *li* zu notieren: *ʿandu rigl aṭwal mi ttanya* „er hat ein Bein, das länger ist als das andere" [SB] und *kān ʿandu riglu ššimāl ḍaʿīfa* „er hatte ein schwaches linkes Bein" [SP], s. unten *li*.

Krankheiten, entweder durch Nennung derselben, wie in *ʿandak zukām?* „hast du Schnupfen?" [ME], *mirāti ʿandaha maġaṣ* „meine Frau hat Bauchschmerzen" [ST], *ʿandi ssukkar* „ich habe Zucker = bin zuckerkrank", oder bei chronischen Krankheiten des betroffenen Körperteils, der dann stets mit dem Artikel determiniert ist: *ʿandu lmiʿda* „er ist magenkrank" [ME]; *ilmadām ʿandaha kkilya* „die Frau ist nierenkrank" [ST].

2.6.3.3. *maʿa* „bei, zusammen mit"

Bei *maʿa* ist die Grundbedeutung „zusammen mit" stets anwesend und tritt deutlich hervor, wenn das Subjekt/Possessor ein Lebewesen ist: *maʿāh ʿaskari* „hat er einen Polizisten dabei?" [ST]. Ferner wird es verwendet bei Gegenständen als Possessum, die man bei sich hat und also alienabel sind. Auch hier ist das Subjekt stets eine Person: *kān maʿāya taman t-irġifa* „ich hatte acht Brote dabei" [ST]; *maʿāk fakkit xamsa gnēh* „hast du fünf Pfund Kleingeld dabei?" [ST]; *iẓẓābiṭ maʿāh ʾawrāʾ ilʾifrāg* „der Offizier hat die Entlassungspapiere" [ST]; *maʿāk musakkin li ṣṣudāʿ* „hast du eine Kopfschmerztablette dabei?" [ST]; *inta maʿāk ilḥaʾʾ* „du hast recht" [ST], für letzteres meist *ʿandak ḥaʾʾ*. Die Ausrufe von Straßenverkäufern beginnen daher oft mit *maʿāya* oder *maʿāna*, wie in *maʿāna ttarabīʿ wi ttalāli* „[wir haben] Taschentücher und Kopftücher!" [SB].

Erworbene Zertifikate: *law inta maʿāk dukturā fi lʾaṣār* „wenn du den Doktor in Archäologie hättest" [ST]; *ma-mʿīš ruxṣa* „ich habe keinen Führerschein" [ST]; *maʿā sanawiyya ʿāmma* „er hat Abitur" [ME]. Doch finden sich hier auch Belege mit *ʿand* und *li*, z.B. *inta ʿandak sanawiyya ʿāmma?* „hast du Abitur?" [ST] und *min sanat sabʿa w tisʿīn w ana liyya ruxṣa* „seit 1997 habe ich den Führerschein" [ST].

Dinge, mit denen man beschäftigt ist: *maʿā ʾaḍiyyitēn biyxallaṣhum bi surʿa fi maḥkamt igGīza w gayy* „er hat zwei Verhandlungen am Gericht von Gizeh, die macht er schnell fertig und kommt dann" [ST].

Gegenüber *li* wird *maʿa* deutlich bei konkreterem und spezifischerem Possessum gebraucht, vgl. *inta rāgil lak risāla* „du bist ein Mann, der eine Botschaft hat" [ST] gegenüber *ana maʿāya risāla lik min Zaki* „ich habe eine Botschaft für dich von Zaki" [SP].

2.6.3.4 *li* „für"

li tritt sowohl mit belebtem wie unbelebtem Subjekt/Possessor als Träger der Präpositionalphrase auf. Bei ersterem ist die Grundbedeutung von *li*, nämlich „für", teilweise noch zu verstehen: *ma-līš šāy* „ist für mich kein Tee da?" [ME]; *līku gawabāt* „ist Post für euch da?" [SG]. *li* ist nicht als lokal aufzufassen und gibt nicht an, bei welchem Subjekt/Possessor sich das Possessum befindet, sondern bezeichnet allgemeinere Art der Zuordnung. Anders als bei *ʿand* und *maʿa* kann das Subjekt bei *li* auch unbelebt sein; *li* ist in diesem Fall obligatorisch.

a. Bei belebtem Subjekt/Possessor mit abstrakten Begriffen: *ana lissa liyya mustaʾbal* „ich habe noch eine Zukunft" [ST]; *inta rāgil lak risāla* „du bist ein Mann, der eine Botschaft hat" [ST]; *ma-lakši daʿwa* „das geht dich nichts an" [ME]; *kulli wāḥid luh siʿr* „ein jeder hat einen Preis" [ST]; *ma-līš ṣila bīha* „ich habe keine Verbindung mit ihr" [SP]; *ma-likši kilma f-bētak ya ḅāḅa* „du hast in deinem Hause nichts zu sagen, Papa!" [ST]; *lak ḥaʾʾi ma-truddiš* „du hast recht, nicht zu antworten" [ST]. Oft Konkreta, die metaphorisch gebraucht werden: *ma-lūš wišši ykallimni* „er hat nicht den Mut, mich anzusprechen [SP]; *līh ʿēn yinām ʿala srīri* „er hat die Stirn, auf meinem Bett zu schlafen" [ST]; *ma-lkūš ʿēš maʿa baʿḍ* „ihr habt kein Auskommen miteinander" [ST]. Personen als Objekt: *ma-lhāš ḥaddi fi ddunya di ġēri* „sie hat niemand anderen auf der Welt als mich" [MF]; *inta līk ʾaʿdāʾ* „du hast Feinde" [SP]; *di mrāt abūya ma-lhāš ʾill-ána* „meine Stiefmutter hat nur mich" [ST].

Bei Familienmitgliedern, aszendentischen wie deszendentischen: *ana liyya ʾummi w ixwāt* „ich habe eine Mutter und Geschwister" [ST]; *ma-ḥaddiš yisaddaʾ inni līki bni fi ssinnída* „niemand würde glauben, daß du einen Sohn in diesem Alter hast" [MF]; *miš lik gōz biyiṣrif ʿalēki* „hast du nicht einen Ehemann, der für dich aufkommt?" [ST]; *wi lak ʾarāyib ya ʿAmmi Ramaḍān?* „und hast du Verwandte, Onkel Ramaḍān?" [ST], doch s. auch bei *ʿand* in 2.6.3.2. Desgleichen bei inalienablen Körperteilen: *luh šanab iswid* „er hat einen schwarzen Schnurrbart"

[SP]; *laha ḍafirtēn ʿala ktafha* „sie hat zwei Zöpfe bis auf die Schultern" [SP]; *miš luhum nafs ilbuʾʾ* „haben sie nicht denselben Mund?" [ST], doch s. auch oben bei *ʿand* in 2.6.3.2.

Vorübergehende wie bleibende psychische Zustände: *liyya mazāg li ššurb* „ich habe Lust zu trinken" [SG]; *ma-līš nifs* „ich habe keinen Appetit" [ME]; *hiyya insān wi līha mašāʿir* „sie ist ein Mensch und sie hat Gefühle" [MF]; *ma-lūš šaxṣiyya* „er hat keinen Charakter" [ST].

Der semantische Unterschied zwischen *li* und anderen Präpositionen läßt sich an den folgenden Beispielen zeigen: *līk ʿandi flūs* „du hast Geld bei mir gut" [SG], im Gegensatz zu *ʿalēh liyya flūs* „er schuldet mir noch Geld" [SP]; (allgemein) *ʿIzzat lissa ʿandu flūs* „ʿIzzat hat noch Geld" [ST], (spezifisch) *ma-maʿīš filūs* „ich habe kein Geld dabei" [ME].

Gegenüber *ʿand* wird *li* eher bei nichtspezifischem und allgemeinerem Possessum gebraucht, vgl. *ma-baʾāš liyya ʾaḥlām* „ich habe keine Träume mehr" [ST], aber *kān ʿandi ḥilmi nifsi aḥaʾʾaʾu* „ich hatte einen Traum, den ich gern verwirklicht hätte" [ST]; *walla mrāti illi ma-lhāš dawa* „oder meine Frau, für die es kein Heilmittel gibt" [ST], aber *ʿandi ddawa luh* „ich habe die Medizin für ihn" [ST]. Daß *li* hier häufig mit Negation auftritt, ist vielleicht kein Zufall.

b. Bei unbelebtem Subjekt als Possessor wird unabhängig von der Art des Possessums *li* gebraucht oder *fi*, s. 2.6.3.5.

Mit Konkretum als Possessor: *ilʾamīṣ lih kummēn* „das Hemd hat zwei Ärmel" [ME]; *ilmidān da luh madxal wāḥid min naḥya waḥda* „der Platz hat einen Zugang von einer Seite" [SP]; *bitittākil wi līha nawa, tibʾa ʾē* „es ist eßbar und hat einen Kern, was ist das?" [ST].

Mit Abstraktum als Possessor: *ṭalabathum ma-lhāš ʾāxir* „ihre Forderungen haben kein Ende" [SP]; *kalām ma-lūš ʾasās* „ein Gerede, das jeder Grundlage entbehrt" [MF]; *ilmadrasa laha dōr* „die Schule spielt eine Rolle" [ME]; *suʾalna ma-lūš gawāb* „auf unsere Frage gibt es keine Antwort" [SP]. Vgl. *ʿand* mit belebtem Possessor, wie in *ʿandukum ʾasbāb* „ihr habt [Beweg-]Gründe" [ST], gegenüber unbelebtem mit *li*, wie in *kulli šēʾ luh sabab* „alles hat einen Grund" [MF], wobei allerdings auch „Grund" jeweils eine andere Bedeutung hat.

2.6.3.5 *fi* „in"

Bei einer Teil-Ganzes-Relation wird *fi* verwendet, das ebenfalls oft mit „haben" wiedergegeben werden kann: *issana fīha ṭnāšar šahṛ* „das Jahr hat zwölf Monate" [ME]; *fīki šabah kibīr min binti Huda* „du hast große Ähnlichkeit mit meiner Tochter Huda" [ST]; *ilʿaṛabiyya fīha fitēs ġarz* „das Auto hat einen Geländegang" [ME]; *ilmaḥaṭṭa di fīha ʾaṛbaʿ ṭulumbāt* „diese Tankstelle hat vier Pumpen" [SP]; *ṣidri ma-fihūš laban* „meine Brust hat keine Milch" [SP]; *kulli ḥēṭa kān fīha xurm* „jede Wand hatte eine Loch" [ST].

2.6.4 Gebrauch der Präpositionen

1. *ʾadd*
ʾadd „soviel wie" vergleicht quantitativ im Gegensatz zum qualitativen *zayy*: *liwazi wirmit ʾadd ilbēḍa* „meine Mandeln waren so groß angeschwollen wie ein Ei" [ST]; *ḥāga ʾaddi ʿarḍ ikkanaba* „etwa so breit wie das Sofa" [MA]; *ana miš ʾaddu* „ich bin ihm nicht gewachsen [ich bin nicht soviel wie er]" [ME]; *ʾaddi mrattabi xamas sitti maṛṛāt* „fünf, sechsmal soviel wie mein Gehalt" [MF]; *fi ʾaddi šahrēn* „innnerhalb von etwa zwei Monaten". Zu *ʾaddi ʾē* s. 2.2.11.7.

2. *ʾabl*
Temporal: „vor": *ma-šufnāš baʿdi ʾabl iggawāz* „wir haben einander vor der Heirat nicht gesehen" [ST]; *law kān māt ʾablīha b-yōm aw itnēn* „wenn er ein oder zwei Tage davor gestorben wäre" [ST]; *miggawwiza ʾaṛbaʿa ʾabli minni* „sie hat vier [Männer] vor mir geheiratet" [ST].

3. *ʾubāl*
Lokal „gegenüber": *balakonithum ʾubāl balakonitna* „ihr Balkon ist gegenüber dem unseren" [SB]. Als Gegenwert: *xud ikkitāb da ʾubāl illi xadtu minnak* „nimm dieses Buch für das, das ich von dir bekommen habe" [SB].

4. *ʾuddām*
Lokal „vor": *ʾuddāmu fi ṭṭabūr* „vor ihm in der Reihe" [ME]; *ʾuddām ʿenayya* „vor meinen Augen" [ME]; *kulli ma amurri min ʾuddām bētak* „jedesmal wenn ich vor deinem Haus vorbeikomme" [ST]. Temporal „vor": *ʾuddāmi lissa snīn ṭawīla* „ich habe noch lange Jahre vor mir" [SP]. Im Präpositionalsatz: *ʾuddāmik ixtiyaṛēn* „es gibt zwei Möglichkeiten zur Auswahl für dich" [MF]; *ma-ʾuddamkīš ḥalli tāni* „es gibt keine andere Lösung für dich" [MF], s. 3.1.3.

5. *ʾurb*
Lokal „nahe bei": *waṣal ʾurbi Musku* „er kam in die Nähe von Moskau" [SB]; *sākin ʾurbi min ilmaktab* „er wohnt nahe beim Büro" [SB]. Temporal: *ilʾamaṛ ma-yiṭlaʿš ʾilla ʾurb iṣṣubḥ* „der Mond geht erst gegen Morgen auf" [SB].

6. *ʾuṣād*
Lokal „gegenüber": *ʾuṣād ilmaḥkama* „gegenüber dem Gerichtsgebäude" [ME]; *wu gayya tʿaddi min ʾuṣādi* „und sie wollte vor mir [die Straße] überqueren" [MA]; *xidma ʾuṣād xidma* „ein Dienst für einen anderen" [SP].

7. *baṛṛa*
Lokal „außerhalb": *baṛṛa lbēt* „außer Hause" [SP]; *yimkin yikūn hirib baṛṛa maṣr* „vielleicht ist er ins Ausland geflohen" [ST]; *guwwa ssigni ʾaw baṛṛā* „im Gefängnis oder draußen" [ST]. Bei Suffix auch mit *min*: *baṛṛa minnu* „außerhalb davon".

8. *badal ~ bidāl*
„anstatt, anstelle von“: *maṛṛitēn fi lʾusbūᶜ badal maṛṛa waḥda* „zweimal die Woche anstatt einmal“ [ST]; *ana mumkin arūḥ bidālu lmugammaᶜ* „ich kann anstelle von ihm zur Mugammaᶜ gehen“ [MA].

9. *baᶜd*
Temporal „nach“: *baᶜd issāᶜa aṛbaᶜa* „nach vier Uhr“ [ME]; *baᶜdi baᶜdi bukṛa* „überübermorgen“ [ME]; *ilwaḥda baᶜd ittanya* „eine nach der anderen“ [SP]. Im Präpositionalsatz: *kānit ḥirtu ma-baᶜdahāš ḥīra* „er war total verblüfft“ [SB], s. auch 3.1.3. Temporal in der Zukunft „in“: *da katbi ktabha baᶜdi gumᶜa* „der Abschluß ihres Heiratsvertrages findet in einer Woche statt“ [ST].

Mit *baᶜd kida* „danach“ kann der höchste Grad ausgedrückt werden: *ya salām ma-fīš baᶜdi kida šahāma wala ʾinsaniyya* „erstaunlich! Mehr Anständigkeit und mehr Menschlichkeit kann es nicht geben!“ [ST]; *ʾāxir ḥalāwa, baᶜdi kida ma-fīš!* „ganz prima, was [Besseres] gibt es nicht!“ [ME].

10. *bala*
„ohne“: *ṭiliᶜ min ilmūlid bala ḥummuṣ* „er kam ohne Kichererbsen vom Mūlid zurück [= erfolglos]“. Häufig imperativisch abmahnend: *yaxūya bala hamm!* „mein Lieber, mach dir keine Sorgen!“; *amma nti bala ʾafya šaxṣi ġarīb!* „du bist wirklich, nichts für ungut, eine eigenartige Person!“. Oft in paralleler Struktur: *bala gamᶜa baʾa bala hbāb* „ohne Universität noch anderen Mist!“ [ST]. *bala* nimmt keine Suffixe an.

11. *bēn*
Lokal „zwischen, unter“: *bēn ṣawābiᶜ riglayya* „zwischen meinen Zehen“ [ST]; *w baʾālu ṣīt bēn ᶜiyāl iṛṛabᶜ* „er bekam eine Reputation unter den Kindern des Wohnblocks“ [KAF]. Häufig bei beiden Termini: *zayy illi fīh ḥāga bēni w benha* „es ist, als ob etwas zwischen mir und ihr wäre“ [SP]; *bēni w bēnak ~ benna w bēn baᶜḍ* „unter uns“. Auch mit Pl.-Suffix *-āt* vor Suffixen: *daxxal ṣawābiᶜ idēh benathum* „er tat seine Finger dazwischen“ [SP]. Auch im Präpositionalsatz: *ana bēni w bēnu tāṛ* „zwischen mir und ihm herrscht Blutrache“ [ST], s. 3.1.3.

12. *bi*
Instrumentales „mit“: *biyduʾʾi fīha b-šakūš* „er schlägt mit einem Hammer darauf“ [ST]; *rabaṭū bi lḥibāl* „sie banden ihn mit Stricken fest“ [SP]; *ḥuṭṭaha f-ʾoḍtak b-īdak!* „stelle es eigenhändig in dein Zimmer!“ [ST]. In weiterem Sinne: *iḥna ᶜayšīn bi ggubn* „wir leben vom Käse“ [SP]; *afṭar bīha* „ich esse ihn zum Frühstück“. So auch bei Sprachen „auf“: *da bi rrūmi!* „das ist auf Griechisch!“; *muḥaḍra bi lᶜaṛabi* „eine Vorlesung auf Arabisch“.

Es drückt Begleitumstände aus, was vor allem für adverbiale Ausdrücke genutzt wird: *kunti bitʾulha b-ʾaṛaf* „du sagtest das mit Abscheu“ [ST]; *biyfūtu b-surᶜa* „sie gehen schnell vorbei“; *yilbis iž̆žakitta bi lmaʾlūb* „er zieht die Jacke umgekehrt an“

[ME]. Daraus folgen auch Zusammengehörigkeit, Gleichzeitigkeit und Ursache: *muluxiyya bi lʾarānib* „Muluxiyya mit Kaninchen"; *wāḥid šāy bi niʿnāʿ!* „einen Tee mit Pfefferminz!"; *sabaʿ t-iyyām bi layalīhum* „sieben Tage und Nächte" [ST]; *issāʿa tamanya bi llēl* „um acht Uhr abends"; *bi nnahāṛ* „am Tage"; *māt min šahṛi bi ššōṭa* „er starb vor einem Monat an der Cholera" [SP]. Zum Ausdruck der Reihenfolge: *xaṭwa b-xaṭwa* „Schritt für Schritt"; *waḥda b-waḥda* „eine nach der anderen".

Maß- und Wertangaben: *bi ṣṣanṭi* „zentimeterweise"; *bi ssaʿāt* „stundenlang"; *ḍufru b-sittīn ṛāgil* „sein Fingernagel ist soviel wie sechzig Männer" [MF]. Bei Preisangaben: *ikkīlu b-sabʿa gnē* „das Kilo kostet sieben Pfund". Grad- und Maßangabe beim Elativ: *aḥsan bi ktīr* „viel besser"; *akbaṛ minnak bi yōm* „einen Tag älter als du" [SPR]. Bei Zeitmaßen nach *baʿd* „nach" und *ʾabl* „vor": *baʿdaha b-kām diʾīʾa* „einige Minuten danach" [SP]; *ʾablaha b-saʿtēn* „zwei Stunden davor" [ST]. Das Ergebnis beim Rechnen: *talāta f-xamsa b-xamasṭāšar* „drei mal fünf sind fünfzehn".

Einführung des Experiencers bei Bewegungsverben: *itḥarrak bīna lʾaṭr* „der Zug setzte sich mit uns in Bewegung" [SP]; *yidūs ʿa ddawwāsa tigri bī lʿaṛabiyya* „wenn er aufs Pedal tritt, schießt das Auto mit ihm davon" [SP].

13. *taḥt*
Lokal „unter": *taḥti saʾfi wāḥid* „unter einem Dach" [ST]; *bāyin ṭarfu min taḥt ilmanga* „sein Ende war unter den Mangos zu sehen" [SP]; *wi ʿala taḥt issirīr!* „und unters Bett damit!" [SP]; *taḥt irrīḥ* „leewärts". „An der Unterseite von": *iggāmiʿ iṣṣuġayyaṛ illi taḥt iggabal* „die kleine Moschee, die am Fuße des Berges liegt" [ST]. In abstrakterem Sinne: *taḥt īdi ṭṭabbalīn wi zzammaṛīn* „ich habe die Trommler und Oboenspieler unter mir" [ST]; *taḥti ʾamṛak* „zu deinem Befehl!" [ME]. S. auch Präpositionalsatz 3.1.3.

14. *gamb*
Lokal „neben, bei": *gum ʾaʿadu gambu* „sie setzten sich neben ihn" [SP]; *ana sakna gambuhum* „ich wohne neben ihnen" [ME]; *balad gambi Banha* „ein Dorf bei Benha" [ME]; *ma-tḥaṛṛakši min gambu* „ich soll mich nicht von seiner Seite wegbewegen" [ST]. S. auch Präpositionalsatz 3.1.3.

15. *guwwa*
Lokal „in": *daxxalitni guwwa lʾōḍa* „sie führte mich ins Zimmer" [ME]; *guwwa manṭiʾit gazāʾu* „in seinem Strafraum" [MR]; *ilmawḍūʿ ilmistaxabbi guwwāki* „das Thema, das in dir verborgen liegt" [ST].

16. *ḥawalēn*
Lokal „um herum": *adūr ḥawalēn nafsi* „ich drehe mich um mich selbst" [ST]; *baṣṣēt ḥawalayya* „ich schaute um mich herum" [SP]; *ḥawalē kalām kitīr* „über ihn wird viel geklatscht". S. auch Präpositionalsatz 3.1.3.

17. *ḥēs*
Kausal: *ḥēs kida* „da es nun so ist" [ST].

18. *xilāl*
Temporal „während, innerhalb von": *xilāl sinīn ṭawīla* „jahrelang" [SP]. Meist als *fi xlāl*: *ʿamalti ʾē fi xlāl ilḥarb* „was hast du während des Krieges getan?"; *fi xlāl tamanya w arbaʿīn sāʿa* „innerhalb von 48 Stunden" [SP].

19. *dūn*
bi dūn ~ *min dūn* „ohne": *bi dūn šakk* „ohne Zweifel"; *bi dūn filūs* „ohne Geld"; *ruḥti mwaʾʾaʿ bi dūn ʾaṣdi dōṛaʾ ʾizāz* „ich ließ ohne Absicht einen Glaskrug fallen" [SP]; *min dūn sabab* „ohne Grund" [SB]. *min dūn* auch in der Bedeutung „im Gegensatz zu": *biyišṛabu kunyāk min dūn izzabāyin* „sie trinken Cognac im Gegensatz zu den [anderen] Kunden" [SB].

20. *ṛaġm*
„trotz": *ṛaġmi ṣiġar sinni* „trotz meiner Jugend" [SP]; *bi ṛaġmi kida* „trotzdem" [SP]; *bi rraġmi min kulli šēʾ* „trotz all dem".

21. *zayy*
zayy „wie" vergleicht die Qualität im Gegensatz zum quantitativen *ʾadd*: *bēḍa zayy ilfull* „weiß wie Jasmin" [ST]; *fi lēla zayyídi* „in einer Nacht wie dieser" [MF]; *ilʿuzzāb illi zayyak* „Junggesellen wie du" [ST]. Mitunter werden beide Vergleichstermini mit *zayy* eingeführt: *ahum zayyuhum zayyi wlādhum* „sie sind wie ihre Kinder" [ME]. In adverbialer Position: *ʾaʿadit tikallimni zayyi zayyaha* „sie setzte sich, um mit mir wie mit ihresgleichen zu sprechen" [SP]. Zu *zayy* als Statusanzeiger s. 4.3.4.2.4 und 7.5.3.

Anführen eines Beispiels: *baṭal ʿālámi fi liʿba zayy ilmulakma* „ein internationaler Star in einer Sportart wie Boxen" [ST]; *zayyi ʾē masalan?* „wie was zum Beispiel?". Bei Zahlen im Sinne von „ungefähr": *zayyi xamsīn* „ungefähr fünfzig".

22. *ḍidd*
„gegen": *ma-ʿandahāš ʾayyi ʾadilla ḍiddi* „sie hat keinen einzigen Beweis gegen mich" [ST]; *taʾmīn ḍidd ilmaraḍ* „Versicherung gegen Krankheit"; *biyāxud taṭʿīm ḍiddi ʾayyi maraḍ* „er wird gegen jegliche Krankheit geimpft" [SP].

23. *ṭūl*
Lokal/temporal: *ruḥti ʿala ʾahwa f šāriʿ iṣṣaḥāfa wi kunti ṭūl issikka ʿammāl afakkaṛ* ... „ich ging in ein Kaffeehaus in der Ṣaḥāfa-Straße und den ganzen Weg lang dachte ich immerzu ..." [SP]. Temporal „längs, lang": *ṭūl innahāṛ* „den ganzen Tag lang"; *ṭūl ʿumru* „sein Leben lang"; *ṭūl ilmuddādi* „diese Zeit lang" [MF]; *ʾaʿadit ʿandu mabsūṭa ṭūl mūsim ilʾuṭn* „sie blieb die ganze Baumwollsaison zufrieden bei ihm" [SP].

24. *ʿašān ~ʿalašān*

Kausal „wegen": *da lmalik kān zaʿlān ʿašānak* „der König war traurig wegen dir" [SP]; *inta fāhim inni gayyi ʿalašān kida* „du glaubst, daß ich deswegen komme" [ST]. Benefaktiv „für": *hāt sitt irġifa ʿalašān Ḥasan* „bring sechs Fladen Brot für Ḥasan" [ST]. Zweck: *bitfukku lē? ʿalašān ē bitfukku?* „warum machst du ihn los? Wozu machst du ihn los?". Auch *ʿašān xāṭir*: *ʿalašān xāṭir ʿuyūnik ilḥilwa di* „wegen deinen schönen Augen" [ME]; *ʿašān xaṭri insa lḥikāya* „um meinetwillen vergiß die Sache!" [ST].

25. *ʿala*

Lokal „auf, über": *illi ʾaʿdīn ʿala kkarāsi ttanya* „die auf den anderen Stühlen sitzen" [ST]; *wi niʾdaḥ izzēt ilʾawwil ʿala nnāṛ* „und wir erhitzen zuerst das Öl auf dem Feuer" [MA]; *ʿalēha ʿafrīt* „sie ist von einem Geist besessen" [ME]; *yiʾṛa ʿalē lfatḥa* „er rezitiert die Fātiḥa über ihn". Lokal „an": *ʿala naṣyit iššāriʿ* „an der Straßenecke"; *ʿa lbāb* „an der Tür". Lokal „in": *huwwa ʾāʿid ʿa lʾahwa* „er sitzt im Kaffeehaus"; *ḥanām ʿala srīr li waḥdi* „ich werde allein in einem Bett schlafen" [ST]. Metaphorisch zum Ausdruck einer Verpflichtung: *ʿalēha ḍarība* „darauf liegt eine Steuer" [ME]; *ilḥisāb ʿala mīn?* „wer zahlt die Rechnung?" [ME]; *ʿalayya xamsa gnē* „ich bin fünf Pfund schuldig" [ME]. S. auch Präpositionalsatz 3.1.3.

Direktiv „nach, her, an": *ʿala fēn?* „wohin?"; *rikibna lʾaṭri w ʿala Skindiriyya!* „wir bestiegen den Zug und auf ging 's nach Alexandrien" [SP]; *zamanha f-ṭariʾha ʿala hina* „sie ist sicher schon lange auf dem Weg hierher" [ST]; *hāt ʿalayya* „zu mir her!" [ME]; *ʾām ʾaʿad ʿala ttilifōn* „er setzte sich ans Telefon" [SP].

Temporal „an, bis": *ʿa ṣṣubḥ* „am frühen Morgen"; *in ma-kanitši ḥatirgaʿ ʿala ʾawwil sibtambir* „wenn sie nicht bis Anfang September zurückkommt" [ST]; *fāḍil ʿa lmadfaʿ taman daʾāyiʾ* „bis zur Kanone bleiben acht Minuten" [SP].

Angabe des Beweggrundes: *iggawwiztaha ʿala ḥubb* „ich heiratete sie aus Liebe" (auch *ʿan* = harab.) [ST]; des Zwecks: *wi ʿala ʾē?* „und wozu?" [ME]; *innaharda ḥanuṭbux ʿala lġada msaʾʾaʿa* „heute kochen wir zum Mittagessen Moussaka" [MA]; des von der Handlung indirekt und negativ Betroffenen: *fataḥti ʿalēha bāb ilḥammām* „ich öffnete die Tür zum Badezimmer [während sie darin war]" [ST]; *nitfi ʿalēha nnāṛ* „wir machen ihr die Flamme aus" [MA]; *nirfaʿ ʾaḍiyya ʿala šširka* „wir prozessieren gegen die Firma" [ST]; *rafaʿ issikkīna ʿala mṛātu* „er erhob das Messer gegen seine Frau" [ST].

Grundlage: *da ḥna ʿayšīn ʿala lxamsa gnē btūʿik* „wir leben von deinen fünf Pfund" [ST]; *yifṭar ʿala baṣala* „er ißt eine Zwiebel als Frühstück" [SPR].

Transportmittel: *ʿašaṛa maṣriyyīn bass illi ḥaysafru ʿalēha* „nur zehn Ägypter werden damit reisen" [ST]; *ʿala riglēha* etc. „zu Fuß".

Thema: *ḥaʾullak ʿala kulli šēʾ* „ich werde dir über alles berichten" [MF]; *innās tiʾūl ʿalēna ʾē* „was sollen die Leute nur über uns sagen?" [ST]; *saʾal ʿalēk* „er fragte nach dir" [ME]; *nadēt ʿala lmasagīn ʾismi ʾism* „ich rief die Gefangenen Namen für Namen auf" [ST].

Vergleich: *kibīr ʿalayya* „zu groß für mich" [ME]; *ṣuġayyaṛa ʿala lḥubb* „zu klein für die Liebe" [ST]. Aber: *šufti ttasrīḥa ḥilwa ʿalēki zzāy!* „siehst du, wie gut dir die Frisur steht!" [MF].

„gemäß": *ʿala kēfak* „wie du willst" [ME]; *ʿala mahlak* „langsam" [ME]; *ʿala kida* „auf diese Weise" [ME]; *ʿala ʾaddi sinnu* „seinem Alter entsprechend" [ME].

Beim Rechnen „durch": *xamsa ʿala talāta* „fünf durch drei" [ME].

26. *ʿan*

Lokal „weg von": *biʿīd ʿan ʿuyūn innās* „fern von den Augen der Leute" [SP]; *bitibʿad ʿan Maṣri ʾaddi ʾē* „wie weit ist es von Kairo weg?" [ME]. Auch metaphorisch: *inti wi xālik xabbētu lḥaʾīʾa ʿanni* „du und dein Onkel habt die Wahrheit vor mir verborgen" [ST]; *māt ʿan talatīn sana* „er starb im Alter von 30 Jahren" [ME]; *mikassil ʿan iggawāz* „zu faul zum Heiraten" [MF]. Lokal „über": *ikkahṛaba ḥatʿaddi li lʾarḍi ʿan ṭarīʾ riglu lyimīn* „der Strom fährt über sein rechtes Bein in die Erde" [SP]; *warsīnu ʿan giddi abu ummi* „wir haben ihn über meinen Großvater mütterlicherseits geerbt" [ST].

Vergleich: *kibīr ʿannu fi ssinn* „älter als er" [ME]; *ma-šuftahāš fōʾ ʿan sana* „ich habe sie länger als ein Jahr nicht gesehen" [MF]; *ilḥāga ġilyit ʿan imbāriḥ* „es ist teurer als gestern geworden" [ST].

Thema: *aflām ʿan kanada* „Filme über Kanada" [ST]; *darsina nnahaṛda ʿan ilgramēr* „unsere Lektion geht heute über die ‚grammaire'" [ST]; *ma-ʿandīš ʾayyi fikṛa ʿanha* „ich habe keine Idee davon" [ST]; *itkallimit ʿan ilxōx* „sie sprach über Pfirsiche" [ST].

Idiomatisches: *ʿannu ma* „von mir aus ...; mir ist egal, ob ...": *ʿannak ma saddaʾt* „von mir aus kannst du es glauben oder nicht!" [ST]; *ʿannu ma ʾibil* „von mir aus kann er es annehmen oder nicht!" [ST]. – *ʿanha wi* „sogleich, unverzüglich": *ʿanha w xadt ibni f-ʾoḍt innōm* „sogleich nahm ich meinen Sohn mit ins Schlafzimmer" [SP].

27. *ʿand*

Lokal „bei": *biyḥuṭṭu ššamʿa ʿand ilʿenēn* „sie stellen die Kerze bei den Augen hin" [ME]. Bei Personen: *ilbanāt ʾaʿadu ʿand abūhum* „die Mädchen blieben bei ihrem Vater" [SP]; *ana liyya ʿandi ḥaḍritak ṭalab* „ich habe eine Bitte an Sie" [ST]. Interjektion: *ʿandak!* „halte hier an!". Lokal „hin, zu": *ṛāḥ ilwād ʿand iṣṣōṭ* „da ging der Junge zu der Stimme hin" [SP]. Zusammensetzung mit *min*: *ana lissa gayyi min ʿand idduktūr* „ich komme gerade vom Arzt" [ME]; *baštirīlu karamilla min ʿand ilbaʾʾāl* „ich kaufe ihm Karamellen beim Kaufmann" [ST]. Metaphorisch „nach Meinung von": *iẓẓarfi ʿandi ahammi min iggawāb* „der Umschlag ist nach meiner Meinung wichtiger als der Brief" [ST]. Zum Präpositionalsatz s. 3.1.3.

Temporal: *ʿand ilfagṛ* „beim Morgengrauen"; *ʿand illuzūm* „wenn nötig".

Idiomatisches wie Krankheit: *ʿandaha kkilya* „sie hat es an den Nieren" [ST]; *ʿandu lʾalb* „er ist herzkrank" [ME].

28. *ġaṣbin ʿan ~ ġaṣba ʿan*
„trotz“: *ilʿibāṛa di kānit timurrī f-ʿaʾlu ġaṣbin ʿannu* „der Ausdruck ging gegen seinen Willen in seinem Kopf hin und her“ [SP]; *inniyāba zamanha gayya tfattiš wi yaxdū ġaṣbin ʿannu* „die Staatsanwaltschaft wird gleich kommen um nachzuforschen und ihn mitnehmen, ob er will oder nicht“ [ST].

29. *ġēr*
„abgesehen von“: *ana waḍʿi ssiyāsi wi lʾigtimāʿi ma-yismaḥš, ġēr kida mumkin Sūsu tiʿṛaf* „meine politische und gesellschaftliche Position läßt das nicht zu, abgesehen davon könnte Sūsu es erfahren“; *da ġēr ilʾiṣabāt* „abgesehen von den Verwundungen“. S. auch Negation 6.8.2.

30. *min ġēr*
„ohne“: *ma-yiʾtilšī min ġēr sabab* „er tötet nicht ohne Grund“ [SP]; *min ġēr kahṛaba ʿumṛaha ma ḥatištaġal* „ohne Strom wird das nie funktionieren“ [SP]. Eine zweite untergeordnete NP wird mit *wala* angeschlossen: *min ġēr la ʾaklī wala šurb* „ohne Essen und Trinken“.

31. *fi*
a. Lexikalische Verwendung
Lokale Befindlichkeit, wobei die Lage der Objekte zueinander nicht selten anders gesehen wird als im Deutschen, was zu verschiedenen Übersetzungen wie „in, an, auf, bei, aus“ führen kann: *ana sakna fi zZamālik* „ich wohne in Zamalek“; *fi ššāriʿ* „auf der Straße“; *fi ssikka* „auf dem Weg“; *fi ddinya* „auf der Welt“. An Körperteilen: *harašti fi dmāġu* „ich kratzte mich am Kopf“ [ST; *wi f-kullī kaffi ṭliʿlu xamas ṣawābiʿ* „und an jeder Hand wuchsen ihm fünf Finger“ [ST]; *bitiḍrabīni f-ʿēni* „du schlägst mich auf das Auge“ [ST]; *fi wiššak ʿala ṭūl* „direkt vor dir“ [ME]. An Örtlichkeiten im und am Haus „auf, an“: *fi lbalakōna* „auf dem Balkon“; *fi lfaranda* „auf der Terrasse“; *wiʾif ʿala ʾawwil basṭa fi ssillim* „er blieb auf dem ersten Absatz auf der Treppe stehen“; *fi ssaṭḥ* „auf dem Dach“; *iḥna waʾfīn fi ššibbāk* „wir stehen am Fenster“; *fi ssaʾf* „an der Decke“. In Fahrzeugen: *fi lʿaṛabiyya* „im Auto“; *fi lmarkib* „auf dem Schiff“. In den Medien: *fi ttilivizyōn* „im Fernsehen“; *fi rradyu* „im Radio“; *akkallimak fi ttilifōn* „ich werde dich anrufen“. Bei Gegenständen, an denen Handlungen stattfinden, wie bei „essen, trinken aus etwas“, „abtrocknen an etwas“: *ašṛab fi ḥalla?* „soll ich aus einem Kochtopf trinken?“ [ST]; *biyaklu kulluhum fi ṭabaʾ wāḥid* „sie essen alle aus einem Teller“ [ST]; *naššif riglē fi lliḥāf* „er trocknet seine Füße an der Decke ab“ [SP].

Metaphorisch übertragen auf Situationen und Zustände: *fi ḥālit talabbus* „in flagranti“; *sību f-ḥālu!* „laß ihn in Ruhe!“; *law kuntī f-rubʿi šaṭartik* „wenn ich nur ein Viertel so klug wäre wie du“ [ST]; *wi fīha ʾē?* „was ist schon dabei?“. In oder bei einer Gruppe: *mīn fīkum* „wer von euch?“; *fi lfallaḥīn* „bei den Fellachen“ [SP]. Bei Prozentangaben: *miyya fi lmiyya* „hundertprozentig“; *sabʿīn fi lmiyya* „70 Prozent“.

Richtung und Ziel (bei entsprechenden Verben) „in“: *nidaxxalu šwayya fi lfurn* „wir tun es ein wenig in den Backofen“ [MA]; *waddēt nafsak fi dahya* „du hast dich selbst in ein Unglück gebracht“ [ST]; *fa ṛāḥ fi widnu ʾallu* „da flüsterte er ihm ins Ohr“ [ST]; *sallimu ʿala baʿḍi bi lbōs fi lxadd* „sie begrüßten sich mit Küssen auf die Wangen“ [SP]; *ramūki fi ššāriʿ* „sie warfen dich auf die Straße“ [ST]; *baṣṣi f-saʿtu* „er schaute auf seine Uhr“ [SP]; *šālit ilbāʾi fi ttallāga* „sie tat den Rest in den Kühlschrank“ [SP]. Metaphorisch: *wiʾiʿ fi ḥubbi* „er verliebte sich in mich“; *ṛāḥit fi nnōm* „sie fiel in Schlaf“.

Temporal „in, an, zu, innerhalb von“: *fi lʿīd* „am Fest, zum Fest“; *fi yōm* „eines Tages“; *fi nafs ilwaʾt* „zur gleichen Zeit“; *fi šahṛi māyu* „im Monat Mai“; *innahaṛda kām fi ššahṛ?* „der Wievielte [im Monat] ist heute?“ [ME]; *biyiddūhum dilwaʾti riyāl fi lyōm* „sie geben ihnen jetzt 20 Piaster am Tag“ [ST]; *iddinya txalaʾit fi sabaʿ t-iyyām* „die Welt wurde in sieben Tagen erschaffen“ [ST].

Thema, Betreff: *ikkallimu fi ḥāga tanya!* „sprecht über etwas anderes!“ [ST]; *ē ṛaʾyukum fi hina?* „was haltet ihr von ‚hier‘?“ [ST]; *tiftikir fi ḥikmit ṛabbina* „sie denkt über die Weisheit Unseres Herrn nach“ [SP]; *ilʾawwil ʾaʿad yikaṛṛahni fi lʿuʾd* „zuerst machte er mir das Halsband madig“ [ST]; *maʿāk dukturā fi lʾaṣāṛ* „du hast einen Doktorgrad in Archäologie“ [ST]; *saʿidna fi ššanṭitēn dōl* „hilf uns mit den beiden Koffern“ [SP]; *nifsi fi* „Lust auf“; *issabab fi ḥ* „der Grund für etwas“ [ST]; *ilmalik ṭālib ilʾurbi minnik fi bintik Fulla* „der König hält hiermit um die Hand deiner Tochter Fulla an“ [SP]; *ṭawwil šuwayya fi ṣṣala* „er betete etwas länger“ [ST]; *huwwa ana ʿamalti fiki ḥāga wiḥša* „habe ich dir etwa etwas Böses angetan?“ [SP].

fi zur Steigerung: *aḥmaṛ fi aḥmaṛ* „rot über rot“; *ʾaṣri bannūr fi bannūr* „ein Schloß über und über aus Kristall“; *da kullu tazwīr fi tazwīr* „das ist alles nichts als Fälschung!“. Beim Rechnen „mal“: *talāta f-xamsa b-xamasṭāšar* „drei mal fünf sind fünfzehn“.

fi gehört zu den lokalen Präpositionen wie *ʿand, li, maʿa,* die zum Ausdruck von „haben“ dienen und einen Präpositionalsatz bilden, s. 3.1.3. Es wird bei unbelebtem Subjekt gebraucht: *issana fiha kām yōm* „wie viele Tage hat das Jahr?“ [ME]; *ilʿimāṛa di fiha kām dōr* „wie viele Stockwerke hat dieses Gebäude?“ [ME]; *iššaʾʾa fiha takyīf* „die Wohnung hat eine Klimaanlage“ [ME].

b. Aspektangabe

Wird bei telischen Sachverhalten das Objekt mit *fi* eingeführt, so richtet dieses den Fokus auf die vor dem inhärenten Abschluß dieses Sachverhalts liegende Entwicklung und drückt aus, daß diese sich dahinzieht und der Abschluß auf sich warten läßt. Bei atelischen Sachverhalten zeigt *fi* dagegen eine Intensivierung an:

telisch:	*biyiktib gawāb* „er schreibt einen Brief“	⇔	*biyiktib fi ggawāb da baʾālu sbūʿ* „er schreibt schon eine Woche an diesem Brief herum“
	biyibni bēt „er baut ein Haus“	⇔	*biyibni f-bēt* „er baut an einem Haus“

atelisch:	*biyištimu*	⇔	*biyištim fi*
	„er beschimpft ihn"		„er schimpft auf ihn ein"
	biyiḍrabu		*biyiḍrab fi*
	„er schlägt ihn"		„er schlägt auf ihn ein"

Bei telischen Sachverhalten ist dies im Imperfekt üblich, und zwar vor allem dann, wenn die VP ein weiteres, Intensität und Dauer angebendes Element enthält. Dagegen wird dieses *fi* beim Perfekt, das die Abgeschlossenheit der Handlung anzeigt, nicht gebraucht: *ʾāʿid yubrum fi šanabu* „er zwirbelt an seinem Schnurrbart herum" [ST], aber *baram šanabu* „er zwirbelte seinen Schnurrbart hoch" [MI]; *ḥawilt aʾaggil illēla di, ʿammāl aʾaggil fīha baʾāli yīgi sbūʿ* „ich habe versucht, den Abend zu verschieben, ungefähr seit einer Woche bin ich dabei, ihn zu verschieben" [ST]; *ġasalt ilhidūm walla laʾ? – kunti baġsil fīhum* „hast du die Kleider gewaschen oder nicht? – Ich war dabei, sie zu waschen" [ST]. Ein *bi*-Imperfekt ohne *fi*-Objekt kann auch als habituell interpretiert werden: *biyʾarʾaṭ ḍawafru* „er kaut an seinen Fingernägeln [habituell]", nicht so mit *fi*-Objekt: *biyʾarṭam fi ḍawafru* „er kaut an seinen Fingernägeln herum [nur präsentisch]" [SB].

Nach dem Dauer und Intensität ausdrückenden *nāzil* + Verbalnomen wird das Objekt obligatorisch mit *fi* eingeführt: *nazla taʾṭīʿ fi farwit Fahīm* „sie zerreißt sich das Maul über Fahīm" [ST]; *tirūḥu nazlīn fīna bōs* „sie küssen uns ab" [ST]. Oft auch nach *ʾaʿad*, *fiḍil* und *ʿammāl*: *hiyya ʾaʿda tiʾaṭṭaʿ fi lburš ḥitat ṣuġayyaṛa* „sie ist dabei, die Matte in kleine Stücke zu zerreißen" [ST]; *tifḍal tiḥaṭṭam fi ʾaʿṣābi* „sie bleibt dabei, meine Nerven kaputt zu machen" [ST]; *innās šaġġalīn ṭaḥn fi dduṛa* „die Leute sind beschäftigt, die Hirse zu mahlen" [SG].

Zum Gebrauch von *fi* beim Verbalnomen s. 5.6.

32. *fōʾ*

Lokal „auf, über": *laʾa baʾʾa mašya fōʾ illiḥāf* „er fand eine Wanze auf der Decke laufen" [SP]; *ḥuṭṭuhum fōʾ issuṭūḥ* „bring sie aufs Dach" [SP]. Metaphorisches „über" im Sinne von „mehr als": *iḥna miggawwizīn dilwaʾti fōʾ issanatēn* „wir sind jetzt über zwei Jahre verheiratet" [MF]. S. auch Präpositionalsatz 3.1.3.

33. *ka-*

ka- „als" in gehobener Umgangssprache und aus dem Hocharabischen entlehnt erhält keine Suffixe: *ṭabʿan ka-muwaẓẓaf miš maṭlūb minni da* „natürlich, als Angestelltem wird das nicht von mir verlangt" [ST]; *baʿamlak ka-ṛāgil* „ich behandle dich als Mann" [MF].

34. *lagl*

Kausal „wegen, für": *lagli baxti ma-simʿūš kān wiʾif* „zu meinem Glück hörte er ihn nicht, [sonst] wäre er stehengeblieben" [SP]; *aḥāfiẓ ʿalē lagli yōm faṛaḥi* „ich bewahre es für meinen Hochzeitstag" [ST].

35. *li*
Final, Zweck „für“: *li lbēʿ* „zum Verkauf“ [ME]; *hirbu li rraʾṣ wi ssarmaḥa* „sie hauten ab zu Tanz und Rumtreiberei“ [ST]; *mazāg li ššurb* „Lust um zu trinken“ [SG]. S. auch Präpositionalsatz 3.1.3.

Nutznießer „für, zugunsten von“: *malgaʾ li lmušaṛṛadīn* „Asyl für die Obdachlosen“ [ST]; *fātiḥ ilʾahwa ʾaʿda li lʿummāl* „ich habe das Café als Verbleib für die Arbeiter eröffnet“ [ST]; *ʿalayya flūs li Muna* „ich schulde Muna noch Geld“ [ME]; *ana liyya ʿandi ḥaḍritak ṭalab* „ich habe eine Bitte an Sie“ [ST].

Interesse des Subjekts: *wi mīn ʿārif ḥayuʾʿudlu kām sana tanyīn* „und wer weiß, ob er noch ein paar Jahre bleibt“ [ST]; *wala ḥatta ʿarifli šuġlāna* „und ich weiß mir auch keine Arbeit“ [ST]; *akulli luʾma* „ich esse einen Happen“ [SP]; *namlak šuwayya!* „schlaf ein bißchen!“ [ST]. Als idiomatischer Ausdruck in der Bedeutung von „mögen“: *iḥna līna fi rriyāḍa bass* „wir mögen nur den Sport“ [ST].

Um das Interesse des Angesprochenen zu wecken (dativus ethicus): *di sana min issinīn ġiriʾlak raffāṣ* „in einem Jahr, da sank dir ein Motorschiff“ [SP]; *baṣṣit min iššibbāk wi tilmaḥluku mīn?* „sie schaute aus dem Fenster und wen sah sie da [denkt ihr]?“ [SP].

Zielangabe „zu“ (Person): *ṛāḥ li dduktūr* „er ging zum Arzt“, im Gegensatz zu *ṛāḥ ilmadrasa* „er ging in die Schule“; *xaṛag li lmazazīk* „er ging hinaus zu den Musikanten“ [SP]; *yaxdū li lġagaṛ* „sie bringen ihn zu den Zigeunern“ [ST]; (lokal) *tigīb maršadēh li waṛa* „du legst den Rückwärtsgang ein“ [ST].

Experiencer (dem etwas widerfährt): *iwʿa tkūn ḥaṣalitlak ḥāga ya ḥabībi* „hoffentlich ist dir nichts passiert“ [ST]; *kaʾinnu matlu mayyit* „als ob ihm jemand weggestorben wäre!“ [ST].

Empfänger bei Verben des Gebens: *yiddi darsi xṣūṣi li lbitti Baṭṭa* „er gibt der Baṭṭa eine Nachhilfestunde“ [SP]; *yibiʿūha li ttuggāṛ* „sie verkaufen sie an die Händler“ [SP]; *kān šarīha ʿAwaḍēn šabka l-ʿAlya* „ʿAwaḍēn hatte ihn gekauft als Verlobungsgeschenk für ʿAlya“ [ST].

Lokal und temporal „bis“, Dauer: *min iṣṣubḥi li ḍḍuhr* „vom Morgen bis zum Mittag“ [ME]; *li muddit saʿtēn* „zwei Stunden lang“ [ME]; *li ʾāxir iddinya* „bis zum Ende der Welt“ [SP]; *li ddaṛagādi* „bis zu diesem Grad“ [ST].

Umschreibung der Genitivverbindung: *fahmi ʾaʿmaq li lḥayā* „ein tieferes Verständnis für das Leben“ [SP]; *ḥatkūn illēla lʾaxīra liyya maʿa Birlanti* „das wird meine letzte Nacht mit Birlanti sein“ [ST].

Objekt beim Verbalnomen: *min kutri ḥubbi lak* „wegen meiner großen Liebe zu dir“. S. dazu 5.6.

36. *liġāyit, liḥadd*
Temporal „bis“, lokal „bis, zu“: *liġāyit dilwaʾti* „bis jetzt“ [ME]; *gallabiyyitha kānit yadōb liḥaddi rukbitha* „ihre Gallabiyya reichte kaum bis zum Knie“ [SP]; *wi lʾāxir xadnāha mašyi lḥadd iṣṣubḥ* „und schließlich liefen wir bis zum Morgen“ [ST]; *waṣal liḥaddi hnāk* „er kam bis dort hin“ [SP]. Bei Suffigierung mit *ʿand*: *tigilhum liḥaddi ʿanduhum* „sie kommt bis zu ihnen hin“ [ST].

37. *min*

Partitives *min* (Zugehörigkeit zu einem größeren Ganzen): *Ṭāri' min illaʿʿība kkuwayyisa* „Ṭāriʾ gehört zu den guten Spielern“ [MR]; *ḥitta min baladna* „ein Teil unseres Landes“ [ST]; *fi yōm mi l'ayyām* „eines Tages“ [ME]; *yib'a ʿanduhum ḥāga min itnēn* „sie haben nur eine Alternative“ [ST]; *kulli wāḥid minhum* „ein jeder von ihnen“ [ME]. Dieses liegt auch vor in *min dōl,* das im Sinne von „ein solcher, so ein“ einer NP folgt: *iṛṛāgil min dōl* „ein Mann wie sie [= so ein Mann]“ [ME]; *dana badxul ilmaḥalli min dōl bab'a ḥaggannin* „immer wenn ich so einen Laden betrete, werde ich ganz verrückt“ [ST]. Sodann allgemein Zugehörigkeit: *law kunti minnak* „wenn ich du wäre“ [ST]; *inta lli ma-fīš minnak 'abadan* „deinesgleichen gibt es nicht wieder!“ [ST]. S. 7.5.4.

Aus diesem partitiven *min* entwickelt sich die Bedeutung „teils“, wie in *ḥagaṛ garanīt minnu aḥmar wi minnu 'iswid* „Granit, teils roter und teils schwarzer“ [ST]; *da kullu muš farḍ, minnu farḍ wu minnu sunna* „das alles ist nicht Pflicht, es ist teils Pflicht und teils Sitte“ [SP]. Dies läßt sich nicht selten auch als „sowohl ..., als auch ...“ wiedergeben: *ʿayzīn nigawwizhālak wi tib'a minnak gozha wi minnak abūha* „wir wollen sie mit dir verheiraten, dann bist du sowohl ihr Ehemann als auch ihr Vater“ [ST]. Schließlich dient es nur noch zur Einführung des pronominalen Subjekts: *hiyya gaybāk wi msallimāk ilʿimāṛa btaʿitha, minnak bawwāb wi minnak bayyāʿ wi minnak kulli ḥāga* „sie hat dich hergebracht und dir ihr Gebäude übergeben, du bist sowohl Türhüter als auch Verkäufer, ja einfach alles“ [ST]; *bi ṣifit inni minnak kātib ṣiḥḥa, muʿāwin maḥallāt, wi mufattiš ma'kulāt* „in der Eigenschaft, daß du Amtsschreiber am Gesundheitsamt, Gewerbeamtsaufseher und Lebensmittelkontrolleur bist“ [ST], s. unter Prononominalwort 7.5.4.

Zur Einführung von Körperteilen und Kleidungsstücken, an denen sich die Handlung vollzieht: *yu'ruṣha min diraʿha* „er zwickt sie in den Arm“ [SP]; *basitni min bu''i* „sie küßte mich auf den Mund“ [SP]; *mitʿalla'a min šaʿraha* „an ihren Haaren aufgehängt“ [SP]; *ṛāḥit maskā min kaṛafattitu* „sie packte ihn an der Krawatte“ [SP].

Art, Beschaffenheit: *bēt min iṭṭūb il'aḥmaṛ* „ein Haus aus gebrannten Ziegeln“ [ME]; *saḥāba min ilġubāṛ* „eine Wolke von Staub“ [SP]; *kufiyya min ummi gnē* „ein Kopftuch von einem Pfund [Preis]“ [SP].

Lokales *min* „von, aus“ zur Bezeichnung von Herkunft, Ausgangspunkt, Weg: *huwwa da min baladkum?* „ist der aus eurem Dorf?“ [ST]; *iggawwizit min Almanya* „sie hat [einen] aus Deutschland geheiratet“ [ME]; *ana gayya min safaṛ* „ich komme von einer Reise“ [ST]; *nizlit min ittaksi* „sie stieg aus dem Taxi“ [ST]; *biybuṣṣi min iššibbāk* „er schaut aus dem Fenster“ [ST]; *ništirīha min issū'* „wir kaufen es auf dem Markt“ [MA]; *ištaretha min ʿand ilba''āl* „ich kaufte es beim Krämer“ [ME]; *min fō' li taḥt* „von oben bis unten“ [ME]; *min hina!* „hier lang!“ [ME]; *daxal ilbēt min bābu* „er betrat das Haus durch die Tür“ [MF]; *ismaʿ minnak luh!* „hör mal, und der auch! [von dir bis zu ihm = ihr beide]“. Im Präpositionalsatz auf bestimmte Phrasen beschränkt: *ikkalām ma-minnūš fayda* „Reden bringt nichts“ [ST], s. 3.1.3.

Unterschied, Trennung: *ma-yiʿrafš il'alif mi lmadna* „er kann kein Alif von einem Minarett unterscheiden“ [SPR]; *itḥaṛamu min riʿāyit abūhum* „sie wurden des Schutzes ihres Vaters beraubt“ [SP]; *tawwi ma axlaṣ minnu ḥagīlak* „sobald ich ihn los bin, komme ich zu dir“ [ST]; *ḥanṣaffī mi lṃayya* „wir trocknen ihm das Wasser ab“ [MA]; *ilfilūs ṛāḥit minni* „das Geld ging mir verloren“ [ME].

Nach Elativ „als“: *akbaṛ minnak bi yōm* „einen Tag älter als du“ [SPR]; *li'annak aṭyab min innak tizaʿʿal ḥadd* „weil du zu gut bist, um jemanden zu verärgern“ [ST].

Experiencer (Dat. incom.): *wi'iʿ minnu ʿilbit ilḥu'an di* „die Schachtel mit den Spritzen fiel ihm runter“ [ST]; *ilʿaṛabiyya wi'fit minni fi ssikka* „das Auto blieb mir auf dem Weg stehen“ [ME]; *itfaʿaṣit minni fi lmuẓahrāt* „sie ist mir bei den Demonstrationen zerdrückt worden“ [ST].

min zur Angabe des Grundes: *miš ʿārif aštaġal min ilḥaṛṛ* „ich kann vor Hitze nicht arbeiten“ [ME]; *ḥamūt min iggūʿ* „ich werde vor Hunger sterben“ [ME]; *itʿalgit min issukkaṛ* „sie wurde wegen Zuckerkrankheit behandelt“ [ME]; *zihi'ti min izzaḥma* „ich hatte die Nase voll von der Menge“ [SP].

Temporal „seit, vor, von an“: *māt min šahṛ* „er starb vor einem Monat“ [ST]; *min zamān* „seit langem“ [ME]; *min dilwa'ti w ṭāliʿ* „von jetzt an“ [SP]; *ma-na ba'ūl kida mi ṣṣubḥ!* „das sage ich doch schon die ganze Zeit!“ [ME].

Beim Rechnen Kommaangaben: *wāḥid wi sabʿa min ʿašaṛa* „1,7“; *xamsa w talāta w ʿišrīn min miyya* „5,23“.

38. *min ḥēs*

„hinsichtlich“: *min ḥēs ilmabda'* „im Prinzip“ [SB]; *min ḥēs iššakl* „hinsichtlich der Form“ [SB].

39. *min ḍimn* ~ *ḍimn*

„unter“: *ḍimn il'awṛā' bitaʿtu* „unter seinen Papieren“ [SB]; *ḍimni 'awwil sitta ʿummāl* „unter den ersten sechs Arbeitern“ [SP].

40. *maʿa*

Konkomitativ „mit, bei“: *yirūḥu ssū' maʿa ummahathum* „sie gehen mit ihren Müttern auf den Markt“ [ST]; *ilʿaṛabiyya maʿa ḇāḇa* „das Auto hat Papa“ [MF]; *baḥkilha ḥkayti maʿa Sūsu* „ich erzähle ihr meine Geschichte mit Sūsu“ [ST]; *biniʿmil maʿa lmuluxiyya ruzz* „wir machen Reis zur Muluxiyya“ [MA]; *maʿāh sanawiyya ʿamma* „er hat das Abitur“ [ST]. Metaphorisch auch temporal: *maʿa l'ayyām* „im Laufe der Zeit“. Nicht instrumental, dafür *bi*; durch *wayya* ersetzbar. S. auch Präpositionalsatz 3.1.3.

Konzessiv „trotz“: *maʿa da kullu* „trotz alledem“ [SP]; *kutti taʿbāna wi lḥissi byiṭlaʿ minni bi lʿafya, wi maʿa kida 'ultilu ḥaṛām ʿalēk* „ich war müde, und die Stimme kam mir nur mit großer Anstrengung heraus, und trotzdem sagte ich zu ihm: tu das nicht!“ [SP].

41. *wara*
Lokal „hinter", temporal „nach": *wi'if Kāmil wara lbāb* „Kāmil blieb hinter der Tür stehen" [SP]; *lākin ilḥaras giryu warāha* „aber die Wachen liefen hinter ihr her"; *min wara minni* „hinter meinem Rücken" [MF]; *sana wara sana w iḥna mistaḥmilīn* „Jahr für Jahr halten wir das schon aus". Idiomatisch im Präpositionalsatz „vor sich haben", wie in *ana warāya muḥaḍra* „ich habe eine Vorlesung vor mir" [MF]; *lissa warāya galsa wi gayyili ḍyūf* „ich habe noch eine Sitzung vor mir und bekomme Gäste" [ST], s. auch 3.1.3.

42. *wayya*
Konkomitativ „mit" und durch *maʿa* ersetzbar: *mīn wayyāk?* „wer ist bei dir?" [ME]; *ʿišti wayya Si Salāma sabaʿ sinīn mithanniyya* „ich lebte mit Si Salāma sieben Jahre glücklich" [ST]; *ḥabbi yikkallim wayya ttalamza* „er wollte mit den Schülern sprechen" [SP]. S. auch Präpositionalsatz 3.1.3.

2.7 Konjunktionen

2.7.1 Allgemeines

Die Konjunktionen können einfach sein wie *ʿašān* „damit", *li'inn* „weil" oder mit *ma* oder *illi* zusammengesetzt sein wie *baʿdi ma* „nachdem", *'abli ma* „bevor", *zayy illi* „als ob".

Bei den mit *ma* zusammengesetzten Konjunktionen kann eine Nominalphrase zwischen die beiden Teile treten: *ilḥa'īni b-biršāma 'abli 'albi ma yiw'af* „hilf mir schnell mit einer Tablette, bevor mir das Herz stehen bleibt" [ST]. Auch eine topic-comment-Phrase kann so inkorporiert werden: *iʿmil ḥāga ya Ḥsēn 'abl ilwād ʿiyāru ma yiflit* „tu was, Ḥisēn, bevor der Junge alle Maßstäbe verliert!" [ST]. Ebenso das selbständige Personalpronomen: *baʿdi ma nta mšīt* ~ *baʿd inta ma mšīt* „nachdem du weggegangen warst" [SG], wobei die fem. stat.cstr. Endung *-it* bestehen bleibt: *min sāʿit inta ma xaragt wi hiyya bitṣarrax* „seitdem du weggegangen bist, schreit sie immerzu" [ST].

Bei den mit *inn* ~ *ann* zusammengesetzten Konjunktionen kann anstelle eines Suffixes auch das unabhängige Personalpronomen folgen: *li'ann iḥna biʿnā ḥitta ḥitta* „weil wir ihn Stück für Stück verkauft haben" [ST]; *ḥassa inn ana baḥibbak* „ich fühle, daß ich dich liebe" [ST]. Ebenso bei *'aṣl* „weil, da": *ʿāmil fi nafsak kida lē? – 'aṣl ana muttaham* „warum tust du dir das an? – Weil ich der Angeklagte bin" [ST].

Vor Präpositionalsätzen kann sowohl *inn* als auch *innu* (mit *-u* als Pronomen des Sachverhalts) stehen: *huwwa fākir inni fi gussa* „er denkt, daß da eine Leiche ist" [ST]; *a'dar a'ūl innu ma-fīš fi gēb ḥadritak 'utubīs* „ich kann also sagen, daß Sie keinen Autobus in ihrer Hosentasche haben" [ST].

Gelegentlich findet man Konjunktionen doppelt gesetzt, wie *liġāyit ma* und *lamma*, die zu *liġāyit lamma* vereinigt werden: *wi nsibha lġāyit lamma tinšaf* „und wir lassen sie, bis sie trocknet“ [MA].

Ihrer Funktion nach sind koordinierende und subordinierende Konjunktionen zu unterscheiden. Erstere verbinden parallele Sätze oder Satzglieder miteinander, letztere leiten untergeordnete Sätze ein, die die Stellen von Satzgliedern wie Subjekt, Objekt oder adverbiale Bestimmung einnehmen.

2.7.2 Koordinierende Konjunktionen

1. *ʾaṣl*

ʾaṣl „denn, weil, nämlich“ mit folgendem Subjekt bzw. Suffix liefert eine Begründung für einen erstgenannten Sachverhalt: *ma-ʾdaṛš, ʾaṣl axūya ʾāfil ʿalayya bi lmuftāḥ* „ich kann nicht, denn mein Bruder hat mich eingeschlossen“ [ST]; *daxxalīha ʾoḍt ilmisafrīn ʾaṣli di siggādit ʾoḍt ilmisafrīn* „tu ihn in das Gästezimmer, denn das ist der Teppich vom Gästezimmer“ [ST].

Häufig im Dialog als Reaktion auf eine Feststellung oder Frage: *mālik? bitnahhadi lē? – ʾabadan! ʾaṣli ftakaṛti ṛās ilBaṛṛ* „was hast du? Warum seufzst du so? – Ach, nichts! Ich dachte nur an Rās ilBaṛṛ“ [ST]; *fasaxt ilxuṭūba lē? – ʾaṣli šakkēt fīha* „warum hast du die Verlobung aufgelöst? – Weil ich Zweifel daran bekommen habe“ [SP].

2. *innama*

Das dem Harab. entlehnte *innama* „aber, doch“ entspricht semantisch wie syntaktisch *lākin*: *ilfilūs gat innama ya haltara ḥayiḥṣal ē?* „das Geld ist da, aber was wird nun geschehen?“ [SP]; *miš ṛaḥ-tirgaʿ zayy ilʾawwil ʾawi liʾannu miš ḥayġayyaṛ iṛṛafṛaf innama taʾrīban* „es wird nicht ganz wieder so werden, wie es war, weil er den Kotflügel nicht austauschen wird, aber so ungefähr“ [SP].

3. *bass*

bass „freilich, allerdings, doch“ leitet Konzessivsätze ein: *ṃāṃa sitti bēt ṭayyiba w ḥanīna ʾạ̄ bassi li lʾasaf miš bitifhamni* „die Mutter ist eine gute und liebe Hausfrau, ja, doch leider versteht sie mich nicht“ [ST]; *ismi ʿAwāṭif bassi biydallaʿūni Ṣurṣāra* „mein Name ist ʿAwāṭif, doch ruft man mich mit dem Kosenamen Ṣurṣāra“ [ST].

4. *ḥākim*

Satzeinleitend und begründend „denn, nämlich“: *ḥaʾʾik tibʾi titʿallimi madġ ikkēf ḥākim da ysahhil ʿalēki maṣāyib iddinya* „du solltest Haschisch kauen lernen, denn das erleichtert dir das Elend der Welt“ [SP]; *da ḥna baladiyyāt ʿala kida! ḥākim ana min Mīt Fāris gambukum ʿala ṭūl!* „da sind wir also Landsleute! Ich bin nämlich aus Mīt Fāris gleich bei euch!“ [ST].

5. *fa*
Das dem Harab. entlehnte *fa* ist im Erzählstil sehr beliebt und stellt einen häufig konsekutiven Zusammenhang zweier Sachverhalte her: *ruḥt anfux filtaṛ ilhawa bi lbalāwaṛ fa ṭiliʿ minnu saḥāba min ilġubāṛ* „ich blies den Luftfilter mit dem Gebläse aus, da kam eine Wolke von Staub heraus“ [SP]; *iggawwi biykūn kuwayyis wi nnās faḍya, fa tuʾʿud* „die Stimmung ist gut, und die Leute haben nichts zu tun, da bleiben sie also“ [MA].

Häufig beschränkt sich dieser Zusammenhang auf die zeitliche Abfolge: *kallimt abūha, fa ʾalli māši ʾana mwāfiʾ* „ich sprach mit ihrem Vater, da sagte mir der: In Ordnung, ich bin einverstanden“ [MA].

6. *la ... wala ...*
„weder ... noch ...“: *la ʾana ḥanādi wala ntu tnādu* „weder werde ich rufen, noch werdet ihr rufen“ [ST]; *ana la muwaẓẓaf wala bāxud hidiyya* „weder bin ich Beamter, noch nehme ich ein Geschenk an“ [ST]. S. dazu Negation 6.6.

7. *lākin ~ walākin*
lākin „aber, sondern“ verbindet adversativ: *ittaṣalna bīk fiʿlan, lākin ittilifōn kān mašġūl* „wir haben dich tatsächlich angerufen, aber das Telefon war besetzt“ [ST]; *ma-ṛaddiš, lākin ʾām baṣṣ min iššibbāk wi nadah* „er antwortete nicht, sondern schaute aus dem Fenster und rief“ [SP]; *inta lak mustaqbal lākin humma laʾ* „du hast eine Zukunft, aber sie nicht!“ [ST].

Gemeinsame Konstituenten von Sätzen, die auf diese Weise verbunden sind, können weggelassen werden, so daß auch einzelne Konstituenten mittels *lākin* konfrontiert werden: *muš inti lākin walditik Fahīma Hānim wi giddik ilBāša humma lli ṛāḥu xaṭabūni* „nicht du, sondern deine Mutter *Fahīma Hānim* und dein Großvater, der Pascha, waren es, die um meine Hand anhielten“ [ST]; *yimkin kān kida zamān lākin dilwaʾti laʾ* „vielleicht war er früher so, aber jetzt nicht“ [ST].

8. *wi*
a. *wi* „und“ verbindet Sätze, wie in *hiyya insān wi līha mašāʿir* „sie ist ein Mensch und sie hat Gefühle“ [MF]; *ṛāḥit wi gih ġerha* „sie ging und eine andere kam“ [SP].

Ebenso parallele Satzglieder innerhalb eines Satzes: *ilfilūs bitrūḥ wi tīgi* „Geld geht und kommt“ [ME]; *ana kaddāb wi bni kalbi kamān* „ich bin ein Lügner und auch ein Hundesohn“ [ST]; *ana wi Rōla tawʾam* „ich und Rōla sind Zwillinge“ [ST]; ohne pluralische Kongruenz bei Nachstellung: *wi ʿāš ilmalik wi lmalaka fi naʿām wi hana* „und der König und die Königin lebten in Freude und Wohlergehen“ [ST]; mit Ellipse des Verbs: *yiddi ummu rubʿi wi mṛātu rubʿ* „er gibt seiner Mutter ein Viertel und seiner Frau ein Viertel“ [SP]; *izzāy wi lē ittarīx ʿammāl yiʿīd nafsu* „wie und warum wiederholt sich die Geschichte immerzu?“ [SP].

b. Zur Einführung eines Kommentars zu einer NP: *ma-ʿadši fī ḥāga tḥušni ʿan ikkalām, ilbintēn wi kibru wi yiʾdaṛu yitṣarrafu f ḥayathum zayyi ma humma ʿawzīn* „nichts kann mich mehr vom Reden abhalten, die beiden Mädchen, die sind ja schon groß und können ihr Leben gestalten wie sie wollen" [ST]; *itnēn wi ḥabbu baʿḍ, ʾē lġarīb fi kida?* „zwei, die sich ineinander verliebt haben, was ist daran so seltsam?" [MF]. Auch nach Existentialsätzen: *di ḥayāti w ana ḥuṛṛa fīha* „das ist mein Leben, und ich kann frei darüber verfügen" [ME]. S. auch 3.4.3.

c. Relativ frei bildbar sind Ausdrücke wie A *wi* B im Sinne von „A hängt ab von B": *inta w zōʾak* „das hängt von deinem Geschmack ab" [ME]; *inta w ḥaẓẓak* „je nach deinem Glück" [ME]; *kulli wāḥid wi ẓrūfu* „jeder hat seine Umstände". Andere Typen: *ana wi lbibān bukṛa ʾin šāʾ aḷḷāh!* „morgen nehme ich mir die Türen vor!" [ST]; *zayy ilʿaʾṛaba ʾaṛsitha wi lʾabṛ* „wie der Skorpion: sein Biß bringt einen ins Grab" [SP]. Zu *inta w huwwa* s. 2.1.1. Zur Einleitung des Nachsatzes nach Zeitausdrücken, wie in *kamān šuwayya wi lfagṛi ḥayiṭlaʿ* „noch ein wenig und der Tag bricht an" [MF] s. 9.16.2.1.

d. Im Diskurs, um Kommentare anzuschließen: *maʾfūla ya Bāḅa – ṭab wi ʾaflinha lē* „sie ist geschlossen, Papa! – Gut, und warum hat man sie geschlossen?" [ST]; *ʿawizni askut, ʿarfāk! – w ana aʾdaṛ asakkitik?!* „du willst, daß ich schweige, ich kenne dich! – Als ob ich dich zum Schweigen bringen könnte!" [ST].

e. Zum unterordnenden *wi* in Zustandssätzen s. 9.16.

9. *walla* und *ʾaw*

walla „oder" gibt eine Alternative an und koordiniert Sätze oder Satzteile: *maḥaddiš yuxrug wala yudxul* „niemand geht hinaus oder kommt herein" [SP]. Imperfektpräfixe brauchen nicht wiederholt zu werden: *ḥatbīʿi walla tištiri?* „willst du verkaufen oder kaufen?" [ST]; *sāʿit ma yitwilidlu ibni walla bint* „wenn einem ein Sohn oder eine Tochter geboren wird" [ST]. Gleichbedeutend ist das dem Harab. entlehnte *ʾaw*: *kamān sana ʾaw sanatēn* „noch ein oder zwei Jahre" [SB]; *law gundi ʾaw ṣaffi ẓābiṭ luh muškila* „wenn ein Soldat oder ein Offizier ein Problem hat" [SP].

10. *ya ... ya ..., yaʾimma ... yaʾimma ..., yaʾimma ... ya ...*

Zur Koordination ganzer Sätze oder von Satzteilen „entweder ... oder ...": *ya truddi zayy innās ya tuskuti!* „entweder du antwortest anständig oder du hältst den Mund!" [ST]; *xallūni ya asḥat ya axdim fi bēt* „sie ließen mich entweder betteln oder im Hause arbeiten" [SP]; *ya ʾana ya Ṣābir fi lfirʾa* „entweder ich oder Ṣābir in der Truppe!" [ST]. *yaʾimma*: *yaʾimma ruzzi b-šiʿriyya yaʾimma ruzzi mḥammaṛ nuṣṣi w nuṣṣ* „entweder Reis mit Fadennudeln oder halbgebackener Reis" [MA]; *ana yaʾimma fi lmaktab ya fi lbēt* „ich bin entweder im Büro oder zu Hause" [ST].

2.7.3 Subordinierende Konjunktionen

Die subordinierenden Konjunktionen werden zusammen mit den mit ihnen gebildeten Sätzen in Kapitel 9 behandelt. Hier folgt eine alphabetische Liste.

1. *aḥsan* ~ *laḥsan* (**la-aḥsan*) kausal „weil, denn", s. 9.9.4; befürchtend „daß, sonst", s. 9.6.
2. *aḥsan ma* vergleichend „besser, als wenn", s. 9.10.1.2.
3. *akinn* irreal vergleichend „als ob", s. 9.10.2.1.
4. *amma* s. *lamma*.
5. *awwil ma* temporal „sobald, wie, sowie", s. 9.7.1.2.
6. *ikminn* (< **ḥākim inn*) kausal „weil, es ist, weil ...", s. 9.9.7.
7. *illa ma* „es sei denn, daß ...", s. 9.1.4.
8. *illi* „daß", s. 9.15.1 b; kausal „weil", s. 9.9.5.
9. *in* konditional „wenn", s. 9.1.1 und 9.1.2.
10. *inn* „daß", s. 9.15.
11. *iza* konditional „wenn", s. 9.1.1 und 9.1.2.
12. *ʾabli ma* temporal „bevor", s. 9.7.2.
13. *ʾaddi ma* quantitativ vergleichend „so sehr wie, so viel wie, je ... je ...", s. 9.10.3.
14. *badal ma* ~ *bidāl ma* „anstatt", s. 9.13.
15. *baʿdi ma* „nachdem", s. 9.7.1.1.
16. *tawwi ma* „sobald, sowie", s. 9.7.1.2.
17. *tiʾulš* ~ *ma-tʾulš* irreal vergleichend „als ob", s. 9.10.2.3.
18. *ḥēs inn* kausal „da", s. 9.9.2.
19. *zayy illi* irreal vergleichend „als ob", s. 9.10.2.1.
20. *zayyi ma* "wie, als ob", s. 9.10.1.1; *zayyi ma ykūn* „als ob", s. 9.10.2.1.
21. *sawa* ... *ʾaw* ~ *walla* ... „ob ... oder ...", s. 9.2.2.
22. *sāʿit ma, yōm ma, nahāṛ ma, waʾti ma* „als, wie, wenn", s. 9.7.3.1.
23. *ṭūl ma* „solange", s. 9.7.3.3.
24. *ʿala bāl ma* ~ *ʿabāl ma* ~ *ʿubāl ma* = *ʿuʾbāl ma* „bis", s. 9.7.4.
25. *ʿala ʾinn* „in der Annahme, daß ..., mit der Unterstellung, daß ...", s. 9.14.
26. *ʿala ma* = *ʿala bāl ma* „bis", s. 9.7.4; vergleichend „wie", s. 9.10.1.3.
27. *ʿašān* ~ *ʿalašān* kausal „weil", s. 9.9.3; final „damit", s. 9.4.1; konsekutiv „so daß", s. 9.5.1.
28. *ʿala ʾaddi ma* ... „in dem Maße wie, so sehr, soviel", je ... desto ...", s. 9.10.3.
29. *ġēr ma* ~ *ġēr inn* „abgesehen davon, daß ...", s. 9.12; vergleichend „anders als", s. 9.10.1.3.
30. *kaʾinn* ~ *wakaʾinn* (= hocharab. *kaʾann*) irrreal vergleichend „als ob, es ist als ob", s. 9.10.2.2; *wala kaʾinn* „als ob, wie nicht einmal", s. 9.10.2.2.
31. *kulli ma* temporal „jedes Mal, wenn, immer wenn, je mehr ... desto ...", s. 9.7.3.2.
32. *la-* „daß, sonst, damit nicht", s. 9.6.

33. *lagl ~ laglī ma* „damit, um zu", s. 9.4.1.
34. *lamma ~ amma* temporal und konditional „wenn, als", s. 9.1.3 und 9.7.3.1; „bis", s. 9.7.4; ferner „daß, damit, erst mal", s. 9.4.1 und 9.5.1.
35. *law* konditional „wenn", s. 9.1.1 und 9.1.2.
36. *li'ann ~ li'inn* „weil", s. 9.9.
37. *liḥaddi ma, liġāyit ma* temporal „bis", s. 9.7.4.
38. *lidaṛagit inn* final „so sehr, daß", s. 9.5.1.
39. *lōla* „wenn ... nicht gewesen wäre, ..., wenn ... nicht wäre, ...", s. 9.1.2.2.
40. *lōma* konditionales „wenn", s. 9.1.2.2 Anm.
41. *madām* kausal konkludierend „da, nachdem", s. 9.9.6.
42. *masāfit ma* lokal „bis"; temporal „sowie, bis", s. 9.7.1.2 und 9.7.4.
43. *maṭraḥ ma* lokal „da, wo", s. 9.8.
44. *maʿa 'inn* konzessiv „obwohl", s. 9.2.4.
45. *minēn ma* lokal „da, wo", s. 9.8.
46. *min ġēr ma* „ohne daß", s. 9.11.
47. *min sāʿit ma, min yōm ma, min wa'tī ma, min 'awwil ma, min nahāṛ ma* „seit, seitdem", s. 9.7.5.
48. *mugaṛṛad ma* „sobald, wie, sowie", s. 9.7.1.2.
49. *walaw* „selbst wenn, und sei es, obwohl", s. 9.2.1.
50. *walla ~ wa'illa* „sonst", s. 9.3.
51. *wi* „während, " zur Einleitung des Zustandsatzes, s. 9.7.5 und 9.16.
52. *yadōb* temporal „kaum, daß", s. 9.7.1.3.

2.8 Partikeln

Unter dem Nenner „Partikeln" werden einige Wörter zusammengefaßt, die weder in die Kategorien „Präposition", „Konjunktion" oder „Adverb" fallen. Meist dienen sie dem Nachdruck, der Fokussierung oder der Kontrastierung, wobei alle diese Funktionen je nach Kontext von ein und derselben Partikel ausgedrückt werden können. Zu den Demonstrativpartikeln s. 2.2.3, ferner 6.8 und 6.9, zu den Fragepartikeln s. 8.1.4, zu Partikeln in Wunschsätzen s. 8.3.2.

1. *'abadan*
Alleinstehend als Antwort auf eine Frage oder eine Feststellung dient *'abadan* ebenso wie *la'* (s. unten) dazu, ein Urteil abzugeben und etwas zurückzuweisen, jedoch mit größerem Nachdruck als jenes: *mālik taʿbāna? – 'abadan!* „wieso bist du müde? – Bin ich gar nicht!" [MF]; *mālik? bitnahhadi lē? – 'abadan! 'aṣli ftakaṛtī Ṛās ilBaṛṛ* „was hast du? Warum seufzst du? – Ach, gar nichts! Ich dachte nur an Rās ilBaṛṛ" [ST]; *innī ṣaḥbitna tiskut? 'abadan!* „daß unsere Freundin schweigen würde? Keineswegs!" [SP]. Häufig als *'abadan ma-fīš!* verstärkt: *mālak ya 'Aḥmad? – lā 'abadan ma-fīš* „was hast du, Aḥmad? – Ach, gar nichts!" [MF].

2. *alla ~ illa*
illa ~ alla „nun, doch" leitet die Phrase ein, z.B. in Aufforderungen: *alla ʾulli ...!* „nun sag mir doch ...!" [ST]; *illa ṭamminni ya Naʿīm ʿala ṭṭurṭa* „nun beruhige mich doch wegen der Torte, Naʿīm!" [ST]; bei entrüsteter Zurückweisung: *inta mutaʾakkid? – illa mutaʾakkid!* „bist du sicher? – Und ob ich sicher bin!" [ME]; *lē? – illa lē!* „warum? – Was heißt hier ‚warum'!" [ST]; in abgeschwächter Form etwa wie „ach!": *illa ʿala fikra, ana nsīt, ilbaʾiyya f-ḥayātak* „ach übrigens, ich habe vergessen, mein herzliches Beileid!" [ST]; *illa sāyiʾ izzāy* „wie kann er nur fahren?!" [ST]. Wie *la-* nach Beteuerungspartikeln: *waḷḷāhi ʾilla mkassaṛa ttilifōn maṛṛa min ilmaṛṛāt* „bei Gott, eines Tages werde ich dir noch das Telefon kaputtschmeißen!" [ST]. Auch ausschließend im Sinne von „bloß nicht!": *illa di!* „bloß das nicht!" [MF]; *illa lmaṣnaʿ!* „bloß die Fabrik nicht!" [MF].

Zu *illa* „außer" s. 6.8.1.

3. *amma*
Als Ausruf des Erstaunens: *amma ṣaḥīḥ naṣṣāb!* „das ist ja wirklich ein Betrüger!" [ST]; *amma kalāḥa!* „was für eine Kaltschnäuzigkeit!" [ST]; *amma ʿagība!* „wie seltsam!" [SP]; *amma ḥittit film!* „was für ein Film!" [MF].

Auch als aus dem Harab. entlehnte Fokuspartikel, gefolgt von *fa*: *amma ʾana fa ʾalfi mīn yitmannāni!* „was mich betrifft, Tausende begehren mich!" [ST].

4. *ummāḷ*
ummāḷ dient zum Nachdruck bei Befehlen und Verboten und steht nach dem Imperativ: *ma-tʾulši kida mmāḷ!* „sag das nicht, klar!" [ST]; *iskut ummāḷ laḥsan tismaʿak!* „sei still, klar! Sonst hört sie dich." [ST]; *ma txallīk ṛāgil ummāḷ* „aber nun zeig dich doch als Mann!" [ST].

Zur nachdrücklichen Bestätigung auf Fragen: *inta ʾabaḍt? – ummāḷ w ādi lmahiyya!* „hast du das Gehalt empfangen? – Aber klar! Und hier ist es!" [ST]; *wi miš rāgiʿ tāni? – rāgiʿ ummāḷ* „kommst du nicht zurück? – Klar komme ich zurück!" [ST].

Zu *ummāḷ* im Fragesatz s. 8.1.4.4.

5. *barḍu, barḍaha, barḍak, barḍik*
Additives „auch": *ana aʿmil ʾayyi ḥāga ʾilla ḥkayt ilʾatli di, ana barḍu ṛāgil ʿandi mabādiʾ* „ich will alles tun bis auf diesen Mord da, ich bin auch ein Mann, der Grundsätze hat" [ST]; *da lwād ikkibīr fīhum barḍak misīru yiʿraf fi yōm min zāt liyyām* „der Große unter ihnen wird es auch eines Tages erfahren" [SP]. Adversatives „trotzdem": *barḍu stannāh w inta sākit* „warte trotzdem auf ihn, ohne was zu sagen" [ST]; *baʾa tkarkibu kulli ḥāga ʿala dmāġi wi barḍu tʾūlu faḍya* „da schiebt ihr also alles mir zu, und noch immer sagt ihr, sie hat nichts zu tun!" [ST]. In rhetorischen Fragen als adversatives Füllwort: *wi da suʾāl barḍu yitʾāl fi ttilifōn* „ist das etwa ein Frage, die man am Telefon stellt?" [ST]; *ana barḍu lli ʿakistak?* „war ich es vielleicht, der dich belästigt hat?!" [ST].

6. *ba'a*

Die Fokuspartikel *ba'a* „also, aber, denn, was ... angeht" steht nach dem Satzteil, auf dem der Fokus liegt: *wi lē ba'a l'istiʿgāl da* „und warum denn diese Eile?" [ST]; *innaharda ba'a ḥaniʿmil ʿa lġada muluxiyya xaḍra* „heute also wollen wir Muluxiyya zum Mittagessen machen" [MA]; *ana ba'a ma-smīš 'Amīna* „ich aber heiße nicht ᵓAmīna" [ST]; *ana tʿibti lamma anām ba'a šwayya* „ich bin müde, ich will doch ein wenig schlafen!" [SP].

Satzeinleitendes *ba'a* gibt eine Folgerung aus einem vorherigen Sachverhalt an: *ba'a ana ar'uṣ w aġanni! ma-'darš, ma-'darš!* „da soll ich also tanzen und singen! das kann ich nicht! das kann ich nicht!" [ST]; *ḥaddi yinsa kkanzi da kullu? ba'a da maʿ'ūl ya nās!* „sollte jemand diesen ganzen Schatz vergessen? Soll das denn glaubhaft sein?" [SP].

Als Nachdruckspartikel dem Imperativ folgend: *ma-tiftaḥ ba'a* „mach schon auf!" [ME]; *mallīni b-surʿa ba'a* „diktier mir doch schnell!" [ST]; *ma-tzinnūš ba'a fi wdāni* „liegt mir doch nicht so in den Ohren!" [SP].

7. *tann+* ~ *dann+* Pronominalsuffix

tann+ (< *taᵓannā) ~ *dann+* Pronominalsuffix gibt an, daß ein Sachverhalt unmittelbar auf einen anderen folgt, eventuell nach einer kurzen Unterbrechung. Häufig im Erzählstil und mit folgendem aktiven Partizip: *baṣṣ iššāṭir Miḥammad ḥawalēh, la'a badla nḥās, ṛāḥ labisha, wu tannu ṛāyiḥ ʿa lbāb wi daxal* „išŠāṭir Muḥammad schaute sich um, da fand er eine Rüstung aus Kupfer, er zog sie an, begab sich unverzüglich zur Tür und ging hinein" [SP]; *ṛāḥum labsīn irrīš wi waxdīn baʿḍuhum wi tannuhum ṭayrīn* „sie zogen das Federkleid an und machten sich auf und flogen sogleich weg" [SP]. Auch in Gestalt eines Imperfekts oder Perfekts: *kulli ma tizha' min ʿištak tidannak rāgiʿ ʿala l'ōḍa* „jedesmal wenn du die Nase von deinem Leben voll hast, dann gehe sogleich in dieses Zimmer zurück" [ST]; *wi tannitna mašyīn ʿala maʿmal iṭṭurši* „und wir gingen unverzüglich zur ṭurši-Fabrik" [SP]. S. ferner zu *tann+* als Präverb 5.7.3.2.2 c, und zu den möglichen Formen s. Hinds-Badawi (1986) 139a.

Als Imperativ, sei es mit folgendem Partizip oder einem Imperativ: *tannak māši 'iwʿa tikallim ḥadd* „geh unverzüglich weiter, hüte dich jemand anzusprechen" [SP]; *xabbaṭi ya binti ʿa lbāb, dannik xabbaṭi lḥaddi ma yīgu rriggāla* „klopfe an die Tür, Mädchen, klopfe unverzüglich an die Tür, bis die Männer kommen" [ST].

7. *taww* + Pronominalsuffix

Als Temporalpartikel „eben erst" ähnlich wie *lissa*, s. unten (14), aber eher in ländlichen Dialekten gebräuchlich: *ana tawwi saybāhum ḥālan maʿa baʿḍ* „ich habe sie eben erst zusammen verlassen" [ST]. S. auch 5.7.1.6.2 (3) Anm.

8. *ḥatta*

Fokuspartikel „sogar, selbst". Bezogen auf den ganzen Sachverhalt in Kontrast zum Kontext, findet sich *ḥatta* vor dem Prädikat oder auch nachstehend: *da ḥatta btitġadda dilwaʾti hnāk* „sie ißt jetzt dort sogar zu Mittag“ [ST]; *di ḥatta gdīda* „die ist sogar neu“ [SP]; *ma-ʿandahāš sanawiyya ʿamma ḥatta* „sie hat nicht mal das Abitur“ [ST]; *ḥatta llibās kān fīh gēb* „sogar die Unterhose hatte eine Tasche“ [SP]. Der Fokus kann sich aber auch auf einen einzelnen Satzteil richten: *kān nifsi ašūfak muhandis walla ḥatta muḥāsib* „ich hätte dich gern als Ingenieur oder wenigstens als Buchhalter gesehen“ [ST]. Gerne wird der betreffende Satzteil als Thema vorangestellt: *ḥatta fi lmaṣāyib di yiʿṛafu yistafīdu* „sogar bei diesen Unglücksfällen wissen sie zu profitieren“ [ST]; *kutti zayy umm ilʿaṛūsa, ḥatta w ana faḍya abʾa mašġūla* „es ging mir wie der Mutter der Braut: selbst wenn ich nichts zu tun hatte, war ich beschäftigt“ [SP].

Mit *wala* verbunden im negierten Satz: *la fakkaṛti fīha wala ḥatta gat ʿala bāli* „ich dachte nicht daran, und es war mir auch nicht einmal eingefallen“ [SP]; *inti ma-maʿakīš tsaddidi ddiyūn wala ḥatta guzʾi minha* „du hast kein Geld dabei, um die Schulden zu bezahlen, selbst nur einen Teil davon“ [ST]. Zu *ḥatta law* ~ *ḥatta walaw* s. 9.2.

9. *zamān*+ Pronominalsuffix

Zum Ausdruck der starken Vermutung: *di zamanha nāmit min badri* „sie wird schon früh schlafen gegangen sein“ [ME]. S. dazu 5.7.3.2.1.2.2 c.

10. *ʿuʾbāl*

Wunschpartikel: *ʿuʾbāl mīt sana!* „noch hundert Jahre!“ (Glückwunsch); *ʿuʾbālak!* „mögest du auch bald an der Reihe sein!“ (bei Hochzeiten zu Junggesellen gesagt); *šīl maʿāya ya ʾustāz Gamīl! – in šāʾ ʾaḷḷāh ʿuʾbāl šēl ilḥanūti* „helfen Sie mir tragen, Herr Gamīl! – So Gott will, soll dich der Totengräber hinaustragen!“ [ST].

11. *kamān*

kamān „auch“ hat additive Bedeutung, d.h. es zählt etwas zu anderem hinzu. Meist folgt es seinem Bezugswort: *ma hiyya kamān mitṛabbiyya maʿāna f-nafs ilbēt* „auch sie ist mit uns im Haus aufgezogen worden“ [ST]; *ma-ʿadši ʾilla nta kamān tikkallim* „es fehlt, daß auch du noch redest!“ [SP]; *innaḥwi ʿāwiz yitfihim wi yitṣammi kamān* „Grammatik will verstanden und auch behalten werden“ [ST]. Auch im Sinne von „auch noch, noch dazu“ und dann häufig vor dem Bezugsnomen stehend: *law baṣṣetlu kamān šuwayya ḥatʾilib namla* „wenn ich ihm noch ein wenig zuschaue, verwandle ich mich in eine Ameise“ [ST]; *kamān sana ʾaw sanatēn ḥatbuṣṣi tlāʾi ʾibnak kibir* „noch ein oder zwei Jahre, dann wirst du merken, daß dein Sohn groß geworden ist“ [SB].

12. *la-*

la- tritt in Schwur- und Beteuerungssätzen auf: *waḷḷāhi la-ṛāyiḥ wi sāʾil* „bei Gott, ich werde gehen und fragen!“ [ST]; *waḷḷāhi la-warrīk!* „bei Gott, ich werde es dir zeigen!“ [ME]

Zur Einleitung des Nachsatzes von Konditionalsätzen: *law kunti fākir la-kunt a'ullak* „wenn ich mich erinnern würde, würde ich es dir sagen" [MF]. Nicht selten zusammen mit einer Beteuerung: *wallāhi in ḥaṣal li Šafʿi ḥāga la-katba fīk balāġ* „bei Gott, wenn dem Šafʿi was passiert, dann zeige ich dich schriftlich an" [ST].

Zur Einleitung von Dubitativfragen stets mit *yikūn*: *dōxa? la-tkūni ḥāmil?* „ein Schwindelanfall? Solltest du etwa schwanger sein?" [ST]; *baṣṣēt ḥawalayya w ana middāyi' la-ykūn ʿAmmi Ḥasan šafni* „ärgerlich schaute ich mich um, sollte Onkel Ḥasan mich gesehen haben?" [SP].

13. Partikeln *la'* und *aywa*

la' ~ *lā* „nein", und sein Gegenstück *aywa* „ja" können einerseits als Interjektionen in Urteilsfunktion auftreten, andererseits aber auch als Proform für einen negierten Satz gebraucht werden.

a. Urteilsfunktion

la' ~ *lā* ~ *la''a* bezeichnen als Interjektion „nein" das negative Urteil eines Sprechers über den Wahrheitsgehalt eines Sachverhalts, während *aywa* „ja" das positive Urteil ausdrückt. So nach Aussagesätzen: *ana ʿabd ilma'mūr – la', ma-ntāš ʿabdi ḥadd* „ich bin nur der Knecht des Maʾmūr. – Nein, du bist nicht der Knecht von jemand!" [ST]; *inta hina? – aywa, ḥarūḥ fēn?* „du bist hier? – Ja, wohin sollte ich schon gehen?" [ST]. Nach positiven Entscheidungsfragen: *hiyya ttašrīfa waṣalit – lā, ma-waṣalitš* „ist die Ehrengarde schon angekommen? – Nein, sie ist noch nicht angekommen" [ST]; *ʿagbak kida? – la', muš ʿagibni* „gefällt es dir so? – Nein, es gefällt mir nicht" [ST]. S. auch oben *'abadan*.

la' kann auch negative Sachverhalte negieren und muß dann mit „doch" übersetzt werden: *ana ma-baʿattiš ḥadd – la', baʿattu* „ich habe niemand geschickt! – Doch, du hast ihn geschickt!" [ST]. Entsprechend wird *aywa* verwendet, wenn ein negierter Sachverhalt als wahr betrachtet und bestätigt wird, womit es in der Übersetzung einem „nein!" entspricht: *lē? muš ʿārif? – aywa, muš ʿārif* „warum? Kannst du nicht? – Nein, ich kann nicht" [ST].

b. *la'* ~ *lā* als kataphorische Proform

Nicht selten findet sich aber auch der Sprachgebrauch, wie wir ihn vom Deutschen kennen, indem *la'* bzw. *aywa* nur auf den folgenden Satz verweisen, und mit diesem hinsichtlich des Urteils kongruieren, z.B.: *ma-fīš gawabāt ġalaṭ ya Farīd? – lā, ma-fīš innaharda* „gibt es keine fehlgeleiteten Briefe? – Nein, heute gibt es keine" [ST]; *ma-'ultiš innak ḥatfahhimni aktar ʿan ittadrīb? – aywa 'ulti kida* „hast du nicht gesagt, daß du mir den Fortbildungskurs näher erläutern wolltest? – Ja, das habe ich getan" [SG].

c. *lā* ~ *la'* als Ausruf bei Erstaunen und als Verbot

Nicht selten ist *lā* ~ *la'* nur mehr als Ausruf des Erstaunens zu werten: *lā, huwwa kuntu f-sirti* „ach nein, habt ihr gerade über mich gesprochen!" [ST]. *lā, wi huwwa-*

nta fakru lukanḍa „ach nein, du hast es wohl für ein Hotel gehalten?!" [ST]. *lā ~ la'* kann schließlich noch die Funktion eines negierten Imperativs haben: *agahhiz il'išāṛa – la', ma-fīš dā'i* „soll ich den Befehl fertigmachen? – Nein, es besteht keine Veranlassung dazu!" [ST]; *rakkib di, la', issilki da, la', da lmusmāṛ da* „mach das fest! Nein, den Draht da! Nein, diesen Nagel da!" [ST]. S. ferner Negation 6.7.

14. *lissa*

lissa „noch immer, eben noch" steht meist vor dem Prädikat und negiert die Negation eines Sachverhalts. Sie gibt damit an, daß dieser noch nicht abgelaufen ist und andauert: *lissa txīna* „sie ist nicht nicht mehr dick" = „sie ist noch immer dick" [ST]; *il'iyāl lissa ṣġayyaṛīn* „die Kinder sind noch klein" [ST]; *ilḥamdu lillāh innik lissa 'ayša* „Gott sei Dank, daß du noch lebst!" [SP].

lissa „schon" vor Perfekt bekräftigt eine eine negative Antwort erwartende rhetorische Frage: *ana lissa daxaltaha 'ašān axrug minha?* „bin ich etwa schon hineingegangen, daß ich herauskommen kann?" [ST]; *ana lissa 'ulti ḥāga?!* „habe ich denn schon etwas gesagt?" [ME].

Bei Zeitangaben „erst": *la'ēt ḥamāti gayya min ilManṣūra wi ssā'a lissa tamanya ṣṣubḥ* „ich fand, daß meine Schwiegermutter aus ilManṣūra gekommen war, obwohl es erst acht Uhr morgens war" [SP].

Zu *lissa* mit dem aktiven Partizip s. 5.7.1.6.2 (3). Zu *lissa* im negierten Satz s. 6.9.1, im Zustandssatz s. 9.16.1.4.

An *lissa* können Pronominalsuffixe und indirekte Objektsuffixe treten, wobei das auslautende *-a* gelängt wird: *w ana ya ṛāgil lissāya gayyi min baṛṛa* „und ich, Mann, komme soeben aus dem Ausland" [ST]; *lissāk Fahīm illi 'irifnāh?* „bist du noch der Fahīm, den wir kannten" [ST]; *lissāli fi l'umri ba'iyya* „ich habe noch eine Zeit zu leben" [SP]. In ländlicher Sprache kann für *-a* auch *-āt+* eintreten: *ana lissāti ṣġayyara* „ich bin noch jung" [SP].

15. *ma*

Im Sinne von „schon", wobei unterstellt wird, daß der Gesprächspartner den mitzuteilenden Sachverhalt kennt oder kennen sollte: *i'la' iṭṭa'm! – ma-na 'al'u* „tu dein Gebiß raus! – Ich habe es doch schon herausgetan!" [ST]; *wi fīha 'ē? ma-nti mṛāti wi ti'ṛabīlu* „was ist schon dabei? Du bist doch meine Frau und mit ihm verwandt!" [ST]. Häufig mit *ahú, ahí* kombiniert: *'albik walla gēbik? – ma-hu litnēn wāḥid fi zzaman da ya ḥabibti* „dein Herz oder deine Tasche? – Das ist ja heutzutage das gleiche, meine Liebe!" [ST]; *ya bitti hizzi kwayyis! – ma-na bahizz ahú!* „schüttle fest, Mädchen! – Ich schüttle ja schon!" [ST]. Auch nicht-satzeinleitend vor dem Prädikat: *intu ma mašyīn min hina sawa* „ihr seid doch von hier zusammen weggegangen" [ST]. Oder vor Adverbien: *ma xalāṣ* „es ist doch schon zu Ende!" [ME]; *ma bassi ya wala* „genug doch, Junge!" [ST].

Zum Nachdruck bei Aufforderungen mit folgendem y-Imperfekt: *ma titlammi ya bitt!* „nimm dich zusammen, Mädchen!" [ST]; *lē l'ahwa, ma nruḥlu lmadrasa* „warum ins Kaffeehaus? Gehen wir doch zu ihm in die Schule!" [ST]; *ma yīgi* „er soll doch kommen!". Für den Imperativ tritt dann y-Imperfekt ein: *iftaḥ, ma tiftaḥ, wi nnabi tiftaḥ!* „mach auf! Mach schon auf! Beim Propheten, mach auf!" [ST]. Formen wie *ma tyaḻḻa* „nun mach schon!" [ME], *ma tbass* „nun hör schon auf!" [ME] zeigen bereits die Reinterpretation des *ma* als *mat-* an.

16. *malla*
Exklamatorisch „wie sehr ...!" (< **mā ʾilla*) und heute wohl veraltet: *w illi biydallaʿu awladhum malla maganīn ṣaḥīḥ* „wer seine Kinder verzieht, wie sind die doch echt verrückt!" [SP]; *wi nnabi malla ʿagība!* „beim Propheten, wie seltsam!" [SP].

17. *wi*
Schwurpartikel „bei": *lā wi nnabi ma-yumkin ʾabadan!* „nein, beim Propheten, das ist nicht möglich!" [ST]; *wi ḥyātak la-bukṛa rāgiʿ* „bei deinem Leben, morgen komme ich zurück!" [ST]; *wi šanabi da* „bei diesem meinem Schnurrbart!" [ST]; *wi šarafak ma-nta ʾāliʿ izzakitta* „bei deiner Ehre, du wirst die Jacke nicht ausziehen!" [ST].

18. *yadōb*
Im Sinne von „kaum, gerade mal, gerade noch": *yadōb binlāʾi ʾakli̊ yomna* „wir finden kaum unser tägliches Brot" [SP]; *lākin di yadōb waḥda* „aber das ist gerade mal eine" [SP]; *ilʾutubīs da ʿumru lʾiftirāḍi xiliṣ min ʿišrīn sana wi yadōb māši biyhakkaʿ* „der Bus ist seit zwanzig Jahren abgeschrieben und fährt gerade noch stotternd" [ST]. Es kann mit Suffixen der 2. pers. versehen werden: *gāyib ʾakli̊ yadōbak ʿala ʾaddu wi ḍḍēf* „er hat zu essen gebraucht, kaum genug für ihn und den Gast" [SP]. Zum Gebrauch mit aktivem Partizip s. 5.7.1.6.2 3 Anm.

19. *yarēt*
yarēt leitet Wunschsätze ein, wie in *yarēt kān ḅāḅa hina!* „wenn Papa nur hier wäre!" [ST], und nimmt dabei häufig das Subjekt derselben als Suffix zu sich: *ya retni ma kutti̊ rgiʿt* „wenn ich doch nicht zurückgekehrt wäre!" [ME]; *yarētak kunti̊ maʿāna nnahaṛda* „wenn du doch heute bei uns gewesen wärest!" [SP]. S. ferner 8.3.2.

3.0 Syntax I: Der einfache Satz

3.1 Satztypen

Die syntaktische Basisstruktur des einfachen Satzes ist S + P (Subjekt + Prädikat). Nach Art des Trägers der Phrase, die das Prädikat bildet, sind die folgenden Satztypen zu unterscheiden:

P =	NP	=	Nominalsatz	*ilʿaṛabiyya di ġalya* „dieses Auto ist teuer“
	VP	=	Verbalsatz	*Ḥasan ḥall ilmuškila* „Ḥasan löste das Problem
	PRÄPP	=	Präpositionalsatz	*kulli dʾīʾa laha tamanha* „jede Minute hat ihren Preis“

Den Träger der NP bildet ein Nomen, den der VP ein Verb und den der PRÄPP eine Präposition mit Suffix und einer NP. Das Subjekt S ist eine NP, zu deren Form s. 4.0. Alle Satztypen können durch freie Angaben erweitert werden. Zur Negation s. unten 6.1. Abgesehen vom Träger von P (1) unterscheiden sich die drei Satztypen hinsichtlich (2) der Mittel der Kongruenz von P mit S, (3) der Kongruenz von *kān* mit S und (4) der Erweiterbarkeit von P mit *fī*.

	(1)	(2)	(3)	(4)
Nominalsatz	N	nominal	+	-
Verbalsatz	V	verbal	+	-
Präpositionalsatz	Präp	pronominal	-	+

3.1.1 Nominalsatz

Die Grundform des Nominalsatzes ist:

S	+	P
⇓		⇓
NP		NP
{Sbst ~ Satz ~ PnP ~ AdvP ~ DemPart ~ DemP ~ Adj ~ PrP}		{Sbst ~ Satz ~ PnP ~ AdvP ~ DemPart ~ PrP}

Kongruenz zwischen S und P findet durch die nominalen Fem.- und Pl.-Suffixe bzw. durch gebrochenen Pl. statt und ist daher auf NP = Sbst, PnP, Adj (Partizipien) beschränkt. Auch Kopulapronomen und Kopulaverben kongruieren, s. 5.1.1. Besteht die NP aus einem uS, wird dieser mittels *inn* „daß“ oder *illi* „derjenige“ eingeleitet, so daß er die Subjekts- oder Prädikatsstelle einnehmen kann, s. 9.15.

S = NP =	
Subst	*ilġada gāhiz* „das Mittagessen ist fertig“ [ME]
~ uS	*illi bā'i sitta sāġ* „was übrig ist, sind sechs Piaster“ [ST]
~ PnP	*ana ʿayyān* „ich bin krank“ [ME]; *inta ssāri'* „du bist der Dieb“ [SG]; *ana wi lbibān bukṛa 'in šā' allāh!* „morgen nehme ich mir die Türen vor!“ [ST]
~ DemPart	*ahum ʿala wṣūl* „sie sind schon in Ankunft!“ [ST]
~ DemP	*da ḥmāṛ* „das ist ein Esel“ [ME]
~ Advb	*hina aḥsan* „hier ist [es] besser“; *kida aḥsanlu* „so ist [es] besser für ihn“
~ PrP	*waṛa ggamūsa aḥsanli* „hinter der Büffelkuh ist besser für mich“ [ST]

P = NP =	
Subst	*ilbēt kullu dorēn* „das ganze Haus besteht aus zwei Stockwerken“ [ST]; *ana ssabab* „ich bin die Ursache“ [MF]
~ Satz	*ilʿaṭal inn irrilē itḥaṛa' wi bāẓ* „der Fehler war, daß das Relais in Brand geriet und kaputt ging“ [SP]; *ēh illi nazzilu maṣr?* „was hat ihn nach Kairo fahren lassen?“ [ST]
~ PnP	*ilmazāg illelādi miš huwwa* „die Laune ist heute abend nicht die wahre“ [ME]
~ Advb	*il'imtiḥān bukṛa* „die Prüfung ist morgen“ [ST]
~ DemPart	*iššāy abu niʿnāʿ ahú* „der Tee mit Pfefferminztee ist da!“ [ST]
~ Adj	*ilmaḥaṭṭa 'rayyiba* „die Haltestelle ist nah“ [ME]
~ PrP	*ilwalad fi lmustašfa* „der Junge ist im Krankenhaus“ [ME]

Die NP muß determiniert oder zumindest spezifiziert sein, um die Subjektstelle vor dem Prädikat einnehmen zu können. Zu indet. Subjekt s. 4.2.1.2.1.

Mittels der Kopulaverben *kān, yikūn* „sein“ oder *ba'a, yib'a* „werden, sein“ wird der Nominalsatz, sofern zur Angabe von Tempus, Aspekt und Modus nötig, in einen Verbalsatz überführt, wobei die unmarkierte Stellung der beiden Verben zwischen S und P liegt: S + *kān, yikūn* + P. *kān* kongruiert stets, wie in *idēhum kānit suxna* „ihre Hände waren heiß“ [ST]; *irriggāla ba'u niswān* „die Männer sind Frauen geworden“ [SP]. Zur Negation mit *miš* vor P s. 6.1.1

Die Kopulapronomina (KPn) *huwwa, hiyya* und *humma* treten zwischen S und P, s. 7.2: *ilʿaya huwwa hwayitha lmufaḍḍala* „das Kranksein ist ihr liebstes Hobby“ [ST]; *maṣrī hiyya 'ummi* „Ägypten ist meine Mutter“ [ST]; *illi zayyak humma lli ktīr* „solche, die wie du sind, gibt es viele“ [ST]; *ilfilūs hiyya ssabab* „das Geld ist der Grund“ [MF], aber ohne KPn, wenn S ein Pronomen ist: *ana ssabab* „ich bin der Grund“ [MF]. Die Negation tritt an das KPn: *ilḥarbi ma-hiyyāš fusḥa* „der Krieg ist kein Spaziergang“ [SP]. Sätze dieser Art können freilich auch als Topic-comment-Struktur aufgefaßt werden: S+[S[1]+P], wobei S[1] (KPn) auf S zurückweist.

Wenn das Subjekt aus dem Zusammenhang hervorgeht, kann die Subjektstelle unbesetzt bleiben: *mabsūṭ kida?* „bist du so zufrieden?!“ [ME]; *ḥaṭlub minnik ṭalab bassi maksūfa* „ich möchte dich um etwas bitten, aber ich bin verlegen“ [ST]. S. ferner 3.3.1.

3.1.2 Verbalsatz

Die Grundform des Verbalsatzes ist:

S	+	P
⇓		⇓
NP		**VP**
{Sbst ~ Satz ~ PnP		{VP = V ~ V + NP
~ DemP ~ AdvP}		~ V + NP + NP ~ V + PrP
		~ V + NP + PrP}
		{V = verb ~ Aux + verb}
		{PrP = Präp + NP}

S = NP =

Sbst	*ilbāb xabbaṭ* „es hat geklopft“ [ME]
~ Satz	*illi fāt fāt* „was vorbei ist, ist vorbei“ [SPR]
~ PnP	*inta bithazzar* „du scherzest“ [MF] (s. unten)
~ DemP	*da byištaġal fi ggumruk* „der arbeitet beim Zoll“ [ST]
~ AdvP	*bukṛa lissa ma-gāš* „das ‚morgen‘ ist noch nicht gekommen“ [ST]

P = VP =

V	*wardiyyiti xilṣit* „meine Schicht ist abgelaufen“ [ST], s. 5.4.1.1 und 5.4.1.2
~ V + NP	*šāfit ibn ittāgir* „sie sah den Sohn des Kaufmanns“ [SP]. s. 5.4.2.1
~ V + NP + NP	*iddi Sāmiḥ ilmuftāḥ* „gib Sāmiḥ den Schlüssel“ [ST]; *wadda ṣṣulṭaniyya maṭraḥha* „er brachte die Schüssel an ihren Platz“ [SP], s. 5.4.2.2, 5.4.2.4, 5.4.2.5
~ V + PrP	*tidawwaṛu ʿalayya* „ihr sucht nach mir“ [MF], s. 5.4.2.6
~ V + NP + PrP	*aškurak ʿala musaʿditak* „ich danke dir für deine Hilfe“ [ME], s. 4.5.1.5
~ Aux + verb	*ʿammāla atkallim* „ich rede dauernd“ [SP]; *ana miš ʾādir afham* „ich kann nicht verstehen“ [ST]; *aʿṛaf adāfiʿ ʿan nafsi kwayyis ʾawi* „ich kann mich sehr gut selbst verteidigen“ [ST]; *misīrak ḥatirgaʿ maṣr* „du wirst

bestimmt nach Ägypten zurückkehren“ [ST]; *ʾaʿadti māši māši māši* „ich ging immer weiter“ [SP]; *ittarīx ḥayifḍal yiʿīd nafsu* „die Geschichte wird sich weiter wiederholen“ [SP]; *ʾām diḥik* „da lachte er“ [SP]; *xallētu maḍa* „ich ließ ihn unterschreiben“ [ME], s. 5.7.3, 5.7.4

Kongruenz zwischen S und P findet hier mittels der Verbalflexion statt. Die unmarkierte Stellung von *kān, yikūn* ist vor S + P, wobei es kongruiert: *kān, yikūn* + S + P: *kānit iddumūʿ nazla min ʿēni* „die Tränen liefen mir aus den Augen“, doch s. dazu 5.3.

PnP als Subjekt wird im unmarkierten Fall getilgt, da es in der VP inhärent vorhanden ist, z.B. *fihimtᵢ kullᵢ ḥāga ṣaḥḥ?* „hast du alles richtig verstanden“ [ST]. Die Subjektstelle ist also unbesetzt, s. auch 5.2.1 und 5.2.2. Zur Negation mit *ma-...-š* und *miš* s. 6.1.

3.1.3 Präpositionalsatz

3.1.3.1 Grundform

Die syntaktische Grundform des Präpositionalsatzes ist S + P, wobei P aus einer Präpositionalphrase mit folgender NP oder VP besteht. Die Präpositionalphrase besteht hier aus einer Präposition als Träger und einem pronominalen Rückweis auf das vorangehende Subjekt. Kongruenz von P mit S erfolgt dementsprechend mit diesem Pronominalsuffix:

S	+	**P**
⇓		⇓
NP		**PRÄPP + NP (~ VP)**
{Sbst ~ Rel.Satz ~ PnP}		{PRÄPP = Präp + Suffix; Präp = *ʿand, maʿa, li* etc.; NP = Sbst ~ uS}

S = NP =

Sbst	*iṣṣabrᵢ luh ḥidūd* „Geduld hat Grenzen“ [SPR]; *ilmadām ʿandaha kkilya* „die Frau ist nierenkrank“ [ST]
Rel.Satz	*illi zayyi ma-lūš innu yixtāṛ* „einem wie mir ist es nicht gegeben zu wählen“ [SP]
PnP	*ana ma-līš baxt, w inta ma-lakšᵢ ʿumr* „ich habe kein Glück, und dir ist kein langes Leben bestimmt“ [ST]

P =

PRÄPP + NP	*ʿandik ʾaṛāyib* „du hast Verwandte“ [SP]; *maʿāh muftāḥ iššaʾʾa* „er hat den Wohnungsschlüssel dabei“ [SP]; *ma-lūš innu yixtāṛ* „ihm ist es

	nicht gegeben zu wählen“ [SP]; *ʿandi lli aḥsan* „ich habe etwas Besseres“ [ST]
PRÄPP + VP	*inti ma-maʿakīš tsaddidi ddiyūn* „du hast nichts dabei, um die Schulden zu bezahlen“ [ST]

Beim Präpositionalsatz handelt es sich semantisch um einen Existentialsatz, der angibt, daß etwas an einem bestimmten Ort, d.h. bei einer Person oder Sache, anwesend ist, oder daß etwas für jemand oder etwas bestimmt ist. Er beschreibt insofern generell Beziehungen der Zugehörigkeit, darunter auch das Besitzverhältnis, s. 2.6.2.4. Oft, aber keineswegs immer, entspricht solchen Existentialsätzen das possessivische „haben“ europäischer Sprachen als Übersetzungsäquivalent, insbesondere bei den Präpositionen *ʿand, maʿa, li* und *fi*, s. 2.6.2.4.1 f.

Als Träger der Präpositionalphrase treten die lokalen Präpositionen *ʿand, maʿa, taḥt, fō', 'uddām, gamb, ḥawalēn, fi, ʿala, min, waṛa, wayya* sowie *baʿd* und *li* auf, zu den einzelnen Präpositionen s. 2.6.3. Sie drücken allein bereits die Existenz aus, können aber zusätzlich mit der Existentialpartikel *fī* „es gibt“ übercharakterisiert werden: *fī ʿandi lamūn mixallil* „ich habe eingelegte Limonen“ [ST], s. auch 2.6.3. *kān, yikūn* tritt vor die PRÄPP, kongruiert aber weder mit dem Subjekt noch mit der NP der PRÄPP: *ilbitti kān ʿandaha ʿigla ṣġayyaṛa* „das Mädchen hatte ein kleines Kalb“ [SP]; *ʿammiti Nabīla kān laha tnēn ixwāt* „meine Tante Nabīla hatte zwei Schwestern“ [SP].

Ferner sind die syntaktischen Möglichkeiten für die NP in P die gleichen wie im Verbalsatz und im Nominalsatz. Sie kann auch determiniert sein, wie in *maʿāh iddiblōm ikkibīr* „er hat das große Diplom“ [SP]. Kongruenz zeigt sich am obligatorischen Possessivsuffix der Präposition, das sich auf S bezieht. Die Negation *ma-...-š* tritt an PRÄPP: *ma-wayyahumši ḥadd* „niemand ist bei ihnen“ [ME], s. dazu 6.1.2.2. Wie beim Verbalsatz wird S getilgt, wenn es sich um ein PnP handelt. S. oben 3.1.2.

3.1.3.2 Präpositionalsatz und Topic-comment-Satz

Daß es sich beim Präpositionalsatz nicht einfach um die Topic-comment-Struktur handelt, zeigt der Umstand, daß die Stelle des rückweisenden Suffixes an der Präposition nicht durch das vorangehende Substantiv eingenommen werden kann.

Topic-comment:	*ilḥitta di smaha 'ē?*	=	*ism ilḥitta di 'ē?*
	„wie heißt dieses Viertel?“ [ME]		
	irrubʿi btāʿi miš bayʿu!	=	*miš bāyiʿ irrubʿi btāʿi*
	„mein Viertel verkaufe ich nicht!“ [ST]		
Präpositionalsatz:	*il'amīṣ lih kummēn*	≠	*¢li l'amīṣ kummēn*
	„das Hemd hat zwei Ärmel“ [ME]		

Dies im Gegensatz zum Harab., das sehr wohl die letztere Struktur erlaubt. Wenn sie in der Umgangssprache auftritt, dann handelt es sich um Entlehnungen aus dem

Harab. oder um Sentenzen, wie z.B. *li ṣṣabri ḥudūd* „Geduld hat Grenzen" anstelle von *iṣṣabri luh ḥudūd*.

kān, yikūn tritt sowohl vor S + P als auch dazwischen und kongruiert nicht: *kān kulli d'ī'a laha tamanha* „jede Minute war wertvoll" [SP]; *ʿammiti Nabīla kān laha tnēn ixwāt* „meine Tante Nabīla hatte zwei Schwestern" [SP]. Aber bei Altersangaben ist Kongruenz möglich: *kunt ana ʿandi ʿašar sinīn* „ich war zehn Jahre alt" [ST]. PRÄPP + NP stellt auch ohne S einen vollständigen Satz dar.

3.1.3.3 Existentialpartikel *fī* „es gibt"

Zu den Existentialsätzen gehören auch Sätze mit der Partikel *fī* „es gibt" bzw. *ma-fīš* „es gibt nicht", die zwar kein rückweisendes Suffix enthält, sich aber syntaktisch bei Negation und Verbindung mit *kān* wie PRÄPP verhält: *fī zabāyin ʿarab kitīr* „es gibt viele arabische Kunden" [ST]; *fī ṣila bēn ilḥadsēn* „es gibt eine Verbindung zwischen den beiden Vorfällen" [ST]; *inti lissa fīki rrūḥ!* „in dir ist ja noch Leben!" [ST]; *ma-fīš ḥāga tistanna zayyaha* „es gibt nichts, das bleibt, wie es ist" [ME]; *fī hnāk gasad* „es gibt dort einen Leichnam" [MA]; *kān fī marra bintēn* „es waren einmal zwei Mädchen" [SP]. *fī* dient auch zur Übercharakterisierung der existentiellen Präpositionalsätze, s. oben 3.1.3.1.

3.2 Freie Angaben

Der einfache Satz kann durch freien Angaben (Adverbialangaben) erweitert werden, die in Gestalt der Phrasen NP und PräpP, aber auch als Adverbien und untergeordnete Sätze (uS) auftreten. Temporale Adverbien und Satzadverbien stehen oft satzeinleitend.

NP: *baḥibbaha mōt* „ich liebe sie unendlich" [MF]; *rāḥit gary ʿala ttilifōn* „sie rannte zum Telefon" [SP]; *yuxrug wi yirgaʿ fag'a* „er geht weg und kommt überraschend zurück" [ST]; *iẓẓāhir saraḥti šwayya* „es scheint, du warst ein wenig geistesabwesend" [ST]; *niġsilha kwayyis* „wir waschen sie gut" [MA]; *biyfakkar kitīr* „er denkt viel nach" [MA]; *yiziffū ʿa gganna ʿidil* „sie geleiten ihn direkt ins Paradies" [SP]; *yiwa''afu l'utubīs maxṣūṣ ʿašānak* „sie stoppen den Bus extra für dich" [ST]; *ana hnāk baʿdi nuṣṣi sāʿa* „in einer halben Stunde bin ich dort" [MF] *kida tib'a 'akīd ilmabāḥis* „so ist das sicher die Kripo" [ST].

PräpP: *ḥastanna wā'if li ṣṣubḥ* „ich bleibe bis zum Morgen stehen" [ST]; *'ulihulha f-muntaha ṣṣarāḥa* „sag es ihr in aller Offenheit" [ST]; *biyfūtu b-surʿa* „sie gehen schnell vorbei" [ME]; *mīn illi gabhālak min hināk?* „wer hat sie dir von dort gebracht?" [ST]; *ana min lelt imbāriḥ ma-līš gōz!* „seit gestern nacht habe ich keinen Mann mehr!" [ST]; *wi lamma nti ʿarfa kida mi l'awwil* ... „und wenn du das von Anfang an gewußt hast ..." [ST].

Adverb: *bukra yindam* „morgen wird er es bereuen" [ST]; *'axīran bititḥa''a' aḥlāmi* „endlich verwirklichen sich meine Träume" [ST]; *ma kuntu tistannū hnāk!*

„hättet ihr doch dort auf ihn gewartet!“ [ST]; *w inta mbāriḥ wākil ē?* „und was hast du gestern gegessen?“ [ST]; *dilwa'ti ana minni ṛāgil wi minni sitt* „jetzt bin ich sowohl Mann wie Frau“ [ST].

uS: *fiḍlit sakna f-betha ba'dī ma māt gozha* „sie wohnte weiter in ihrem Haus, nachdem ihr Mann gestorben war“ (temporal) [SP]; *xallīna guwwa maṭraḥ ma dala'na* „laß uns drinnen bleiben, wo er uns abgestellt hat!“ (lokal) [ST]; *iza makuntiš inta ḥatxaṛṛagu ana ḥaxaṛṛagu* „wenn du ihn nicht herausholst, werde ich ihn herausholen“ (konditional) [ST]; *adīni basta'iddī zayyi ma ḥaḍritak šāyif* „ich mache mich ja fertig, wie Sie sehen“ (Vergleich) [ST]; *basta'iddī 'ašān a'ūm* „ich mache mich fertig zum Aufstehen“ (final) [SP]; *yu''ud ṣaḥibna yiḥki ma-yišba'šī min ikkalām* „unser Freund erzählt in einem fort, ohne genug zu kriegen“ (modal) [SP].

Anmerkung: Freie Angaben und Adverbien bestehen oft aus einer NP oder VP und sind aus solchen hervorgegangen. Sie sind zum Teil wie *mōt, gary, kuwayyis, kitīr, 'idil, yimkin, yīgi* etc. nicht voll grammatikalisiert und nehmen daher als unmarkierte Stellung noch ihren ursprünglichen Platz als NP bzw. VP ein. Sie sind nicht frei im Satz beweglich. Voll grammatikalisierte Adverbien wie *bukṛa, imbāriḥ, innahaṛda, 'akīd* lassen sich dagegen ohne Probleme im Satz verschieben. Ebenso temporale und lokale Sätze, die als freie Angaben gebraucht werden.

3.3 Wortstellung

Die unmarkierte Reihenfolge der funktionalen Satzglieder bei Nominal-, Verbal- und Präpositionalsatz ist S + P, wenn S determiniert oder zumindest spezifiziert ist. Diese Reihenfolge wird jedoch bei indeterminierter und unspezifierter NP als S vermieden, und es tritt P + S oder eine Umschreibung mit *fī* ein, s. 4.2.1.2.1. Außer dem Grad der Determination spielen für die Wortstellung auch pragmatische Faktoren wie Satzperspektive und Individiualisierungsgrad eine Rolle, s. 4.3.2.5. Neben Voranstellung bestimmter Satzglieder als Topic kommt auch die Nachtragsstellung vor, beide durch die Platzhalterschaft mittels eines Pronominalsuffixes gekennzeichnet. Bei stärkerem Nachdruck kann letzteres aber auch fehlen. Ferner scheinen auch formale Dinge wie Länge und Kürze des Satzglieds, temporale oder lokale Angabe, obligatorische oder freie Angabe eine Rolle zu spielen.

3.3.1 Nominalsatz

Die unmarkierte Folge ist S + P: *iḥna ssabab f-illi ḥaṣal* „wir sind die Ursache für das, was passiert ist“ [ME]; *ilbēt kullu dorēn* „das Haus besteht aus zwei Stockwerken“ [ST]. Mit Kopulapronomen: *ilfilūs hiyya ssabab* „das Geld ist die Ursache“ [MF], s. 3.1.1.

Bei Fokus auf P kann dieses vorantreten: *wakīl ilbusṭa ana* „der Postmeister bin ich!“ [ST]; *bi ta'rīfa rriġīf* „einen halben Piaster kostet der Fladen!“ [ST]; *kaddāb illi 'allak kida* „ein Lügner ist der, der dir das gesagt hat!“ [ST]; *'āsif! miš mawgūd iṣṣanfi da ʿandi* „tut mir leid, diese Sorte gibt es nicht bei mir" [ST]. So oft in spontanen Ausrufen: *ḥilwa di* „prima ist der!" [ME]; *ġarība di!* „seltsam ist das!" [ST]; *bi šakli ġarīb ilyōm da!* „ein seltsamer Tag ist das heute!" [ST]. Dabei kann auch eine indet. NP als P voranstehen: *ʿēb ikkalām da!* „eine Schande ist, was du da sagst!" [ME]. Kongruenz kann unterbleiben: *malfūf fīha ṣṣagāt* „darin sind die Kastagnetten eingewickelt" [ST], aber mit Kongruenz: *milīḥa ḥkāyit ikkurumbi di* „schön ist sie, die Sache mit dem Kohl!" [ST].

Freie Angaben folgen meist dem P, wie in *ana hnāk baʿdi nuṣṣi sāʿa* „ich bin in einer halben Stunde dort" [MF], Zeitangaben können aber auch zwischen S und P treten: *issign ilyomēn dōl šaraf* „das Gefängnis ist dieser Tage [geradezu] eine Ehre" [ST]. Auch voranstehend: *ka-muwaẓẓaf miš maṭlūb minni da* „als Beamter wird das nicht von mir verlangt" [ST].

3.3.2 Verbalsatz

Auch bei det. NP als S kommt nicht selten die Struktur P + S als markierte Reihenfolge vor, vor allem dann, wenn P als Rhema Neues einführt: *ṣiʿib ʿalēh ḥalt ilmayyit* „da tat ihm der Zustand des Toten leid" [SP]; *baʾit ḥilwa lʾōḍa ʾawi* „sehr schön ist das Zimmer geworden" [ST]; *ṭallaʿ iṛṛāgil min gēbu ruzmit filūs* „da zog der Mann aus seiner Tasche ein Bündel Geld hervor" [SP]; *xaditu ṛraʾfa* „Mitleid ergriff ihn" [SP]. Daher gern bei *gih* + in der Bedeutung „erhalten, bekommen": *gāni lʾamr inni ma-tḥaṛṛakši min gambu* „ich erhielt den Befehl, nicht von seiner Seite zu weichen" [ST]; *gatlu nnōba* „er bekam den Anfall" [ST]. Auch im uS: *liḥaddi ma waṣalit axbāṛu li lmalik* „bis die Nachricht von ihm den König erreichte" [SP]; *min saʿit ma gat ilbaʾaṛa* „seit die Kuh gekommen ist" [SP]. Die Umkehrung in S + P ist möglich. S. ferner Topikalisierung 3.4.2.

Auch eine indet. NP kann zum Nachdruck oder als Fokus voranstehen: *ʾaṣlu ṣaʿb, xamas kutub lāzim titṣamm* „das ist nämlich schwierig, fünf Bücher müssen auswendig gelernt werden!" [ST]; (Fokus) *innama Ġazāla ʾawwil ma ʿayyil yuṭlub minnu ḥāga yirūḥ mišammaʿ ilfatla wu ṛāyiḥ gāyib līh illi huwwa ʿawzu* „Ġazāla aber, sobald ein Kind etwas von ihm haben wollte, eilte er davon und brachte ihm das, was es wollte" [SP].

3.3.3 Präpositionalsatz

Beim Präpositionalsatz kann das S der Struktur S + P als Nachtrag gebracht werden, so daß die markierte Folge P + S entsteht: *ma-lūš luzūm izzaʿal* „nicht nötig, der Ärger" [ST]; *ma-lūš dāʿi kkalām da* „das braucht es nicht, dieses Gerede" [ST].

Die der Präpositionalphrase folgende NP kann vorangestellt werden, wenn sie hervorgehoben werden soll: *dana ḥamūt mi ggūʿ wi ḥatta ssandawitš ma-ʿandīš!* „ich sterbe vor Hunger und habe nicht einmal ein belegtes Brot!" [ST]; und zwar auch dann, wenn sie indeterminiert ist: *wi barḍu natīga ma-fīš* „und trotzdem gibt es kein Resultat“ [ST]; *ma-fīš ġēr kida* und *wi ġēr kida ma-fīš* „und was anderes gibt es nicht“ [ST].

Adverbien und Angaben können am Ende des Präpositionalsatzes folgen, wie in *ʿandi mišwāṛ ilʾawwil* „ich habe zuerst etwas zu erledigen“ [MF]; *kān laha flūs kamān fi dulāb ilhidūm* „sie hatte auch noch Geld im Kleiderschrank“ [SP]; oder auch vorangehen: *ana basbōri dayman ʿalēh taʾširāt duxūl ingiltirra w faransa* „in meinem Paß stehen immer Einreise-Visa für England und Frankreich“ [ST]; *bēn ilmalakēn fīh ṛahān* „zwischen den beiden Engeln bestand eine Wette“ [SP]; oder zwischen PRÄPP und NP treten: *ma-fīš fi lbalad uxtaha* „es gibt im Ort nicht ihresgleichen“ [ST]; *ʿandi dilwaʾti kirdān wi ḥalaʾ* „ich habe jetzt eine Halskette und Ohrringe“ [MF]. Eine Angabe kann auch aus einer PräpP bestehen, so daß zwei PräpP aufeinander folgen. Dies geschieht vor allem bei *li*: *līki flūs ʿandi* [SG] und *līk ʿandi flūs* [SG] sind beide mit „ich schulde dir Geld“ wiederzugeben. Vgl. ferner: *da līh minni šōṭ* „den muß ich mal anschießen!“ [SP]; *laha maʿā ʾaḍiyya* „sie hat einen Prozeß mit ihm“ [ST].

3.4 Links- und Rechtsverschiebungen

Nominalphrasen, die im Diskurs ein besondere Rolle spielen und vom Sprecher als besonders wichtig dargestellt werden, können an den linken (Fokussierung, Topikalisierung) oder rechten Rand (Nachtragsstellung, Isolierung) des Satzes verschoben werden.

3.4.1. Fokussierung

Bei Fokussierung wird zum strikten Nachdruck eine Phrase satzeinleitend vorangestellt (Linksverschiebung), die eigentlich weiter hinten im Satz zu erwarten wäre. Meist handelt es sich um eine indet. NP, ein pronominaler Rückweis erfolgt nicht.

Als Subjekt: *wuʾūf hina miš gāyiz* „hier stehenbleiben ist nicht zugelassen!“ [ST]; *xurūg baʿd ilmadrasa ma-fīš* „ausgehen nach der Schule gibt es nicht!“ [ME]. Als Objekt: *waraʾ ʿala lmaktab ma-ḥibbiš* „Papier auf dem Schreibtisch möchte ich nicht haben!“[ST]; *dallāla ʿamalt, xaddāma xadamt, bēʿ biʿt, ġasīl ġasalt* „Hausiererin habe ich gemacht, als Dienerin habe ich gearbeitet, verkauft habe ich, Wäsche habe ich gewaschen“ [SP]; *wi sirʾa ma-nisraʾš* „und stehlen tun wir nicht“ [SP].

Im negierten Satz kann eine solche NP im Fokus die Negationspartikel *wala* auf sich ziehen, das Prädikat erhält dann keine Negation: *wala mallīm ḥayitxiṣim minni!* „nicht ein Mallīm wird mir abgezogen!“ [ST] (= *miš ḥayitxiṣim minni wala mallīm*); *wala taksi wiʾif!* „kein einziges Taxi blieb stehen!“ [ST], s. 6.5.1.

Als Prädikat: *ʿēb ikkalām da!* „eine Schande ist es, so zu reden!“ [ME]; *kaddāb illi ʾallak kida!* „ein Lügner ist der, der dir das gesagt hat!“ [SP]; *ʾāsif! miš mawgūd iṣṣanfi da ʿandi!* „tut mir leid, diese Sorte habe ich nicht!“ [ST].

Als Präpositionalphrase und determiniert: *fi di ana balāṭa!* „darin bin ich eine Null!" [SP].

Ein uS in Fokusstellung wird durch *inn* eingeleitet: *inni aṭallaᶜ ilᶜafrīt min ᶜalēha, mustaḥīl!* „daß ich ihr den Dämon hätte austreiben können, unmöglich!" [ME]; *inn ilbittị tlīn, ʾabadan!* „daß das Mädchen nachgegeben hätte, keineswegs!" [ME].

3.4.2 Topic-comment-Sätze

Auch hier wird einleitend eine NP präsentiert (Linksverschiebung) und tritt als wichtige, zu besprechende Information hervor, doch kennzeichnen sich Topic-comment-Sätze durch Wiederaufnahme dieser NP durch ein Possessiv- oder Objektsuffix bzw. durch das inhärente Pronomen einer Verbalform.

3.4.2.1 Form

Determinierte NP: *ṃāṃa nnahaṛda mazagha rāyiʾ* „Mama ist heute blendend gelaunt" [ST]; *iṛṛāgil itṛaddit fīh irrōḥ* „das Leben kam zurück in den Mann" [SP]; *inta xusāṛa fīk ikkalām* „bei dir ist alles Reden umsonst" [ST]; *illi nti ᶜayzā minna ya Sitt Ummị Rtēba niᶜmilu* „was du willst, Ummị Rtēba, das tun wir!" [ST].

Indeterminierte NP: *wāḥid ḥaššāš fi lbalad di kānit šuġlitu yiṭlaᶜ iggabal yilimm itturāb wi yġarbilu* „ein Haschischraucher in dieser Stadt hatte als Arbeit, daß er in die Wüste ging, um Erde herbeizuschaffen und sie zu sieben" [SP]; *ḥāga waḥda ᶜāyiz afhamha* „eine Sache würde ich gern verstehen" [ST]; *ingazāt hayla btiᶜmilha lwizāṛa!* „tolle Erfolge erzielt das Ministerium!" [ST];

Vor der Konjunktion eines uS: *ikkabūs law itḥaka yiḥṣal* „ein Alptraum, wenn man ihn erzählt, kommt er auch" [ST]; *ᶜammitu ʾablị ma tmūt bi sana galha ḥālit darwaša* „seine Tante, bevor sie starb, kriegte sie einen Anfall von Geistesverwirrung" [ST]. Obligatorisch in Verwünschungen mit *lamma*: *aḥillị ᶜannik izzāy ya Sithum, wi nnāṛ walᶜa? – nāṛ lamma tiḥraʾ badanak* „wie kann ich mich von dir losreißen, Sithum, solange das Feuer noch brennt! – Daß dir Feuer den Leib verbrenne!" [ST].

Dabei kann eine NP von weit rechts im Satz und aus untergeordneter Position nach vorne gestellt und präsentiert werden, sodaß es zu großen anaphorischen Distanzen kommt: *ʾizazt ilbarfām di ma-fīš fi maṣr uxtaha* „die Flasche Parfüm da, die gibt in Kairo nicht nochmal!" [ST]; *sufṛa gdīda langị ma-tlamasitš, ᶜuzūma waḥda kull illi kalnā ᶜalēha!* „ein funkelnagelneuer Eßtisch, der nicht angetastet worden ist; eine [einzige] Einladung ist alles, was wir darauf gegessen haben!" [ST].

Auch Genitivverbindungen können so vorangestellt werden, wobei sich das rückweisende Pronomen auf das nomen rectum bezieht: *gōz Sakkīna ṭallaʾha* „Sakkīnas Mann hat sie [scil. Sakkīna] geschieden" [ST].

Mehrere solcher Topikalisierungen können aufeinander folgen: *iḥna ḥaḍaritna ᶜumṛaha sabaᶜ t-alāf sana* „unsere Zivilisation ist 7000 Jahre alt" [ST]; *ana lli*

ʿalayya ʿamaltu „was ich zu tun hatte, habe ich getan!“ [ST]; *ana ʾismi ʾaṛṛab yinadū* „mein Name wird gleich aufgerufen werden“ [ST].

Sie erfolgt auch in untergeordneten Sätzen: *nizlit taḥt wi lwād gaṛṛāh waṛāha* „sie stieg hinunter, wobei sie den Jungen hinter sich her zog“ [SP]; *ana xāyif latkūn ilḥikāya di ʾana ʾalliftaha* „ich fürchte, daß ich selbst diese Geschichte ersonnen habe“ [SP]; *wi kullī da byiḥṣal ʿašān yōm ilʾiyāma ʾaṛṛabit saʿtu minnina* „dies alles geschieht, weil die Stunde des Jüngsten Tages nahe bei ist“ [SP]. Das vorangestellte Nomen kann Objekt eines übergeordneten Verbs werden: *lamma nta miggawwiz talāta ʿāyiz iṛṛabʿa tiʿmil bīha ʾē* „wenn du schon mit dreien verheiratet bist, was willst du dann mit der vierten?“ [SP]. Zu Konjunktionen s. 2.7.1.

Mit *ḥatta* „sogar“ zum Nachdruck: *ḥatta rraṣīf ḥanṭarid minnu* „sogar vom Gehsteig werde ich noch vertrieben!“ [ST]; *ḥatta ḥittit bintī waḥda miš ʿārif tidarīha* „nicht einmal ein einziges Mädchen kannst du beschützen!“ [ST].

3.4.2.2 Gebrauch

Topic-comment-Sätze haben nicht nur eine pragmatische Funktion, indem sie eine informativ wichtige oder an Vorheriges anschließende NP voranstellen und hervorheben, sondern sie dienen auch dazu, lange, aber in der Satzhierarchie unten stehende Satzteile zur besseren Verständlichkeit satzeinleitend zu präsentieren, wie in *ya Sittī Bahīga Hānim ʾaṣlī gamʿ ilʾuṭnī waʾtu ʾaṛṛab* „Frau Bahīga Hānim, die Zeit der Baumwollernte ist nämlich gekommen“ [ST]. Ein *waʾtī gamʿ ilʾuṭnī ʾaṛṛab* mit zwei abhängigen Nomina hintereinander klingt umständlich wegen der Distanz zwischen *waʾt* und *ʾaṛṛab*. Gleiches liegt vor in *illi gat min šuwayya di smaha ʾē?* „die da gerade kam, wie heißt die?“ [ST]; *inta lāzim muxxak gaṛālu ḥāga!* „deinem Verstand muß wohl was passiert sein!“ [ST].

Auch werden damit umständlich verschachtelte Referenzen vermieden: *innās ʿuʾulha ṭārit minha* „den Leuten ist der Verstand weggeflogen“ [ST]. Dies entspricht einem *ʿuʾūl innās ṭārit minha*, doch ist ersteres das üblichere. Der Referent von *-ha* ist *innās* und dieses befindet sich in der Subjekts-NP als abhängiges Nomen in untergeordneter Position. Es ist zwar nicht unmöglich, darauf zu referieren, doch scheint dies einfacher zu sein, wenn *innās* in vorgezogener und damit höherer Position steht. Offensichtlich gilt die „default“-Interpretation eines referierenden Pronomens der nächstgelegenen höheren NP.

3.4.3 Isolierung mit *wi*

Eine NP kann voranstehen, wobei ein dazugehöriger Satz mittels *wi* angeschlossen wird. Dieser liefert zusätzliche Information und Kommentar, die dem Sprecher wichtig erscheinen: *itnēn wi ḥabbu baʿḍ, ʾē lġarīb fī kida?* „zwei Leute, und verliebt haben sie sich ineinander! Was ist schon Seltsames dran?“ [MF]; *ḥašaṛa w ʾataltaha* „ein Insekt, und getötet habe ich es!“; *ma-ʿandūš maskīn, iššaʾʾa wi mʾaggaṛa, ilʿaṛabiyya w ʿamilha taksi* „er hat nichts, der Arme, die Wohnung, die ist vermietet, das Auto, das hat er zum Taxi gemacht“ [ST]; *ʾoḍti w ana ḥuṛṛa fīha*

„[das ist] mein Zimmer, und ich kann frei darüber verfügen!" [ME]; *yixrib bētak! – bēti w huwwa fēn?* „möge er dein Haus zerstören! – Mein Haus, wo ist denn das?" [ST]; *ḥaddi šrīku? ilbalad wi milku!* „vor wem muß er sich denn rechtfertigen? Die Stadt, die gehört doch ihm!" [ST]. S. auch 2.7.2 (8b).

Mit indeterminierter NP wird auf diese Weise eine Reihe von festen Phrasen gebildet: *šidda wi tzūl* „eine Notsituation, und sie wird schon wieder vorbeigehen!"; *tuḥaf wi f-ṣūrit bani'admīn* „Raritäten, und in Gestalt von Menschen [= seltsame Figuren]" [ME]; *fūla wi tfala'it nuṣṣēn* „eine Saubohne, und in zwei Hälften gespalten! [= identisch]"; *ʿēn wi ṣabitni* „[das ist] das böse Auge und getroffen hat es mich" [ST]; *faṣṣi malḥi w dāb* „ein Brocken Salz, und aufgelöst hat er sich! [= das ist verschwunden]" [ME].

Ausdrücke dieser Art können auch in einen Satz eingebaut werden: *ilxalṭa di ya syadna balwa w msayyaḥa* „diese Mischung, meine Herren, ist ein Desaster, und was für eines!" [ST]; *ya binti inti msadda'a inni di 'azma wi tfūt?* „meine Tochter, glaubst du, daß das eine Krise ist, die so vorbeigeht?" [ST]; *da manām wi tḥa''a'* „das ist ein Traum, der sich verwirklicht hat" [SP]. Auch in einer Vokativphrase: *ya gamūs wi lābis badla* „du Büffel, mit einem Anzug an!" [ME].

3.5 Nachtragsstellung

Wie die Linksverschiebung dient auch die Rechtsverschiebung der Hervorhebung und dem Nachdruck, insbesondere des Themas. Die NP wird als Pronomen oder Suffix kataphorisch vorweggenommen: *wi baʿdēn ni'aṭṭaʿu šarāyiḥ, ilbidingān* „und dann schneiden wir sie in Scheiben, die Auberginen" [MA]; *hiyya kida l'igṛa'āt!* „so sind sie nunmal, die Maßnahmen!" [MF]; *ma-lūš dāʿi kkalām da* „das braucht es nicht, das Zeug da!" [ME]. Besonders beliebt ist dies in Fragesätzen: *šaklaha 'ē ʿaṛustak di?* „wie sieht sie denn aus, deine Braut?" [ST]. Nicht selten auch als mit *illi* eingeleiteter Relativsatz: *ismu 'ēh illi šabahak da* „wie heißt denn der, der dir so ähnlich sieht?" [ST], s. dazu auch 4.3.3.3.1.3.

Wenn es sich bei den verschobenen Phrasen um Subjekt und Prädikat handelt und ein kataphorisches Pronomen fehlt, ist es schwer, zwischen Fokussierung und Nachtrag zu unterscheiden: *'āsif! miš mawgūd iṣṣanfi da ʿandi* „tut mir leid, diese Sorte habe ich nicht!" [ST]; *sākin fēn iṛrāgil da?* „wo wohnt er denn, der Mann?" [ST].

3.6 Satzdeixis

Bei Satzdeixis wird die Satzaussage mit einleitendem *da* bekräftigt und ihr ein feststellender Charakter gegeben, der im Deutschen mittels Partikeln wie „ja, doch" wiedergegeben werden kann: *da rriggāla biykūnu saʿāt alʿan min ilḥamawāt* „die Männer sind ja manchmal schlimmer als Schwiegermütter" [SP]; *'ahlan, da lʿiṣāba kullaha wiṣlit* „willkommen! Die ganze Bande ist ja angekommen!" [ST]; *ana kamān samᶜa, da lḥikāya ṣaḥīḥ* „ich höre es auch, die Sache stimmt ja tatsächlich!" [ST]. Oft stellt *da* eine Verbindung mit einem vorangehenden Sachverhalt her, was im Deutschen ebenfalls mit Partikeln wie „ja, doch" wiedergegeben werden kann: *tinzili lbalad tiᶜmili 'ē dilwa'ti? da l'aṭrī biy'ūm issāᶜa tamanya* „wozu willst du jetzt in die Stadt fahren? Der Zug fährt ja schon um acht Uhr!" [ST]; *inti 'aṣlik ma-tiᶜṛafīš ᶜa'liyyit ṃāṃa! – 'abadan! da ṃaṃtik inti bizzāt illi fahhimitni kwayyis* „du kennst nämlich die Mentalität meiner Mutter nicht! – Aber nein! Es war doch gerade deine Mutter, die mich gut aufgeklärt hat!" [ST].

Häufig tritt sie in Verbindung mit einem Personalpronomen auf: *ma-t'ulšī kida mmāḷ, d-ana šayfāk bi ᶜēni ṣṣubḥ* „sag das bloß nicht, ich habe dich doch mit eigenen Augen heute morgen gesehen!" [ST]; *lākin dilwa'ti ᶜa lmaᶜāš – miš bāyin ᶜalēk, da-nta lissa ṣġayyaṛ* „aber [jetzt bin ich] in Pension. – Das sieht man dir nicht an, du bist doch noch jung!" [ST]; *intu btidḥaku? da-ntu ḥa''ukum tibku!* „ihr lacht? Ihr solltet doch eher weinen!" [ST].

Durch den vorangehenden Kontext erhält der durch ein Demonstrativpronomen eingeleitete Satz manchmal auch kausalen Sinn: *ḥatindami, d-ana furṣa zahabiyya* „das wirst du bereuen, denn ich bin doch eine goldene Chance!" [ST]; *la ya xāli 'ulha, lāzim ti'ulha dilwa'ti, da lḥukmī bukṛa* „nein, Onkel, sage es, du mußt es jetzt sagen, denn morgen ist ja das Urteil" [ST]. Auch im uS: *hatilna gōz firāx laḥsan da-na nifsi fī ba'āli snīn* „hol uns zwei Hühner, denn ich habe ja schon seit Jahren Appetit darauf" [SP].

Zusammen mit Kontrastnegation: *miš ittaᶜlab, da l-'usṭa Darwīš māt* „nicht der Fuchs, der Meister Darwīš ist doch gestorben!" [ST]; *ma-smūš wād ya Hind, da smu dduktūr ᶜĀṭif* „der heißt nicht ‚Junge', Hind, der heißt doch ‚Doktor ᶜĀṭif'" [ST].

Direkt vor femininer bzw. pluralischer NP können auch *di* und *dōl* in dieser Funktion von *da* gebraucht werden und für *da* eintreten: *'aᶜda ᶜa ggabal – anhu gabal, di lᶜasākir malya lmakān* „sie sitzt auf dem Hügel. – Welcher Hügel denn? Die Soldaten sitzen doch überall!" [SP]; *miš lā'i bintī fi lᶜadal – lē ya 'axxi? dōl ilbanāt aktaṛ mi lhammī ᶜa l'alb* „ich finde kein passendes Mädchen. – Wieso denn, mein Lieber, Mädchen gibt es doch jede Menge" [ST].

4.0 Syntax II: Die Nominalphrase

4.1 Allgemeines

1. Substantive sind alle Wörter, die mit dem Artikel *il-* verbunden werden können: *ilwalad* „der Junge", *ilmadrasa* „die Schule" sowie die Eigennamen.
2. Substantive treten auf als Träger der Nominalphrase (NP). Eine einfache NP besteht aus einem det. oder indet. Substantiv wie *ḥuṣān* „Pferd" und *ilḥuṣān* „das Pferd" oder einem Pronomen. Die komplexe NP enthält weitere modifizierende Elemente, die vom Substantiv abhängen (Genitiv, Numeralia, Quantoren) und diesem attributiv folgen (Adjektive, Substantive, Demonstrativa, Numeralia, präpositionale Attribute) oder vorangestellt sind (prämodifizierend).
3. Die NP füllt Subjekts-, Objekts- und Prädikatsstellen im Satz und tritt auch als freie Angabe auf. Sie kann von einer Präposition, einer Konjunktion oder einer anderen NP (nomen rectum, Genitivverbindung) abhängen.

4.2 Determinierte und indeterminierte NP

NPs treten determiniert und indeterminiert auf. Determiniert ist die NP, deren Träger ein determiniertes Substantiv ist. Ein Substantiv gilt dann als determiniert, wenn es mit dem Artikel *il-*, einer weiteren NP als Genitiv oder einem Possessivsuffix versehen ist. Ferner sind alle Eigennamen (Personennamen, Ortsnamen) inhärent definit und damit determiniert.

4.2.1 Indeterminierte NP

4.2.1.1 Semantisch

Die indeterminierte NP ist indefinit, d.h., sie kann nicht näher identifiziert werden: *walad* „[irgend]ein Junge". Sie drückt aber auch Singularität aus: *huwwa fī ʾaktar̤ min wāqiʿ?* „gibt es mehr als e i n e Realität?". Diese kann mittels attributivem *wāḥid* hervorgehoben werden: *mar̤r̤a waḥda miš kifāya* „einmal ist nicht genug" bzw. im negierten Satz mit *wala*: *wala mar̤r̤a* „nicht ein einziges Mal".

4.2.1.2 Syntaktisch

Die unmarkierte Stellung im Satz ist für die indet. NP die Position nach dem Prädikat, auch wenn sie syntaktisch als Subjekt fungiert: *ana gatli fikra* „mir ist eine Idee gekommen" [ST]; *ma-fatšī yomēn* „es vergingen keine zwei Tage" [SP]; *ma-gar̤āš ḥāga* „es ist nichts passiert" [ME]; *kifāya ntiẓār* „genug des Wartens!" [ST]. Zur Kongruenz. s. 5.3.2, zur Wortstellung s. 3.3.

4.2.1.2.1 Indeterminierte NP als Subjekt in S + P
Als Subjekt und voranstehend finden wir indeterminierte NP bevorzugt in bestimmten syntaktischen Strukturen.

1. In Wunschsätzen als einfache NP: *ṛaḥma la tirḥamu* „möge er kein Erbarmen finden“ [ST]; *lahwa tilhīk* „ein Unglück soll dich treffen!“ [ME].
2. In Ausrufesätzen als einfache NP nach *izzāy* „wie ...!“ und *yāma* „wieviele ...!“: *izzāy insān yib'a 'addi kida biyḥibb* „wie kann ein Mensch nur so sehr lieben!“ [ST]; *wi yāma niswān bitinṣāb fi ʿa'luhum wi tiʿša'* „und wieviele Frauen werden in ihrem Verstand getroffen und verlieben sich!“ [ST].
3. Satzeinleitend auftretende indet. NP können als elliptische Existentialsätze aufgefaßt werden, denen ein asynd. Relativsatz folgt: *'utubisāt itšaʿla'it* „Busse wurden erklommen“ oder „[da waren] Busse, die erklommen wurden“ [ST]; *fardit kawitši ḍarabit* „[da war] ein Reifen, der platzte“ [SB]. Auch im uS: *innama Ġazāla 'awwil ma ʿayyil yuṭlub minnu ḥāga* ... „aber sobald [da] ein Kind [ist, das] etwas von Ġazāla verlangt“ [SP]; *ma-smiʿtiš inni nās ġaṛṛa'um nafsuhum* „du hast nicht gehört, daß sich Leute ertränkt haben“ [ST]; *li'anni nās kānu nawyīn yistilfu minni lʿaṛabiyya* „weil Leute das Auto von mir leihen wollten“ [ST]. Oft mit einem spezifizierenden Attribut: *kitīr 'ablik gum wi 'ālu nafs ikkalām* „viele vor dir kamen und sagten dasselbe“ [SP]; *gawāz zayyi da miš ṭabīʿi* „eine Heirat wie diese ist nicht natürlich“ [ST].

Besonders auch als Einleitung zu Witzen und Anekdoten: *faṛēn miṣaḥbīn baʿḍ* „zwei Mäuse waren miteinander befreundet“ [SO], häufig mit *wāḥid* spezifiziert: *wāḥid ṣiʿīdi daxal maṭʿam wi* ... „ein Ṣaʿīdi ging in ein Restaurant und ...“, vermutlich verkürzt aus *kān fī wāḥid Ṣiʿīdi* ... .

Häufig zum Aufbau paralleler Satzstrukturen: *kilma twaddīhum wi kilma tgibhum* „ein Wort bringt sie weg und ein Wort bringt sie her“ [SG]; *salaṭīn gat wi salaṭīn ṛāḥit* „Sultane kamen und Sultane gingen“ [ST]. Negiert mit *la* ... *wala* ... „weder ... , noch ...“: *la gawāz minha nāfiʿ wala gawāz min ġerha nāfiʿ* „weder nützte es sie zu heiraten, noch eine andere zu heiraten“ [SP].

Nicht selten als Rhema vorangestellt: *duktūr kašaf ʿala lʿaḍmi btaʿha w kulli ḥāga, ma-fīš ḥāga* „ein Doktor untersuchte ihre Knochen und alles, da war aber nichts“ [MA]. Auch hier oft mit Spezifizierung durch Attribute: *riggāla maʿa baʿḍi ḥayiʿmilu 'ē* „was werden Männer miteinander schon tun?“ [ST]; *ṛāgil muqtaṣid zayyak yixsar ʿašaṛa gnē fi lēla!!* „ein sparsamer Mann wie du verliert zehn Pfund in einer Nacht!!“ [ST]; *yaʿni šaxṣi ma-tiʿrafūš ḍarab tilifōn wi 'āl* ... „d.h. eine Person, die du nicht kennst, rief an und sagte ...“ [ST]; *bassi ʿyāṭ ʿan ʿiyāṭ yifri'* „nur ist Weinen und Weinen zweierlei“ [SP]; *'aṣlu ṣaʿb, xamas kutub lāzim titṣamm* „sie ist nämlich schwierig, fünf Bücher müssen auswendig gelernt werden“ [ST]; *bu''i wāḥid yinassīki 'ahlik!* „e i n Mundvoll läßt dich deine Familie vergessen!“ [ST]. Zu Fokussierung und Topikalisierung s. ferner 3.4.

4.2.1.2.2 Erhalt der Indetermination

Um die Indetermination zu erhalten, wird die Suffigierung mit *li* umschrieben: *iʿtabirīni ʾaxxi līkum* „betrachte mich als einen Bruder von euch!" [MF]. Dies ist besonders für syntaktische Positionen von Bedeutung, die eine indeterminierte NP erfordern, wie die Ordinalzahlen, wie z.B. *tālit tagruba* „der dritte Versuch"; ebenso der Elativ, wie z.B. *aʾrab furṣa* „die nächste Gelegenheit". Soll hier mit einem PnP verbunden werden, geschieht dies mittels *li*: *di xāmis sābíqa liyya* „das ist meine fünfte Vorstrafe" [ST]; *ʾawwil suʾāl līh kān* ... „seine erste Frage war ..." [SP]; *aʾrab innās liyya* „meine nächsten Verwandten" [ST]. Auch mit *ʿand*: *gibt aḥlāha ʾamīṣ nōm ʿandi* „ich holte mein schönstes Nachthemd" [SP].

4.2.1.2.3 Reduplikation

Reduplikation der indeterminierten NP dient in adverbiellen Angaben zum Ausdruck der Distribution: *laffi madāris ilQāhira madrasa madrasa* „er lief die Schulen von Kairo Schule für Schule ab" [SP]; *ilbulīs ʾabaḍ ʿalēhum nafar nafar* „die Polizei hat sie Mann für Mann verhaftet" [ST]; *wi ʾuddām illukanda kat innās ʾumam ʾumam* „vor dem Hotel standen die Leute scharenweise" [SP].

4.2.2 Determinierte NP

Determinierte NP können alle für NP vorgesehenen Stellen im Satz einnehmen, treten jedoch nicht Träger einer Genitivverbindung auf, s. unten 4.3.1.1.1 und 4.3.2.

4.2.2.1 Arten der Determination (semantisch)

Die Determination mit dem Artikel *il-* kann individualisierend sein und auf Bekanntes verweisen: *ilwalad* „der Junge" (individualisierend, ein bestimmter aus einer Gruppe), und „der Junge" (vorerwähnt), z.B. *illēl* in *ḥašūfak bi llēl* „ich sehe dich heute abend" [ME], *rāḥ issamak minaḍḍaf nafsu* „da machten sich die Fische selbst sauber" (vorerwähnt) [SP]. Determination kann auch auf etwas verweisen, was als allgemein bekannt und selbstverständlich präsupponiert wird: *aġayyar rīʾi maʿa fingān iššāy* „ich frühstücke nur mit der Tasse Tee (die man üblicherweise zum Frühstück trinkt]" [ST]; *issibirtāya lli tiʿmil ʿalēha fingān ilʾahwa* „der Spirituskocher, auf dem du [dir] die Tasse Kaffee machst" [ST].

Die Determination kann generell sein, d.h. angeben, daß eine Aussage für jedes einzelne Glied einer bestimmten Kategorie gilt: *illēl biyigmaʿ kulli ḥabīb* „die Nacht (als solche) vereint alle Freunde" [SPR]; *ana ṭūl ʿumri aḥibb ilmuġamrāt* „schon immer liebe ich Abenteuer" [ST]; *bitākul fi baʿḍaha zayy issamak* „sie fressen einander auf wie die Fische" [SP]; *irriggāla kida* „so sind die Männer" [ME]. Auch bei unteilbaren, nicht-zählbaren und nicht-individualisierbaren abstrakten Begriffen: *iṣṣabri gamīl* „Geduld ist schön" [SPR]. Oft ist dies im Deutschen mit einem unbestimmten Artikel wiederzugeben: *wi kamān gawāz ilwuliyya lkibīra lli zayyi ʿēb* „die Heirat einer alten Frau wie ich es bin, ziemt sich nicht" [SP];

wiššaha zayy ikkōṛa ggild „ihr Gesicht ist wie ein Lederball“ [SP]; *kān zamān ʿalē ʿafya zayy ilḥuṣān* „früher war er so gesund und stark wie ein Pferd“ [ST].

4.2.2.2 Besonderheiten bei Eigennamen

Eigennamen gelten als determiniert. Trotzdem können sie mit einem Genitiv oder Possessivsuffixen versehen werden: *maṣruhum iggidīda* „ihr neues Ägypten“ [ST]; *maṣrina lmaḥbūba* „unser geliebtes Ägypten“ [ME]; *inta ruḥtⁱ fēn ya Kamāl! ruḥtⁱ fēn ya Kammulti!* „wo bist du hingegangen, Kamāl? Wo bist du hingegangen, mein Kamālchen?“ [ST]. Referiert ein Wort auf sich selbst, so gilt es als determiniert: *kilmit mūlid di* „dieses Wort *mūlid*“.

ṃāṃa „Mama“ und *ḅāḅa* „Papa“ werden wie Eigennamen gebraucht: *ṃāṃa ma-ʿandahāš ġēri* „Mama hat nur mich“ [SP]; *ištim ḅāḅa!* „beschimpf Papa!“ [ME], doch können sie auch mit den Possessivsuffixen versehen werden, nicht jedoch mit dem bestimmten Artikel: *ḅaḅāya, ḅaḅāk; ṃaṃti, ṃaṃtak* etc.

Umgekehrt können Eigennamen auch indeterminiert gebraucht werden: *biyiḥlam bi maṣrⁱ gdīda* „er träumt von einem neuen Ägypten“ [ST], dabei wird der Artikel weggelassen: *qanāt Suwēs tanya* „ein anderer Suezkanal“ [ST]. Eigennamen können daher auch Stellen einnehmen, die indeterminierten Substantiven vorbehalten sind, wie in *inti tiʿṛafi kām Miḥammad?* „wie viele Miḥammads kennst du?“ [ME]; *rūḥ hāt ʾayyⁱ Zannūba* „geh und hol irgendeine Zannūba“ [ST].

4.2.3 Nominalisierung anderer Wortarten

Partikel und Konjunktionen, aber auch ganze Phrasen und Sätze können nominalisiert werden und die Stelle einer NP einnehmen. Einzelwörter gelten dabei als feminin: *balāš lākin di* „laß dieses ‚aber‘!“ [ST]. Sie können den Artikel erhalten: *rigiʿna tāni li llākin bitaʿitkum* „wir sind wieder zu eurem ‚aber‘ zurückgekehrt“ [ST]. Ferner: *wi baʿdⁱ xud wi hāt* „und nach [einigem] Hin und Her“ [SP]; *ḥkāyit yiʾra w yiktib* „die Sache mit dem Lesen und Schreiben“ [ST]; *iḥna ḥanirgaʿ li ḥkāyit miš ʿārif tāni* „wir kehren wieder zu dem ‚ich weiß es nicht‘ zurück“ [ST]; *sībak min dammi zayy iššaṛbāt* „laß das ‚du bist wirklich süß‘!“ [ST]; *liġāyit bi llēl* „bis abends“ [ME]; *baʿdⁱ taʿsīlit baʿd iḍḍuhr* „nach dem Nachmittagsschläfchen“ [SP].

4.3 Komplexe NP

Die komplexe NP verbindet zwei nominale Elemente A und B miteinander und nimmt als Ganzes eine syntaktische Funktion im Satz wahr (Subjekt, Objekt etc.). A und B stehen in einem Träger-Modifikator-Verhältnis bzw. Nukleus-Satellit-Verhältnis zueinander.

4.3.1 Arten der komplexen NP

Der Teil, der für sich allein auftreten kann, ist der Träger (Nukleus) der NP, während der andere den Träger als Modifikator (Satellit) begleitet. Der Träger bestimmt auch die Kongruenz, wenn im Satz auf die komplexe NP verwiesen wird, s. unten Kongruenz 4.3.1.4. Auf diese Weise lassen sich zwei Formen der komplexen NP unterscheiden: eine postmodifizierende und eine prämodifizierende.

4.3.1.1 Postmodifizierende NP
A ist Träger, B ist Modifikator der NP, A bestimmt die Kongruenz.

4.3.1.1.1 Genitivverbindung (Annexion)

	A + B	
indet.	*bāb bēt*	„die Tür eines Hauses“
det.	*bāb ilbēt*	„die Tür des Hauses“

A erhält nie den Artikel und B bestimmt die Determination der Gesamt-NP. Nachfolgende Adjektive können sich auf A wie auf B beziehen, s. unten 4.3.2.

4.3.1.1.2 Attributive Verbindungen

	Adjektiv	**badal-NP**	**NumPh II**
	A + B	A + B	A + B
	bēt kibīr	*kīs balastik*	*talāta rūs*
indet.	„ein großes Haus“	„ein Plastikbeutel“	„drei Russen“
det.	*ilbēt ikkibīr*	*ikkīs ilbalastik*	*ittalāta rrūs*
	„das große Haus“	„der Plastikbeutel“	„die drei Russen“

A kann mit dem Artikel determiniert werden, B folgt A hinsichtlich Numerus und Genus, sofern B flektierbar ist, und hinsichtlich Determination.

4.3.1.2 Prämodifizierende NP
A ist Modifikator, B ist Träger der NP, denn es bestimmt die Kongruenz.

4.3.1.2.1 Quantoren

A	+ B		
kull	+ indet. NP		
	1. indet. Sg.	*kullī mudarris*	„jeder Lehrer"
	2. indet Pl.	*kullī talat saʿāt*	„alle drei Stunden"
kull	+ det. NP		
	1. det. Sg.	*kull issana*	„das ganze Jahr"
	2. det. Pl.	*kull irriggāla*	„alle Männer"

A verhält sich wie in der Genitivverbindung, s. 4.3.1.1, doch bestimmt B die Kongruenz. Es kann anstelle der ganzen NP stehen und ist damit Träger der NP. Gleiches gilt für *nuṣṣ* „Hälfte", *baʾiyya* „Rest" und *baʿḍ* „Teil", wobei die beiden letzteren nur mit einer det. NP verbunden werden. Die Quantoren *šuwayya*, *ḥabba* und *ḥitta* „ein wenig" können auch mit dem Artikel versehen werden, s. dazu unten 4.3.1.2.1 und 4.3.4.1.

4.3.1.2.2 Statusanzeiger

A +	B		
nafs +	det. NP	*nafs ilwalad* „derselbe Junge"	Identität
ġēr +	det. NP	*ġēr ilmafatīḥ* „etwas anders als die Schlüssel"	Nicht-Identität
zayy +	det. NP	*zayyī grīd innaxl* „wie Palmgerten"	Gleichartigkeit
ʾayy +	indet. NP.	*ʾayyī ʾutubīs* „irgendein Bus"	Beliebigkeit
mugaṛṛad +	indet. NP	*mugaṛṛad ṣudfa* „bloßer Zufall"	Ausschließlichkeit

nafs, ġēr, zayy, ʾayy, mugaṛṛad bilden wie *kull* eine Genitivverbindung mit Annexion. In B können die Determinationsverhältnisse nicht verändert werden, s. ferner dazu 4.3.4.2.

Anmerkung: Ähnliche semantische Funktionen besitzen auch die Negationspartikel *wala* „wie nicht einmal" (Superiorität) und das Indefinitpronomen *wāḥid* „einer, ein gewisser“ (Spezifizierung), die aber andernorts behandelt werden. Zu *wala* s. 6.5.4 und zu *wāḥid* 4.3.4.2.6.

4.3.1.2.3 Elativ und Ordinalzahl

Um Annexion handelt es sich auch bei den Verbindungen des Elativs und des Ordinalzahlworts mit einer folgenden NP, s. 4.3.4.3 und 4.3.4.6.2.

A	+	B			
Elativ	+	indet. NP	Sg.	*akbaṛ walad*	„der größte Junge“
			Pl.	*aḥsan talamza*	„die besten Schüler“
Elativ	+	det. NP	Pl.	*akbaṛ irriggāla*	„die ältesten der Männer“
Zahlwort	+	indet. NP	Sg.	*xāmis dōr*	„der fünfte Stock“
Zahlwort	+	det. NP	Pl.	*ṛābiʿ ilmustaḥilāt*	„die vierte der Unmöglichkeiten“

4.3.1.2.4 Numeralphrase I (NumPh I) subordinierend

A	+	B	indet.	det.	
Zahlwort	+	indet. Pl.	*talat kutub*	*ittalat kutub*	„die drei Bücher“
			ḥiḍāšaṛ yōm	*ilḥiḍāšaṛ yōm*	„die elf Tage“
kām	+	indet. Sg.	*kām yōm*	*ikkām yōm*	„die paar Tage“
kaza	+	indet. Sg.	*kaza nōʿ*	*ikkaza nōʿ*	„die so und so vielen Arten“

Bei Determination erhält nur A den Artikel, s. ferner 4.3.4.5.

4.3.1.3 Kombinationsmöglichkeiten

Die verschiedenen Formen der NP können miteinander verbunden auftreten und komplexe Strukturen ergeben:

> *issittīn ʾirši ʾugrit ittalat t-ušhur ilmitʾaxxaṛa ʿalēha* [SP]
> [[*issittīn ʾirš*] [[*ʾugrit* [*ittalat t-ušhur*]] *ilmitʾaxxaṛa ʿalēha*]]
> „die sechzig Piaster Miete für die drei Monate, die noch ausstehend war“

Die Numeralphrase *issittīn ʾirš* ist Träger des badal-Attributs *ʾugrit ittalat t-ušhur ilmitʾaxxaṛa ʿalēha,* das wiederum aus einer Genitivverbindung *ʾugrit ittalat t-ušhur* besteht, der das adjektivische Attribut *ilmitʾaxxaṛa ʿalēha* folgt. Die Genitivverbindung ihrerseits besteht aus einem nomen regens *ʾugra* und einer Numeralphrase *ittalat t-ušhur* als nomen rectum.

4.3.1.4 Kongruenz

Zu unterscheiden ist interne Kongruenz zwischen A und B, also innerhalb der NP selbst, von externer Kongruenz der NP mit einem weiteren Satzglied.

4.3.1.4.1 Interne Kongruenz

Interne Kongruenz erfolgt bei attributiver Verbindung mit einem Adjektiv hinsichtlich Genus, Numerus und Determination, wie in *maṛṛa tanya* „ein anderes Mal“ oder *ilbēt ikkibīr* „das große Haus“.

Die badal-NP kongruiert intern nur hinsichtlich der Determination: *ṭabliyya xašab* „ein Holztischchen“, und *iṭṭabliyya lxašab* „das Holztischchen“, s. 4.3.3.4.

Bei Numeralphrase I, s. 4.3.1.2.3, kongruieren A und B nur im Numerus, d.h. auf das Zahlwort folgt das Substantiv im Plural: *xamas sinīn* „fünf Jahre“. Numeralphrase II, s. 4.3.1.1.2, erlaubt dazu auch Kollektiva, wie in *talāta rūs* „drei Russen“ und kongruiert auch hinsichtlich Determination: *ittalāta ṣṣaʿayda* „die drei Oberägypter“; *ilxamsa lʿawāgiz* „die fünf Hilflosen“ [SP].

4.3.1.4.2 Externe Kongruenz

Externe Kongruenz mit einem folgenden Prädikat erfolgt bei Genitivverbindung und bei der badal-NP nach A: *ʿīšt ilfaʾṛi ṣaʿba* „ein Leben in Armut ist schwer“ [ME]; *ilʿaṛabiyya nnuṣṣʿ naʾli malyāna manga* „der Pick-up ist voll mit Mangos“ [SP]. Bei der Numeralphrase I kann ein folgendes attributives Adjektiv nach A oder B kongruieren: (A) *ittalat karāsi ggudād* oder (B) *ittalat karāsi ggidīda* „die drei neuen Stühle“, s. dazu 4.3.4.5.3.1.

Anders als bei der Genitivverbindung bestimmt bei den Statusanzeigern *kull, nafs* und *mugaṛṛad* sowie bei den Quantoren *kull, baʿḍ, ḥitta, ḥabba, šuwayya* etc. B die Kongruenz: *kull innās miṭaffiyya nnūr* „alle Leute hatten das Licht gelöscht“ [SP]; *di ʾašhaṛ ʾakla* „das ist das bekannteste Gericht“ [MA]; *wala awḥaš ʿaṛabiyya tiʿmil zayyaha* „nicht mal das schlechteste Auto tut so wie das“ [ME]; *di ʾawwil maṛṛa* „das ist das erste Mal“ [ST]; *da kān ḥittit manẓar yimawwit mi ddiḥk* „das war ein Anblick zum Totlachen“ [ST]; *da mugaṛṛad suʾāl* „das ist nur eine Frage“ [MF], aber *di mugaṛṛad ṣudfa* „das ist bloßer Zufall“ [ST]; *nafs iššēʾ ḥāṣil fi ššarʾi kamān* „dasselbe passierte auch im Orient“ [ST]. Daher können diese nicht als Genitivverbindung im eigentlichen Sinne (Annexion) gelten, da bereits Grammatikalisierung eingetreten ist.

Anmerkung: Der Sprachgebrauch schwankt zwischen *yōm iggumʿa ggayya* ~ *yōm iggumʿa ggayy* „am nächsten Freitag“ [ST].

4.3.2 Genitivverbindung (Annexion)

Zur Genitivverbindung zählen u.a. die possessivische, wie in *ṭāgin sittak* „der Napf deiner Großmutter“, die spezifizierende, wie in *fingān ilʾahwa* „die Tasse Kaffee“ sowie die Verbindungen des Verbalnomens mit seinem logischen Subjekt oder

Objekt: *ḍarb ilmayyit ḥaṛām* „einen Toten zu schlagen ist verboten“ [SPR], s. 4.3.1.1.1. Zum stat.cstr. *-it* der auf *-a* endenden fem. Nomina, s. 2.4.9.4.1.

Zwischen Träger und Modifikator einer Genitivverbindung darf kein anderes Wort treten, und auf den Träger bezügliche Attribute treten hinter die Genitivverbindung: *rīḥit ilbuxūr di* „dieser Weihrauchgeruch“ [MA]; *bāb ʾōḍa maftūḥ* „die offene Tür eines Zimmers“ [SP]. Der Träger kann aus zwei Substantiven bestehen: *min gamāl wi ṭūl šaʿṛaha* „wegen der Schönheit und Länge ihres Haars“ [SP].

4.3.2.1 Determination

Ist der Modifikator determiniert, dann gilt dies auch für die ganze Verbindung. Im anderen Falle ist sie indeterminiert. Das Trägerelement erhält nie den Artikel.

indeterminiert

bāb šaʾʾa	„die Tür einer Wohnung“	=	„eine Wohnungstür“
ṣāḥib bēt	„die Besitzer eines Hauses“	=	„ein Hausbesitzer“
nimrit tilifōn	„die Nummer eines Telefons“	=	„eine Telefonnummer“
binti̊ Bāša	„die Tochter eines Paschas“	=	„eine Pascha-Tochter“
šaʾʾit wāḥid ʿāzib	„die Wohnung eines Junggesellen“	=	„eine Junggesellenwohnung“

determiniert

bāb iššaʾʾa	„die Tür der Wohnung“	=	„die Wohnungstür“
ṣāḥib ilbēt	„der Besitzer des Hauses“	=	„der Hausbesitzer“
nimrit ittilifōn	„die Nummer des Telefons“	=	„die Telefonnummer“
ʿaṛabiyyit Ḥasan		=	„das Auto von Ḥasan“
bēt abūya		=	„das Haus meines Vaters“

Die Genitivverbindung kann aus mehr als zwei Substantiven bestehen, die voneinander abhängen: *ġaṭa sandūʾ gizam kartōn* „Schuhkartondeckel“ [SP]. Bei Koordination zweier postmodifizierender Genitivverbindungen mit gleichem Modifikator entfällt der erste: *abwāb ilbēt wi šababīk ilbēt* → *abwāb wi šababīk ilbēt* „die Türen und Fenster des Hauses“. Zu weiteren Attributen s. 4.3.3.1 d.

Anmerkung: Selten tritt im Dialekt ein Adjektiv als Träger auf: *ʿašān xāṭir yibʾa sahl ilʾaliyya* „damit es leicht zu braten ist“ [MA], *sarīʿ innukta* „witzig“ [ME]. Meist handelt es sich dabei um Entlehnungen aus dem Harab.: *ʾalīl ilʾadab* „ungezogen“, aber dann dialektal der Pl. *ʾulalāt ilʾadab* [ME]; ferner *ʾalīl ilḥaya* „schamlos“; *ṭawīl ilbāl* „langmütig“; *ṭawīl ilmada* „langfristig“; *mutaʿaddid ilʾaṭrāf* „multilateral“. Während diese Verbindungen (uneigentlicher Genitiv) im Klass. Arab. bei Determination den Artikel erhalten, unterbleibt dies im Dialekt wie auch oft im modernen journalistischen Arabisch: *ilbinti ʾalilt ilʾadab di* „dieses ungezogene Mädchen“ [ST].

4.3.2.2 Art der Modifikation (nomen rectum)

Als Modifikation B treten neben einfachen NP (Substantiven) auf:

- Fragewörter: *min muddit ʾaddi ʾē?* „seit wann?“ [ST], *ʿaṛabiyyit mīn di?* „wessen Auto ist das?“ [ME], *wi flūs ʾē illi tinsiriʾ minnik?* „was für Geld ist das, das dir gestohlen wird?“ [SP]; *ʾūlit ē!?* „was heißt hier die erste?“ [MF]. S. Fragepronomen 2.2.4 und Frageadverbien 2.2.11.
- Adverbien: *ʿagabūki ḥallaʾīn hina?* „haben dir die hiesigen Friseure gefallen?“ [SP]; *laḥmit ʾawwil imbāriḥ* „das Fleisch von vorgestern“ [ST]; *fi garāyid bukṛa* „in den Zeitungen von morgen“ [ST].
- Demonstrativa: *ʾUsāma gaṛṛāḥ tagmīl, yiṣaġġar fi manaxīr da wi ykabbaṛ fi ḥawāgib da* „ʾUsāma ist ein Schönheitschirurg, er verkleinert die Nase von diesem und vergrößert die Brauen von jenem“ [ST]; *wi ʾēh ʿilāqit di bi di?* „was ist der Zusammenhang zwischen diesem und diesem?“ [ST]; *maʿna kida ʾinn ...* „die Bedeutung davon ist, daß ...“ [ST].
- Komplexe NP: *fakkit xamsa gnēh* „Kleingeld von fünf Pfund“ [ST]; *ʾōḍit nōmi* „mein Schlafzimmer“ [ST]; *ʾawāmir ilhibāb raʾīs ilmuʾassasa* „die Anweisungen des Scheiß-Stiftungspräsidenten“ [ST]; *guwwa manṭiʾit gazāʾu* „in seinem Strafraum“ [MA]; *ʾagāzit nuṣṣ issana* „die Halbjahresferien“ [ST]; *gamāl mandilha ʾabu ʾūya* „die Schönheit ihres Kopftuchs mit Münzen“ [SP]; *sawwāʾ ilʿaṛabiyya lwinš* „der Fahrer des Kranwagens“ [SP].
- Präpositionalphrasen: *masāfit min iṣṣubḥi li ḍḍuhr* „in der Zeit zwischen Morgen und Mittag“ [ST]; *taʿsīlit baʿd iḍḍuhr* „Nachmittagsschläfchen“ [SP].
- Substantivierte VP: *ʾē ḥkāyit yiʾra w yiktib* „was hat es mit der Geschichte von Lesen und Schreiben auf sich?“ [ST].
- Relativsätze: *da miš sirīr illi nāyim ʿa lʾarḍ* „das ist nicht das Bett desjenigen, der auf dem Boden schläft“ [ST]; *ma-timlikši rubʿ illi ʿandu* „sie besitzt nicht ein Viertel von dem, was er hat“ [ST].
- Mit *inn* „daß“ eingeleitete Sätze: *kamān fi ḥkāyit inn iḥna nuṭlub sirīr ziyāda fi lʾōḍa* „da ist auch noch die Sache, daß wir ein Bett mehr im Zimmer verlangen“ [ST]; *bi ḥuggit innu ynaẓẓamna* „unter dem Vorwand, daß er uns organisiert“ [SP].

4.3.2.3 Pluralbildung

Träger und Modifikator von Genitivverbindungen, die den Besitz oder das Verhältnis der beiden Konstituenten zueinander angeben (s. unten 4.3.2.7), können in den Plural gesetzt werden, wenn dies semantisch sinnvoll und formal möglich ist. Semantisch sinnvoll ist dies dann, wenn ein Eins-zu-Eins-Verhältnis der beiden Konstituenten zueinander besteht, d.h. auf e i n e n Träger normalerweise nur e i n Modifikator kommt und umgekehrt, wie in *ṛabbit ilbēt* [die Frau des Hauses] „die Hausfrau" → *ṛabbāt ilbuyūt* [die Frauen der Häuser] = „die Hausfrauen" [ME]; *fi nuṣṣ illēl* [in der Mitte der Nacht] „zu Mitternacht" → *fi nṣāṣ illayāli* [in den Mitten der Nächte] „immer zur Mitternacht" [SP]; *mirāyit iggamb* [der Spiegel an der Seite] → *mirayāt il'agnāb* „die Seitenspiegel" [SP]; *maglis 'idāṛa* → *magālis 'idaṛāt* „Verwaltungsräte" [ST]; *milāyit sirīr* → *milayāt sarāyir* „Bettlaken pl."; *ġaṭa ḥalla* „Topfdeckel" → *ġuṭyān ḥilal* „Topfdeckel pl."; *ṣubāʿ rigl* → *ṣawābiʿ riglēn* „Zehen pl."; vgl. auch *abu da'n* „ein Bärtiger" und *ummahāt ḍu'ūn* „Bärtige pl." [SP]. Der Modifikator bleibt im Sg., wenn er nur spezifiziert, s. unten 4.3.2.7: *gaṛṛāḥ tagmīl* → *gaṛṛaḥīn tagmīl* „Schönheitschirurgen"; *gawāz safaṛ* → *gawazāt safaṛ* „Reisepässe".

4.3.2.4 Suffigierbarkeit

Soll eine komplexe NP mit einem Possessivsuffix versehen werden, so wird *bitāʿ* gebraucht, wenn sich das Suffix auf den Träger bezieht: *kabāb ḥalla* → *kabāb ilḥalla btāʿi* „mein Topfbraten"; *maḥši krumb* → *maḥši lkurumbi btaʿna*; *dakaṛ baṭṭ* → *dakaṛ ilbaṭṭi btaʿna* „unser Enterich", *ʿilbit sardīn* → *ʿilbit issardīn bitaʿti* „meine Sardinendose", s. *bitāʿ* 4.3.5.2.

Bezieht sich dieses nur auf den Modifikator, so kann es auch an diesen treten: *ṣawābiʿ riglēh* „seine Zehen"; *ṛummanāt riglēha* „ihre Fesseln"; *kutr kalāmu* „sein Redeschwall"; *awlād ḥaritna* „die Kinder unserer Gasse"; *lēlit katbi ktabha* „der Abend, an dem ihr Ehevertrag geschlossen wird".

Andere Genitivverbindungen gelten als feste Begriffe, woran ein Possessivsuffix oder ein weiterer Genitiv treten kann, auch wenn es sich eigentlich auf den Träger bezieht: *gawāz safar* → *gawāz safaru* „sein Reisepass"; *'ōḍit nōm* → *'ōḍit nōmi* „mein Schlafzimmer"; *manṭi'it gazā'u* „sein Strafraum"; *lēlit faṛaḥha* „ihre Hochzeitsnacht"; *rīḥit 'amīṣ nōm nitāya* „der Geruch des Nachthemds eines Weibes" [SP].

4.3.2.5 Topikalisierung der Genitivverbindung

Die Topikalisierbarkeit der Genitivverbindungen hängt vom Individualisierungsgrad ab, den der Sprecher dem Modifikator beimißt. Je höher dieser ist, desto größer ist auch die Möglichkeit der Topikalisierung. Dementsprechend sind identifizierende und spezifizierende Genitivverbindungen, deren Modifikatoren weniger individualisiert sind, kaum topikalisierbar, ebensowenig können sie mit *bitāʿ* umschrieben werden, s. 4.3.5.2. Die Möglichkeit der Topikalisierung nimmt zu, wenn es sich beim Modikfikator um konkrete Individuen handelt, wie bei den possessivischen Genitivverbindungen. Syntaktisch kann man also Verbindungen unterscheiden, die (a) Topikalisierung zulassen, und solche, die sie (b) nicht zulassen:

(a) Possessiv/Subjekt/Objekt

bēt ittāgir kibīr	→	*ittāgir bētu kbīr* „das Haus des Kaufmanns ist groß"
ḥālit irrāgil ṣaᶜbi xāliṣ	→	*irrāgil ḥaltu ṣaᶜbi xāliṣ* „der Zustand des Mannes ist sehr schwierig" [ST]
ᶜu'ūl innās ṭārit minha	→	*innās ᶜu'ulha ṭārit minha* „den Leuten ist der Verstand weggeflogen" [ST]
muškilt ilḥibr innu azra'	→	*ilḥibri muškiltu innu azra'* „das Problem mit der Tinte ist, daß sie schwarzblau ist" [ST]

(b) Spezifizierend/Klassifizierend

'oḍt innōm kibīra	→	¢*innōm 'oḍtu kbīra* „das Schlafzimmer ist groß"
mitru l'anfāq kuwayyis	→	¢*il'anfāq mitriyyu kwayyis* „die U-Bahn ist gut"
šāriᶜ 'Aṣr inNīl ṭawīl	→	¢*'Aṣr inNīl šarᶜu ṭawīl* „die ᵓAṣr inNīl-Straße ist lang"
muḥafẓit ilĠarbiyya	→	¢*ilĠarbiyya muḥafẓitha* „die Provinz ilĠarbiyya"
fundu' inNīl	→	¢*inNīl Fundu'u* „das inNīl-Hotel"
ṭarī' il'Ismaᶜiliyya	→	¢*il'Ismaᶜiliyya ṭarī'ha* „die Ismaᶜiliyya-Straße"
maḥaṭṭit Maṣr	→	¢*Maṣri maḥaṭṭitha* „der Kairoer Bahnhof"
širkit iṭṭayarān	→	¢*iṭṭayarān širkitu* „die Fluggesellschaft"

Topikalisierung erfolgt auch nicht bei Adverbien und Fragewörtern, da diese nicht durch Pronomina ersetzt werden können: *laḥmit 'awwil imbāriḥ kānit ḥilwa* → ¢*awwil imbāriḥ laḥmitu/ha kānit ḥilwa*.

Das topikalisierte Element steht auch im uS voran: *ᶜašān yōm il'iyāma 'arrabit saᶜtu minnina* „weil die Stunde des Jüngsten Tages [*sāᶜit yōm il'iyāma*] sich uns genähert hat" [SP]; *lamma lwāḥid yikūn fikru mašġūl* „wenn jemandes Gedanken [*fikr ilwāḥid*] mit etwas beschäftigt sind" [SP].

4.3.2.6 Auflösung der postmodifizierenden Genitivverbindung

Wenn ein Verbalnomen als Träger der NP fungiert und die Modifikatorstelle durch das Subjekt besetzt ist, und eine weitere für das direkte Objekt hinzugefügt werden soll, geschieht dies zunächst wie im Hocharabischen mittels *li*:

ziyarti „mein Besuch"	→	*ziyarti li l'Arāfa* „mein Besuch in der Qarāfa"

Ferner: *ḥubbak liyya* „deine Liebe zu mir" [ST]; *xiyanitha luh* „ihre Untreue ihm gegenüber" [SP]; *waᶜdi luh* „mein Versprechen an ihn" [MF]; *iḥtirāmak liyya* „dein Respekt vor mir" [ME]; *muᶜamlitik li Ramzi* „deine Behandlung von Ramzi" [ST]. Seltener ohne *li*: *huwwa 'axdu lᶜiyāl salīm* „daß er die Kinder genommen hat, ist korrekt" [SP] und dann vor allem bei indet. Objekt: *min kutri ṭalabha fustān 'aṭīfa* „weil sie so sehr ein Samtkleid haben wollte" [SP]; *mistaġrab xāliṣ min ṭalabu 'ugṛa ʿala fatwitu* „ich bin sehr erstaunt darüber, daß er ein Honorar für sein Fatwa verlangt" [SP]. Stets ohne *li* bei lokalen Angaben: *duxūli ggamʿa* „mein Eintreten in die Universität" [ST]; *miṛwāḥak ilmaḥaṭṭa* „dein Gang zum Bahnhof" [ST], s. Verbalnomen 5.6. Obligatorisch ist *li,* wenn ein Attribut dazwischen tritt: *huwwa da ttaʿrīf ilmaṣri li lḥubb?* „ist das die ägyptische Definition von ‚Liebe'?" [ST].

Wie beim Verbum und mit derselben intensivierenden Bedeutung, s. 2.6.3 32b, kann das Objekt auch mit *fi* eingeführt werden: *sir'itu fi lʿaṛabiyyāt* „seine Autodiebstähle" [ME]; *dalaʿ ummak fīk* „deine Verwöhnung durch deine Mutter" [SB]; *min kutr šadduhum fi ggallabiyya* „weil sie so sehr an der Gallabiyya zerrten" [SP]; *ya xsāṛit taʿlīmi fīk* „schade um meinen Unterricht an dich" [ST]; *ḥubbu fīha* „seine Liebe zu ihr" [SG]. Mit *bi,* wie in *mu'abliti bīk* „meine Begegnung mit dir" [SP].

Handelt es sich um eine Teil-Gesamtheit-Relation so kann die Genitivverbindung auch durch *min* aufgelöst werden: *naḥyit ilbutagāz ittanya* → *innaḥya ttanya min ilbutagāz* „die andere Seite des Gasherds" [MA]; *ilxāna lyimīn min innuṣṣ il'axrāni* „das rechte Fach von der hinteren Hälfte" [MA].

4.3.2.7 Semantik

Die folgenden semantischen Relationen zwischen Träger und Modifikation treten häufig auf:

- Identifizierend: A enthält den Oberbegriff zu B: *šahṛi Ramaḍān* „der Monat Ramadan"; *nahṛ inNīl* „der Fluß Nil"; *muḥafẓit ilĠarbiyya* „die Provinz ilĠarbiyya"; *madīnit ʿašaṛa Ramaḍān* „die Stadt ‚10. Ramadan'"; *fundu' inNīl* „das Nil-Hotel"; *samak il'irš* „der Haifisch"; *fir'it iṭṭalīʿa* „die Avantgarde-Truppe"; *bi daṛagit imtiyāz* „mit ‚ausgezeichnet'".

- Spezifizierend: B gibt eine besondere Eigenschaft von A an: *mitru l'anfāq* „die Tunnelmetro"; *mas'alit filūs* „eine Frage des Geldes"; *dakaṛ ilbaṭṭ* „der Enterich"; *gaṛṛāḥ tagmīl* „Schönheitschirurg"; *'ōḍit ilmaktab* „das Bürozimmer"; *fakkit xamsa gnēh* „Kleingeld von fünf Pfund"; *kutr ikkalām* „die Menge des Redens [= das viele Gerede]"; *ṭūl innahāṛ* „die Länge des Tages"; *sanat xamsa w arbaʿīn* „das Jahr 1945".

- Teil-Gesamtheit (partitiv): A ist ein nicht-alienabler Teil von B: *ṣawābiʿ riglēh* „die Finger seiner Füße [= seine Zehen]"; *lelt ilʿīd* „der Abend vor dem Fest"; *ṛummanāt riglēha* „die Fesseln ihrer Beine" [SP]; *šāšit ittilivizyōn* „der Fernsehschirm"; *dēl il'uṭṭ* „der Schwanz der Katze".

- Sache/Begriff-Zugehörigkeit: A ist ein Gegenstand oder Begriff, und B sagt aus, wozu A gehört: *nimrit ittilifōn* „die Telefonnummer"; *muftāḥ išša''a* „der Wohnungsschlüssel"; *fi ṣaḥni lelt imbāriḥ* „in der Schüssel von gestern abend"; *kubri 'Imbāba* „die Imbāba-Brücke"; *ʿīd yanāyir* „das Fest im Januar"; *'anāt is-*

Suwēs „der Suezkanal"; *sū' ilxamīs* „der Donnerstagmarkt"; *buḥērit Nāṣir* „Nasser-See"; *gurnāl imbāriḥ* „die Zeitung von gestern" [ST]; *ḥaflit ʿīd milād* „eine Geburtstagsparty".

• Besitz-Possessor: B gibt an, wer über A verfügt: *bēt ittāgir* „das Haus des Kaufmanns"; *ʿaṛabiyyit Ḥasan* „das Auto von Ḥasan"; *sirīr illi nāyim ʿa l'arḍ* „das Bett desjenigen, der auf dem Boden schläft" [ST].

• Possessor-Besitz: A verfügt über B: *ṣāḥib ilbēt* „der Hauseigentümer"; *mudīr išširka* „der Direktor der Firma".

• Geschehen-Agens/Patiens beim Verbalnomen: A ist ein Verbalnomen und B bezeichnet das Subjekt (Agens/Patiens) dazu: *ḥadsit Ḥasan* „Ḥasans Unfall"; *mōt gozha* „der Tod ihres Mannes"; *liʿbit banāt* „ein Mädchenspiel"; *ḍarb ilḥabīb* „der Schlag vom Geliebten"; *ziyaṛt ilbanāt l-abūhum* „der Besuch der Töchter bei ihrem Vater" [SP].

• Geschehen-Objekt beim Verbalnomen, Partizip und Nomina agentia: A ist ein Verbalnomen und B bezeichnet das Objekt (Patiens) dazu: *ʿazī' il'uṭn* „das Hacken der Baumwolle"; *šurb igganzabīl* „das Trinken von Ingwer"; *'akl izzibīb* „das Essen von Rosinen"; *ziyāṛt ummu* „der Besuch bei seiner Mutter"; *ṭulūʿ issalālim* „das Treppensteigen"; *duxūl ilḥammām* „das Betreten des Bades"; *bayyaʿīn iṭṭamāṭim* „die Tomatenverkäufer"; *sāri' ilḥalla* „der Topfdieb [eine Ameisenart]".

• Sache und ihre Bestimmung/Funktion: B bezeichnet das, wofür A bestimmt ist: *'oḍt innōm* „das Schlafzimmer"; *gawāz issafar* „der Reisepaß"; *dabbūs rasm* „Reißzwecke"; *širkit ṭayaṛān* „Fluggesellschaft"; *ṣafiḥt izzibāla* „der Abfalleimer"; *makanit ilḥilā'a* „der Rasierapparat"; *fingān šāy* „eine Teetasse"; *milāyit issirīr* „das Bettlaken"; *ṣawābiʿ biyānu* „Klaviertasten".

• Gefäß und Inhalt: B bezeichnet den Inhalt von A: *ʿilbit sardīn* „eine Dose Sardinen", pl. *ʿilab sardīn*; *'arūṣit sagāyir* „eine Stange Zigaretten"; *'izāzit zēt* „eine Flasche Öl"; *maʿla'tēn samna* „zwei Eßlöffel Butterschmalz" [MA]; *kubbāyit šāy* „ein Glas Tee"; *kubbāyit yansūn suxna* „ein Glas heißen Anistee"; *fingān il'ahwa* „die Tasse Kaffee"; *'izāzit bibsi* „eine Flasche Pepi".

• Maß und Gemessenes: A ist das Maß, B das Gemessene: *kīlu lmiluxiyya* „das Kilo Miluxiyya" [MA]; *raṭl izzibda* „das Raṭl Butter" [SP].

• Begriff und sein Maß: B gibt das Maß zu A an: *mišwāṛ xamsa kīlu* „ein Weg von 5 km"; *li muddit sana* „für die Dauer von einem Jahr"; *muhlit šahṛ* „eine Frist von einem Monat".

- Ursprung: B gibt den Ursprung von A an: *awlād ḥaritna* „die Kinder unserer Gasse"; *ʿara' gibīni* „der Schweiß meiner Stirn"; *zēt zatūn* „Olivenöl"; *šuṛbit il'arānib* „die Kaninchenbrühe"; *rīḥit ilbuxūr* „der Geruch des Weihrauchs"; *ḥalla'īn hina* „die Friseure von hier" [SP].

- Mittel: B gibt an, womit A gemacht ist: *kabāb ḥalla* „Topfbraten [Art Gulasch]".

- Material: B gibt an, woraus A besteht, oder ist ein Bestandteil von A: *kōm ʿaḍm* „ein Haufen Knochen"; *šurbit ʿads* „Linsensuppe"; *maḥši krumb* „Kohlrouladen"; *maḥši kkōsa* „die gefüllten Zucchini"; s. badal-NP 4.3.3.4.

4.3.3 Attributive Verbindungen

4.3.3.1 Adjektive als Attribut

a. Das Adjektiv steht als Attribut nach dem Substantiv und kongruiert mit diesem in Determination, Geschlecht und Zahl:

	indet.		det.
sg.m.	*bēt kibīr* „ein großes Haus"	→	*ilbēt ilkibīr* „das große Haus"
sg.f.	*ša''a kbīra* „eine große Wohnung"	→	*išša''a lkibīra* „die große Wohnung"
pl. -hum	*karāsi gdīda* „neue Stühle"	→	*ikkarāsi ggidīda* „die neuen Stühle"
pl. +hum	*ṭalaba gdād* „neue Studenten"	→	*iṭṭalaba ggudād* „die neuen Studenten"

Der Plural von Sachen (-hum) gilt als fem., veränderliche Adjektive erhalten die Feminin-endung: *karāsi gdīda* „neue Stühle", *ḥagāt na'ṣa* „fehlende Sachen", *fiyuzāt bayẓa* „kaputte Sicherungen". Handelt es sich um eine kleinere, überschaubare Anzahl von Gegenständen, kann auch der Pl. gebraucht werden: *iṭbā' ġiwāṭ* „tiefe Teller" [ME]; *ʿilab kartōn mistaxabbiyyīn fi 'aʿṛ ilbu'ga* „tief im Bündel versteckte Kartons" [SP]. So insbesondere nach einer NumPh: *iggōz ilfirāx issumān* „das Paar fetter Hühner" [SP]; *ʿišrīn 'izāza kubāṛ wi sitta ṣġayyarīn* „zwanzig große Flaschen und sechs kleine" [SP]; *ittamanṭāšar 'irš inna'ṣīn* „die fehlenden achtzehn Piaster" [ST]. Auf Plurale von Personen (+hum) folgt das Adjektiv im Pl. S. ferner zur Kongruenz 5.3.

b. Einige Adjektive sind unveränderlich: *sāda* „einfach"; *ṭāza* „frisch"; *ziyāda* „mehr"; *ṣirf* „rein"; *duġri* „gerade"; *maẓbūṭ* „richtig"; *tamām* „richtig"; *kitīr* „viel"; *ʾulayyil* „wenig"; *yimīn* „rechts"; *šimāl* „links"; *maxṣūṣ* „speziell"; *mifrid* „ungerade"; *migwiz* „gerade": *innās ilfannanīn ilmaẓbūṭ* „die richtigen Künstler" [ST]; *nās kitīr ḥabbu yištirūha minni* „viele Leute hätten sie mir gerne abgekauft" [SG]; *ʿenha ʾilyimīn* „ihr rechtes Auge" [MA]; *fī līhum ʾōḍa maxṣūṣ* „es gibt für sie einen speziellen Raum" [MA]; *iṣṣūra lmifrid bi mīt ginēh* „das Einzelfoto kostet hundert Pfund" [ST]. *ṣaʿb* „schwierig" kommt mit und ohne Kongruenz vor: *ḥalti baʾit ṣaʿbi xāliṣ* „meine Lage ist sehr schwierig geworden" [ST]; aber auch *iẓẓurūf ṣaʿba* „die Umstände sind schwierig" [MF]. *kitīr* „viel" kann in gehobenerem Stil auch kongruieren: *fī magallāt kitīra* „es gibt viele Zeitschriften" [ST] und bei Personen tritt als pl. auch *kutāṛ* auf: *lingilīz dōl kutāṛ* „diese Engländer sind viele" [ST].

c. Nisba-Adjektive kongruieren umgangssprachlich nur, wenn sie sich auf weibliche Personen beziehen: *ṭāliba ʾalmaniyya* „eine deutsche Studentin"; aber *gibna hulandi* „holländischer Käse"; *sinānik illūli* „deine Perlenzähne" [ST]; *talat raššašāt ʾāli* „drei Maschinenpistolen" [SP]; *ilmadrasa lʾalmāni* „die Deutsche Schule", selbst bei Personen: *ilmudarrisīn ilxuṣūṣi* „die Privatstundenlehrer" [SP]. In höherem, mehr dem Harab. zuneigenden Stil freilich *ilmadrasa lʾalmaniyya* „die Deutsche Schule", *ilḥāla lʾiqtiṣadiyya* „die wirtschaftliche Lage" [ME], *ḥalāwa ṭaḥiniyya* „Halwa aus Tahina" [ME], *ittaḥiyya lʿaskariyya* „das militärische Grüßen" [SP]. *tāni* schließt sich den *nisba*-Adjektiven an: *ma-fīš ḥāga tāni gdīda* „es gibt nichts anderes Neues" [MA].

d. Da die Glieder einer Genitivverbindung nicht voneinander zu trennen sind, folgen ihr attributive Adjektive stets, auch wenn sie sich auf den Träger beziehen: *ṣubāʿ riglaha ṣṣuġayyaṛ* „ihr kleiner Zeh" [MA]; *bāb ʾōḍa maftūḥ* „eine offene Zimmertür" [ST]; *kubbāyit yansūn suxna* „eine Tasse heißen Anistee" [SP]; aber *yōm iggumʿa ggayy* neben *yōm iggumʿa ggayya* „nächsten Freitag" [ST].

e. Ist das Adjektiv durch *ġēr* oder *miš* negiert, s. 6.2.2.3 a, so tritt der Artikel davor: *ikkilma l-ġēr-mafhūma* „das unverständliche Wort", *ilʿadāt il-muš-maʾbūla* „die nicht akzeptablen Sitten" [SP].

Anmerkung: Wie Adjektive werden auch die Ordinalzahlen gebraucht: *miṛātu ttalta* „seine dritte Frau". Ab 11 fungieren dagegen die Kardinalzahlen als unveränderliches Adjektiv: *iddōr ilxamasṭāšaṛ* „der fünfzehnte Stock", *ilqarn ilʿišrīn* „das 20. Jahrhundert". Zu anderen Möglichkeiten s. 4.3.4.6. Unveränderlich ist ferner der Elativ, s. 4.3.4.3.

f. Mehrere Adjektive zu einem Träger werden asyndetisch verbunden: *fī bēt ṭawīl ʿarīḍ* „in einem großen weiten Haus" [SP]; *iṛṛafṛaf ilʾuddamāni lyimīn* „der rechte vordere Kotflügel" [ME]. Jedoch auch syndetisch, wie in *ḥāga kwayyisa wi rxayyiṣa* „eine gute und billige Sache" [SPR].

4.3.3.2 Demonstrativpronomen als Attribut

a. Position: Das Demonstrativpronomen folgt dem determinierten Nomen und kongruiert mit diesem wie ein Adjektiv:

sg.m.	sg.f.	pl. -hum	pl. +hum
irrāgil da	*issitti di*	*ilḥagāt di*	*irriggāla dōl*
„dieser Mann"	„diese Frau"	„diese Dinge"	„diese Männer"

Zur Enklise s. 1.3.1.2.2 und 2.2.1.1.2 b, zum Demonstrativum als Modifikator s. 4.3.2.2. Nach einem Nomen mit Possessivsuffix: *ša''itu di kānit fi l'abrāg ilMaᶜādi* „diese seine Wohnung war in den Maᶜādi-Türmen" [SP]. Mit einem selbständigen Relativsatz als Träger: *lōma lli guwwa da* „wenn das da drinnen nicht gewesen wäre" [ST]; *amma rāgil ᶜabīṭ ṣaḥīḥ illi intaḥar da* „das ist doch wirklich ein dummer Kerl, der da Selbstmord begangen hat" [ST].

Nach einer Genitivverbindung kann sich das Dem.Pron. auf einen der beiden Konstituenten beziehen: *ma balāš kilmit ustāz di* „laß doch dieses Wort ‚Herr' weg!" [ST]; *ism ilbinti di* „der Name dieses Mädchens" [SP].

Weitere Attribute können dazwischentreten: *issikka lli kutti ᶜāyiz amši fīha di* „dieser Weg, den ich nehmen wollte" [MA].

b. Voranstellung der Dem.Pron.: In einer Reihe von emphatischen Ausdrücken kann *di* vor das det. Substantiv treten: *ᶜagāyib wallāhi ᶜala di lxal'* „wie wunderlich, bei Gott, sind diese Leute!" [MA]; *illi miš ᶜagbu yšuflu dinya ġēr di ddinya* „Wem es nicht gefällt, der soll sich eine andere Welt als diese suchen!" [MA]. Nach der Vokativpartikel *ya* ist dies obligatorisch, und das Dem.Pron. tritt enklitisch an diese: *yādi nnahār* „was für ein Tag!" [MA]; *yādi lᶜār* „was für eine Schande!" [MA]; *yādi lmuṣība* „was für ein Unglück!" [MA].

Mit Kongruenz und teils auch enklitisch an *ᶜala* angefügt kann es vor einer mit dem Artikel determinierten NP stehen: *kulli yōm ᶜala da lḥāl* „jeden Tag war es der gleiche Zustand!" [SP]; *yā salām ᶜala da llōn* „was für eine Farbe!!" [ME]; *ixsi ᶜala da rrāgil* „pfui über diesen Mann!" [MI]; *lā mu'axza ᶜala di kkilma* „Verzeihung für dieses Wort" [MI]; *tislam 'īdak ᶜala di l'ahwa* „wie gut ist dieser Kaffee!" [MI]; *aᶜūzu billāh ᶜala da llōn* „wie schrecklich ist diese Farbe!" [ME]. Auch vor indet. Substantiv, wobei die Bedeutung weniger individuell hinweisend ist und mit „ein solcher, so ein" wiedergegeben werden kann: *tislam 'īdak ᶜala di 'ahwa* „was für ein prima Kaffee!" [ME]; *ya salām ᶜala di ᶜarabiyya* „was für ein tolles Auto!" [SP]; *aᶜūzu billāh ᶜalāda lōn* „was für eine schreckliche Farbe!" [MI]; *'aṭīᶜa ti'taᶜ išŠēx ᶜAli wi di ša''a* „der Teufel hole doch den Schech ᶜAli und eine solche Wohnung!" [ST]; *itfūh ᶜalāda šuġl!* „pfui auf so eine Arbeit!" [SP].

4.3.3.3 Relativsatz

4.3.3.3.1 Attributiver Relativsatz

Bei indeterminierter NP wird der Relativsatz asyndetisch angeschlossen, während ihn bei determinierter NP das Relativpronomen *illi* syndetisch einleitet. Ein anaphorisches Pronomen im Relativsatz weist auf die Bezugs-NP zurück.

4.3.3.3.1.1 Asyndetischer Relativsatz

di ḥāga txuṣṣini ʾana „das ist etwas, was mich angeht" [ST]; *lissa lbalad barḏu fīha nās ʿandaha kaṛāma* „es gibt auch noch Leute im Land, die Würde besitzen" [ST]. Zwischen Antezedent und den Relativsatz können andere Satzglieder treten: *šuftᵢ šanṭit swarē mbāriḥ fi šikurēl tigannin* „ich sah gestern eine ganz tolle Abendtasche bei Chicurel" [ST].

4.3.3.3.1.2 Syndetischer Relativsatz

ilʾaṭfāl illi ṛayḥa ṣṣubḥ ilmadāris „die Kinder, die morgens in die Schule gehen" [ST]; *issikka ʾilli huwwa ʿawizha* „der Weg, den er will" [MA]; *ilmuṣība lli iḥna fīha di miš ʿamalu* „dieses Pech, in dem wir sitzen, ist nicht sein Werk" [ST]. In nicht-restriktiver Bedeutung: *talaṭṭāšaṛ Ṭūba lli huwwa wāḥid wi ʿišrīn yanāyir* „der dreizehnte Ṭūba, der der einundzwanzigste Januar ist" [MA].

Wenn das rückweisende Pronomen Subjekt im Relativsatz ist, kann es weggelassen werden: *di yakulha nnās illi miš min mustawāna* „das essen Leute, die nicht von unserem Niveau sind" [ST]; *ilʿuzzāb illi zayyak* „die Junggesellen wie du" [ST]. Andererseits wird nicht selten nach *illi* ein freies Pronomen eingeschoben, wenn keines nötig wäre: *ʿagbak ilmuṣība lli nta gibtahalna* „gefällt dir das Unglück, das du über uns gebracht hast?" [ST]; *ʾawwil illēl gih mīn? ilḥaššāš. illi huwwa byišṛab ʾē? ilḥašīš* „zu Beginn der Nacht, wer kam da? Der Haschischraucher. Der was raucht? Haschisch" [MA].

4.3.3.3.1.3 Syndetischer Relativsatz nach indet. NP

In erläuternder Nachtragsstellung kommt es vor, daß ein syndetischer Relativsatz einer indeterminierten NP zugeordnet ist: *wi nimla lḥalla taʾrīban nuṣṣaha kida šuṛba, illi hiyya btaʿt illaḥma lli salaʾnāha* „und wir füllen den Topf etwa zur Hälfte mit Suppe, die von dem Fleisch kommt, das wir gekocht haben" [MA]; *tiʾulšᵢ bnišṛab zarnīx, illi nnās bitmūt bī* „als ob wir Arsenik trinken, das, wovon die Leute sterben" [SP]. S. auch 3.5.

Idiomatisch ist Nachstellung von *illi huwwa* in der Bedeutung „wirklich, richtig, echt", wie in *yibʾa bēt ṛāḥa lli huwwa* „es ist ein richtiges Klo" [SP].

4.3.3.3.1.4 Relativsatz zur 1. oder 2. Person

Hier kongruiert das rückbezügliche Pronomen meist direkt in der 1. oder 2. Person und nicht mit *illi*, das eigentlich die 3. Person erfordern würde: *ana lʾawwil illi staxdimt iggihāz da f-maṣr* „ich bin der erste, der dieses Gerät in Ägypten verwendet hat" [ME]; *miš intu lḥukkām illi bti^crafu ti'ru wi tiktibum* „seid nicht ihr die Schiedsrichter, die lesen und schreiben können" [ST]. Auch asyndetisch: *iḥna nās ma-biyhimmināš ilfilūs* „wir sind Leute, die sich nichts aus Geld machen" [SP]; *inta ṛāgil lak risāla* „du bist ein Mann, der eine Botschaft hat" [ST]. Jedoch auch indirekt mit rückweisendem Pronomen der 3. Person: *šāyif innik sitti ʿandaha kaṛāma* „ich meine, daß du eine Frau bist, die Anstand hat" [ST].

4.3.3.3.2 Selbständiger (substantivierter) Relativsatz

4.3.3.3.2.1 Position
Mit *illi* eingeleitete Sätze können als NP jede syntaktische Position ausfüllen. Als Subjekt: *illi miš mitnāwil ma-yitfaṛṛagš* „wer die Kommunion nicht empfangen hat, darf nicht zuschauen" [MA]; *illi xad furṣitu lmudarrisīn iyyāhum* „wer seine Chance packte, waren gewisse Lehrer" [ST]. Als Objekt: *baḥāwil a'ūl illi yuxṭur ʿala bāli* „ich versuche zu sagen, was mir einfällt" [MF]. Als Prädikat meist nach einem Personalpronomen: *gozha huwwa lli gih zaṛha* „ihr Mann war es, der sie besuchen kam" [ST]. Nach Präposition: *liġāyit ma yšaṭṭabu ʿala lli fāḍil* „bis sie fertig machen, was übrig ist" [ST]. Als Modifikator in der Genitivverbindung, s. 4.3.2.2.

4.3.3.3.2.2 Topikalisierung
Das nominale Prädikat zum *illi*-Satz kann als Topic vorantreten, wie in *bassi ṣawābiʿ riglēki lli biyḥibbuhum Sāmi* „sind es nur deine Zehen, die Sāmi liebt?" [ST]. Dies geschieht auch dann, wenn es indeterminiert ist, z.B. *bassi ḥāga waḥda lli mkaffaṛa sayyi'āti* „eine Sache ist es, die mir das Leben sauer macht" [MA]. Die Topikalisierung kann durch *amma* hervorgehoben werden: *amma ṛāgil ʿabīṭ ṣaḥīḥ illi intaḥaṛ da* „was für ein Blödmann, der sich da umgebracht hat!" [ST]. Wenn dazu ein Demonstrativpronomen den Satz einleitet, erscheint der Satz restrukturiert, und eine indet. NP ist mit einem synd. Relativsatz verbunden: *da kān yōm aġbaṛ illi ʿriftak fi* „das war ein schwarzer Tag, an dem ich dich kennengelernt habe" [ST]. Auf das Topic verweist dann ein rückweisendes Pronomen: *wi di ʿīša lli intu ʿayšinha di?* „und ist das etwa ein Leben, was ihr da lebt?" [ST].

Topikalisierung tritt häufig bei Pronomina ein und führt zur Bildung von Spaltsätzen: *ana lli ġalṭān* „ich bin es, der den Fehler gemacht hat" [ME]; *huwwa da bi ẓẓabṭ illi ana ʿayzu* „das ist genau das, was ich will" [ST]; *„h illi nazzilu maṣr?* „was ist es, das ihn nach Kairo hat fahren lassen?" [ST]; *mīn illi byištirik fi* „wer nimmt daran teil?" [ST]; *anhu zabāyin illi ʿarfīnak dōl?* „welche Kunden sind es, die dich kennen?" [ST]. Auch bei den mit *'ē* und *mīn* gebildeten Fragesätzen „was für ein? welcher?": *kalām 'ē lli bit'ulī da* „was sagst du da?" [ST]; *ḥumāṛ mīn illi 'āl kida?* „welcher Esel hat das gesagt?" [ST].

Der *illi*-Satz selbst als Topic: *kān illi yiġḍab ʿalē yiwaddī fi dahya* „den, dem er zürnte, stürzte er ins Elend" [SP].

4.3.3.3.2.3 1. und 2. Personen

Auch beim substantivierten Relativsatz herrscht meist direkte Kongruenz: *huwwana lli ḥaggawwiz* „bin ich es vielleicht, der heiratet?" [MF]; *miš inta lli ballaġti ʿan iggarīma?* „bist nicht du es, der das Verbrechen gemeldet hat?" [ST]. Selten indirekt, wie in *ma-laʾetši ʾilla ʾana lli tixtāṛu li lmawqif da lēh?* „warum hast du nur mich als den gefunden, den du für diese Situation wählst?" [ST].

4.3.3.3.2.4 Konditionale Implikation

Der selbständige Relativsatz kann einen Konditionalsatz implizieren (derjenige, der > wenn einer), wie das in vielen Sprichwörten der Fall ist: *illi ʿaḍḍu ttiʿbān yixāf min ilḥabl* „wenn einer von einer Schlange gebissen wurde, fürchtet er sich vor einem Seil" [SPR]; *illi lasaʿitu ššurba, yunfux fi zzabādi* „wenn sich einer an der Suppe die Zunge verbrannt hat, bläst er in den Joghurt" [SPR].

4.3.3.3.2.5 *mīn* und *ma*

Durch *mīn* und *ma* eingeleitete selbständige Relativsätze treten meist in Redensarten und Sprichwörtern auf: *kulli min habbi w dabb* „ein jeder der hereintrampelt [= Hinz und Kunz]"; *kulli mīn lu nabi yṣalli ʿalē* „jeder der einen Propheten hat, soll für ihn beten"; *amma ʾana fa ʾalfi mīn yitmannāni!* „was mich betrifft, so sind es tausend, die mich gerne haben möchten!" [ST]. Mit *ma*: *ʾultilak ma fīh ilkifāya* „ich habe dir genug gesagt" [ST]; *wi tāni ma gaṛa ʾinnuhum ...* „und das zweite, was geschah, war, daß sie ..." [ST].

A n m e r k u n g : Zu festen Ausrufen erstarrt sind asyndet. Relativsätze zu *ḥāga*, wie in *ḥāga tgannin! ḥāga tifla'! ḥāga tibhir ilʿēn!* „zum Verrücktwerden, zum Platzen, zum Augenblenden ist das!" [SP]; *ḥāga twaṛṛam ilbuḍān* „da können einem ja die Eier dick werden!" [ME].

4.3.3.4 badal-NP

4.3.3.4.1 Struktur der badal-NP

Zu einem Substantiv A tritt ein weiteres B, das neue Information zu A bringt. Wie bei der adjektivischen Verbindung tritt keine Unterordnung von B unter A ein und das *-a* der Fem.Endung bleibt erhalten: *fi ḥitta ʾamān* „an einer sicheren Stelle" [ST]. Syntaktisch unterscheidet sich die badal-NP dadurch von der adjektivischen NP, daß beide Konstituenten zwar hinsichtlich der Determination kongruieren, nicht jedoch in Genus und Numerus, da B ein nicht-flektierendes Substantiv ist: *kursi xarazān* „Rohrstuhl" > *ikkursi lxarazān* „der Rohrstuhl" [SP]; *ilʿafš ilʿirra* „erbärmliches Mobiliar" [ST]; *issitt iṛṛāgil di* „dieses Mann-Weib" [ST].

A n m e r k u n g : Kongruenz erfolgt, wenn der Modifikator die morphologische Möglichkeit dafür besitzt, wie dies bei Personenbezeichnungen der Fall ist, z.B. *ʿagūz* und *fannān* in *iṛṛāgil ilʿagūz* „der Alte", *ilwiliyya lʿagūza* „die Alte", *issittāt ilʿagāyiz* „die alten Frauen" [ST]; *innās ilfannanīn ilmaẓbūṭ* „die richtigen Künstler" [ST].

mandīl wara' „Papiertaschentuch“	>	*ilmandīl ilwara'* „das Papiertaschentuch“	*ilmanadīl ilwara'* pl. „die Papiertaschentücher“
kīs balastik „Plastikbeutel“	>	*ikkīs ilbalastik* „die Plastikbeutel“	*il'akyās ilbalastik* pl. „die Plastikbeutel“
ʿilba ṣafīḥ „Blechdose“	>	*ilʿilba ṣṣafīḥ* „die Blechdose“	*ilʿilab iṣṣafīḥ* pl. „die Blechdosen“

Auch komplexe NPs können als Träger der badal-NP auftreten: *issittīn 'irši 'ugrit ittalat t-uššhur* „die sechzig Piaster Drei-Monats-Miete“ [SP]; *ilmīt ginēh il'amāna* „die hundert Pfund Depot“ [ST]; bzw. umgekehrt als Modifikator: *ilwa'ti badal iḍḍāyiʿ* „die Nachspielzeit“ [MA]. Daher können mehr als zwei NP in einer badal-Relation stehen: *ilwiliyya gaṛitna lʿagūza* „unsere alte Nachbarsfrau“ [SP].

Ein nicht-alienables Besitzverhältnis wird durch Possessivsuffixe am Träger ausgedrückt, wie in *ixwāti lbanāt* „meine Schwestern“ [ME]; *ṣiḥābi lbanāt* „meine Freundinnen“ [ST]; *'uxtaha ttaw'am* „ihre Zwillingsschwester“ [ME]; *axūh ittaw'am* „sein Zwillingsbruder“ [MF]; *ṣawabiʿhum issabbāba* „ihre [pl.] Zeigefinger“ [ST]. Bei alienablem Verhältnis kann auch *bitāʿ* gebraucht werden: *ġawayišha ddahab* „ihre goldenen Armreifen“ [SP], aber *ižžība lbanṭalōn bitaʿti* „mein Hosenrock“ [ME].

Attribute zum ersten Nomen folgen der badal-NP, wie in *ʿilab ṣafīḥ farġa* „leere Blechdosen“ [ME]; gegebenfalls mit Artikel: *iššanṭa lbalastik iššīk* „die schicke Plastiktasche“ [SP].

4.3.3.4.2 Semantische Relationen

Die semantische Relation zwischen A und B ist häufig die von Gegenstand-Material und Gegenstand-Ähnlichkeit, beschränkt sich aber nicht auf diese.

- Angabe des Materials durch B: *il'alam irruṣāṣ* „der Bleistift“; *issikka lḥadīd* „die Eisenbahn“; *il'amīṣ il'uṭn* „das Baumwollhemd“; *ikkōṛa ggild* „der Lederball; *bulōfaṛ ṣūf ḥarīmi* „Damenwollpullover“; *niḥuṭṭu ʿala 'ayyi ḥāga wara'* „wir setzen es auf irgendetwas aus Papier“ [MA].

- Angabe von Form, Beschaffenheit oder Ähnlichkeit durch B: *bunni ḥabb* „Kaffeebohnen“; *ḥilba ḥaṣa* „Bockshornkleekörner“; *sukkaṛ budṛa* „Puderzucker“; *rukni ḍalma* „eine dunkle Ecke“; *illibs ilmōḍa* „die modische Kleidung“; *ʿaṛabiyya kaṛṛu* „Karren“; *dabbūs 'ibṛa* „Stecknadel“; *ižžība lbanṭalōn* „der Hosenrock“.

- Angabe der Bestimmung durch B als Verbalnomen: *milāya laff* „ein Umhangtuch zum Einwickeln"; *kōsa ḥašw* „Zucchini zum Füllen"; *ʿaṛabiyya naʾl* „Lastwagen"; *ilʿaṛabiyya nnuṣṣi naʾl* „der Pick-up" [SP]; *ʿaṛabiyya ʾugṛa* „Mietwagen".

- Mit Abstrakta als B: *ilmasgūn izziyāda* „der überzählige Gefangene"; *illuʾma lḥaṛām* „das unrechtmäßige Bröckchen"; *ilʾawāni ttamām* „die ordentlichen Gefäße"; *uṣṭuwāna gnān* „eine tolle Platte"; *ilmawḍuʿāt iggaddi di* „diese ernsten Themen"; *ilʾawḍāʿ ilġalaṭ illi f-baladna* „die fehlerhaften Zustände in unserem Lande [= die Mißstände]" [SP]; *ilbēt ilmilk* „das Eigenheim"; *šaʾʾa tamlīk* „Eigentumswohnung".

- Zuordnung durch B zu Kategorien, Gruppen, Berufen, Fabrikaten, Klassifizierungen etc.: *ʿafrīt ṛāgil* „ein männlicher Dämon"; *talat sittāt wilād balad* „drei einheimische Frauen"; *ixwāti lbanāt* „meine Schwestern"; *ṣiḥābi lbanāt* „meine Freundinnen"; *ilmaṛa lʾarmala minhum* „die Witwe unter ihnen" [SP]; *sitta banāt tawāʾim* „sechs Zwillingsmädchen" [ST]; *uxtaha ttawʾam* „ihre Zwillingsschwester"; *maknasa kahṛaba* „Staubsauger"; *ḥuʾna waḥda milligṛām wāḥid* „e i n e Spritze von e i n e m Milligramm" [ST]; *ʿaṛabiyya mirsīdis* „ein Mercedes"; *ilʿaṛabiyya lmirsīdis* „der Mercedes"; *issitt iṛṛāgil di* „diese Mann-Frau" [ST]; *ilmīt ginēh ilʾamāna* „die hundert Pfund Unterpfand" [ST]; *ittallāga lxamastāšar ʾadam* „der 15-Fuß-Kühlschrank" [ST]; *ilfalāyin innuṣṣi kumm* „die Unterhemden mit halbem Ärmel" [SP].

- A ist der Oberbegriff, B spezifiert diesen: *ṛāgil saḥḥāṛ* „ein Zauberer" [SP]; *ilwād ilḥallāʾ* „der Friseur" [SP]; *ilwād ikkātib bitāʿi* „mein Schreiber" [ST]; *innās ilġagaṛ dōl* „diese Zigeuner" [SP]; *iṛṛāgil sawwāʾ ilyunit* „der Mann, der Fahrer der Einheit" [SP]; *ilmaṛa lġagariyya bint ilkalb* „das Zigeunerweib, das Hundsweib" [SP]; *ilḥaṛāmi nisībi* „der Dieb, der Verwandte von mir" [ST]; *illaban ilḥalīb* „die frische Milch"; *ilhibāba llista di* „diese Scheißliste" [SP]; *ilhibāb ilbangu* „das Scheißmarihuana"; *issitti xaltik* „deine Frau Tante" [ST]; *ilwilād banāt Rasmiyya* „die Töchter von Rasmiyya" [SP].

- A ist das Maß, B das Gemessene: *baʿdi xamastāšar sana gawāz* „nach 15 Jahren Ehe" [ST]; *talat dufʿāt samād* „drei Fuhren Kunstdünger" [ST]; *saʿtēn riḍāʿa* „zwei Stunden Stillen" [ST], determiniert *issaʿtēn irriḍāʿa* „die zwei Stunden Stillen" [ST]; *ilʿašaṛ t-iyyām ilʿasal* „die zehn Tage Flitterwochen" [MA]. Doch kann das Gemessene auch indeterminiert bleiben, wie in *ittalat sinīn signi dōl* „diese drei Jahre Gefängnis" [ST] oder mit *bitāʿ* angeschlossen werden, wie in *ilxamastāšar yōm bitūʿ issign* „die fünfzehn Tage Gefängnis" [ST]. S. auch Numeralphrase 4.3.4.5.3.1.

4.3.4 Die prämodifizierende NP

Prämodifizierend sind die NP, die mit den Quantoren *kull, baʿḍ, nuṣṣ, šuwayya, ḥitta* u.ä., mit den Statusanzeigern *nafs, ʾayy, mugarrad, zayy, ġēr*, mit dem Elativ, den Ordinalzahlen sowie mit den Kurzformen der Zahlwörter (Numeralphrase I)[1] als A gebildet werden, s. oben 4.3.1.2.3. Das nominale Element B hat das semantische Übergewicht und bestimmt die Kongruenz, wie in *nuṣṣ innās mātu* „die Hälfte der Leute starb". Es fungiert somit syntaktisch als Träger der NP.

4.3.4.1 Quantoren

4.3.4.1.1 NP mit *kull*

Die NP mit *kull* „Gesamtheit" bezieht sich semantisch auf eine Menge, und zwar entweder auf jedes Element derselben oder auf die Menge insgesamt. Als Übersetzungsäquivalent dienen die deutschen Indefinitpronomina „jeder" und „alle" bzw., wenn es sich um eine unteilbare Menge handelt, das Adjektiv „ganz".

4.3.4.1.1.1 Form der NP mit *kull*

Welche der drei Bedeutungen „jeder", „alle" und „ganz" die NP mit *kull* hat, hängt von der Form von B ab, das mit *kull* verbunden ist:

(a) *kull* + indet. Sg. = „jeder" und bezieht sich auf die zählbaren Teile einer Menge: *kulli yōm* „jeder Tag"; *kulli sana* „jedes Jahr"; *kulli yōm xamīs* „jeden Donnerstag"; *kulli wāḥid* „ein jeder"; *kulli waḥda* „eine jede".

(b) *kull* + indet. Dual oder Pl. = „alle" und bezieht sich auf Teile einer Menge, die selbst aus zählbaren Teilen besteht: *kulli ʿašar t-imtār* „alle zehn Meter" [SB]. Dies kommt vor allem bei Zeitangaben vor: *kulli yomēn* „alle zwei Tage"; *kulli talat saʿāt* „alle drei Stunden".

(c) *kull* + det. Pl. = „alle" und bezieht sich auf eine zählbare Menge insgesamt: *kull issittāt* „alle Frauen"; *kull irriggāla* „alle Männer"; *kull ilmašākil* „alle Probleme"; *kulli zumalāti* „alle meine Kolleginnen".

(d) *kull* + det. Sg. = „ganz" und bezieht sich auf eine nicht in einzelne gleichartige Elemente zerlegbare Menge: *kull ilbalad* „das ganze Dorf"; *kull ilḥikāya* „die ganze Geschichte"; *kull ilʾarḍ* „der ganze Grund".

Anmerkung: Die NP gemäß (d) ist immer determiniert, bei einer indeterminierten NP wird „ganz" durch die Präpositionalphrase *bi ḥāl-* oder das Adjektiv *kāmil* „vollständig" umschrieben: *ṣafḥa b-ḥalha ~ kamla* „eine ganze Seite"; *baʿdi ḍuhriyya b-ḥalha* „einen ganzen Nachmittag" [ST]. *bi ḥāl-* kann auch mit einer determinierten NP gebraucht werden, wie in *iddinya b-ḥalha* „die ganze Welt".

---

1 Um die Numeralia in einem Kapitel zu vereinigen, wird hier auch die Numeralphrase II behandelt, die zu den postmodifizierenden NP zählt.

4.3.4.1.1.2 Nachstellung von *kull*
Bei det. B wie in 4.3.4.1.1.1 c, d kann B topikalisiert und *kull* mit einem rückweisenden Suffix nachgestellt werden:

kull igginēna	→	*igginēna kullaha*	„der ganze Garten"
kull innās	→	*innās kulluhum*	„alle Leute"

Dabei tritt das Demonstrativpronomen zwischen die NP und *kull+*: *'ē bassī lazmitu tta'ab da kullu?* „wozu ist all diese Mühe nötig?" [ST]; *'uddām ilxal'i di kullaha* „vor all diesen Leuten" [ST]. Nachgestellt zum Demonstrativpronomen: *ma-kanšī da kullu lāzim yiḥṣal* „das alles hätte nicht zu passieren brauchen" [ST]; nach einem Personalpronomen im Sg. „ganz": *fattišni kulli!* „untersuche mich ganz!" [SP], im Pl. „alle": *fattišna kullina* „er untersuchte uns alle" [SP].

4.3.4.1.1.3 Kongruenz
Kongruenz erfolgt nach B: *kullī bḍa'ti lli fi ggumruk itṣadrit* „meine sämtliche Ware im Zoll ist konfisziert worden" [ST]; *kullī zumalāti btidḥak 'alayya* „alle meine Kollegen lachen mich aus" [ST]; *kulluhum ḥayiṣḥu* „alle werden aufwachen" [SP].

4.3.4.1.1.4 *kull* mit Possessivsuffixen
kull kann auch mit einem Possessivsuffix der 1. und 2. Pers. versehen werden. Mit der 1. oder 2. sg. ist es gleichbedeutend mit 4.3.4.1.1 d: *kullak luṭf* „du bist ein schrecklich netter Mensch [du bist ganz Nettigkeit]" [ME]; *ana kulli mafhumiyya* „ich habe vollstes Verständnis [ich bin ganz Verständnis]" [ST]. Mit der 1. oder 2. pl. dagegen wie 4.3.4.1.1 c: *kullina* „wir alle"; *kullukum* „ihr alle"; *kulluhum* „sie alle"; *biyaklu kulluhum fi ṭaba' wāḥid* „sie essen alle aus e i n e m Teller" [SP].

4.3.4.1.2 NP mit *ba'iyyit+* „Rest"
Auch hier erfolgt die Kongruenz nach dem Träger B. B ist stets eine det. NP: *ba'iyyit innās mātu* „der Rest der Leute starb" [MI]; *ba'iyyit il'ēš yitšāl yirūḥ fēn* „wohin wird der Rest des Brotes gebracht?" [SP].

4.3.4.1.3 NP mit *ba'ḍ* „einige"
ba'ḍ mit det. NP im Plural bezeichnet in gehobenem Sprachgebrauch „einige, manche": *ḥallēna ba'ḍ ilmašākil* „wir haben einige Probleme gelöst" [ST]; *ba'ḍ illi wa'fīn* „einige der Umstehenden" [SP]. Kongruenz erfolgt teils nach B und teils nach *ba'ḍ*: *ba'ḍuhum xadūha muturrigl* „einige kamen auf Schusters Rappen" [SP]; aber: *ba'ḍuhum kān hizāṛu laṭīf* „von einigen war das Scherzen nett" [ST]; *wi maṛṛit fi ṛāsi ṣuwar ba'ḍaha xalla gismi yi'aš'aṛ* „in meinem Kopf gingen Bilder vorbei, wovon manche mich eine Gänsehaut kriegen ließen" [SP]. Auch mit indet.

Pl.: *wi baʿḍī saʿāt kān mutusikl ilḥukūma byīgi yaxdu* „manchmal holte das Regierungsmotorrad ihn ab“ [SP].

Zu *kām* „einige“ und *kaza* „eine Reihe von“ s. 4.3.4.1.8 und 4.3.4.1.9.

4.3.4.1.4 NP mit *šuwayyit+, ḥabbit+* „ein wenig“

4.3.4.1.4.1 Kongruenz

šuwayyit+ tritt mit Kollektiva, Gattungsbegriffen und Pluralen in eine Genitivverbindung, und diese kongruiert meistens mit dem Pl.. Mit indet. NP als B „ein wenig“: *wi baʿdēn nigīb šuwayyit zēt ṣuġayyarīn* „und dann holen wir ein kleinwenig Öl“ [MA]; *šuwayyit xuḍār maslu'īn* „etwas gekochtes Gemüse“ [MA]. Seltener mit Sg.f.: *ʾayyi šwayyit banzīn faḍla fi ttankāt* „irgendeine kleine Menge Benzin, die in den Tanks geblieben war“ [SP]. Zur Determination s. unten 4.3.4.1.4.2.

Ein anderer Ausdruck für „ein wenig“ ist *ḥabbit+*: *ḥabbit ṭabīx bāyit* „ein wenig übriggebliebenes Essen“ [SP]; *hatīli maʿāki ḥabbit kulunya* „bring mir ein wenig Kölnisch Wasser mit“ [ST]; *asaxxanli ḥabbit mayya* „ich mache mir etwas Wasser heiß“ [SP]. Auch hier erfolgt Kongruenz mit dem Plural: *ḥabbit fūl ḥirāti yxallu lʿašwa zawāti* „ein wenig frischer Fūl ergibt ein fürstliches Abendessen“ [SPR]. Mit *ḥabba* im Dual: *illi ʿandu ḥabbitēn ġalla labuddi yiṭḥanhum* „wer auch nur zwei Körnchen Weizen hat, wird sie sicher mahlen“ [ST].

4.3.4.1.4.2 Determination

šuwayyit+ verhält sich zunächst wie der Träger einer Genitivverbindung und der Artikel tritt an B: *šuwayyit ittirmis dōl* „das bißchen Lupinenkerne“ [SP]; *šuwayyit il'amal illi faḍlinni* „das bißchen Hoffnung, das mir geblieben ist“ [MF]. Im Substandard oder in ländlich geprägter Umgangssprache kann der Artikel vor beide Glieder der NP treten: *xud iššuwayyit ilfakka lli faḍlīn dōl* „nimm das bißchen Kleingeld, das übrig ist!“ [ST]; *iššuwayyit ilʿiyāl illi biyrūḥu lmadāris* „die paar Kinder, die in die Schule gehen“ [ST]. Ebenso bei *ḥabbit+* „ein wenig“: *ilḥabbit izzēt* „das bißchen Öl“ [ME]; *ilḥabbit ilbanzīn miš ḥaykaffu* „das bißchen Benzin wird nicht ausreichen“ [ME]. Zu *ḥittit+* s. unten 4.3.4.1.7.

Den Übergang zur NumPh I und damit zum Verhalten anderer Quantifikatoren zeigen gelegentlich auftretende Fälle wie *iššuwayyit durūs xuṣūṣi lli byiddīhum* „die paar Privatstunden, die er gibt“ [ST], wo der Artikel nur an den Quantor tritt, vgl. *ittalat kutub* „die drei Bücher“, s. 4.3.1.2.4.

4.3.4.1.5 *aktaṛ* etc. „die meisten“

Zum Ausdruck von „die meisten“ dient die NP mit *aktaṛ, muʿẓam, aġlab, aġlabiyya* und einem bestimmten Substantiv im Pl. oder einem Kollektiv als B: *aktaṛ zabaynu agānib* „die meisten seiner Kunden sind Ausländer“ [ST]; *muʿẓam innās* „die meisten Leute“ [ME]; *'aġlabiyyit iṭṭalaba* „die Mehrzahl der Studenten“ [ME]. Kongruenz erfolgt nach B: *aktaṛ zabaynu byīgu bi llēl* „die meisten seiner Kunden kommen abends“ [ST]; *aktaṛ ḥitta bastaṛayyaḥ fīha hiyya šuġli* „an meinem Arbeitsplatz fühle ich mich am wohlsten" [MF]; *muʿẓamhum ma-yitšafūš* „die meisten davon sieht man nicht" [ST]. Andererseits auch Kongruenz im Sg.: *aġlabhum nāzil ḍarbi f-baʿḍ* „die meisten verprügeln einander" [SP]; *aġlabhum ʾašhaṛ ʾislāmu* „die meisten bekannten sich zum Islam" [SP].

4.3.4.1.6 *nuṣṣ* „Hälfte", *rubʿ* „Viertel", etc.
Der Quantor modifiziert B, und die Gesamt-NP bezeichnet einen Teil eines quantifizierbaren Ganzen: *nuṣṣi sāʿa* „eine halbe Stunde"; *nuṣṣi siwa* „halbgar [Fleisch]" [ME]; *ʿaṛabiyya nuṣṣi ʿumr* „Gebrauchtwagen" [ME]; *nuṣṣi dastit ʿiyāl* „ein halbes Dutzend Kinder" [ST]; *rubʿi kīlu filfil rūmi* „ein Viertelkilo grüne Paprika" [MA]; *tilti sāʿa* „zwanzig Minuten". Auch bei Adjektiven: *nuṣṣi karīm* „halbedel" [SP]; *nuṣṣi ṣāmit* „halb schweigend" [SP].

Träger der NP ist B, und damit verhält sich die NP wie die NumPh I (4.3.1.2.4), indem bei Determination der Artikel vor sie tritt: *innuṣṣi kīlu* „das halbe Kilo", vgl. *ittalat kutub* „die drei Bücher". Ferner *ḥittit illaḥma nnuṣṣi siwa* „das halb durchgebratene Stück Fleisch" [MI]; *ilḥaṛakāt innuṣṣi kumm* „die hemdsärmeligen Methoden" [MI]; *ilʿaṛabiyya nnuṣṣi naʾl* „der Pick-up" [ST]; *ṛāsu nnuṣṣi ṣalʿa* „sein halbkahler Kopf" [SP]; *irrubʿi ʿamūd* „die Viertelkolumne" [ST].

Die Kongruenz erfolgt mit dem Träger B: *ʾādi nuṣṣi sāʿa tanya fātit* „jetzt ist eine weitere halbe Stunde vergangen" [SB]; *nuṣṣ innās mātu* „die Hälfte der Leute starb" [MI]; *nuṣṣ ilfilūs itsaraʾit* „die Hälfte des Geldes ist gestohlen" [MI]; *ʿandi rubʿi ʾzāza faḍla min ṛās issana* „ich habe eine viertel Flasche, die von Neujahr übrig ist" [ST]; *tilti sukkān ilbalad ṛāḥu fīha* „ein Drittel der Einwohner starb daran" [MI]. Manche Sprecher schwanken zwischen *nuṣṣ ilqarya tḥaraʾit* ~ *itḥaraʾ* „die Hälfte des Dorfes brannte ab" [MI]. Vgl. auch *nuṣṣuhum kānu ḥafyīn* „die Hälfte davon war barfuß" [ST] mit *nuṣṣuhum muš ḥayihtammi bīk* „die Hälfte davon wird sich nicht um dich kümmern" [ST].

Anmerkung: Wenn der Quantor den Teil eines konkret vorliegenden Ganzen bezeichnet, tritt die übliche Genitivverbindung ein: *nuṣṣ ikkīlu* „die Hälfte des Kilos"; *nimla bīh rubʿ ilʿamūd* „damit füllen wir ein Viertel der Kolumne" [ST]. Die Kongruenz erfolgt dann nach dem Träger A, wie in *tilt innuʾṭa byibʾa li rraʾʾāṣa* „ein Drittel der Spenden ist für die Tänzerin" [ST].

4.3.4.1.7 *ḥittit+* „ein Stück"
Die NP mit *ḥittit+* referiert auf die quantifizierbare Menge eines Materials in der Bedeutung „ein Stück von": *ḥittit xašab* „ein Stück Holz". Bei Determination kann der Artikel im Substandard wie bei *ḥabbit+* und *šuwayyit+* vor beide Konstituenten treten: *ilḥittit iššabba* „das Stück Alaun" [SO]; *ilḥittit iggibna* „das Stück Käse" [MA]; *ilḥittit illaḥma* „das Stück Fleisch" [SO]. Der Träger der NP ist B, nach dem sich die Kongruenz meistens richtet, wie in *ʿāmil ḥittit barti ygannin* „er veranstaltete eine phantastische Party" [ST]; *da kān ḥittit manẓar yimawwit mi ddiḥk* „das war ein toller Anblick, zum Totlachen" [ST]. Freilich ist auch

Kongruenz nach A möglich: *rāḥ xāṭif minnu ḥittit issilāḥ bitaʿtu* „da entriß er ihm seinen Schießprügel" [SP].

A n m e r k u n g 1 : *ḥitta* kann eine besondere emotionale Haltung zum beschriebenen Gegenstand anzeigen, die negativ (abschätzig) oder positiv (bewundernd) sein kann: *da ḥittit ʿayyil* „das ist ein Kindskopf" [ME]; *ḥittit bittí tfukkí min ʿa lmašnaʾa* „ein Prachtweib, das einen vom Galgen reißen könnte" [ME]; *ma-nabhumšī ġēr ḥittit bēt ṣuġayyaṛ* „sie erhielten nur ein armseliges kleines Haus" [SO]; *yāma nifsi f-ḥittit nūnu ṣġayyaṛ zayyí di* „wie gerne hätte ich ein herziges kleines Baby wie dieses!" [ST].
A n m e r k u n g 2 : *farda,* das das Einzelstück eines Paares bezeichnet, ist semantisch wohl als Quantor zu betrachten, zeigt aber keine Spur von Grammatikalisierung und verhält sich stets wie eine Genitivverbindung: *fardit gazma* „ein [einzelner] Schuh" und *fardit iggazma* „der [einzelne] Schuh". Die Kongruenz erfolgt stets nach *farda*, das damit als Träger der NP zu sehen ist: *fardit kawitšī ḍarabit* „ein Reifen platzte" [SB].

4.3.4.1.8 *kām* „ein paar"
Die NP mit *kām* + indet. Sg. drückt im Aussagesatz „einige, ein paar" aus: *kullaha kām šahṛ biyfūtu b-surʿa* „das alles sind nur ein paar Monate, die schnell vorbeigehen" [ME]; *ma-tištirīlak kām naxla zayyi* „kauf dir doch ein paar Palmen wie ich!" [ST]; *baʿdaha b-kām yōm* „einige Tage danach" [ST]; *wi kām ḥittit laḥma wi kām ʿilbit bīra* „ein paar Stück Fleisch und ein paar Dosen Bier" [ST]; *maʿa kām wāḥid ṣaḥbu* „mit einigen seiner Freunde" [SP]; *kām šanṭa gild* „ein paar Ledertaschen". Mit *wāḥid* „jemand" bezieht es sich auf Personen: *itʾaddimli kām wāḥid* „einige Leute wurden mir vorgestellt" [ST]. Mit Negation: *ʾaṣl ilḥikāya gdīda ma-baʾalhāš kām šahṛ* „die Sache ist nämlich neu und dauert erst ein paar Monate" [ME].

kām + Sg. ist ins System der NumPh mit KF des Zahlworts eingegliedert und verhält sich bei Determination wie die Zahlen ab 11, indem der Artikel vor die gesamte Phrase tritt: *fi kkām yōm dōl* „in diesen paar Tagen" [ST]; *ikkām ḥilla alamunya illi ḥilitna* „die paar Aluminiumtöpfe, die wir besitzen" [SP]. Diese kongruiert als Plural: *kām ʾalam suxnīn* „ein paar kräftige Ohrfeigen" [ST]; *fatli kām ʾirší ṭayyibīn* „er hinterließ mir ein paar hübsche Piaster" [ME], jedoch auch als Sg.f.: *nisyit ilkām kilma lli ʾultahalha* „sie hat die paar Worte vergessen, die ich ihr gesagt hatte" [MB].

4.3.4.1.9 *kaza* „eine Reihe von, mehrere"
Die NP mit *kaza* + indet. Sg. folgt syntaktisch *kām*, wie in *fī kaza mawqif* „es gibt eine Reihe von Situationen" [ME]; *da fī kaza nusxa mawgudīn fi lmaktaba* „davon gibt es eine ziemlich Anzahl Exemplare in der Bibliothek" [ME]; *kaza nōʿ* „eine Reihe von Arten"; *mugaṛṛad taḥḍīr kaza katībit ṣawarīx* „das bloße Aufstellen einer Reihe von Raketenbatterien" [SP]. Bei Determination tritt der Artikel wie bei *kām* vor die ganze Phrase, s. oben 4.3.4.1.8: *baṭāṭis ikkaza mīza* „die Kartoffeln mit der Reihe von Vorteilen" (Reklamespruch); *ikkaza mawqif illi ana kunti fīhum* „die Reihe von Situationen, in denen ich war" [ME]; *ikkaza nōʿ illi gaṛṛabnāhum* „die verschiedenen Arten, die wir ausprobiert haben" [MI].

4.3.4.2 Statusanzeiger

Mit „Statusanzeiger“ sind NP gemeint, die ein Individuum aus einer Menge mit einem anderen Individuum aus derselben Menge vergleichen und dadurch Identität („derselbe“), Beliebigkeit („irgendein“), Beschränkung („nichts anderes als“, „bloß“), Gleichartigkeit („gleich“) und Verschiedenheit („anderer“) angeben. Im Kairenischen wird dies durch eine NP mit *nafs* „derselbe“, *ʾayy* „irgendein“, *mugarrad* „bloß“, *zayy* „gleich“ und *ġēr* „anderer“ als Modifikatoren in einer prämodifizierenden Genitivverbindung ausgedrückt. Kongruenz erfolgt dabei nach B, während sie sich bei Determination wie eine Genitivverbindung verhält. S. oben 4.3.1.2.2.

4.3.4.2.1 *nafs* „derselbe“ und „selbst“

Zum Ausdruck der Identität „derselbe, dieselbe, dasselbe“ dient die NP mit *nafs* „Seele“ als Modifikator und einem durch den Artikel determinierten Substantiv im Sg. oder Pl. als Träger, das die Kongruenz bestimmt:

nafs ilwalad	„derselbe Junge“
nafs ilbint	„dasselbe Mädchen“

Die NP mit *nafs* kann alle Positionen im Satz einnehmen: *nafs iššēʾ ḥāṣil fi ššarʾi kamān* „dasselbe passierte auch im Orient“ [ST]; *ʾālu nafs ikkalām* „sie sagten dasselbe“ [SO]; *min nafs ilbalad* „aus demselben Ort“ [MA];.

nafs erlaubt wie *kull* die Topikalisierung, aus der sich aber ein Bedeutungsunterschied in Richtung einer Hervorhebung „selbst, nicht jemand anders/etwas anderes“ ergibt:

nafs ilwalad	„derselbe Junge“	*ilwalad nafsu*	„der Junge selbst“
nafs ilbint	„dasselbe Mädchen“	*ilbinti nafsaha*	„das Mädchen selbst“
li nafs idduktūr	„zum selben Doktor“	*li dduktūr nafsu*	„zum Doktor selbst“

Beispiele: *ʾalb ilfilfila nafsaha* „das Innere der Paprikaschote selbst“ [MA]; *da lwazīr nafsu mumkin yiṭīr fi ḥāga zayyi di* „der Minister selbst kann bei einer solchen Sache rausfliegen“ [ST]; *ʾabl ilFayyūm nafsaha* „vor [der Stadt] ilFayyūm selbst“ [MA].

Anmerkung: In ältereren Texten finden wir nachgestelltes *zāt* in gleicher Bedeutung wie *nafs* und auch kombiniert mit diesem: *yaʿni ṛabbina zātu ismu lḥaʾʾ* „der Herr selbst hat den Namen 'die Wahrheit'“; *yigīb ilbuḍāʿa zatha* „er bringt die Ware selbst“; *abūya zāt nafsu gih maʿāha fi kkalām* „selbst mein Vater pflichtete ihr bei“ [SP].

4.3.4.2.2 *ʾayy* „jeder" und „irgend-"

Auf *ʾayy* folgt stets ein indet. Substantiv im Sg. oder Pl. Die NP ist spezifizierend in dem Sinne, daß jedes Individuum einer Gruppe gemeint ist, sie ist aber nicht individualisierend. Am besten wird sie mit „jeder, jeder Beliebige, irgendein" wiedergegeben. Sie dient häufig zur Verstärkung der Negation, kann alle Positionen im Satz einnehmen und folgt hinsichtlich der Kongruenz dem untergeordneten Substantiv: *ʾayyi wahda tiʾdar tiʿmil kida* „jede Beliebige kann das tun" [ST]; *wallāhi la-arkab ʾayyi ʾutubīs hatta walaw kān malyān* „bei Gott, ich werde irgendeinen Bus besteigen, selbst wenn er voll ist" [ST]; *ʿala ʾayyi hāga waraʾ* „auf irgendetwas Papierenes" [MA]. Oft dient es auch zur Quantifizierung (jeder Einzelne = alle): *ana mustaʿidd aʿmil ʾayyi hāga ʿašān asallah ilġalta di!* „ich bin bereit alles Erdenkliche zu tun, um diesen Fehler zu korrigieren" [ST].

Häufig tritt es im negierten Satz auf und verneint dann kategorisch: *ma-lūš ʾayyi maʿna* „das hat überhaupt keine Bedeutung" [ST]; *lihaddi dilwaʾti ma-yiʾdarši ʾayyi ʾinsān yuhkum ʿalē* „bis jetzt kann überhaupt kein Mensch ihn beherrschen" [ME]; *ma-fhūš ʾayyi sada* „da ist gar kein Rost dran" [ST]. S. dazu auch *wala* 6.5.3.

Auch mit *wāhid* und *hadd* läßt sich *ʾayy* kombinieren, es bedeutet dann „ein beliebiger, irgendeiner": *ʾayyi wāhid fīkum kān hayiʿmil illi ʿamaltu* „jeder beliebige unter euch hätte getan, was ich getan habe" [ME]; *ana miš ʿāwiz ʾayyi haddi yatadaxxal fi šuʾūni lxassa* „ich will nicht, daß irgendjemand sich in meine persönlichen Belange einmischt" [MF].

Anmerkung: Als Varianten zu *ʾayy* treten bei besonderem Nachdruck auch *ʾayyuha* und *ʾayyitha* auf: *min ġēr ʾayyuha sabab* „ohne irgendeinen Grund" [ST]; w *aʿallaʾ ʾayyuha wahda* „und mache mich an irgendeine ran" [SB]. *tab xalli ʾayyitha wahda tʾarrab min ilmuʿallima kida* „gut, laß mal irgendeine sich der Meisterin nähern" [ST].

4.3.4.2.3 *mugarrad* „bloß"

Die NP mit *mugarrad* und folgendem Substantiv drückt die Ausschließlichkeit aus: *da mugarrad kalām* „das ist bloßes Gerede" [ME]. Träger der Verbindung ist das Substantiv, das entsprechend kongruiert: *di mugarrad sudfa* „das ist bloßer Zufall" [ME]; *di mugarrad muragʿa li lhitat ilmuhimma* „das ist nichts anderes als eine Wiederholung der wichtigen Teile" [ST]. Mit det. Substantiv: *mugarrad ikkalām hayxallī yitriʿiš* „allein die Rede [davon] wird ihn zittern lassen" [MF].

4.3.4.2.4 *zayy* „wie"

Die NP mit *zayy* drückt Gleichartigkeit aus und kann die Position einer NP im Satz einnehmen: *zayyi zayyak* „ich bin wie du [= wir sind gleich]" [ME]; *ahum zayyuhum zayyi wladhum* „sie sind gleich ihren Kindern" [ST]; *fī zayyu ktīr* „es gibt viele seinesgleichen" [ST]; *nādir ilwāhid yilāʾi zayyak fi lʾayyām issōda di* „selten, daß man jemanden wie dich in diesen schlechten Zeiten findet" [ST]; *baʾēt zayyuhum* „ich wurde wie sie" [SP]; *ʿumrak kunti tihlam tiʿīš fi bēt zayyu* „hast du je geträumt, in einem Haus wie diesem zu wohnen?“ [ST]; *ana ʿāyiz bassi nitfāhim zayy itnēn kubār* „ich möchte nur, daß wir uns verständigen wie zwei Erwachsene“ [ST]. Sie steht jedoch nicht als B einer Genitivverbindung: *¢ʿarabiyyit zayyu* „das Auto von einem wie diesem“, dafür *ʿarabiyyit wāḥid zayyu* [MI].

4.3.4.2.5 *ġēr* „ander-“

Die NP mit *ġēr* als Träger und det. oder indet. Nomen dient zum Ausdruck der Ungleichheit und ist mit „ander-, verschieden von“ wiederzugeben: *zamanna ġēr zamanhum* „unsere Zeit ist eine andere als ihre“ [ME]; *ġēr ʾayyi sitt* „anders als irgendeine andere Frau“ [ME]; *Layla lli ʾuddāmi ġēr Layla lli kunt aʿrafha* „Layla, die vor mir steht, ist eine andere Layla als die, die ich kannte“ [ST]; *laḥẓit inn ilʿabdi biyṣalli ġēr ṣalathum* „sie bemerkte, daß der Sklave andere Gebete als die ihren verrichtete“ [SO]; *xōfak da f-ġēr maḥallu* „deine Angst ist nicht am Platze“ [ST].

ġēr mit NP kann einem indet. Substantiv als Attribut folgen: *laʾa nafsu f-ḥitta ġēr ilḥitta* „er fand sich an einem anderen Ort wieder“ [SO]. Die NP nach *ġēr* kann durch ein Demonstratvpronomen oder ein Possessivsuffix ersetzt werden, so daß drei gleichbedeutende Varianten entstehen:

> *hāti ʾizāza ġēr ilʾizāza di* ~ *hāti ʾizāza ġēr di* ~ *hāti ʾizāza ġerha*
> „bring eine andere Flasche als diese“

Weitere Beispiele: *nirḥal li blād ġēr di lbilād* „wir fahren in einen anderen Ort als diesen“ [SP]; *ḥāga ġēr di* „etwas anderes als das“ [ST]; *lāzim nidawwar ʿala šaʾʾa ġerha* „wir müssen nach einer anderen Wohnung suchen“ [ST].

ġēr mit Suffix kann als NP jede Position im Satz einnehmen: *ġēru ḥayaxudha* „ein anderer wird sie nehmen“ [ME]; *ʿandi ġēru yāma* „ich habe jede Menge andere“ [ST]; *hāt ġerha* „bring eine andere!“; *kunt aḥibb tismaʿi kkalām da min ġēri* „ich hätte gern gehabt, daß du das von jemand anderem als mir hörst“ [ST]; *balwit ġēru* „das Unglück eines anderen“ [Sprichwort]. Zur Verneinung vor Adjektiven: *siwāʾ inni ʾana ġalṭān walla ġēr ġalṭān* „ob ich nun schuld bin oder nicht“ [MA].

Die Kongruenz erfolgt ad sensum im Sg. oder Pl.: *wi rāḥit wi gih ġerha* „sie ging weg und jemand anders kam“ [SO]; *ġēri ʿamalūha ktīr* „andere als ich haben es oft getan“ [SP]. Zu *ġēr* „außer“ s. 6.8.2.

4.3.4.2.6 NP mit *wāḥid*

4.3.4.2.6.1 Form der NP mit *wāḥid*

Anhand der Funktion von *wāḥid* lassen sich zwei Typen unterscheiden: *wāḥid* + indet. Substantiv und *wāḥid* + indet. Adjektiv. Während bei ersterem *wāḥid* als prämodifizierend zu sehen ist, da es weggelassen werden kann, ohne die Syntax zu stören, ist bei letzterer *wāḥid* als selbständiges, nicht weglaßbares Pronomen „einer, jemand" zu sehen, das durch ein folgendes Adjektiv modifiziert wird. Beide NP bezeichnen ausschließlich Personen und legen Nachdruck auf Individualität und Zählbarkeit. Sie formen ein Paradigma mit der LF der Zahlwörter und folgendem Nomen im Pl., s. unten 4.3.4.5.3.2.

1. Mit Substantiv: Die NP mit *wāḥid* und folgendem indet. Substantiv ist prämodifizierend. Das Substantiv bestimmt die Kongruenz und *wāḥid* hat geradezu die Funktion eines unbestimmten, aber dennoch eine gewisse Spezifizierung und Individualisierungsgrad andeutenden Artikels, der weggelassen werden kann: *huwwana waḥda sitt?* „bin ich etwa eine Frau?" [ST]; *ṛaʾīs ilwizāṛa māši maᶜa waḥda xawagāya* „der Ministerpräsident geht mit einer Ausländerin" [ST]; *sallimūni l-wāḥid kumsari* „sie übergaben mich einem Schaffner" [ST]. Typisch ist der Gebrauch zur Einführung der Hauptfigur in der Einleitung zu Anekdoten und Witzen, wie in *kān fī wāḥid fallāḥ ma-ᶜumrūš gih maṣri ʾabadan* „es war einmal ein Fellache, der noch nie nach Kairo gekommen war" [SP]. Nach *kām* „wie viele?": ... *kām waḥda sitti ḥatistafīd min ikkalām da* „wie viele Frauen werden davon profitieren?" [ST]; nach *ʾayy* und *kull*: *kulli waḥda sitt* „jede Frau"; *ʾayyi waḥda sitt* „irgendeine beliebige Frau".

wāḥid dient dazu zu unterstreichen, daß von Individuen gesprochen wird. Ob es weggelassen werden kann, hängt daher vom Individualisierungsgrad eines Substantivs ab, der wiederum von der Einschätzung des Sprecher abhängt. Liegt der Nachdruck auf „Individuum", kann *wāḥid* nicht weggelassen werden, wie in *ʾāxir wāḥid zāṛ ilʾuṣṭa Ḥasan kān waḥda sitt* „der Letzte, der den Meister Ḥasan besucht hat, war eine Frau" [ST]; *ilʾātil waḥda sitt* „der Mörder ist eine Frau" [ST]. Informanten lassen beides zu, wie in *ana waḥda sitti mutaḥarrira* und *ana sitti mutaḥarrira* „ich bin eine emanzipierte Frau", wobei ersteres als spezifischer und nachdrücklicher gilt. Zu *wāḥid šāy* „ein Tee" s. 4.3.4.5.3.2.2.

Anmerkung: Bei Tierbezeichnungen stellt *wāḥid* klar, daß diese auf Menschen bezogen werden sollen: *ana aᶜallimha w aṛabbīha ᶜašān tiggawwiz wāḥid ṭōr zayyi da* „unterrichte und erziehe ich sie vielleicht, damit sie so einen Ochsen heiratet!" [ST].

2. Mit Adjektiv: *wāḥid* nimmt Adjektive zu sich, die damit individualisiert und zählbar gemacht werden, wobei *wāḥid* den Träger bildet: *ᶜayyān* „krank" - *wāḥid ᶜayyān* „ein Kranker", *waḥda ᶜayyāna* „eine Kranke". In den folgenden Beispielen kann *wāḥid* nicht weggelassen werden: *zayyi ma ykūn wāḥid gaᶜān fāyit ᶜala dukkān ikkababgi wi haffit ᶜalē rīḥit ikkabāb* „als ob er ein Hungriger wäre, der am Laden des Kababgi vorbeiging, und der Geruch des Kebabs ihm entgegenschwappte" [SP]; *gābu tiᶜbān sāmmi min wāḥid rifāᶜi* „sie brachten eine giftige Schlange von einem Rifāᶜi" [ST] (beim Weglassen von *wāḥid* würde *rifāᶜi* als Eigenname aufgefaßt werden); *dawwaṛ ᶜala waḥda ġaniyya šaklaha ḥilw* „such eine Reiche von hübscher Gestalt" [ST]. Dies gilt besonders dann, wenn Zählbarkeit

gefordert ist, wie nach den Zahlwörtern ab 11: *iṭnāšaṛ wāḥid aʿma* „zwölf Blinde"; *ʿišrīn wāḥid miskīn* „zwanzig arme Teufel" [SP]. Hier kann das Adjektiv auch im Plural stehen und bezieht sich dann auf die NumPh als solche: *aṛbaʿa w aṛbaʿīn wāḥid muraššaḥīn* „vierundvierzig Kandidaten" [ST]; ebenso nach *kām*, wie in *bi kām wāḥid tanyīn* „mit einigen anderen" [SP].

Die NP kann auch mit dem Artikel definiert werden, der dann an beide Glieder der NP tritt: *ilwaḥda lmuxliṣa* „die Getreue", *ilwāḥid ilʾamīn* „der Treue" [SG].

Anmerkung 1: Die gleiche individualisierende Funktion besitzt die Langform der Zahlwörter: *itnēn ʿumy, talāta ʿumy* „zwei, drei Blinde"; *intu fakrinni waḥda sitt w intu tnēn riggāla* „ihr haltet mich für eine Frau, während ihr zwei Männer seid" [ST]. Bei indet. Pl. tritt dafür *gamāʿa* ein: *gamāʿa ʿumy* „Blinde" (wörtlich „eine Gruppe Blinder").
Anmerkung 2: Wie *wāḥid* verhalten sich *ḥadd* „jemand" und *ma-ḥaddiš* „niemand": *ḥaddi gdīd* „ein Neuer" [ST]; *ma-ḥaddiš ġarīb daxal betna* „kein Fremder hat unser Haus betreten" [ST].

4.3.4.2.6.2 *wāḥid ṣaḥbi* „ein Freund von mir"

wāḥid bildet auch eine NP mit einer begrenzten Anzahl von Nomina aus dem Begriffsfeld „Freund, Bekannter, Nachbar, Kollege etc.", wie *rafīʾ* „Gefährte", *maʿrifa* „Bekannter", *ʾarīb* „Verwandter", *ḥabīb* „Liebling, Freund", *gāṛ* „Nachbar", *zimīl* „Kollege", *ṣadīʾ* „Freund", sofern diese mit einem Possessivsuffix, seltener mit einem nomen rectum versehen sind.

wāḥid ṣaḥbi	„ein Freund von mir"
waḥda ṣaḥbiti	„eine Freundin von mir"
gamāʿa ṣḥābi	„Freunde von mir"
nās ʾaṛaybi	„Verwandte von mir"

Die NP als Ganzes ist indeterminiert und kann alle syntaktischen Positionen einnehmen, die eine indet. NP zulassen oder erfordern: *lākin wāḥid zimīli fi ggamʿiyya xadu* „aber ein Kollege von mir im Konsum nahm ihn" [ST]; *baḥibbi waḥda zmilti* „ich liebe eine Kollegin von mir" [ST]; *maʿa kām wāḥid ṣaḥbu* „mit einigen seiner Freunde" [SP]; *min ʿandi waḥda gaṛitha* „von einer Nachbarin von ihr" [ST]; *axu waḥda ṣaḥbiti* „der Bruder einer Freundin von mir" [ST]; *līna wāḥid ṣadiʾna luh ʾizn istirād* „wir haben einen Freund, der eine Einfuhrerlaubnis hat" [ST]. Mit einem Nomen anstelle des Possessivsuffixes: *wāḥid ṣāḥib idduktūr* „ein Freund des Doktors" [ST].

Im Plural übernehmen *nās* und *gamāʿa* die Stelle von *wāḥid*: *kunti fi lmaṭār bastaʾbil nās ʾaṛaybi* „ich holte am Flughafen Verwandte von mir ab" [ST]; *gamāʿa ṣḥābi* „einige Freunde von mir, Freunde von mir".

A n m e r k u n g : Appositionen dieser Art bilden auch die LF der Zahlwörter: *itnēn ṣaḥbāti* „zwei Freundinnen von mir"; *talāta ṣḥābi* „drei Freunde von mir"; *talāta zamaylu* „drei Kollegen von ihm"; *aṛbaᶜa ṣḥāb idduktūr* „vier Freunde des Doktors"; ebenso andere NPs mit Quantoren, wie *šuwayyit sittāt iṣḥābi* „ein paar Freundinnen von mir" [ST]; *xamas ṣubyān aṣḥābi* „fünf Jungen, Freunde von mir" [ST]. – Auch nach indet. Nomen, wie in *simiᶜtaha min ẓābiṭ bulīs ṣaḥbi* „die habe ich von einem mir befreundeten Polizeioffizier gehört" [SP]; *ana ᶜārif wāḥid muṣawwarāti ṣaḥbi* „ich kenne einen Fotografen, der mein Freund ist" [ST].

4.3.4.3 Elativ

Der Elativ bildet mit einem folgenden Substantiv eine Genitivverbindung, wobei letzteres als Träger und der Elativ als Modifikator auftritt, s. 4.3.1.2.3. Ebenso verhalten sich die Ordinalzahlen, s. dazu 4.3.4.6.2

a. Mit indet. Substantiv drückt die NP den absoluten Superlativ aus: *da aʾalli wāgib* „das ist das Geringste, was ich tun kann" (Antwort auf Dank); *aʾṛab ʾotēl xamas nugūm* „das nächste Fünf-Sterne-Hotel" [ST]; *di ašhaṛ ʾakla ᶜandina* „das ist das bekannteste Essen bei uns" [ME]; *axalli Ragāʾ asᶜad insāna fi lᶜālam* „ich mache Ragāʾ zur glücklichsten Frau der Welt" [ST]; *aḥsan talat talamza* „die drei besten Schüler". Auch vor Adjektiven: *akbar ġalṭān* „der am meisten unrecht hat" [ST]. Kongruenz erfolgt mit dem indet. Substantiv: *aktaṛ ḥitta bastaṛayyaḥ fīha hiyya šuġli* „wo ich mich am besten ausruhe, ist meine Arbeit" [MF]; *wala awḥaš ᶜaṛabiyya tiᶜmil zayyaha* „nicht einmal das schlechteste Auto tut so wie das" [ME].

Wenn der Modifikator indeterminiert bleiben muß, und daher kein Possessivsuffix antreten kann, wird dieses mit *li* oder einer anderen Präposition angeschlossen: *ʾāxir furṣa līna* „unsere letzte Chance" [ME]; *di ᶜagalti aᶜazzi ḥāga ᶜandi* „mein Fahrrad ist mir das Liebste" [ST].

A n m e r k u n g 1 : Den Verbindungen des Elativs mit *ḥāga* oder *šēʾ* „Sache, Ding" bzw. *wāḥid* oder *waḥda* entsprechen im Deutschen Substantivierungen: *ahammi šēʾ* „das Wichtigste" [ME]; *aḥsan ḥāga* „das Beste" [ME]. Auf Personen bezogen mit *wāḥid*: *aṣġar waḥda* „die Kleinste" [ME]; *awḥaš wāḥid* „der Schlimmste" [ME]. Anstelle von *ḥāga* oder *wāḥid* kann hier auch *ma* gebraucht werden: *labsa aġla ma ᶜandaha* „sie trägt das Teuerste, was sie hat" [SP]; *lākin ʾaṣġaṛ ma fīhum saraxit* ... „aber die jüngste unter ihnen schrie ..." [ST].

A n m e r k u n g 2 : Mittels Elativ + *wāḥid* oder einem anderen indet. Substantiv und einem asynd. Relativsatz werden NP geformt, die im Deutschen dem Superlativ der Adverbien wie „am meisten, am besten etc." entsprechen: *aktaṛ ḥāga ᶜagabitni* „was mir am meisten gefallen hat" [ME]; *da aktaṛ wāḥid biyikrah ilbalad* „der haßt das Land am meisten" [MF]; *yuᶜtabaṛ wāḥid min aḥsan xamsa yifhamu f-ᶜilm innafs* „er gilt als einer der fünf besten in der Psychologie" [ST]; *ana aʾalli wāḥid fi Maṣri byihtammi bi kkōṛa* „ich bin derjenige in Ägypten, der den Fußball am wenigsten wichtig nimmt" [ME].

b. Mit einem det. Substantiv im Plural ist das Größte bzw. Kleinste aus einer Gruppe gemeint: *asṛaᶜ ilᶜaṛabiyyāt* „das schnellste ~ die schnellsten der Autos"

[MI]; *aktaṛ innās* „die meisten der Leute, die meisten Leute" [ME]; *aktaṛ ẓabaynu 'agānib* „die meisten seiner Kunden sind Ausländer" [ST].

An die Stelle dieses Substantiv kann auch ein Possessivpronomen treten: *aktaṛhum* „die meisten von ihnen"; *aṭwalkum* „der größte [längste] von euch"; *ba'it 'akbaṛhum ʿumṛaha ... xamasṭāšaṛ* „die älteste von ihnen wurde fünfzehn" [SP].

Anmerkung: Selten findet man ein nach Art des Harab. spezifierendes asyndetisches Substantiv auf einen Elativ folgend: *bassi fi ʿabqari tāni, aktaṛ minnu ʿabqariyya* „es gibt freilich ein anderes Genie, noch genialer als er" [ST].

4.3.4.4 *awwil* „erster" und *'āxir* „letzter"

Wie Elative verhalten sich *'awwil* und *'āxir* und bilden mit einem indet. Substantiv eine prämodifizierende NP: *'āxir ḥalāwa baʿdi kida ma-fīš* „das allerbeste, was Besseres gibt es nicht" [ME]; *yarēt tismaʿi kkilma min 'awwil maṛṛa!* „wenn du nur beim ersten Wort gehorchen wolltest!" [MF]; *awwil waḥda fakkaṛt akallimha kānit inti* „die erste, an die ich dachte, daß ich mit ihr sprechen sollte, warst du" [MF]. Die Kongruenz erfolgt nach B: *'āxir kilma kānit baḥibbik* „das letzte Wort war ‚ich liebe dich'" [ME]. S. auch Ordinalzahlen 4.3.4.6

4.3.4.5 Die Numeralphrase der Kardinalzahlen

4.3.4.5.1 Komplexe Numeralphrase

a. Die komplexe NumPh A + B besteht aus einem Zahlwort und dem Gezählten, die beide die Positionen A oder B einnehmen können. Dabei ist zu unterscheiden:

- Das Zahlwort als B steht attributiv zum Substantiv als Modifikator wie ein Adjektiv, wenn das Gezählte det. ist: *ilwilād ittalāta* „die drei Kinder" [ST]; *ṣawabʿik ilxamsa* „deine fünf Finger"; bei *wāḥid* „eins" und *itnēn* „zwei" zur Betonung der ohnehin vorhandenen numerischen Bedeutung: *fi makān wāḥid* „an einem Ort"; *bintēn itnēn* „zwei Töchter".
- Das Zahlwort als A ist nicht-annektierend obligatorisch bei *wāḥid* „eins" und *itnēn* „zwei" und bei den Langformen (LF) der übrigen Zahlwörter: *wāḥid 'ahwa* „einen Kaffee!"; *itnēn ṭalaba* „zwei Studenten"; *xamsa maṣriyyīn* „fünf Ägypter".
- Das Zahlwort als A ist annektierend, wobei die Zahlwörter von 3 bis 10 in der Kurzform (KF) voranstehen: *talat kutub* „drei Bücher"; *ilḥiḍāšar yōm* „die elf Tage".

b. Komplexe NumPh können alle syntaktischen Positionen einnehmen: (Subjekt) *ilʿašaṛ t-iyyām fātu b-surʿa* „die zehn Tage vergingen schnell" [ST]; (Objekt) *wi ngīb xamas fuṣūṣ tōm* „und wir holen fünf Zehen Knoblauch" [MA]; (nach einer Präposition) *baʿd itnēn wi ʿišrīn sana šāfit fīhum ilmurr* „nach 22 Jahren, in denen sie Bitteres erlebt hatte" [ST]. Die komplexe NumPh kann aber nicht den Träger einer Genitivverbindung bilden, s. dazu 4.3.4.5.2 b.

4.3.4.5.2 Attributive Zahlwörter

a. *wāḥid* und *waḥda* „eins" sowie *itnēn* „zwei" werden dem indet. Nomen nachgestellt um die Einzahl bzw. die Zweizahl zu betonen: *biyaklu kulluhum fī ṭaba' wāḥid* „sie essen alle aus e i n e m Teller" [SP]; *law itḥaṛṛakt xaṭwa waḥda* „wenn du dich auch nur einen Schritt bewegst" [ST]; *šahṛēn itnēn, miš wāḥid bass* „zwei Monate, nicht nur einen" [ME]. Letzteres kann zur Disambiguierung des Pseudoduals dienen, wie in *ʿenēn itnēn bašūf bīhum kuwayyis* „zwei Augen, mit denen ich gut sehe" [ST]. Der Artikel tritt an beide Glieder: *'alfi gnē fi llēla lwaḥda* „1000 Pfund in einer Nacht" [ST]; *iššahṛēn litnēn* „die beiden Monate" [MI]. Zum Pronomen *wāḥid* s. 2.2.8.2.

b. Bei durch den Artikel determiniertem Gezähltem ist das attributive Zahlwort möglich, und nicht selten kommt es bei Personenbezeichnungen vor: *umm ilwilād ittalāta* „die Mutter der drei Kinder" [ST]; *inniswān ittalaṭṭāšar* „die dreizehn Frauen" [SP].

Eine annektierende NumPh wird zur attributiven verändert, wenn sie selbst als Träger einer Genitivverbindung dienen soll. So heißt es zwar *talat awlād* „drei Söhne" aber *awlād Muḥammad ittalāta* „die drei Söhne von Muḥammad"; *ʿašaṛ ṣawābiʿ* „zehn Finger", aber *ṣawabʿi lʿašaṛa* „meine zehn Finger" [ST]; *ilwaṣāya lʿašaṛa* „die zehn Gebote", aber *waṣāya ṛabbina lʿašaṛa* „die zehn Gebote unseres Herrn". Wohl aber tritt sie modifizierend als B auf: *'awwil ʿašaṛ t-iyyām* „die ersten zehn Tage" [SP].

A n m e r k u n g : Appositiv dient die NumPh als Modifikator in *ṣafḥa xamsa w ʿišrīn* „Seite fünfundzwanzig" und *nimṛa xamsa* „Nummer 5".

4.3.4.5.3 Voranstehende Zahlwörter

Bei der NumPh von 3 bis 10 sind zwei Typen zu unterscheiden: die annektierende mit der Kurzform des Zahlworts (NumPh-KF), wie in *talat rūs* „drei Köpfe" und die attributive mit der Langform des Zahlworts (NumPh-LF), wie in *talāta rūs* „drei Russen".

4.3.4.5.3.1 Die Numeralphrase-Kurzform

Die folgende Tafel zeigt die Verbindung der Zahlwörter mit Substantiven, die zählbare Objekte angeben und einen Plural bilden. Für die Einzahl und die Zweizahl tritt das Substantiv im indet. Sg. bzw. im Dual ein, in beiden Fällen können die entsprechenden Zahlwörter *wāḥid* und *itnēn* zum Nachdruck folgen, s. 4.3.4.5.2 a. Die Serie der Kurzformen beginnt mit den Zahlwörtern von 3 bis 10, die mit dem Substantiv im indet. Plural verbunden werden. Den Zahlwörter ab 11 folgt das Gezählte im indet. Sg., wobei *miyya* „100", *tultumiyya* „300" etc. in den stat.cstr. treten.

Die NumPh-KF

kitāb (wāḥid)	„ein Buch"	*sitti kutub*	„sechs Bücher"
kitabēn (itnēn)	„zwei Bücher"	*sabaᶜ kutub*	„sieben Bücher"
talat kutub	„drei Bücher"	*taman kutub*	„acht Bücher"
aṛbaᶜ kutub	„vier Bücher"	*tisaᶜ kutub*	„neun Bücher"
xamas kutub	„fünf Bücher"	*ᶜašaṛ kutub*	„zehn Bücher"
ḥiḍāšar kitāb	„elf Bücher"	*mīt kitāb*	„hundert Bücher"
		ʾalfi ktāb	„tausend Bücher"

Attributive Adjektive bei der NumPh-KF kongruieren entweder mit dieser als Ganzem und stehen im Pl., oder sie kongruieren mit dem Gezählten:

[*talat karāsi*] *gudād* „drei neue Stühle"	=	*talat* [*karāsi gidīda*]
[*talat ṭullāb*] *gudād* „drei neue Studenten"	=	*talat* [*ṭullāb gudād*]

Weitere Beispiele: *ᶜašaṛ kasāt kubāṛ* „zehn große Becher" [ST]; *sabaᶜ banāt ṣuġayyaṛīn* „sieben kleine Mädchen" [SP]; *talat ṭulumbāt ᶜaṭlāna* „drei kaputte Pumpen" [SP]; *aṛbaᶜ sinīn kamla* „vier volle Jahre" [ST].

Ebenso bei den Zahlwörtern ab 11: *ḥiḍāšaṛ walad kubāṛ ~ kibīr* „elf große Jungen"; *ᶜišrīn ʾizāza kubāṛ* „zwanzig große Flaschen" [SP], aber auch *ᶜišrīn ʾizāza kbīra* „zwanzig große Flaschen" [MI]; *suttumīt maṛa ḥafyīn* „sechshundert barfüßige Weiber" [SP], aber auch *suttumīt ṛāgil ḥāfi ~ ḥafyīn* „sechshundert barfüßige Männer" [MI]; *sabaᶜ t-alāf maṛa ġalbāna* „siebentausend arme Frauen" [SP]; *ʾalfi gamal miḥammilīn dahab* [MI] „tausend mit Gold beladene Kamele", aber auch *ʾalfi gamal miḥammila dahab* [SP].

Bei Determination tritt der Artikel an das Zahlwort: *ittalat ʾuwaḍ* „die drei Zimmer" [ST]; *ittalatīn yōm* „die dreißig Bücher"; *ilʾalfi milyōn bayyāᶜ* „die hundert Millionen Verkäufer". Modifizierende Adjektive erhalten ebenfalls den Artikel: *ittalat karāsi ggudād* „die drei neuen Stühle" [MI]; *issuttumīt ṛāgil ilḥafyīn* „die sechshundert barfüßigen Männer" [ME]; *il-aṛbaᶜ t-ušhur ilʾaxṛaniyya* „die letzten vier Monate" [SP]; *ittalat sanawāt ilʾaxīra* „die letzten drei Jahre" [SP]. Weitere Spezifikationen können mit der NumPh eine badal-NP bilden: *kān liyya xamas ṣubyān aṣḥābi* „ich hatte zwölf Jungen, die meine Freunde waren" [ST]; *fi lᶜašaṛ t-iyyām ilᶜasal* „in den zehn Tagen Flitterwochen" [MA]. S. auch 4.3.3.4.2.

4.3.4.5.3.2 Die Numeralphrase-Langform

Auf die LF des Zahlworts können (α) der Pl. von Personen oder Substantive, die keinen Pl. bilden oder nur als Sg. gebraucht werden (β), als Attribut folgen. Letztere lassen sich wieder unterteilen in solche, bei denen *wāḥid* vorangeht (β 1), und solche, bei denen es folgt (β 2), und ferner solche, die nicht *wāḥid* zu sich nehmen (β 3).

Die NumPh-LF

(α) + Pl.	(β 1) + Sg.	(β 2) + Sg.	(β 3) + Sg.
wāḥid fallāḥ	*wāḥid šāy*	*mitri (wāḥid)*	*firīzar*
~ waḥda fallāḥa	*wāḥid 'ahwa*	*būṣa (waḥda)*	
itnēn fallaḥīn	*itnēn 'ahwa*	*itnēn mitr*	*itnēn firīzar*
	~ mitrēn		
talāta fallaḥīn	*talāta 'ahwa*	*talāta mitr*	*talāta frīzar*
miyya fallaḥīn	*mīt 'ahwa*	*mīt mitr*	*mīt firīzar*

4.3.4.5.3.2.1 Mit Numeruskongruenz (α)

Die LF des Zahlworts kann als Pronomen fungieren und sich auf Personen beziehen. Das Gezählte ist dann eine Modifikation zum Zahlwort und kongruiert dementsprechend mit diesem im Numerus. Man gebraucht daher m. *wāḥid* oder fem. *waḥda* mit dem Substantiv im Sg., darauf die LF mit dem Substantiv im Pl.: *wāḥid fallāḥ*, *talāta fallaḥīn*, was mit „einer, und zwar ein Fellache" etc. umschrieben werden kann. Nach den Zahlwörtern ab 11 steht dann der Pl.: *ḥiḍāšaṛ marakbiyya* „elf Bootsmänner" [MI]; *'alfi xumsumiyya fannanīn* „1500 Künstler" [MI]. Bei Determination tritt der Artikel an beide Glieder der NumPh: *ilwāḥid il'amīn* „der Getreue" [SG]; *illitnēn ilbaṛabṛa* „die beiden Nubier" [ST]; *illitnēn issittāt* „die beiden Frauen" [SP]; *il'arbaᶜa l'aqṭāb* „die vier, die Sufi-Scheichs" [SP]. Zum Gebrauch insbesondere von *wāḥid* als Indefinitpronomen zum Ausdruck von Spezifizität s. oben 4.3.4.2.6.

Die Serie (α) steht bei Personenbezeichnungen, mit Ausnahme einiger Bezeichnungen für Familienmitglieder, obligatorisch anstelle des Duals, s. 2.4.9.2.2. Daher *itnēn muwaẓẓafīn* „zwei Beamte" [ST]; *itnēn ixwāt* „zwei Brüder" [ST]; *itnēn ᶜasākir ingilīz* „zwei englische Soldaten" [ST]; *itnēn niswān* „zwei Frauen"; *itnēn ġafaṛ* „zwei Wachmänner" [MF]; *itnēn šuhūd* „zwei Zeugen" [ST]; *zayy itnēn kubār* „wie zwei Erwachsene" [ST]; *talāta muḥamiyyīn kubāṛ* „drei große Rechtsanwälte" [SP]. Bei Determination kann der Artikel an beide Glieder der NumPh treten (badal): *litnēn lafandiyyāt* „die beiden Efendis" [SP]; *illitnēn issittāt* „die beiden Frauen" [SP]. Aber auch: *bēn litnēn riggāla* „zwischen den beiden Männern" [SP].

Adjektive, die sich auf Personen beziehen, und Personalkollektiva treten nur mit der LF auf: *talāta xurṣ* „drei Stumme“ [ME]; *xamsa ṣaʿayda* „fünf Oberägypter“ [ME]; *talāta ḥarīm* „drei Frauen“ [ME]; *talāta taw'am ~ tawā'im* „Drillinge“ [MI]; *'awwil sitta ʿummāl* „die ersten sechs Arbeiter“ [SP].

Ab 11 ist neben der Kongruenz mit Pl., wie in *iṭnāšaṛ ʿumy* „zwölf Blinde“ auch solche mit *wāḥid* + Sg. möglich, wie in *iṭnāšaṛ wāḥid aʿma*; *iṭnāšaṛ ṭurš ~ iṭnāšaṛ wāḥid aṭraš* „zwölf Taube“ [MI]; und auch *iṭnāšaṛ rūs* neben *iṭnāšaṛ rūsi* „zwölf Russen“ [MI] und *iṭnāšar wāḥid rūsi* [MI]. Determination mit Artikel erfolgt an beiden Termini: *ilmiyya rrūs* „die hundert Russen“.

4.3.4.5.3.2.2 Ohne Numeruskongruenz (β)

Einige Klassen von Substantiven bilden keinen Pl. Es sind dies die nicht-zählbaren Massen- und Stoffnamen sowie Artbezeichnungen (s. oben auch die Personenkollektiva), ferner eine Reihe von Substantiven, die in bestimmten Verwendungsweisen keinen Pl. bilden, oder Lehnwörter, die nicht voll integriert sind und daher keinen Pl. bilden. Da die KF den Pl. verlangt, müssen solche Substantive mit der LF verbunden werden.

1. Aufzählungen (β 1)

Aufzählungen erfolgen mit den Zählformen (LF), worauf der Sg. folgt. Daher kongruiert *wāḥid* nicht mit dem folgenden Nomen. Aufzählung liegt in der sogenannten Bestellsituation vor: *wāḥid 'ahwa* „einen Kaffee“ [ST]; *itnēn karkadē suxn* „drei heiße Karkadé“ [ST]; *talāta ʿaša* „drei Abendessen“ [ME]; *itnēn ḥāga saʾʿa* „zweimal Limonade“ [MF]. Ebenso bei Angaben in Listen: *kānu waxdīn ʿalēna 'ayma b-muḥtawayāt ilmaṭraḥ illi hiyya sarīr bi wāḥid martaba w wāḥid mixadda w wāḥid liḥāf wi wāḥid kanaba baladi b-wāḥid martaba w itnēn masnad wi wāḥid milāya* ... „man hatte uns eine Liste der vorhandenen Gegenstände gemacht, die da waren: ein Bett mit einer Matratze, einem Kissen und einer Tagesdecke, ein Sofa mit einer Matratze, zwei Polstern und einem Laken ...“ [SP].

Dies gilt nicht nur für diese Sprechakte selbst, sondern auch, wenn darauf referiert wird: *miš tixallīna l'awwil niḥayyi l'Ustāz bi wāḥid 'ahwa walla šāy?!* „läßt du uns nicht erst den Herrn mit einem Kaffee oder Tee begrüßen?“ [ST].

Adjektive als Modifikatoren können sich auf die NumPh insgesamt beziehen und kongruieren dann mit dem Zahlwort, man vergleiche: *wāḥid faṣulya ṣġayyara* „eine Portion kleine Bohnen“ und *wāḥid faṣulya ṣġayyar* „eine kleine Portion Bohnen“. Relativsätze beziehen sich auf die NumPh: *wāḥid 'ahwa tiʿmilhūli b-īdak* „einen Kaffee, den du mir eigenhändig machen sollst“ [ME]; *itnēn 'ahwa tiʿmilhum b-īdak* „zwei Kaffee, die du eigenhändig machen sollst“ [MI].

Bei Determination tritt der Artikel vor das Zahlwort: *fēn ittalāta 'ahwa?* „wo bleiben die drei Kaffee?“ [MI] und an eventuell folgende Adjektive: *illitnēn laḥma lkuwayyisīn* „die zwei guten Portionen Fleisch“ [SG].

2. Maßeinheiten

a. Maßeinheiten, vor allem solche westlichen Ursprungs, bilden keinen Plural und werden daher mit der LF gebraucht. Dazu gehören z.B. *mitr* „Meter“, *ṣanti* „Zentimeter“, *milli* „Millimeter“, *kīlu* „Kilogramm, Kilometer“, *giṛām* „Gramm“, *litr* „Liter“, *taʿrīfa* „halber Piaster“, *sāġ* „Piaster“, *šilin* „Fünfpiasterstück“, *ginē* „(Äg.) Pfund“, *ʾadam* „Fuß“, *būṣa* „Zoll“, *yarda* „Elle“, *ṭinn* „Tonne“, *wāt* „Watt“, *vult* „Volt“, *šubb* „Viertelliter“. Vgl. *xamsa gnē* „fünf Pfund“; *itnēn ṣanti* „zwei Zentimeter“; *tisʿa kīlu* „neun Kilo“; *talāta sāġ* „drei Piaster“.

Wenn die Einzahl betont werden soll, kann *wāḥid* folgen: *būṣa waḥda* „ein Zoll“; *tiddīni ḥuʾna waḥda milligrām wāḥid* „gib mir e i n e Spritze von e i n e m Milligramm“ [ST]. S. oben 4.3.4.5.2.a.

Schwankenden Sprachgebrauch zeigen u.a. *mitr, šilin, riyāl,* die die Zweizahl neben der NumPh-LF auch mit dem Dualsuffix bilden können: *mitrēn* ~ *itnēn mitr* „zwei Meter“; *itnēn šilin* ~ *šilinēn* „zwei Fünfpiasterstücke“.

Bei *miyya* „100“ und den damit zusammengesetzten Hundertern tritt die KF *mīt* auf: *mīt kīlu* „100 Kilo“; *tultumīt giṛām* „300 Gramm“; *xumsumīt ginē* „500 Pfund“.

b. Bei Determination tritt der Artikel an das Zahlwort: *ilxamsa gnē* „die fünf Pfund“ [SP]; *issittīn ʾirš* „die sechzig Piaster“ [SP]; *ilmīt ʾirš* „die hundert Piaster“ [ST].

c. Kongruenz erfolgt mit der ganzen NumPh: *itnēn ginē ṣaḥyīn* „zwei ganze Pfund“ [ST]; *ilxamsa gnē btūʿik* „deine fünf Pfund“ [ST]; *ilxumsumīt ginē kulluhum* „die ganzen 500 Pfund“ [ME], wobei neben dem Pl. auch der Sg.f. auftritt: *ilxumsumīt ginē kullaha* „die ganzen 500 Pfund“ [ST]; *xamsa sāġ tidfaʿha l-ummak* „fünf Piaster, die du deiner Mutter zahlst“ [SP].

d. Das Gemessene, worauf sich die Maßeinheit bezieht, folgt asyndetisch, wenn es sich um Konkreta handelt: *kīlu sukkaṛ* „ein Kilo Zucker“ [ME]; *talāta kīlu burtuʾān* „drei Kilo Orangen“ [ME]; *rubʿi kīlu filfil rūmi* „ein viertel Kilo grüner Paprika“ [MA]. Daß eine Genitivverbindung vorliegt, zeigt sich bei Determination, denn der Artikel tritt an die Spezifizierung: *kīlu llaḥma* „das Kilo Fleisch“ [SP]; *litr iggāz* „der Liter Kerosin“ [SP]; *nuṣṣi kīlu lmuluxiyya* „das halbe Kilo Mulukhiyya“ [MA]; *mitr iǧǧinsi b-kām?* „wieviel kostet der Meter Jeansstoff?“ [ME]. Jedoch kann auch eine badal-NP gebildet werden: *ikkīlu llaḥma* „das Kilo Fleisch“ [SP]; *ilxamsa ṣanti zzēt* „die fünf Zentimeter Öl“ [SP] oder als *ilwiʾʾitēn samn* „die zwei Ukka's Butterschmalz“ [SP] ~ *wiʾʾitēn issamna* [MI] ~ *ʿilbitēn issamna* „die zwei Dosen Butterschmalz“.

e. Bei Zeitangaben wie *sāʿa* „Stunde“, *sana* „Jahr“ etc. folgt die Spezifizierung asyndetisch als Attribut: *usbūʿ ʾagāza* „eine Woche Urlaub“; *ʾusbuʿēn ʾagāza* „zwei Wochen Urlaub“; *talat šuhūr tadrīb* „drei Monate Training“ [MA]; *sabaʿ sinīn sign* „sieben Jahre Gefängnis" [ST]; *baᶜdi xamasṭāšar sana gawāz* „nach fünfzehn Jahren Ehe" [ST]; *bitāᶜit xamas da'āyi' mašy* „ungefähr fünf Minuten Fußmarsch" [MI]; *baᶜdi sabaᶜ t-ušhur safaṛ* „nach sieben Monaten Reise" [SP].

Bei Determination schwankt im Dual der Sprachgebrauch. Einerseits kann der Artikel wie bei der badal-NP an beide Konstituenten A und B treten: *ᶜandi saᶜtēn raḍāᶜa* „ich habe zwei Stunden Stillzeit" [ST] und *issaᶜtēn irraḍāᶜa* „die zwei Stunden Stillzeit" [ST]. Oft aber wie bei der Genitivverbindung nur an B: *sanatēn issigni dōl* „die zwei Jahre Gefängnis" [MI]; *'usbuᶜēn il'agāza* „die zwei Wochen Urlaub" [MI]. Andererseits wie bei der NumPh-KF nur A: *issaᶜtēn nōm dōl* „die zwei Stunden Schlaf" [MI]; *ittalat sinīn sign* „die drei Jahre Gefängnis" [ST]; *ittalat 'asabīᶜ 'agāza* „die drei Wochen Urlaub" [MI]; *ilxamas t-iyyām šuġl* „die fünf Tage Arbeit" [MI].

4.3.4.5.3.2.3 Klassifikationen

Zur Klassifikation von Gegenständen verwendete Einheiten wie *rākib* „Fahrgast", *ḥuṣān* „PS" stehen nach der LF im Sg., und die so gebildete NumPh tritt als Attribut an das Substantiv, das den zu klassifizierenden Begriff bezeichnet: *bižō sabᶜa rākib* „ein Siebensitzer-Peugeot" [ME]; *gihāz takyīf wāḥid ḥuṣān* „ein Ein-PS-Klimagerät" [ME]; *maṣūra wāḥid būṣa* „ein Ein-Zoll-Rohr" [MI]; *maṣūra talāta būṣa* „ein Drei-Zoll-Rohr" [ME]; *makan ḥilā'a talāta mūs* „Rasierapparate mit drei Klingen" [ST]; *butagāz aṛbaᶜa ᶜēn* „ein Herd mit vier Flammen" [SP].

Ähnlich wie bei den Maßeinheiten, s. oben 4.3.4.5.3.2.2 2 e, können bei Determination das Substantiv und die NumPH gleichzeitig den Artikel erhalten: *ittallāga lxamasṭāšar 'adam* „der Fünfzehn-Kubikfuß-Kühlschrank" [ST]; *ilbiritta ittisᶜa milli* „die Neun-Millimeter-Beretta" [SP]; *hāt ilmaṣūra ttalāta būṣa lli ᶜandak* „hol das Drei-Zoll-Rohr, das du da hast" [MI]; *ilbižō lxamsa rākib* „der Fünfsitzer-Peugeot" [MI]. Oder auch nur das Substantiv: *ilbižō xamsa rākib* [MI]; *izzinzāna xamsa burš* „die Fünf-Matten-Zelle" [SP]; *ḥawāli ᶜišrīn wāḥid rikbu fi lᶜaṛabiyya ṭnāšar rākib* „etwa zwanzig Mann fuhren in dem Zwölfsitzer-Wagen" [MA].

4.3.4.5.3.2.4 Lehnwörter

Lehnwörter, die nicht integriert sind, können weder Suffixe annehmen noch Plurale bilden. Auch sie werden mit der LF gebraucht, s. oben (β 3): *talāta fluks* „drei Volkswagen" [ME]; *itnēn firīzar* „zwei Gefrierfächer" [MI]; *aṛbaᶜa 'ubwa* „vier Oboen" [MI]. *wāḥid* folgt dem Substantiv: *firīzar wāḥid* „ein Gefrierfach". Bei Determination tritt der Artikel an das Zahlwort: *ṭalab ittalāta bāku* „er verlangte die zwei Päckchen" [SP]. Im Allgemeinen wird jedoch Konstruktionen wie *mīt ᶜaṛabiyya mirsīdis* „100 Mercedes" [ME] der Vorzug gegeben.

4.3.4.5.3.3 Das Gezählte bei Zahlen über 100

Bei zusammengesetzten Zahlen über 100 erfolgt keine Veränderung der Zahlwörter. Das Gezählte folgt in der Regel dem Einer, wobei *wāḥid* auch bei fem. Gezähltem mask. bleibt und keine KF eintritt: *miyya w wāḥid nusxa* „101 Exemplare" [MI]; *miyya w itnēn qaṛya* „102 Dörfer" [MI]; *miyya w talāta nusxa* „103 Exemplare" [MI]; *mitēn wi xamsa ktāb* „205 Bücher" [MI]; *ʾalfi w talāta nusxa* „1003 Exemplare" [MI]. Nach dem Beispiel von *ʾalfi lēla w lēla* sind auch *mīt qaṛya w qaṛya* „101 Dörfer" [MI]; *ʾalfi nusxa w itnēn* „1002 Exemplare" [MI] möglich.

4.3.4.5.3.4 Die Numeralphrase mit Zählwörtern

1. Zählwörter bezeichnen die natürlichen Einheiten, in denen bestimmte Dinge vorkommen und die zu Zählzwecken anstelle des Kollektivbegriffs oder des nomen unitatis mit dem Zahlwort verbunden werden. Das Gezählte steht im Pl. oder ist ein Kollektivum. Als Zählwörter treten z.B. auf:

gōz „Paar": *gōz ḥamām* „ein Paar Tauben"; *gōz firāx* „ein Paar Hühner"; *gōz dukúṛa* „ein Paar Männchen"; *gozēn firāx* „zwei Paar Hühner"; *talat t-igwāz ġawāyiš* „drei Paar Armreifen".

ḥabba „Beere, Korn": *ḥabbit ʿinab* „eine Weinbeere" [MI]; *ḥabbit faṣulya* „eine Bohne"; *ḥabbit bisilla* „eine Erbse"; *ḥabbit ʾamḥ* „ein Korn Weizen". Zu *ḥabbit+* „ein wenig" s. 4.3.4.1.4.

ḥitta „Stück": *ḥittit sukkaṛ* „ein Stück Zucker"; *ḥittit waraʾ* „ein Stück Papier"; *wi kām ḥittit laḥma* „und ein paar Stück Fleisch" [ST]. S. ferner 4.3.4.1.7.

ḥizma „Bund": *ḥizmit figl* „ein Bund Rettich"; *ḥizmitēn figl* „zwei Bund Rettich"; *talat ḥizam figl* „drei Bund Rettich" [ME]; *ḥizmit ilfigl* „der Bund Rettich" [MI].

dakaṛ „Männchen": *dakaṛ baṭṭ* „ein Enterich"; *dakaṛ wizz* „ein Gänserich"; *dakaṛ naxl* „eine männliche Palme"; *talat dukúṛa baṭṭ* „drei Enteriche".

ṛās „Kopf, Knolle": *ṛās tōm* „Knoblauchknolle"; *ṛās sukkaṛ* „ein Hut Zucker"; *ṛās xass* „ein Kopf Salat"; *ṛās baṣal* „eine Zwiebel"; *ṛās gazaṛ* „eine Gelbe Rübe"; *ṛās ġanam* „ein Schaf"; *ṛasēn xarūf* „zwei Hammel"; *xamas rūs xirfān* „fünf Stück Hammel"; *ʿašaṛ rūs tōm* „zehn Knollen Knoblauch"; *talatīn ṛās xirfān* ~ *talatīn ṛās xaṛūf* „dreißig Stück Hammel".

zirr „langförmige Frucht": *zirri baṭāṭa* „eine Süßkartoffel"; *zirri xyāṛ* „eine Gurke"; *zirri ʾurunfil* „ein Nägelchen Nelke"; *zirri baṭṭīx* „eine [längliche] Wassermelone".

ṣubāʿ „Finger" (für längliche Gegenstände): *ṣubāʿ mōz* „eine Banane"; *ṣubāʿ ṭabašīr* „ein Stück Kreide"; *ṣubāʿ maḥši* „ein Stück *maḥši*"; *ṣubāʿ dinamīt* „eine Stange Dynamit"; *ṣubāʿ rūž* „ein Lippenstift"; *ṣubaʿēn kufta* „zwei Stück Kofta"; *talat ṣawābiʿ kufta* „drei Stück Kofta".

ʿūd „Stange" (für längliche Gegenstände): *ʿūd figl* „ein Rettich"; *ʿūd ʾuṭn* „eine Baumwollpflanze"; *ʿūd kabrīt* „ein Streichholz"; *ʿudēn kabrīt* „zwei

Streichhölzer"; *talat t-iʿwād ~ ʿidān kabrīt* „drei Streichhölzer"; *ʿišrīn ʿūd kabrīt* „zwanzig Streichhölzer".

farda „Einzelstück von einem Paar oder Satz": *fardit gazma* „ein Schuh"; *fardit šuṛāb* „eine Socke"; *fardit guwanti* „ein Handschuh"; *fardit ṭīz* „eine Gesäßhälfte"; *fardit kawitš* „ein Autoreifen"; *fardit šuṛāb ḥamṛa* „eine [einzelne] rote Socke"; *farditēn gazma šmāl* „zwei linke Schuhe" [MI]; *farditēn gizam ~ farditēn gazma* „zwei einzelne Schuhe"; *aṛbaʿ firad kawitš* „vier Autoreifen".

faṣṣ „Zehe, Schnitz": *faṣṣi̊ burtuʾān* „ein Orangenschnitz"; *faṣṣi̊ malḥ* „ein Salzbrocken"; *faṣṣi̊ tōm* „eine Knoblauchzehe"; *faṣṣēn tōm* „zwei Knoblauchzehen"; *talat fuṣūṣ tōm* „drei Knoblauchzehen".

ʾalam „Stift": *ʾalam ʾaḥmaṛ šafāyif* „Lippenstift"; *ʾalamēn ʾaḥmaṛ šafāyif* „zwei Lippenstifte"; *talat t-iʾlām ʾaḥmaṛ šafāyif* „drei Lippenstifte".

ʾaṛn „Schote": *ʾaṛni̊ filfil* „eine Paprikaschote", *ʾaṛni̊ bamya* „eine Okraschote"; *ʾaṛn ilxaṛṛūb* „die Frucht des Johannisbrotbaums".

luʾma „Brocken": *luʾmit ʿēš* „ein Stück Brot".

kūz „Kolben": *kūz duṛa* „ein Maiskolben"; *kuzēn duṛa mašwi* „zwei gegrillte Maiskolben" [SP].

maʿlaʾa *maʿlaʾit samna* „ein Löffel Butterschmalz"; *maʿlaʾtēn samna* „zwei Löffel Butterschmalz"; *talat maʿāliʾ samna* „drei Löffel Butterschmalz"; *maʿlaʾtēn šāy nāšif* „zwei Löffel trockener Tee" [SP].

2. Bei der Einzahl liegt eine Genitivverbindung vor, wie in *fardit šaṛāb* „eine Socke";bei Determination tritt der Artikel nur an das zweite Glied: *gōz iggizam* „das Paar Schuhe" [MI]; *ʿašān gōz ilḥamām bitāʿak* „wegen deinem Paar Hühner da" [SP]; *ḥittit illaḥma* „das Stück Fleisch"; *dakaṛ ilḥamām* „der Täuberich"; *ṛās ittōm* „die Knoblauchknolle"; *ṣubāʿ irrūž* „der Lippenstift" [MI]; *ʿūd ikkabrīt* „das Streichholz" [MI]; *fardit gazmit binti ššimāl* „der linke Schuh meiner Tochter" [MI]; *faṣṣ ittōm da* „diese Koblauchzehe" [MI]; *ʾalam ikkuḥl* „Augenbrauenstift"; *da ṛās ilxaṛūf baʾit biʿašaṛa gnē* „das einzelne Schaf kostet jetzt ja schon 10 Pfund" [ST]; *ṣubāʿ ikkufta da kfāya ʿalayya* „das Stück Kofta ist genug für mich" [ME]; *dakaṛ ilḥamām abu nuʾṭa sōda* „der Täuberich mit den schwarzen Tüpfeln" [SP]. Bei *gōz* ist auch die badal-NP möglich: *iggōz ilfirāx issumān* „das Paar fetter Hühner" [SP].

Ebenso verhält es sich bei der Zweizahl: *gozēn ilḥamām* „die beiden Taubenpärchen" [MI]; *dakaṛēn ilbaṭṭi̊ dōl* „diese beiden Enteriche" [MI]; *faṣṣēn ittōm bitūʿi* „meine beiden Knoblauchzehen" [MI]; *farditēn iggizam bitūʿik* „deine zwei einzelnen Schuhe" [ME]; *ʿudēn ikkabrīt* „die zwei Streichhölzer" [MI]; *ḥizmitēn ilfigl* „die zwei Bund Rettich"[MI]; *ṛasēn ittōm* „die zwei Knollen Knoblauch" [MI]; *ṣubaʿēn ikkufta* „die zwei Stück Kofta" [MI]; *ʾalamēn ʾaḥmar iššafāyif dōl* „die zwei Lippenstifte" [MI].

3. Bei der Mehrzahl (NumPh von 3 bis10) tritt das Zahlwort in die KF, worauf nur eine indeterminierte NP im Pl. oder ein Koll. folgen kann: *sitti firad šaṛabāt* „sechs einzelne Socken"; *talat dukúṛa baṭṭ* „drei Enteriche"; *talat fuṣūṣ tōm* „drei Knoblauchzehen"; *ʿašaṛ ṛūs tōm* „zehn Knollen Knoblauch". Bei Determination tritt der Artikel nur an das Zahlwort: *ittalat fuṣūṣ tōm dōl* „diese drei Knoblauchzehen"; *ittalat ṣawābiʿ kufta* „die drei Stück Kofta"; *ittalat dukúṛa baṭṭi dōl* „diese drei Enteriche"; *ittalat ḥizam figli dōl* „diese drei Bündchen Rettich"; *ilxamas rūs xirfān* „die drei Stück Schafe"; *ittalat ṣawābiʿ mōz* „die drei Bananen"; *ittalat t-iʿwād kabrīt* „die drei Streichhölzer"; *ittalat t-iʾlām ʾaḥmaṛ šafāyif* „die drei Lippenstifte"; *ilmīt ṛās tōm* „die hundert Knollen Knoblauch"; *ilʿišrīn ʿūd kabrīt* „die zwanzig Streichhölzer" [MI].

Daneben besteht auch die Möglichkeit einer Genitivverbindung, wie in *ʾaṛbaʿ ṣawābiʿ ikkufta,* oder einer badal-Konstruktion, wie in *ilʾaṛbaʿ ṣawābiʿ ikkufta* „die vier Stück Kofta".

Schwankend ist auch der Gebrauch des Pl. beim Zählwort: *farditēn gazma ~ gizam* „zwei einzelne Schuhe"; *talat rūs gimāl ~ gamal* „drei Stück Kamele". Ab 10 jedoch stets der Sg.: *talatīn ṛās gamal* „dreißig Stück Kamele"; *ittalatīn ṛās gamal* „die dreißig Kamele" [MI].

4.3.4.5.4 Die Numeralphrase ohne das Gezählte

a. Anaphorisch rückweisend kann sich die LF der Zahlwörter wie ein Pronomen auf Sachen und auf Personen beziehen: *ʿišrīn ʾizāza kubāṛ wi sitta ṣġayyaṛīn* „zwanzig große Flaschen und sechs kleine" [SP]; *fi lḥāla di yibʾa ʿanduhum ḥāga min itnēn* „in diesem Fall haben sie eine von zwei Möglichkeiten" [ST]; *ʿaṣfūr fi lyadd wala ʿašaṛa ʿala šagaṛa* „ein Vogel in der Hand ist besser als zehn auf einem Baum" [MF]; *ġaššitni w ṭilʿit miggawwiza ʾaṛbaʿa ʾabli minni* „sie hat mich betrogen, und es stellte sich heraus, daß sie schon vier vor mir geheiratet hatte" [ST]. Dabei kongruiert *wāḥid* mit dem Substantiv, auf das es verweist: *waḥda ʿašānak wi waḥda ʿašāni* „eine für dich und eine für mich" [ME].

Auch determiniert mit dem Artikel: *wi ttalāta ʾismina Muḥammad* „wir drei heißen Muḥammad" [ST]; *gum litnēn yisabʾu baʿḍ* „die beiden kamen um die Wette gerannt" [SP]; *ittalāta minkum* „ihr drei" [ME].

A n m e r k u n g : Als Proform für Zahlwörter tritt *kaza* „soundsoviel" auf: *Ġazāla kaza w ʿišrīn w-ana kaza w-talatīn* „Ġazāla ist zwanzig und soundsoviel, und ich bin dreißig und soundsoviel" [SP]; *iššīk raqam kaza* „der Scheck Nummer soundsoviel" [SB].

b. Appositiv werden die Zählzahlen gebraucht in *nimṛa talāta* „Nummer drei"; *ṣafḥa ʿišrīn* „Seite 20"; *ʿanbaṛ sitta* „Block 6", *yōm xamasṭāšar* „am Fünfzehnten"; *šahṛi xamsa* „Monat 5 (= Mai]".

4.3.4.6 Die Numeralphrase der Ordinalzahlen
Die Ordinalzahlen werden einerseits als Adjektive gebraucht, andererseits treten sie wie Elative auch als voranstehender Modifikator in einer Nominalverbindung auf. Letzteres ist auf die Zahlen von 1 bis 10 beschränkt. Erfragt werden sie mittels *ikkām*: *hiyya fi ššahṛ ikkām* „im wievielten Monat ist sie?" [ME]; *sa'altu inta sākin fi ddōr ikkām? 'alli ssitta w ʿišrīn* „ich fragte ihn: Im wievielten Stock wohnst du? Er sagte mir: Im sechsundzwanzigsten." [ST]; *ʿīd milādak ikkām* „dein wievielter Geburtstag?" [ST], s. 2.2.11.5. Zur Bildung der Ordinalzahlen s. 2.5.2.

4.3.4.6.1 Attributiv
Die Ordinalzahlen von 1 bis 10 folgen dem Substantiv attributiv als Adjektiv und kongruieren mit diesem: *da bāyin ilmuttaham il'awwil hirib* „es scheint, daß der erste Angeklagte geflohen ist" [ST]; *iddars ittāmin* „die achte Lektion" [ME]; *hiyya fi ššahṛ ilxāmis* „sie ist im fünften Monat" [ME]; *min ilḥiṣṣa l'ūla lḥadd ilḥiṣṣa ssabʿa* „von der ersten bis zur siebten Unterrichtsstunde" [ST]. Ab 11 dienen die Kardinalzahlen als Ordinalzahlen und folgen ebenfalls attributiv: *iddōr ilḥiḍāšaṛ* „der elfte Stock"; *ilqarn ilʿišrīn* „das zwanzigste Jahrhundert".

4.3.4.6.2 Genitivverbindung
Die Ordinalzahlen von 1 bis 10 können wie ein Elativ auch als voranstehender Modifikator in einer NP auftreten: *min 'awwil yōm* „vom ersten Tag an" [SP]; *min xāmis dōr* „aus dem fünften Stock" [ST]; *di tālit gawāza* „das ist die dritte Heirat" [ST]. Die NP gilt als determiniert und die Kongruenz folgt ihrem syntaktischen Träger: *ma-ḥaddiš šafni tāni maṛṛa di* „niemand sah mich bei diesem zweiten Mal" [ST]; *'awwil ʿašaṛ t-iyyām fi Ramaḍān ʿaddu* „die ersten zehn Tage im Ramaḍān sind vorbei" [SP]. Possessivische Verhältnisse werden daran mit *li* angeschlossen, da das Substantiv formal indeterminiert bleiben muß: *di xāmis sabíqa liyya* „das ist meine fünfte Vorstrafe" [ST].

In einigen dem Harab. entlehnten Phrasen kann der Ordinalzahl auch ein determinierter Pl. folgen: *ṛābiʿ ilmustaḥilāt* „die vierte der Unmöglichkeiten". Ebenso kann sie mit einem Possessivsuffix verbunden werden: *law ilbāb it'afal ʿala ssitti̊ wi ṛṛāgil iššiṭān yib'a talithum* „wenn die Tür zu ist hinter einem Mann und einer Frau, dann ist der Teufel als Dritter dabei" [SP].

4.3.4.6.3 Semantik
Die beiden syntaktischen Möglichkeiten unterscheiden sich semantisch. Deutlich ist die Opposition zwischen (a) (Attribut) *ilmuttaham il'awwil hirib* ~ (b) (Annexion) *'awwil muttaham hirib* „der erste Angeklagte ist geflohen". Während (a) angibt, daß Nr. 1 einer vorgegebenen Reihe von Angeklagten geflohen ist, bezeichnet (b) einen Angeklagten, dem es z.B. als erstem überhaupt gelungen ist zu fliehen. Die Ordinalzahl als Attribut (a) bezieht sich auf eine festliegende bestehende Reihenfolge, während bei Annektion (b) eine Reihendfolge erst durch die Aussage selbst

eingeführt wird. Darum sagt man auch: *kānit ḥāmil fi ššahṛ ittāsiʿ* „sie war im neunten Monat schwanger“ [SP], nicht *ᶜfi tāsiʿ šahṛ*. Gleiches gilt für (a) *xadt iggayza lʾūla ~ ttanya ~ ttalta* „ich gewann den ersten/zweiten/dritten Preis“, im Gegensatz zu (b) *di ʾawwil ~ tāni ~ tālit gayza axudha f-ḥayāti* „das ist erste/zweite/dritte Preis, den ich in meinem Leben gewonnen habe“. Möglich sind daher auch *ʾawwil gayza ʾūla* „der erste Erste Preis“. Vgl. auch *da lmasgūn ilʾawwal illi yihṛab min hina* vs. *da ʾawwil masgūn yihṛab min hina* „das ist der erste Gefangene, der von hier entfloh“ [MI], wobei es sich im ersten Fall um den ersten innerhalb einer bestimmten Reihe handelt, im zweiten um den ersten Gefangenen überhaupt, wobei offen bleibt, ob es einen zweiten gab oder geben wird.

Von dieser Differenzierung wird nicht sehr strikt Gebrauch gemacht und oft sind beide Möglichkeiten vertauchbar, so in *ana sākin fi ddōr ilxāmis ~ fi xāmis dōr* „ich wohne im fünften Stock“ [MI]. Oder *ana ṭalʿa gganna lli fi ssama ssabʿa* „ich gehe hinauf in das Paradies, das im siebten Himmel ist“ [SP], aber im selben Text auch *illi bitkūn fi sābiʿ sama* „das im siebten Himmel ist“ [SP].

4.3.4.7 Die Numeralphrase der Bruchzahlen

Zähleinheiten folgen der Bruchzahl, wenn sie allein steht: *sabaʿ t-itsāʿ mitr* „drei Neuntel Meter“. *talat t-irbaʿ* liegt substantiviert und mit Possessivsuffix vor in: *talat t-irbaʿu ʿaḍmi w-šaġat* „drei Viertel davon sind Knochen und Flechsen“ [SP]; *talat t-irbaʿ ikkalām* „drei Viertel des Gesagten“ [ST]. Zu *nuṣṣ* und *rubʿ* als Quantoren, s. 4.3.4.1.6.

Gehört die Bruchzahl zu einer ganzen Zahl, so steht das Gezählte nach dieser und die Bruchzahl folgt: *talat saʿāt wi nuṣṣ* „dreieinhalb Stunden“; *itnēn kīlu w-rubʿ* „zweieinviertel Kilo“; *ikkīlu w-nuṣṣ* „das anderthalb Kilo“; *fi lyōm wi nuṣṣ illi ʾaʿadtuhum fi ttaxšība* „in den anderthalb Tagen, die ich hinter Gittern saß“ [ST].

4.3.5 Appositionen

Appositionen sind NP, die zu einer anderen NP treten, aber nicht zur Annexion, zur badal-NP oder den NumPh gerechnet werden können, weil andere Determinationsverhältnisse vorliegen. Bei der Annexion bestimmt der Modifikator die Determination, s. 4.3.2.1, bei der attributiven NP und der badal-NP der Träger, s. 4.3.3.1 und 4.3.3.4.1. Träger und Modifikator stehen in diesen drei Arten der NP in einer Wechselwirkung und bestimmen die Determiniertheit der Gesamt-NP.

Appositionen haben dagegen keinen Einfluß auf die Determiniertheit der NP, an die sie treten, vgl. *ummi dēl* „mit Schweif“ in *nigma ummi dēl* „Komet“ und *innigma ummi dēl* „der Komet“. Die folgenden NPs treten in solchen Appositionen auf.

4.3.5.1 Die NP mit *abu* oder *umm* (*ibn, bint, axx, uxt, šiʾīʾ*)

Die NP mit *abu* oder *umm* als Träger gibt an, daß eine Person oder ein Gegenstand besonders durch den Modifikator gekennzeichnet ist. Letzterer bleibt indeterminiert und die NP als solche kann semantisch sowohl definit als auch indefinit sein, wie in *abu drāʿ* „Einarmiger" [=einer ~ der mit einem Arm); *abu wiššēn* „ein ~ der Lügner"; *abu šanab* „Schnurrbärtiger"; *ya bu lsān ṭawīl* „du frecher Kerl!" [ST]; *ya mmi ʿaʾli wisix* „du mit den schmutzigen Gedanken!" [SP]. NPs dieser Art können wie eine determinierte NP behandelt werden: *abu talat šuhūr illi f-baṭni* „der Dreimonatige, der in meinem Bauch ist" [ST]. Sie tritt sowohl selbständig auf oder in Apposition zu einer determinierten oder indeterminierten NP.

a. Als Apposition zu einer anderen NP bezeichnet die NP mit *abu* oder *umm* eine hervortretende Eigenschaft oder ein Kennzeichen der NP. Dabei folgt *abu* + N einer mask. NP, *umm* einer fem.: *šāy abu fatla* „Tee mit Faden [Beuteltee]"; *iššāy abu fatla* „der Beuteltee"; *ittaṛabēẓa ummi talat riglēn* „der dreibeinige Tisch" [ME]; *ilʿaṛabiyya lmirsīdis ummi sabaʿ bibān* „der Mercedes mit den sieben Türen" [ST]; *šibšib abu ṣbāʿ* „eine Sandale mit Finger [= Schlaufe]" [ME]; *makanit ilḥilāʾa ummi kahṛaba* „der Elektrorasierer" [ST]; *irraqīb abu talat šaṛāyiṭ* „der Sergeant mit den drei Streifen" [SP]; *ilʾōḍa ʾummi saʾfi ʿāli* „das Zimmer mit der hohen Decke" [SP].

Im Pl. tritt *ummāt* ~ *ummahāt* ein: *irriggāla ummāt ilʾumṣān ilbīḍ* „die Männer in den weißen Hemden" [SG]; *irriggāla ummahāt duʾūn yiṭlaʿu wi yindahu ʿala baʿḍ* „die Männer mit den Bärten kommen hervor und rufen einander zu" [SP]. Aber auch *umm* ist möglich: *ilbanāt ummi fasatīn ḥamṛa* „die Mädchen mit den roten Kleidern" [MI].

b. Üblich bei Preis- und Wertangaben: *iddīk irrūmi abu miyya w-xamsīn ginē* „der Truthahn für 150 Pfund" [ME]; *ilwaẓīfa ʾummi xamsīn ginē di* „dieser Job für fünfzig Pfund" [ST]; *iššēk abu mīt ginē* „der Scheck von 100 Pfund" [ST]. Nach partitivem *min*: *ʾalam tšīki min abu ʾiršēn sāġ* „ein tschechischer Bleistift von zwei Piastern" [ME]; *xamas waraʾāt min uṃṃāt ginē* „fünf Scheine von einem Pfund" [SP]; *talat ṭawābiʿ min ummi gnē* „drei Briefmarken von einem Pfunf" [MI].

c. Bildungen mit *abu* und *umm* finden sich häufig bei Tier- und Pflanzennamen: *abu dnēba* „Kaulquappe"; *abu ʾurūn* „Hornviper"; *abu dʾīʾ* „Nachtfalter"; *abu ʾirdān* „Kuhreiher"; *kuṛṛāt abu šūša* „Lauch"; *abu farwa* „Maroni"; *abu rukba* „Rotkohl"; *ʾummi ʾwēʾ* „Kauz"; *ummi ʾaṛbaʿa w ʾaṛbaʿīn* „Tausendfüßler". Hier auch mit det. Substantiv: *abu lḥiṣēn* „Fuchs"; *abu lʿanaz* „Storch".

d. Auch *ibn* und *bint* bilden NPs dieser Art: *ṣafīḥit zēt ifrangi ibni ʾaḥba* „ein Kanister ausländisches Öl, ein Hurensohn [= ein miserables Zeug]" [SP]; *di lāzim binti ḥalāl* „das muß eine anständige Frau sein" [ST]; *binti talaṭṭāšar sana* „eine Dreizehnjährige" [SP]; *bīra mraṣraṣa binti kalb* „ein eiskaltes Bier, ein hundsföttisches!" [ME].

e. *axx, uxt* „genau wie“ und *šiʾīʾ* „genau wie“
Die NP mit *axx* „Bruder“ (*axu* bei Genitivverbindung), *uxt* „Schwester“ und *šiʾīʾ* „leiblicher Bruder“ drücken Gleichartigkeit aus: *ʿandi žakitta ʾuxt illi ʾinta labisha* „ich habe ein Jackett genau wie deines“ [SG]; *ana ʿandi ʾamīṣ ʾaxu ʾilli ʿalēk* „ich habe ein Hemd genau wie das, das du anhast“ [SG]; *gibna kalbi ʾaxu kalbak bi ẓẓabṭ* „wir haben uns genauso einen Hund wie deinen angeschafft“ [MI]; *fustān šiʾīʾ bitāʿik* „genau das gleiche Kleid wie deines“ [SG]; *gallabiyya šʾīʾit bitaʿtak* „eine Gallabiyya genau wie deine“ [SG].

4.3.5.2 Die NP mit *bitāʿ*

4.3.5.2.1 *bitāʿ* + NP alleinstehend
Die NP *bitāʿ*, fem. *bitāʿit+*, pl. *bitūʿ* mit det. oder indet. Substantiv drückt Besitz und Zugehörigkeit im weitesten Sinne aus und dient zur Angabe der Relation in Raum, Zeit und Gesellschaft. Als selbständige NP erfüllt sie alle syntaktischen Funktionen: (Subjekt) *wi btūʿ ilMaʿādi ʿala ruʾushum ṭaraṭīr* „die Leute aus Maadi haben Zipfelmützen auf“ [ST]; (Prädikat) *illi hiyya btaʿt illaḥma lli salaʾnāha* „die von dem Fleisch ist, das wir gekocht haben“ [MA]; (Adverb) *ġāb ʿAwaḍēn bitāʿ diʾīʾa* „ʿAwaḍēn blieb etwa eine Minute weg“ [SP]; (nach Präp.) *širibna ḥalīb min bitāʿ iṣṣubḥiyya* „wir tranken Milch vom Morgen“ [SP].

bitāʿ gibt Bezug und Zugehörigkeit von Personen zu etwas an: *ana btāʿit gawāz ʿala ṭūl* „ich bin eine, die sofort heiraten will“ [ST]; *ʾult ana li btāʿ ilʿaṛabiyya nnaʾl* „da sagte ich zu dem von dem Lastwagen“ [MA]; *hiyya miš bitāʿit raġyi sittāt* „sie gehört nicht zu denen, die Damenklatsch mögen“ [ME]; *ana miš bitāʿ gamʿa yāba!* „ich bin keiner für die Universität, Papa!“ [ST]. Ebenso bei Sachen: *bitāʿ yanāyir* „das [Fest] vom Januar“ [MA].

Daher häufig für Berufsbezeichnungen: *bitāʿ kawitš* „Reifenflicker“; *bitāʿ illibb* „der *libb*-Verkäufer“; *bitāʿ iddūku* „der Autolackierer“; *huwwa btāʿ ilḥalāwa ḥayīgi imta?* „wann kommt der *ḥalāwa*-Mann?“ [ST].

Im Pl. bezeichnet es eine Gruppe: *bitūʿ issīma* „die [Leute] vom Film“ [ST]; *wāḥid šayyāl min bitūʿ ilmaṭār* „einer der Gepäckträger des Flughafens“ [ST]; *iḥna ya btūʿ zamān masakīn* „wir von der alten Zeit sind arm dran!“ [SP].

Mit NumPh dient *bitāʿ* zum Ausdruck von „ungefähr“: *bitāʿ talat t-iyyām* „ungefähr drei Tage“; *bitāʿ xamsīn kīlu* „ungefähr 50 Kilo“. Als Verlegenheitswort: *ilbitāʿ da* „das Dings da“; *ana sāʿit ilbitāʿa ma ṭabbit ʾulti ʿalēk ilʿawaḍ ya ʾUrani* „wie das Dings da hinunterfiel, sagte ich mir, jetzt ist es um dich geschehen, ʾUrani!“ [ST].

4.3.5.2.2 Die NP mit *bitāʿ* als Apposition
Die NP mit *bitāʿ* als Apposition zu einer anderen NP tritt, teilweise obligatorisch, für die direkte Annexion ein und kann in Opposition zu dieser stehen. Dabei kongruiert *bitāʿ* nach den üblichen Regeln mit der Bezugs-NP:

ʿaṛabiyyit ilmudīr	→	*ilʿaṛabiyya btaʿt ilmudīr*	„das Auto des Direktors“
ʿaṛabiyyiti	→	*ilʿaṛabiyya btaʿti*	„mein Auto“
šaʾʾit wāḥid ʿāzib	→	*šaʾʾa btāʿit wāḥid ʿāzib*	„Wohnung eines Junggesellen“

Die *bitāʿ*-Phrase folgt nicht nur det. NPs sondern auch indeterminierten: *marākib malḥi btāʿit wāḥid tāgir* „die Salzschiffe eines Kaufmanns“ [SP]; *kuški btāʿ sagāyir* „ein Zigarettenkiosk“ [MA]; *bi gambi kida btāʿ ilʿaṛabiyya* „so an einer Seite vom Auto“ [MA].

Attribute zur Bezugs-NP können der *bitāʿ*-Phrase folgen, wie in *bi lmirāya btaʿt ilʿaṛabiyya ššimāl* „mit dem linken Spiegel des Autos“ [MA]. Die *bitāʿ*-Phrase kann auch Modifikator in einer Genitivverbindung sein: *kunti šayla fī ʿilbit izzēt bitāʿ ittamwīn* „darin habe ich die Dose mit dem Öl vom Konsum getragen“ [ST].

1. Der Umschreibung der Genitivverbindung bzw. der Suffigierung mittels *bitāʿ* wird der Vorzug gegeben:

a. Aus formalen Gründen

α. Bei nicht-suffigierbaren Substantiven als Träger der NP wie:

- nicht-integrierten Lehnwörtern: *ilfirīzir bitāʿ ittallāga* „das Gefrierfach des Kühlschranks“ [MI] und nicht *¢firīzir ittallāga; ikkawitši btaʿha* „ihr Reifen“; *iddiriksiyōn bitāʿ ilʿaṛabiyya* „das Lenkrad des Autos“; *ilbižāma btaʿti* „mein Pyjama“; *ilmayō btaʿha* „ihr Badeanzug“; *iddētabēz bitaʿt iggihāz* „die Datenbank des Geräts“ [SP]. Assimilierte Fremdwörter wie *basbōr* „Paß“ nehmen Possessivsuffixe an: *basbōrik* „dein Paß“; *ṭab xušš iʿmil sanda-witšuku w šayku* „gut, geh hinein und mach eure Sandwiches und euren Tee“ [ST]; *makyažha* „ihre Schminke“ [ST]. Freilich auch schwankend, wie in *iššalē btaʿna* „unser Chalet“ [ST] ~ *šalehna* [MI].
- den meisten Substantiven, die auf einen Vokal enden: *ilʿaṛabi btāʿi* „mein Arabisch“ [ME]; *iṭṭurši btāʿi* „meine Mixed-Pickles“ [ME]; *ilfiʾi btaʿna* „unser Faqīh“ [MI]; *ilmakwagi btaʿna* „unser Bügler“; vgl. 2.4.9.4.5 d.
- Substantiven im Dual auf *-ēn*: *ikkitabēn bitūʿu* „seine beiden Bücher“ [ME]; *ikkilmitēn bitūʿu* „seine paar Worte“ [SP]. Zum Pseudodual s. 2.4.9.4.7.
- Vorzugsweise auch bei Eigennamen: *Xiḍri btaʿhum walla Abu Bạkṛi btaʿhum* „ihr Xiḍr oder ihr Abu Bakr“ [MA]. Aber auch schwankend: *baʾa Ṛamzi nnahaṛda huwwa Ṛamzi btāʿ aṛbaʿ sinīn fātu* „der Ramzi von heute ist also der Ramzi von vor vier Jahren“ [ST]. Vgl. aber *maṣrina lmaḥbūba* „unser geliebtes Ägypten“ in 4.2.2.2.

β. Wenn komplexe NPs als Träger auftreten wie bei:

- einer NumPh: *ilxamsa gnē btūʿik* „die fünf Pfund von dir" [ME]; *gōz ilḥamām bitāʿak* „dein Paar Tauben" [ST]; *ittalat t-iyyām bitūʿ šahr ilʿasal* „die drei Tage Flitterwochen" [ST]; *ilxamastāšar yōm bitūʿ issign* „die fünfzehn Tage Gefängnis" [ST]; aber auch ohne *bitāʿ*, wie in *ittalat sinīn signi dōl* „diese drei Jahre Gefängnis" [ST], s. auch 4.3.3.4.2 und 4.3.4.5.3.1.
- einer badal-NP: *ižžība lbanṭalōn bitaʿti* „mein Hosenrock" [MI].
- Aufzählungen von Trägern: *il'ulla wi l'abrī' bitūʿ ilmalaka* „die Wasserflasche und der Krug der Königin" [SP]; *limm ilbaṭṭaniyya wi lmixadda btūʿak* „pack deine Decke und dein Kissen zusammen!" [ST].
- einer Genitivverbindung, zu deren Träger eine zweite Modifikation gesetzt wird: *ʿīd māyu bitāʿ isSitti Dimyāna* „das Mai-Fest der Heiligen Dimyāna" [MA]; *'uġniyyit Ummi Kalsūm bitāʿit wi'if ilxal'* „das Lied von Umm Kalsūm ‚wiʾif ilxalʾ'" [ST]; *lagnit ittaḥkīm bitaʿitna* „unsere Jury" [ME]; *širkit itta'mīn bitaʿti* „meine Versicherungsgesellschaft" [ME]; *wazīrit ilxarigiyya btaʿithum* „ihre Außenministerin" [SP]; *fustān ilfaraḥ bitāʿi* „mein Hochzeitskleid" [ST]; *fustān ilʿaza l'iswid bitaʿha* „ihr schwarzes Trauerkleid" [SP]; *zimilti btāʿit baʿd idduhr* „meine Kollegin vom Nachmittag" [ST]. Handelt es sich aber bei der Genitivverbindung um eine semantische Einheit wie *gawāz safar* „Reisepaß", *'ōḍit nōm* „Schlafzimmer", so tritt diese zweite Modifikation, z.B. ein Poss.Suffix an die erste, obwohl sie semantisch zum Träger gehört: *gawāz safari* „mein Reisepaß"; *da kān yōm xabizha* „das war ihr Backtag" [SP]; *fi 'ōḍit nōmik il'adīma* „in deinem alten Schlafzimmer" [ST]; *'ōḍit nōm māma* „Mamas Schlafzimmer" [SP]; *manṭi'it gazā'u* „sein Strafraum [Fußball]" [MA]; *lēlit faraḥha* „ihre Hochzeitsnacht" [SP]. Beides wurde notiert in: *'ōḍit ilmaktab bitaʿti* „mein Studierzimmer" [ST] und ebenso *'oḍit maktabi* [ME].
- NPs mit attributiven Adjektiven: Hier wird *bitāʿ* der Vorzug gegeben, da Poss.Suffixe nicht an diese treten: *ilfann iššaʿbi btaʿna* „unsere Folklore" [ST]; doch ist auch der Antritt des Possessivsuffixes an den Träger möglich: *ilʿamūd ilfa'ri btāʿu* ~ *ʿamūdu lfa'ri* „sein Rückgrat" [MI] wie *ilḥāgib ilḥāgiz bitāʿu* ~ *ḥigābu lḥāgiz* „sein Zwerchfell" [MI].

b. Aus semantischen Gründen:

Wenn kein possessivisches, sondern nur ein in Raum, Zeit und Gesellschaft spezifizierendes Verhältnis vorliegt: *fākir ilwād bitāʿ il'ahwa* „erinnerst du dich an den Jungen im Kaffeehaus? [d.h. der zur gleichen Zeit wie der Sprecher am selben Ort, nämlich dem Café war]" [ME], nicht *¢wād il'ahwa*; *rāgil bitāʿ sittīn sana* „ein Mann von sechzig Jahren" [ST]; *amma nšūf ilbusṭa btaʿt imbāriḥ* „laß uns mal die Post von gestern anschauen!" [ST]; *Fawzi btāʿ zamān* „der Fawzi von früher" [ST]. So auch zum Ausdruck von Relationen und Hierarchien im sozialen Leben: *iššaġġāla btaʿitna* „unsere Hausangestellte", nicht *¢šaġġalitna*; *ilmušrif bitāʿu* „sein Supervisor"; *ilmuḥāmi btāʿi* „mein Rechtsanwalt"; *iddāda btaʿtu* „seine Amme"

[ST]; *ilmudīr bitāʿu* „sein Direktor" [ST]; *issawwāʾ bitaʿha* „ihr Chauffeur" [ME]; *iẓẓābiṭ bitāʿu* „sein Offizier" [SP]. S. auch unten 4.3.5.2.4.

2. Die Umschreibung der Genitivverbindung bzw. der Suffigierung mittels der NP mit *bitāʿ* unterbleibt bei:

a. nicht-alienablen Beziehungen wie Verwandtschaftsbezeichnungen, persönlichen Beziehungen und bei Körperteilen von Menschen: *ibnu* „sein Sohn"; *miṛāti* „meine Frau"; *awlādi* „meine Kinder"; *gōzha* „ihr Mann"; *ixwāti lbanāt* „meine Schwestern"; *ṣaḥbi* „mein Freund"; *ṣadīʾak* „dein Freund", nicht *¢ilʾibni btāʿu*, *¢ilmaṛa btaʿti* etc. Körperteile: *ʾalbi* „mein Herz"; *riglu* „sein Fuß", nicht *¢ilʾalbi btāʿi*, *¢irrigli btāʿtu*, s. jedoch 4.3.5.2.2 (1.a.b). Zu *sitti* und *issitti btaʿti* s. 4.3.5.2.4.

Anmerkung: Bei Pflanzen kann *bitāʿ* zur Bezeichnung eines Teiles davon gebraucht werden: *ḥanʾaṭṭaf ilʿirūʾ bitaʿitha* „wir reißen ihre Wurzeln ab" [MA]; *ʿinna minnu lʾalbi btāʿu, ʾalb ilfilfila nafsaha* „wir haben ihr Inneres herausgenommen, das Innere der Paprikaschote selbst" [MA].

b. qualifikatorischen NP mit Abstrakta und Begriffen, die nicht individualisierbar sind: *li muddit isbūʿ* „für die Dauer einer Woche" [ME], nicht *¢li mudda btaʿt isbūʿ*; *ʾīmit sāʿa* „ungefähr eine Stunde" [ME], nicht *¢ʾīma btāʿit sāʿa*; *min kutri ṭalabha* „weil sie so sehr wünschte" [SP], nicht *¢min ikkutri btāʿ ṭalabha*.

c. gewissen festen Ausdrücken (der Ausdruck hat mehr semantischen Inhalt als die Summe seiner Konstituenten): *ṣaḥb ilbēt* „der Hausherr", nicht *¢iṣṣāḥib bitāʿ ilbēt*; *ʾoḍt innōm* „das Schlafzimmer", nicht *¢ilʾōḍa btaʿt innōm*; *aġayyaṛ rīʾi maʿa fingān iššāy* „ich frühstücke nur mit der [üblichen] Tasse Tee" [ST], nicht *¢ilfingān bitāʿ iššāy*.

d. genitivus subjectivus und objectivus bei Verbalnomina: *mōt abū* „der Tod seines Vaters", nicht *¢ilmōt bitāʿ abū*; *ʾiṛāyit iggawāb* „das Lesen des Briefes" [ST]; *baʿdi šurb iššāy* „nach dem Trinken des Tees" [ME]; *waʿdi luh* „mein Versprechen, das ich ihm gegeben habe" [MF]; *manaʿitu min ziyāṛit ummu* „sie erbot ihm, seine Mutter zu besuchen" [SP], mit *bitāʿ* dagegen, wenn es sich nicht um den gen.obj. handelt: *izziyāṛa btaʿit šahṛi sitta* „der Besuch vom Juni" [ME].

e. prämodifizierenden Genitivverbindungen: *kull ilfilūs* „das ganze Geld", nicht *¢ilkull bitāʿ ilfilūs*; *ġēr ilmafatīḥ* „etwas anderes als die Schlüssel", nicht *¢ilġēr bitāʿ ilmafatīḥ*; *fardit gazma* „ein einzelner Schuh", nicht *¢ilfarda btaʿt iggazma*; *nuṣṣ issana* „das Halbjahr", nicht *¢innuṣṣi btāʿ issana*.

4.3.5.2.3 Semantik

a. Spezifizierung und Klassifikation
bitāʿ wird vor allem dann in Opposition zur direkten Annexion gebraucht, wenn die Individualisierung eine der beteiligten Konstituenten besonders betont werden soll (Brustad (2000) S.80). Je mehr eine Konstituente als konkrete individuelle Einheit hervortritt, desto wahrscheinlicher ist die Verwendung von *bitāʿ*.

So ergibt der Gebrauch von *bitāʿ* nach indet. Substantiv eine gewisse Spezifizierung: *šaʾʾa btāʿit itnēn niswān* „die Wohnung von zwei Frauen" [ST]; *tilāʾi hnāk ʾahwa btāʿit gadaʿ ismu ʿAbd ilQādir* „dort findest du ein Café, das einem Burschen namens ʿAbd ilQadir gehört" [ST]; *yimkin tilāʾi kalbi fuʾid bitāʿ wāḥid safīr* „vielleicht findest du einen verlorengegangenen Hund eines Botschafters" [ST]; *fi šaʾʾa btāʿit nās ʾaṛaybi* „in einer Wohnung von Verwandten von mir" [MA].

bitāʿ kann auch zu klassifikatorischen Zwecken dienen: *ʾiṣabāt kida baṣīṭa btāʿit ṣafīḥ* „so kleine Blechschäden" [MA]; *wu fī kuški btāʿ sagāyir wu ḥagāt saʾʿa* „und da war eine Bude für Zigaretten und kalte Getränke" [MA].

b. Pragmatik
Die Zerlegung der Genitivverbindung in zwei durch *bitāʿ* verbundene NPs erlaubt es dem Sprecher, der Phrase mehr Gewicht im Satz als bei der Annexion zu verleihen, und gibt ihm die Möglichkeit, Fokus und Nachdruck je nach den pragmatischen und diskursmäßigen Erfordernissen auf die einzelnen Glieder zu verteilen. Man vergleiche das wortreiche *w inta law ma-šiltiš ikkuški btāʿak da min hina fi ʾaʾalli min diʾīʾa hadaxxalak guwwāh w akassaṛu ʿala dmāġak* „wenn du deine Bude nicht von hier wegnimmst in weniger als einer Minute, setze ich dich da rein und breche sie dir über dem Kopf ab!" [ST] mit dem kürzeren, wenige Zeilen danach folgenden *inta hatāxud kuškak wi timši waʾilla ahiddu ʿala dmāġak* „du wirst deine Bude wegholen und abhauen, sonst reiße ich sie dir über dem Kopf ein!" [ST]. Das Gewicht kann dabei eher auf den Träger fallen, wie in *baʾullak ʾē? ana miš fāḍi li lhartala btaʿtak di!* „hör mal zu! Ich hab jetzt keine Zeit für dein Geschwätz!" [ST]; *wi nʾallibha kwayyis ʾawi bi ṛṛāḥa, wi nšūf ittaxāna btaʿitha* „wir rühren sie gut und langsam um, und prüfen wie dick sie ist [ihre Dicke]" [MA]; anders Brustad (2000) S.76.

4.3.5.2.4 Oppositionen
Eindeutig festgelegt und eine Opposition bildend sind *sitti* „meine Großmutter" gegenüber *issitti btaʿti* „meine Ehefrau", s. auch 4.3.5.2.2 c. Die NP mit *bitāʿ* erscheint mehr alienabel als die direkte Annexion: in die Relation zur „Großmutter" wird man hineingeboren und sie ist nicht zu verändern, die „Ehefrau" wählt man und die Relation kann zeitgebunden sein und geändert werden. Ebenso: *bintu* „seine Tochter" versus *ilbinti btaʿtu* „sein ‚Mädchen'"; *waladha* „ihr Sohn" versus *ilwalad bitaʿha* „ihr Freund" [MI]. Ferner *kulli waḥda btikkallim ʿan iṛṛāgil bitaʿha* „eine jede spricht über ihren Mann" [MA]. Während *ṛagilha* gleichbedeutend mit

gozha „ihr Ehemann" ist, wie in *fi ḥuḍni ṛāgil ġēr ṛagilha* „in den Armen eines Mannes, der nicht ihr Ehemann ist" [SP], kann bei *iṛṛāgil bitāʿha* auch ein anderer gemeint sein [MI]. Eine weitere Opposition liegt bei „Gefäß – Inhalt" und „Gefäß – Bestimmung" vor: *fingān ʾahwa* „eine Tasse Kaffee" versus *fingān bitāʿ ʾahwa* „eine Kaffeetasse"; *ʿilbit sardīn* „eine Dose Sardinen", *ʿilba btaʿit sardīn* „eine Dose für Sardinen".

In anderen Fällen besteht offensichtlich kein faßbarer Unterschied: *ʾōḍit maktabi ~ ʾoḍt ilmaktab bitaʿti* „mein Arbeitszimmer" [MI]; *illaḥma btaʿt imbāriḥ ~ laḥmit imbāriḥ* „das Fleisch von gestern" [MI]; *min kutr šadduhum fi ggallabiyya btaʿti ~ fi gallabiyyiti* „weil sie so sehr an meiner Gallabiyya zogen" [MI].

Anmerkung: In derselben Bedeutung kommt auch das unveränderliche *tabaʿ* „gehörend zu" vor: *hiyya di tabaʿak?* „gehört die zu dir?" [ST]; *siyadtak tabaʿ ilʾustāz Yaḥya dḌabʿ?* „gehören Sie zu Herrn Yaḥya iḍḌabʿ?" [ST]. Es ist mit *bitāʿ* vertauschbar: *bāʿ ittalāta w nuṣṣi tabaʿu* „er verkaufte seine dreieinhalb" [SP], vgl. *fiḍlu ttalāta w nuṣṣi btūʿ abūya* „die dreieinhalb von meinem Vater blieben übrig" [SP].

4.3.5.3 NP mit Präpositionalphrase

An det. wie indet. NP kann eine semantisch passende asyndetische Präpositionalphrase treten.

a. Nach det. NP:

di lʿīša maʿāki tʾaṣṣar ilʿumr „das Leben mit dir verkürzt die Lebenszeit" [ST]; *arfaʿ iṭṭabaqāt min riggāla w niswān* „die höchsten Klassen von Männern und Frauen" [SP]; *iddiḥki min ġēr sabab ʾillit ʾadab* „Lachen ohne Grund ist eine Ungezogenheit" [ME]; *maʿadna maʿa syadtak* „unsere Verabredung mit Ihnen" [ST].

Häufig folgen so lokale Angaben: *awaddīhum ilmawʾaf fi lFayyūm* „ich bringe sie zu dem Taxistand in ilFayyūm" [ME]; *laʾann iššawāriʿ fi maṣri fiʿlan ṣaʿba giddan* „denn die Straßen in Kairo sind in der Tat sehr schwierig" [MA]. Auch Lokaladverbien: *lākin ahalīna hnāk ma-yruddūš ʿa ggawāb* „aber unsere Leute dort antworten nicht auf den Brief" [SP].

Nach Verbalnomen: *asnāʾ ilmunaqšāt ʿala bufēh Kāmil* „während der Diskussionen über den Schnellimbiß von Kāmil" [SP]; *ittaḥʾīʾ maʿa lmugrimīn* „das Verhör mit den Kriminellen" [ST].

b. Nach indet. NP:

Vergleichend: *ana law ʿandi binti zayyi Nāhid* „wenn ich eine Tochter wie Nāhid hätte" [ME]; *ḥāga ʾaddi ʿarḍ ikkanab* „etwas so breit wie Kanapees" [MA]; *kunti ʿaṛūsa wala kull ilʿaṛāyis* „ich war eine Braut wie keine andere". Bei Adjektiven zum Vergleich *bēḍa zayy ilfull* „weiß wie Jasminblüten" [SP]; *ana liyya ʾismi kbīr zayy iṭṭabl* „ich habe einen großen Namen, der wie eine Trommel klingt" [ST]; *aḥmaṛ zayy iggazaṛa* „rot wie eine Mohrrübe" [SP].

Lokale Angaben: *yisallimu lʾasliḥa di l-nās fi maṣr* „sie geben diese Waffen an Leute in Kairo" [SP]; *saʾaltī wāḥid gambi* „ich fragte einen neben mir" [SP]; *wi biyixbaṭ bi sikkīna f-īdu* „und stößt zu mit einem Messer in seiner Hand" [SP].

Partitives *min* „von": *yimkin yikūn rāḥ li ḥaddi min ṣiḥābu* „vielleicht ist er zu einem seiner Freunde gegangen" [ME]; *sana min issinīn* „eines Jahres" [ME]; *kimmiyya kbīra mi lʿēš* „eine große Menge von Brot" [SP].

Sonstiges: *wi ʾāl li wāḥid maʿā* „und sagte zu einem, der mit ihm war" [SP]; *ʾagāza bi dūn murattab* „unbezahlter Urlaub" [ME]; *gatlina ʾišāra b-kida* „wir haben einen Hinweis darauf bekommen" [ST]; *ġasīl bi kkilya ṣṣinaʿiyya* „[Blut-]Wäsche mit der künstlichen Niere" [ME].

c. Nach det. NP und syndetisch:
Nach det. NP kann eine asynd. Präpositionalphrase zu kontrastiven oder individualisierenden Zwecken in einen syndetischen Relativsatz umgewandelt werden.

ʿaskari ʿa lbāb	→	*ilʿaskari illi ʿa lbāb*
„ein Polizist an der Tür"		„der Polizist an der Tür"
ʿuzzāb zayyak	→	*ilʿuzzāb illi zayyak*
„Junggesellen wie du"		„die Junggesellen wie du"

Dies ist regelmäßig bei *zayy* „wie" und bei lokalen Angaben der Fall. Vgl.: *bawwāb nitin zayyi ḥaḍritak* „ein schmutziger Bawwāb wie Sie" [ST], aber *ilʿuzzāb illi zayyak* „die Junggesellen wie du [und keine anderen]" [ST]; *bās itturāb illi taḥti riglayya* „er küßte den Boden unter meinen Füßen".

Entfällt das kontrastive Element, kann die Asyndese bleiben: *ana ḥaxdak ʾahwit Katkūt fi ʾarḍ illiwa* „ich nehme dich mit ins Kaffeehaus von Katkūt in ʾArḍ il-Liwa" [SP]; *innās fi lḥitta nuṣṣi ʿišithum fi ššāriʿ* „die Hälfte der Leute im Viertel leben auf der Straße" [SP].

Anstelle einer Präpositionalphrase kann ein Lokaladverb stehen: *ilmaḥallāt hina fīha ḥagāt tigannin* „die Läden hier haben Sachen zum Verrücktwerden" [ST]. Und auch syndetisch: *wi mīn ilmuwaẓẓafīn illi hina?* „und wer sind die Angestellten hier?" [ST].

Wird ein Verb mit zugehörigem Adverb, wie in *kān wāʾif hina* „er stand hier" in den Infinitiv gesetzt, dann bleibt das Adverb beim Infinitiv erhalten: *wuʾūf hina miš ʿāyiz* „das Stehen hier will ich nicht!" [ST], s. 4.3.5.6 d.

d. Zu den festen Phrasen, die auf diese Weise gebildet werden, zählen:

bi ḥāl- „ganz" *ṣafḥa b-ḥalha* „eine ganze Seite" [ME]; *yōm bi ḥālu* „einen ganzen Tag" [ME].
bi nafs „selbst" *ilmudīr bi nafsu* „der Direktor selbst" [ME].

li waḥd+ „allein" *miš kullī muḥafẓa l-waḥdaha* „nicht jedes Gouvernorat für sich allein" [ST].

bi „mit" Für Bestandteile: *ruzzī b-šiʿriyya* „Reis mit Fadennudeln"; *muluxiyya bi l'arānib* „Muluxiyya mit Kaninchen"; *šāy bi niʿnāʿ* „Tee mit Pfefferminz".

min „von" Partitiv: *fi nādi min innawādi kkibīra* „in einem der großen Klubs" [ME]; *wāḥid min iggidʿān ilbaladi* „einer von den einheimischen Burschen" [SP]; *iṛṛāgil min dōl* „ein Mann von diesen [= ein solcher Mann]"; *iṣṣiʿīdi minkum* „ein Oberägypter wie ihr" [ME]; *ḥāga min itnēn* „eins von beiden" [ST]. Klassifizierend: *kufiyya ḥarīr min ummi gnē* „ein Seidenkopftuch für ein Pfund" [SP]. Lokal: *ʿala nnaḥya ttanya min ilbutagāz* „auf der anderen Seite des Gasherds" [MA].

fi „in, auf" Lokal: *kullī ṛāgil fi ddinya ʿibāṛa ʿan 'utumbīl* „jeder Mann auf der Welt ist sowas wie ein Auto" [ST]; *'awwil ʿašaṛ t-iyyām fi Ramaḍān* „die ersten zehn Tage des Ramaḍān" [SP]; *atxan wāḥid fīhum* „der Dickste unter ihnen".

li „für, von" „Zugehörigkeit, Bestimmung": *dēr li ṛrahbāṭ* „ein Kloster für die Nonnen [= ein Nonnenkloster]" [MA]; *fī ʿidēn li sSittī Dimyāna* „es gibt zwei Feste der Heiligen Dimyāna" [MA].

wi „und" Bei Maßeinheiten können *nuṣṣ* „halb", *tilt* „Drittel", *rubʿ* „Viertel" mittels *wi* angeschlossen werden. Bei Determination tritt der Artikel dann vor die ganze Phrase: *sāʿa w nuṣṣ* „anderthalb Stunden" und *issāʿa w nuṣṣ* „die anderthalb Stunden"; *ginē w nuṣṣ* „anderthalb Pfund" und *igginē w nuṣṣ* „das anderthalb Pfund"; *fi lyōm wi nuṣṣ illi 'aʿadtuhum fi ttaxšība* „die anderthalb Tage, die ich in der Zelle gesessen habe" [ST].

4.3.5.4 *iyyā+* „der gewisse"

iyyā+ wird ausschließlich unabhängig oder nachgestellt mit rückweisendem Pronomen gebraucht und gibt an, daß man etwas nicht direkt beim Namen nennen will, der Angesprochene aber verstehen soll, was gemeint ist. Meint man „Pornofotos", so kann man etwa von *iṣṣuwar iyyāha* „die gewissen Bilder" reden, oder *iftakaṛ ilbulīs innik waḥda min iyyāhum* „da dachte die Polizei, daß du eine von denen – du weißt schon – seiest" [SP]; *'aṣlu dāxil gidīd fi ggamaʿāt iyyāha wi mṭallaʿīn fi dmāġu inn ittaṣwīr ḥaṛām* „er ist nämlich neu in diese gewissen Gruppen eingetreten und die haben ihm in den Kopf gesetzt, daß Fotografieren verboten sei" [ST].

4.3.5.5 NP mit Adverbien

Adverbien verschiedener Form treten appositiv zur NP und sind dem Adjektiv oder Substantiv beigeordnet. Sie stehen meist nach diesen, kongruieren aber nicht mit diesen in Determination, Genus und Numerus, auch dann nicht, wenn sie der Form nach Adjektive oder Partizipien sind.

a. Gradadverbien bei Nomina und Adjektiven wie *ʾawi* „sehr", *giddan* „sehr", *xāliṣ* „äußerst, völlig" stehen nach der Bezugs-NP: *la hiyya txīna ʾawi wala xafīfa ʾawi* „sie ist weder sehr dick noch sehr dünn" [MA]; *da-nti ṣaʿbi xāliṣ* „du bist äußerst schwierig" [ST]; *ilḥikāya bayinnaha mʿaʾʾada šwayya* „die Sache scheint etwas kompliziert zu sein" [ST]; *ruzzi mḥammaṛ nuṣṣi w nuṣṣ* „halb gebratener Reis" [MA]; *amma ana ġabi b-šakl!* „ich bin vielleicht ein Blödmann!" [ST]. Nach det. NP: *irruzz ilmiḥammaṛ nuṣṣi w nuṣṣ* „der halb gebratene Reis" [MI]; *iṣṣufiyya ttuʾāl ʾawi* „die sehr schweren wollenen" [ST]; *ikkibīr ʾawi* „der sehr große".

bi ktīr: nach Elativen drückt *bi ktīr* „viel" den höheren Grad aus: *aġla bi ktīr* „viel teurer" [ME]; *inta tistāhil aḥsan minni bi ktīr* „du verdienst eine viel Bessere als mich" [ST].

Anmerkung: Das im Umgang mit Ausländern zu hörende *kitīr* als Gradadverb, wie in *kuwayyis kitīr* „sehr gut" gehört in Ägypten zum foreigner-talk, ebenso die Voranstellung von *šuwayya*, wie in *šuwayya taʿbān* „ein wenig müde".

b. Auch Substantive werden so adverbial gebraucht, um den höchsten Grad anzugeben. So *ṭīna* „Lehm" in *sakṛān ṭīna* „stockbesoffen" [ME], häufig *mōt* „Tod", wie in *dammak xafīf mōt!* „du bist unheimlich lustig" [MF], *wilʿa* „Glut" und *nāṛ* „Feuer", wie in *asʿāṛ milahliba wilʿa nāṛ* „unverschämt hohe Preise" [ME], *nīla* „Desaster" in *katabulha maḥḍar nīla* „sie schrieben ihr ein elendiges Protokoll" [SP]. Andere Beispiele sind: *baʾaṛa sōda ġaṭīs* „eine tiefschwarze Kuh"; *ʿaṛyān malṭ* „splitternackt" [ME]; *rufayyaʿ fatla* „dünn wie ein Faden" [SP]; *māliḥ ṣīr* „stark gesalzen" [ME]. Bei Determination erhält nur die NP den Artikel: *ilʿaṛabiyyāt iggidīda lang* „die nagelneuen Autos" [SP]; *iṛṛāgil issakṛān ṭīna* „der stockbesoffene Mann".

Adverbien auf *-iyyan* sind dem Hocharabischen entlehnt, werden aber umgangssprachlich vielfältig gebraucht, z.B. *taʿbān nafsiyyan* „psychisch ermüdet" [MF]; *ana šaxṣiyyan* „ich persönlich" [ME].

c. Die NP mit appositiv nachgestelltem *kida* spezifiziert das Substantiv näher im Sinne von „so ein": *kām barmīl kida gamdīn* „und so ein paar stabile Fässer" [ST]; *ʾiṣabāt kida basīṭa btāʿit ṣafīḥ* „so ein paar kleine Blechschäden" [MA]. Nach Adjektiven: *fī dilwaʾti gihāz ṣuġayyaṛ kida* „es gibt jetzt so einen kleinen Apparat" [MA]; *mālak mudṭarib kida* „warum bist du so verstört?" [ST]. Und anderen Adverbien folgend: *inta māl saʿadtak maxḍūḍ ʾawi kida* „warum sind sie so sehr erschrocken?" [ST].

d. *ta'rīban* „ungefähr", *ʿa l'a'all* „wenigstens" etc.
Diese können vor oder nach der NP stehen: *min xamas saʿāt ta'rīban* „vor ungefähr fünf Stunden" [SP]; *xamsīn ta'rīban = ta'rīban xamsīn* „ungefähr fünfzig"; *wi nimla lḥalla ta'rīban nuṣṣaha kida šuṛba* „und füllen den Topf ungefähr zur Hälfte mit Brühe" [MA].

yīgi „ungefähr" dagegen steht immer voran: *yīgi xamsīn* „ungefähr 50" [ME]; *w yišṛab yīgi nuṣṣaha* „und trinkt etwa die Hälfte davon" [SP].

bi kkitīr „höchstens" dagegen folgt immer: *nuṣṣi sāʿa bi kkitīr* „höchstens eine halbe Stunde" [ME]; *wi yomēn bi kkitīr ḥataxdi 'ifṛāg* „und in höchstens zwei Tagen wirst du freigelassen" [ST].

e. Ersatz des Elativs: Wenn kein Elativ gebildet werden kann, wie etwa bei Partizipien, die mit *mi-* oder *mu-* beginnen, bei den Adjektiven der Form KaTBān oder bei den Nisba-Adjektiven auf *-i*, wird mit Hilfe von *aktaṛ* „mehr" gesteigert: *ana mistaʿgil aktaṛ minnak* „ich habe es eiliger als du" [ST]; *w inti ʿiryāna tib'i mastūṛa aktaṛ* „in nacktem Zustand bis du besser geschützt" [SP]; *ana gaʿān aktaṛ min imbāriḥ* „ich bin hungriger als gestern" [MI]; *ṭabīʿi aktaṛ* „natürlicher" [MI]. Genauso abnehmend gesteigert mit *a'all*: *mitʿallim a'all* „weniger ausgebildet".

4.3.5.6 Asyndetische NP als Spezifizierung
a. Substantive, die asyndetisch auf Numeralphrasen, Adjektive, Pronomina, Frageadverbien folgen, dienen der Spezifizierung und geben an, worauf sich die Aussage bezieht. Nach NumPh: *'alfi gnē maṣarīf ta'šīra* „1000 Pfund Visumkosten" [ST]; nach Adjektiv: *ġar'āna damm* „getränkt in Blut" [MA]; nach *kida* „so etwas": *ma-fīš aḥsan min kida madāris* „es gibt keine besseren, was Schulen betrifft" [ME]; nach Demonstrativpronomen: *ya salām ʿalādi ʿaṛabiyya* „o Wunder über so ein Auto!" [SP]; nach Fragepronomen: *gibti 'addi 'ē kibda?* „wieviel hast du gebracht an Leber?" [SP]; *huwwa ntu btiddūni kām fawāyid* „wieviel gebt ihr mir an Zinsen?" [ME]; *ʿamalna kām innahaṛda nu'ūṭ?* „wieviel haben wir heute an Spenden eingenommen?" [ST]; *ʿanduku 'ē samak innahaṛda?* „was habt ihr heute an Fisch?" [ME]; *kān fīha 'ē ġarīb?* „was war daran so seltsam?" [ME].

b. Zahlangaben mit *nimṛa* und *raqam*: *innukta nimṛa mīt 'alf ilmašhūra* „der berühmte Witz Nummer 100 000" [ST]; *ilʿaṛūsa nimṛa talāta* „die Braut Nummer drei" [SP]; *iššīk raqam kaza* „der Scheck Nummer soundso" [SG]; *iṣṣafḥa raqam miyya w xamsīn* „Seite 150" [ME].

c. Nähere Bestimmungen nach Zahlen, z.B. bei Uhrzeiten: *min sitta lmaġrib liḥaddi sitta ṣṣubḥ* „von sechs Uhr abends bis sechs Uhr morgens" [ST]; *xamsa lfagṛ* „fünf Uhr in der Früh" [ME]; *liġāyit iṭnāšar nuṣṣ illēl* „bis zwölf Uhr Mitternacht" [SP]. Bei Prozentangaben: *ilʿašaṛa fi lmiyya xidma* „die zehn Prozent Bedienung" [ST].

d. Beim Verbalnomen folgen die zugehörigen adverbialen Ausdrücke nach: *ḥikayt iṣṣaḥayān badri* „die Sache mit dem frühen Aufwachen“ [SP]; *ana miš ʿagibni biyatha baṛṛa* „mir gefällt nicht, daß sie außer Hause schläft“ [ST]. S. auch 4.3.5.3 c und zum Verbalnomen 5.6.

4.3.5.7 Häufung der Attribute
Mehrere Attribute und Appositionen dieser Art können aufeinander folgen: *ilḥayā maʿa nnās ilbusaṭa hnāk* „das Leben mit den einfachen Leuten dort“ [ST]; *ilxāna lyimīn min innuṣṣ ilʾaxrāni fi lbiyūt di* „das Fach rechts von der Mitte, dem letzten von diesen ‚Häusern‘“ [MA]; *ṣafīḥit zēt ifrangi ibnⁱ ʾaḥba mi rrixīṣ ilwiḥiš illi tšimmu lʾuṭṭa tihṛab mi lbalad* „eine Dose mit ausländischem Sauöl, von dem schlechten, billigen, wenn das eine Katze riecht, flüchtet sie aus dem Dorf!“ [SP]; *ma-fīš ḥitta f-gittiti salīma* „es gibt keinen Fleck an meinem Körper, der noch heil ist“ [ST]; *ʾayyⁱ wāḥid abyaḍ ʾawi zayyi* „irgendein sehr hellhäutiger wie ich“ [ST].

4.3.5.8 Appellativa
a. Als Apposition zu Eigennamen stehen Angaben zu Familienstand oder Beruf wie in (1); umgekehrt kann auch der Eigenname appositiv stehen wie in (2). In beiden Fällen bringt die zweite Konstituente eine Erläuterung zum ersten (Rhema). Da jeweils Eigennamen betroffen sind, ist das Gefüge immer determiniert.

1. *di Manāl miṛāti* „das ist Manāl, meine Frau“ [MF]; *iḥna f-bēt Zēnab ʾuxti* „wir sind im Hause von Zēnab, meiner Schwester“ [ST]; *ṛayḥa l-Nuha zmiltik* „du gehst zu Nuha, deiner Kollegin“ [ST].
2. *xulxāl zayyⁱ btāʿ xalti Nafīsa lġassāla* „ein Fußreif wie der meiner Tante Nafīsa, der Waschfrau“ [ST]; *ʿašān yiṛabbi bintu Ḥikmat* „um seine Tochter Ḥikmat aufzuziehen“ [SP].

Auf diese Weise können sich Kontrastpaare ergeben: *ma-sadda'tiš innⁱ Huda binti mumkin tiʿmil kida* „ich glaubte nicht, daß Huda, meine Tochter, sowas tun könnte“ [ST], aber *fīki šabah kibīr min binti Huda* „du hast viel Ähnlichkeit mit meiner Tochter Huda“ [ST].

b. Titeln und Anredeformen folgt der Eigenname: *abūna Tadrus* „Abūna Tadros“; *ilʾĀnisa Zīzi* „Fräulein Zīzi“; *ilmuʿallim Šullāṭa* „der Meister Šullāṭa“; *ilqaddīsa Dimyāna* „die Heilige Dimyāna“; *irrafīʾ Mao* „der Genosse Mao“; *isSayyida Zēnab* „Frau Zēnab“; *ilʾUstāz Samīr* „Herr Samīr“; *ilwuliyya ʾUmmⁱ ʿAbdu?* „Frau Umm ʿAbdu“; *ʾaḅla Naẓīra* „Schwester Naẓīra“; *tēza Maryam* „Tante Maryam“; *Bāḅa Šnūda* „Papst Schenouda“; *Sīdi Gābir* „Sidi Gābir“. Ebenso *ilwād* „der Bursche“ und *ilbitt* „das Mädchen“, die gerne dem Eigennamen vorangestellt werden und eine gewisse Familiarität, aber auch Herablassung ausdrücken, etwa wie im Deutschen der Gebrauch des Artikels beim Namen: *biyʿākis ilbittⁱ Zuhṛa* „er belästigt die Zuhṛa“, *ilwād Nasīm* „der Nasīm“. Berufsbezeichnungen folgen nach: *Ḥasan ilʿaṛbagi* „Ḥasan, der Kutscher“ [SP].

Anmerkung: Einige türkische Titel folgen dem Namen: *Muḥammad ʿAli Bāša, Ṣafwat Bē, Ḥasan ʾAfandi, Huda Hānim,* während das ebenfalls türkische *ʾaḅla* „ältere Schwester“, heute allgemein für „Fräulein Lehrerin“ in Gebrauch, voransteht: *ʾaḅla Naẓīra.*

c. Auch Adjektive emotionalen Inhalts können wie Anredeformen gebraucht werden, denen das Appellativum folgt: *ilmaṛḥūm Ḥasan Bē* „der selige Ḥasan Bē“; *ilminayyil ʿala ʿēnu Ḥankūṛa* „der Saubeutel Ḥankūṛa“; *ilmaḍrūb Zenhum* „der verteufelte Zenhum“; *iššāṭir Muḥammad* „der kluge Muḥammad“.

Diese Möglichkeit besteht nicht nur bei Eigennamen, sondern auch bei Bezeichnungen für Familienmitglieder: *ayyām ilmaṛḥūm gōzi* „zu Lebzeiten meines seligen Mannes“; *ilġalbāna ummu* „seine arme Mutter“; *maʿa lmaṛḥūma ummak* „mit deiner Mutter selig“; *ilmisaxxam gōzi* „mein Dreckskerl von Ehemann“; *zayy ilmiʾanʿaṛīn wilādi* „wie meine hochnäsigen Kinderchen“; *da lmaḥrūsa binti ḥaḍritak* „das ist Ihre beschützenswerte Tochter“. Hierherzustellen sind auch Ausdrücke wie *illabwa mṛātu* „die Nutte von seiner Frau“; *wi lli ʿaṭāhum li lḥumāṛ waladi* „und die er dem Esel von meinem Sohn gegeben hat“ [ST]. Schließlich können auch Wunschformeln voranstehen: *huwwa da waʾti yisʾal fi lwāḥid ʿan sīdi ʾabūh w innabi ḥarisha ʾummu?* „ist das vielleicht der richtige Moment, um nach seinem Herrn Vater und nach seiner – der Prophet beschütze sie – Mutter zu fragen?“; *zayy ismaḷḷa ʿalēha uxti ʾUmmi Ratība* „wie – der Herr beschütze sie – meine Schwester Umm Ratība“ [ST]; *bisalamtu abūya* „mein werter Vater“ [ST], s. zu letzterem auch 2.4.4 Anm.

4.4 Vokativphrase

Die Vokativphrase wird, von Ausnahmen abgesehen, mit der Partikel *ya* eingeleitet.

4.4.1 Funktion des Vokativs

Eine Vokativphrase kann die Funktion eines Anrufs besitzen (Appell) oder die eines Prädikats, das für einen Gegenstand oder Sachverhalt gilt und das die Meinung des Sprechers dazu darstellt (Kundgabe):

Appell		Kundgabe	
ya Ḥasan	„Ḥasan!“	*ya ḥalāwa*	„wie schön!“
ya ṛāgil	„Hallo, Mann!“	*ya magnūn*	„du Verrückter!“
ya ustāz Fawzi	„Ustāz Fawzi!“	*ya balāš*	„das ist ja umsonst!“

Vokativphrasen können in diesen beiden Funktionen miteinander verknüpft werden, um Sätze zu bilden.

4.4.2 Arten der Vokativphrase

a. *ya* + NP

Die einfache Form der Vokativphrase besteht aus der Partikel *ya* und einer NP. Nicht alle denkbaren NP kommen auch nach *ya* vor: Solche mit dem Artikel *il-* und die Personalpronomina treten hier nicht auf. Durch Suffix oder Genitiv determinierte NP, Titel, Eigennamen, Anreden und Relativsätze können dagegen mit *ya* verbunden werden:

ya Faṭma	„Faṭma!"	*ya widni*	„o mein Ohr!"
ya bašmuhandis	„Chefingenieur!"	*ya baxtak*	„dein Glück!"
ya bn ikkalb	„du Hundesohn!"	*ya mṣibti*	„o mein Pech!"
ya ʿammi Slimān	„Onkel Sulimān!"	*ya gamālik*	„wie schön bist du!"
ya ʾabla Zēnab	„Schwester Zēnab!"	*ya lli maʿāk rōḥi!*	„o du, der du meine Seele hast!"

Auch komplexe NP sind möglich:

ya xsaṛt ikkazinu	„wie schade um das Casino!" [SP]
ya faṛḥit ummak bīk!	„wie freut sich deine Mutter!" [MF]
ya ḥirti bēn litnēn riggāla	„wie verwirrt war ich zwischen den beiden Männern!" [SP]

Anreden, die den Artikel tragen, verlieren diesen in der Vokativphrase:

referierend		apellativ
isSayyida Zēnab	→	*ya Sayyida Zēnab!*
ilʾUstāz ʿAli	→	*ya ʾUstāz ʿAli*

In attributiven NP wird *ya* vor dem Attribut wiederholt:

referierend		apellativ
iṛṛāgil ilmagnūn	→	*ya ṛāgil ya magnūn* „du Kerl, du verrückter!"
innās iššaṛṛ	→	*ya nās ya šaṛṛ* „ihr üblen Leute!"
ʾahl aḷḷā illi hina	→	*ya ʾahl aḷḷā ya-lli hina* „ihr Leute Gottes hier!"

Ebenso bei *ilwād* und *ilbitt* vor dem Namen, s. 4.3.5.8 b:

ilwād Xalīl	→	*ya wād ya Xalīl*
ilbitti Šalabiyya	→	*ya bitti ya Šalabiyya*

Das gleiche gilt, wenn jemand mit seinen beiden Namen gerufen wird:

referierend		apellativ
Ibrahīm idDisū'i	→	*ya Ibrahīm ya Dsū'i*
isSayyid ilBadawi	→	*ya Sayyid ya Badawi* [SO]

Folgt das Attribut jedoch auf ein Nomen mit Suffix, so bleibt es ohne *ya*:

ya mṣibtak issōda	„o dein schwarzes Unglück!"
ya šurtak ilmihabbiba	„o dein verdammter Ratschlag!"
ya sayyidna lmufattiš	„Unser Herr Inspektor!" [ST]

Genitivverbindungen werden nicht durch *ya* getrennt:

ya šēx ilʿaṛab	„o du Scheich der Araber!"

b. Wegfall von *ya*
Bei der Anrede mit *bitt*, *walad* und *wād* kann das erste *ya* zum besonderen Nachdruck wegfallen:

ya bitti ya Fawziyya	→	*bitti ya Fawziyya*
ya wād ya Ḥasan	→	*wād ya Ḥasan*
ya walad ya Nikla	→	*walad ya Nikla* [SG]

Die Personalpronomen der zweiten Personen werden ohne das erste *ya* gebraucht:

inta ya-lli guwwa	„du da drinnen!" [ST]
inti ya maṛa!	„du, Weib!" [SG]

4.4.3 Satzbildung

Zwei Vokativphrasen können zu einer satzartigen Aussage verknüpft werden. Dabei sind mehrere Typen zu unterscheiden:

a. Eine Vokativphrase in Kundgabefunktion und eine darauf folgende in Appellfunktion:

ya ġulbik ya Ṣafiyya	„wie elend bist du dran, Ṣafiyya!" [ST]
ya xsartak ya Ustāz Ṛagā'i	„wie schade um Sie, Herr Ṛagāʾi!" [ST]
ya wa'ʿitik issōda ya Š'ī'a	„was für ein Reinfall für dich, Šiʾīʾa!" [ST]
ya mēlit baxtik ya Ḥanān!	„was für Pech für dich, Ḥanān!" [ST]
ya brūdak ya 'axxi	„wie bist du doch herzlos!" [MF]
ya dammak ya 'axxi	„was für eine Kaltschnäuzigkeit von dir!" [MF]

b. Die beiden Vokativphrasen können auch in einer Subjekt-Prädikat-Beziehung zueinander stehen, wobei die Vokativphrase mit dem Prädikat als Rhema voransteht, was häufig in Straßenrufen von Verkäufern vorkommt. Besteht die erste Vokativphrase aus einem Adjektiv, so kongruiert dieses:

ya ʿasal abyaḍ ya tīn	„wie Honig sind diese Feigen!" [SG]
ya balaḥ ya lamūn	„Zitronen, so süß wie Datteln!" [ME]
ya mnaʿnaʿa ya ḥilba	„Bockshornklee, so frisch wie Minze!" [SG]

Dabei kann die erste Vokativphrase ohne *ya* auftreten:

ḥamra ya ṭamāṭim	„rote Tomaten!" [ME]
ṛayyān ya figl	„saftige Rettiche!" [SG]
gawāhir ya ʿinab	„Trauben wie Edelsteine!" [SG]
ʾaṣli ya gāz!	„reines Kerosin!" [SG]
ladīd ya tirmis!	„leckere Lupinen!" [SG]
šaṭra ya bint inti w hiyya!	„gescheite Mädchen, ihr beide!" [ST]

Der Vergleich kann auch mittels *zayy* ausgedrückt werden, wie in *zayyi bēḍ ilyamām ya ʿinab* „Trauben wie Taubeneier!" [SG].

Wird ein PNP der 2. Person als Subjekt gebraucht, so nimmt dieses kein *ya* zu sich:

ya ḥmīr intu	„ihr Esel!" [ME]
ya ʿabīṭa inti w huwwa	„ihr beiden Dummköpfe!" [ME]
ya wād ya magnūn inta	„du verrückter Kerl. du!"[ST]
w inta ʾē mdayʾak ya ṛāgil inta?	„he, Mann, was macht dir Ärger?" [ST]

4.4.4 Syntaktischer Gebrauch der Vokativphrase

4.4.4.1 Inklusion

Zu Personalpronomina, eventuell durch ein Adverb oder eine Partikel von ihnen getrennt, tritt die Vokativphrase in der Form von *ya* + indet. Nomen als Apposition, was die Zugehörigkeit zu einer Gruppe anzeigt: *iḥna ginsina kida ya maṣriyyīn* „die Art von uns Ägyptern ist nun mal so" [ST]; *ʿayzinni ana ya ġarīb aftaḥu* „sie wollen, daß ich als Fremder es aufmache" [SG]; *huwwa-ḥna ya sittāt ʿarfīn ilfilūs illi biydaxxalūha ʿalēna igwazna di ḥalāl walla suḥt* „wissen wir Frauen etwa, ob das Geld, das unsere Männer uns bringen, rechtmäßig oder unrechtmäßig ist?" [ST]; *bassi ʿāyiz asʾalkum baʾa ya muslimīn* „ich will euch Muslime nur mal fragen" [SP]; *ana waṛāku ya klāb* „ich bin hinter euch Hunden her!" [ST]. Zu einem Objektsuffix gehörig: *ilmaska di tġiẓna ʾawi ya naššalīn* „diese Festnahme ärgert uns Taschendiebe sehr" [SP].

Zur dritten Person: *ʿašān ma-ksaṛš bi nafs ilbint ilġalbāna ya ḥabībit ummaha* „damit ich nicht das arme Mädchen, den Liebling seiner Mutter, in Depressionen stürze“ [ST].

4.4.4.2 Vokativ mit Verbalnomen

Zur besonderen Lebhaftigkeit der Erzählung verwendet man die Phrase *wi hāt ya* + Verbalnomen, wie in *ḥaṭṭu delhum fi snanhum wi hāt ya gary* „sie nahmen den Saum zwischen die Zähne und machten sich davon“ [SP]; *wi ḥaḍanu baʿḍ wi hāt ya ʿyāṭ* „sie umarmten einander und brachen in Tränen aus“ [SP]; *šaddēt ṭarḥa min ʿala kitfi ʿammiti wi ḥazamti w hāt ya ṛaʾṣ! ikkulli yṣaʾʾaf* „ich zog einen Schleier von der Schulter meiner Tante und band ihn mir um die Hüften, und los ging's mit dem Tanzen! Alles klatschte!“ [SP]; *min iṣṣubḥi w inti hāt ya tagʿīr wi ṣōtik wala ṣōt ilḥamīr* „seit dem Morgen schon brüllst du herum, und deine Stimme ist ärger als die der Esel“ [ST].

hāt bleibt mask., auch wenn das Verbalnomen fem. ist: *ʾawwil ma nlāʾi nafsina lwaḥdina nrūḥ ʾalʿīn wi hāt ya farfaša, wi hāt ya ʾaḥḍān wi hāt ya bōs* „sobald wir uns allein fanden, zogen wir uns aus und los ging es mit der Freude, den Umarmungen und dem Küssen“ [SP].

Anstelle des Verbalnomens kann auch ein anderes Substantiv treten, das sich mit einem Verb assoziieren läßt: ... *ya ykūnu miṣṭilḥīn wi hāt ya duxān* „... oder sie waren versöhnt und rauchten drauf los“ [SP]; *ḍarab ʿiyāṛ fi lhawa wi baʿdēn hāt ya ṣuwar* „er feuerte in die Luft und dann ging es los mit den Bildern“ [ST].

Mit einem Suffix *-ak* an *hāt*: *zayy ibrīʾ ilʿasal illi mayyil ʿala bazbūzu wi hātak ya nazz!* „wie der Melassekrug, der sich zum Schnabel hin geneigt hat, und dann tropf, tropf!“ [SP].

Desgleichen mit *xud* und Vokativ: *wi xud ya diḥk baʾa ya ʿamm min iẓẓābiṭ fi lkarakōn wi nniyāba wi lḥabs* „da legten wir aber, mein Lieber, den Offizier im Gefängnis, die Staatsanwaltschaft und das Gefängnis herein“ [SP]. Und auch Vokativ mit folgendem Imperativ: *wi ʾawwil ma yiʿraf innu harbān min iggihadiyya, tibʾa ya dahya duʾʾi* „und sobald er erfährt, daß er wehrdienstflüchtig ist, dann haben wir die Katastrophe!“ [SP].

Anmerkung: Die *hāt*-Phrase ist grammatikalisiert und kann im Satz die Prädikatsstelle einnehmen: *min iṣṣubḥi w inti hāt ya tagʿīr wi ṣōtik wala ṣōt ilḥamīr* „seit dem Morgen brüllst du drauflos mit einer Stimme, die ärger ist als die der Esel“ [ST].

4.4.5 Vokativ mit *yādi*

Als emphatischer Ausruf dient ferner die Vokativphrase mit *yādi* + det. Subst., wie in *yādi nnadāma!* „ach, welche Reue!“ [SP]; *yādi lʿāṛ* „was für eine Schande!“ [ME]; *yādi lkusūf* „welch eine Verlegenheit!“ [MF]; *yādi llēla lli muš fayta* „was für eine Nacht, die nicht vorbeigehen will!“ [ST]. Zu den Ausrufesätzen s. 8.2.

4.5 Reduplikation als expressives Mittel

Asyndetische Reduplikation einzelner Phrasen dient dem Sprecher als expressives Mittel, um besonderen Nachdruck zu signalieren. So häufig in Rückfragen: *da waldak waldak?* „ist das wirklich dein Vater?" [MF]; *mitʾakkid mitʾakkid?* „bist du wirklich überzeugt?" [MF]; *ismaʿi ʾana ʿandi fikra! – ʾē hiyya? – tīgi niftaḥ gamʿa? – gamʿa gamʿa?* „hör mal, ich habe eine Idee! – Und die wäre? – Machen wir zusammen eine Universität auf! – Eine echte Universität?" [ST]. Aber auch sonst zur Versicherung: *ana waṛāk waṛāk* „ich stehe echt hinter dir" [ME]; *mahma niʿmil ḥayiḥṣal ḥayiḥṣal* „was wir auch tun, es wird sicher eintreffen!" [SP]; *āxud fīh sitt ušhur w astarayyaḥ – ma-nti waxdāhum waxdāhum!* „ich nehme mir sechs Monate und ruh mich aus! – Aber du hast sie doch schon genommen!" [ST].

Reduplikation einzelner indet. Substantive zeigt Distribution an: *aṣaffi dammi nuʾṭa nuʾṭa* „ich will mein Blut Tropfen für Tropfen vergießen" [SP]; *mallihāli b-surʿa ḥaṛfi ḥaṛf* „diktiere sie mir schnell Buchstabe für Buchstabe" [ST]; *wi ʾuddām illukanda kat innās ʾumam ʾumam* „und vor dem Hotel standen die Leute in Scharen" [SP]; *ʾāmu sallimu ʿalayya wāḥid wāḥid* „sie begrüßten mich einer nach dem anderen" [SP].

Reduplizierte VP gibt Dauer und Iterativität an: *fa wiʾif ʿala lbāb wi fiḍil yixabbaṭ yixabbaṭ* „er blieb an der Tür stehen und klopfte und klopfte" [SO].

Syndetische Reduplikation mit *wi* drückt die Intensivierung der Entwicklung bei inchoativen Verben an: *ilbitti baʾit tixissi wi txiss* „das Mädchen wurde immer magerer" [SP]; *ṛāḥ yikbaṛ wi yikbaṛ lamma baʾa ʾadd iddabbāba* „er wurde größer und größer, bis er so groß wie ein Panzer wurde" [SP].

Mit *walla* „oder" dagegen wird die Aussage in Frage gestellt: *huwwa ana bayra b-ṣaḥīḥ walla bayra?* „bin ich nun wirklich ein Mauerblümchen oder [sagst du das] nur so?" [ST]; *huwwa ana ḥanasibhum walla ḥanasibhum?* „werde ich nun zu ihrer Familie gehören oder doch nicht echt?" [ST].

5.0 Syntax III: Die Verbalphrase

5.1 Typen der Verbalphrase

Träger der Verbalphrase (VP) ist ein Verb, das mehrere Komplemente zu sich nehmen kann. Die VP füllt die Prädikatsstelle im Verbalsatz und kann allein schon einen vollständigen Satz darstellen, da das pronominale Subjekt dem Verb inhärent ist, s. 3.1.2.

Kopulaverben sind dagegen nicht Träger einer Verbalphrase, da sie frei in einen Nominalsatz der Struktur S + P zwischen S und P einfügbar bzw. aus diesem weglaßbar sind.

5.1.1 Kopulaverben

Zu unterscheiden ist das stative Kopulaverb *kān, yikūn* „sein" von den dynamischen, einen Prozeß oder eine Entwicklung beschreibenden Verben *ba'a, yib'a* „werden zu", *ṭiliʿ, yiṭlaʿ* „werden zu, s. herausstellen als", *rigiʿ, yirgaʿ* „wieder werden". Diese treten in den gleichen Verbalformen auf wie die anderen Verben, bilden jedoch kein Partizip in diesem Sinne (wohl aber *bā'i* im Sinne von „übrig geblieben"). *ba'a, yib'a* kann auch stativisch interpretiert werden.

Den Kopulaverben folgt ein Prädikatsnomen (NP oder PräpP), das den semantischen Inhalt liefert, während diese selbst in erster Linie Tempus, Aspekt und Modus angeben und ihr lexikalischer Gehalt wenig spezifisch ist. Beim Weglassen ergibt sich der entsprechende Nominalsatz und das Prädikatsnomen wird zum Prädikat; umgekehrt können sie, falls nötig, in jeden Nominalsatz eingefügt werden.

Ḥasan mudarris	→	*Ḥasan kān mudarris*	„Ḥasan war Lehrer"
Ḥasan mudarris	→	*Ḥasan ba'a mudarris*	„Ḥasan wurde Lehrer"
Ḥasan mudarris	→	*Ḥasan ṭiliʿ mudarris*	„Ḥasan wurde Lehrer"
Ḥasan mudarris	→	*Ḥasan rigiʿ mudarris*	„Ḥasan wurde wieder Lehrer"

Als Prädikatsnomen treten alle NP und PräpP auf, darunter auch das unabhängige PNP: *awwil waḥda fakkaṛt akallimha kānit inti* „die erste, mit der zu reden ich gedachte, warst du" [MF]; *Ṣafiyya di tib'a 'ana* „Ṣafiyya, das bin ich" [ST]; *law ṭilʿit hiyya ḥat'ulīlu* „wenn sich zeigt, daß sie es ist, wirst du es ihm sagen" [MF].

a. *kān, yikūn* „sein": Als statives Kopulaverb tritt *kān, yikūn* in Nominal- und Präpositionalsätzen auf, wenn dies aus semantischen oder syntaktischen Gründen nötig ist. Semantisch ist dies nötig, wenn ein bestimmter Zeit- oder Aspektbezug oder eine Modalität ausdrücklich bezeichnet werden sollen. Syntaktisch ist das Imperfekt *yikūn* oder *yib'a* bei bestimmten Konjunktionen und Partikeln wie *ʿašān* „damit", *la-* „sonst", *zayyi ma* „als ob", *iyyāk* „hoffentlich" etc. nötig, die ein verbales Prädikat verlangen.

ikkitāb ġāli	→	*ikkitāb kān ġāli*	→	*ikkitāb yikūn/biykūn/ḥaykūn ġāli*
maʿāya flūs	→	*kān maʿāya flūs*	→	*yikūn/biykūn/ḥaykūn maʿāya filūs*

Semantisch: *ḥaništiri kīlu bidingān rūmi, kibīr kida, yikūn ḥilw* „wir kaufen ein Kilo weiße Auberginen, so große, die schön sein sollen" [MA]; *da kān rāgil wala kull irriggāla* „das war ein Mann wie sonst keiner" [SP]. Syntaktisch (als Dummy-Verb): *lāzim yikūn fī ḥall* „es muß eine Lösung geben" [ST]; *biyiš'u wi yikdaḥu min ġēr ma ykūn luhum hadaf* „sie mühen sich ab und strengen sich an, ohne daß sie ein Ziel haben" [ST]; *bass iyyāk yikūn irrukkāb kulluhum sulām ʿašān ma-nitʿaṭṭalš* „hoffentlich sind alle Fahrgäste heil, damit wir nicht aufgehalten werden" [ST].

Zu *kān, yikūn* in der komplexen VP s. unten 5.7.2 ff.

b. *ba'a, yib'a* „werden, werden zu": Die Prozeßkopula *ba'a, yib'a* gibt eine Entwicklung und den daraus resultierenden Zustand an: *dilwa'ti ba'it iṭṭā' ʿašara* „jetzt ist es zehnmal soviel geworden" [MF]; *bassi miš kitīr ʿašān ma-tib'āš ḥarrā'a 'awi* „aber nicht viel, damit es nicht sehr scharf wird" [MA].

ba'a kann auch nur den resultierenden Zustand angeben und deshalb mit *kān, yikūn* vertauschbar sein: *ʿašān xāṭir taḥtaha byib'a fī vitaminät* „weil es darunter Vitamine gibt" [MA]; *nifsi ab'a libbāya t'az'azīha bēn sinānik illūli dōl* „ich möchte ein Melonenkern sein, den du zwischen deinen Perlenzähnen zerknackst" [ST]. Mit Negation dann entsprechend „nicht mehr sein": *wi baʿdēn dōl ma-ba'ūš ṣuġayyarīn* „und dann, die sind nicht mehr klein" [ST]; *ana ma-ba'etši 'ana* „ich bin nicht mehr ich" [MF].

c. *ṭiliʿ, yiṭlaʿ* „werden, s. herausstellen als, dastehen als" trägt als Prozeßkopula oft die Züge eines Vollverbs und ist dann nicht weglaßbar und auch nicht mit *ba'a, yib'a* vertauschbar: *bitxalli lmuluxiyya tiṭlaʿ maẓbūṭa* „das läßt die Muluchiyya richtig werden" [ME]; *ḥilmaha ṭiliʿ fišing* „ihr Traum stellte sich als Seifenblase heraus" [MF]; *ṭilʿit miš hiyya* „sie stellte sich nicht als sie heraus" [ST]. In ländlichen Dialekten wird auch *nizil, yinzil* so gebraucht.

d. *rigiʿ, yirgaʿ* „wieder werden", meist zusammen mit *tāni* „wieder": *ḥassēt inni rgiʿti tāni ʿayyila* „ich hatte das Gefühl, daß ich wieder ein kleines Mädchen geworden war" [SP]; *mumkin yirgaʿ mudmin tāni* „er kann wieder süchtig werden" [ME]; *rigiʿ ḥarāmi* „er wurde wieder zum Dieb" [SP].

e. Auch *ṛāḥ, yirūḥ* kommt als als Prozeßkopula vor: *ṛāḥit mayyita* „sie starb“ [ST], vgl. dazu *ṛāḥ* + pass. Partizip, das zur Umschreibung des Passivs dient: *ṛāḥit maxṭūba minni* „sie wurde mir wegverlobt“ [ME]. Ebenso kann *gih, yīgi* zum Ausdruck der Existenz dienen: *gih ʿumru ʾṣayyaṛ* „sein Leben währte kurz“ [SP], s. auch 5.7.4.2.

f. Zu den Kopulaverben ist ferner auch *ma-ʿadš* „nicht mehr sein“ zu stellen: *ma-ʿadši zayy ilʾawwil* „er ist nicht mehr wie zuerst“; *ma-ʿaditši xaṭibtak* „sie ist nicht mehr deine Verlobte“ [ST]. Zu *ma-ʿadš* als Präverb s. 5.7.3.1.3 d 2 und 5.7.3.2.3.8.

5.1.2 Valenzen der Verbalphrase

Je nach Valenz des Verbs weist die VP verschiedene Strukturen auf. Neben der obligatorischen Ergänzung 'Subjekt' können andere Ergänzungen zum Verb gehören: Ø-Ergänzung, ein oder zwei direkte Objektsergänzungen, präpositionale Objektsergänzungen oder beides zusammen. Ferner können weitere Prädikationen zum Subjekt oder Objekt angeschlossen werden.

Anmerkung: Bei der Realisierung dieser Valenzen der VP bei den einzelnen Verben braucht das Arabische nicht mit dem Deutschen übereinzustimmen. Während z.B. beim deutschen ‚sagen‘ die Objektstelle besetzt sein muß, kann sie beim arabischen *ʾāl, yiʾūl* freibleiben: *ilbanāt ḥatʾullak* „die Mädchen werden [es] dir sagen“ [SP]. Und so auch bei anderen Verben: *ʾahl iṛṛabʿi kulluhum ʿarfīn* „alle Leute des Wohnblocks wissen [es] alle“ [SP]; *lēh ilmazazīk bitiḍrab? mīn illi ʾamaṛhum* „warum spielen die Musikanten? Wer hat [es] ihnen befohlen“ [SP]; *da nta fahimni miš ḥassa* „du glaubst von mir, ich fühle [es] nicht“ [ST]; *tiʾdaṛ tifassaṛli* „kannst du mir [das] erklären?“ [ST]; *bukṛa yindam* „morgen wird er [es] bereuen“ [ST].

5.2 Subjekt der Verbalphrase

Die Stelle von S kann durch eine NP oder durch [∅] (inhärentes Subjekt) eingenommen werden. Zur NP s. oben 4.0.

5.2.1 Inhärentes Subjekt

Das finite Verb (Perfekt, Imperfekt) zeigt inhärent das Subjekt in Person, Genus und Numerus an, das daher nicht explizit durch ein PNP ausgedrückt zu werden braucht. S ist dann durch [∅] besetzt: *lākin law nisīti afakkaṛik* „aber wenn du vergißt, erinnere ich dich“ [ST]; *bitiʿmil ʾē?* „was machst du?“ [ME]. Zum aktiven Partizip s. 5.2.3.

5.2.2 Personalpronomen als Subjekt

Zusätzlich zum inhärenten Subjekt bei flektierten Verbalformen kann das PNP gebraucht werden und dient dann zur Kontrastierung und Hervorhebung: *ana štaġalt, inta la'* „ich habe gearbeitet, du nicht" [ME]; *la 'ana ḥanādi wala ntu tnādu* „weder ich werde rufen, noch ihr werdet rufen" [ST]; *lākin ana barḍu baʿṛaf makānu* „aber auch ich kenne seine Stellung" [SP]; *inta ʿamalt illi ʿalēk* „du hast getan, was du mußtest" [ST]. Häufig ist es so im Relativsatz zu finden: *inta ʿārif ʿu'ūbit illi inta ʿamaltī da 'ē?* „kennst du die Strafe für das, was du getan hast?" [ST]; *aho da lli ana kuntī ʿāmil ḥisābu!* „das ist es, womit ich gerechnet hatte!" [ST], s. 4.3.3.3.1.2.

Anmerkung: Wenn S durch zwei NP besetzt ist, von denen die erste inhärent am Verb ausgedrückt ist und die zweite aus einem Substantiv besteht, genügt diese inhärente Subjektsanzeige am Verbum nicht, und das PnP wird obligatorisch hinzugefügt: *liḥaddī ma wi'ʿit hiyya w ʿaši'ha ʿa l'arḍ* „bis sie und ihr Liebhaber zu Boden fielen" [SP] (nicht: *wi'ʿit wi ʿaši'ha*); *dana yāma ḥlimt ana w gōzi* „wie sehr hatten mein Mann und ich davon geträumt" [ST].

5.2.3 Aktives Partizip

Zu den flektierten Verbalformen zählt auch das aktive Partizip, das nur Genus und Numerus, nicht aber die Person anzeigt. S braucht auch hier nicht durch ein PNP besetzt zu werden, wenn es aus dem Kontext zu erschließen ist und das Subjekt nicht, wie etwa im Zustandssatz, aus syntaktischen Gründen explizit genannt sein muß: *ḥassa b-ḥāga?* „fühlst du etwas?" [ST]; *da na ḥarūḥ igganna ḥatfi ʿašān mistaḥmilā* „ich komme direkt ins Paradies, weil ich ihn ertragen habe" [SP]; *ʿawizni askut, ʿarfāk! – w ana a'daṛ asakkitik?!* „du willst, daß ich schweige, ich kenne dich!" – „Kann ich dich etwa zum Schweigen bringen?!" [ST].

5.3 Kongruenz zwischen Subjekt und Prädikat

S und P kongruieren hinsichtlich Person, Zahl und Genus. Das Ausmaß dieser Kongruenz ist bei den Folgen S + P und P + S verschieden.

5.3.1 In S + P

5.3.1.1 Basisregel

S bestimmt die Kongruenz nach denselben Regeln wie beim Nominalsatz, s. oben 3.1.1:

S = sg.m. → P = sg.m.   S = pl. +hum → P = pl.
S = sg.f. → P = sg.f.   S = pl. -hum → P = sg.f.

	S	P		
(1)	*il'aṭri*	*waṣal*	/ *gayy*	„der Zug ist angekommen/kommt“
	sg.m.	sg.m.		
(2)	*iṭṭayyāra*	*waṣalit*	/ *gayya*	„das Flugzeug ist angekommen/kommt“
	sg.f.	sg.f.		
(3)	*irriggāla*	*waṣalu*	/ *gayyīn*	„die Männer sind angekommen/kommen“
	pl. +hum	pl.		
(4)	*iṭṭayyarāt*	*waṣalit*	/ *gayya*	„die Flugzeuge sind angekommen/kommen“
	pl. -hum	sg.f.		

5.3.1.2 Abweichungen

Mehrere zusätzliche Faktoren bewirken Abweichungen von diesen Basisregeln.

5.3.1.2.1 Plurale von Sachen (-hum)

Eine kleine, überschaubare Anzahl von Sachen wird meist als eine Ansammlung von einzelnen individuellen und zählbaren Objekten, nicht als amorphe Menge gesehen. In diesem Fall tritt pluralische Kongruenz ein: *wi'iᶜ minnu ᶜilbit ilḥu'an di, inkasaru* „diese Spritzenschachtel fiel ihm aus der Hand, sie zerbrachen“ [ST]; *ilmafatīḥ kānu maᶜāya* „die Schlüssel waren bei mir“ [ST].

5.3.1.2.2 Plurale von Personen (+hum)

Eine Anzahl von Personen kann auch als Kollektiv gesehen werden. Unabhängig davon, ob diese durch gesunde oder gebrochene Plurale bezeichnet wird, kann Kongruenz als fem.Sg. erfolgen: *ilxaddamīn bitākul min 'aklu* „die Diener aßen von seinem Essen“ [SP]; *hizāṛ, huwwa lḥabli hzāṛ, ma kull issittāt bitiḥbal* „Scherz! Ist Schwangerschaft ein Scherz? Alle Frauen werden doch schwanger?!“ [ST]; *irriggāla miš 'adra ᶜalayya issittāt ti'daṛ* „die Männer werden nicht mit mir fertig, die Frauen schon“ [ST].

Anmerkung: Die Regeln scheinen nicht allzu fest zu sein und der Sprachgebrauch schwankt. Man vergleiche: *yāma riggāla kamān bitiᶜya sana w sanatēn wi talāta, wi niswanhum 'aᶜdīn gambuhum yixdimūhum bi dmūᶜ ᶜenēhum* „gar viele Männer sind ein, zwei oder gar drei Jahre lang krank, während die Frauen an ihrer Seite sie unter Tränen versorgen“ [ST]; *irriggāla ba'u niswān wi nniswān itᶜarrit wi muš la'ya ḥaddi yimla ᶜenha* „die Männer sind Frauen geworden und die Frauen entblößen sich und keiner gefällt ihnen mehr“ [SP]. Ob hier mit dem Gebrauch des Pl. ein höherer Individualisierungsgrad verbunden ist, mag bezweifelt werden.

5.3.1.2.3 Numeralphrase und Quantoren

Die Zahl steht im Vordergrund, wenn die NP aus einer Numeralphrase besteht oder andere Quantoren enthält. Meistens erfolgt hier die Kongruenz im Pl.: *inta xārig wi maᶜāk xamsa gnē ṛāḥum fēn* „du bist weggegangen mit fünf Pfund in der Tasche, wo sind die hin?“ [ST]; *ilᶜašaṛ t-iyyām fātu b-surᶜa* „die zehn Tage sind schnell vergangen“ [ST]; *šuwayyit kulunya yfawwa'ūk* „ein bißchen Kölnisch Wasser wird dich munter machen“ [ME]; *kullaha kām šahṛ biyfūtu b-surʿa* „es sind nur ein paar Monate, die schnell vorübergehen“ [ME].

Fem. Kongruenz ist nicht ausgeschlossen, wenn es sich um eine fem. TrägerNP handelt: *ittalatīn sana lli fātit* „die vergangenen dreißig Jahre“ [ST]; *ma-'daṛš a'ūl kām sāʿa fātit* „ich kann nicht sagen, wieviele Stunden vergangen sind?“ [SP]; *šuwayyit ʿaṣafīr wa'fa ʿala gidāṛ ilbēt* „ein paar Vögel, die auf den Mauern des Hauses sitzen“ [SP].

Der Dual, bei dem die Zahlangabe direkt mit dem Substantiv verbunden ist, kongruiert stets mittels Plural, ungeachtet ob es sich um wirkliche Zweizahl oder metaphorischen Dual handelt: *la'a ʿayyilēn biyʿayyaṭu* „er fand zwei Kinder, die weinten“ [SP]; *fi lyomēn illi fātu* „in den paar Tagen, die vergangen sind“ [ST].

Der Pseudodual kongruiert meist fem.: *ʿenēha ḥmaṛṛit* „ihre Augen wurden rot“ [SP]; *ana riglayya tiʿbit* „meine Beine sind müde geworden“ [ST]. Seltener pl.: *inta miš riglēk illitnēn itkasaṛu?!* „hast du dir nicht beide Beine gebrochen“ [SP]; *min idēki lḥilwīn dōl* „von diesen deinen hübschen Händen“ [MI].

5.3.1.2.4 Enumeratives Subjekt

Dieses kann kongruieren als Pl.: *ilmalik wi kkulli siktu* „der König und alle schwiegen“ [SP]; *iṛṛāyiḥ wi ggayyi yšūfu* „jedermann sollte ihn sehen“ [SP]. Aber auch als Sg.: *lamma lbaṣala wi ttōma tisfaṛṛ* „wenn die Zwiebel und die Knoblauchzehe angebräunt werden“ [MA]; *ilfa'īr wi lġani y'addim l-ibn ilmalik šurba* „Arm und Reich sollen dem Königssohn Suppe bringen“ [SP].

In der 2. Person als Pl.: *inti wi xālik xabbētu lḥa'ī'a ʿanni* „du und dein Vater, ihr habt die Wahrheit vor mir verborgen“ [ST].

5.3.1.2.5 Personenkollektiva

Bei Personenkollektiva wie *nās, ʿālam, xal'* „Menschen, Leute“ schwankt die Kongruenz zwischen sg.f. und pl., wobei pl. einen höheren Individualisierungsgrad angibt, s. auch 2.4.8. und unten 5.3.2.2 bei P + S.

Mit Sg.f.: *innās ti'ūl ʿalēna 'ē?* „was sollen die Leute über uns sagen?“ [ST]; *ilʿālam fakra inn ...* „die Leute denken, daß ...“ [SP]; *w iḥna xargīn min ilmaḥkama kānit ilxal'i yāma 'awi* „wie wir aus dem Gericht kamen, waren da jede Menge Leute“ [ST]. Spezifischer dagegen mit Pl.: *di yāma nās ġalāba biyfallisu* „wie viele arme Leute gehen doch pleite!“ [SP]; *nās kitīr biyḥissu l'iḥsās da* „viele Leute haben dieses Gefühl“ [ST]; *ana miš fāhim ilʿālam dōl imta yit'addibu* „ich verstehe nicht, wann diese Leute lernen, sich zu benehmen!“ [ST].

'ahl „Leute, Familie“ wird mit Pl. konstruiert, da stets eine spezifische Gruppe gemeint ist: *law 'ahli ʿirfu ḥayi'tilūna* „wenn meine Familie das erfährt, werden sie mich töten“ [ST]; *istanna lamma ggamāʿa yīgu* „warte, bis die Leute kommen“ [ST]. Ebenso *gamāʿa* im Sinne von „Ehefrau“: *gamaʿtu! gum šakarūni šaxṣiyyan* „seine Frau! Sie kam persönlich, um mir zu danken“ [ST]. Und auch *ilbā'i* „die anderen, der Rest“, wenn Personen gemeint sind: *yib'u lbā'i yaklu w 'aṛfanīn* „die

anderen essen dann widerwillig“ [SP]. Ferner *ʿaskaṛ* „Soldaten“: *baʿat gāb ʿaskaṛ yifaṛṛaʾu lxalʾ* „er ließ Soldaten holen, um das Volk zu zerstreuen“.

Auf *ikkull* „alle, alles“ folgt i.A. Sg.m., wie in *ikkull mistanni lbaṭal* „alle erwarten den Helden“ [ST]; *ikkulli yāxud ʿilāwa* „alle bekommen eine Gehaltserhöhung“ [ST], doch erlaubt es bei spezifischerer Bedeutung auch Pl.: *wi kkulli kānu byifrišu lʾarḍi taḥti riglayya bi lwaraʾ ilʾaxḍar* „alle bedeckten den Boden unter meinen Füßen mit grünem Papier“ [ST]. Auch *kullu* „alle, alles“ kongruiert mit Sg.m.: *bukṛa kullu yiʿṛaf* „morgen wissen es alle“ [MF]; *kullu māši* „alles geht“ [ST].

5.3.2 In P + S

Liegt die Struktur P + S vor, kann entsprechend den Regeln für S + P Kongruenz eintreten, wie in *xaditu ṛṛaʾfa* „das Mitleid ergriff ihn“ [ST]; *liḥaddi ma waṣalit axbāṛu li lmalik* „bis der König von ihm hörte“ [SP]. Nicht selten jedoch bleibt P im Sg.m. Faktoren, die hierbei eine Rolle spielen, sind die folgenden:

5.3.2.1 Syntaktische Faktoren

5.3.2.1.1 *kān* vor PräpPh

Als feste Regel kann gelten, daß *kān, yikūn* und *baʾa, yibʾa* in Präpositionalsätzen nicht kongruieren, wenn die PräpPh als Prädikat fungiert:

kān: *kān maʿā manšuṛāt* „er hatte Pamphlete dabei“ [ST]; *kān nifsi ykūn liyya ḥama* „ich hätte gern eine Schwiegermutter gehabt“ [ST]; *kān baʾāli talat sinīn maxadtiš ʾagāza* „ich hatte drei Jahre lang keinen Urlaub genommen“ [ST]; *kān ʿandu riglu ššimāl ḍaʿīfa* „er hatte ein schwaches linkes Bein“ [SP]. *baʾa*: *taḥtaha byibʾa fi vitamināt* „darunter gibt es Vitamine“ [MA].

5.3.2.1.2 Abstand zwischen P und S

a. PräpPhrase: Steht eine PräpPhrase als Objekt oder Angabe zwischen P und S, unterbleibt häufig die Kongruenz: *ṣiʿib ʿalēh ḥalt ilmayyit* „die Lage des Toten dauerte ihn“ [SP]; *wiʾiʿ minnu ʿilbit ilḥuʾan di* „diese Schachtel mit den Spritzen fiel ihm aus der Hand“ [ST]; *wi māt minha tnēn* „und zwei davon starben“ [ST]. So häufig bei *gih + li*: *gālu flūs minēn* „woher hat er Geld bekommen?“. Mit Kongruenz: *ṛāḥit ʿalēh nōma* „der Schlaf überkam ihn“ [SP]; *gatlu nnōba* „er bekam den Anfall“ [ST].

b. Ausnahmepartikeln: Desgleichen, wenn die Ausnahmepartikeln *illa, ġēr* zwischen P und S treten: *miš fāḍil illa muškilt innōm* „es bleibt nur noch das Schlafproblem“ [ST]; *huwwa ma-yiʿdilši mazāgu ġēr Šadya* „nur Šadya kann ihn noch aufheitern“ [ST].

c. Sonstige Satzglieder zwischen P und S: *wi gih w iḥna ʾaʿdīn talāta mustaʾgirīn* „da kamen, während wir da saßen, drei Pächter" [ST]; *huwwa lāzim yikūn sababu nnaḍāfa?* „muß denn die Sauberkeit der Grund dafür sein?" [ST].

5.3.2.1.3 Enumerative NP als Subjekt

Besteht S in P + S aus zwei NP, richtet sich die Kongruenz nach der ersten: *ilġalaṭāt illi ʿamalha Bahgat wi mṛātu* „die Fehler, die Bahgat und seine Frau gemacht haben" [ST]; *wiʾʿit hiyya w ʿašiʾha ʿa lʾarḍi* „sie und ihr Liebhaber fielen zu Boden" [SP]. Aber bei Beteiligung der 1. Person: *ʾulnalhum ana wi ʿImād wi mnabbihīn ʿalēhum ʾabli ma ninzil ilṃayya* „wir sagten es ihnen, ich und ʿImād, und warnten sie, bevor wir ins Wasser gingen" [ST].

5.3.2.1.4 Verben im aktiven Partizip

Bei einigen frequenten Verben, die meist im Partizip gebraucht werden, tritt Kongruenz weniger häufig ein. Diese sind u.a.: *fāḍil, ʿāgib, nāʾiṣ, lāzim.*

fāḍil: *inti faḍillik sana wi tudxuli ggamʿa* „dir bleibt noch ein Jahr und du gehst auf die Universität"[ST]; *xamsa minhum mātu wi fāḍil itnēn* „fünf davon sind gestorben und zwei sind übrig" [ST].

ʿāgib: *baʾa miš ʿagbik itnēn ginēh* „zwei Pfund gefallen dir also nicht" [ST]; *ʿagbik ʿištik hina?* „gefällt dir dein Leben hier" [ST].

nāʾiṣ: *nāʾiṣ ilʾimḍa* „die Unterschrift fehlt noch" [ST]; *kān naʾṣik riggāla* „dir fehlten Männer" [ST]

lāzim: *lazimna ʾullit ṃayya* „wir brauchen einen Wasserkrug" [ST]; *lazmak šwayyit daʿāya* „du brauchst ein bißchen Propaganda" [ST].

5.3.2.1.5 Spezifische Verben

Andere Verben wie *ḥaṣal, fāt, hamm* können auch im Perfekt/Imperfekt in der 3.sg.m. bleiben, vor allem dann, wenn Subjekte wie *ḥāga* vorliegen, die sich durch wenig Spezifizität auszeichnen (s. auch 5.3.2.2): *ma-ḥaṣalši ḥāga* „nichts passiert!" [ME]; *law ḥaṣal ḥāga ʾulli* „falls etwas passiert, sag es mir!" [ST]; *law fāt malyūn sana* „wenn hundert Jahre vergingen" [ST]; *ma-yhimmināš ilḥagāt di* „diese Dinge bedeuten uns nichts" [ST]. Seltener mit Kongruenz, wie in *iwʿa tkūn ḥaṣalitlak ḥāga ya ḥabībi* „hoffentlich ist dir nichts passiert, mein Lieber!" [ST]; *fātit yīgi sāʿa* „es verging etwa eine Stunde" [ST].

5.3.2.1.6 Kopulaverb *kān, yikūn*

Tritt S zwischen *kān, yikūn* und das Prädikat(snomen), so kann letzteres mit S kongruieren, während ersteres in der 3.sg.m. bleibt: *kān lissa nnās ʾulayyilīn* „die Leute waren noch wenige" [ST]; *wi fi lyōm da kān ilʾašiʿʿa ʿaṭlāna* „an diesem Tage war das Röntgengerät kaputt" [ME].

A n m e r k u n g : Auch Subjektswechsel von der 1. oder 2. Person zur 3. kommen hier vor: *iza kunt ana muxxi ma'fūl* „wenn mein Gehirn vernagelt ist" [ST]; *wi yōm ma gaṛa lli gaṛa kuntī yadōb ṭal'āli nnaba'a f-sidri* „als geschah, was eben geschah, war mir noch kaum die Knospe an meiner Brust gesprossen" [ST]. Es handelt sich hier um die Einbettung eines Satzes in die Leerstelle des Prädikatsnomens.

Keine Kongruenz findet vor *mumkin* „möglich", *lāzim* „notwendig" und *ḍarūri* „dringend nötig" statt, da das Kopulaverb zum übergeordneten Präverb tritt: *inta kān mumkin tigiblu nniyāba* „du hättest ihn vor die Staatsanwaltschaft bringen können" [SP]; *kān lāzim nib'a waqi'iyyīn aktaṛ* „wir hätten realistischer sein sollen" [ST]; *kān ḍarūri 'āxud 'iznī 'ana kamān* „ich hätte auch eine Erlaubnis einholen müssen" [ST]. Vor *zamān+* „schon lange" kann *kān* jedoch mit dem untergeordneten Verb kongruieren, vgl. (mit Kongruenz) *kunna zamanna f-'Urubba dilwa'ti* „wir wären sonst schon lange in Europa" [ST] und (ohne Kongruenz) *miš kān zamān ilmuškila tḥallit* „wäre das Problem nicht schon lange gelöst?" [ST]; ebenso u.a. bei *mafrūḍ* zum Ausdruck von „sollen", *nifs+* „mögen", s. 5.7.3.1.4.

Oft kongruieren *yikūn* und *yib'a* in komplexen Prädikaten nicht: *zayyī ma ykūn ḥatiftaḥīli taḥ'ī'* „als ob du ein Verhör mit mir beginnen wolltest" [ST]; *ilmu'allima waxda 'izn mi l'idāṛa bi ssibū' yib'a nwa''af ilfaṛaḥ lē?* „die Chefin hat die Erlaubnis für den *sibū'* [Feier am siebten Tage nach der Geburt] von der Verwaltung eingeholt, warum sollen wir also das Fest stoppen" [ST]. Aber mit Kongruenz: *zayyī ma tkūn 'a'ārib bitilda'ni f-wišši* „als ob Skorpione mich ins Gesicht stechen würden" [SP]; *wi tib'a lḥikāya bāẓit 'ašān ma-'a'adtiš* „dann ist die Sache also schiefgegangen, weil du nicht geblieben bist" [SP].

5.3.2.2 Semantische Faktoren

Je schwächer das Subjekt S spezifiziert ist, desto seltener tritt Kongruenz ein. Spezifizität/Individualisierungsgrad bewegt sich in einem Kontinuum: namentlich genannte und vorerwähnte Objekte sind am meisten spezifiert/individuell und kongruieren meistens, während *ḥāga* „etwas, nichts" am wenigsten spezifiert ist und seltener kongruiert, s. 5.3.2.1.5.

5.3.2.2.1 Thema

Ist S im Text vorerwähnt (Thema), Gegenstand der Erörterung und damit determiniert, so bewirkt es Kongruenz: *wi kānit ganāza w iḥtifāl ma-tiḥlamšī bīhum miṛāt izzammāṛ* „und es war ein Begräbnis und eine Feier, wovon die Frau des Trompeters nie geträumt hätte" [SP]; *ta'bāk 'awi ḥkayt iddafnī di* „sie hat dich sehr ermüdet, die Begräbnisgeschichte" [ST].

5.3.2.2.2 Spezifizität

S ist dem Sprecher bekannt (nicht vorerwähnt, Rhema), aber nicht notwendigerweise dem Hörer, und bleibt daher oft indeterminiert. Es bestimmt trotzdem die Kongruenz: *ana gatli fikra* „mit ist etwas eingefallen" [ST]; *w innī gōzi law gatlu ḥāga, riz'ī ya'ni* „und daß mein Mann, wenn er etwas, Vermögen nämlich, kriegen würde" [SP]; *wi f-yōm gat ilmaktab šabba ḥilwa* „und da kam eines Tages eine hübsche junge Frau ins Büro" [SP]. Dagegen unspezifiziert/indeterminiert (Rhema) und ohne Kongruenz: *galha ṣadma* „sie erhielt einen Schock" [ST]; *gālu flūs minēn* „woher hat er Geld bekommen" [ST].

Ähnliches läßt sich auch für Kollektiva wie *nās*, *riggāla* feststellen. Sie kongruieren in höherem Maße, je spezifischer sie sind, d.h. mit 3.sg.m., wenn man sie sich als Ganzes vorstellt, etwas spezifischer mit 3.sg.f., und, wenn sie als individuelle Personen gesehen werden, mit Pl.. Mit 3.sg.m. unbestimmt und allgemein: *iṣṣūṛa di tamalli yiʾṛāha nnās* „diese Sure sagen die Leute immer auf [... sagt man immer auf]" [SP]; *kān naʾṣik riggāla* „dir fehlten Männer" [ST]. Mit 3.sg.f. spezifischer: *fa gat nās ʾalūli fi šuġlī fi lmaᶜhad ilhulandi* „da kamen [gewisse] Leute und sagten mir, es gibt Arbeit am Niederländischen Institut" [MA]. Mit Pl.: *wi sammu nnās malikhum* ... „und die Leute [= die Untertanen, vorerwähnt] nannten ihren König ..." [SP].

Am wenigsten spezifisch ist *ḥāga* „etwas", das darum nur selten Kongruenz auslöst, s. auch 5.3.2.1.5: *ana yitsiriʾ minni ḥāga* „mir soll etwas gestohlen werden!" [ST]; *ma-yigṛāš ḥāga* „das macht nichts aus" [ME]; *in ḥaṣal li Šafᶜi ḥāga* „wenn dem Šafᶜi etwas passiert" [ST]. Andererseits auch kongruierend: *iwᶜa tkūn ḥaṣalitlak ḥāga* „hoffentlich ist dir nichts passiert!" [ST].

Anmerkung: Nicht immer sind derartige Gründe zu erkennen, man vergleiche mit Kongruenz *ilʾawwil ṭilᶜitlu rigl* „zuerst wuchs ihm ein Bein" [ST], aber ohne Kongruenz *wi f-kulli kaffi ṭliᶜlu xamas ṣawābiᶜ* „und an jeder Hand wuchsen ihm fünf Finger" [ST].

5.4 Objektsergänzungen der Verbalphrase

5.4.1 V+Ø

5.4.1.1 Intransitive Verben

Diese haben keine obligatorische Ergänzung außer dem Subjekt. Sie kommen in allen Verbalklassen und Stämmen vor: *yidḥak* „lachen"; *yinzil* „hinuntergehen"; *yuʾᶜud* „s. hinsetzen"; *yinām* „einschlafen"; *yimūt* „sterben"; *yiᶜīš* „leben"; *yiġla* „teuer werden"; *yigri* „rennen"; *yiʾibb* „auftauchen"; *yifarmil* „bremsen"; *yitmaryis* „sich als Chef aufspielen"; *yišaxxaṛ* „schnarchen"; *yizannax* „ranzig werden"; *yiṣfarr* „gelb werden"; *yitḥiriʾ* „verbrennen"; *yitṣallaḥ* „repariert werden"; *yitʾāwiḥ* „s. widersetzen". Ausnahme ist der III. Stamm, der nur transitive Verben kennt. Zu den hierher zählenden häufigen Zustandsverben vom Typ KiKiK, yiKKaK wie *tiᶜib, yitᶜab* „müde werden", s. 2.3.2.1 und 2.3.2.2.

Intransitive Verben haben zwar per definitionem kein Objekt bei sich, können aber dennoch das Verbalnomen als inneres Objekt zu sich nehmen, wie in *yigri gary ilwuḥūš* „er rennt wie ein wildes Tier", s. dazu 5.5.4.4.

5.4.1.2 Medio-passivische Verben

Bei einer Reihe von transitiven Verben vom I. und II. Stamm kann die Objektsergänzung (s. unten 2) weggelassen werden, wodurch ein medio-passivischer Sinn eintritt. Das Subjekt ist nicht mehr Agens sondern Experiencer, d.h. ihm widerfährt etwas. Einem *bāʿ, yibīʿ ḥ* „etwas verkaufen" steht so ein *bāʿ, yibīʿ* „s. verkaufen" gegenüber: *il'usṭuwāna bāʿit kitīr* „die Platte hat sich gut verkauft" [SB]. Und so viele andere Verben, auch solche im II. Stamm, s. dazu 2.3.3.3.1 f. Einige Beispiele:

'afal, yi'fil ḥ „etwas schließen" und *'afal, yi'fil* „schließen": *il'išāṛa 'afalit* „die Ampel hat zugemacht [ist auf Rot gesprungen]" [ME]

sāb, yisīb ḥ „etwas lassen" und *sāb, yisīb* „nachgeben": *riglayya sābit* „meine Beine gaben nach" [ST]

sawwis, yisawwis ḥ „etwas kariös machen" und *sawwis, yisawwis* „kariös werden": *sinānu sawwisit* „seine Zähne wurden kariös" [ME]

ʿalla', yiʿalla' ḥ „etwas aufhängen" und *ʿalla', yiʿalla'* „hängenbleiben": *il'ibra ʿalla'it* „die Nadel ist hängengeblieben [Grammophon]" [ME]

šaṭṭab, yišaṭṭab ḥ „etwas fertigstellen" und *šaṭṭab, yišaṭṭab* „zu Ende gehen": *issū' šaṭṭab* „der Markt ist zu Ende" [ME]

ṛawwaḥ, yiṛawwaḥ w „j.den nach Hause bringen" und *ṛawwaḥ, yiṛawwaḥ* „nach Hause gehen"

5.4.2 V+Objekt

5.4.2.1 V+dirO (transitive Verben)

Bei diesen bildet das direkte Objekt die zweite Ergänzung des Verbs: *'arēt ikkitāb* „ich habe das Buch gelesen"; *ġasal ilʿaṛabiyya* „er wusch das Auto"; *nagga lbalad* „er hat das Dorf gerettet"; *itʿallim ṣanʿa* „er lernte ein Handwerk"; *ištara šša''a* „er hat die Wohnung gekauft".

Das direkte Objekt kann pronominalisiert werden bzw. als Subjekt des entsprechenden Passivsatzes auftreten: *'arēt ikkitāb ~ 'arētu ~ ikkitāb it'aṛa* „das Buch wurde gelesen"; *ġasal il mawaʿīn ~ ġasalha ~ ilmawaʿīn itġasalit* „das Geschirr wurde gewaschen". Es wird erfragt mit *ē* „was?" oder *mīn* „wer?": *'arēt 'ē* „was hast du gelesen?"; *šufti mīn* „wen hast du gesehen?".

Zur Einführung des direkten Objekts mit *fi* bei telischen Verben s. 2.6.3 38 b.

5.4.2.2 V+indirO+dirO (ditransitive Verben)

Das indirO (Person, Rezipient) ist dativisch oder benefaktiv und wird nicht durch eine Präposition markiert. Es handelt sich hier um translokative Verben, s. DIEM (2002) S. 26–37. Dem Rezipienten wird in weitestem Sinne (a) etwas gegeben, (b) er wird mit etwas versehen, (c) ihm wird etwas mitgeteilt oder (d) ihm wird – im Gegenteil – etwas genommen.

a. „geben"

idda *iddi Sāmiḥ ilmuftāḥ* „gib Sāmiḥ den Schlüssel!" [ST]
raza' *raza' ilmaḥbūb walad* „er bescherte dem Maḥbūb einen Knaben" [SP]
ʿallim *yiʿallim innās il'adab* „er bringt den Leuten Anstand bei" [ST]
nāwil *ilminaggid nāwil iṣṣuramāti lxamsīn 'irš* „der Polsterer reichte dem Schuhmacher die fünfzig Piaster" [SP]
massik *massikt axūya lmaḥall* „ich übergab meinem Bruder den Laden" [SB]
sallif *sallift Ḥasan ilxamsīn ginēh* „ich lieh Ḥasan die 50 Pfund" [MI]
labbis *labbisna lʿarūsa lfustān iggidīd* „wir zogen der Braut das neue Kleid an" [MI]
sallim *sallimt Ḥasan ilmablaġ* „ich übergab Ḥasan den Betrag" [MI]

Weitere Verben dieser Art sind: *zawwid w ḥ* „j.den mit etwas versehen"; *sa'a, yis'a w ḥ* „j.dem etwas zu trinken geben"; *sallim w ḥ* „j.dem etwas übergeben"; *ʿaṭa, yiʿṭi w ḥ* „j.dem etwas geben"; *farrag, yifarrag w ḥ* „j.den etwas sehen lassen"; *zaġġaṭ w ḥ* „j.dem etwas löffelweise füttern"; *wakkil w ḥ* „j.dem etwas zu essen geben"; *ġadda w ḥ* „j.dem etwas zum Mittagessen geben"; *ʿašša w ḥ* „j.dem etwas zum Abendessen geben"; *labbis w ḥ* „j.dem etwas anziehen, anhängen"; *razaʿ w ḥ* „j.dem etwas an den Kopf werfen".

b. „versehen mit"

ḥammil *bitḥammil nafsaha zzamb* „sie bürdet sich selbst die Verantwortung auf" [SP]
darris *ḥadarris iṭṭalaba tarīx* „ich werde die Studenten in Geschichte unterrichten" [SB]
šammim *šammimt ikkalb ilmandīl* „ich ließ den Hund das Taschentuch riechen" [MI]
fahhim *fahhimt irrāgil ilmuškila* „ich erklärte dem Mann das Problem" [MI]
ḥaffaẓ *haḥaffaẓ Saʿdiyya kilmitēn* „ich werde Saʿdiyya ein paar Worte auswendig lernen lassen" [ST]
nassa *yinassīki 'ahlik* „er macht dich deine Familie vergessen" [ST]

Weitere Verben dieser Art sind: *dawwa' w ḥ* „j.den etwas schmecken lassen"; *sammaʿ w ḥ* „j.den etwas hören lassen"; *kattib w ḥ* „j.den etwas schreiben lassen"; *faṭṭar w ḥ* „j.dem etwas zum Frühstück geben".

c. „mitteilen"

ballaġ *ballaġt abūya rrisāla* „ich überbrachte meinem Vater die Botschaft" [MI], aber *ballaġt ilbulīs bi ssir'a* „ich verständigte die Polizei von dem Diebstahl" [SB]
sa'al *iḥtār yuxrug yis'alha ssabab* „er brachte es nicht fertig, hinauszugehen, um sie nach dem Grund zu fragen" [SP]
fahhim *fahhimt irrāgil ilmuškila* „ich erklärte dem Mann das Problem" [MI]

malla *mallēt iṭṭalaba nnaṣṣ* „ich diktierte den Studenten den Text“ [MI]
warra *ṛabbina ma ywarri ḥadd illi gaṛāli* „der Herr möge niemand sehen lassen, was mir widerfuhr“ [ST]

d. „wegnehmen“
xassaṛ *illitnēn dōl ḥayxassaṛūk ilʾaḍiyya* „diese beiden werden dich den Prozeß verlieren lassen“ [ST]
ġaṛṛam *ḥayġaṛṛamni mīt ginē* „er wird mir hundert Pfund abknöpfen“ [ST]
ʾallaʿ *ʾallaʿ ilʿarūsa ṭṭarḥa* „er ließ die Braut den Schleier abnehmen“ [MI]

5.4.2.2.1 Transformation zu V+dirO+*li*-indirO
Translokative Verben sind von der Struktur V+indirO+dirO in V+dirO+*li*-indirO überführbar, d.h. der Rezipient wird mit *li* eingeführt und nachgestellt:

iddi rrayyis ilfilūs	→	*iddi lfilūs li rrayyis*
„gib dem Chef das Geld!“		„gib das Geld dem Chef!“
nawiltĭ mṛāti malḥ	→	*nawilt ilmalḥĭ li mṛāti*
„ich reichte das Salz meiner Frau“		„ich reichte das Salz meiner Frau“

Weitere Beispiele: *sallim ʾamṛu l-ṛabbu* „er überließ seine Angelegenheit seinem Herrn“ [SP]; *sallif ilxamsīn ginēh li Ḥasan* „er lieh die 50 Pfund dem Ḥasan“ [MI]; *ballaġt irrisāla l-abūya* „ich überbrachte meinem Vater die Botschaft“ [MI]; *mallēt innaṣṣĭ li ṭṭalaba* „ich diktierte den Studenten den Text“; *Farīd fahhim iddars li Samīr*; „Farīd erklärte Samīr die Lektion“ [SO].

5.4.2.2.2 Pronominalisierung und Passivtransformation
Anstelle der Substantive können die entsprechenden Pronomina gebraucht werden. Diese treten als Suffix an das Verb, womit eine Umkehrung der Reihenfolge Rezipient (rez) – Translokat (trans) verbunden sein kann.

	I		II		III		IV
A:	*iddēt Ḥasan ilfilūs*	→	***iddētu lfilūs***	→	¢*iddetha Ḥasan*	→	¢*iddethūha*
	rez trans		rez trans		¢trans rez		¢rez trans
B:	*iddēt ilfilūs li Ḥasan*	→	*iddetha l-Ḥasan*	→	***iddetlu lfilūs***	→	*iddethālu*
	trans rez		trans rez		rez trans		trans rez

Bei der Pronominalisierung des Rezipienten tritt das indirekte Objekt obligatorisch an das Verb, wodurch A II und B III so gleichbedeutend nebeneinander zu stehen kommen.

A II: *iddāha šwayyit tirmis* „er gab ihr ein paar Lupinenkerne" [SP]; *labbisūki l'aḍiyya* „sie haben dir den Prozeß angehängt" [ST]; *ḥawarrīkum iṣṣafāyiḥ* „ich zeige euch die Abfalleimer" [ST]; *ʿallimnāhum iššaḥāta* „wir lehrten sie das Betteln" [SP]; *kuntⁱ bawakkilha gatō* „ich fütterte sie mit Kuchen" [ST]; *nawlu lfakka* „reiche ihm das Kleingeld!" [ST]; *ḥasammaʿkum ḥikāya* „ich werde euch eine Geschichte hören lassen" [SP]; *tisallifna flūs* „sie soll uns Geld leihen" [ST]; *ballaġtak irrisāla* „ich habe dir die Botschaft überbracht" [ST].

Seltener jedoch mit *li* (B III) und meist bei nicht-ersten Personen: *addīlak naṣīb ilwaṣiyya flūs* „ich gebe dir den Testamentsanteil in Geld" [ST]; *kān ġaraḍha twarrīlak il'imkaniyyāt* „ihre Absicht war es, dir die Möglichkeiten zu zeigen" [ST]; *kānu ʿawzīn yilabbisūlu tuhma* „sie wollten ihm einen Verdacht anhängen" [ME]; *mallīlu ddars* „diktiere ihm die Lektion!" [SB].

Wird das Translokat pronominalisiert, muß der Rezipient mit *li* eingeführt werden (¢A III, dafür B II): *iddīhum li tēza Maryam* „gib sie Tante Maryam!" [ST]; *illi ʿaṭāhum li lḥumāṛ waladi* „die er diesem Esel von Sohn von mir gab" [ST]; *ma-ywarrihūš li Baḅāki* „er soll ihn nicht deinem Papa zeigen" [ST]; *sallimha li lbulīs* „übergebe sie der Polizei!" [ME].

Bei Pronominalisierung beider Objekte ist *li* für das indirO obligatorisch (B IV, ¢A IV): *iddethūlu* „ich gab ihn ihm"; *xud filūsak illi salliftuhumli* „nimm dein Geld, das du mir geliehen hast" [SP]; *nawilhāli* „er reichte sie mir" [SP]; *warrihūli* „zeig ihn mir!" [ST]; *mallihāli b-surʿa* „diktiere es mir schnell!" [ST]; *izzaman nassahāli* „die Zeit ließ es mich vergessen" [SP].

Ist der Rezipient die 1. Person sg., so tritt oft *-ni* für *-li* ein: *iddithāni fi lʿir'* „sie gab sie mir in die Vene" [SP]; *iddihūni ḥālan 'aḥsanlak!* „gib ihn mir, das ist besser für dich!" [ST]; daneben auch *sallimithāli* „sie übergab ihn mir" [ST]; *mallihāli* „diktiere ihn mir!" [ST].

Die Passivtransformation mit dem dir. Objekt als Subjekt ist möglich: *itwaṛṛitlu* „sie wurde ihm gezeigt" [MI]. Aber auch mit dem Rezipienten: *itġaṛṛamtⁱ mīt ginēh* „ich erhielt eine Strafe von 100 Pfund" [ME]; *mīn ḥayitḥammil ilmas'uliyya* „wer übernimmt die Verantwortung" [SB]; *itḥaffaẓna lQur'ān bi ḍḍarb* „wir haben den Koran mit dem Stock beigebracht bekommen" [SB]; *itfahhimna lmawḍūʿ kullu* „wir bekamen die ganze Sache erklärt" [SB].

5.4.2.2.3 Ausnahmen

Einige Verben, die semantisch durchaus zu den translokativen Verben zu stellen wären, verhalten sich nur teilweise wie solche. So verfügen *gāb, yigīb* „j.dem etwas bringen", *'addim, yi'addim* „anbieten, darreichen", *raggaʿ, yiraggaʿ* „zurückgeben", *ṛadd, yirudd* „zurückbringen" nur über die Struktur V+dirO+*li*-indirO und erlauben die Transformation zu V+indirO+dirO nicht: *agīb ilhidūm li Vikturya* „ich bringe die Kleider zu Viktoria" [ST], aber nicht ¢*agīb Vikturya lhidūm*; *biy'addim iddaʿwa li lmaḥkama* „er überreicht die Klage dem Gericht" [SB], aber nicht ¢*biy'addim ilmaḥkama ddaʿwa*. Ebenso *gawwiz* „j.dem zur Ehe geben": *ḥaygawwiz bintu li Mḥammad* „er wird seine Tochter dem Muḥammad zur Ehe geben" [ST], aber nicht ¢*ḥaygawwiz Muḥammad bintu*. Bei pronominalen Objekten folgt es jedoch den translokativen Verben: (B III) *nigawwizak ilbinti di* „sollen wir dich mit dem Mädchen verheiraten?" [SP]; (B IV) *ʿayzīn nigawwizhālak* „wir wollen sie mit dir verheiraten" [SP]; *gawwizha ʿAmm Aḥmad ilʿAṭṭār* „er verheiratete sie mit ᶜAmm Aḥmad ilᶜAṭṭār" [SP].

5.4.2.3 V+dirO+PräpO (ditransitiv-präpositionale Verben)

a. Experiencer = dirO

saʾal *kunti ʿammāl bitisʾalni ʿala tigāṛit Badawi ʾAfandi* „du fragtest mich dauernd nach dem Geschäft von *Badawi ʾAfandi*" [ST]

šakaṛ *aškurak ʿala musaʿditak* „ich danke dir für deine Hilfe" [ME]

ʿaṛṛaf *ana ma-ʿaṛṛaftukūš bi nafsi* „ich habe euch nicht mit mir bekannt gemacht" [ST]

ḥaṛṛam *w* min ḥ *ḥaṛṛamti nafsi min illuʾma* „ich verbot mir, auch nur einen Happen zu essen" [ST]

manaʿ *manaʿni ʿan ittadxīn* „er verbot mir das Rauchen" [ME]

ḥāš w ʿan ḥ *ma-ʿadši fī ḥāga tḥušni ʿan ikkalām* „es gibt nichts mehr, was mich vom Reden abhalten könnte" [ST]

waṣṣa *waṣṣētu bīk* „ich habe dich ihm empfohlen" [ME]

razaʾ *ṛabbina razaʾna b-Rifʿat* „der Herr bescherte uns Rifᶜat" [SP]

ʿaraḍ *ʿaraḍūha ʿalēk min tāni* „sie haben sie dir erneut angeboten" [SP]

saʾal *ma-ḥaddiš saʾal fī* „niemand kümmerte sich um ihn" [SP]

b. Rezipient = PräpO (s. dazu oben 3)

idda *iddēt ikkitāb li lwalad* „ich habe dem Jungen das Buch gegeben" [MI]; *ma-tiddīš li lwalad da ʾīma akbaṛ min ḥagmu* „miß dem Jungen nicht mehr Wert zu, als seiner Größe entspricht" [ST]

ṛadd *di ṛadditlu ḥtiṛāmu l-nafsu* „sie gab ihm den Selbstrespekt zurück" [SP]; *ṛaddēt li lḥitta nurha lli kān maṭfi* „du gabst dem Viertel sein Licht zurück, das erloschen war" [ST]

ṭalab *da abūhum yuṭlub filūs min Ġazāla* „ihr Vater verlangt Geld von Ġazāla" [SP]

5.4.2.4 V+dirO+Loc (transitiv-lokative Verben)

Das Agens bringt das Objekt an einen Ort oder kommt zu einem Objekt an einem Ort.

wadda *waddēt ilwalad ilmadrasa* „ich brachte den Jungen zur Schule" [ME]

xad *aštiri tallāga ʿašān axudha maṣr* „ich kaufe einen Kühlschrank, um ihn nach Ägypten mitzunehmen" [ST]

baʿat *baʿat maʿāhum Nādir Bē Iskindiriyya* „er schickte Nādir Bē mit ihnen nach Alexandrien" [SP].

gāb	*walla tgibuhāli lmaktab* „oder du bringst sie mir ins Büro" [ST]
daxxal	*daxxali ya bint ilḥāga l'ōḍa* „bring die Sachen ins Zimmer, Mädchen!" [ST]
na'al	*'abli ma yirḍu yin'ilū maṣr* „bevor man einwilligt, ihn nach Kairo zu versetzen" [SB]
gih	*inta getni lmu'assasa māši* „du kamst zu Fuß zu mir in die Firma" [ST]

Weitere Verben dieser Art sind: *ragga*ʿ *ḥ ḥ* „j.den zurückbringen nach"; *rakkib ḥ ḥ* „j.den setzen in, einsteigen lassen in"; *rama ḥ ḥ* „etwas werfen auf"; *saffaṛ w ḥ* „j.den auf die Reise schicken nach"; *ṭallaʿ ḥ ḥ* „etwas hinausbringen nach"; *nazzil ḥ ḥ* „etwas hinunterbringen nach"; *waṣṣal ḥ ḥ* „j.den hinbringen zu, begleiten zu"

Die Passivtransformation des dirO ist möglich: *ana tna'alti maṣr* „ich wurde nach Kairo versetzt" [ST], nicht jedoch bei Loc: ¢*maṣr itna'alitni*. Bei Pronominalisierung von Loc muß jedoch eine Präposition eintreten: *waddēt ilwalad ilmadrasa* > *ilmadrasa lli waddēt fīha lwalad* (¢*illi waddetha lwalad*).

Auch ist keine alternative Struktur mit Umstellung und *li* wie bei *idda* möglich, s. 5.4.2.2.2: *rakkibt Samīr il'aṭr* > ¢*rakkibt il'aṭri l-Samīr*.

A n m e r k u n g : Bezeichnet Loc eine Person, so wird diese mit *li* eingeführt: *waddīni li lma'mūr* „bring mich zum Maʾmūr" [ST]. Gelegentlich findet sich *li* auch bei Orten: *raggaʿūhum li maṭariḥhum* „sie brachten sie auf ihre Positionen zurück" [ST]; *wala tibʿat gawabāt li maṣr* „und du schickst auch keine Briefe nach Ägypten" [ST]; *na'alūh li lmustašfa f-ʿaṛabiyyit il'asʿāf* „man brachte ihn mit der Ambulanz ins Krankenhaus" [SP].

5.4.2.5 V+dirO+Prädnom (komplex-transitive Verben)

a. Bei den konsiderativen Verben im Sinne von „halten für" ist Prädnom (= Adj. oder Subst.) logisches Prädikat zum dirO (det. oder indet.) und nicht weglaßbar.

fakaṛ	*kutti fakra btāʿ illukanḍa yahūdi* „ich hielt den Hotelbesitzer für einen Juden" [SP]
iʿtabaṛ	*biyiʿtibir ilxuṭūba xaṭī'a* „er hält die Verlobung für einen Fehler" [ST]
fihim	*illi zayyi da fāhim nafsu lḥukūma* „einer wie der hält sich für die Regierung" [ST]

Nur das dirO ist pronominalisierbar und kann als Subjekt des entsprechenden passiven Satzes auftreten: *inta fakirni magnūn* „du hältst mich für verrückt" [ST]; *iʿtibirni ṣadī'ak* „betrachte mich als deinen Freund" [ST]; *kunna ḥasbīnu baxīl* „wir hatten ihn für geizig gehalten" [ST]. Auch Sätze können als Prädnom stehen: *yiḥsibūha fīha 'anābil* „sie meinten, daß darin Bomben sind" [SP].

Weitere Verben dieser Art sind: *ʿadd, yiʿidd w ḥ* „j.den halten für"; *ḥasab, yiḥsib w ḥ* „j.den halten für"; *iftakaṛ, yiftikir w ḥ* „j.den halten für"; *ʿirif, yiʿṛaf w ḥ* „j.den kennen als"; *ʿāz, yiʿūz w ḥ* „j.den wünschen als".

b. Verben des Benennens, bei denen das Objekt einen Namen erhält.

samma *yisammu lʾawlād asmāʾ ġarība* „sie geben den Kindern seltsame Namen" [SP]

dallaʿ *ismi ʿAwāṭif bassi biydallaʿūni Ṣurṣāra* „ich heiße ᶜAwāṭif, doch mein Kosename ist ‚Kakerlake'" [ST]. Auch mit Präposition: *inti smik ʾē? – Widād, wi biydallaʿūni b-Widda* „wie heißt du?" – Widād, und mein Kosename ist Widda" [ST]

c. Faktitive Verben in Sinne von „machen zu":

xalla *axalli Ragāʾ asʿad insāna fi lʿālam* „ich mache Ragāᵓ zur glücklichsten Frau auf der Welt" [ST]

ʾalab *ma-tiʾlibūha ʿaṭṭāra aḥsan* „macht es doch lieber zu einer Drogerie" [ST]. Reflexiv-Passiv: *ḥatʾilib namla* „ich werde mich in eine Ameise verwandeln" [ME].

ʿamal *ʿamalūk ṛaʾīs ʾalam* „sie machten dich zum Abteilungsleiter" [ST]

ḥawwil *wi yḥawwilu dahab* „und er verwandelt es in Gold" [SP]

ḥaṭṭ *wi yḥuṭṭi tamanha ʿišrīn* „und er setzt ihren Preis auf zwanzig" [SP]

ṭallaʿ *lākin ʾahli ma-ṭallaʿunīš ibni ṣanʿa* „aber meine Familie hat mich nicht Handwerker werden lassen" [SP]

labbis *iwʿa tkūn gāyib miṛātak wi mlabbisha ṛāgil* „hoffentlich hast du deine Frau nicht mitgebracht und sie wie einen Mann angezogen" [ST]

5.4.2.6 V+PrO (präpositionale Verben)

Das Objekt wird obligatorisch mit einer Präposition eingeführt, wobei viele dieser Verben auch intransitiv gebraucht werden. Einige Beispiele:

bi *ḥilif, yiḥlif bi w/ḥ* „schwören bei"; *ḥilim, yiḥlam bi* w/*ḥ* „träumen von"

ʿan *dāfiʿ, yidāfiʿ ʿan w/ḥ* „verteidigen"; *tāh, yitūh ʿan ḥ* „abkommen von"; *itnāzil, yitnāzil ʿan ḥ* „zurücktreten von"; *faraʾ, yifriʾ ʿan ḥ* „s. unterscheiden von"

ʿala *hagam, yihgim ʿala w* „j.den überfallen"; *dawwaṛ, yidawwaṛ ʿala w/ḥ* „suchen nach"; *intaha, yitihi ʿala ḥ* „enden mit"; *ṛadd, yirudd ʿala w* „j.dem antworten"; *sallim, yisallim ʿala w* „j.den begrüßen"

li *ʾirib, yiʾṛab li w* „verwandt sein mit"; *nadah, yindah li w* „j.den rufen"; *ištaka, yištiki li w* „s. beklagen bei"

maʿa *itxāniʾ, yitxāniʾ maʿa w* „streiten mit"; *itkallim, yitkallim maʿa w* „sprechen mit"; *itnāfis, yitnāfis maʿa w* „konkurrieren mit"

fi *saʾal, yisʾal fi w* „s. kümmern um"; *tammim, yitammim fi w/ḥ* „etwas kontrollieren"; *wallaʿ, yiwallaʿ fi ḥ* „etwas anzünden"

min *xiliṣ yixlaṣ min w/ḥ* „etwas loswerden"; *itzawwaġ, yitzawwaġ min w/ḥ* „davonlaufen vor"; *ziʿil, yizʿal min w/ḥ* „s. ärgern über"

5.4.2.7 V+PrO+PrO (dipräpositionale Verben)
Beispiele für dipräpositionale Verben sind:

ḥakam, yiḥkim ʿala w bi ḥ „j.den verurteilen zu“
ittafaʾ, yittifiʾ maʿa w ʿala ḥ „übereinkommen mit j.dem über etwas“
ʾāl, yiʾūl li w ʿala ḥ „j.dem erzählen von“
ištaka li w min ḥ „s. bei j.dem über etwas beklagen“
nāda, yinādi li w bi ḥ „j.den rufen mit [einem Namen]“
gād, yigūd bi ḥ ʿala w „j.dem etwas zukommen lassen“
samaḥ, yismaḥ li w bi ḥ „j.dem etwas erlauben“

5.5 Weitere Ergänzungen der Verbalphrase

Die Verbalstrukturen können fakultativ durch eine asyndetische NP erweitert werden, so daß die Zahl der Ergänzungen jeweils um eine vermehrt erscheint. Dies geschieht entweder (a) mittels Prädikativen zu einer der beteiligten NPs (Subjekt, Objekt), (b) durch Angabe des Maßes oder des Zwecks oder c) durch ein inneres Objekt. Zum Teil können diese pronominalisiert werden und als Objektsuffix an das Verb, und zwar auch an intransitive Verben, treten und auch zum Subjekt erhoben werden (Passivtransformation).

5.5.1 Pseudoobjekte

Zu den Verbalphrasen treten Ergänzungen lokaler und limitativer Art (Maßangaben), die zwar pronominalisert werden können, bei denen aber die Anhebung zum Subjekt eines Passivsatzes nicht sprechüblich ist. Sie nehmen eine Zwischenposition zwischen Objekt und Adverbialbestimmung ein. Ihre Abhängigkeit vom Verb zeigt sich daran, daß sie nicht frontierfähig sind wie echte Adverbien, d.h. daß sie außer in Topic-comment-Strukturen nicht satzeinleitend vor das Verb treten können wie etwa das Adverb *imbāriḥ* „gestern“. Ihr adverbialer Charakter zeigt sich daran, daß sie mit *fēn* „wo? wohin?“ bzw. *ʾaddi ʾē* „wieviel?“ oder *li muddit ʾaddi ʾē* „wie lange?“ erfragbar sind. Zu einer anderen Art von Pseudokomplementen s. 9.17.

5.5.1.1 Lokale Ergänzung
Translative Verben (Bewegungsverben) wie *gih, yīgi* „[her]kommen“, *ṛāḥ, yirūḥ* „[hin]gehen“, *rigiʿ, yirgaʿ* „zurückkehren zu“ etc. können das Ziel als direktes Objekt einführen: *yōm ma gih ilmaṣlaḥa* „als er zur Behörde kam“ [ST]; *inta getni lmuʾassasa māši* „du kamst zu Fuß zu mir in die Stiftung“ [ST]; *ana ṛāyiḥ ilmaḥaṭṭa* „ich gehe zum Bahnhof“ [ME]; *rigiʿ maṣr* „er kehrte nach Ägypten zurück“ [ME]; *ṭilʿit ilmalaka ʾoḍitha* „die Königin ging auf ihr Zimmer“ [SP]; *ʿazziltum ilMaʿādi* „ihr seid nach Maadi umgezogen“ [ST]; *ḥaḍrit ilʿumda nizil*

Šibīn „der Herr Bürgermeister hat sich nach Šibīn begeben“ [ST]; *waṣalit midān ittaḥrīr* „sie kam zum Taḥrīr-Platz“ [SP]; *ṛawwaḥ bētu* „er ging nach Hause [ST].

Zur Pronominalisierung vgl. *yirūḥ ḥitta* „er geht wohin“ [SP] und *miš lāʾi ḥitta aruḥha* „ich finde keinen Fleck, wo ich hingehen kann“ [ST]. Ferner: *rigiʿtaha māši ʿala riglēk* „du bist zu Fuß dahin zurückgekehrt“ [ST]; *liḥaddi ma waṣal balad, nizilha* „bis er zu einer Stadt kam, er betrat sie“ [SP]. Die Passivtransformation ist nicht üblich.

A n m e r k u n g : Gelegentlich tritt hier aber auch *li* auf: *kulli ḥitta ruḥnāha rgiʿnalha tāni* „an jeden Ort, wohin wir gegangen waren, kehrten wir zurück“ [SP]. Ist das Ziel eine Person, so ist *li* obligatorisch: *ṛāḥ li dduktūr* „er ging zum Doktor“ [ME]; *axbāṛu waṣalit li lmalik* „die Nachricht von ihm gelangte zum König“ [SP].

5.5.1.2 Limitative Ergänzung (Maßangaben)

Eine solche NP folgt bei intransitiven Verben an der Stelle eines direkten Objekts nach dem Verb, bei transitiven nach dem dirO.

Sehr oft sind dies Angaben der Zeitdauer: *yuʿʾud yākul minha šahṛ* „er ißt einen Monat lang davon“ [SP]; *anām ḥabbitēn* „ich schlafe ein wenig“ [ST]; *ilḥikāya titʾaggil isbūʿ* „die Sache wird um eine Woche verschoben“ [ST]. Zu V+dirObj: *w aḥbisik talatīn yōm* „und ich sperre dich dreißig Tage ein“ [SP]; *ʿaṭṭalīhum diʾiʾtēn* „halte sie ein paar Minuten auf!“ [ST]; *imhilni gumʿa* „gib mir eine Woche Zeit!“ [SP].

Die Transformation in einen Relativsatz und damit die pronominale Wiederaufnahme ist auch bei intransitiven Verben möglich:

ʾaʿadti maʿāh usbūʿ	→	*ilʾusbūʿ illi ʾaʿadtu maʿāh*
„ich blieb eine Woche bei ihm“		„die Woche, die ich bei ihm blieb“
itʾaxxaṛti dʾīʾa	→	*iddiʾīʾa lli tʾaxxaṛtaha*
„ich verspätete mich um eine Minute“		„die Minute, um die ich mich verspätete“

Ferner: *ʾawwil yōm tištaġalu* „der erste Tag, den du arbeitest“ [ST]; *kull issaʿāt illi nimtaha* „alle Stunden, die du geschlafen hast“ [ST]. Im Topic-comment-Satz: *talat saʿāt wiʾiftuhum ʿa lbāb fi ššams* „drei Stunden lang stand ich an der Tür in der Sonne“ [SP]; *yōm ṛāḥa zayyi da lwāḥid yirtāḥu* „an einem Feiertag wie diesem muß man sich ausruhen“ [ST].

Auch andere Maßangaben werden auf diese Weise hinzugefügt: *ġirimti xamsa gnē* „ich mußte 5 Pfund blechen“ [SB]; *ʾaṣṣar ilfustanda xamsa ṣanṭi* „mach das Kleid 5 cm kürzer!“ [SB]; *iššuġl itkarbis fōʾ dimāġi aṭnān* „die Arbeit häufte sich tonnenweise über mir auf“ [ST]; *lāzim niʾaggil katb ikkitāb gumʿa* „wir müssen die Heirat um eine Woche verschieben“ [ST]; *biṭṭīr ḍaʿf surʿit izzaman* „es fliegt mit doppelter Zeitgeschwindigkeit“ [ST].

5.5.2 NP als adverbiale Angabe

Andere NPs wie solche, die einen Zeitpunkt angeben, z.B. *yōm iggumʿa* in *nisāfir yōm iggumʿa* „wir reisen am Freitag ab", verhalten sich wie Adverbien und können nicht pronominalisert werden: *¢yōm iggumʿa lli nisāfru*, dafür mit Präposition *yōm iggumʿa lli nsāfir fīh* „der Freitag, an dem wir verreisen". Sie sind auch frontierbar, wie in *yōm ilxamīs misāfir baladna* „am Donnerstag fahre ich in unser Dorf" [ST] und sind mit *ʾimta* „wann?" zu erfragen.

Ebenso verhalten sich Nomina, die die Art und Weise angeben, wie etwas geschieht. Sie sind zwar mit *ē* „was?" zu erfragen, entziehen sich aber der Pronominalisierung: *illi ʿāyiz yirkab yuʾaf ṭabūr!* „wer einsteigen will, soll in der Reihe stehen!" [ST]. Sie treten auch in finalem Sinn auf und sind dann mit *ʿašān ʾē* „wozu?" zu erfragen: *ana gayyi šuġl* „ich komme auf Geschäftsreise"; *kunti ḥaṭṭa ʾīdi fi ssiyyāla ʿiyāʾa* „ich hatte die Hand in die Tasche gesteckt, um elegant zu tun" [ST].

Andere NP spezifizieren die Verbalhandlung, wie in *šibiʿna ṭawla* „wir haben genug Tricktrack gespielt" [ST]; *inta ma-titʿabši liʿb* „wirst du nicht müde zu spielen?" [ST] oder geben das Mittel an, wodurch sich die Verbalhandlung vollzieht: *iššaʾʾa tiġraʾ mayya* „die Wohnung steht voll Wasser" [MF]; *ʾamīṣi ġarʾān damm* „mein Hemd ist blutgetränkt" [SB].

5.5.3 Qualitative und zirkumstantielle Prädikationen

a. Qualitative Prädikationen geben an, in welcher Eigenschaft eine nominale Ergänzung zum Verb etwas tut oder erfährt.

Bei intransitiven Verben mit Bezug auf das Subjekt: *w iḥna ništaġalluhum xaddamīn* „und wir arbeiten für sie als Diener" [ST]; *inta rāyiḥ sāyiḥ?* „gehst du als Tourist hin?" [ME]; *iḥna ṭrabbēna yatāma* „wir sind als Waisen erzogen worden" [SP]; *wi tirgaʿ līna duktōr kibīr* „du kehrst als großer Doktor zu uns zurück" [SP]; *ana ma-nfaʿši faylasūf* „ich tauge nicht als Philosoph" [ST]; *wiʾiʿti f-idēhum ḍaḥiyya* „du bist ihnen als Opfer in die Hände gefallen" [ST]; *gat ilxilfa walad* „der Nachwuchs stellte sich als Junge ein" [SP]; *iddulāb baʾa yilmaʿ mirāya* „der Schrank glänzte schließlich wie ein Spiegel" [SP]; *ḥabdaʾ ḥayāti naṣṣāb* „ich beginne mein Leben als Betrüger" [ME].

Ebenso können solche zu transitiven Verben treten und beziehen sich dann meistens auf das direkte Objekt: *midaxxalāni širīk fi kaza mašrūʿ* „sie hat mich als Teilhaber in eine Reihe von Projekten eingeführt" [ST]; *ḥaṭṭīn ilmanga foʾha ġaṭa* „sie haben die Mangos oben als Bedeckung draufgelegt" [SP]; *biyšūf ilḥāga ḥagtēn* „er sieht alles doppelt" [ME]; *ilḥukūma tāxud nuṣṣi maksabhum ḍarība* „die Regierung nimmt die Hälfte ihres Gewinns als Steuern" [SP]; *xadtaha maʿāya wanas* „ich nahm sie mit mir zur Geselligkeit" [SB]; *araggaʿik sitt* „ich bringe dich zurück als Dame" [SP]; *ʾaddimtu šabka li Fīfi* „ich habe ihn Fīfi als Verlobungsgeschenk überreicht" [ST]; *wi gāb ilmalayka maʿā waṣṭa* „er brachte die Engel als Unterstützung mit" [ST]; *ilʾiršēn illi ḥawwišithum šaʾa ʿumraha* „die paar Piaster, die sie als

Ergebnis lebenslanger Mühen gespart hat“ [SP]; *isma^cūha naṣīḥa min ʾaxxi muxliṣ* „hört sie als Ratschlag von einem treuen Freund“ [SP]; *yiṭallaʿha mi nnaḥya ttanya flūs* „er zieht es am anderen Ende als Geld heraus“ [SP]; *fataḥtu fi lʾawwil gaṛāyid* „ich eröffnete ihn zuerst als Zeitungskiosk“ [ST]. Bei ditransitiven Verben: *ana ddethulha sulfa* „ich habe es ihr als Leihgabe gegeben“ [ST].

Pronominalisierung der qualitativen NP sind hier nicht möglich: *sibti Karīma ḥabīsa fi lbēt* „ich ließ Karīma als Gefangene im Haus zurück“ ⇸ *¢ilḥabīsa lli sibtaha Karīma fi lbēt* „die Gefangene, als die ich Karīma im Haus zurückließ“, ebensowenig die Passivtransformation.

Erfragbar sind diese Prädikationen mit *ē* „was?“: *summa inta ma-xadtahāš gadāṛa* „obendrein hast du sie nicht als Verdienst bekommen!“ – *ummāḷ xadha ʾē ya Surūr?* „Als was hat er sie denn dann gekriegt, Surūr?“ – *xadha taʾmīm* „er hat sie bekommen als [Folge der] Verstaatlichung“ [ST].

b. Zirkumstantielle Prädikation

Das Objekt befindet sich während der Verbalhandlung in einem gewissen Zustand oder in einer gewissen Situation, die nicht durch Verbalhandlung selbst hervorgerufen sind. Meist geschieht die Prädikation mittels eines Adjektivs, wie in *ilġāli biʿtu rxīṣ* „das Teure habe ich billig verkauft“ [SP]; *gibtu ġāli ʾawi* „ich kaufte ihn sehr teuer“ [MA]; *dafaʿit tamanha ġāli* „sie hat teuer dafür bezahlt“ [SP]; *ištaṛa lʾamīṣ ġāli* „er kaufte das Hemd teuer“ [MI]; *ʿayzīn yaklu lahmaha ḥayy* „sie wollen ihr Fleisch lebend essen“ [SP]; *niʾaddim iššaṛbāt suxn* „wir servieren den Sirup heiß“ [ST]; *di ʾawwil maṛṛa alaʾīk fīha mfallis* „das ist das erste Mal, daß ich dich bankrott finde“ [ST]; *ṣaḥb ilbēt ilmafrūḍ yiddihāni mitšaṭṭaba gahza* „der Hausherr muß sie mir eigentlich fertig übergeben“ [MA].

Substantive können hier ebenfalls als Prädikation zum Objekt auftreten: *yinḥaṭṭ ilʾakli ʾuddamhum aṣnāf* „das Essen wird ihnen in allerlei Sorten vorgesetzt“ [SP]; *warrit ilbitt ilʿazāb aškāl w alwān* „sie schikanierte das Mädchen auf alle erdenkliche Weise“ [SP]; *titkallif ġasīla w kawya frankēn* „sie kostet einmal Waschen und Bügeln zwei Franken“ [SP].

Auch hier ist keine Pronominalisierung dieser NPs möglich. Erfragbar sind sie mit *ē* „was?“: *bitišṛab ilʾahwa ʾē?* „wie trinkst du den Kaffee?“ – *bašṛabha sāda* „ich trinke ihn ohne Zucker“ [ME].

5.5.4 V+dirO+Medium

5.5.4.1 Holistische Verben

Diese bezeichnen ein „etwas mit etwas versehen“ in weitestem Sinne und drücken aus, daß eine Sache in ihrer Gesamtheit betroffen ist. Diese folgt dem Verb als dirO, dem sich das Medium, d.h. das, womit die Sache versehen wird, in Form eines indet. Sunstantivs anschließt. Verben dieser Art verfügen damit je nach Semantik über zwei mögliche syntaktische Strukturen. Ein solches Verb ist z.B. *zaraʿ, yizraʿ* „säen, besäen mit“, das

(a)		(b)
zaraʿ ilġēṭ ʾamḥ	⇔	*zaraʿ ʾamḥi̊ fi lġēṭ*
“er besäte das Feld mit Weizen“		„er säte Weizen auf dem Feld“

In (a) wird das ganze Feld mit Weizen besät, in (b), wo das Medium als Objekt gefolgt von einer PräpPh auftritt, bleibt dies offen, denn es kann auch gemeint sein, daß unter anderem Weizen auf dem Feld gesät wurde oder nur ein Teil des Feldes besät wurde. Weitere Beispiele:

dahan *idhini šaʿrik zēt* „fette deine Haare mit Öl ein!“ [ST]
daraz *daraz iššanṭa kutub* „er stopfte die Tasche mit Büchern voll“ [SB]
ʿāṣ *ʿaṣūli ʾidayya ḥibri̊ zifir* „sie beschmierten mir die Hände mit stinkender Tinte“ [SP]
faraš *yifriš ilʾarḍi̊ raml* „er soll den Boden mit Sand bestreuen“ [SP]
mala *mala kkubbāya ṃayya* „er füllte das Glas mit Wasser“; *malētu raml* „ich füllte ihn mit Sand“ [ST]
ball *ruḥti̊ bālil daʾni ṃayya* „ich benäßte meinen Bart mit Wasser“ [SP]

Weitere Verben dieser Art sind: *badar, yibdur ḥ ḥ* „bestreuen mit“; *ḥaša, yiḥši ḥ ḥ* „vollstopfen mit“; *šatal, yištil ḥ ḥ* „bestecken mit“; *ʿakk, yiʿukk ḥ ḥ* „beschmieren mit“; *kasa, yiksi w ḥ* „bekleiden mit“ (metaphorisch wie *inkasit ṣaḥibha waʾāṛ wi hēba* „sie bekleidete ihren Besitzer mit Würde und Ansehen“ [SP]); *laʾʾam, yilaʾʾam ḥ ḥ* „füllen mit“; *laġmaṭ, yilaġmaṭ ḥ ḥ* „verschmieren mit“; *laġwaṣ, yilaġwaṣ ḥ ḥ* „verschmieren mit“; *layyaṭ, yilayyaṭ ḥ ḥ* „beschmieren mit“.

Das dirO kann als Subjekt in einen Passivsatz überführt werden: *zaraʿ ilġēṭ ʾamḥ* > *ilġēṭ itzaraʿ ʾamḥ* „das Feld wurde mit Weizen besät“. Ferner: *ġeṭān mazrūʿa ʾamḥ* „mit Weizen besäte Felder“ [ST]; *iggamʿa madrūza ʾamn* „die Universität ist gespickt mit Sicherheitsleuten“ [ME]; *biyiddihin ʿasal wi ṭaḥīna* „es wird mit Honig und Sesampaste bestrichen“ [ST]. Beim Medium dagegen ist dies nicht möglich, ebensowenig Pronominalisierung: *¢ilġēṭ itzaraʿu* „das Feld wurde damit besät“. Bei Determination tritt eine Präposition ein: *laʾʾamt ikkanaka bi lbunn illi gibnā mi l-Iskindiriyya* „ich füllte in das Kännchen den Kaffee ein, den wir aus Alexandrien mitgebracht hatten“ [MI].

5.5.4.2 Instrumentale Angaben

Das Medium gibt das Mittel an, wodurch sich die Verbalhandlung vollzieht.

xad *iggammāla byaxdu ʿaraʾhum ġalla w duṛa* „die Kameltreiber bekommen ihren Lohn in Weizen und Hirse“ [SB]; *xadha taʾmīm* „er bekam es als Versicherung“ [ST]; *ma hum xadūna xwāna* „sie haben uns doch durch Verrat bekommen“ [SP]; *xadt issikka gary* „ich lief den ganzen Weg“ [SP]

Anmerkung: Hierher zählt auch die Phrase mit *xad+ha* + Verbalnomen + Maßangabe: *xadnāha nōm li lmaġrib* „wir schliefen durch bis zum Nachmittag" [ME]; *xadtaha garyi lġāyit ilmaṣnaʿ* „ich lief durch bis zur Fabrik" [MF].

kammil *ḥakammil ʿašāya nōm* „ich werde mein Abendessen mit Schlaf beschließen [= ohne Essen ins Bett gehen]" [SB]
šabbaʿ *ana ḥašabbaʿkum mazzīka!* „ich werde euch Musik hören lassen, bis ihr genug habt!" [ST]
laṭṭaš *yilaṭṭaš awladna ʾalamēn* „er gibt unseren Kindern ein paar Ohrfeigen" [ST]; ebenso *ḍarab w, razaʿ w ʾalamēn*
ʾaṭṭaʿ *huwwa mʾaṭṭaʿ nafsu šuġl* „er zerreißt sich vor Arbeit" [MF]
lahaf *inta lāhif minni mbāriḥ ginehēn ʾiḥrāg* „du hast mir gestern ein paar Pfund durch Nötigung abgeluchst" [ST]
hara *fiḍlu yihrūni ʾasʾila* „sie durchlöcherten mich mit Fragen" [MF]

Ferner: *ʿawwaḍ, yiʿawwaḍ ḥ ḥ* „etwas vergelten mit"; *lāʿib w ḥ* „mit j.dem etwas spielen".

Das dirO kann auch hier pronominalisiert werden und als Subjekt des entsprechenden Passivsatzes auftreten, nicht jedoch die instrumentale Angabe: *ana maḍrūb sikkīna* „ich bin mit dem Messer gestochen" [SP]; *itharēna nukat* „wir wurden mit Witzen überschüttet" [ME]; *anfili' šarḥi lik* „ich reiße mir ein Bein aus, um dir was zu erklären" [ST]; *iḥna ḥanittākil ʾawanṭa* „wir werden übertölpelt mit Tricks" [ST].

5.5.4.3 Affizierende Verben

Zu einer transitiven VP tritt ein Prädikatsnomen, das den Zustand angibt, in dem sich das direkte Objekt nach Einwirkung der Verbalhandlung befindet (meist indet.). Nur das dirO ist pronominalisierbar und kann als Subjekt des entsprechenden passiven Satzes auftreten. Mehrere semantischen Gruppen lassen sich unterscheiden:

„umwandeln in"
sabaġ *sabaġ ilʾumāš axḍar* „er färbte den Stoff grün" [MI]
dahan *dahanna lʾusʾuf abyaḍ* „wir strichen die Decken weiß" [MA]
ṭaḥan *ṭaḥan idduṛa dʾīʾ* „er mahlte die Hirse zu Mehl" [SB]
targim *mīn haytargimu ʾalmāni?* „wer übersetzt ihn ins Deutsche" [MF]
saxaṭ *yisxaṭu ʾird* „er verwandelt ihn in einen Affen" [SP]

„teilen in"
fasax *ḥafsaxik ḥittitēn* „ich werde dich in zwei Stücke zerreißen" [ST]
faṣṣaṣ *itfaṣṣaṣ sittīn ʾalfi ḥitta* „es wurde in unzählige Stücke zerteilt" [ST]
fakk *yifukku rradyu mīt ḥitta* „sie zerlegen das Radio in hundert Stücke" [SP]
falaʾ *falaʾitha nuṣṣēn* „sie spaltete sie in zwei Hälften" [SP]

rabbaṭ *binurbuṭ ittīl ḥizam* „wir binden den Flachs zu Bündeln" [SB]
ʾaṭṭaʿ *wi baʿdēn niʾaṭṭaʿu šarāyiḥ* „und dann schneiden wir sie in Scheiben" [MA]
ṭawa *ṭawāhum nuṣṣēn* „er faltete sie in zwei Hälften" [SP]
kasar *kasar ilʾulla ḥittitēn* „er zerbrach den Krug in zwei Stücke" [SG]

„ernennen"
intaxab *intaxabū raʾīs* „sie wählten ihn zum Präsidenten" [ME]
raʾʾa *raʾʾīni mandūb saqāfi* „befördere mich zum kulturellen Entsandten!" [ST]
ʿayyin *ʿayyinitak muḥāmi ʿalēha* „sie ernannte dich zu ihrem Verteidiger" [ST]

5.5.4.4 Paronomastische Erweiterung der Verbalphrase

Alle Verben, auch die intransitiven, können ein Verbalnomen oder ein nomen vicis als inneres Objekt zu sich nehmen. Dies legt zunächst einen gewissen Nachdruck auf die Verbalhandlung, wie in *biyšaxxar tašxīr* „er schnarcht" [ME]; *igri gary!* „lauf schnell!" [ST]; *nāyim fi lʿasal nōm* „er schläft satt und selig" [MF]; *itragaf ragfa w ithazzi hazza* „ihn überkam ein Zittern und ein Schütteln" [SP]. Von einer semantisch verwandten Wurzel: *nāmu taʿsīla* „sie schlummerten sich eins" [SP]. Nicht selten wird so bei transitiven Verben „etwas" ausgedrückt: *huww-ana tixfi ʿanni xafiyya* „verbirgst du mir etwas?" [ST]; *laʾa lʾiyya* „er hat einen Fund getan" [SP].

Zu V+dirObj: *šalūni fōʾ rashum šēl* „sie trugen mich auf ihrem Kopf" [ST]; *wassaʿli lahsan aknisak kans* „mach mir Platz, sonst fege ich dich hinweg!" [ST].

An das Verbalnomen treten Attribute aller Art, wodurch die Verbalhandlung weiter modifiziert wird, was im Deutschen häufig mit einem Adverb wiederzugeben ist. Bei intransitiven Verben: *farmil farmala gamda* „er bremste stark" [SP]; *ma-smahlikīš tiʿīši lʿīša di* „ich erlaube dir nicht, daß du auf diese Weise lebst" [ME]; *ma-yitḥiriʾš iḥtirāʾ kāmil* „es verbrennt nicht vollständig" [SP]; *yitrimi ramyit ikkilāb* „er wird weggeworfen wie ein Hund" [ME]; *ʾaʿad ʾaʿditu* „er blieb seine Zeit" [SP]; *ʾuddām ilʾāḍi hatitʿimi nuṣṣi ʿama* „vor dem Richter wirst du halb blind werden" [ST]. Bei transitiven Verben: *bāsitu bōsa sakta* „sie gab ihm einen leisen Kuß" [SP]; *biʿtuhum bēʿ ilʿabīd* „du hast sie verkauft wie Sklaven" [ST]; *māma hazzit rasha hazza laha maʿna* „Mama schüttelte bedeutungsvoll den Kopf" [SP].

Intransitive Verben können so im Relativsatz mit einem Objektsuffix auftreten, das auf ein inneres Objekt als Antezedens verweist: *min kutr iggary illi giryitu* „weil sie so viel gelaufen war" [SP]; *wi di ʿīša lli ntu ʿayšinha di?* „ist das vielleicht ein Leben, das ihr da lebt?" [ST]. Die Passivtransformation ist nicht möglich.

Anmerkung: Paronomasie mittels eines Verbalnomens ist nicht auf das innere Objekt beschränkt, sondern tritt auch bei Adjektiven auf: *hizārak bāyix bawāxa!* „deine Witze sind aber albern!" [ST]; *gamīl gamāl ma-lūš misāl* „unvergleichlich schön" [Farīd al-Aṭraš]; *baḥri kbīr, kubr iggabal* „ein großes Meer, so groß wie ein Gebirge" [SP].

5.6 Nominalisierung (Verbalnomen)

Wenn das Verbalnomen (*maṣdar*) für das Verb eintritt, folgen Subjekt oder Objekt als Genitiv, s. 5.5.4.4. Als Subjekt: *šurb ilḥuṣān* „das Trinken des Pferdes" [SG]. Als Objekt: *baʿdi ḍayaʿān iššanṭa* „nach dem Verlust der Tasche" [SP]; *inta xāyif min muʾablit ṃāṃa lē* „warum fürchtest du dich, Mama zu treffen?" [ST]. Subjekt wie Objekt können auch als Suffix auftreten, z.B. mit Subjektsuffix am Verbalnomen: *itḥammalti ḍarbu wi ʾihantu* „ich habe sein Schlagen und seine Erniedrigung ertragen" [ST]; *ṣaʿbān ʿalayya waʾfitik fi lʿatma* „dein Herumstehen in der Dunkelheit liegt mir schwer auf dem Herzen" [ST]. Mit Objektsuffix am Verbalnomen: *aṣammim ʿala ʾaxdik maʿāya* „ich bestehe darauf, dich mitzunehmen" [ST]. Muß das Verbalnomen aus syntaktischen Gründen unbestimmt bleiben, z.B. nach einer Ordinalzahl oder nach dem Elativ, so wird das Subjekt mit *li* eingeführt: *inti ʾawwil ḥubbi liyya* „du bist meine erste Liebe" [ST], s. 4.2.1.2.2.

Sind sowohl Subjekt wie Objekt genannt, folgt ersteres als Genitiv, und letzteres wird mittels *li* eingeführt: *gih maʿād ziyaṛt ilbanāt l-abūhum* „es kam der Zeitpunkt des Besuchs der Mädchen bei ihrem Vater" [SP]; *šitīmit iggamahīr līna* „unsere Beschimpfung durch die Leute" [ST]; *muʿamlitak li Ṛamzi* „deine Behandlung von Ramzi" [ST]; *musaʿditak luh* „deine Hilfe für ihn" [MF]; *ḥubbik līha* „deine Liebe zu ihr" [MF]; *iḥtiṛāmi lī(h)* „mein Respekt vor ihm" [ST]. Aber auch der Anschluß des Objekts ohne Präposition ist möglich: *mistaġṛab xāliṣ min ṭalabu ʾugṛa ʿala fatwitu* „ich bin sehr erstaunt darüber, daß er für sein Fatwa Honorar verlangt" [SP]; *min kutri ṭalabha fustān ʾaṭīfa* „weil sie so sehr ein Samtkleid haben wollte" [SP].

Beim Verbalnomen von Bewegungsverben werden meist Zielangaben ohne Präposition eingeführt: *lazmitu ʾē miṛwāḥak ilmaḥaṭṭa dilwaʾti?* „warum mußt du jetzt zum Bahnhof gehen?" [ST]; *duxūl Wagdi mustašfa lʾamrāḍ ilʿaqliyya* „die Aufnahme von Wagdi in die Nervenheilanstalt?" [ST]; doch auch mit *li* wie in *istasmaḥti ṃāṃa fi lmirwāḥ li ssīma* „ich fragte Mama um Erlaubnis, ins Kino zu gehen" [SB].

Anmerkung: Das Verbalnomen kann das Objekt mit einer Präposition einführen, während das entsprechende Verb transitiv ist. So wird *ʾābil, yiʾābil* mit direktem Objekt verbunden, doch gebraucht das Verbalnomen obligatorisch *bi*: *muʾabliti bīk* „meine Begegnung mit dir" [SP]; *yiggawwiz wāḥid* „j.den heiraten", aber das Verbalnomen mit *min*: *yiwāfiʾ ʿala gawāzi min Sunya* „er stimmt meiner Heirat mit Sonya zu" [ST], vgl. aber auch *gawazti li Marzūʾ* „meine Heirat mit Marzūʾ" [ST]. Auch *fi* wird kann auf diese Weise gebraucht werden: *sabab ḥubbik fiyya ʾē?* „was ist der Grund für deine Liebe zu mir?" [ST] (vgl. oben *li*); *sirʾitu fi lʿaṛabiyyāt* „seine Autodiebstähle" [ME]; *min kutr šadduhum fi ggallabiyya btaʿti* „weil sie so stark an meiner Gallabiyya zerrten" [SP]. Dies kann mit dem Gebrauch von *fi* bei Einführung des Objekts zur Angabe von Dauer und Intensität zu tun haben, s. dazu 2.6.4 31 b.

5.7 Einfache, komplexe und erweiterte Verbalphrase

Die Verbalphrase bezeichnet die Kategorien Tempus und Aspekt sowie die Modalität und die Epistemizität. Die genaue Bedeutung dieser Kategorien hängt ab von der Art des Sachverhalts, den der Satz beschreibt, der die Verbalphrase enthält.

Syntaktisch gesehen kann die Verbalphrase einfach sein und nur eine flektierte Verbalform enthalten (5.7.1), oder sie kann mit *kān, yikūn* erweitert sein (5.7.2). Enthält sie übergeordnete Präverbien wie Hilfsverben, Verben, Nomina, Präpositionalphrasen und Adverbien, nennen wir sie komplex (5.7.3). Auch diese erlaubt zum Teil die Erweiterung mit *kān, ykūn,* s. 5.7.3.1.4. Die erweiterte VP dient der weiteren temporalen und aspektuellen Präzisierung, die komplexe VP dem Ausdruck der Modalität und anderer semantischer Modifikationen.

5.7.1 Einfache Verbalphrase

Die einfache Verbalphrase (P=VP; VP=Vb) besteht aus dem Verbum als Perfekt, bi-Imperfekt, *ʿammāl*-Imperfekt, ḥa-Imperfekt, y-Imperfekt, aktives Partizip, Imperativ.

5.7.1.1 Perfekt

5.7.1.1.1 Temporaler Gebrauch

Das Perfekt präsentiert einen Sachverhalt als abgeschlossenes Ganzes – gesehen von einem auf der Zeitachse danach liegenden Zeitpunkt aus wie dem Gegenwartspunkt – und hat damit Vergangenheitsbedeutung (a, b, c). Weitere, in der Vergangenheit oder Zukunft liegende Referenzpunkte sind möglich (d, e), wodurch es auch ein Plusquamperfectum oder ein Futurum exactum ausdrücken kann. Es kann mit Vergangenheitsadverbien und auch mit *dilwaʾti* „jetzt" verbunden werden. Zum Gebrauch in Konditionalsätzen, s. 9.1. Im einzelnen kann es anzeigen:

a. einen abgeschlossenen Bericht aus der Vergangenheit ohne Gegenwartsbezug (episodisches Perfekt), aspektuell gesehen perfektiv: *imbāriḥ kānit iddinya bard ʾafalt iššibbāk* „gestern war es kalt, da habe ich das Fenster geschlossen" [ST]; *gum siknu maʿāya ḥassēt inni tʾīl ʿalēhum sibtilhum iššaʾʾa* „sie kamen bei mir wohnen, da bekam ich das Gefühl, daß ich ihnen lästig war, da habe ich ihnen die Wohnung überlassen" [ST]; *tawwi ma šafitni gat ʿala ṭūl* „sowie sie mich erblickte, kam sie sogleich" [ST]; *ranni gaṛas tilifōn ilbēt, rafaʿt issammāʿa* „das Haustelefon klingelte, ich hob den Hörer ab" [SP]. Zur Vertauschbarkeit mit dem aktiven Partizip s. 5.7.1.6.4 Anm.

b. einen abgeschlossenen Sachverhalt mit Bezug zur Gegenwart als Implikation. Häufig bei inchoativen Verben wie *ʿirif* „erfahren (impliziert → ‚wissen')", *ḍāʿ* „verloren gehen (impliziert → ‚verloren sein') ", *gāʿ* „hungrig werden", *ṭihiʾ* „die Nase voll kriegen", *ʾirif* „zuwider werden", *ziʿil* „wütend werden", *ḥabb* „lieb gewinnen“, etc.: *kān lāẓim niʿṛaf – ṭayyib, ʾadīk ʿirift! ḥatiʿmil ʾē?* „wir hätten es wissen sollen! – Gut, nun hast du [es] erfahren [und weißt es]! Was willst du tun?“ [ST]; *ya mṣibti! ana ḍiʿt! dilwaʾti Silīm yiʾṛāha!* „o mein Unglück! Ich bin verloren! Jetzt wird Silīm das lesen!“ [ST]; *guʿt?* „bist du hungrig geworden?“ [ME]; *ana ṭhiʾt* „ich habe die Nase voll“ [SP]; *lā yumkin agawwizik ṛāgil inti ʾrifti minnu* „ich kann dich unmöglich mit einem Mann verheiraten, der dir zuwider ist“ [SP]; *ziʿilt?* „bist du böse geworden?“ [ME]; *ana ḥabbētik ʾawi wi lamma tuxrugi ʿayza abʾa ašūfik* „ich habe dich sehr liebgewonnen und wenn du herauskommst, will ich dich wiedersehen“ [ST]. Der Abgeschlossenheit des Verbalvorgangs kann mit *xalāṣ* Nachdruck verliehen werden: *ma-na xalāṣ ʿirifti kulli ḥāga* „ich habe jetzt doch alles erfahren“ [ST]; *iṛṛāgil da muxxu ggannin xalāṣ* „der Mann ist jetzt endgültig übergeschnappt“ [ST], s. unten (4).

In Verbindung mit dem Zeitadverb *dilwaʾti* „jetzt“ zeigt das Perfekt an, daß die Handlung zu diesem Zeitpunkt abgeschlossen ist, wobei *dilwaʾti* nicht nur den Sprechzeitpunkt meint, sondern auch das Intervall davor[1]: *dilwaʾti baʾit iṭṭāʾ ʿašaṛa* „jetzt ist es zehnmal soviel geworden“ [MF]; *ana dilwaʾti bassi ʿrift innaha miš Ṣafiyya ʿAbd ilFattāḥ* „ich habe jetzt erst erfahren, daß sie nicht Ṣafiyya ᶜAbd il-Fattāḥ ist“ [ST]; *zamanha dilwaʾti ṭharaʾit* „sie dürfte jetzt schon lange verbrannt sein“ [ST]. Zur Vertauschbarkeit mit dem aktiven Partizip s. 5.7.1.6.4 Anm.

Anmerkung: In *ana imtiḥāni kān bukṛa* „meine Prüfung war morgen ~ wäre morgen gewesen“ [ST] ist *bukṛa* nicht als Adverb zu sehen, sondern als Prädikativ zu *kān*. *kān* gibt an, daß die Prüfung einmal auf ‚morgen‘ vom Sprechzeitpunkt aus gesehen gelegt war, daß hierbei aber eine Veränderung eingetreten ist.

c. Dauer und Wiederholung in der Vergangenheit: *ḥabbētum baʿd li muddit sana* „ihr liebtet euch ein Jahr lang“ [ST]; *yāma ḥaṣalit fi ssigni ʾabli kida* „wie oft ist das schon davor im Gefängnis geschehen!“ [ST].

d. Vorzeitigkeit in der Vergangenheit im Nebensatz, wobei das im Hauptsatz genannte vergangene Ereignis als Referenzzeitpunkt dient: *wi ṭiliʿ huwwa lli ballaġ ʿalēna* „und er stellte sich als derjenige heraus, der uns angezeigt hatte“ [SP]; *ḥassēt inni rgiʿti tāni ʿayyila* „ich bekam das Gefühl, daß ich wieder ein kleines Mädchen geworden war“ [SP].

e. Vorzeitigkeit in der Zukunft: Der Referenzzeitpunkt, vor dem etwas geschehen ist, liegt in der Zukunft: *yibʾa yadōb Bāba xallaṣ šuġl* „dann wird also Papa gerade mit der Arbeit fertig geworden sein“ [ST]; *aho ḥayġaṛṛamni mīt ginē wi lissa maʾulnāš issalāmu ʿalēkum* „da wird er mir 100 Pfund Strafe aufbrummen, bevor wir noch *issalāmu ʿalēkum* gesagt haben“ [ST]; *ibʿidi ʿannu w inti tlāʾi nafsik nisitī*

1 Vgl. auch *dilwaʾti* im Sinne von „jetzt gleich“, womit ein anschließendes Intervall gemeint ist: *dilwaʾti gayy* „er kommt jetzt gleich“; *waṣal min Iskindiriyya nnaharda w gayyi dilwaʾt* „er ist aus Alexandrien angekommen und kommt gleich her“ [ST].

šwayya bi šwayya „halt dich fern von ihm und du wirst sehen, daß du ihn nach und nach vergessen haben wirst“ [ST].

f. In die Nähe zum Koinzidenzfall (s. 5.7.1.6.7) rücken Sätze wie *ḥāḍir, sikitt* „zu Befehl, ich schweige ja schon!“ [ST]; *ixṛas ya wād ya Zenhum, w ixtiši ʿala dammak wi xalli ʿandak tarbiyya! – xurust, huww-ana ma-ʿṛafš atkallim kilma fi lbēt da?* „halt den Mund, Zenhum, schäm dich und laß sehen, daß du eine Erziehung [genossen] hast! – Ich bin ja schon still, kann ich denn in diesem Haus kein Wörtchen mehr sagen?!“ [SP]. Hier beinhaltet das Perfekt eine Zusage für die Zukunft.

5.7.1.1.2 Besonderheiten

a. Der Koinzidenzfall liegt vor in *ʾūli ʾibilt!* „sage: hiermit akzeptiere ich!“ [ST]. Dies vor allem in hocharabischen Phrasen wie *rufiʿat ilgalsa* „die Sitzung ist hiermit geschlossen!“ [MF], sonst wird hier eher das aktive Partizip gebraucht, s. 5.7.1.6.7.

b. Das Wunschperfekt ist in vielen aus der Schriftsprache entlehnten Floskeln und formelhaften Wendungen zu finden: *kattaṛ xērak* „vielen Dank!“; *ʿišt* „mögest du leben!“; *kafa-ḷḷa ššaṛṛ* „Gott bewahre vor Bösem!“; *ʾūmi ʾāmit ʾiyamtik!* „steh auf! Möge dein Jüngster Tag anbrechen!“ [ST]; *Ṣafiyya ya ḥabibti! – ḥabbak burṣi w ʿašaṛa xurṣ* „Ṣafiyya, meine Liebe! – Mögen dich küssen ein Gecko und zehn Stumme!“ [ST].

Nach *yarēt* dient es als Irrealis der Vergangenheit: *yaretni gibti maʿāya lbulīs* „hätte ich doch die Polizei mitgebracht!“ [ST]; *wi yarētu ma-nām* „hätte er doch nicht geschlafen!“ [SP], s. 6.3.1, 8.3.2.

Nach *iyyāk* „hüte dich ...!“: *iyyāk nisīt!* „hüte dich davor, daß du es vergessen hast! = hab es bloß nicht vergessen!“ [ST], zu *iyyāk* s. ferner 5.7.2.1.2.1, 5.7.1.2.2.

Nach *inšaḷḷa ma* „hoffentlich nicht; von mir aus nicht“ steht stets das Perfekt: *miš ḥakkallim ʾilla ʾuddām ilmaḥkama – inšaḷḷa ma kkallimt* „ich rede nur vor Gericht! – Von mir aus brauchst du gar nicht zu reden!“ [ST]; *ya tismaʿūhum ya ʾinšaḷḷa ma smiʿtūhum* „entweder ihr hört sie, oder ihr hört sie von mir aus auch nicht“ [ST]. Desgleichen nach *ʿannu ma* „egal, ob ...“: *aʿmillak ʾē? ḥālak miš ʿagibni – ʿannu ma ʿagabak ya ʾaxxi* „was soll ich dir tun? Dein Zustand gefällt mir nicht! – Egal, ob er dir gefällt!“ [ST]. Und beides zusammen in einer Phrase vereint: *inšaḷḷa ʿanha ma waẓẓafitu* „mir ist das egal, ob sie ihn beschäftigt!“ [SP]. Zum Gebrauch in Konditionalsätzen s. 9.1.

c. Perfekt + *lissa* „schon“: In rhetorischen Fragen unterstreicht *lissa* die Nicht-Faktizität: *huwwa ḥna lissa ʾaʿadna maʿa baʿḍ?* „haben wir etwa schon zusammengesessen!?“ [MF]; *inti lissa šammetīha?!* „hast du sie etwa schon gerochen?“ = „du willst sie schon gerochen haben!?" [MF]; *ana lissa daxaltaha ʿašān axrug minha?* „bin ich etwa schon hineingegangen, daß ich da herauskommen könnte!?" [ST].

d. Perfekt + *xalāṣ*: *xalāṣ* unterstreicht den Abschluß und die Unveränderlichkeit des Geschehens zum Zeitpunkt des Sprechens und kann dem Verb voranstehen wie folgen. Oft ist es mit „endgültig" oder „jetzt" wiederzugeben: *ana xalāṣ ba'ēt šē' min ilmāḍi* „gehöre ich jetzt etwa endgültig der Vergangenheit an?" [ST]; *innās xalāṣ ḥafaẓitu* „die Leute kennen es jetzt auswendig" [ST]; *gahhizu xalāṣ?* „sind sie jetzt fertig mit der Aussteuer?" [ST]; *intu 'aʿdīn bitikkallimu ka'innu miši xalāṣ* „ihr redet dauernd, als ob er endgültig weg wäre" [ST]. Vgl. *ʿāyiš ya Zenāti walla xalāṣ mutt?* „lebst du noch, Zenāti, oder bist du jetzt endgültig tot?" [ST] neben *d-ana mutti xalāṣ* „jetzt bin ich aber wirklich am Ende!" [ST], s. auch oben (1, b).

e. Als Ersatz für das y-Imperfekt nach Verben wie *xalla* „lassen", *rigiʿ* „wieder tun", *liḥi'* „es schaffen", *baʿat* „schicken" bei Vergangenheitsbezug, s. 5.7.3.1.3 d,3: *xalletni saxsaxti mi ddiḥk* „du hast mich vor Lachen ohnmächtig werden lassen" [SP]; *Vikturya rigʿit ṣiḥyit* „Viktoria ist wieder aufgewacht" [ST]; *wi baʿat gāb ʿilbitēn sagāyir* „er ließ ein paar Schachteln Zigaretten holen" [SP].

Zum Perfekt in Konditionalsatz und Zustandssatz s. 9.1 und 9.16.1.3.

5.7.1.2 y-Imperfekt

Im Hauptsatz berichtet das y-Imperfekt einerseits über temporale, generell-kontinuative Sachverhalte, die in der Vergangenheit galten und für die Zukunft erneut gelten können. Es kann auch für bi- und ḥa-Imperfekt eintreten und deren Bedeutung übernehmen. Andererseits stellt es Sachverhalte als nicht-temporal und nicht-faktisch dar und bringt verschiedene modale Nuancen wie direktiv, optativ, potential, prospektiv, obligativ, desiderativ zum Ausdruck. Im Deutschen muß es dann mit den entsprechenden Modalverben wiedergegeben werden. Zum y-Imp. im Konditionalsatz nach *law* s. 9.1.1.1, zum Finalsatz s. 9.4.

Anmerkung: Bei Koordination mehrerer Imperfekta trägt i. A. nur das erste ein Präfix bi- oder ḥa-, dessen Fokus sich auch auf die folgenden y-Imperfekta erstreckt.

5.7.1.2.1 Temporaler Gebrauch

a. Generell-kontinuativ und habituell: der Sachverhalt ist ein Faktum, das allgemein in der Vergangenheit wie in der Zukunft gilt: *lamma lwāḥid yikūn fikru mašġūl ma-ygilūš nōm* „wenn einer mit seinen Gedanken beschäftigt ist, kommt ihm kein Schlaf" [SP]; *inta ma-yinfaʿši maʿāk ġēr iggazma!* „bei dir nützt nur noch der Schuh!" [ST]; *'Usāma gaṛṛāḥ tagmīl, yiṣaġġar fi manaxīr da wi ykabbaṛ fi ḥawāgib da* „ʾUsāma ist Schönheitschirurg, er verkleinert die Nase des einen und vergrößert die Brauen eines anderen" [ST]. Dementsprechend häufig ist es in dieser Bedeutung in Sprichwörtern zu finden: *miš kulli marṛa tislam iggaṛṛa* „nicht jedesmal bleibt der Wasserkrug heil" [ME]; *kutr ilḥuzni yʿallim ilbuka* „übergroße Trauer lehrt Weinen" [MF]. Im Nachsatz des Konditionalsatzes mit generellem Sachverhalt: *law laʾenāha lissa txīna šwayya, nizawwid kamān šuwayyit šurba* „wenn wir sie noch ein bißchen dick finden, tun wir noch ein wenig Suppe dazu" [MA].

Bei individuellen Sachverhalten auch habituell-iterativ in der Vergangenheit, wenn der Kontext diese angibt: *ilʿarūsa ʾaʿadit maʿa mmaha. ilbaxīl yīgi dduhriyya lbēt wi mʿāh riġīf ʿēš, yiddi ummu rubʿi wi mrātu rubʿi w yāxud innuṣṣ* „die Braut blieb bei ihrer Mutter. Der Geizkragen pflegte mittags nach Hause zu kommen mit einem Fladen Brot und seiner Mutter ein Viertel und seiner Frau ein Viertel zu geben und er nahm die Hälfte" [SP]. Mit Adverbien wie *dayman* „immer", *ṭūl ʿumrak* „dein Leben lang, schon immer", die eine Dauer angeben: *ʿašān kida dayman anṣaḥ zabayni aʾulluhum ...* „darum rate ich auch immer meinen Kunden und sage ihnen ..." [ST]; *inta ṭūl ʿumrak tiṭlaʿ min ʾayyi ḥāga zayy iššaʿra mi lʿagīn* „schon von jeher ziehst du dich überall blendend aus der Affäre" [ST].

b. Daher kommen auch Verben, die von ihrer Semantik her allgemeine, zeitlich unbegrenzte Sachverhalte wie „verwandt sein, wert sein, gleich sein, ähneln, etc." bezeichnen, vor allem als y-Imperfekt vor:

yiʾrab li w „verwandt sein"	*ma-nti mrāti wi tiʾrabīlu* „du bist doch meine Frau und mit ihm verwandt" [ST], s. unten d
yiswa „wert sein"	*ma-yiswāš baṣala* „das ist keinen Pfifferling wert" [ME]
yisāwi „gleich sein"	*talāta w sitta ysāwu tisʿa* „drei und sechs sind sieben" [ME]; *tisāwi waznaha dahab* „sie ist ihr Gewicht in Gold wert" [ST]
yišbah „ähneln, aussehen wie"	*ma-tišbahīš irraʾʾāṣa* „du siehst nicht wie eine Tänzerin aus" [ST]
yistāhil „verdienen"	*tistāhil* „das verdienst du ~ das geschieht dir recht!" [ME]
yīgi „gehen, zulässig sein"	*wi di tīgi bardu baʿd illi ḥaṣal imbāriḥ* „und geht denn das nach dem, was gestern passiert ist" [ST]
yiṣaḥḥ „richtig sein"	*yiṣaḥḥi txallīli ʿandak ṣūra zayyídi? kān haʾʾak ʾaṭṭaʿtaha!* „ist das richtig, daß du von mir ein Bild wie dieses aufbewahrst? Du hättest es zerreisen sollen!"

Ferner *yinfaʿ* „nützen"; *yifriʾ* „einen Unterschied machen, etwas ausmachen"; *yismaḥ* „zulassen"; *yimnaʿ* „hindern, ausschließen"; *ma-yhimmiš* „egal sein".

c. Meist stehen auch Verba sentiendi und cogitandi im y-Imperfekt, auch bei individuellen Sachverhalten:

iftakar „denken, meinen"	*yaʿni tiftikri nni kullu kān hizār fi hizār* „denkst du etwa, daß alles nur Spaß war?" [ST];
ʾakkid „versichern"	*ana aʾakkidlak innu ma-kanši ʿāwiz yiʾtilu gōzi ma-yiʾtilši min ġēr sabab* „ich versichere dir, daß er ihn nicht töten wollte, mein Mann würde nicht ohne Grund töten" [ST];
ʿirif „kennen"	*iṣṣanfi da ana aʿrafu kwayyis* „diese Art kenne ich gut" [ST];
ẓann „denken, meinen"	*aẓunni kida* „ich denke ‚ja'" [ST];
ʾaṣad „meinen"	*ana aʾṣud innu fi sūʾ ittafāhum* „ich meine, daß es da ein Mißverständnis gibt" [ST].

Zu den Modalverben *ʾidir, yiʾdar* und *ʿirif, yiʿraf* „können" s. 5.7.3.2.1.1.2 b und 5.7.3.2.1.1.4 b, c.

d. Das y-Impf und bi-Imperfekt sind bei allgemein gültigen und generellen Sachverhalten manchmal nebeneinander zu finden, vgl. (allgemein) *huwwa yiʾrabli* „er ist mit mir verwandt" [SB], aber *biyiʾrablak ʾē?* „wie ist er mit dir verwandt?" ebenfalls [SB]; (generell) *lā, ana ma-fhamši fi ssiyāsa laʾ! – ummāl bitifhami f-ʾē?* „nein, ich verstehe nichts von Politik, nein! – Wovon verstehst du denn dann was?" [ST]; *aḥibbu lākin ma-hūš darībi* „ich liebe ihn, doch er nimmt mich nicht wahr" [MF], aber: *baḥibbaha mōt* „ich liebe sie ungeheuer" [MF].

e. Dadurch, daß individuelle faktische Sachverhalte mittels y-Imperfekt als generelle dargestellt werden, kann angezeigt werden, daß ein Sachverhalt nicht akzeptabel ist: *asīb ilbēt diʾīʾa argaʿ alʾāhum ṭayrīn minnu* „da verlasse ich also das Haus für eine Minute, und wenn ich zurückkomme, finde ich sie ausgeflogen!" [ST]; *baʾa tiʿmil da kullu wi baʿdēn tiʾūl bulitīka?!* „du machst also das alles und dann nennst du das ‚Politik'?!" [ST]. Oft in rhetorischen Fragen mit *izzāy*: *izzāy tiʾūli kida!* „wie kannst du das nur sagen!" [MF].

5.7.1.2.2 Modaler Gebrauch

Der Sachverhalt ist kein Faktum, ist nicht realisiert, sein Eintreten ist aber – vom Sprecher her gesehen – abzusehen, kann geschehen, wird erwartet, gewünscht, verlangt, intendiert, vorgeschlagen oder vorausgesetzt, vorhergesagt und nachdrücklich in Aussicht gestellt, als Hypothese postuliert oder existiert nur in der Vorstellungswelt des Sprechers. Das y-Imperfekt kann so deontisch wie epistemisch gebraucht werden:

a. Deontisch-direktiv: Der Sprecher erteilt Anweisungen und macht Vorschläge und Empfehlungen an Abwesende, Anwesende, an sich sich selbst (hortativ).

An eine 3. Person: *ma-ḥaddiš yiʾaṭiʿni w ana bakkallim* „niemand soll mich unterbrechen, wenn ich spreche!" [MF]; *huwwa ḥurr, yixtār!* „er ist frei, er soll wählen!" [ST]; *yōm ṛāḥa zayyi da lwāḥid yirtāḥu wi ynāmu* „an einem solchen Feiertag soll man sich ausruhen und ihn verschlafen!" [ST]. Als allgemein gültige Maximen formuliert: *bass ilḥa''i yit'āl* „die Wahrheit muß gesagt werden" [ME]; *di ḥagāt ma-titsikitši ʿalēha* „das ist etwas, worüber man nicht schweigen darf!" [ST]; *illi ṛāḥ xalāṣ ma-yitʿawwaḍš* „was weg ist, ist weg, und kann nicht ersetzt werden" [ME].

Auch wenn von Autoritäten Anweisung oder Zustimmung gegeben wird: *betna tamām zayy iggēš, ma-ḥaddiš yuxrug wala yudxul* „zu Hause geht es zu wie in der Armee, niemand darf herein- oder herausgehen" [SP] (es ist nicht der Sprecher, der dies auferlegt, sondern der Vater); *lē Muna tuxrug w iḥna ma-nuxrugš* „warum darf Muna weg und wir dürfen nicht?" [ST]. In Konkurrenz zum Partizip: *lā ma-hūš ṭāliʿ, ma-yiṭlaʿš* „nein, er geht nicht hinauf! Er soll nicht hinaufgehen!" [ST].

Gerichtet an die 2. Person in Konkurrenz mit dem Imperativ, meist weniger direkt als dieser und mehr im Sinne eines Vorschlags: *tiṣṣawwaṛi ssāʿa ḥdāšar* „stell dir vor, es ist elf Uhr!" [ST]; *tīgi maʿāna* „willst du mitkommen?" [ST]. Mit Negation *miš* in rhetorischer Frage als Aufforderung: *miš tiddūni xabaṛ?!* „könntet ihr mich denn nicht benachrichtigen?!" [ST]; *miš tixalli bālak w inta sāyiʾ* „willst du nicht aufpassen, wenn du Auto fährst?!" [MF], s. 8.1.5.2. Nach der Beteuerungspartikel *ma-* obligatorisch anstelle des Imperativs: *iftaḥ, ma-tiftaḥ, wi nnabi tiftaḥ!* „mach auf! Nun mach schon auf! Beim Propheten, mach auf!" [ST]; *ēh ilḥikāya! ma-tfahhimīni!* „was ist los? Nun erklär mir es doch!" [ST].

In der 1. Person hortativ: *anabbihu laḥsan yinsa nafsu* „ich will ihn warnen, sonst vergißt er sich selbst" [ST]; *ni'ullu mīn* „wen sollen wir melden?" [MF]. Im Wechsel mit ḥa-Imperfekt: *ē ṛa'yak ništaġal maʿa baʿḍ? – aštaġal maʿāk? ana? ḥaštaġal 'ē?* „was meinst du, wollen wir zusammenarbeiten? – Ich mit dir zusammenarbeiten? Ich? Was sollte ich da tun?" [ST]. Eine Direktive erfragend: *arūḥ li mīn* „zu wem soll ich gehen?" [ME].

b. Deontisch-intentional: Der Sprecher gibt seine Intention kund, etwas zu tun oder nicht zu tun: *akallimak bukṛa* „ich spreche dich morgen" [ST]; *ana ʿalašān xāṭir ḥaḍritik afla' ilḥagaṛ* „für Sie spalte ich Felsen!" [ST]; *ḥu'ū'i ma-futhāš!* „meine Rechte gebe ich nicht auf!" [SP]. In Fragen auch bei den anderen Personen: *wi tinzil lē ya 'Ustāz Ragā'i ? ma-nta kwayyis kida!* „warum wollen Sie herunterziehen, Herr Ragāʾi? Sie haben es doch gut so!" [ST].

Bei Schwur und Beteuerung nach *waḷḷāhi la-*: *waḷḷāhi la-arkab 'ayyi 'utubīs ḥatta walaw kān malyān* „bei Gott, ich werde irgendeinen Bus nehmen, selbst wenn er voll ist!" [ST]. Hier in Konkurrenz mit dem nachdrücklicheren akt. Partizip: *waḷḷāhi la-ṛāyiḥ wi sā'il* „bei Gott, ich werde gehen und fragen!" [ST].

c. Deontisch-prohibitiv mit Negationspartikel *ma-...-š* zur Negation des Imperativs, ebenso beim emphatischen Imperativ mit *ma-* sowie mit den Imperativpartikeln *balāš, iwʿa, iyyāk* etc.: *ma-tikkallimši wi l'akli f-bu''ak* „sprich nicht mit dem Essen im Mund!" [ME]; *ma-t'axiznīš fi di kkilma!* „nimm mir dieses Wort nicht übel!"

[ME]; *balāš tifukkini* „du brauchst mich nicht loszumachen!" [ST]; *balāš as'alik ya Layla* „ich will dich besser nicht fragen, Layla!" [ST]; *iwʿa t'ūl liḥaddi ʿala ʿunwanna* „sag bloß niemand unsere Adresse!" [ST]; *iyyāk tiʿattib hina tāni* „komm hier bloß nicht wieder über die Schwelle!" [SP].

d. Epistemisch-assertorisch: der Sprecher gibt seiner Überzeugung Ausdruck, daß ein Sachverhalt der Fall ist, eintreten kann oder wird: *bukṛa kullu yiʿṛaf* „morgen wird es jeder wissen" [MF]; *ḥaddi yi'daṛ yinṭa' bi kilma? di Nīna tiftaḥ nafūxu* „kann jemand vielleicht ein Wort sagen? Nīna würde ihm den Schädel spalten!" [ST]; *ya mṣibti! ana ḍiʿt! dilwa'ti Silīm yi'ṛāha!* „ach du mein Unglück! Ich bin verloren! Jetzt wird Silīm das lesen!" [ST].

Auch dem Umstand, daß etwas gegen die Erwartung nicht eintritt, kann auf diese Weise Nachdruck verliehen werden: *innu ylā'i bāb walla šibbāk ... 'abadan!* „daß er eine Tür oder ein Fenster gefunden hätte ... keine Rede davon!" [SP].

Das y-Imperfekt konkurriert hier mit dem ḥa-Imperfekt und dem akt. Partizip, die beide mehr Nachdruck auf die Aussage legen, vgl. *bukṛa nšūf wi nfakkaṛak kamān* „morgen werden wir sehen und wir werden dich auch erinneren" [ST] und *ṭab bukṛa ḥanšūf, kān ġērak ašṭar* „morgen werden wir sehen, das haben schon klügere als du probiert" [ST] bzw. *xalli nnahāṛ da yfūt ʿala xēr – iggawwizīni w huwwa yfūt – w in ma-ggawwiztakš? – ma-hūš fāyit* „laß den Tag im Guten ablaufen! – Heirate mich und er wird gut ablaufen! – Und wenn ich dich nicht heirate? – Dann soll er nicht vorbeigehen!" [ST].

e. Epistemisch-dubitativ: der Sprecher zweifelt in Fragen an der Wahrheit des Sachverhalts oder zeigt sich ungläubig: *maṛṛa waḥda kida yxušš issign?* „so auf einmal soll er ins Gefängnis?" [MF]; *inti tiʿmili kida? mustaḥīl!* „du tust sowas? Unmöglich!" [ST]; *ana, ana anām ʿala ssirīr da?!* „ich, ich soll in diesem Bett schlafen?" [ST]; *afham innak bititmanna mōti?* „soll ich das so verstehen, daß du mir den Tod wünschst?" [ST].

f. Epistemisch-potential: der Sprecher rechnet damit, daß der Sachverhalt eintritt: *di ḥāga tgannin* „das ist zum Verrücktwerden" [ME]; *ma-tidmanši ḥatiʿmil fīk 'ē, fi 'ayyi laḥẓa tšankilak tu'ruṣak* „man kann nicht sicher sein, was sie einem antun wird, jeden Augenblick kann sie dir ein Bein stellen oder dich stechen" [ST], s. auch 8.1.1.2.

g. Epistemisch-desiderativ: der Sprecher wünscht sich, daß etwas eintritt: *lākin yikūn fi maʿlūmak inta w huwwa ana miš ḥasīb ḥa''i* „aber ihr beide sollt wissen: mein Recht werde ich nicht aufgeben!" [ST]. Pregativ als inständige Bitte: *wi nnabi ya Šēx ʿAbd isSalām ti'ṛāli lwara'a di?* „beim Propheten, Šēx ʿAbd isSalām, kannst du mir das Papier vorlesen?" [ST]. In Wunschsätzen: *tislam 'īdak!* „möge deine Hand heil bleiben!" [ME]; *yaretni 'akūn mayyita* „ach wenn ich nur tot wäre!" [MF]; *inšaḷḷa tʿīš!* „mögest du leben!" [ME], s. 8.3.1 und 8.3.3.

5.7.1.3 ḥa-Imperfekt

Das *ḥa-* ~ *ha*-Präfix verlegt die Verbalhandlung in die Zukunft. Rein temporaler Gebrauch liegt jedoch seltener vor, da meist ein modaler Sinn in den Vordergrund rückt, indem der Sprecher damit Willen oder Absicht ausdrückt oder eine Aufforderung ausspricht. Ferner dient es auch epistemisch zur Angabe einer starken Vermutung. Oft ist es prospektiv zu verstehen, d.h. es zeigt an, daß ein Sachverhalt so interpretiert wird, daß das Eintreten einer daraus folgenden Situation abzusehen ist. Zur Form des Präfixes s. 2.3.1.2 und 5.7.1.3.3 Anm.2.

5.7.1.3.1 Temporaler Gebrauch

Das ḥa-Imperfekt bezeichnet die Zukunft vom Ich-Zeitpunkt des Sprechers aus: *il'āḍi ḥaynādi ʿala smak ḥatruddi t'ūl 'ē?* „der Richter wird deinen Namen aufrufen, was wirst du ihm dann sagen?" [ST]; *kamān šuwayya wi lfagri ḥayiṭlaʿ* „noch ein wenig und der Morgen graut" [MF]; *ma-ḥaddiš ʿārif iḥna ḥanifḍal maʿa baʿḍi hina 'addi 'ē* „niemand weiß, wie lange wir hier zusammen bleiben" [ST]. Häufig im Nachsatz zu einem Bedingungssatz: *law sallim ilmablaġ li 'ism ilbulīs ḥayāxud nisbit ʿašaṛa fi lmiyya* „wenn er den Betrag auf dem Polizeirevier abliefert, bekommt er 10 Prozent" [SP].

Als Referenzzeitpunkt kann nicht nur der ich-Zeitpunkt des Sprechers dienen, sondern auch ein Zeitpunkt in der Vergangenheit, der in einem üS zum Ausdruck kommt. Damit wird eine Zukunft in der Vergangenheit ausgedrückt: *ʿĀdil kān 'āl ḥayāxud 'agāza nnahaṛda* „ʿĀdil hatte gesagt, daß er heute frei nehmen werde" [ST]; *iftakaṛtak ḥatġīb* „ich dachte, daß du lang wegbleiben würdest" [ST]. In diesem Fall kann es mit einem Adverb der Vergangenheit kombiniert sein: *ma-kuntiš aftikir innuhum ḥaygibūha mbāriḥ* „ich hätte nicht gedacht, daß sie ihn gestern bringen würden" [ME].

5.7.1.3.2 Modaler Gebrauch

a. Deontisch-direktiv: Der Sprecher fordert dezidiert auf: *inta hatāxud kuškak wi timši wa'illa ahiddu ʿala dmāġak* „du wirst deinen Kiosk da nehmen und abhauen, sonst reiß ich ihn dir über dem Schädel ein!" [ST]. Vor allem kommte es so in negierten Fragesätzen vor und ist dann mit dem y-Imperfekt vertauschbar, s. 5.7.1.2.2.a: *miš ḥatiggawwizīni ba'a ya bitti ya Saniyya* „willst du mich nicht endlich heiraten, Saniyya?" [ST]; *inti muš ḥatbaṭṭali lʿanṭaza lfaḍya di!* „willst du nicht mit dieser sinnlosen Hochnäsigkeit aufhören!" [ST]. Als Vorschlag: *intu ḥataxdu ttiltēn w ana ḥāxud ittilti taʿwīḍ* „ihr nehmt zwei Drittel und ich ein Drittel als Entschädigung" [ST].

Der Sprecher äußert seine Intention nachdrücklich: *ḥaʿmil tilifōn ṣuġayyaṛ il'awwil* „ich will zuerst einen kleinen Anruf tätigen" [MF]; *min hina w ṛāyiḥ ḥaʿmil kulli ḥāga lwaḥdi* „von jetzt an werde ich alles selbst tun!" [MF]. Je nach Siutation kann daraus eine Drohung resultieren: *šūf ya gadaʿ inta ya tinṭa' ya ḥaxalli yōmak zayy izzift* „schau, Bursche, entweder du machst den Mund auf, oder ich werde deinen Tag [schwarz] wie Pech sein lassen!“ [ST].

b. Epistemisch-antizipierend: Der Sprecher erwartet das Eintreten des Sachverhalts mit einiger Sicherheit: *ḥat'aṭṭaᶜ ilḥēṭa, ᶜamalitha 'abli kida* „sie wird die Wand in Stücke schlagen, das hat sie schon vorher mal getan“ [ST]; *iggamustēn ḥayiḥlibulna kulli yōm 'ūl yīgi mīt kīlu laban, ḥanbīᶜ illaban wi n'akkil ilᶜugūl wi nākul min waṛāhum* „die beiden Büffel werden uns jeden Tag, sagen wir mal, ungefähr hundert Kilo Milch geben, die Milch verkaufen wir und füttern die Kälber und ernähren uns dann davon“ [ST]; *ana ḥāsis inni ṛabbina ḥaygīb ilᶜawā'ib salīma* „ich habe das Gefühl, daß der Herr alles recht werden lassen wird“ [ST].

A n m e r k u n g : Auch nach übergeordneten Ausdrücken, die eigentlich das y-Imperfekt verlangen, kann ḥa-Imperfekt gebraucht werden, wenn der Sprecher seiner Überzeugung Nachdruck verleihen will: *mustaḥīl, ḇāḇa la yumkin ḥaywāfi'* „ausgeschlossen, unmöglich, daß Papa da zustimmt!“ [ST]; *lāzim ḥasbit da* „ich muß das beweisen!“ [MF]; *miš mumkin ḥastaḥmil!* „das werde ich unmöglich aushalten!“ [ST]; *misīrak ḥatirgaᶜ maṣr* „du wirst zwangsläufig nach Ägypten zurückkehren“ [ST].

Häufig in rhetorischen Fragen zum Ausdruck des Nicht-Wahrscheinlichen und rückweisend: *ilḥukūma btiddīni flūs ḥa'ūl la''a?* „die Regierung gibt mir Geld, soll ich da etwa nein sagen“ [ST]; *ᶜayza flūs aštiri bīha, haštiri šukuk 'awwil iššahri kamān?* „ich will Geld, mit dem ich was kaufen kann! Soll ich etwa schon zum Monatsanfang anschreiben lassen?“ [ST]. Selbst mit Vergangenheitsbezug: *inta ma-šuftūš lamma rigiᶜ imbāriḥ? – ḥašūfu fēn?* „hast du ihn nicht gesehen, als er gestern zurückkam? – Wo hätte ich ihn denn sehen sollen?“ [ST]. Vgl. den Kontrast zum dubitativen y-Imperf.: *yikūn mīn da? – ḥaykūn mīn yaᶜni?* „wer das wohl ist? – Wer sollte das schon sein?“ [ST].

c. Implikativ-prospektiv: die Darstellung dessen, was aus einer Situation absehbar und zu erwarten ist, impliziert die Beschreibung des ist-Zustandes: *xud bālak il'uṣṭuwanāt ḥatu'aᶜ* „paß auf, die Platten fallen gleich herunter“ [ST]; *d-ana mitġāẓ lamma ḥaṭu''* „ich bin so wütend, daß ich gleich platze“ [ST]; *yū, ikkalām ḥayaxudna* „herrje, wir geraten gleich ins Erzählen“ [ST]. Mittels *xalāṣ* kann diese Implikation noch verstärkt werden: *la'a tiᶜbān nāzil mi ssa'fi xalāṣ ḥaybuxxi fi lmalik, ṛāḥ huwwa ḍarbu b sēfu* „er bemerkte, wie eine Schlange von der Decke herunterkam und drauf und dran war, auf den König zu spucken, da erschlug er sie mit seinem Schwert“ [SP]. Vgl. *kān* + ḥa-Imperfekt 5.7.2.1.1.4. Auch generelle Sachverhalte können so impliziert werden wie etwa in Kochrezepten: *baᶜdi kidahuwwat ḥangīb ilbidingān ḥanṣaffi mi lmayya* „danach nehmen wir die Auberginen, wir seihen ihr Wasser ab“ [MA].

Der implizierte Sachverhalt kann zeitgleich mit einem anderen Sachverhalt sein, weshalb das ḥa-Imperfekt auch im Zustandssatz gebraucht werden kann: *lawa l'ukra w zaqq ilbāb wi qalbu ḥaynuṭṭi min sidru* „er drehte den Türknopf herum und stieß die Tür auf, derweil ihm das Herz fast aus der Brust sprang" [SP]; *zaġaṛ li lʿaṛabiyya wi ʿenē ḥatnuṭṭi min makanha* „er starrte auf das Auto, wobei ihm beinah die Augen heraussprangen" [SP]. Auch *lissa* „gerade" bezieht sich auf den implizierten Sachverhalt: *wi ṛayḥa ʿala bāb iššaʾʾa wi lissa ḥaftaḥu wi hubb, bulīs ilʾadāb ṭabb* „und ich ging zur Wohnungstür und wollte sie gerade öffnen, und hoppla ... da stürmte die Sittenpolizei herein" [ST]. Ebenso ergibt sich hieraus eine potentiale Nuance: *da bi rrūmi! huwwa-na ḥafham rūmi kamān?!* „das ist ja auf Griechisch! Soll ich etwa auch noch Griechisch verstehen?!" [MF]; *ya Dalya ana miš kaškūl ḥafham fi kull ilʿulūm* „ich bin kein [wandelndes] Buch, Dalya, daß ich von allen Wissenschaften etwas verstehe!" [ST].

5.7.1.3.3 Konkurrenz zum aktiven Partizip

Bei den sogenannten Bewegungsverben (translative Verben) kann auch das aktive Partizip die Zukunft bezeichnen, s. 5.7.1.6.5. Es läßt sich hier kein großer Unterschied feststellen, wenn es nur um die zeitliche Einordnung geht. Dies zeigt der Wechsel in ein und demselben Satz: *ḥatitʾaxxaṛ walla rāgiʿ badri* „wirst du dich verspäten oder früh zurückkommen" [ST]; *ilmaʾzūn zamānu gayyi w ḥayiktib ikkitāb* „der Maʾzūn wird gleich kommen und den Heiratsvertrag schreiben" [ST]; *ʾulli ya ʿamm arūḥ fēn? ilbēt illi kunti ragʿālu wi ḍāʿ, iggawāz illi kunti ḥaxallif minnu wi falsaʿ* „sag mir, Onkel, wohin ich gehen soll? Das Haus, in das ich zurückkehren sollte, das ist weg, die Heirat, die mir die Kinder bringen sollte, die hat sich zerschlagen" [ST].

Freilich kann das ḥa-Imperfekt den Willen und die Intention oder die subjektive Sicherheit des Sprechers stärker zum Ausdruck bringen: *ʾulti ṭayyib, ḥarūḥ agīb fiṭār* „ich sagte, gut, ich will das Frühstück holen" [SP]; *uṭlub ilʾisʿāf, ilbinti ḥatrūḥ minnina* „ruf die Ambulanz, das Mädchen wird uns wegsterben!" [ST].

A n m e r k u n g 1 : Die Negation erfolgt normalerweise mit *miš*, selten mit *ma-...-š*: *ma-ḥayuxrugš* „er wird nicht hinausgehen" [SP]. Zum Gebrauch von *ma-* in Beteuerungen s. 6.3.2.

A n m e r k u n g 2 : Gelegentlich, vor allem in älteren und ländlich gefärbten Texten, wird auch *ṛāyiḥ* ~ *ṛāḥ*, woraus das Präfix *ḥa-* hervorgegangen ist, verwendet: *ʾamma afakkaṛ fi lmawḍūʿ! – inta lissa ṛāyiḥ tifakkaṛ, yaḷḷa! ḥālan baʾullak!* „laß mich darüber nachdenken! – Du willst erst noch darüber nachdenken, auf geht's! Sofort, sag ich dir!" [ST]; *inta nnahaṛda muš ṛaḥ tiṣṭād? ṛayḥīn nākul minēn?* „willst du heute nicht fischen? Wovon sollen wir essen?" [SP]; *ʿandi ʾōḍa ṛaḥ tifḍa baʿdi yomēn* „ich habe ein Zimmer, das in zwei Tagen frei wird" [ST].

5.7.1.4 bi-Imperfekt

Für die Bedeutung des bi-Imperfekts spielt der Sachverhalt die entscheidende Rolle, den das Verb mit seinen zugehörigen Argumenten beschreibt.

Bei nicht-stativen, nicht-intervallischen Sachverhalten drückt es die aktuelle Gegenwart hic et nunc aus, hat aber gleichzeitig auch habituelle Bedeutung: (Gegenwart) *inti lmaṛṛādi btikkallimi ṣaḥḥ* „dieses Mal sprichst du wahr" [ST]; (habituell) *ikkahṛabaʾiyya btikkallim kida* „die Elektriker reden so" [SP].

Bei stativen sowie bei inchoativen Sachverhalten (Übergang in einen Zustand), wobei zu letzteren auch Bewegungsverben (translative Verben) und die Verba sentiendi zählen, bezeichnet das aktive Partizip jedoch die aktuelle Gegenwart: *ana māši* „ich gehe"; *ana mṛawwaḥ* „ich gehe nach Hause"; *ana šāyif* „ich sehe"; *ana fākir* „ich erinnere mich"; *ana ʿārif* „ich weiß"; *ana fāhim* „ich verstehe" etc., während das bi-Imperfekt dieser Verben ausschließlich habituelle Bedeutung besitzt, s. dazu unten 5.7.1.4.2 und 5.7.1.6.2.

5.7.1.4.1 Aktuelle Gegenwart

Das bi-Imperfekt gibt bei nicht-stativen, nicht-intervallischen Sachverhalten Ereignisse und Handlungen an, die zum Sprechzeitpunkt (Gegenwart) ablaufen: *bakkallim ʿaṛabi ahú* „ich spreche doch Arabisch!" [ST]; *ḥaḍritak bitbuṣṣi kida lē?* „warum schauen Sie so?" [MF]; *ana bamūt* „ich liege im Sterben" [MF]; *ʾaṣlaha dilwaʾti bitlabbis ilʿarūsa* „sie kleidet nämlich jetzt gerade die Braut an" [ST]; *mafīš ya binti, d-ana bassi baftikir* „es ist nichts, mein Kind, ich denke nur nach" [SP].

Das bi-Imperfekt bezeichnet manchmal strikt genommen ein größeres Intervall als nur die aktuelle Gegenwart und kann einen Teil der Vergangenheit und der Zukunft miteinschließen: *ikkalām da ʾana basmaʿu min saʿtēn* „das höre ich nun schon seit zwei Stunden" [MF]; *ana ʾaṣli baʿmil baḥsi ʿan izzāṛ* „ich mache nämlich eine Untersuchung über den Zār" [ST]. Häufig leitet *baʾullak ʾē* „was sage ich dir?" eine Mitteilung ein, die erst noch gemacht wird: *baʾullak ʾē? ana miš fāḍi li lhartala btaʿtak di!* „also jetzt hör mal, ich hab jetzt keine Zeit für dein Geschwätz!" [ST]. So läßt es sich auch mit einem Zeitadverb der Zukunft verbinden: *ilḥukūma bukṛa bitmuṛṛi b-ʾazma maliyya* „morgen macht die Regierung eine finanzielle Krise durch" [MF].

Auch braucht der Sprechzeitpunkt nicht immer wirklich in die Verbalhandlung miteingeschlossen zu liegen, sondern kann genaugenommen folgen: *ana badawwaṛ ʿalēki ya Huda* „ich suche nach dir, Huda [nachdem Huda erschienen ist]" [ST]; *bandahlik miš bitruddi lē?* „ich rufe nach dir, warum antwortest du nicht? [die Gerufene ist schon erschienen]" [MF].

5.7.1.4.2 Habitueller Gebrauch

Bei Verben aller Aktionsarten und allen Sachverhalten kann das bi-Imperfekt Zustände, Ereignisse und Handlungen angeben, die sich wiederholen, eine Gewohnheit sind oder für einen längeren Zeitraum gelten, und die der Sprecher als seine Erfahrung darstellen will. Dies gilt für individuelle Sachverhalte: *da lʾaṭri biyʾūm issāʿa tamanya* „der Zug geht um acht Uhr" [ST]; *laʾ ana mitšakkira, ana miš bašṛab* „nein, danke, ich trinke nicht" [ST]; *maʿrūf innu byāxud ṛašwa* „er ist bekannt dafür, daß er bestechlich ist" [ST]; *dayman biniʿmil maʿa lmuluxiyya ruzz* „zur Muluxiyya machen wir immer Reis" [MA]; *aḥyānan biyibʾa ġabi* „manchmal ist er dumm" [MF]. Iterative Sachverhalte: *kulli maṛṛa biyištaddi ʿan ilʾawwil* „jedesmal wird es ärger als zuvor" [MF]. Ebenso für generelle Sachverhalte, die der eigenen Erfahrung entsprechen: *kulli ʾinsān biyiġlaṭ* „jeder Mensch macht Fehler"

[MF]; *da lmasal illi biy'ūl, ana 'ulti ḥāga?* „das Sprichwort sagt das, habe ich etwa was gesagt?" [ST]. Gelegentlich ist es daher in Sprichwörtern zu finden, wie in *ṭabbāx issimmi biydū'u* „der Giftkoch kriegt es [sein Gift] selbst zu essen", dort weitaus häufiger jedoch das y-Imperfekt *'alīl ilbaxti ylā'i lʿaḍmi fi kkirša* „der Pechvogel findet Knochen in den Kutteln", s. 5.7.1.2.1.

Bei punktuellen Verben hat das bi-Imperfekt ausschließlich habituelle Bedeutung: *lamma byirgaʿ min iššuġli biykūn taʿbān* „wenn er von er Arbeit zurückkommt, ist er immer müde" [ST], s. unten 5.7.1.6.1. Ebenso bei den Verba sentiendi: *da ʿenayya lli bašūf bīha ddinya w illi fīha* „es sind meine Augen, mit denen ich die Welt sehe und was darauf ist" [ST]. Für die aktuelle Gegenwart tritt hier das aktive Partizip ein, s. 5.7.1.6.1.

5.7.1.4.3 Historisches Präsens

Häufig dient es als historisches Präsens in lebhaften Schilderungen: *la'ēt illi smu Hišām da gayyi min guwwa wi f-muntaha lburūd biy'ulli tfaḍḍali ya ṭanṭ* „da kam dieser Hišām von drinnen, und ganz kühl sagte er zu mir ‚Bitte schön, Tante!'" [ST]. Auch sonst, wenn der Kontext hinreichend deutlich auf die Vergangenheit weist: *ikkallimit fi ttilifōn min 'īmit šuwayya btis'al 'iza kunna mawgudīn 'ultilha tfaḍḍali* „sie hat vor einer kleinen Weile angerufen, sie fragte, ob wir da seien, ich sagte zu ihr ‚Bitte schön!'" [ST].

5.7.1.4.4 Koordination von bi-Imperfekta

In parataktischen Sequenzen von mehreren Imperfekta gilt das *bi-* des ersten Imperfekts auch für die folgenden, die daher nicht mit *bi-* versehen zu sein brauchen: *binit'ābil kulli yōm wi nākul wi nišrab maʿa baʿḍ* „wir treffen uns jeden Tag und essen und trinken zusammen" [ST], s. auch 5.7.2.1.1.2 c.

5.7.1.4.5 bi-Imperfekt im uS

Im uS drückt bi-Imperfekt auch die Gleichzeitigkeit zum üS aus, so zunächst im Zustandssatz: *ḥamūt w ana badāfiʿ ʿan ḥa''i* „ich werde noch im Sterben mein Recht verteidigen" [ME]; *ana smiʿt innās bit'ūl wi tiḥki* „ich hörte die Leute sagen und erzählen" [SP], s. 9.16.1.1. Aber auch im konstatierenden uS: *wi xayfa aḥkīlik, aḥsan tiftikrīni bafawwil ʿalēki* „ich fürchte mich, es dir zu erzählen, sonst denkst du, daß ich dir Unglück vorhersage" [SP]; *laḥẓit inn ilʿabdi biyṣalli ġēr ṣalathum* „sie bemerkte, daß der Schwarze anders zu beten pflegte als sie" [SP].

Ist aus syntaktischen Gründen im uS ein y-Imperfekt nötig, so geht dem bi-Imperfekt ein *yikūn* voraus: *ana xāyif la-kūn baḥlam* „ich fürchte, daß ich träume" [MF]; *ẓayyi ma ykūn biyra'ibni huwwa ttāni* „als ob auch er mich beobachten würde" [ST].

5.7.1.5 *ʿammāl*

ʿammāl, meist mit folgendem y-Imperfekt, drückt Dauer und Intensität individueller Sachverhalte aus. Die Zeitlage ist aktuelle Gegenwart. Es kongruiert in Genus und

Numerus und kann nicht negiert werden: *ma-t'axzunīš, ʿammāla atkallim wi nsīt aṣabbaḥ ʿalēkum* „nichts für ungut, ich rede in einer Tour und habe vergessen, euch ‚Guten Morgen' zu sagen" [SP]; *ʿammāl yibaḥla' fīha* „er glotzt sie immerzu an" [MF]; *ahí layyām ʿammāla tigri* „die Tage laufen schnell davon" [SP]; *inti ʿammāla tixissi wi txissi* „du wirst immer magerer" [SP]. Bei Gleichzeitigkeit im Zustandssatz: *ṭār wi huwwa ʿammāl yitlifit* „er stob davon, wobei er sich immerzu umdrehte" [SP].

Auch mit bi-Imperfekt oder Partizip kommt es vor: *'āʿid gambi ʿAzīza w ʿammāl biybuṣṣilha* „er saß neben ʿAzīza und schaute sie unverwandt an" [ST]; *walākin ma-ḥaṣallūš ḥāga. ʿammāl wā'if wu yirfaʿ dimāġu kida* „aber es war ihr [scil. der Schlange] nichts passiert. Sie blieb immerzu aufgerichtet und hob den Kopf so" [MA]. Selten mit einem auf das Subjekt bezüglichen Pronominalsuffix: *ʿammālak tuḥṣud ʿidān il'amḥ* „du erntest weiter die Weizenhalme" [SB].

5.7.1.6 Das aktive Partizip[2]

Wie beim bi-Imperfekt, s. oben 5.7.1.4, spielt der Sachverhalt, den das Verb mit seinen Ergänzungen beschreibt, die entscheidende Rolle für die Bedeutung des aktiven Partizips. Es bezeichnet einen Zustand, der aus einem vorhergehenden Ereignis hervorgegangen ist und hat damit resultative Funktion, gleichzeitig impliziert es damit auch den Ablauf dieses Ereignisses. Es stellt somit eine Verbindung zwischen dem Sprechzeitpunkt und dem Ereigniszeitpunkt her. Es müssen stative von inchoativen Sachverhalten unterschieden werden, da ihre Partizipien jeweils verschiedene Bedeutung haben.

5.7.1.6.1 Stative Verben

Stative Verben geben einen Zustand an und ihr aktives Partizip drückt den Gegenwartsbezug aus. In Verbindung damit bedeutet *lissa* immer „noch", nicht „gerade, eben erst", und ihr bi-Imperfekt ist immer habituell. Solchen Gegenwartsbezug finden wir z.B. in:

ḥwg-VIII *ana miḥtagālak* „ich brauche dich" [MF]. Habituell mit bi-Imperfekt: *mugarrad taḥḍīr kaza katībit ṣawarīx bitiḥtāg li snīn* „das bloße Aufstellen von ein paar Raketenbrigaden braucht Jahre" [SP]

xly-II *iššuġli miš mixalli ʿand ilwāḥid wa't* „die Arbeit läßt einem keine Zeit" [MF]. Habituell mit bi-Imperfekt: *bitxalli lmuluxiyya tiṭlaʿ maẓbūṭa* „sie läßt die Muluxiyya richtig werden" [MA]

dwx *imsikni ya rāgil, dayxa ya Si Raḍwān* „halte mich, Mann, mir ist schwindelig, Si Raḍwān!" [ST]

syb *izzāy ilbulīs sāyib innās tikkallim?* „warum nur läßt die Polizei die Leute reden?" [ST]

2 S. dazu EISELE (1990).

ᶜgb	*ᶜagbik ᶜištik hina? – miš ᶜagbāni* „gefällt dir dein Leben hier? – Es gefällt mir nicht." [ST]. Habituell mit bi-Imperfekt: *biyiᶜgibni fīk innak saᶜāt tiʾlib baniʾādam wi tifham* „an dir gefällt mir [immer wieder], daß du dich bisweilen in einen Menschen verwandelst und Verständnis zeigst" [ST]
ᶜwz	*innaggāṛ ᶜāwiz mīt ginēh ḍarūri* „der Zimmermann will unbedingt 100 Pfund" [ST]
fḍl	*ana faḍilli sana w inti faḍillik sanatēn* „mir bleibt noch ein Jahr und dir bleiben noch zwei Jahre" [ST]. Habituell mit bi-Imperfekt: *ʾaṣli ilmaṣri byifḍal ṭūl ᶜumru yiḥlam bi ssafaṛ* „der Ägypter träumt nämlich sein ganzes Leben hindurch vom Reisen" [SP]
kfy-II	*imkaniyyātak gāyiz ḥaliyyan mikaffiyyāk* „es mag sein, daß dir deine Möglichkeiten im Augenblick ausreichen" [ST]
lyq	*di layʾa ᶜalēha xāliṣ* „die steht ihr sehr gut" [MF]
nqṣ	*nāʾiṣ ilʾimḍa* „es fehlt die Unterschrift" [ST]
nẓr-VIII	*ana muntaẓirkum fi ligtimāᶜ* „ich erwarte euch auf der Versammlung" [ST]
wṣl-II	*ma kullu mwaṣṣal ᶜala baᶜḍu* „alles führt doch aufeinander zu" [ST]

5.7.1.6.2 Inchoative Sachverhalte[3]

a. Inchoative Verben geben den Eintritt in einen physischen oder mentalen Zustand an. Wir zählen hierzu auch die translativen Verben (Bewegungsverben), ebenso die Verba sentiendi. Ihr aktives Partizip ist in erster Linie gegenwartsbezogen, ihr bi-Imperfekt stets habituell. Doch kann das aktive Partizip im entsprechenden Kontext durchaus auch resultativ sein und die einfache Vergangenheit bezeichnen, entsprechende Beispiele sind unten angeführt. In Verbindung mit *lissa* gibt es das Andauern des implizierten Zustands an und *lissa* hat die Bedeutung „noch". Gegenüber dem Perfekt hat das Partizip Kundgabefunktion:

trk	*ana tariklak yomēn talāta w in šāʾ aḷḷāh tkūn ʾismitna maᶜa baᶜḍ* „ich lasse dir noch zwei, drei Tage [Zeit] und dann, so Gott will, wird es mit uns klappen" [ST]. Mit *lissa*: *lelt imbāriḥ lissa tarka ᶜandak ʾasaṛ* „du stehst noch immer unter dem Eindruck der gestrigen Nacht" [ST]. Vergangenheitsbezogen: *ʾaṣlak tārik kulli ḥāga li llāh wi mitwakkil ᶜalē* „du hast alles Gott überlassen und verläßt dich auf ihn" [ST]
tyh	*tāyih, tāyih ya Nirgis fi lmūlid* „ich irre herum, irre herum, Nirgis, auf dem *mūlid*" [SP]
gyy	*ana akbaṛ min Ġazāla fi lᶜumr, ʾayyāmi ṛayḥa wi huwwa ʾayyāmu gayya* „ich bin älter als Ġazāla, meine Tage vergehen, seine Tage

3 Nach EISELE (1990) S. 227-229 „core incoatives" und „borderline inchoatives".

kommen“ [SP]. Vergangenheitsbezogen: *w inta fāhim inni gayyi̊ ʿalašān kida* „du glaubst, daß ich deswegen gekommen bin“ [ST]; *daxalti̊ ʿalēhum waka'inn ilmawḍūʿ ṣudfa wi 'ultilhum aḷḷāh intu gayyīn il'aṣri̊ lē?* „ich trat zu ihnen, als ob es ein Zufall wäre, und sagte zu ihnen: Ach Gott, warum seid ihr in das Schloß gekommen?“ [SP]. Mit *lissa: iḥna 'awwil dufʿa f-aġusṭus wi lissa gayyi̊ waṛāna dufaʿ dufaʿ* „wir sind die erste Gruppe im August, und sie kommen noch scharenweise nach uns“ [ST]. Habituelles bi-Imperfekt: *ilḥamām da byīgi maṛṛa kulli̊ šahṛ* „diese Tauben kommen jeden Monat einmal“ [SP]

ḥfḍ *ana ḥāfiḍ kalām aḷḷāh* „ich kenne das Wort Gottes auswendig“ [ST]

ḥml *inta ḥāmil hamm ilfallaḥīn 'awi kida lē?* „warum sorgst du dich so sehr um die Fellachen?“ [ST]

xd ʿala *xallīni wā'if aḥsan, ana wāxid ʿa lwu'ūf* „laß mich lieber stehen, ich bin das Stehen gewöhnt “ [ST]. Mit *lissa*: *lissa wāxid ʿala mawaʿīd iššuġl* „er ist noch immer an die Arbeitszeiten gewöhnt“ [ST]

xrg *ya ḅāḅa ana xarga ahí* „Papa, schau, ich gehe aus!“ [ST]. Vergangenheitsbezogen: *inta xārig wi maʿāk xamsa gnē ṛāḥum fēn?* „du bist mit 5 Pfund weggegangen, wo sind die hingekommen?“ [ST]. Mit *lissa*: *wi lissa xārig bi šōku min signi̊ 'Aṛamidān* „er ist noch ganz frisch aus dem *'Aṛamidān*-Gefängnis entlassen“ [SP]. Mit habituellem bi-Imperfekt: *baxrug min išširka xamsa lʿaṣr* „ich verlasse die Firma um fünf Uhr nachmittags“ [SP]

xss *da nta xāsis* „du hast abgenommen, bist abgemagert“ [SP]. Mit habituellem bi-Imperfekt: *kulli̊ māda bitxiss* „sie nimmt immer mehr ab“ [SP]

xṭb *ana lissa miš miggawwiz, ana xāṭib bass* „nein, ich bin noch immer unverheiratet, ich bin nur verlobt“ [MA]

xwf *ana xāyif ilʿaṛabiyya tu'af minni!* „ich fürchte, daß mir das Auto stehenbleibt“ [ME]

dxl *walākin ilmas'ala di miš ʿagbāni wala daxla f-mazāgi* „aber die Sache gefällt mir nicht und geht mir in den Sinn“ [ST]. Vergangenheitsbezogen: *di 'āxir miḥawla maʿā 'aṣlu dāxil gidīd fi ggamaʿāt iyyāha wi mṭallaʿīn fi dmāġu inn ittaṣwīr ḥaṛām* „das ist der letzte Versuch mit ihm, er ist nämlich neu in diese gewissen Vereinigungen eingetreten, und die haben ihm in den Kopf gesetzt, daß das Fotografieren Sünde ist“ [ST]

rgʿ *ana rāgiʿ ʿamali* „ich gehe zurück an meine Arbeit“ [ST]. Vergangenheitsbezogen: *ma-na ragʿa maṣri̊ ʿašān astarayyaḥ ba'a ʿala ṭūl* „ich bin doch nach Ägypten zurückgekehrt, um mich gleich zur Ruhe zu setzen“ [ST]; *'adīni rāgiʿ min baṛṛa ba'āli sitt ušhur* „jetzt bin ich schon sechs Monate aus dem Ausland zurück“

[ST]. Mit habituellem bi-Imperfekt: *ʾaṣli kulli̊ yōm bargaʿ miʿayyaṭ* „denn jeden Tag komme ich weinend zurück“ [ST]

rḍy — *bassi̊ Huda mxaṣmāni w miš raḍya tkallimni* „nur hat Huda mit mir gebrochen und will nicht mehr mit mir sprechen“ [ST]

rqd — *di raʾda miš darya bi ddinya w illi fīha* „sie liegt da und nimmt die Welt um sich nicht wahr“ [MF]

rkb — *ummāḷ rākib ikkursi ʿiyāʾa* „sitzt du etwa auf dem Stuhl, um zu protzen?“ [ST]

rwḥ — *ʾadīni ṛāyiḥ ahú* „ich geh ja schon!“ [ST]; *ḥaḍritik ṛayḥa fēn?* „wo gehen Sie hin?“ [ST]

rwḥ-II — *ana mṛawwaḥ* „ich gehe nach Hause“ [ST]

sdq — *ana miš misaddaʾa kkalām da!* „ich glaube das nicht!“ [ST]

sfr — *inta msāfir walla ʾē?* „gehst du auf Reise oder wie?“ [ST]. Vergangen: *ilḥamdu lillāh innu msāfir, mīn yiʿṛaf kān ḥaṣal ē law kān hina* „Gott sei Dank, daß er verreist ist, wer weiß, was passiert wäre, wenn er hier wäre“ [ST]

skt — *sākit lē?* „warum schweigst du?“ [ST]

skn — *ana sakna gambuhum* „ich wohne neben ihnen“ [ST]

sm^{c} — *ana sāmiʿ ḥissi̊ riglēn ʿa ssillim* „ich höre Schritte auf der Treppe“ [ST]. Vergangenheitsbezogen: *ana samʿa gōzik biyzaʿʿaʾ min šuwayya* „ich habe deinen Mann vor wenigen Augenblicken schreien hören“ [ST]

swq — *illa sāyiʾ izzāy* „wie kannst du nur fahren?“ [ST]

šbh-VIII — *mištibhīn fī* „wir haben ihn in Verdacht“ [ST]

šġl — *wi yfangaṛ ʿala waḥda min iyyāhum šaġlā* „und er schmeißt sein Geld raus für eine von denen [scil. den leichten Mädchen], die es ihm angetan hat“ [ST]

škk — *lissa barḍu šākik fiyya?* „zweifelst du noch immer an mir?“ [ST]

šwf — *ma-na šāyif kulli̊ ḥāga* „ich sehe doch alles“ [ST]. Vergangenheitsbezogen: *d-ana šayfāk bi ʿēni ṣṣubḥi̊ f-ʾīdak iggōza!* „ich habe dich mit eigenen Augen heute morgen gesehen mit der Wasserpfeife in der Hand!“ [ST]

šyl — *da ʿammāl yimidd, wi da šāyil fuṭūru* „der eine schreitet kräftig aus, der andere trägt seine Mahlzeit“ [ST]

ṣḥy — *inn ilwaḥda tnām wi hiyya ṣaḥya* „daß eine schläft, während sie wach ist“ [ST]. Vergangenheitsbezogen: *inta ṣāḥi min nōm iḍḍuhr ʿalašān titxāniʾ ya ʾustāz? kunti̊ kammilha nōm!* „bist du vom Nachmittagsschlaf aufgewacht um zu streiten, mein Herr? Du hättest besser weitergeschlafen“ [ST]

ṣwr-V — *ana miš mitṣawwar izzāy kān mumkin ilwāḥid yiʾdaṛ yiʿīš min ġerha* „ich kann mir nicht vorstellen, wie man ohne sie leben konnte“ [ST]

ṣwm	*biḥa''i ya ḥaggi Mḥammad, da-nta ṣāyim* „tatsächlich, Ḥagg Muḥammad, du fastest ja!" [ST]
ṭlᶜ	*ana ṭalᶜalha* „ich gehe zu ihr rauf" [ST]. Vergangenheitsbezogen: *bass ihda, inta ṭāliᶜ min ġēr il'aṣanṣēr?* „beruhige dich nur, bist du ohne Lift heraufgekommen?" [ST]
ṭyq	*ana miš ṭay'ā* „ich kann ihn nicht ertragen" [ST]
ṭyr	*dilwa'ti ṭayra walla maxnū'a?* „fliegst du jetzt oder bist du eingeschnürt?" [ST]. Vergangenheitsbezogen: *asīb ilbēt di'ī'a argaᶜ al'āhum ṭayrīn minnu* „ich verlasse das Haus eine Minute und komme zurück, da finde ich sie ausgeflogen"[ST]
ᶜzm	*inti ᶜazmāhum innaharda?* „hast du sie für heute eingeladen?" [ST]
ᶜṣb-V	*iššabba di min sāᶜit ma gat wi hiyya mᶜaṣṣabāni* „dieses Mädchen geht mir auf die Nerven, seit sie gekommen ist" [ST]
ᶜml	„machen": *inti mīn ya sitt inti? w ēh izzēṭa lli nti ᶜamlāha di* „wer bist du, Frau? Und was ist das für ein Geschrei, das du da veranstaltest?" [ST]. Vergangenheitsbezogen: *šūf illi ᶜamlīnu f-šuᶜurhum* „schau, was sie mit ihren Haaren gemacht haben" [ST]
ᶜml	„so tun als ob": *illi ᶜamlīn innuhum biyifhamu* „die so tun, als ob sie verstünden" [SP];
ᶜml	„aussehen": *inti ᶜamla zayy ilmiᶜza ddahbāna fi lfustān wi ggazma dōl* „du siehst aus wie eine ausgemergelte Ziege in diesem Kleid und in diesen Schuhen" [ST]
ftḥ (intr.)	*ilmaṭᶜam fātiḥ* „das Restaurant ist geöffnet" [ME]. ftḥ (trans.) ist immer vergangenheitsbezogen: *fātiḥ il'ahwa 'aᶜda li lᶜummāl* „er hat das Kaffeehaus als Ruheplatz für die Arbeiter eröffnet" [ST]
fkr	*inti fakra nafsik 'ē ya bitt!?* „wofür hältst du dich, Mädchen!" [ST]. Mit *lissa* „noch": *mīn fīkum lissa fākir inni fī malāk biysaggil ᶜalēkum ḥasanatkum* „wer von euch glaubt denn noch, daß es einen Engel gibt, der eure guten Taten aufzeichnet?" [ST]
fwr	*ma-tfawwarīš dammi aktar ma huwwa fāyir* „bring mein Blut nicht noch mehr in Wallung, als es schon ist" [ST]
fyt	*yādi llēla lli muš fayta* „o diese Nacht, die nicht vorbeigehen will" [ST]. Vergangenheitsbezogen in der Bedeutung „verlassen": *ana garālik 'ē ma na faytik iṣṣubḥi ṭayyiba!* „was ist mit dir passiert? Ich habe dich doch am Morgen gesund verlassen!" [SP]
qdr	*aho da ssirr illi miš 'ādir afhamu* „das ist nun das Geheimnis, das ich nicht verstehen kann!" [ST]
qdr ᶜala	*ilᶜiyāl miš 'adrīn ᶜa lᶜiyāṭ, nazlīn ᶜiyāṭ kittēmi* „die Kinder sind nicht mehr in der Lage zu weinen, sie weinen immerzu heimlich" [SP]
qṣd-V	*ilmudarris mit'aṣṣadni* „der Lehrer hat es auf mich abgesehen" [SB]
qfl (intr.)	*ilbanki 'āfil* „die Bank hat zu" [ME]

lbs — *labsa aġla ma ʿandaha* „sie trägt das Teuerste, was sie hat" [SP]. Mit *lissa*: *izzāy sara'u lmugrim ana lissa labsu dilwa'ti* „wie konnte der Verbrecher ihn nur stehlen, ich hatte ihn eben noch an!" [ST]

lms — *šayfāk yaʿni w lamsāk b-idayya* „ich sehe dich und fühle dich mit den Händen" [ST]

msk — *Mirvat maska fi guwwa* „Mirvat hält ihn drinnen fest" [ST]

mšy — „laufen": *innās mašya ḥafya* „die Leute laufen barfuß herum" [ST];

mšy — „weggehen": *ilma'zūn māši – ma yimši* „der Maᵓzūn geht weg. – Soll er doch weggehen!" [ST]. Auch vergangenheitsbezogen: *wi māši bīha ṭūl ilmuddādi* „und du bist diese ganze Zeit damit herumgelaufen?" [MF]

nzl — *aho gayyi nāzil mi kkubri aho* „da kommt er von der Brücke herunter!" [ST]. Deutlich vergangenheitsbezogen und resultativ in der Bedeutung „in einem Hotel absteigen": *huwwa ḥna nazlīn fi Hilton?!* „sind wir etwa im Hilton abgestiegen?" [ST]

nsy — *inti nasya nnik bint!* „du vergißt, daß du ein Mädchen bist!" [ST]. Aber häufig auch vergangenheitsbezogen: *d-ana nasya!* „ich habe vergessen!" (es fällt ihr gerade wieder ein) [ST]

nwm — *hissi hiss isSaʿīd nāyim laḥsan yiṣḥa* „pst, pst, isSaᶜīd schläft, sonst wacht er noch auf!" [SP]

nwy — *miš nāwi ʿala šaṛṛ* „ich beabsichtige nichts Böses" [MF]

hyᵓ-V — *ana mithayya'li innaha tiʿṛafik, di nadahitlik b-ismik* „mir scheint, sie kennt dich, sie rief dich beim Namen" [ST]

wḥš — *Kamāl! inta waḥišni, waḥišni xāliṣ! – waḥšik lē? ma-na maʿāki ahú* „du fehlst mir, Kamāl, du fehlst mir sehr! – Warum fehle ich dir? Ich bin doch hier bei dir!" [ST]

wdy-II — *ana ṛāyiḥ asannidik w inti iʿmili 'akinnik ʿayyāna w ana mwaddīki li lḥakīm* „ich werde dich stützen und du tust, als ob du krank bist und ich dich zum Arzt bringe" [SP]. Vergangenheitsbezogen: *inta miš miwaddīha mbāriḥ li dduktūr?* „hast du sie nicht gestern zum Arzt gebracht?" [ST]

wsq — *walla nta miš wāsiq fiyya* „oder traust du mir nicht?" [MF]

wṣl — *ana wāṣil ilmaṣnaʿ wi gayyi tāni, 'aṣli t'axxaṛti xāliṣ* „ich gehe jetzt zur Fabrik und komme wieder, ich habe mich nämlich sehr verspätet" [SP]. Vergangenheitsbezogen: *ana wāṣil hina mbāriḥ bass* „ich bin erst gestern hier angekommen" [ST]. Mit *lissa*: *ana lissa wāṣil min 'Amrīka min nuṣṣi sāʿa* „ich bin erst vor einer halben Stunde aus Amerika angekommen" [ST]

wqf — *inta wā'if mistanni 'ē?* „was stehst du und wartest?" [ST]. Mit *lissa*: *bitāʿ ittiliġrāf lissa wā'if* „der Telegrammbote steht noch da" [ST], aber *yaʿni bi lʿaṛabi lʿaṛabiyya lissa wa'fa dilwa'ti* „das heißt auf gut Arabisch, das Auto ist eben erst stehengeblieben" [SP]

2 . Der Referenzzeitpunkt kann auch in der Vergangenheit oder Zukunft liegen, was durch *kan, yikūn, ḥaykūn* (s. unten 5.7.2) oder die explizite Nennung desselben angegeben werden kann. Das Partizip hat dann die gleiche Bedeutung wie, wenn der Referenzzeitpunkt der Jetztpunkt ist, nur eben zeitverschoben: *ʿaʾdi ʿamal kān gayyilak min ilxalīg* „ein Arbeitsvertrag, den du vom Golf bekommen solltest" [ST]; *ilmaʾmūr yikūn bāṣiṣ min iššibbāk yišufni yiʾūl ʾē?* „der Distriktchef wird aus dem Fenster schauen und mich sehen, was soll er da sagen?" [ST]; *fiḍlu mašyīn fi ḍḍalma, kull innās miṭaffiyya nnūr* „sie gingen weiter in der Dunkelheit, alle Leute hatten das Licht gelöscht" [SP]; *min yōm ma rgiʿti w ana raʾda ʿayyāna* „seit dem ich zurück bin, liege ich krank darnieder" [ME].

3. Bei inchoativen, den Eintritt eines Zustands bezeichnenden Sachverhalten kann sich *lissa* mit folgendem aktiven Partizip sowohl auf das vergangene Ereignis im Sinne von „eben erst" als auch auf den vorliegenden Zustand im Sinne von „noch" beziehen. Daraus ergeben sich zwei Lesarten dieser Sätze, und ein *ana lissa šayfu* kann also sowohl „ich habe ihn gerade erst gesehen" als auch „ich sehe ihn noch" bedeuten. Vgl. auch *wāʾif* in *gass ilmutūr b-idēh laʾāh lissa suxn, yaʿni bi lʿaṛabi lʿaṛabiyya lissa waʾfa dilwaʾti* „er befühlte den Motor mit den Händen und fand ihn noch heiß, logisch also, daß das Auto eben erst zum Stehen gekommen war" [SP]; *ilmaṭʿam lissa fātiḥ* „das Restaurant ist noch geöffnet" und „das Restaurant hat gerade erst geöffnet", und *bitāʿ ittiliġṛāf lissa wāʾif* „der Telegrammbote steht noch immer da" [ST]; *miggawwiz* in *humma lissa miggawwizīn ʾurayyib* „sie haben eben erst geheiratet" [MF] und *wi lissa mitgawwizā?* „bist du noch immer mit ihm verheiratet?" AL-AHRĀM 11/7/92 S.3; *gayy* „kommend" in *rabbina yustur d-ana lissa gayyi mi ṣṢaʿīd baʾāli sana* „der Herr bewahre, ich bin doch gerade erst vor einem Jahr aus Oberägypten gekommen" [ST] und *iḥna awwil dufʿa fi aġusṭus wi lissa gayyi waṛāna dufaʿ wi dufaʿ wi dufaʿ* „wir sind die erste Gruppe im August und es kommen noch ganze Gruppen nach uns" [ST]. S. auch unten 5.7.1.6.3 und 5.7.1.6.4.

Anmerkung: *yadōb* „gerade, eben erst" (2.8 18) stellt im Gegensatz zu *lissa* bei inchoativen Verben nur den Vergangenheitsbezug her: *ana yadōb dāxil dilwaʾti* „ich bin gerade erst hereingekommen" [ST]. *taww+* hat daneben wie *lissa* auch die auf die Zukunft weisende Lesart „gleich": *ana tawwi saybāhum ḥālan maʿa baʿḍ* „ich habe sie gerade soeben miteinander zurückgelassen" [ST], aber *tawwu gayy* „er ist gerade angekommen" und „er wird gleich da sein" [SB].

5.7.1.6.3 Polyseme Verben

Polyseme Verben bezeichnen lexikalisch sowohl einen Zustand als auch den Übergang von einem Zustand in einen anderen. Das Perfekt dieser Verben bezeichnet meistens (unmarkiert) die Zustandsveränderung, das bi-Imperfekt dagegen den Zustand: *fihim* „begreifen vs. verstehen, glauben", *ʿirif* „erkennen vs. kennen, wissen", *iftakaṛ* „denken vs. s. erinnern". Jedoch kann sich das Perfekt auch auf den Zustand beziehen (markiert):

ʿrf	*ʿirif* „erkennen vs. kennen, wissen“: *ana lamma rgiʿti maṣri maʿriftahāš* „als ich nach Ägypten zurückkam, erkannte ich es nicht wieder“ [ST] – *ilʿiyāl ma-ʿirfūš yišṛabu ʾē* „die Kinder wußten nicht, was sie trinken sollten“ [ST]
ḥbb	*ḥabb* „s. verlieben vs. lieben“: *itnēn wi ḥabbu baʿḍ, ʾē lġarīb fi kida?* „zwei, die sich ineinander verliebt haben, was ist da schon Seltsames dabei?“ [MF] – *ḥabbētum baʿḍi l-muddit sana* „ihr liebtet euch ein Jahr lang“ [SP]
ḥss	*ḥass* „ein Gefühl bekommen vs. fühlen“: *ḥassēt inni waḥda bitmūt min ilʿaṭaš* „ich hatte das Gefühl, daß ich verdurste“ [ST] – *ḥassēt b-īd ġarība kida bitḥassis ʿala gēbi* „ich fühlte so eine fremde Hand, die meine Tasche abtastete“ [ST]
fhm	*fihim* „begreifen vs. verstehen, glauben“: *fihimti kulli ḥāga ṣaḥḥ?* „hast du alles richtig verstanden?“ [MF] – *min nahāṛ ma tʿallimit tisūʾ ʾutumbīl fihmit inni kulli ṛāgil fi ddinya ʿibāṛa ʿan ʾutumbīl* „seit sie autofahren gelernt hat, glaubte sie, daß alle Männer auf der Welt sowas wie Autos sind“ [ST]
fkr-VIII	*iftakaṛ* „s. erinnern vs. meinen, denken“ *iftakaṛit ilʾamīra ʾummaha fa ʿayyaṭit* „die Prinzessin erinnerte sich an ihre Mutter und weinte“ [SP] – *iftakaṛtak ḥatġīb* „ich dachte, daß du wegbleiben würdest“ [ST]

Das aktive Partizip ohne *lissa* hat gegenwärtigen Bezug und verweist nicht auf einen Sachverhalt in der Vergangenheit:

ʿrf	*inti ʿarfa inti bitkallimi mīn?* „weißt du, mit wem du sprichst?“ [ST]; *ana ʿarfa ḥdūdi* „ich kenne meine Grenzen“ [MF]
fhm	*miš fāhim* „ich verstehe nicht“ [ST]; *inta fakirni miš fahmak?* „denkst du, ich verstehe dich nicht“ [ST]. Dabei kann impliziert sein, daß der, der etwas begriffen hat, dieses dann ‚glaubt‘ und ‚meint‘: *ḥaḍritu fāhim inni min issahl innu ysīb ilbalad di* „er meint, daß es leicht ist, daß er dieses Land verläßt“ [ST]
ḥss	*ana ḥāsis innu miš ḥaygibha lbaṛṛ* „ich fühle, daß er es schaffen wird“ [ST]; *innama ʾana ḥassa kida innu gayyi walad* „ich habe aber so das Gefühl, daß es einen Buben geben wird“ [ST]

In Verbindung mit dem aktiven Partizip bzieht sich *lissa* hier auf den Zustand und ist mit „noch“ wiederzugeben: *liʾannak yiẓhaṛ lissa fāhim innu ṛāyiḥ yikbiš min xerātu w yiʿṭīk* „weil du offensichtlich immer noch glaubst, daß er was von seinem Vermögen abzwacken und dir geben wird“ [ST], s. oben 5.7.1.6.1 3 und 5.7.1.6.4.

Gegenüber dem Perfekt besitzt das Partizip hier Kundgabefunktion: *fihimt? – ṭabʿan fāhim!* „hast du verstanden? – Na klar habe ich verstanden!“ [ST].

5.7.1.6.4 Nicht-inchoative Verben

Nicht-inchoative Verben geben eine Zustandsveränderung an, doch nicht den Eintritt in einen physischen oder mentalen Zustand. Das bi-Imperfekt ist gegenwartsbezogen, während das aktive Partizip immer auf die Vergangenheit verweist und somit resultativ ist. *lissa* hat hier nur die Bedeutung „soeben, ebenerst, erst“:

ʾgr-II *iggamāʿa lli mʾaggaṛīn bēt Iskindiriyya* „die Leute, die das Alexandriner Haus gemietet haben“ [ST]

bʿt *ummāḷ mīn bāʿit ittiliġṛāf* „wer hat denn das Telegramm geschickt?“ [ST]

blʿ *bi ḥissi̊ txīn zayy illi bāliʿ tōṛ* „mit dicker Stimme, wie einer der einen Stier verschluckt hat“ [ST]

blġ-II *inta miš miballaġ ʿan iggarīma?* „hast du das Verbrechen nicht angezeigt?“ [ST]

bhdl *ēh illi mbahdilik kida?* „was hat dich so versaubeutelt?“ [ST]

byḍ-II *di lʾōḍa gdīda w iḥna mbayyaḍinha ʾrayyib* „das ist ein neues Zimmer und wir haben es erst kürzlich geweißelt“ [ST]

gyb *da tiliġṛāf gaybu lbawwāb min šuwayya* „das ist ein Telegramm, daß der Portier vor kurzem gebracht hat“ [ST]

ḥrg-II *idduktūr miḥaṛṛag ṭulūʿ issalālim ʿala ḅāḅa* „der Arzt hat Papa das Treppensteigen verboten“ [ST]

ḥṣl *nafs iššēʾ ḥāṣil fi ššarʾi̊ kamān* „dasselbe ist auch im Orient passiert“ [ST]

ḥḍr-V *kullu mitḥaḍḍar ya saʿadt ilhānim ana miḥaḍḍar silāḥi* „alles ist bereit, gnädige Frau, ich habe meine Waffen in Bereitschaft“ [ST]

ḥṭṭ *izẓayyi̊ ḥāl ilfilūs illi ana ḥaṭṭāha ʿanduku* „wie geht es dem Geld, das ich bei euch hinterlassen habe“ [ST]; *wi nnabi taxudli ṣūra w ana ḥāṭiṭ rigli̊ ʿala rigl* „was, du willst mich fotografieren, während ich die Beine übereinandergeschlagen habe!“ [ST].

ḥky *d-ana lissa ḥakyālik ḥikāya ʾawwil imbāriḥ* „ich habe dir erst vorgestern eine Geschichte erzählt“ [ST]

ḥlf *waxda sanatēn wi ḥalfa la-tiṭlaʿ ʿa ššuġli̊ duġri* „sie hat zwei Jahre bekommen und geschworen, daß sie gleich wieder an die Arbeit geht“ [ST]

ḥwš-II *ʿašān tixabbi lʾiršēn illi mḥawwišhum* „damit du das Geld versteckst, das du versteckt hast“ [ST]

xd *itnēn ginēh? da ṛṛāgil illi ʿamalu wāxid fīh maṣnaʿiyya bass ʿašaṛa gnēh* „zwei Pfund? Der Mann, der das gemacht hat, hat allein für den Arbeitslohn schon zehn Pfund genommen“ [ST]

xṣṣ-II *ilmaṣnaʿ mixaṣṣaṣlu ʿaṛabiyya* „die Fabrik hat ihm ein Auto zur Verfügung gestellt“ [ST]

xwy *ʾālu mxāwi ginniyya sakna taḥti̊ sābiʿ ʾarḍ* „man sagt, er hat sich mit einer Ginniyya zusammengetan, die tief unten in der Erde wohnt" [ST]

ddy *ana middihulha f-idha w iḥna fi ṣṣāla* „ich habe es ihr in die Hand gegeben, als wir in dem Salon waren" [ST]

dfʿ *da baʾālu sana dāfiʿ ilxiluww* „der hat schon seit einem Jahr das Schlüsselgeld bezahlt" [ST]; *iššahri̊ da iḥna dafʿīn tamanya gnē dakatra w ʾadwiyya* „diesen Monat haben wir acht Pfund für Ärzte und Medikamente bezahlt" [ST]

dwx-II *midawwaxāni min sāʿit ilʾidāṛa ma sallimithāli* „die hat mich schwindeln gemacht, seitdem die Verwaltung sie mir übergeben hat" [ST]

dyq-III *w inta ʾē mdayʾak ya ṛāgil inta?* „was hat dich so verärgert, Mann?" [ST]

rqb-III *wi ḥaḍritik ṭabʿan mitṣawwara innuhum ma-yiʿṛafūš ʿannik ḥāga wi miš ʿala bālik innuhum miraʾbīnik* „und Sie stellen sich vor, daß sie nichts über Sie wissen und sind sich nicht bewußt, daß sie Sie überwacht haben" [ST]

rkb-II *šūf iṛṛāgil mirakkib ʿašaṛa fi ttaksi w miš minazzil ilʿaddād* „schau, der Mann hat zehn in ein Taxi gesetzt und den Zähler nicht nach unten gedreht" [ST]

rmy *ana ʿāwiz aʿraf bi ẓẓabṭ huwwa rāmi ggawāb da mnēn* „ich will genau wissen, wo er den Brief eingeworfen hat" [ST]

rtb-II *hiyya mrattiba kulli̊ ḥāga* „sie hat alles hergerichtet" [MF]

srq *waḷḷāhi tlaʾīhum sarʾīn ilfilūs min nās sarʾinha humma kamān* „bei Gott, du stellst fest, daß sie das Geld von Leuten gestohlen haben, die es selbst auch wieder gestohlen haben" [ST]

slṭ-II *da ḥaddi̊ msallaṭu* „den hat jemand aufgehetzt" [ST]

šrb *wi ʾakinnuhum šarbīn barmīl* „als ob sie ein Faß getrunken hätten" [ST]

syb *inta bitʾūl sayibhum ʿaryanīn* „du sagst, daß du sie nackt zurückgelassen hast" [ST]

šwy *w iḥna šawyīn samak fi lfurn* „und wir haben Fisch im Ofen gegrillt" [ST]

ṭbx *ummak ṭabxalna ʾē nnahaṛda?* „was hat uns deine Mutter heute gekocht?" [ST]

ṣrf *ana ṣārif ʿalēha yīgi xamsīn ʾalfi̊ gnēh* „ich habe für sie etwa fünfzigtausend Pfund ausgegeben" [ST]

ṭlb *wi ṭālib fi taʿwīḍ kām?* „wieviel hast du dafür als Kompensation gefordert?" [ST]; *hiyya kKuwēt miš ṭalba mudarrisāt luġa ʿaṛabiyya?* „hat Kuweit nicht Arabischlehrerinnen verlangt?" [ST] ṭlq-V *yinkin* [sic!] *ana miṭṭalla'a min zamān w ana miš waxda bāli* „vielleicht bin ich schon lange geschieden, ohne daß ich es gemerkt habe" [ST]

ṭyr *asīb ilbēt di'ī'a argaᶜ al'āhum ṭayrīn minnu* „da verlasse ich das Haus für eine Minute und komme zurück und stelle fest, daß sie ausgeflogen sind" [ST]

ẓbṭ *ilwād ikkātib bitāᶜi mbāriḥ bassi lissa ẓabṭu sāri' 'alam ruṣāṣ tišīki* „meinen Schreiber, den habe ich gestern erst ertappt, wie er einen tschechischen Bleistift gestohlen hatte" [ST]

ᶜzm *inti ᶜazmāhum innaharda?* „hast du sie für heute eingeladen?" [ST]

ᶜlm-V *ilḥikāya nnik kamān mitᶜallima f-madrasa 'agnabiyya* „die Sache ist, daß du auch in einer ausländischen Schule gelernt hast" [ST]

ᶜly-II *da mᶜalli rradyu ᶜa l'āxir* „der hat das Radio auf die höchste Lautstärke gestellt" [ST]

ᶜyṭ-II *ᶜenēki bit'ūl innik miᶜayyaṭa* „deine Augen sagen, daß du geweint hast" [ST]

ġsl *wi ġāsil wiššak bi ṣabūn Luks innaharda* „und du hast dein Gesicht heute mit Lux-Seife gewaschen" [ST]

ġyr-II *ṭayyib w ēh illi mġayyarik* „gut, und was hat dich verändert?" [ST]

ftḥ *fatḥīn bu''uhum* „sie [scil. die Krokodile] haben ihre Rachen aufgesperrt" [ST]

fhm-VI *iḥna mitfahmīn ᶜala kulli ḥāga lelt imbāriḥ* „wir haben uns gestern abend über alles verständigt" [ST]

qbl *kifāya nnak ti'ullaha ti'balīni gōzik wi hiyya t'ullak innaha 'ablāk* „es genügt, wenn du ihr sagst, nimmst du mich an als deinen Mann, und sie dir sagt, daß sie dich angenommen hat" [ST]

qtl *huwwa ᶜašān ma nti 'atla yib'a kull illi biyxušš issigni 'attalīn* „sind etwa alle, die ins Gefängnis kommen Mörder, nur weil du getötet hast?" [ST]; *ti'ulši 'atilli 'atīl* „als ob ich jemanden getötet hätte" [ST]

qrš *min yōm ma daxalna w hiyya 'arša malḥitik* „seit dem Tag, an dem wir hereingekommen sind, kann sie dich nicht ausstehen" [ST]

qᶜd-II *bass il'idāra m'aᶜᶜadāhum fi ᶜanbar li waḥduhum* „nur hat die Verwaltung sie allein in einen Block gesetzt" [ST]

qfl *ma'fūla ya Bāba – ṭab wi 'aflinha lē* „sie ist geschlossen. – Gut, und warum haben sie sie geschlossen?" [ST]

qlb *ana sayba warāya mtiḥanēn wi zamān innaẓra 'alba lmadrasa ᶜalayya* „ich habe zwei Prüfungen [unerledigt] hinterlassen, und die Schulleiterin wird schon lange die Schule nach mir durchsucht haben" [ST]

qwl *ma na 'ayillak innaha ḥatmūt wi bitmūt* „ich habe dir doch gesagt, daß sie sterben wird und im Sterben liegt" [ST]; *'ulūli huwwa*

ʾayilluku nnu miš miggawwiz? „sagt mir, hat er euch gesagt, daß er nicht verheiratet ist?" [ST]

ktb *biyʾūlu ḥaḍritak gāyib maʿāk riwāya katibhalna maxṣūṣ* „man sagt, daß Sie einen Roman mitgebracht haben, den Sie speziell für uns geschrieben haben" [ST]

ksb *mīn kāsib ilmilyōn ginē?* „wer hat die Million Pfund gewonnen?" [ME]

kl *da wākil ʿalʾa suxna* „der ist kräftig verprügelt worden" [ME]; *w inta mbāriḥ wākil ē?* „und was hast du gestern gegessen?" [ST]

lqy *miš laʾyā taḥt ilmixadda* „ich habe ihn nicht unter dem Kissen gefunden" [ST]. Doch kann *lāʾi* auch mit Gegenwartbezug verstanden werden: *bitʾūl miš laʾya tākul, tibʾa mālik izzāy?* „sie sagt, sie findet nichts zu essen, wie kann sie da Eigentümer sein?" [ST]

mḍy *ana maḍya ʿa lwaṣl* „ich habe die Quittung unterschrieben" [ST]

mly *dōl biyinsu nn ilfilūs illi malya maḥafiẓhum filusna* „die vergessen, daß das Geld, das ihre Börsen füllt, unser Geld ist" [ST]

mn^{c} *ana kamān idduktūr maniʿni ʿan ittadxīn* „auch mir hat der Doktor das Rauchen verboten" [ST]

nbh-II *ʾulnalhum ana wi ʿImād wi mnabbihīn ʿalēhum ʾabli ma ninzil ilmayya* „wir haben es ihnen gesagt, ich und ^{c}Imād, und wir haben sie gewarnt, bevor wir zum Wasser hinuntergingen" [ST]

ndr *ilmalik nādir inni ...* „der König hat gelobt, daß ..." [SP]

nzl-II *kaʾinn iššayyalīn minazzilinha dilwaʾti min ʿaṛabiyyit issikka lḥadīd* „als ob die Träger es jetzt aus dem Eisenbahnwagen geholt hätten" [SP]

nwl-VI *illi miš mitnāwil ma-yitfaṛṛagš* „wer die Kommunion nicht empfangen hat, darf nicht zuschauen" [MA]

wḍy-V *ana mitwaḍḍi* „ich bin [rituell] rein gewaschen" [ST]

wrs *warsīnu ʿan giddi abu ummi* „sie haben es von meinem Großvater, dem Vater meiner Mutter, geerbt" [ST]

wl^{c}-II *iddakakīn miwallaʿa kkahārib wi mʿallaʾa lfawanīs, wi lʾahāwi ʿamla ṣawawīn* „die Läden haben die elektrische Beleuchtung an und die Laternen aufgehängt, und die Kaffeehäuser haben Vorzelte aufgestellt" [SP]

Anmerkung: Für die Interpretation des Zeitbezugs des aktiven Partizips ist nicht nur die lexikalische Bedeutung des Verbes zu berücksichtigen, sondern der gesamte Sachverhalt. Während *wāḥid gāyib ḥāga* immer die resultative Lesart „jemand hat etwas gebracht" ergibt, wie in *da tiliġṛāf gaybu lbawwāb min šuwayya* „das ist ein Telegramm, das der Bawwāb vor kurzem gebracht hat" [ST], ist *gāyib* gegenwartsbezogen bei bestimmten anderen Subjekten wie *ʾalb* „Herz": *ʾalbi miš gayibni* „ich wage es nicht" [ST]; oder bei unterschiedlichen Objekten, wie in *ʿāmil kām filmi biygību dahab* „er hat einige Filme gedreht, die Gold einbringen" (resultativ) [ST] vs. *biyisraʾna – wala ʿāmil iʿtibāṛ li ḥadd* „er bestiehlt uns! – Er nimmt auch keine Rücksicht auf jemand" (gegenwartsbezogen) [ST].

Das aktive Partizip dieser Verben kann mit dem Perfekt vertauscht werden, beide treten in identischen Kontexten auf, vgl. *inta miš miballaġ ʿan iggarīma?* „hast du das Verbrechen nicht angezeigt?" [ST] und *miš inta lli ballaġti ʿan iggarīma?* „bist nicht du es, der das Verbrechen angezeigt hat?" [ST]; *ēh illi gābak hina ~ ēh illi gaybak hina* „was führt dich hierher?" [ME]; *wi ʾaqlām wi maḥfaẓa wi šanṭit kutub, mīn illi gabhālak? – gaybālu šanṭit kutub, ya Nadya! yiʿmil bīha ʾē?* „und die Stifte, die Brieftasche und die Büchertasche, wer hat die ihm gebracht? – Sie hat ihm eine Büchertasche gebracht, Nadya! Was soll er denn damit?" [ST]; *ḥaʾʾak ʿalayya ya Si Badawi ʾAfandi, ana lli waʾʾaftu ... – ḥaʾʾik inti lli fōʾ ṛāsi ya Sitt Ummi Xalīl, wi xāliʾ ikkōn ma-aʿṛaf innik inti lli mwaʾʾafā* „ich habe unrecht, Si Badawi, ich habe ihn gestoppt. – Im Gegenteil, ich habe unrecht, Umm Xalīl, beim Schöpfer der Welt, ich wußte nicht, daß du ihn gestoppt hast!" [ST].

lissa bezieht sich auf die auslösende Aktion in der Vergangenheit und hat die Bedeutung „soeben, eben erst": *ana lissa fāṭir dilwaʾti* „ich habe soeben jetzt gefrühstückt" [ST]; *ʿirifti mnēn inn ilʿawwamāt fasdāna w inta lissa mistilim ilʿamal?* „wie hast du gewußt, daß die Schwimmer kaputt sind, wo du doch den Job eben erst übernommen hast?" [ST]; *iḥna lissa badʾīnu* „wir haben soeben damit begonnen" [ME]; *inta lissa mkallimni ʿannu* „du hast mir eben erst von ihm erzählt" [ST]; *uxtak lissa mitwaḍḍiyya wi lʾarḍi mablūla* „deine Schwester hat eben erst die Waschung vollzogen und der Boden ist noch naß" [SP]. Der Zeitpunkt in der Vergangenheit kann durch ein entsprechendes Adverb präzisiert sein: *idduktūr lissa ʾawwil imbāriḥ ʾayilli ḥasbu ʿalē* „der Arzt hat mir erst vorgestern gesagt: paßt auf ihn auf!" [ST]. S. oben 5.7.1.6.2 3.

A n m e r k u n g : Auch das passive Partizip kann mit *lissa* im Sinne von „eben erst" gebraucht werden: *laʾēt makān Ġazāla zayyi ma huwwa, faršitu tʾulši lissa mafrūša dilwaʾti* „ich fand den Platz von Ġazāla unverändert, als ob sein Bettzeug eben erst ausgebreitet worden wäre" [SP]; *laʾa binti kaʾinnaha lissa madfūna* „er fand ein Mädchen, als ob es eben erst begraben worden wäre" [SP].

5.7.1.6.5 Zum Ausdruck der Zukunft

Zukünftigen Zeitbezug je nach Kontext zeigt vor allem das aktive Partizip der translativen Verben (Bewegungsverben): *humma gayyīn imta?* „wann kommen sie?" [ST]; *ilʾutubīs da ṛāyiḥ ʾāxir ilxaṭṭi w miš ḥayuʾaf fi wala maḥaṭṭa* „der Bus fährt bis zum Ende der Linie und wird an keiner einzigen Station halten" [ST]; *ana ṛayḥālu ḥālan* „ich werde gleich zu ihm gehen" [ST]; *ana ragʿa maṣri ḥālan* „ich werde sofort nach Kairo zurückkehren" [ST]; *in fataḥtilha ma-hīš xarga min hina illa ṣṣubḥ* „wenn du ihr öffnest, wird sie erst am Morgen wieder weggegehen" [SP]; *xalli nnahāṛ da yfūt ʿala xēr – iggawwizīni w huwwa yfūt – w in ma-ggawwiztakš? – ma-hūš fāyit* „laß den Tag gut ablaufen! – Heirate mich und er wird [gut] ablaufen! – Und wenn ich dich nicht heirate? – Dann wird er nicht [gut] ablaufen!" [ST]; *innama yaʿni huwwa ʾakīd māši* „aber wird er sicher weggehen?" [ST]; *ana wāʾiʿ, wāʾiʿ mi ggūʿ* „ich falle hin, falle [gleich] hin vor Hunger" [ST];

ana wāṣil ilmaṣnaᶜ wi gayyi tāni „ich gehe zur Fabrik und komme wieder" [ST]; *ḥaštiri šwayyit ḥagāt wi baᶜdēn miṛawwaḥa* „ich werde ein paar Dinge kaufen und dann nach Hause gehen" [ST]; *baṣṣēt li lbāb ilmaʼfūl wi ʼulti f-nafsi ragᶜinlak, li ᶜišši ḥubbina ragᶜīn* „ich schaute zu der verschlossenen Tür und sagte mir: Wir werden zu Dir zurückkommen, zu unserem Liebesnest kehren wir zurück" [SP].

5.7.1.6.6 Zum Ausdruck des emotionalen Gehalts

a. Als nachdrückliche Direktive: *miṭallaᶜ ilʼalam min gēbak wi balāš kalām kitīr!* „du holst jetzt den Bleistift aus deiner Tasche und ohne viel Gerede!" [ST] (aus einem Theaterstück mit der Regieanweisung *bi taʼkīd* „mit Nachdruck"); *mišaṭṭafa w nayma ᶜala ṭūl* „abgewaschen und ab ins Bett!" [ME] (Mutter schreit ihre halbwüchsige Tochter an).

b. Als nachdrückliche Ankündigung in Beteuerungen eingeleitet durch *waḷḷāhi, la-, waḷḷāhi la-, wi nnabi* etc. und oft mit der Negationspartikel *ma-*, unabhängig von der Aktionsart des betreffenden Verbs oder vom Sachverhalt: *waḷḷāhi la-gayiblak taḥʼīʼ wi mwaddīk fi dahya* „bei Gott, ich werde die Sache untersuchen lassen und dich ins Unglück bringen" [ST]; *wi dīni ma-na ʼaᶜidlak ya ᶜIṣmat* „bei Gott, hier werde ich nicht bleiben, ᶜIṣmat!" [ST]; *waḷḷāhi in ḥaṣal li Šafᶜi ḥāga la-katba fīk balāġ* „bei meiner Religion, wenn dem Šafᶜi was passiert, werde ich dich schriftlich anzeigen!" [ST]; *wi nnabi ma-ḥaddi bāṣiṣ laha baᶜdak wala ḥaddi sāʼil ᶜanha baᶜdak!* „beim Propheten, niemand soll jemals nach ihr schauen oder nach ihr fragen!" [ST]. Auch implorativ: *wi nnabi la-nta fakikni xamsa w ragᶜālak duġri!* „beim Propheten, mach mich doch los für fünf [Minuten] und ich werde gleich wieder zu dir zurückkehren!" [ST]. In Konkurrenz zum y-Imperfekt vgl. *waḷḷāhi la-nta wāxid* „bei Gott, du wirst nehmen!" [ST] vs. *wi xāliʼ ilkōn la-tāxud waḥda kamān* „beim Schöpfer der Welt, du wirst noch eine nehmen!" [ST].

c. Mit *miš* negiert kann es auch ohne einleitende Partikel der Aussage besonderen Nachdruck verleihen: *ʼūm! – miš ʼāyim!* „steh auf! – Ich werde nicht aufstehen!" [ST]; *inta zzāy tuʼᶜud ʼuddāmi ya walad ʼuʼaf! – miš wāʼif!* „wie kannst du vor mir sitzenbleiben, Junge, steh auf! – Ich steh nicht auf!" [ST]; *maᶜinn innahaṛda yōmik fi lmaṭbax! – iḥna miš ṭabxīn!* „obwohl heute dein Küchentag ist! – Wir werden nicht kochen!" [ST].

Auch das passive Partizip wird so gebraucht: *ana miš manʼūla min hina ʼilla lamma tʼulli mālak!* „ich bin nicht von hier wegzubringen, bevor du mir nicht sagst, was mit dir los ist!" [MF].

5.7.1.6.7 Koinzidenzfall

Der Koinzidenzfall besagt, daß durch das Aussprechen des Satzes die Verbalhandlung vollzogen wird. Dafür wird im Kair. das akt. Partizip gebraucht. Durch das Aussprechen von *misamḥik* geschieht das Verzeihen: *xalāṣ misamḥik* „Schluß, hiermit verzeihe ich dir" [ST]; *tāyib* „hiermit bekehre ich mich" [SP]; *ilmalik ṭālib il'urbi minnik fi bintik Fulla* „der König hält hiermit um die Hand deiner Tochter Fulla an" [SP]; *muʿtarif* „ich bekenne" [ST].

Anmerkung: Im Hocharabischen wird hierfür das Perfekt gebraucht: *futiḥat ilgalsa* „die Sitzung ist hiermit eröffnet" [ST]; *rufiʿat ilgalsa* „die Sitzung ist hiermit aufgehoben" [MF].

5.7.1.7 Der Imperativ

5.7.1.7.1 Der einfache Imperativ

Dieser dient zunächst dazu, direkte Anweisungen an andere zu formulieren: *is'al Aḥmad ibnak!* „frag deinen Sohn Aḥmad!" [MF]; *iwzinli nuṣṣi kīlu!* „wieg mir ein halbes Kilo ab!" [MA]; *ṭawwili bālik amma nšūf ilḥikāya 'ē* „warte mal ab, bis wir sehen, was genau los ist!" [ST]; *itrimi ʿa l'arḍi b-surʿa* „wirf dich schnell zu Boden!" [ST]. Häufig zum Nachdruck mit dem entsprechenden Pronomen der 2. Person: *iskut inta ya gadaʿ inta!* „schweig, Bursche!" [ST].

Als Prohibitiv dient das y-Imperfekt mit Negation *ma-...-š*: *ma-tuxrugūš ʿan ilmawḍūʿ!* „schweift nicht vom Thema ab!" [ST]; *ma-tikkallimši wi l'akli f-bu''ak* „sprich nicht mit vollem Mund!" [ME].

Anmerkung 1: Anstelle des Plurals des Imperativs wird oft ein Pronomen der 2.sg. zusammen mit einem der 3.sg. gebraucht: *istanna inta w huwwa* „wartet, ihr beide!" [ST]; *iṭlaʿ barra inta w hiyya* „hinaus, ihr beide!" [ST]; *itlammi ya bitt inti w huwwa!* „reißt euch zusammen, ihr beide!" [ST]. Im Sinne von „ihr alle zusammen" wird *minnak luh* etc. gebraucht: *ismaʿ yafandi minnak luh* „hört mal, ihr alle zusammen!" [ST]; *yalla minnik laha yalla* „auf, ihr alle zusammen!" [ST].
Anmerkung 2: Gelegentlich findet sich die 2. Pers. des y-Imperfekt im Sinne eines Imperativs: *inta tiskut xāliṣ fāhim!* „du sollst ganz still sein, verstanden!" [ST]. Auch das aktive Partizip kann so gebraucht werden, s. 5.7.1.6.6.

5.7.1.7.2 Imperativ von „sein"

kān, yikūn „sein" bildet keinen Imperativ *¢kūn*, dafür tritt *xallīk, xallīki, xallīku* + Nomen, eigentlich „bleibe ...!", ein: *xallīk šāhid* „sei Zeuge!" [ST]; *xallīk ṛāgil* „sei ein Mann!" [ME], s. auch 5.7.1.7.7. Als Prohibitiv „sei nicht ...!" dient *ma-tib'āš* etc.: *ma-tib'āš gabān!* „sei nicht feig!" [ST]. Bei folgendem Partizip tritt dagegen doch *ma-tkunš* ein: *ma-tkunši fakirni habla walla ʿamya!* „denk nur nicht, daß ich blöd oder blind bin!" [ST]; *ma-tkunīš fakra innu biyḥibbik* „denk nur nicht, daß er dich liebt!" [ST].

Intransitive Zustandsverben wir *ʿi'il, yiʿ'al* „vernünftig sein, werden" bilden den Imperativ wie die anderen Verben: *iʿ'al* „sei vernünftig!" [ST].

5.7.1.7.3 Imperativ mit Präverbien

Auch Hilfsverben der Dauer können im Imperativ gebraucht werden: *ma-tu'ʿudši tuxṭub!* „halte keine langen Reden!" [SP], *ifḍal bāṣiṣ ʿalayya* „schau auf weiter mich!" [ST], s. 5.7.3.2.2 b.

Die Präverbien *dann+, tann+*, s. 5.7.3.2.2 c, können als Imperativ auftreten, mit dem folgenden Verb entweder als Imperativ oder als Partizip: *xabbaṭi ya binti ʿa lbāb, dannik xabbaṭi lḥaddi ma yīgu rriggāla* „klopf an die Tür, Mädchen! Klopfe weiter, bis die Männer kommen"! [ST]; *istanna ʿalēh liḥaddi ma yxušš il'afaṣ, tannak waxdu w māši* „warte, bis er in den Käfig geht, dann packe ihn und geh!" [SP]. Zu *kān* + Imperativ s. 5.7.2.1.1.6.

5.7.1.7.4 Imperativ mit *ma-*

Zum Nachdruck tritt *ma-* an das y-Imperfekt *ma-tgāwib! – agāwib a'ūl ē bass?* „antworte doch! – Was soll ich denn antworten?" [MF]; *sikitti lē? ma-tikkallim!* „warum sagst du nichts? Sprich doch!" [ST]; *ma-t'ulīli 'ē lḥikāya* „nun sag mir doch, was los ist!" [ST]. *taʿāla* „komm!" wird dabei durch *ma-tīgi* ersetzt, *hāt* „gib!" durch *ma-tgīb.*

Anmerkung: Reanalyse von *ma-trūḥ* zu *mat-rūḥ*, d.h. zu einer Partikel *mat-* scheint bereits stattzufinden, wie der Gebrauch in nicht-verbalem Kontext zeigt: *mat-yalla!* „auf geht's!" [ME], doch s. dazu auch 5.7.1.7.7.

5.7.1.7.5 Asyndetische Imperative

Bei Verbalphrasen, die ein prämodifizierendes asyndetisches Verb enthalten, treten beide Verben in den Imperativ, so daß eine asyndetische Folge entsteht: *baʿat gābu* „er ließ ihn holen" > *ibʿat hātu* „laß ihn holen!" [ST]; *yrūḥ yigību* „er soll ihn bringen" > *rūḥ hāt 'ayyi Zannūba* „geh und hol irgendeine Zannūba!" [ST]; *baʿdēn ab'a a'ullak* „nachher werde ich es dir sagen" > *ib'a 'ūl li ṣḥābak* „sag das deinen Freunden!" [ST]; *liḥ'it tirgaʿ* „sie ist rechtzeitig zurückgekommen" vs. *ilḥa'i xudīlik šwayya!* „schau, daß du dir ein wenig nimmst!" [ST]. In den häufigen Bildungen mit *ib'a, rūḥ* und *'ūm* sind diese semantisch weitgehend verblaßt und dienen nur mehr dem Nachdruck: *lamma yīgi rrayyis ib'a nādi ʿalayya* „wenn der Chef kommt, dann ruf mich!" [ST]; *'ūm nadīlu wi nawlu lfakka* „ruf ihn und reiche ihm das Kleingeld!" [SP]; *rūḥ igri mazzik luhum* „geh schnell und spiel ihnen was vor!" [ST]. Manchmal liegt die wörtliche Bedeutung noch vor: *'ūm xallīna nimši* „steh auf und laß uns gehen!" [ST]; *taʿāla nām ya Henry!* „komm schlafen, Henry!" [SP]; *u'ʿudi rtāḥi* „setz dich hin und ruh dich aus!" [ST].

Weitere Ausdrücke dieser Art: *ingarri hāt ittalabāt!* „hol schleunigst die Bestellungen!" [ST]; *igri kammil kull ilbasboṛtāt* „mach schnell alle Pässe fertig!" [ST]; *fizzu nzilu lbalad šūfu šuġlukum* „geht schnellstens in die Stadt und macht euch an eure Arbeit" [ST].

Bei Negation treten beide Imperative in das y-Imperfekt (Prohibitiv): *ma-tib'āš tiġišši marra tanya* „betrüge nicht wieder!" [ST], ebenso beim emphatischen *ma-*: *rūḥi nāmi > ma-trūḥi tnāmi* „geh doch schlafen!"; *ma-t'ūm tilbis hidūmak* „auf, zieh dich an!" [ST]; *ma-tibʿat tigibhulna b-surʿa* „laß ihn uns schnell bringen!" [ST].

5.7.1.7.6 Nomina als Direktiva

Auch Nomina und Adverbien können – mit der entsprechenden Intonation und mit Nachdruck vorgebracht – durch Implikation die Bedeutung einer Direktive gewinnen: *ḥaṣīra ya bitt* „eine Matte, Mädchen!" [ST]; *ʿēb* „schäm dich!"; mit *wala* als Negation: *wala kilma* „kein Wort mehr!" [MF]; *wala nafas!* „keinen einzigen Atemzug!" [ME], aber auch *ma-...-š*: *lākin .... – ma-lakinš* „aber ... – Kein ‚aber'!" [ST]. Adverbien: *barra* „raus!" [MF]; *ʾuddāmi* „mir voran!" [MF]; *warā ya ʾAyman ma-tsibhūš* „hinter ihm her, Ayman, laß ihn nicht allein!" [ST]; *ʾīdak! abusha* „deine Hand! Laß mich sie küssen!" [ST]. Nominalsatz: *ma-fīš wašwaša hina* „hier wird nicht geflüstert!" [ST].

Interjektionen: *ḥass* „pack!!" [MF]; *hiss* „pst! langsam!"; *ixṣi ʿalēk* „pfui, schäm dich!".

5.7.1.7.7 Imperativpartikeln

Imperativpartikeln dienen als Direktiva, werden aber im Gegensatz zum Imperativ selbst nicht verbal flektiert: *yalla* „auf! schnell!": *yalla ʿala ʾoḍtak* „auf in dein Zimmer!" [MF]; *yalla kul* „komm, iß!" [SB]; *yalla xudi ḥagtik* „auf, nimm deine Sachen!" [ST]. *bass* „stop!, genug!, hör auf!": *bassi ya walad* „stop, Junge!" [ME]; *bass inta w huwwa!* „genug, ihr beiden!" [ST].

Mit der emphatischen Partikel *ma-* bilden *yalla* und *bass* einen Imperfektstamm: *mat-yalla ya wād* „nun mach schon, Junge!"; *mat-bassi ya bitti* „jetzt reicht es aber, Mädchen!" [ST], s. 5.7.1.7.4 Anm. Vgl. auch die rhetorische Frage: *miš tiyalla baʾa tikammil iddars* „willst du nicht schnell die Lektion fertig machen!" [ME].

Bei *xallīk, xallīki, xallīku* (s. auch 5.7.1.7.2), *sībak, sībik, sibku min* und *fuḍḍak, fuḍḍik, fuḍḍuku min* erfolgt die Flexion mittels der Objektsuffixe, während der ursprüngliche Imperativ unverändert bleibt und zur Partikel geworden ist: *xallīk hina! xallīki hina* „bleib hier!", *xallīku hina* „bleibt hier!" [ME]; *sībak mi lhazal* „hör auf zu scherzen!" [SP]; *fuḍḍak mi kkalām* „hör auf zu quatschen!" [SB]. S. auch unten *iwʿāk* „hüte dich ...!".

Prohibitiv im Sinne von „hör auf!, stop!, laß das ...!" wird nicht-flektiertes *balāš* mit folgendem Nomen oder y-Imperfekt gebraucht: *ma balāš ilbibsi laḥsan da byitkarraʿ kitīr* „laß doch das Pepsi, denn der rülpst viel!" [ST]; *itlamm! balāš afkār bayxa!* „nimm dich zusammen! Keine dummen Gedanken!" [ST]; *balāš tifukkini* „mach mich nicht los!" [ST]. Ebenso *kifāya* „genug": *kifāya ʾaḥlām ya habla* „genug der Träume, du Dummchen!" [ST]; *kifāya šurb* „genug getrunken!" [ST]; mit Pronominalsuffix *-k*: *kifayāk tahdīd fi nnās ya Fahmi* „genug der Drohungen gegen die Leute, Fahmi!" [SP]. Mit gleicher Bedeutung auch die Imperative *baṭṭal* „hör auf!" mit folgendem y-Imperfekt oder Verbalnomen und *iwʿa* „hüte dich!", letzteres stets mit folgendem y-Imperfekt: *baṭṭali ʿyāṭ* „hör auf zu weinen!" [ST]; *baṭṭal titammim ʿalēna* „hör auf uns zu kontrollieren!" [ST]; *iwʿi titḥarraki min hina* „rühr dich bloß nicht von hier weg!" [ST]. *iwʿa* entwickelt sich weiter zur Partikel mit Pronominalsuffix: *iwʿāk tisaddaʾ* „glaub [das] bloß nicht!" [ST]; *iwʿāku tinsu* „vergeßt [das] bloß nicht!" [SP].

5.7.1.7.8 Konditionalsätze mit dem Imperativ

Der Vordersatz wird von einem Imperativ gebildet, dem ein y-Imperfekt als Nachsatz folgt: *gammid ʾalbak tākul ʿasal* „sei beherzt, dann geht es dir gut!“ [MF]; *insi lhammi yinsāki* „vergiß die Sorgen, dann vergessen sie dich!“ [ST]; *zayy issāʿa lʾutumatīk, hizzaha timši* „wie die automatische Uhr, wenn du sie schüttelst, geht sie“ [ST]. Der Nachsatz kann auch mit *wi* eingeführt werden: *ilʿab maʿāya w inta tiksab* „spiel mit mir, und du wirst gewinnen“ [MF]. Zu *kān* + Imperativ s. 5.7.2.1.1.6.

5.7.1.7.9 Narrativer Imperativ

Der Gebrauch des mask. Imperativ mit folgendem Vokativ anstelle des Perfekts verleiht der Erzählung besondere Lebhaftigkeit: *gum ilʿummāl wu nazzil ya gadaʿ ʾifriš ya gadaʿ ḥuṭṭ ittuxat ya-bni ṭallaʿ ikkarāsi hubbi baʾa ʿandina madrasa* „die Arbeiter kamen und [dann hieß es]: abladen, Bursche, möblieren, Bursche, Tafeln aufstellen, mein Sohn, Stühle holen, schwuppdiwupp hatten wir eine Schule!“ [MA]; *ʾaṛṛab maṣr, ʿiṭlit ilʿaṛabiyya w inzil ya ʿAli law samaḥti zaʾʾa wi nizil ʿAli yizuʾʾ* „er näherte sich Kairo, das Auto hatte eine Panne, und [dann hieß es]: steig aus, ᶜAli, anschieben, bitte, und ᶜAli stieg aus um anzuschieben“ [ST].

Zu *hāt* mit folgendem Vokativ des Verbalnomens, wie in *ṛaḥlu fi maktabu wi hāt ya kalām* „er ging zu ihm ins Büro und los ging's mit dem Erzählen!“ [ST], s. 4.4.4.2.

5.7.2 Mit *kān, yikūn* erweiterte Verbalformen

5.7.2.1 *kān, yikūn* + Verb

Vor eine einfache Verbalphrase (VP=Vb), die einen Sachverhalt beschreibt, kann das Auxiliarverb *kān, yikūn, biykūn* oder *ḥaykūn* treten. Dabei bleibt im Prinzip die Basisbedeutung der VP erhalten, und das Auxiliarverb differenziert die temporale, aspektuelle oder modale Einordnung weiter, indem es weitere Referenzpunkte auf der Zeitachse angibt. Die folgenden Kombinationen sind möglich:

	I *kān* +	II *yikūn* +	III *biykūn* +	IV *ḥaykūn* +
Perfekt	*kān katab*	*yikūn katab*	*biykūn katab*	*ḥaykūn katab*
y-Imperfekt	*kān yiktib*	*yikūn yiktib*	*biykūn yiktib*	*ḥaykūn yiktib*
bi-Imperfekt	*kān biyiktib*	*yikūn biyiktib*	*biykūn biyiktib*	*ḥaykūn biyiktib*
ḥa-Imperfekt	*kān ḥayiktib*	*yikūn ḥayiktib*	*biykūn ḥayiktib*	*ḥaykūn ḥayiktib*
aktives Partizip	*kān kātib*	*yikūn kātib*	*biykūn kātib*	*ḥaykūn kātib*
Imperativ	*kunt iktib*			

kān, yikūn und das folgende Verb brauchen nicht koreferent zu sein: *kānu lmuttahamīn w illi byitfarragu dammuhum nišif* „den Angeklagten und den Zuschauern gefror das Blut in den Adern“ [SP]; *wi yōm ma gara lli gara kunti yadōb talʿāli nnabaʾa f-sidri* „als geschah, was eben geschah, war mir noch kaum die Knospe an meiner Brust gesprossen“ [ST]; *ana xāyif la-tkūn ilḥikāya di ʾana ʾalliftaha* „ich fürchte, daß ich die Sache mir ausgedacht habe“ [SP], s. auch 5.7.2.1.2.4 e.

Zusammensetzungen von *kān* mit Perfekt, y-Imperfekt oder ḥa-Imperfekt können nicht nur die Vergangenheit bezeichnen, sondern auch das Kontrafaktische. Sie geben an, daß etwas hätte sein können oder sollen. Ob das eine oder andere vorliegt, ist nur am Kontext zu erkennen. Die Verbindung mit dem ḥa-Imperfekt ist jedoch stets als kontrafaktisch zu verstehen. S. 5.7.2.1.1.1 b, 5.7.2.1.1.2 b, 5.7.2.1.1.4.

Ist ein Vorgang einmal mittels *kān* in die Vergangenheit gesetzt, braucht dieses im weiteren Verlauf der Erzählung nicht wiederholt zu werden: *Ḥanafi kān biyrūḥ ilʾahwa kulli yōm iṣṣubḥ, wi yistanna hnāk liḥaddi ma tiʾfil. kulli yōm yistanna mukalma mi ssitti di* „Ḥanafi ging jeden Tag am Morgen ins Café und wartete dort, bis es zumachte. Jeden Tag wartete er auf einen Anruf von dieser Frau“ [SP].

5.7.2.1.1 *kān* + Verb

5.7.2.1.1.1 *kān* + Perfekt

a. Vorvergangenheit: *kān* versetzt das Verbalgeschehen in die Vorvergangenheit = Plusquamperfekt: *ayyamha ya Aḥmad ma-kuntiš baʾēt muḥāmi* „damals war ich noch kein Rechtsanwalt geworden“ [ST]; *tiʾūli inn iššanṭa lli tmasakit maʿāha fi lmaṭār inti lli kunti ddetihalha* „du mußt sagen, daß du ihr die Tasche, mit der sie verhaftet wurde, gegeben hattest“ [ST]; *kān ilfagri lissa ma-ddanš* „man hatte noch nicht zum Morgengebet gerufen“ [ST]; *iftakarti ḥkāya kānit ummi ḥakithāli w ana ṣġayyaṛa* „ich erinnerte mich an eine Geschichte, die mir meine Mutter erzählt hatte, als ich klein war“ [SP].

Anmerkung: Diese Regel wird im Sprachgebrauch nicht immer befolgt. Einerseits kann sich *kān* + Perfekt auch auf die einfache Vergangenheit beziehen: *iššuġlāna lli kunti kallimtīni ʿalēha lissa fadya* „der Job, von dem du mir erzählt hast, ist der noch frei?“ [ST]; *awwil marra kutti ruḥti fiha ddēr* „das erste Mal, daß ich zum Kloster ging“ [MA]. Andererseits kann auch das einfache Perfekt im Sinne einer Vorvergangenheit stehen: *wi fiḍlu yʾarrabu lākin bardu ma-šafithumš, atarīha ʿimyit min kutr ilʿiyāṭ* „sie kamen immer näher, aber auch dann sah sie sie nicht, denn sie war vom vielen Weinen blind geworden“ [SP], s. 5.7.1.1 d. So immer nach *baʿdi ma,* wenn im Hauptsatz schon Perfekt steht: *nizilti baʿdi ma ḥadritak safirt Iskindiriyya ṭawwāli* „ich ging aus, gleich nachdem Sie nach Alexandrien abgereist waren“ [ST]; *baʿdi ma nizil laʾēt dumūʿi nazla ʿala xdūdi* „nachdem er weggegangen war, merkte ich, daß mir die Tränen über die Wangen liefen“ [SP].

b. Als Irrealis der Vergangenheit mit kontrafaktischer Bedeutung: *wi ḥyātik zamanha gayya walla garalha ḥāga walla miḥtāga? – kānit itkallimit fi ttilifōn ya sitti* „O Gott, sie wird gleich kommen, oder ist ihr irgendwas passiert und sie braucht Hilfe? – Sie hätte angerufen, gnädige Frau“ [ST]; *miš mumkin yikūn fī ḥaddi tāni, kunna ʿrifna min zamān inni fī wāḥid ismu zayy ismi ʿammik, kān galna gawāb ġalaṭ, fatūrit tilifōn ġalaṭ, kunna ʿrifna* „es kann niemand anderen geben, wir hätten schon lange erfahren, daß es jemand gibt, der so heißt wie dein Onkel, da hätten wir einen Brief falsch bekommen, eine falsch [adressierte] Telefonrechnung, das hätten wir erfahren“ [ST]. Zum Wunschsatz s. 10.3.1.

Als Vordersatz des Konditionalsatzes auch ohne einleitende Partikel: *kunti nzilti maṣr šufti ʾumbila ġerha* „wärest du nach Kairo gegangen, hättest du eine andere Bombe gesehen“ [ST], s. ferner 10.2.2 zum Konditionalsatz.

5.7.2.1.1.2 *kān* + y-Imperfekt

kān + y-Imperfekt bezeichnet entweder habituelle Sachverhalte der Vergangenheit oder zeigt an, daß etwas in der Vergangenheit hätte stattfinden können oder sollen, aber nicht stattfand (kontrafaktisch).

a. Dauer in der Vergangenheit (habituell): *huwwa dayman kān yigīb sīrit ḥaḍritik* „er brachte immer das Gespräch auf Sie“ [ST]; *kunti argaʿ min iššuġli ʾāxir innahāṛ mahdūda w taʿbāna* „ich pflegte müde und zerschlagen am Ende des Tages von der Arbeit zurückzukehren“ [ST]; *ʾabli kida ma-kanši yuxrug baʿd iḍḍuhri ʾabadan* „davor pflegte er überhaupt nicht auszugehen“ [ST]. *kān* + y-Imperfekt ist gleichbedeutend mit dem habituellen *kān* + bi-Imperfekt, vgl. zum letzten Beispiel: *lākin ʾulūli ya sittāt kān šaṛafu fēn lamma kunti baxrug kulli yōm min ṭalʿit innahāṛ fi ššuʾaʾ ilmafrūša* „aber sagt mir doch, ihr Frauen, wo war denn seine Ehre, als ich jeden Tag am frühen Morgen aus dem Haus und in die möblierten Wohnungen zu gehen pflegte!“ [ST], vgl. auch *kān* + bi-Imperfekt 5.7.2.1.1.3 b.

b. Kontrafaktisch: *wi ṭallaʾni yaʿni xalāṣ kulli šēʾ benna ntaha, ṭab kān yistanna lamma axrug wi baʿdēn yiṭallaʾni zayyi ma huwwa ʿāyiz* „er hat mich verstoßen, heißt das, daß alles zwischen uns aus ist? Gut, hätte er doch gewartet, bis ich herauskomme, und dann hätte er mich verstoßen können, wie er will“ [ST]; *w inta ē lli xallāk tisīb iggarīda wi trūḥ ilmustašfa ma-ʾahlu kānu ywaddū* „was hat dich dazu veranlaßt, die Zeitung zu verlassen und ins Krankenhaus zu gehen – seine Familie hätte ihn doch hingebracht!“ [ST]; *ilmawḍūʿ da ma-kanši yistanna l-bukṛa ṣṣubḥ* „dieses Thema hätte nicht bis morgen früh warten können?“ [ST]. Im uS: *bassi miš ḍarūri nnaha kānit tikūn aktaṛ* „es hätten aber nicht unbedingt mehr zu sein brauchen“ [ST]. S. dazu ferner Wunschsatz 10.3.1 und Konditionalsatz 10.2.2.

Im Nachsatz zu einem Wunschsatz: *yaretni gibti maʿāya lbulīs kān yimsikhum fi ḥālit talabbus* „hätte ich doch die Polizei mitgebracht, die hätte sie in flagranti erwischt“ [ST].

c. Bei einer Serie von Imperfekta nach *kān* braucht nur das erste mit *bi-* versehen zu sein: *kutti baliffi w agīb ṣuwar mi ggaranīn, ʾaxudhum min ilbaʾʾāl wi ṭṭaʿmagi w aʿallaʾha ʿa lḥiṭān w aʾʿud abuṣṣi līha* „ich lief bei den Nachbarn herum und holte mir Bilder von ihnen, ich nahm sie vom Krämer und dem *ṭaʿmiyya*-Mann und hängte sie an die Wände und schaute sie immer wieder an" [SP], s. 5.7.1.4.4.

d. Modalverben, Verba sentiendi und cogitandi: Wie in der einfachen Verbalphrase stehen diese als Hauptverb meist im y-Imperfekt: *ṭab ma na kunt aʾdaṛ axabbi lḥikāya di, fikrak ma-kuntiš aʾdaṛ* „gut, ich hätte doch die Sache verbergen können, meinst du, ich hätte sie nicht verbergen können" [ST]; *bassi law kān yiskut šuwayya kunt aʿṛaf anām* „wenn er nur ein wenig schwiege, dann könnte ich schlafen" [ST]; *lamma kutt ašūf bitti ḥilwa fi ššāriʿ awaʾʾafha ʾuddāmi w aʾʿud abuṣṣilha* „wenn ich ein hübsches Mädchen auf der Straße sah, stellte ich sie vor mich hin und schaute sie an" [SP]; *kunt aḥibb tismaʿi kkalām da min ġēri* „ich hätte gern, daß du das von jemand anderem als mir erfährst" [ST]; *ana law ma-kuntiš maṣri kunt atmanna inni akūn maṣri* „wenn ich kein Ägypter wäre, würde ich mir wünschen einer zu sein" [MF]; *kull ittilifōn ma yiḍrab kunt aftikir innaha Sūsu* „jedesmal wenn das Telefon ging, dachte ich, daß es Sūsu wäre" [ST]; *Layla lli ʾuddāmi ġēr Layla lli kunt aʿṛafha* „die Layla, die vor mir steht, ist eine andere als die, die ich kannte" [ST].

5.7.2.1.1.3 *kān* + bi-Imperfekt

kān + bi-Imperfekt gibt an, daß ein individuelles Ereignis in der Vergangenheit ablief oder ein habitueller Sachverhalt in der Vergangenheit galt und eine gewisse Zeit andauerte, und zwar parallel zu einem anderen Zeitpunkt oder Ereignis.

a. Dauer in der Vergangenheit bei individuellen Ereignissen: *ana kutti baġanni baʾūl ē?* „was war ich soeben am Singen?" [MF]; *ṣudfa, kānit bitzurni wi lmabāḥis ṭabbit* „ein Zufall, sie war bei mir auf Besuch und die Kripo machte eine Razzia" [ST]; *wi lamma xaṛag fi ššāriʿ kānit ṛāsu bitliff* „und als er hinausging, dreht sich ihm der Kopf" [ST].

b. Habituelle Sachverhalte in der Vergangenheit: *w iḥna f-sinnak kunna binʾūl kida* „als wir in deinem Alter waren, pflegten wir so zu sagen" [ST]; *ana kunti babʿatlaha kulli yomēn gawāb* „ich pflegte ihr alle paar Tage einen Brief zu schicken" [ST]; *Layla lli kānit bitiṭlaʿ ilʾūla ʿala faṣlaha* „Layla, die immer die erste in ihrer Klasse wurde" [ST]; *zamān kān biyištaġal fi lmabāḥis* „früher arbeitete er bei der Kripo" [ST], vgl. auch *kān* + y-Imperfekt 5.7.2.1.1.2 a.

5.7.2.1.1.4 *kān* + ḥa-Imperfekt

Das ḥa-Imperfekt drückt an sich bereits aus, daß ein Geschehen noch nicht eingetreten, aber sein Eintreten abzusehen ist, sei es aus der Lage der Dinge heraus oder weil das Agens den Willen hat, es eintreten zu lassen oder sein Eintreten zu verursachen. Es bezeichnet daher nicht so sehr rein temporal die Zukunft, sondern eher eine Potenz, den Willen oder die Absicht, s. oben 5.7.1.3. *kān* stellt die Verbindung mit einem Referenzpunkt in der Vergangenheit her. Damit wird ausgedrückt, daß etwas in der Vergangenheit beinahe passiert wäre oder daß eine Absicht bestand, die sich nicht realisierte (kontrafaktisch). Ferner hat es auch epistemischen Sinn, indem es angeben kann, daß etwas zwar nicht passiert ist, aber mit Sicherheit eingetroffen wäre, wenn die Umstände es nicht verhindert hätten.

a. prospektiv in der Vergangenheit: *kān* + ḥa-Imperfekt ist wiederzugeben mit „etwas tun haben wollen, dabei gewesen sein zu tun, auf dem Punkt gestanden haben zu tun, beinahe etwas getan haben etc.“: *mīn ʾāl inni kunti ḥahṛab?* „wer hat gesagt, daß ich fliehen wollte?“ [ST]; *ana kunti ḥarūḥ fīha* „ich wäre dabei beinahe umgekommen“ [ST]; *yuuu .... kunti ḥansa ʾana gaybālik gurnāl imbāriḥ* „yuu ... beinahe hätte ich vergessen: ich habe die Zeitung von gestern für dich mitgebracht“ [ST].

b. Epistemisch als Versicherung: *ḍāʿ gōn, kunna ḥanibʾa tnēn ṣifr* „ein Tor ging verloren, wir wären auf 2:1 gekommen“ [ST]; *ana kutti ḥaʾullak ʿala kulli šēʾ* „ich hätte dir alles erzählt“ [MF]; *kunti ḥamawwit rūḥi* „ich hätte mich umgebracht“ [MF]; *ittaṣalna bīk fiʿlan, lākin ittilifōn kān mašġūl – wi kān ḥayibʾa mašġūl li lʾabad* „wir haben dich tatsächlich angerufen, aber das Telefon war belegt. – Und es wäre bis in alle Ewigkeit belegt gewesen!“ [ST]; *daḥna kunna ḥanimši xāliṣ* „wir wollten überhaupt weggehen“ [MF].

So häufig im Nachsatz von Konditionalsätzen: *wi law kān tiliġṛāf taʿziyya kunna ḥanāxud minnu lbaʾšīš* „wenn es ein Beileidstelegramm gewesen wäre, hätten wir ihm ein Trinkgeld abgeknöpft“ [ST], s. 10.2.2.1.

In rhetorischen Fragen führt dies zum Ausdruck der Unwahrscheinlichkeit: *ana dilwaʾti bassi ʿrift innaha miš Ṣafiyya ʿAbd ilFattāḥ w ana kunti ḥaʿṛaf minēn saʿitha ya Bē? ḥāxud baṣamatha?* „ich habe jetzt erst erfahren, daß sie nicht Ṣafiyya ᶜAbd ilFattāḥ ist. Woher hätte ich das damals wissen sollen, mein Herr!? Hätte ich ihre Fingerabdrücke nehmen sollen?“ [ST]; *miš abūha ḥittit ṛaʾīs maglis ʾidāṛa? yaʿni kānit hatiggawwiz mīn?* „ist ihr Vater nicht ein großer Fisch als Verwaltungsratvorsitzender? Wen hätte sie denn sonst heiraten sollen?“ [ST]; *wi hiyya kānit ḥatiʾdaṛ tiṭallaʿna?* „und sie hätte uns herausholen können“ [ST].

c. Absicht, Intention: *fi lʾawwil kunti ḥarmi innuṣṣi franki f-wiššu w amši* „zunächst wollte ich ihm den halben Franken ins Gesicht schmeißen und gehen“ [SP]; *kutti lissa ḥakkallim sikitt* „ich wollte eben was sagen, doch ich hielt den Mund“ [SP].

d. Zukunft in der Vergangenheit, wobei auch hier stets eine modale Nuance mitschwingt: *ʾulli ya ʿamm arūḥ fēn? ilbēt illi kunti ragʿālu wi ḍāʿ, iggawāz illi kunti ḥaxallif minnu wi falsaʿ* „sag mir, Onkel, wohin ich gehen soll! Das Haus, in das ich zurückkehren sollte, ist verloren, die Ehe, in der ich Kinder kriegen sollte, hat sich zerschlagen“ [ST]; *kunti ḥāxud sabʿīn ʾalfi lamma kān ittaʿwīḍ malyūn, dilwaʾti baʿd ilʾustāz ma gāb talāta malyūn yibʾa ḥāxud mitēn ʾalfi w ʿašaṛa* „ich sollte 70.000 bekommen, als der Schadensersatz eine Million war, jetzt, nachdem der

Anwalt drei Millionen herausgeschlagen hat, werde ich also zweihundertundzehntausend erhalten“ [ST].

5.7.2.1.1.5 *kān* + aktives Partizip

kān + aktives Partizip verlegt den Sachverhalt in die Vergangenheit, wobei das Partizip im Prinzip seine ursprünglich Bedeutung bewahrt.

Es drückt Dauer in der Vergangenheit aus, vor allem bei Verba sentiendi, Verben der Bewegung und bei Verba cogitandi, wie in den folgenden Beispielen: *lē ba'a kunti mašya miš daryāna b-illi ḥawalēki* „warum liefst du denn herum, ohne dir dessen bewußt zu sein, was sich um dich herum abspielte?“ [MF]; *li'anni nās kānu nawyīn yistilfu minni lʿaṛabiyya* „weil Leute die Absicht hatten, das Auto von mir zu leihen“ [ST]; *kunti fāhim inni Mḥammad biyṭarṭaš 'ayyi kalām* „ich glaubte, daß Muḥammad irgendwas daherplapperte“ [ST]; *ma-kuntīš ʿarfāhum mugrimīn kida* „du wußtest nicht, daß sie solche Verbrecher waren“ [ST]; *ma-kuntiš mitṣawwar inn ilʿišra ḥathūn ʿalēki bi ššaklída* „ich hatte mir nicht vorgestellt, daß du das vertraute Zusammenleben so geringschätzen würdest“ [ST]; *kunti ḥāsis innaha ʿayza titkallim* „ich merkte, daß sie sprechen wollte“ [ST]. Stativ etwa in *kān nā'iṣ tigiblak ṣurtu kamān* „es fehlte noch, daß sie sein Bild gebrachte hätte“ [ST]; *kān sāyib ilwād yikkallim wala ka'innu hina* „er ließ den Jungen reden, als ob er nicht hier wäre“ [ST].

Auch Zukunft in der Vergangenheit bei Bewegungsverben: *kunti ṛayḥalku bukṛa ʿašān aṭammin ʿalēku* „ich wollte morgen zu euch kommen, um nach euch zu schauen“ [ST]; *wi maʿā ʿa'di ʿamal kān gayyilak min ilxalīg* „und anbei ein Arbeitsvertrag, den du vom Golf bekommen solltest“ [ST]; *kunti xārig asmaʿ ilmatši fi l'ahwa* „ich wollte ausgehen, um mir das Fußballspiel im Kaffeehaus anzuhören“ [ST].

5.7.2.1.1.6 *kān* + Imperativ

kān + Imperativ leitet irreale Wunschsätze ein: *kunti 'ūl kida mi ṣṣubḥ* „hättest du das doch gleich gesagt!“ [ME]; *kunt istanna šwayya* „hättest du doch ein bißchen gewartet!“ [ME]; *kunti hatha 'aššaṛha w ixlaṣ* „hättest du sie doch gebracht und geschält und fertig!“ [ST]; *ṭab it'axxaṛti kunti kkallimi fi ttilifōn* „o.k., du hast dich verspätet, hättest du doch angerufen!“ [ST].

5.7.2.1.2 *yikūn* + Verb

5.7.2.1.2.1 *yikūn* + Perfekt

Von einem Sachverhalt kann ausgesagt werden, daß er von der Gegenwart aus gesehen in der Zukunft abgeschlossen sein wird. Dies wird mit *yikūn* + Perfekt ausgedrückt, wobei *yikūn* das ebenfalls mögliche *ḥaykūn* vertritt, s. 5.7.2.1.3.1. Ferner kann sich *yikūn* + Perfekt nach übergeordneten epistemischen Modalausdrücken wie *lāzim, mafrūḍ, yimkin* (s. 5.7.3.2.1.2.1) auf die Vergangenheit beziehen und eine starke Vermutung ausdrücken. Ebenso ist es häufig in vergangenheitsbezüglichen Dubitativfragen, irrealen Vergleichen und Befürchtungssätzen anzutreffen.

a. Abgeschlossener Sachverhalt in der Zukunft (futurum exactum): *fūt ʿalayya baʿd iḍḍuhr ya Aḥmad yikūn ilḥāl itġayyaṛ* „komm am Nachmittag vorbei, Aḥmad, dann hat sich die Lage geändert" [ST]; *ilmaʾzūn ʿa nnaṣya daʾāyiʾ yikūn waṣal* „der Maʾzūn ist an der Ecke, binnen Minuten wird er hier sein" [ST]; *ʿala ma yiṭlaʿ iṣṣubḥ akūn nisīt ilmawḍūʿ* „bis zum Morgen habe ich das Thema vergessen" [ST]; *law istannit li tāni yōm iṛṛāgil yikūn baʿzaʾ mahiyyitu ʿala ddayyāna* „wenn sie bis zum nächsten Tag warten würde, hätte er seinen Lohn schon auf die Gläubiger verschwendet" [SP].

b. Mit Bezug auf die Vergangenheit: *yimkin yikūn ṛāh li ḥaddi min ṣiḥābu* „vielleicht ist er zu einem seiner Freunde gegangen" [MF]; *lāzim nikūn itʾaxxaṛna ʾawi* „wir müssen uns wohl sehr verspätet haben" [ST]; *da kān mafrūḍ nikūn waṣalna Iskindiriyya min saʿtēn dilwaʾti* „wir hätten jetzt vor zwei Stunden schon in Alexandrien angekommen sein sollen" [ST]. Als Dummy-Verb besetzt *yikūn* die Stelle des y-Imperfekts, wenn ein solches erforderlich ist, jedoch der Ausdruck der Abgeschlossenheit verloren ginge, wenn man das Sachverhaltsverb ins y-Imperfekt setzen würde: *bassi miš maʿʾūl yikūn nisi, lākin yinsa zzāy* „unwahrscheinlich, daß er es vergessen hat, wie sollte er vergessen?" [SP]; *iza kān ḥayimši miš ḍarūri yikūn ʿamal ḥāga wiḥša* „wenn er dabei ist zu gehen, muß er nicht unbedingt etwas Schlechtes getan haben" [ST].

Im Temporalsatz nach Konjunktion: *di šihāb lamma ykūn šiṭān hirib mi nnāṛ yiʾūm ṛabbina yiḥdifu b-wāḥid min dōl ʿašān yiḥṛaʾu* „das ist eine Sternschnuppe, wenn ein Teufel aus dem Höllenfeuer entflohen ist, dann wirft der Herr mit einer solchen nach ihm, um ihn zu verbrennen" [SP].

c. In Dubitativfragen mit oder ohne das Fragesuffix *-š*: *ʾā ya wād, bēt abūya huwwa fēn? walla akunši ġliṭti fi ššāriʿ* „Junge, wo ist mein Vaterhaus? Oder sollte ich mich in der Straße geirrt haben?" [ST]; *tikūn ilwarša garalha ḥāga* „ob mit der Werkstatt etwas passiert ist?" [SP]; *yikūn ixtafa fēn?* „wohin sollte er verschwunden sein?" [SK]. Auch als untergeordneter asyndetischer Fragesatz: *amma arūḥ ašufha tkūn ṛāḥit faṛaḥ tāni* „ich will mal gehen und nach ihr schauen, ob sie auf eine andere Hochzeit gegangen ist" [ST].

d. In irrealen Vergleichen, wie in *zayyi ma akūn rigiʿti bannūta tāni* „als ob ich wieder ein kleines Mädchen geworden sei" [ST]; *ʾuddām ʿenayya zayyi ma tkūn ḥaṣalit imbāriḥ* „vor meinen Augen, als ob es gestern passiert wäre" [ST]; *zayyi ma ykūn iddinya nṭafa nurha* „als ob das Licht der Erde gelöscht wäre" [SP].

e. Ebenso in Befürchtungssätzen zur Vergangenheit im Sinne von „hoffentlich nicht", eingeleitet mit *aḥsan, iwʿa, la-* oder *iyyāk*: *aywa, hiyya, hiyya ma-fīš ġerha.*

aḥsan tikūn fiṭsit taḥt ilᶜaṛabiyya „ja, sie ist es, keine andere. Hoffentlich ist sie nicht unter dem Auto verreckt!“ [ST]; *aḥsan yikūn ᶜawwaṛak!* „hoffentlich hat er dich nicht verletzt!“ [MF]; *iwᶜi tkūni ʾulti lḥadd, aḥsan yifʾisu lmufagʾa* „hoffentlich hast du niemandem etwas gesagt, sonst durchschauen sie die Überraschung“ [ST]; *dōxa? la-tkūni ḥāmil?!* „schwindelig? Du wirst doch nicht schwanger sein?!“ [ST]; *iyyāk ma-kunši dayiʾtak bi ḥuḍūri ssaᶜādi* „hoffentlich habe ich dich nicht mit meinem Erscheinen zu dieser Stunde in Verlegenheit gebracht!“ [ST]. S. auch 9.6.

Anmerkung: *iyyāk* kann im Wunschsatz auch direkt mit Perfekt gebraucht werden: *iyyāk nisīt innak akbaṛ minni b-ᶜišrīn sana* „hoffentlich hast du nicht vergessen, daß du zwanzig Jahre älter als ich bist“ [ST], s. 5.7.1.1 1.2 b.

5.7.2.1.2.2 *yikūn* + bi-Imperfekt

yikūn + bi-Imperfekt wird gebraucht, wenn klargestellt werden soll, daß ein Sachverhalt als andauernd einzuordnen ist. *yikūn* besetzt die Stelle des y-Imperfekts, wenn ein solches erforderlich ist, jedoch der Ausdruck der Dauer verloren ginge, wenn man das Sachverhaltsverb ins y-Imperfekt setzen würde.

a. Zum Ausdruck der Dauer in der Gegenwart: *bass inti ᶜarfa ya Zuhēr lamma lwaḥda tkūn bitḥibb* „aber du kennst das ja, Zuhēr, wenn eine Frau verliebt ist“ [ST]; *miš mumkin yikūn biyḥibbik* „unmöglich, daß er dich liebt!“ [ST].

b. Zum Ausdruck einer Vermutung mit oder ohne entsprechendem üS: *tikūn bitiṣṣannat ᶜalēna zayyi ᶜawayidha* „sie wird uns wohl belauschen wie gewohnt“ [ST]; *yimkin yikūn ma-biyḥibbinīš, yikūn biyidḥak ᶜalayya* „vielleicht, daß er mich nicht liebt, vielleicht meint er es nicht ernst mit mir“ [ST].

c. Befürchtungssätze eingeleitet mit den Partikeln *la-, aḥsan* ~ *laḥsan* oder durch *iwᶜa*: *ana xāyif la-kūn baḥlam* „ich fürchte, daß ich träume“ [MF]; *iwᶜa tkūn bitiḥlam w inta māši* „träume bloß nicht im Gehen!“ [ST]; *ibᶜidu ᶜannu laḥsan yikūn biyᶜuḍḍ* „haltet euch weg von ihm, er könnte bissig sein“ [ST].

d. Beim irrealen Vergleich als Dummy-Verb: *wi baᶜdēn ḥassēt zayyi ma tkūn ᶜaʾārib bitildaᶜni f-wišši* „und dann fühlte ich etwas, als ob Skorpione mich ins Gesicht stechen würden“ [SP]; *tibʾa ṛāsi zayyi ma ykūn ḥaddi biyduʾʾi fīha b-šakūš* „mein Kopf ist, als ob jemand mit einem Hammer darauf schlüge“ [ST]. Aber auch mit Subjektswechsel bzw. ohne Flexion des *yikūn*: *fiḍlit tizaᶜᶜaʾli zayyi ma yikūn baštaġal lā muʾaxza ᶜabdi ᶜandaha* „sie fuhr fort mich anzuschreien, als ob ich – mit Verlaub – Sklave bei ihr wäre“ [ST].

5.7.2.1.2.3 *yikūn* + ḥa-Imperfekt

yikūn + ḥa-Imperfekt wird gebraucht, wenn klargestellt werden soll, daß der Eintritt eines Sachverhalts bevorsteht. *yikūn* besetzt wieder die Stelle des y-Imperfekts.

a. Befürchtungssätze: *iwʿa tkūn ḥatnām* „hoffentlich willst du dich nicht hinlegen!“ [ST]; *xiffi w ʾūm ya Fahmi la-ykūnu ḥayisṭādu guwwa lbalad* „nimm's leicht und steht auf, Fahmi, es könnte sein, daß sie im Dorf jagen wollen“ [SP].

b. In irrealen Vergleichssätzen: *zayyi ma ykūn ḥatiftaḥīli taḥʾīʾ* „als ob du ein Verhör mit mir anstellen wolltest“ [ST] ohne Kongruens des *yikūn*.

5.7.2.1.2.4 *yikūn* + aktives Partizip
Wie bei den anderen Zusammensetzungen mit *yikūn* tritt dieses ein, wenn die temporale oder aspektuelle Bedeutung des Verbum des Sachverhalts, das hier als aktives Partizip steht, bewahrt bleiben soll. *yikūn* + aktives Partizip kann stehen für:

a. Abgeschlossene Sachverhalte in der Zukunft: *ana fahhimtak issāʿa ṭnāšar bi ẓẓabṭ tikūn sāyib ilbēt* „ich habe dir deutlich gemacht: Punkt zwölf Uhr sollst du das Haus verlassen haben!“ [ST]. Laufende Sachverhalte in der Zukunft: *ilmaʾmūr yikūn bāṣiṣ min iššibbāk yišufni yiʾūl ʾē?* „der Maʾmūr wird aus dem Fenster schauen, was soll er sagen, wenn er mich so sieht?“ [ST]. So liefert es oft deontisch in Beteuerungen und Drohungen die Versicherung, daß etwas eintreten wird, meist mit der Partikel *la-*: *talāta billāhi lʿaẓīm ʾin ma fataḥti la-akūn kasra lbāb* „dreimal, bei Gott, wenn du nicht aufmachst, breche ich die Tür auf!“ [ST]; *wi nnabi la-akūn ḥalʾālik ʾarʿa* „beim Propheten, ich werde dich kahl scheren!“ [ST].

b. Abgeschlossene Sachverhalte in der Vergangenheit: *wi ysīb ilbanaʾādam illi ykūn gaybu fōʾ iggabal yimūt mi ggūʿ* „und er läßt den Menschen, den er mit auf den Berg gebracht hat, an Hunger sterben“ [SP]; *ʾabli ma tiġli bi šwayya ṣġayyaṛa bingīb ṭāṣa ʿala nnaḥya ttanya min ilbutagāz, fi nafs ilwaʾt, nikūn ḥaṭṭīn fīha tōm* „ganz kurz bevor es kocht, stellen wir eine Pfanne auf die andere Seite des Gasherds, gleichzeitig, darin haben wir dann schon Knoblauch getan“ [MA]; *ma-tkunši mzaʿʿalha ya ʿIṣām?* „hast du sie etwa verärgert, ʿIṣām?“ [ST]; *amma nšūf ḥāga kida, lāzim nikūn mitnawlīn* „wenn wir sowas sehen, müssen wir die Kommunion empfangen haben“ [MA].

c. Dauer in der Gegenwart: *in šāʾ aḷḷāh ilʾaḥwāl tikūn mašya kwayyis maʿāk* „hoffentlich geht alles gut mit dir!“ [ST]; *gāyiz tikūn xalʿa ṛasha walla ḥāga* „es könnte sein, daß sie ihren Kopf entblößt hat oder so“ [SP]; *ma-tkunši fakirni habla walla ʿamya!* „halte mich bloß nicht für dumm oder blind!“ [SP].

d. Es tritt oft in Befürchtungssätzen auf nach *la-* oder *iwʿa,* wobei *yikūn* eine Dummy-Funktion hat: *ṣahyin ya wād la-tkūn ʿamlāha ḥaṛaka* „stell dich taub, Junge, vielleicht hat sie das nur als Trick gemacht“ [SP]; *iwʿa ḥaddi ykūn miraʾbak* „hoffentlich hat dich niemand beobachtet“ [MF]; *iwʿi tkūni mxallifa, ana maḥaddiš fi lbēt da yxallif ġēri* „hoffentlich hast du keine Kinder geboren, niemand anders als ich soll in diesem Haus Kinder kriegen!“ [ST].

e. Wie in d auch in irrealen Vergleichen: *zayyi ma akūn wa'fa ma'ā ba'āli sā'a* „als ob ich schon eine Stunde mit ihm zusammenstünde" [SP]; *ilbalad zayyi ma tkūn 'a'da 'ala burkān* „die Stadt ist, als ob sie auf einem Vulkan läge" [ST]. Mit Subjektswechsel: *zayyi ma akūn ḍāyi' minni ḥāga* „als ob mir etwas verloren gegangen wäre" [ST], s. 5.7.2.1.

5.7.2.1.3 *ḥaykūn* + Verb

5.7.2.1.3.1 *ḥaykūn* + Perfekt

a. Abschluß in der Zukunft: *ba'di kidahuwwat ḥatkūn ilmuluxiyya ba'a nišfit* „danach wird die Muluxiyya getrocknet sein" [MA]; *masāfit ma a'millukum iššāy ḥaykūnu waṣalu* „bis ich euch den Tee mache, werden sie angekommen sein" [MF]; *wi ba'dēn ḥankūn ṣaffēna ṭṭamāṭim* „und dann werden wir die Tomaten geseiht haben" [MA].

b. Suggestivfrage zu einem vergangenen Sachverhalt: *ḥatkūn ṛāḥit fēn ya'ni?* „wohin wird sie schon gegangen sein?" (natürlich dorthin, wo sie der Sprecher vermutet) [MF].

5.7.2.1.3.2 *ḥaykūn* + aktives Partizip
a. Abgeschlossenheit in der Zukunft: *i'mili ḥsābik innu 'ala 'awwil iššahṛi ḥankūn mi'azzilīn min hina* „rechne damit, daß wir zum Monatsanfang von hier weggezogen sein werden" [ST].

b. Dauer in der Zukunft: *wi ḥatkūn innāṛ mistanniyyā, nāṛ iggahannam ilḥamṛa* „das Feuer wird ihn erwarten, das glühende Feuer der Hölle" [SP].

c. Intention: *waḷḷāhi illi ḥayu''ud 'ala 'afši bēti ḥakūn miwaddiyyā llumān 'idil* „wer, bei Gott, auf meinem Hausrat sitzt, den werde ich direkt ins Gefängnis bringen!" [ST].

d. Dubitativ: *ḥaykūn nāwi 'ala 'ē bass?* „was sollte er wohl beabsichtigen?" [MF].

5.7.2.1.4 *biykūn* + Verb
Belegt ist nur *biykūn* + akt. Partizip, das eine habituellen Sachverhalt angibt: *dōl līhum libsi maxṣūṣ wi biykūnu šaylīn silāḥ* „die haben eine besondere Kleidung und pflegen Waffen zu tragen" [SP]; *ya bitkūn xārig ya fi ššuġl* „sie pflegt entweder ausgegangen oder in der Arbeit zu sein" [ST]; *ilwaḥda lli fi lmurgēḥa bitkūn šayfa lli ḥawalēha* „die in der Schaukel ist, sieht was um sie herum ist" [SP].

Anmerkung 1: EISELE (1990) 198ff gibt eine vollständige Reihe: *lamma āgi biykūn xallaṣ iššuġl* „when(ever) I come, he has (always, usually) finished the job"; *lamma ʾāgi biykūn biyiktib* „when(ever) I come, he is (always, usually) writing". Aus SALIB (1981) 272: *issāʿa waḥda binkūn binitġadda* „At one o'clock we are usually eating lunch"; *issāʿa tnēn biykūn xaṛag* „At two o'clock he will usually have gone out".
Anmerkung 2: Anstelle von *biykūn* kann *biyibʾa* „er wird, er ist" gebraucht werden: *dana badxul ilmaḥalli min dōl babʾa ḥaggannin* „wenn ich so einen Laden betrete, werde ich immer beinah verrückt" [ST]; *lākin bitīgi mitʾaxxaṛa šwayya ʿašān bitibʾa ʿarfa ʾinn innās* ... „aber sie kommt ein bißchen verspätet, weil sie weiß, daß die Leute ..." [MA].

5.7.3 Komplexe Verbalphrasen

Mit ‚komplexen Verbalphrasen' sind solche VP gemeint, bei denen ein Verb einem Auxiliarelement syntaktisch untergeordnet ist: VP = [[AUX]+Vb]. Dieses Element [AUX] spielt selbst semantisch eine untergeordnete Rolle und modifiziert lediglich die Aussage des Verbs [Vb]. Wir nennen solche Elemente hier Präverbien. Diese stellen keine fest umrissene morphologische oder syntaktische Kategorie dar und unterscheiden sich voneinander nicht nur hinsichtlich ihrer Form und ihrer Bedeutung, sondern auch in der Art, wie sie sich mit dem Hauptverb, sei es syndetisch mit *inn* oder asyndetisch, verbinden, s. dazu unten 5.7.3.1.3. Mitunter kann auch *kān, yikūn* vor sie treten, s. 5.7.3.1.4.

5.7.3.1 Form der Präverbien
Je nachdem, ob das Präverb Kongruenz mit dem Hauptverb anzeigen kann oder nicht, lassen sich zwei Typen von AUX unterscheiden: flektierbares und nichtflektierbares.

5.7.3.1.1 Flektierbare Präverbien
Durch Flexion oder durch Pronominalsuffixe gekennzeichnet sind eine Reihe von Nomina, Partikeln und Verben, die als übergeordnete Auxiliarelemente auftreten.

a. Nomina und Partikel mit Pronominalsuffix: *nifs+* „gerne wollen"; *ġaraḍ+* „beabsichtigen"; *ʾaṣd+* „beabsichtigen"; *ḥaʾʾ+* „richtig tun"; *zamān+* „höchstwahrscheinlich"; *bidd+* „wollen"; *iyyā+* „hüte dich davor"; *tann+* „unverzüglich, weiter"; *misīr+* „unvermeidlich".

b. Verben: *ʾidir, yiʾdaṛ, ʾādir* „können"; *ʿirif, yiʿṛaf, ʿārif* „wissen zu"; *ʾaʿad, yuʾʿud, ʾāʿid* „dauernd tun"; *fiḍil, yifḍal* „weitermachen"; *dāṛ, yidūr* „weitermachen"; *liḥiʾ, yilḥaʾ* „es schaffen zu"; *ṭāl, yiṭūl* „es schaffen zu"; *ʿād, yiʿūd* „wieder tun"; *ma-saddaʾ, ma-ysaddaʾ* „kaum glauben können, daß"; *ʾaṛṛab, yiʾaṛṛab* „nahe daran sein, beinahe tun"; *baʾa, yibʾa* „beginnen zu"; *rigiʿ, yirgaʿ* „wieder tun"; *sāb, yisīb* „lassen, veranlassen"; *xalla, yixalli* „lassen, veranlassen".

c. Partizipia: *magbūr* „gezwungen"; *muṭṭarr* „gezwungen"; *ʿāwiz* „wollen".

d. Imperativ: *iwʿa* „hüte dich!"

5.7.3.1.2 Nicht-flektierbare Präverbien
Nicht-flektierbar sind die folgenden Präverbien:

a. Nomina und Partikeln: *ḍarūri* „unbedingt"; *balāš* „weg mit ...! hör auf zu ...!"; *labudd* „unweigerlich".

b. invariante Verbalformen in der 3.sg.m.: *yigūz* „kann sein"; *yimkin* „vielleicht"; *la yumkin* „unmöglich".

c. invariante Partizipien in der 3.sg.m.: *mumkin* „möglich"; *lāzim* „müssen"; *mafrūḍ* ~ *ilmafrūḍ* „eigentlich sollen"; *gāyiz* „es könnte sein".

5.7.3.1.3 Anbindung und Unterordnung
Der Grad der Anbindung innerhalb der komplexen VP ist verschieden stark. Die Kriterien dafür sind (in Anlehnung an EISELE (1999) 210f.):

a. Asyndese und Syndese: Präverbien werden teils nur asyndetisch verbunden, teils lassen sie auch Unterordnung mittels *inn* zu. Nur asyndetisch ist z.B. *lāzim*: *lāzim yikūn fī ḥall* „es muß eine Lösung geben" [ST]. Beides läßt dagegen epistemisches *ḍarūri* „müssen" zu: *ḍarūri smiʿti ʿannu* „du mußt von ihm gehört haben" [ST] und *miš ḍarūri nnaha kānit tikūn akṭar* „hätte es nicht mehr sein müssen?" [ST]. Ebenso *labudd*, s. 5.7.3.2.1.1.1 c.

b. Koreferenz des Subjekts: Diese ist nur teilweise relevant. Viele der Präverbien sind invariant, so daß sich die Frage der Koreferenz erübrigt, s. oben 5.7.3.1.2. Obligatorisch liegt Koreferenz der verbalen Subjekte etwa bei *ʾidir, yiʾdaṛ* „können" vor: (verbal) *izzāy kān mumkin ilwāḥid yiʾdar yiʿīš min ġerha* „wie war es nur möglich, daß man ohne sie leben konnte?" [ST]; bzw. mit einem Partizip als Präverb, z.B. *ʿāwiz* „wollen": *ʿawzīn yiʾaṭṭaʿūni ḥitat* „sie wollen mich in Stücke reißen" [ST].

Koreferenz zum Subjekt des Hauptverbs zeigen auch die Nomina und Partikel mit einem Suffix, s. 5.7.3.1.1 a: *wi tāni yōm tannaha ṛayḥa ʿa lḤagga Nabawiyya* „am nächsten Tag ging sie direkt zur Ḥagga Nabawiyya" [SP]; *ana min ṣiġari w ana nifsi abʾa muḥāmi* „seit meiner Kindheit schon will ich gerne Rechtsanwalt werden" [ST]; *ḥaʾʾik tirūḥi tġayyaṛi hdūmik zamānu gayy* „du tätest gut daran, dich umziehen zu gehen, er wird gleich da sein" [ST].

A n m e r k u n g : Koreferenz kann auch zu einem anderen Satzglied vorliegen, wie etwa zum Objekt des Hauptverbs. So bei *nifs+*: *nifsi turmāy yidhasni walla ʾutubīs yimawwitni* „ich wollte, daß eine Straßenbahn mich überfährt oder ein Bus mich tötet" [ST]; bei *ʾaṛṛab, yiʾaṛṛab* „nahe daran sein": *ana ʾismi ʾaṛṛab yinadū* „mein Name wird gleich aufgerufen werden" [ST].

c. Koreferenz des Objekts: Bei volitiven und manipulativen Präverbien koreferiert deren Objekt mit dem untergeordneten Verb als deren logisches Subjekt (Subjektsanhebung): *ana ʿawzā yitsigin* „ich will, daß er ins Gefängnis kommt" [ST]; *iš xallāk bitḥawwiš filūs?* „was hat dich Geld sparen lassen?" [SP]; *ana sibtak fadfadti kfāya* „ich habe dich genug das Herz ausschütten lassen" [ST]. Bei *ʿāwiz* kann dies auch unterbleiben: *intum ʿayzīn abaʿzaʾ filūsi* „ihr wollt, daß ich mein Geld verschwende" [SP].

d. Verbalform des untergeordneten Verbs
1. Präverbien deontischer Modalität verlangen das y-Imperfekt, ebenso wie alle anderen, die Nicht-Faktizität implizieren, etwa solche mit manipulativem Sinn. Das y-Imperfekt steht hier aus einem semantischen (kein Faktum) wie aus einem syntaktischen Grund (Unterordnung): (deontisch) *ʿāyiz aʿīš mirtāḥ* „ich will in Ruhe leben" [MF]; (deontisch) *ilmalik ʿāwiz tifrišlu lmanḍara* „der König will, daß du ihm den Salon möblierst" [SP]; (deontisch) *ana mudṭarr asīb hina* „ich bin gezwungen, hier wegzugehen" [ST]; (deontisch) *balāš tizaʿʿalha* „ärgere sie nicht!" [ST]; (nicht-faktisch) *liḥaddi ma ʾarrabt asaddaʾha* „bis ich nahe daran war, sie zu glauben" [SP]; (nicht-faktisch) *inta mkassil tuxrug* „du bist zu faul um auszugehen" [ST]; (manipulativ) *xallīna nitwaḍḍa* „laß uns die Waschung vollziehen!" [SP]; *sibni anām* „laß mich schlafen!" [ST].

2. Bei Präverbien, die Faktizität implizieren, besitzt das syntaktisch untergeordnete Verb eigene Zeitreferenz und kann daher als y-Imperfekt, bi-Imperfekt oder aktives Partizip auftreten. Das Hauptverb gibt ein Faktum an, das die entsprechende Verbalform verlangt: (*fiḍil*): *fiḍil māši* „er ging weiter" [SP]; *fiḍil yidawwaṛ* „er suchte weiter" [SP]. (*ʾaʿad*) *ʾaʿadti māši māši māši* „ich ging immer weiter und weiter" [SP]; *ʾaʿadu ysaʾʾafu b-ḥaṛāṛa* „sie klatschen lebhaft Beifall" [SP]. (*ʾāʿid*) *intu ʾaʿdīn bitikkallimu kaʾinnu miši xalāṣ* „ihr redet dauernd daher, als ob er endgültig weg wäre" [ST]; *kānu ʾaʿdīn samʿīn ikkalām da* „sie hörten diese Worte" [SP]. (*baʾa*) *baʾēt bitilʿab mudhiš* „du spielst jetzt erstaunlich" [ST]; *inta ma-baʾetši bitḥibbini* „du liebst mich nicht mehr" [ST]. (*ʿād*) *ma-ʿadši biysaddaʾni* „er glaubt mir nicht mehr" [ST] (*ma-biysaddaʾnīš* ist ein Faktum); *ilmasʾala ma-ʿadši yitsikit ʿalēha* „über diese Frage kann man nicht länger schweigen" [ST]; *ma-ʿadši baʾīli ḥāga* „es bleibt mir nichts mehr übrig" [ST].

3. Diese Faktizität kann bei Vergangenheitsbezug den Ersatz des y-Imperfekts oder des aktiven Partizips durch das Perfekt bewirken. Dies tritt regelmäßig beim Perfekt von *rigiʿ* „wieder tun" (s. 5.7.3.2.3.2) und dem Perfekt der manipulativen Verben *xalla* und *sāb* (s. 5.7.3.2.3.4 und 5.7.3.2.3.5) sowie bei den inchoativen Paraphrasen *ʾām, rāḥ, gih* (s. 5.7.4) ein: (*rigiʿ*) *rigʿu mišyu tāni* „sie gingen wieder weg". (*xalla*) *ḥāga murʿiba xallat šaʿri wiʾif* „eine entsetzliche Sache, die mir die Haare zu Berge stehen ließ" [SP]. (*sāb*) *ana sibtak fadfadti kfāya* „ich habe dich genug das Herz ausschütten lassen" [ST]; (*ʾām*) *ʾāmu ftakaṛu nn iḥna bniġraʾ*

„da dachten sie, daß wir am Ertrinken waren“ [ST]. (*rāḥ*) *lamma māt ruḥti sallimti nafsik li Silīm* „ als er starb, übergabst du dich Silīm“ [ST]. (*gih*) *gozha huwwa lli gih zarha* „ihr Mann war es, der sie besuchen kam“ [ST]. Auch für die Verbpaare *baʿat yigīb* „holen lassen, bringen lassen“ und *daxal yinam* „sich schlafen legen“ läßt sich dies feststellen, bei *baṣṣi laʾa* „bemerken“ ist es obligatorisch: *baʿat gāb ʿilbitēn sagāyir* „er ließ zwei Schachteln Zigaretten holen“ [SP]; *ṭabʿan kullina tbaṣaṭna w daxalna nimna* „wir freuten uns natürlich alle und gingen schlafen“ [MA], s. 5.7.3.2.1.1.1.

d. Eigene Zeitreferenz der untergeordneten Verbalform liegt bei epistemischem Gebrauch der Präverbien *lāzim, mumkin, yimkin, gāyiz* vor (s. 5.7.3.2.1.2.2). Verbale Präverbien, s. 5.7.3.1.2 b, bringen dagegen ihre eigene Zeitreferenz ein.

So kann das ḥa-Imperfekt in seiner assertorischen, epistemischen oder intentionalen Bedeutung das y-Imperfekt nach Präverbien wie *mumkin, ḍarūri* und *labudd* ersetzen: *ana ṭūl ʿumri ʿarfa inni da mumkin ḥayiḥṣal li ʿAbdaḷḷa* „ich wußte immer schon, daß das dem ᶜAbdaḷḷa passieren könnte“ [ST]; *yibʾa ḍarūri ḥaxrug* „dann wird es unbedingt nötig, daß ich ausgehe“ [ST]; *la buddi ḥaddi ḥayšīlu nnaharḍa* „jemand muß ihn unbedingt heute wegbringen!“ [ST].

Bei epistemischem Gebrauch können alle entsprechenden Verbalformen gebraucht werden und auch ein Nominalsatz folgen: *lāzim ḥaddi saraʾha* „jemand muß sie gestohlen haben“ [ST]; *lāzim ʿawza trūḥ tigmaʿ ʾuṭn* „sie muß wohl Baumwolle pflücken gehen wollen“ [ST]; *ma-hu lāzim ḥayiʿraf* „er wird es doch sicher erfahren!“ [ST]; *ḍarūri smiʿti ʿannu* „ganz gewiß hast du von ihm gehört“ [ST]; *ma na ḍarūri ḥaʾablu* „ich werde ihn ganz gewiß treffen“ [ST]; *ḍarūri biyḥibbik* „ganz sicherlich liebt er dich“ [ST]; *di ḍarūri riglēha ḥilwa* „die hat ganz gewiß schöne Beine“ [ST].

5.7.3.1.4 Erweiterung mit *kān, yikūn*

a. Die in 5.7.3.1.1 und 5.7.3.1.2 genannten Präverbien mit Ausnahme der Imperativpartikeln *balāš* „weg mit ...! hör auf zu ...!“, *iwʿa* „hüte dich!“, *iyyā+* „hüte dich!“ sowie *tann+* „unverzüglich, weiter“, *misīr+* „unvermeidlich“ können mit *kān, yikūn* erweitert werden, das vor diese tritt. Dabei wird *kān* flektiert vor Präverbien, die ohnehin flektiert werden, wie *ʾidir, ʿirif, ʿāwiz* etc., s. 5.7.3.1.1 b, c: *kunti ʾdirt ašūfik kulli yōm* „ich hätte dich jeden Tag sehen können“ [ST]; *law kān yiskut šuwayya kunt aʿraf anām* „wenn er ein wenig schweigen würde, könnte ich schlafen“ [ST]; *kānu ʿawzinni aʿīš maʿāhum* „sie wollten, daß ich bei ihnen lebe“ [SP]. Sonst bleibt *kān* unflektiert wie bei: (*ġaraḍ+*) *Faṭma kān ġaraḍha tiggawwiz* „Faṭma hat die Absicht zu heiraten“ [SP]; (*ʾaṣd+*) *waḷḷāhi ma-kān ʾaṣdi azaʿʿalik* „bei Allah, ich hatte nicht die Absicht, dich zu ärgern!“ [ST]; (*ḥaʾʾ+*) *kān ḥaʾʾak ʾaṭṭaʿtaha!* „du hättest es besser zerrissen!“ [ST]; (*labudd*) *kān labudd alḥaʾ ʿĒša baʿdi ma hirbit* „ich mußte unbedingt ᶜĒša erreichen, nachdem sie fortgelaufen war“ [ST].

b. Die stärkere Anbindung an das Verb und die weitere Grammatikalisierung kommt bei *nifs+, zamān+, mafrūḍ, bidd+,* teilweise auch bei *mumkin* und *lāzim* (s. 5.7.3.2.1.1.1 a), in der Umgangssprache dadurch zum Ausdruck, daß *kān* mit dem Hauptverb kongruieren kann. Neben *da kān mafrūḍ nikūn waṣalna Iskindiriyya min saʿtēn dilwaʾti* „wir sollten schon vor zwei Stunden in Alexandrien angekommen sein" [ST] findet sich daher auch *kunti mafrūḍ aʾūl xuṭba fi lmuʾtamar* „ich sollte einen Vortrag auf der Konferenz halten" [MI]. Mit *nifs*: *w inti kān nifsik tiṭlaʿi ʾē?* „und was wolltest du gerne werden?" [ST], aber *kunti nifsi aʿmil ʿīd milādi ssana di fi lʾubirž* „ich wollte gerne meinen Geburtstag in der ‚Auberge' feiern" [ST]. Bei *zamān+*: *law ʾalḥānak zayyi ʾaxlāʾak kān zamānak baʾēt mulaḥḥin ʿaẓīm* „wenn deine Melodien wie dein Charakter wären, wärest du wahrscheinlich schon lange ein ausgezeichneter Komponist" [ST], aber *law kunti f-rubʿi šaṭartak ya Samīḥa kunti zamāni baʾēt asʿad waḥda fi lʿālam* „wenn ich nur ein Viertel so klug wäre wie du, Samīḥa, wäre ich ganz gewiß die Glücklichste auf der Welt geworden" [ST]. Mit *lāzim*: *kān lāzim aštaġal* „ich mußte arbeiten" [ST], aber *kulli yōm kat lazmin tiḥṣal xināʾa* „jeden Tag mußte es einen Streit geben" [SP].

5.7.3.2 Semantik

5.7.3.2.1 Modalausdrücke

5.7.3.2.1.1 Deontische Modalität (objektiver Gebrauch)
Die deontische Modalität bezeichnet Sachverhalte, die aus der Sicht des Sprechers notwendig, erlaubt, möglich oder gewünscht sind. Auf Präverbien dieses semantischen Inhalts folgt stets y-Imperfekt.

5.7.3.2.1.1.1 Direktiva
Neben den unten angeführten Präverbien haben auch der Imperativ, das y-Imperfekt, das ḥa-Imperfekt, das aktive Partizip sowie verschiedene Partikeln wie *balāš, bala, iyyāk* eine direktive Bedeutung, die an entsprechender Stelle behandelt wird, s. 5.7.1.2.2, 5.7.1.3.2, 5.7.1.6.6 a, 5.7.1.7.

a. *lāzim* „müssen"
lāzim mit folgendem y-Imperfekt zeigt eine starke Obligation wie „müssen" an: *xamas kutub lāzim titṣamm* „fünf Bücher müssen auswendig gelernt werden" [ST]; *lāzim tiwaddi l-iṭbāʾ ilmaṭbax* „du mußt die Teller in die Küche bringen" [ST]. In der 1. Person kann es eine selbst auferlegte Verpflichtung angeben: *lāzim aʾaf ʿala ssillim bi ʾayyi wasīla* „ich muß unter allen Umständen auf der Treppe stehen" [ST]. Da das ḥa-Imperfekt eine ähnliche Bedeutung hat, kann es mit *lāzim* auftreten: *lāzim ḥasbit da* „das muß ich beweisen" [MF]. Vorangestelltes *kān* bleibt meist unverändert: *ma-na kān lāzim aštaġal* „ich mußte ja arbeiten" [ST], doch ist auch *kunti lāzim aštaġal* möglich [MI], s. oben 5.7.3.1.4. Das Subjekt kann zwi-

schen *lāzim* und das Verb treten: *lāzim ilwāḥid minna yiʿraʾ* „unsereins muß schwitzen“ [ST].

Mit negiertem uS-Verb drückt *lāzim* „nicht dürfen“ aus: *lāzim ma-tšufihūš xāliṣ* „du darfst ihn überhaupt nicht sehen“ [ST]; *lāzim ma-yxuššiš ilbēt da* „er darf dieses Haus nicht betreten“ [ST]. Ebenso wenn *lāzim* selbst negiert ist: *muš lāzim tisibīha* „du darfst sie nicht verlassen“ [SG]; *miš lāzim aʾʿud hina wala dʾīʾa waḥda* „ich darf keine einzige Minute hier bleiben“ [MF]. Letztere Möglichkeit kann aber auch als „nicht brauchen zu“, d.h. „nicht verpflichtet sein“ verstanden werden, daher *miš lāzim tistanna hina* „du brauchst nicht hier zu bleiben“ oder „du darfst hier nicht bleiben“; *ma-kanšᵢ da kullu lāzim yiḥṣal* „das alles hätte nicht zu passieren brauchen“ [MF].

b. *ḍarūri* „unbedingt, notwendigerweise; müssen“

ḍarūri drückt eine noch stärkere Obligation als *lāzim* aus: *ḍarūri tiʾullaha ya ʿIṣām* „du mußt [es] ihr unbedingt sagen, ᶜIṣām!“ [ST]; *ana ḍarūri aʿraf kullᵢ ḥāga llelādi* „ich muß unbedingt heute abend alles erfahren“ [ST]. Mit Negation „nicht brauchen zu“: *iza kān ḥayimši miš ḍarūri yikūn ʿamal ḥāga wiḥša* „wenn er geht, muß er nicht unbedingt etwas Schlechtes getan haben“ [ST]; *illi zayyik inti miš mumkin yifham wi miš ḍarūri yifham* „jemand wie du kann [das] nicht begreifen, und er braucht [es] auch nicht zu begreifen“ [ST]. Mit *kān*: *kān ḍarūri ʾāxud ʾiznᵢ ʾana kamān* „auch ich hätte unbedingt Erlaubnis einholen müssen“ [ST]. Auch syndetisch mit *inn-*: *miš ḍarūri nnaha kānit tikūn aktaṛ* „es hätte nicht unbedingt mehr zu sein brauchen“ [ST]. Mit ḥa-Imperfekt s. 5.7.3.1.3.c.

c. *labudd* „unbedingt; müssen“

labudd mit folgendem y-Imperfekt legt noch mehr Nachdruck als *lāzim* auf die Obligation: *illi ʿandu ḥabbitēn ġalla labuddᵢ yiṭḥanhum* „wer ein wenig Weizen hat, muß ihn irgendwann mahlen“ [ST]. Auch hier bleibt *kān* unverändert: *kān labudd alḥaʾ ʿAyša baʿdᵢ ma hirbit* „ich mußte ᶜAyša einholen, nachdem sie geflohen war“ [ST]. Auch syndetisch: *labudd innukum tigawbūh fi masʾaltu* „ihr müßt ihm unbedingt auf seine Frage antworten“ [SP], und mit *min*: *kān labudd (min) innᵢ kulluhum yirūḥu* „sie alle mußten ganz einfach gehen“ [SB]. Im Gegensatz zu *lāzim* kann *labudd* selbst nicht negiert werden. Mit ḥa-Imperfekt s. 5.7.3.1.3 c.

d. *mafrūḍ* ~ *ilmafrūḍ* „eigentlich müssen, sollen“

Eine schwächere Obligation als *lāzim* zeigt *mafrūḍ* ~ *ilmafrūḍ* mit folgendem y-Imperfekt an, insofern es die Möglichkeit offen läßt, daß diese nicht verwirklicht wird: *da mafrūḍ yikfina sana* „das sollte uns eigentlich ein Jahr reichen“ [SP]; *ilmafrūḍ ma-nsibšᵢ Layla waḥdaha* „wir sollten Layla nicht alleine lassen“ [ST]; *yišūf ēh illi mafrūḍ yiʿmilu* „er sollte selbst ausmachen, was er tun sollte“ [ST]. Mit Negation: *ma-kanš ilmafrūḍ tisībi Layla hina* „du hättest Layla nicht hier lassen sollen“ [ST].

Bei Bezug auf die Vergangenheit gibt es an, daß eine Obligation vorlag, diese jedoch nicht verwirklicht wurde. *kān* kann kongruieren oder auch nicht: *ana maṛṛa kuntí mafrūḍ asāfir Malisya* „ich sollte einmal nach Malaysia reisen“ [ME], aber *da kān mafrūḍ nikūn waṣalna Iskindiriyya min saʿtēn dilwaʾti* „wir hätten jetzt schon vor zwei Stunden in Alexandrien angekommen sein sollen“ [ST], s. 5.7.3.1.4. Es zeigt hierin eine stärkere Einbindung in die VP als *ilmafrūḍ*, das keine Kongruenz kennt: *kān ilmafrūḍ addīlu lmawaʿīd illi ḥayrūḥ fīha l-Dalya* „ich hätte ihm die Termine geben sollen, zu denen er zu Dalya gehen wird“ [ST], s. oben 5.7.3.1.4. Syndetische Unterordnung ist möglich: *ilmafrūḍ innu yiʿmil ḥisābu* „er sollte sich darauf einstellen“ [ST]; *mafrūḍ inní huwwa yilʿab maʿa ʿĀṣim Zaġlūl* „er sollte eigentlich mit ʿĀṣim Zaġlūl spielen“ [MA]. Schließlich kann *mafrūḍ* auch mit folgendem bi-Imperfekt gebraucht werden: *huwwa mafrūḍ kilmit mūlid di mabinʾulhāš* „wir sollten eigentlich dieses Wort ‚mūlid‘ nicht sagen“ [MA], s. dazu oben 5.7.3.1.3 d 2.

e. *magbūr* und *muḍṭarr* „gezwungen“

Diese kongruieren mit dem Subjekt und zeigen einen äußeren Zwang an: *magbūra axdu ššuġlí maʿāya* „ich bin gezwungen, ihn zur Arbeit mitzunehmen“ [ST]; *ana muḍṭarr asīb hina* „ich bin gezwungen, von hier wegzugehen“ [ST]; *ḥaṭṭaṛṛ awāfiʾ* „ich werde gezwungen sein, einzuwilligen“ [ST].

f. *ḥaʾʾ*+ „sollen“

ḥaʾʾ+ gesteht dem Subjekt das Recht zu, etwas zu tun und vermittelt eine weniger starke Obligation: *intu btidḥaku? da-ntu ḥaʾʾukum tibku!* „ihr lacht? Ihr solltet weinen!“ [SP]; *ḥaʾʾik tirūḥi tġayyaṛi hdūmik zamānu gayy* „du solltest dich umziehen gehen, er wird gleich da sein“ [ST]. Ohne Kongruenz bei *kān* in der Vergangenheit: *kān ḥaʾʾik tisʾalī lē Fahīm ṭallaʾ miṛātu* „du hättest ihn fragen sollen, warum Fahīm seine Frau geschieden hat“ [ST]. Genauso tritt aber hier auch das Perfekt bei Vergangenheitsbezug auf: *yiṣaḥḥí txallīli ʿandak ṣūra zayyídi? kān ḥaʾʾak ʾaṭṭaʿtaha!* „ist das recht, daß du ein Bild von mir wie dieses bei dir behältst? Du hättest es zerreißen sollen!“ [ST]. Ferner kann *kān* noch auf *ḥaʾʾ* folgen, was seine weitere Entwicklung zum Adverb anzeigt: *tiʿrafi innik ḥaʾʾik kunti daxalti ggamʿa zayyí Huda* „weißt du, du hättest eigentlich studieren sollen wie Huda“ [ST]. Ausgangspunkt dieser Grammatikalisierung sind Sätze wie *min ḥaʾʾak innak tiṭṭammin ʿalayya ana kamān* „du hättest dich auch um mich kümmern sollen“ [ST].

g. *ʿāwiz* + Imperfekt des Passivs „müssen“

Mit einem folgenden passivischen Verb im y-Imperfekt nähert sich der Sinn von *ʿāwiz* „wollen“, s. unten 5.7.3.2.1.1.3, dem von *lāzim* „müssen“: *ilʿaṛabiyya ʿawza titġisil* „das Auto muß gewaschen werden“ [ME]; *innaḥwí ʿāwiz yitfihim wi yitṣammí kamān* „die Grammatik will auch verstanden und auswendig gelernt sein“ [ST]. Das Subjekt kann hier eine Sache sein.

5.7.3.2.1.1.2 Permissiva

Diese geben an, daß etwas zugestanden und erlaubt ist. Zunächst steht hier der Ausdruck *masmūḥ li w inn* zur Verfügung, dem ein Satz untergeordnet wird: *kān masmūḥ li lli yirgaʿ innu yidxul wi maʿā ʿaṛabiyya* „wer zurückkam, dem war es erlaubt, ein Auto mitzubringen" [SP]; *miš masmūḥ luhum innuhum yikkallimu illa bi lluġa rrusiyya* „es war ihnen nur erlaubt, Russisch zu sprechen" [SP]. Häufiger dienen dafür im Kairenischen aber die Präverbien *mumkin* und *yiʾdaṛ*, die aber nicht selten auch mit „dürfen" wiederzugeben sind.

a. *mumkin* „dürfen"

In Fragesätzen kann *mumkin* nicht selten mit „dürfen" wiedergegeben werden: *wi mumkin abʾa ʾāgi akkallim maʿāki?* „darf ich dann kommen und mit dir sprechen?" [SP]; *kunti fēn ya Hānim, mumkin aʿṛaf?* „wo warst du, Hanim, darf ich das vielleicht erfahren?" [ST]; *mumkin aʿṛaf natīgit ittaḥʾīʾ ʾē?* „darf ich erfahren, was das Ergebnis der Untersuchung ist?" [ST].

Bei permissiver Bedeutung kann *kān* kongruieren: *ma-kuntiš mumkin aʾūl li Zhēra innī Sūsu hiyya lli haggaṛitni* „ich durfte Zuhēra nicht sagen, daß Sūsu es war, die mich vertrieben hat" [ST]; *yaʿni ma-kuntiš mumkin tiʾulli ya Bēh liʾannak abūya* „d.h. du durftest nicht ‚mein Herr' zu mir sagen, weil du mein Vater bist" [ST]. Das Subjekt kann zwischen *mumkin* und das Verb treten: *izzāy kān mumkin ilwāḥid yiʾdaṛ yiʿīš min ġerha* „wie konnte man ohne das leben?" [ST].

mumkin läßt sich hier gelegentlich mit *yiʾdaṛ* vertauschen: *wi tiʾdaṛ tiwarrīna ggumguma? – iṣṣayyād ʾāl: ṭabʿan mumkin* „kannst du mir den Schädel zeigen? – Der Jäger sagte: Natürlich kann ich das!" [SP]; *aʾdaṛ anšur ikkalām da ʿala lsān ḥaḍritak? – mumkin ...* „kann ich das unter Berufung auf Sie publizieren? – Das können Sie ..." [ST].

b. *yiʾdaṛ* „können, dürfen"

Ebenso kommt *yiʾdaṛ* in permissiver Bedeutung vor: *iza ma-getš issāʿa sabʿa tiʾdaṛ tiṛawwaḥ* „wenn ich um sieben Uhr nicht da bin, kannst/darfst du nach Hause gehen" [SB]; *aʾdaṛ anšur ikkalām da ʿala lsān ḥaḍritak?* „kann/darf ich das unter Berufung auf Sie publizieren?" [ST]; *arbiʿīn muftāḥ l-arbiʿīn ʾōḍa tiʾdaṛ tiftaḥhum kulluhum, ʾilla lʾōḍa di* „vierzig Schlüssel zu vierzig Kammern, die du alle öffnen kannst/darfst, bis auf diese" [SP].

5.7.3.2.1.1.3 Volitiva

Diese geben Absicht, Willen oder Wunsch eines belebten Subjekts an.

a. *ʿāwiz* ~ *ʿāyiz* „wollen"

Bei Koreferenz kongruiert *ʿāwiz* in der komplexen VP mit dem ihm folgenden asyndetischen y-Imperfekt: *fi waḥda sittī ʿayza tʾābil siyadtak* „eine Frau möchte sie sprechen" [MF]; *ḥāga waḥda ʿāyiz afhamha* „eines möchte ich verstehen" [ST]. *kān* kongruiert mit der VP: *issikka lli kuntī ʿāyiz amši fīha* „der Weg, den ich nehmen wollte“ [MA]. Selten syndetisch mit *inn-*: *kān issāᶜi ᶜāwiz innu yāxud iššanṭa min īdi* „der Bursche wollte mir die Tasche aus der Hand nehmen“ [SP].

Wenn *ᶜāwiz* und das Imperfekt nicht koreferent sind, handelt es sich um einen untergeordneten asyndetischen Satz: *ana ᶜāyiz bassi nitfāhim zayy itnēn kubār* „ich will nur, daß wir uns wie zwei Erwachsene verständigen“ [ST]; *ilmalik ᶜāwiz tifrišlu lmanḍara* „der König will, daß du ihm das Gastzimmer möblierst“ [SP]. Syndetische Unterordnung mit *inn*: *ᶜāwiz innak tistaxabba taḥt iṭṭarabēẓa di* „ich will, daß du dich unter diesem Tisch versteckst“ [ST]. Meist ist *ᶜāwiz* in diesem Fall mit einem Objektsuffix versehen, das das logische Subjekt des uS darstellt: *miš ᶜayzak tiṛawwaḥ w inta fi lḥalādi* „ich will nicht, daß du in diesem Zustand nach Hause gehst“ [MF]. Zu *ᶜāwiz* + Imperfekt des Passivs s. oben 5.7.3.2.1.1.1 g.

b. *bidd+* „wollen“
Im heutigen Kairenischen wird *bidd-* wenig gebraucht, erscheint aber öfter in Texten von vor dem Zweiten Weltkrieg: *biddi aʾᶜud kām yōm fi lbēt ma-xrugš* „ich will ein paar Tage zu Hause bleiben und nicht ausgehen“ [SP]; *kān biddu yištirīlu mahd* „er wollte ihm eine Wiege kaufen“ [SP]. Aus einem neueren Text: *ana biddi afham ʾēh illi gaṛālak kida maṛṛa waḥda* „ich möchte verstehen, was mit dir auf einmal passiert ist“ [ST]. In einem literarischen Text aus dem nordwestlichen Delta kommt auch *widd+* vor: *ilwād widdu ybāt ᶜandina* „der Bursche möchte bei uns übernachten“ [SP, Yūsuf al-Qaᶜīd, Laban ilᶜaṣfūr].

c. *nifs+* „möchten, gern tun“
nifs+, wörtlich „Lust“, bezeichnet den Wunsch nach etwas oder daß man etwas den Vorzug gibt; es folgt ihm das y-Imperfekt: *w inti kān nifsik tiṭlaᶜi ʾē?* „was wärest du gern geworden?“ [ST]; *ana min ṣiġari w ana nifsi abʾa muḥāmi* „seit meiner Kindheit schon wollte ich gern ein Rechtsanwalt sein“ [ST]; *kān nifsuhum yismaᶜu ḥāga gdīda* „sie wollten gern etwas Neues hören“ [SP].

Wie bei *ᶜāwiz* braucht keine Koreferenz zwischen dem Suffix an *nifs+* und dem Subjekt des Imperfekts zu bestehen, es handelt sich dann um einen uS: *kān bassi nifsi ḥaddi tāni yšūfu* „ich hätte gern gehabt, daß jemand anders ihn sieht“ [ST]. Jedoch mit flektiertem *kān*: *kutti nifsi ykūn ismi Nazzāha* „ich hätte gern den Namen *Nazzāha* gehabt“ [SP]; *kunti nifsi asmaᶜ ṣōtu* „ich hätte gern seine Stimme gehört“ [ST], dazu oben 5.7.3.1.4.

d. *ʾaṣd+* und *ġaraḍ+* „wollen, beabsichtigen“
ʾaṣd+ dient zum Ausdruck der Absicht: *ana ma-ʾaṣdīš adayʾak* „es war nicht meine Absicht, dich zu belästigen“ [ST]; *waḷḷāhi ma kān ʾaṣdi azaᶜᶜalik* „bei Gott, es war nicht meine Absicht, dich zu verärgern“ [ST]. Mit *ġaraḍ+*: *kān ġaraḍha twarrīlak ilʾimkaniyyāt* „ihre Absicht war es, dir die Möglichkeiten zu zeigen“ [ST]; *lākin Faṭma kān ġaraḍha tiggawwiz miš tinām wayyā* „aber Faṭma hatte die Absicht zu heiraten, nicht mit ihm zu schlafen“ [SP].

5.7.3.2.1.1.4 Potentialia

Potentialia geben an, daß ein Sachverhalt möglich ist, sei es wegen äußerer Umstände oder wegen der eigenen Potenz des Subjekts.

a. *mumkin* „möglich; können"

Das Subjekt hat die Gelegenheit, etwas zu tun: *amma ykūn issawwā' bitaʿna miš mawgūd fa 'ana mumkin arūḥ bidālu lmugammaʿ* „wenn unser Chauffeur nicht da ist, dann kann ich an seiner Stelle zur *mugammaʿ* gehen" [MA]; *da byištaġal fi ggumruk yaʿni mumkin yiksab dahab* „der arbeitet beim Zoll, d.h. er kann Gold verdienen" [ST]. Dann auch mit unbelebtem Subjekt: *iṭṭulumba mumkin tištaġal ʿala ʿaṛabiyyitēn* „eine Pumpe kann zwei Autos bedienen" [SP].

Das Subjekt hat eigene Potenz, etwas zu tun: *inta mumkin tib'a muxrig ʿaẓīm* „du kannst ein ausgezeichneter Regisseur werden" [ST]; *mumkin addīku ššīk da musaʿda minni* „ich kann euch diesen Scheck als Unterstützung geben" [ST]; *miš mumkin 'amši, wi humma ma-yiʿṛafūš ilbitti fīha 'ē* „ich konnte nicht weggehen, solange sie nicht wußten, was mit dem Mädchen war" [MA]. Das Subjekt kann zwischen *mumkin* und das Verb treten: *fī 'alfi mawḍūʿ mumkin siyadtak tikkallim fī* „es gibt tausend Themen, worüber Sie sprechen können" [ST].

Zur Vertauschbarkeit mit *yi'daṛ* s. oben 5.7.3.2.1.1.2 a.

b. *'idir, yi'daṛ, 'ādir*

'idir, yi'daṛ, 'ādir wird voll flektiert und mit folgendem y-Imperfekt gebraucht. Das aktive Partizip *'ādir* bezieht sich auf individuelle Sachverhalte, das y-Imperfekt auf generelle und das Perfekt auf beides, wie in *ma-ba'etši 'ādir astaḥmil* „ich kann es nicht mehr ertragen" [ST]; *izzāy kān mumkin ilwāḥid yi'daṛ yiʿīš min ġerha* „wie war es nur möglich, daß man ohne sie leben konnte" [ST]; *issinn illi ti'daṛ Ṭirṭir tiḥbal fi fāt xalāṣ* „das Alter, in dem Ṭirṭir noch schwanger werden kann, ist endgültig vorbei" [ST]; *ma-ḥaddiš 'idir yi'ullu ḥkāya* „niemand konnte ihm eine Geschichte erzählen" [SP]; auch im bi-Imperfekt für generelle Sachverhalte: *sitti kbīra w miš biti'daṛ timši* „[sie ist] eine alte Frau und kann nicht laufen" [SP]. Semantisch gibt es physische und psychische Fähigkeit des Subjekts an, andererseits aber auch die Möglichkeit und überlappt so manchmal mit *ʿirif, yiʿṛaf* und *mumkin*. Das Subjekt ist belebt.

'idir, yi'daṛ bezeichnet die physische Fähigkeit: *miš 'adra t'ūm mi ssirīr* „sie kann nicht vom Bett aufstehen" [ST]; *riglayya miš 'adra tšilni* „meine Beine können mich nicht mehr tragen" [ST]. Psychisch-mentale Fähigkeit: *'idirt afham šaxṣiyyit waldi* „ich konnte die Persönlichkeit meines Vaters verstehen" [ST]; *Nāhid miš 'adra tidrik inn ilwa'ti byigri* „Nāhid kann nicht begreifen, daß die Zeit davonläuft" [ST]; ... *innaha ẓurūfi 'ana lxāṣṣa illi nta miš 'ādir tiʿṛafha* „... daß es meine persönlichen Umstände sind, die du nicht wissen kannst" [ST]. Die Möglichkeit als solche: *aho ti'daṛ tidfaʿ illi maʿāk* „du kannst ja mit dem zahlen, was du dabei hast" [ST]. In letzterem Falle ist es mit *mumkin* vertauschbar: *a'daṛ aštaġal*

*bīha f-ʾayyi fundu*ʾ *= mumkin aštaġal* ... „damit kann ich in jedem beliebigen Hotel arbeiten“ [ST], s. dazu auch oben 5.7.3.2.1.1.2 a.

c. *ʿirif, yiʿṛaf, ʿārif* „können, zu tun wissen“
ʿirif, yiʿṛaf, ʿārif steht meist im y-Imperfekt, um einen generellen Sachverhalt zu bezeichnen: *aʿṛaf adāfiʿ ʿan nafsi kwayyis ʾawi* „ich kann mich sehr gut selbst verteidigen!“ [ST]. Aber auch bi-Imperfekt findet sich in diesem Falle: *ma-baʿṛafš aʿūm* „ich kann nicht schwimmen“ [ST]. Als Partizip bei individuellem Sachverhalt: *ʾakīd ʾakīd miš ʿarfa tinsi ʿAbdaḷḷa* „ganz sicher kannst du ᶜAbdaḷḷa nicht vergessen“ [SP]. Das Subjekt ist belebt.

Es bezeichnet „können“ im Sinne von „wissen wie, verstehen zu“, d.h. als mentale und intellektuelle Fähigkeit, wie in *baʿṛaf aʾṛa w aktib* „ich kann lesen und schreiben“ [ST]; *ma-baʿṛafš aʿūm* „ich kann nicht schwimmen“ [ST]; *ma-ʿriftiš titṣarraf* „du wußtest dir nicht zu helfen“ [ST]; *miš ḥatiʿrafi tikkallimi maʿāh wi huwwa fi lḥāla di* „du wirst nicht mit ihm reden können, wenn er in diesem Zustand ist“ [ST]; *ana lissa miš ʿārif atlammi ʿala nafsi – w iḥna lli ʿarfīn ?!* „ich weiß immer noch nicht, wie ich mich zusammenreißen soll! – Wissen wir das vielleicht?!“ [ST].

5.7.3.2.1.2 Epistemische Modalität

Epistemische Modalität gibt den Grad an, den der Sprecher dem Wahrheitsgehalt einer Aussage zumißt. Sie kann wie die deontische durch verschiedene syntaktische (Adverbien, Verben, Präverbien) und pragmatische Mittel (Intonation, Gestik) ausgedrückt werden, hier beschränken wir uns jedoch auf die präverbalen Elemente. Diese lassen sich in zwei Gruppen einteilen: zum einen die spezifisch epistemischen Präverbien, die stets in diesem Sinne zu interpretieren sind, zum anderen die deontischen Präverbien, die epistemisch zu interpretieren sind. Für letztere gilt, daß bei deontischem Gebrauch y-Imperfekt zu folgen hat, während bei epistemischer Verwendung auch andere Verbalformen folgen können. Letztlich werden dann viele dieser Ausdrücke auch losgelöst von einem folgenden Verb und damit als Adverbien gebraucht, wie ihre Position im Satz und die Verbindung mit anderen Adverbien zeigen.

5.7.3.2.1.2.1 Spezifisch epistemische Ausdrücke

a. *yimkin* „vielleicht“ gibt an, daß der Sprecher einen Sachverhalt zu den bestehenden Möglichkeiten zählt und nicht für unmöglich hält: *yimkin tilāʾi kalbi fuʾid bitāʿ wāḥid safīr* „vielleicht findest du den entlaufenen Hund eines Botschafters“ [ST]; *miš dilwaʾti baʾullak, ḥaddi yimkin yiṣḥa fagʾa* „nicht jetzt, sag ich dir, es könnte jemand plötzlich aufwachen“ [ST]. Bei Vergangenheitsbezug mit folgendem *yikūn* + Perfekt oder allein Perfekt: *yimkin yikūn ṛāh li ḥaddi min ṣiḥābu* „vielleicht ist er zu einem seiner Freunde gegangen“ [MF]; *yimkin ʿaṭṭalit fi ssikka* „vielleicht hat es eine Panne auf dem Weg gehabt“ [ST]. Es steht auch vor *kān, wie in yimkin kān biyḥibbi waḥda ʾablik* „vielleicht liebte er eine andere vor dir“ [ST]. Im Nominalsatz: *yimkin hiyya lmālik* „vielleicht ist sie der Eigentümer“ [ST].

b. *gāyiz* „können; vielleicht, möglicherweise“: *gāyiz* mit folgendem y-Imperfekt ist unveränderlich und gibt ebenfalls an, daß der Sprecher einen Sachverhalt für recht wahrscheinlich hält: *gāyiz yitḥaʾʾaʾ wi gāyiz laʾʾa* „er kann verwirklicht werden oder auch nicht“ [ME]; *ixwanna lbuʿada gāyiz yiṭubbu f-ʾayyi laḥẓa* „unsere vermaledeiten Brüder können uns jeden Augenblick überraschen“ [ST]. Auch mit dem Partizip: *imkaniyyātak gāyiz ḥaliyyan mikaffiyyāk* „deine Möglichkeiten genügen dir vielleicht jetzt noch“ [ST]. Bei Vergangenheitsbezug mit folgendem *yikūn* + Perfekt oder allein Perfekt: *gāyiz yikūn simiʿna fiʿlan* „vielleicht hat er uns tatsächlich gehört“ [MF]; *gāyiz nisithum fi lʿaṛabiyya* „vielleicht hast du sie im Auto vergessen“ [ST]. Ebenso *muḥtamal* „vermutlich“: *muḥtamal tikūn nisyit* „vermutlich hat sie vergessen“ [ST]; *ilwalad muḥtamal ma-ygīš bukṛa* „der Junge kommt morgen wahrscheinlich nicht“ [MF].

Auch im Imperfekt: *miš yigūz tifarʾaʿ fi ḥaddi tmawwitu* „könnte es nicht sein, daß sie bei jemand explodiert und ihn tötet?“ [ST]; *yigūz innaha miš ḥatīgi* „es kann sein, daß sie nicht kommt“ [SB].

c. *zamān+* „wird wohl, sehr wahrscheinlich, wird gleich“ gibt an, daß der Sprecher sehr sicher ist, daß ein Sachverhalt ein Faktum ist oder ein solches sein wird: *itfaḍḍali, ilġada zamānu gihiz* „bitte schön, das Mittagessen ist sicher schon fertig!“ [ST]; *zamānak guʿt* „du wirst sicher schon hungrig sein“ [SB]; *wi zamān Sūsu ragʿa* „und Sūsu wird gleich zurück sein“ [ST]; *wala wāḥid fīhum zamānu wāxid bālu minnak* „kein einziger von ihnen dürfte von dir Notiz genommen haben“ [ST]. Mit nominalem Prädikat: *ilʾaṭri waṣal wi zamān ṃāṃa fi ssikka* „der Zug ist angekommen und Mama wird sicher schon auf dem Weg [hierher] sein“ [ST].

Bevorzugt findet es sich im Nachsatz eines irrealen Konditionalsatzes: *ana law kunti fḍilti miggawwiza kān zamāni ʿandi wlād kubāṛ* „wenn ich verheiratet geblieben wäre, hätte ich jetzt sicher große Kinder“ [ST]. Häufig kongruiert *kān* dabei: *lōla ṣāḥib ilbēt ibni ʾaṣl kunna zamanna ʿala rraṣīf* „wenn der Hausbesitzer nicht so ein feiner Kerl wäre, säßen wir sicher schon auf der Straße“ [ST]; *kunna zamanna f ʾUrubba dilwaʾti* „dann wären wir jetzt schon lange in Europa“ [ST].

d. *misīr* + Imperfekt „unausweichlich sein“: Dieses gibt an, daß der Sprecher das Eintreten eines Sachverhalts als zwingend erachtet: *misīri barḍu axrug* „zweifelsohne werde ich auch herauskommen“ [ST]; *misīr ilfāḍi yitmili* „was leer ist, muß logischerweise auch wieder voll werden“ [SP]; *Ṛāmi w Tāmir misirhum rayḥīn Almanya* „Ṛāmi und Tāmir werden sicher einmal nach Deutschland fahren“ [SG]; *liʾannuhum misirhum ḥayikbarum* „denn zwangsläufig werden sie älter werden“ [SP].

5.7.3.2.1.2.2 Deontisch als epistemisch

a. Direktiva

Bei den Direktiva sind es vor allem *lāzim* „sicherlich", *ḍarūri* „ganz sicher" und *labudd* „zweifelsohne", die epistemisch gebraucht werden. Sie geben einen hohen Grad an Sicherheit des Sprechers an, daß der Sachverhalt wahr ist: (*lāzim*) *inta lāzim širibtaha* „du mußt sie getrunken haben" [ST]; *ma-hu lāzim ḥayiʿṛaf* „ganz sicher wird er es erfahren" [ST]; *di lāzim yikūn ʾaraṣha tiʿbān* „die muß eine Schlange gebissen haben" [SP]; *ana lāzim ʿamlālak ʿamal!* „ich muß dir wohl einen Zauber gemacht haben!" [ST]. (*ḍarūri*) *ḍarūri laḥiẓti hāga* „ganz sicher hast du was bemerkt" [ST]; *ma na ḍarūri haʾablu* „ich werde ihn ganz sicher treffen" [ST]. (*labudd*) *maho labuddi ḥaddi ḥayšīlu nnahaṛda!* „sicherlich wird es heute jemand wegholen!" [SP]; *ma-tistaġṛabīš ma-hu da lli kān labuddi yiḥṣal* „wundere dich nicht, das mußte ja passieren!" [ST].

Bei epistemischem Gebrauch ist die Stellung der Direktiva freier und eher wie bei einem Adverb, denn wie diese können sie auch vor *kān*, im Nominalsatz und in Nachtragsstellung gebraucht werden: *ḍarūri kānit mabṣūṭa ʾawi fi ġyābu* „sie war sicher sehr glücklich während seiner Abwesenheit" [ST]; *ḥaddi nasāha ḍarūri* „die hat sicher jemand vergessen" [ST]; *labuddi kān ʿārif* „er muß es ganz sicher gewußt haben" [ST]; *niswān Barīs ʿagbīnak lāzim* „die Frauen von Paris müssen dir ja sehr gefallen" [SP]; *di lāzim Sūsu* „das muß wohl Sūsu sein" [ST].

b. Potentialia

Epistemisches *mumkin* „möglicherweise, vielleicht; es kann sein, daß" gibt an, daß der Sprecher einen Sachverhalt für möglich hält: *ʾaṣl iḥna mumkin nilaʾīha f-ʾayyi laḥẓa* „wir können sie nämlich jeden Augenblick finden" [ST]; *mumkin nikūn ʿayzīn niʿmilu bardu bi lbešamell* „vielleicht wollen wir sie auch mit Béchamelsoße machen" [MA]. Bei Sachverhalten in der Vergangenheit folgt hier nicht direkt das Perfekt, sondern *yikūn* + Perfekt: *mumkin tikūn nisīt ilmuʿadla* „vielleicht hast du dann die Formel vergessen" [ST]. Nur das ḥa-Imperfekt kann direkt nach *mumkin* stehen: *ana ṭūl ʿumri ʿarfa inni da mumkin ḥayiḥṣal li ʿAbdaḷḷa* „ich wußte schon die ganze Zeit, daß das dem ʿAbdaḷḷa zustoßen konnte" [SP].

Mit Negation zum Ausdruck der Unwahrscheinlichkeit: *miš mumkin ḥastaḥmil* „das werde ich unmöglich aushalten" [ST]; *abūki miš mumkin kān yimnaʿik* „dein Vater hätte es dir unmöglich verbieten können" [ST]. Insbesondere dient das dem Harab. entlehnte *la yumkin* „unmöglich, ausgeschlossen" diesem Zweck: *la yumkin tikūn ḥaṣalit min sanatēn* „das kann unmöglich vor zwei Jahren passiert sein" [ST]; *ana la yumkin ḥasībik tuxrugi* „ausgeschlossen, daß ich dich werde ausgehen lassen" [ST].

Auch *yiʾdaṛ* findet sich gelegentlich epistemisch: *aʾdaṛ aʾūl innu ma-fīš fi gēb ḥaḍritak ʾutubīs* „ich kann wohl sagen, daß Sie keinen Autobus in der Tasche haben" [ST].

5.7.3.2.2 Dauer und Intensität

Die lexikalischen Verben *fiḍil, yifḍal* „bleiben", *'aʿad, yu'ʿud* „s. hinsetzen, sitzen", *dār, yidūr* „s. drehen", *nāzil* „herunterkommend" sowie die Partikel *tann+* (**ta'annā* „warten") werden auch grammatikalisiert als Präverbien gebraucht, und zwar dienen sie zur Angabe der Fortdauer eines Sachverhalts („weitermachen, dabei bleiben zu, immerzu etwas tun"). Bei *'aʿad* ist oft die Dauer nicht von der Intensität zu unterscheiden, die ihrerseits beim aktiven Partizip *nāzil* im Vordergrund steht.

a. *fiḍil* + Imperfekt oder Partizip

fiḍil tritt im Perfekt oder Imperfekt auf, das untergeordnete Verb folgt im y-Imperfekt: *fiḍlu yihrūni as'ila* „sie blieben dabei, uns mit Fragen zu durchlöchern" [MF]; *w in ma la'ahūš yifḍal yidawwaṛ ʿalē* „wenn er ihn nicht findet, sucht er ihn weiter" [SP]; *ittarīx ḥayifḍal yiʿīd nafsu* „die Geschichte wird sich weiterhin wiederholen" [SP]. In der Form des aktiven Partizips folgen Verben, die zum Ausdruck der Gegenwart ein solches gebrauchen: *fiḍilna 'aʿdīn baʿd il'akl* „wir blieben nach dem Essen sitzen" [SP]; *fiḍlu mašyīn fi ḍḍalma* „sie gingen in der Dunkelheit weiter" [SP]. Aber auch resultatives Partizip ist möglich: *intu hatifḍalu saybīn ilwād da yistahbil ʿalēna kida?!* „wollt ihr weiterhin zulassen, daß der Bursche da uns für blöd verkauft!" [ST]. Als Imperativ: *ifḍal bāṣiṣ ʿalayya* „schau immerzu auf mich!" [ST], als solcher kann es durch *xallīk* ersetzt werden: *xallīk fākir* „denk immerzu [daran]!" [ST], s. 5.7.1.7.2.

b. *'aʿad* + Imperfekt oder Partizip

'aʿad selbst tritt je nach Kontext als Perfekt, Imperfekt und akt. Partizip auf. Das untergeordnete Verb steht im meist im y-Imperfekt, aber auch das akt. Partizip und das bi-Imperfekt sind zu finden: *zana'ni wara lbāb wi 'aʿad yibūs fiyya* „er klemmte mich hinter der Tür ein und knutschte mich ab" [ST]; *intu 'aʿdīn bitikkallimu ka'innu miši xalāṣ* „ihr redet daher, als ob er schon weg sei" [ST]; *wi 'aʿadti mistanniyya lbitt* „und ich wartete auf das Mädchen" [SP]; *'aʿadti māši māši māši* „ich ging immer weiter und weiter" [SP]. Auch in iterativem Sinne: *Ġazāla kān yu'ʿud yi'ulli ...* „Ġazāla sagte mir immer wieder ..." [SP]; *da w inta msāfir kunt a'ʿud akkallim maʿa nafsi bi ssaʿāt* „während du verreist warst, sprach ich immer stundenlang mit mir selbst" [ST]. Prohibitiv als y-Imperfekt mit Negation: *matu'ʿudši tuxṭub!* „halt keine langen Reden!" [SP].

Das direkte Objekt des zugehörigen Verbs wird meist mit *fi* eingeführt: *wi misikha wi 'aʿad yiftaḥ fīha* „er nahm sie und probierte an ihr herum, um sie zu öffnen" [SP], s. 2.6.4 31b.

Versehen mit einer Ortsangabe kommt *'aʿad* auch im ursprünglichen Sinn „sich hinsetzen und ... ~ um zu ..." vielfach vor, wobei finales y-Imperfekt folgt: *baʿdēn xadit kitāb wi 'aʿadit ʿala lkanaba ti'ṛa* „dann nahm sie ein Buch und setzte sich aufs Sofa um zu lesen" [SP].

c. *tann+* ~ *dann* + akt. Partizip
tann+ (< *taʾannā) ~ *dann+* kann auch die Dauer eines Sachverhalts angeben, und zwar sowohl als Partikel wie auch als Verb *yitann* ~ *yidann*. Dabei folgt nahezu immer das aktive Partizip: *fa tannu ṣābir liḥaddi ma ʿirif innuhum ṛāḥu fi nnōm* „er wartete geduldig weiter, bis er wußte, daß sie eingeschlafen waren" [SP]; *kān nifsu ydanni ʿāyiš liġāyit ma yšufha malya lbalad* „er wäre gerne am Leben geblieben, bis er sehen würde, wie sie das Land anfüllen" [ST]. Beim Imperativ: *xabbaṭi ya binti ʿa lbāb, dannik xabbaṭi lḥaddi ma yīgu rriggāla* „klopf an die Tür, Mädchen, klopfe weiter, bis die Männer kommen" [ST]. Weitaus häufiger dient es der Textkohäsion und zeigt die unmittelbare Folge in einer Reihe von Geschehnissen an, s. dazu 2.8 (7).

d. *dāṛ* + Imperfekt oder Nomen
Auf *dāṛ, yudūr* „drehen" folgt das y-Imperfekt: *ilbulīs dāyir yifattiš ʿalē lēl wi nhāṛ* „die Polizei sucht ihn Tag und Nacht" [SP]; *intu ma-smiʿtūš Wizza dāyir yiʾūl ʾē?* „habt ihr nicht gehört, was Wizza dauernd sagt?" [ST]. Auch mit einem folgenden Partizip der Intensität: *wi lmūlid dāyir šaġġāl* „das Mūlid ist im Gange" [SP].

e. *nāzil* + Verbalnomen
nāzil bezeichnet Intensität und wird mit folgendem Verbalnomen gebraucht: *nazlīn šixīr* „sie schnarchen heftig" [SP]. Ein Objekt wird obligatorisch mit *fi* eingeführt: *nazla taʾṭīʿ fi farwit Fahīm* „sie zerreißt sich das Maul über Fahīm" [ST]; *nazla tawḍīb fi xilʾitha tʾulši ṛāḥa l-istiʾbāl* „sie macht sich zurecht, man könnte meinen, sie geht auf einen Empfang" [ST].

Anmerkung: Gleichbedeutend ist *dawwaṛ* + determiniertes Verbalnomen, das in Texten von Autoren aus der Šarqiyya vorkommt: *ʾāmu dawwaṛu ḍḍarbi f-baʿḍ* „da begannen sie einander zu verprügeln" [A.F. Nigm, *Muzakkirāt ilFagūmi* 154,-6].

5.7.3.2.3 Andere Modifikationen der VP

5.7.3.2.3.1 *liḥiʾ, yilḥaʾ* „dazukommen zu tun, es schaffen zu tun"
Mit y-Imperfekt: *liḥʾit tirgaʿ, miš kānit tiddīna furṣa nwaḍḍab ilxuṭṭa* „sie hat es geschafft zurückzukommen, hätte sie uns nicht die Chance geben können, den Plan vorzubereiten?" [ST]; *ma-btilḥaʾši tnām* „sie kommt nicht dazu zu schlafen" [ST].

liḥiʾ ist faktiv und impliziert für die Vergangenheit, daß der Sachverhalt tatsächlich stattgefunden hat. Daher wird das Imperfekt häufig ad sensum durch das Perfekt ersetzt: *lākin liḥiʾti gibtīh imta da?* „aber wann hast du es geschafft, diesen zu bringen?" [ST]; *wi lḥiʾtu ʿamaltu lḥisba bi ssurʿa di?* „und habt ihr es geschafft, die Rechnung so schnell zu machen?" [ST].

5.7.3.2.3.2 *rigiʿ, yirgaʿ* „wieder tun"
Meist mit einem zusätzlichen *tāni* „wieder": *wi rigiʿ tāni yšaxšax fi lfilūs illi f-gēbu* „er klimperte wieder mit dem Geld in seiner Tasche" [SP]; *ʿayza tirgaʿi tištaġali?*

„willst du wieder arbeiten?“ [MF]; *ḥatirgaʿ tiḥkīli ḥilmi tāni?* „willst du mir wieder einen Traum erzählen?“ [MF].

rigiʿ ist faktiv und impliziert für die Vergangenheit, daß der Sachverhalt tatsächlich stattgefunden hat. Daher wird das Imperfekt häufig ad sensum durch das Perfekt ersetzt: *rigiʿ hirib tāni* „er floh wieder“ [ST]; *wi rigʿit tāni fakkaṛit fi Aḥmad wi ʾaʿadit tiʿayyaṭ* „sie dachte wieder an Aḥmad und weinte eine Weile“ [SP].

5.7.3.2.3.3 *baʾa, yibʾa* „beginnen zu“; *ma-baʾāš* „nicht mehr“

a. *baʾa, yibʾa* als Präverb konstatiert und bestätigt, daß der Zustand oder die Aktivität eingetreten ist oder eintreten wird, auf die das Verb referiert. Dieses folgt im y-Imperfekt, bi-Imperfekt oder aktiven Partizip, z.B. *iddulāb baʾa yilmaʿ mrāya* „der Schrank glänzt nunmehr wie ein Spiegel“ [SP]; *inta baʾēt bitišṛab kitīr* „du trinkst jetzt viel“ [ST]; *ani ṭliʿt, baʾēt ʿamla zayyi klāb issikak* „ich ging weg, ich verhielt mich jetzt so wie die Straßenköter“ [SP]; *ana xalāṣ baʾēt miš ʿarfa aʿmil ē* „ich weiß jetzt nicht mehr, was ich tun soll“ [ST], s. auch 5.7.3.1.3 d 2. *baʾa* kann geradezu die Bedeutung „beginnen zu“ erhalten: *ḥaṛṛamti nafsi min illuʾma wi baʾēt agri kulli yōm iṣṣubḥ fi nnādi* „ich enthielt mich des Essens und begann jeden morgen im Klub zu joggen“ [ST]. Die weitere Grammatikalisierung resultiert in der Partikel *baʾa* „also“, s. 8.1.4.5.

b. Negiert gibt das Perfekt *baʾa* an, daß ein Zustand abgelaufen ist oder eine Aktivität nicht mehr stattfindet. Das folgende Verb präsentiert sich bei Gegenwartsbezug als y-Imperfekt, bi-Imperfekt oder aktives Partizip, d.h. in der Verbalform, die es auch ohne *ma-baʾāš* einnehmen würde: *ana ma-baʾetš arūḥ aʾṛa. ana ṛāyiḥ aʿmil ṣayyād zayy abūya* „ich gehe nicht mehr [den Koran] rezitieren. Ich werde als Fischer arbeiten wie mein Vater“ [SP]; *inta ma-baʾetši bitḥibbini* „du liebst mich nicht mehr“ [ST]; *ma-baʾetši fāhim ḥāga ʾabadan* „ich verstehe rein gar nichts mehr“ [MF]. Auch bei Vergangenheitsbezug folgen y-Imperfekt oder Partizip: *galha f-idēha rumatizmi ma-baʾitši tiʿṛaf tiġsil* „sie bekam Rheuma in den Händen [und] konnte nicht mehr waschen“ [SP]; *w inʿamēt wi ma-baʾetši šayfa* „ich wurde blind und sah nicht mehr“ [SP]. Als Kopulaverb im Nominalsatz: *ana ma-baʾetši ʾana* „ich bin nicht mehr ich“ [MF]. Und auch im Präpositionalsatz: *ma-baʾāš liyya ʾaḥlām* „ich habe keine Träume mehr“ [ST]. Zu *ma-ʿadš* s. unten 5.7.3.2.3.8.

5.7.3.2.3.4 *xalla, yixalli* „lassen“

Die beiden Verben sind nicht koreferent, vielmehr tritt zu *xalla, yixalli* das Subjekt des untergeordneten Verbs als Objekt. Manipulativ im Sinne von „jem.den veranlassen zu“ wird *xalla, yixalli* zunächst mit folgendem y-Imperfekt gebraucht: *amma tṛawwaḥ ibʾa xalli ṃāṃa tirʾīk* „wenn du nach Hause gehst, laß dich von deiner Mutti gesundbeten!“ [ST]; *bitxalli lmuluxiyya tiṭlaʿ maẓbūṭa* „sie läßt die

Muluxiyya richtig werden“ [MA]; *wi maṛṛit fi ṛāsi ṣuwar baᶜḍaha xalla gismi yiʾašᶜaṛ* „in meinem Kopf zogen Bilder vorbei, wovon einige mir eine Gänsehaut machten“ [SP].

Bei Vergangenheitsbezug folgt häufig das Perfekt ad sensum anstelle des Imperfekts, da die Verbalhandlung ein Faktum ist, s. 5.7.3.1.3 d 3: *kānit nigmit ilfagri barda wi riṭba xallit gismaha itraᶜaš* „die Zeit des Morgensterns war kalt und feucht, sie ließ sie zittern“ [SP]; *xallēt issawwāʾ da wiʾif* „ich ließ diesen Fahrer stoppen“ [MA]. Bei Gegenwartsbezug ist auch bi-Imperfekt möglich: *inta ẓẓāhir ilḥumma mxalliyyāki bitxaṛṛafi* „das Fieber läßt dich offenbar phantasieren“ [SP].

Im Sinne von „in einem Zustand belassen“: *xalli xwāti naymīn* „laß meine Brüder schlafen!“ [SP]. Auch exhortativ: *xallīna nitwaḍḍa* „laß uns die Waschungen vollziehen!“ [SP]; *xallīna ʾaᶜdīn fi Barīz* „laß uns in Paris bleiben!“ [SP]. Mit nominalem Prädikat „j.den machen zu“: *xallenāhum baniʾadmīn* „wir haben sie zu Menschen gemacht“ [ST].

Beim Imperativ *xallīk* + Gegenwart in der Bedeutung „bleib!“ wird nur das suffigierte Pronomen flektiert: *xallīk ʾāᶜid* „bleib sitzen“ [ME]; *xallīk hina* „bleib hier!“ [ME]; *in kān ᶜagbak faʾṛak xallīk fi ḥālak* „wenn dir deine Armut gefällt, dann bleib in deinem Zustand!“ [ST]. *xallīk* ersetzt auch den Imperativ von „sein“: *xallīk ṛāgil* „sei ein Mann!“ [ME], s. oben 5.7.1.7.2, 5.7.1.7.7 und 5.7.3.2.2 a.

5.7.3.2.3.5 *sāb, yisīb* „lassen“

Die beiden Verben sind nicht koreferent, vielmehr tritt zu *sāb, yisīb* das Subjekt des untergeordneten Verbs als Objekt. *sāb, yisīb* wird in erster Linie im Sinne von „zulassen“ mit folgendem y-Imperfekt gebraucht: *izzāy tsibha tiḥrab minnak?* „wie kannst du sie nur dir entkommen lassen?!“ [ST]; *sibni akammil kalām* „laß mich ausreden!“ [MF]; *sibnā yiᶜmil illi huwwa ᶜāwiz yiᶜmilu* „wir ließen ihn tun, was er tun wollte“ [ST]; *kānit tisibhum yuʾruṣu fi driᶜitha* „sie ließ zu, daß sie ihr in die Arme kniffen“ [SP]; *ana la yumkin ḥasībik tuxrugi* „ich kann dich unmöglich weggehen lassen!“ [ST].

Auch „in einem Zustand belassen“ und dementsprechend mit akt. Partizip: *izzāy ya bitt ilmuġaffila tsibīni nāyim liġāyit dilwaʾti* „wie kannst du dumme Gans mich bis jetzt schlafen lassen!“ [ST].

Wie bei *xalla* kann bei Vergangenheitsbezug das Perfekt das Imperfekt ad sensum ersetzen: *ana sibtak faḍfaḍti kfāya* „ich habe dich genug dein Herz ausschütten lassen“ [ST].

5.7.3.2.3.6 *ma-saddaʾ, ma-ysaddaʾ* „kaum glauben können, daß“

ma-saddaʾ kann bei Vergangenheitsbezug mit y-Imperfekt oder mit Perfekt gebraucht werden: *ma-saddaʾt aṭlaᶜ min ilʾism* „ich konnte kaum glauben, daß ich wieder aus der Polizeistation herausgekommen war“ [SB]. Auch ohne Koreferenz: *baʾāli talat šuhūr nāyim fi lmustašfa w riglayya mitᶜallaʾīn fi ssaʾf wi ma-saddaʾt infakku* „ich liege schon drei Monate im Krankenhaus mit den Beinen an der Decke aufgehängt, ich kann es kaum glauben, daß sie losgemacht sind“ [ST]. Mit einer semantischen Weiterentwicklung zum Ausdruck des schnellen Eintretens eines Sachverhalts: *da ma-biysadda' yilā'i ḥitta ynām fīha* „der findet schnell einen Platz zum Schlafen“ [ST]; *ba'a ma-sadda'na xliṣna minnu* „den haben wir schnell wieder losgekriegt!“ [ST].

Die weitere semantische Entwicklung führt zum Temporalsatz im Sinne von „kaum, daß“, dessen Hauptsatz mit *wi* eingeleitet sein kann: *ma-sadda'u risyu wi rāḥu kulluhum fi nnōm* „kaum hatten sie angelegt, da fielen sie alle in Schlaf“ [SP]; *ba'a ana ma-sadda't āgi ʿāyiz tisaffarni tāni?* „da bin ich kaum angekommen und du willst mich schon wieder auf die Reise schicken?!“ [ST]. Ein durch *ʿašān* eingeleiteter Nachsatz gibt der Wendung die Bedeutung „nur allzu gern“: *ma-sadda'ti smiʿti kilma ʿašān tiʿmili min ilḥabba 'ubba* „nur allzu gern hast du ein Wort gehört, um aus der Mücke einen Elefanten zu machen“ [SB]; *ma-biysadda'u ylā'u ḥaddi gdīd ʿašān yifukku lhammi min ʿala 'ulubhum* „nur allzu gern finden sie jemand Neuen, um ihr Herz auszuschütten“ [ST].

5.7.3.2.3.7 *'aṛṛab, yi'aṛṛab* + y-Imperfekt „nahe daran sein, beinahe tun“

Da *'aṛṛab* beinhaltet, daß der untergeordnete Sachverhalt kein Faktum ist, kann nur y-Imperfekt folgen: *aṣḥābak 'aṛṛabu yiṭlaʿu ʿa lmaʿāš* „deine Freunde gehen schon bald in Pension“ [SB]; *ana 'aṛṛabt azzaḥla' fi mitru l'anfāq* „ich wäre beinahe in der Tunnel-Metro ausgerutscht“ [ST]; *kān 'aṛṛab yiṭalla'ha* „er hat sie beinahe verstoßen“ [SB]. Auch ohne Koreferenz der beiden Verben bei Linksverschiebung (Topic): *ana 'ismi 'aṛṛab yinadū* „mein Name wird bald aufgerufen werden“ [ST].

5.7.3.2.3.8 *ʿād* + Imperfekt/Partizip „noch, wieder“

ʿād selbst bleibt immer im Perfekt: *ma-fīš ḥāga ʿādit tinfaʿli, di xāmis sābiqa liyya* „es gibt nichts, was mir noch nützt, das ist meine fünfte Vorstrafe“ [ST]; *huwwa fī ḥaddi ʿād kibīr* „gibt es noch Große?“ [ST].

Mit Negation „nicht mehr“: *ma-ʿudtiš bitḥibbaha* „du liebst sie nicht mehr“ [MF]; *ma-ʿudnāš 'adrīn nikallimhum* „wir können sie nicht mehr ansprechen“ [ST]; *ilmas'ala ma-ʿadši yitsikit ʿalēha* „über diese Sache kann nicht mehr geschwiegen werden“ [ST]; *huwwa ma-ʿadši fī riggāla fi lbalad di?* „gibt es keine Männer mehr in dieser Stadt?“ [ST]. Nach Vorbild der Alternation *ma-kuntiš* ~ *ma-kuttiš* (s. 1.2.4) entwickelt sich *ma-ʿudtiš* zu *ma-ʿuntiš, wie in ana ma-ʿuntiš fahmik* „ich verstehe dich nicht mehr“ [ST]. Als Kopulaverb: *ma-ʿadši zayy il'awwil* „er ist nicht mehr wie früher“ [ST]. Zu *ma-ba'āš* s. oben 5.7.3.2.3.3.

5.7.3.2.3.9 *giri, yigri* + Verb „schnell, unverzüglich tun“

giri, yigri mit folgendem Imperfekt dient zum Ausdruck der Schnelligkeit: *yi'ūm ilwād yi'ūl ma-ʿṛafši w yigri yinzil ti'ūm hiyya tidḥak* „da sagte der Junge, ich weiß es nicht, und lief schnell hinunter, da lachte sie“ [SP]. *giri* ist faktiv und impliziert für die Vergangenheit, daß der Sachverhalt tatsächlich stattgefunden hat. Dieser wird dann ad sensum durch das Perfekt ausgedrückt: *iddēt li lʿaskari lḥalāwa wi grīt daxalt il'ism* „ich gab dem Polizisten die Halva und betrat eilends die Wache“

[SP]. Beim Imperativ folgt ebenfalls ein Imperativ: *igri kammil kull ilbasboṛtāt!* „mach schnell alle Pässe fertig!“ [ST], s. 5.7.1.7.5.

Im gleichen Sinne, aber nur als Imperativ kommt *ingaṛṛ* vor: *ingaṛṛi hāt iṭṭalabāt!* „hol schnell die Bestellungen!“ [ST]; *imši ngaṛṛi hāt il'ahwa!* „geh und hol schnell den Kaffee!“ [MF].

5.7.3.2.3.10 *itnayyil, yitnayyil* + Verb „verdammt nochmal, zum Teufel“
itnayyil + Verb ist ein Kraftausdruck, der den Ärger des Sprechers zeigt: *ya tšuflak zimīl ya titnayyil tu'ʿud liġāyit ma nixlaṣ* „entweder du suchst dir einen Kollegen oder bleibst verdammt nochmal da, bis wir fertig sind“ [SP]; *ma-titnayyil tirūḥ ilmadrasa!* „jetzt geh doch verdammt nochmal in die Schule!“ [SB]. Mit Perfekt, wenn es sich um eine Tatsache der Vergangenheit handelt: *itnayyil maḍa walla lissa?* „hat er jetzt verdammt nochmal endlich unterschrieben oder nicht?“ [ST]. Als Partizip: *irradyu 'āl iggawwi muʿtadil yib'a xalāṣ mitnayyil muʿtadil* „das Radio sagte, das Wetter ist gemäßigt, dann ist es auch, verdammt nochmal, gemäßigt“ [ST].

Ähnlich auch *laha* und *habbib*: *ēh illi lahāk xallāk 'iddethūlu* „warum verdammt nochmal hast du es ihm gegeben?“ [SB]; *bithabbib tiʿmil ē hina?* „was machst du hier für einen Unsinn?“.

Zur Bekräftigung dienen auch *itraza, yitrizi* ~ *irtaza, yirtizi* „sich nicht wegrühren“, das nur in Verbindung mit *'aʿad, yu'ʿud* „sitzen“ gebraucht wird: *irtizi 'u'ʿud* „nun setz' dich doch schon hin!“ [SB]; *rūḥi trizi u'ʿudi fi ṣṣāla* „rühr dich nicht weg aus dem Salon!“ [ST]. Ähnlich *itxamad, yitximid* „schweigen, verstummen“ mit *nām, yinām* „schlafen“: *itximid nām!* „gib Ruh' und schlaf endlich!“ [ST]; im Perfekt: *itxamad nām* „er gab Ruhe und schlief ein“ [MI].

5.7.4 Periphrase mit *'ām, ṛāḥ, gih*

Im Erzählstil können die Verben *'ām, yi'ūm* „aufstehen“, *ṛāḥ, yirūḥ* „gehen“ und *gih, yīgi* „kommen“ einfache Verbalformen periphrasieren, so daß Komplexe der Form V^1 + V^2 entstehen, wie in *la'ēt ilbāb maftūḥ 'umti daxalt* „ich fand die Tür auf, da ging ich hinein“ [ST]; *kulli ma yšūf nās mašyīn yirūḥ ramilhum šwayya* „jedesmal wenn er Leute laufen sah, warf er ihnen ein wenig hin“ [ST]; *kulli ma asaṛṛax yīgi ʿammi 'āyil bi ṣōt gahūri ikkilmitēn bitūʿu* „jedesmal wenn ich schreie, spricht mein Onkel seine paar Worte mit lauter Stimme“ [SP]. Am häufigsten treten *'ām* und *ṛāḥ* in diesem Sinne auf, seltener *gih,* das öfters noch seinen semantischen Inhalt durchscheinen läßt, s. unten 5.7.4.3.

V^1 kann in allen Verbalformen stehen und bestimmt insofern die Form von V^2, als V^2 = Perfekt nur dann zugelassen ist, wenn V^1 = Perfekt; gleiches gilt für den Imperativ. Die folgenden Kombinationen sind zu belegen:

V^1	V^2 Perfekt	V^2 akt. Partizip	V^2 y-Imperfekt	V^2 Imperativ
Perfekt	+	+	+	–
Imperfekt	–	+	+	–
akt. Part.	–	+	+	–
Imperativ	–	–	–	+

Am häufigsten kommen die Verbindungen Perfekt + Perfekt oder Perfekt + akt. Partizip bzw. Imperfekt + akt. Partizip oder Imperfekt + y-Imperfekt und Imperativ + Imperativ vor. Die wörtliche Bedeutung der drei Verben ist durch Grammatikalisierung oft verblaßt, in manchen Fällen jedoch durchaus noch zu erkennen.

Die Periphrase wird nicht bei stativen Sachverhalten gebraucht. Sie gibt dem Text Struktur, indem sie innerhalb desselben die Abfolge einzelner dynamischer Sachverhalte kennzeichnet und miteinander verbindet, wie in *lamma ẓamaylu ssawwaʾīn šafū ʾāmu tḥammisu ṛāḥ ṭāliʿ minhum talāta maʿā* „als ihn seine Chauffeurskollegen sahen, da wurden sie enthusiastisch und drei von ihnen fuhren mit ihm los" [SP]; *baʾa arūḥ asʾal iṛṛāgil ʿan banhūf yiʾūm yiṭlaʿli bi wāḥid baladiyyātu* „ich frage also den Mann nach ‚Bahnhof', da bringt er mir einen seiner Dorfgenossen daher" [SP]. Sie kann dabei die Richtung einer Handlung angeben, sei es zum Sprecher bzw. zum deiktischen Zentrum des Berichts hin (*gih, yīgi*) oder von ihm weg (*ṛāḥ, yirūḥ*), s. 5.7.4.2 und 5.7.4.3.

5.7.4.1 *ʾām, yiʾūm*

5.7.4.1.1 Syntax und Gebrauch

Gelegentlich läßt sich der lexikalische Inhalt von *ʾām, yiʾūm* „aufstehen" noch nachvollziehen, wie in *ʾaʿad yistirayyaḥ, kal wi širib wi ʾām miši* „er setzte sich hin um sich auszuruhen, er aß und trank, stand auf und ging weg" [SP]. Meist bezeichnet es aber das Einsetzen einer Aktivität vor dem Hintergrund eines anderen Geschehens: *w itlaxbaṭ ilʿadd, ʾām huwwa misik ṣawabiʿha w ʿaddi ʿalēha* „das Zählen geriet durcheinander, da nahm er ihre Finger und zählte daran ab" [SP]; *di barḍu ʾuṣūl? asību dʾīʾa fi gnent ilmaḥkama tiʾūmu tixṭafū?!* „gehört sich denn das! Da lasse ich ihn eine Minute im Garten des Gerichts allein und ihr entführt ihn gleich!" [ST]; *ʾalli lʾibaṛ ḥatšiḥḥ, ʾumti šāri b-ʿašaṛ t-alāf ginē ʾibaṛ wi xazinha* „er sagte zu mir: Nadeln werden Mangelware sein. Da kaufte ich für zehntausend Pfund Nadeln und lagerte sie ein" [ST]; *ilmuhimm innu ʾām yigri waṛāha* „kurzum, er lief also hinter ihr her" [SP]. Inchoativ im Sinne von „sich daran machen": *kutti ʿayza asibhum w aʾūm amla lʾulal* „ich wollte sie verlassen und mich daran machen, die Krüge zu füllen" [SP]; *ʾāyim ṛāyiḥ fēn?* „wohin willst du gehen?" [ST]; *ʾūm nadīlu wi nawlu lfakka* „ruf ihn und händige ihm das Kleingeld aus" [ST].

Beim freien Erzählen können so ganze Serien von *ʾām* zusammenkommen, die die Sequenzen des Ablaufs eines Geschehens markieren, wobei das Subjekt wechseln kann: *fa xaṛag ilḥaššāš ʾallu mīn? ʾām iẓẓābiṭ ʾallu ʾana ʿUmaṛ ʾallu ʿUmaṛ mīn? ʾām ittāni nisi ʿUmaṛ ibn ilXaṭṭāb walla ʿUmaṛ ibn ilʿĀṣ. ʾām sikit* „da ging der Haschischraucher hinaus und sagte zu ihm: Wer da? Da sagte der Offizier: Ich bin ᶜUmaṛ. Er sagte: Welcher ᶜUmaṛ? Der andere aber hatte vergessen, ᶜUmaṛ ibn ilXaṭṭāb oder ᶜUmaṛ ibn ilᶜĀṣ. Da schwieg er." [MA].

Mit negiertem V^2: *laʾētu byizʿal kitīr ʾumti ma-kallimtūš xāliṣ* „ich merkte, daß er oft zornig wurde, da redete ich ihn weiter nicht an" [ME].

Wenn dem Agens selbst etwas widerfährt, wobei es keine Kontrolle über das Geschehen ausübt: *ʾumti wiʾiʿti f-ballāʿa* „da fiel ich in einen Gully" [ST]. Bei Gefühlsregungen: *zaʿʿaʾti fiyya ʿala ġafla ʾumt itxaḍḍēt* „unversehens schrie sie mich an, da erschrak ich" [ST]; *wi kānit di ʾawwil maṛṛa kkallim Aḥmad wayyāya f-ḥāga zayyi kida ʾumt ana staʿgibti* „das war das erste Mal, daß Aḥmad mit mir über sowas sprach, da gefiel mir das" [SP]. Bei Sinneswahrnehmungen und Gefühlsäußerungen: *rigiʿ ʿammi Kāmil ilbēt la bīh wala ʿalēh ʾām šāf Faṭma xarga min iṛṛabʿ* „ahnungslos kam Onkel Kāmil nach Hause zurück, da sah er Faṭma, wie sie den Wohnblock verließ" [SP]; *ʿĀṣim Bāša ikminnu kān ṛāgil ʿāzib ʾām inbasaṭ min ilfikra di xāliṣ* „da ᶜĀṣim Bāša Junggeselle war, freute er sich sehr über diesen Gedanken" [SP]. Ebenso bei nicht-persönlichem Agens: *hiyya ṭalʿa ssalālim kida, yiʾūm ilfusfūri yištaġal wi lfāʿil maghūl* „sie geht so die Treppe hoch, da geht der Phosphor los und der Täter bleibt unbekannt" [ST]; *fa-ma-yitḥiriʾš iḥtiṛāʾ kāmil, yiʾūm yiʿmil karbōn* „da verbrennt es nicht vollständig und produziert Kohlenstoff" [SP].

Bei Verben des Denkens und Sagen: *ṣarraxt, ʾāmu ftakaṛu nn iḥna bniġraʾ* „ich schrie, da dachten sie, daß wir untergehen" [ST]; *ʾām wāḥid minhum ʾē, wāxid bālu mi lʿamaliyya* „da nahm einer von ihnen was? Notiz von dieser Sache" [MA].

5.7.4.1.2 Ausbleichung

Wie sehr der semantische Inhalt verbleicht ist, zeigt sich daran, daß *ʾām* auch eintritt, wenn V^2 seiner lexikalischen Bedeutung zuwiderläuft: *ḥassi bi hbūṭ fi gismu w taʿab wi nʿās ʾām mayyil ʿala ḍahru f-wusṭ ilbuʾga w nām* „er fühlt sich körperlich erschöpft, müde und schläfrig, da legte er sich mitten in dem Kleiderbündel auf den Rücken und schlief ein" [SP]; *yitḥaṭṭi fi lmišanna yiʾūm yuʾʿud fatṛa kbīra* „es wird in den Brotkorb gelegt, da bleibt es dann lange gut" [MA]. Sowie daran, daß es mit *ṛāḥ* und *gih* in einer Sequenz vorkommen kann: *ʾām iddāyiʾ ʾawi, ʾām ṛāḥ dāxil issinima guwwa* „er ärgerte sich sehr, da ging er in das Kino hinein" [MA]; *ʾām gih yōm ʿiyi* „eines Tages wurde er krank" [SP]

5.7.4.1.3 Partikelbildung

Teilweise ist das flektierbare *ʾām* zur Partikel *ʾām* oder *ʾum* erstarrt und wird nicht mehr flektiert: *ʾām inta ʿamalti ʾē?* „was hast du dann getan?" [ST]; *ʾam ʾumti gāyib issilk* „da holte ich den Draht" [MA]; *laʾa ʿaṛabiyya žīb mašya gambu, ʾum idda ttaḥiyya lʿaskariyya* „er merkte, daß ein Jeep neben ihm fuhr, da salutierte er" [SP]; *awwil ma tuxrugi ʾum tīgi tzurīni* „sobald du rauskommst, kommst du mich besuchen" [ME].

5.7.4.2 *ṛāḥ, yirūḥ*

Die lexikalische Bedeutung von *ṛāḥ, yirūḥ* „weggehen“, die eine körperliche Bewegung des Agens involviert, ist gelegentlich noch ersichtlich: *ruḥtī ʿamaltilhum kubbaytēn šāy* „ich ging und macht ihnen ein paar Gläser Tee“ [SP]; *inniswān illi ma-txallifšī trūḥ tixaṭṭi lkāfir min dōl tiʾūm tiḥbal ʿala ṭūl* „Frauen, die keine Kinder kriegen, schreiten über einen solchen *kāfir*, dann werden sie gleich schwanger“ [SP]; *rūḥ igri mazzik luhum* „lauf schnell hin und spiel ihnen was vor!“ [ST]. Ebenso wenn es die Richtung vom deiktischen Zentrum weg angibt, wie in *iggirān gum wi xabaṭu ʿalēhum wi laʾūhum li waḥdīhum, wi ṛāḥu ballaġu lbulīs* „die Nachbarn kamen, klopften bei ihnen an und fanden sie allein, da benachrichtigten sie die Polizei“ [SP]. Auch in Verbindung mit *gāb, yigīb* „bringen“, woraus sich die Bedeutung „holen“ ergibt: *law ʿirift innu fi šŠām l-arūḥ agību* „wenn ich wüßte, daß er in Damaskus ist, würde ich ihn herholen“ [SP]; *ʿiyālu ṛāḥu gābu wāḥid maġribi* „seine Söhne holten einen Maghribi“ [ST]. Und in Verbindung mit *zāṛ, yizūr* „besuchen“, was „besuchen gehen“ ergibt: *ʾawwil ḥaltu ma tinʿidil ḥanrūḥ nizurhum* „sowie es sich bei ihm wieder normalisiert, gehen wir ihn besuchen“ [SP], dem ein *gih zāṛ* „zu Besuch kommen“ entspricht, vgl. dazu unten 5.7.4.3.

Auch hier kommt es zur Ausbleichung und *ṛāḥ, yirūḥ* bezeichnet nur noch das Einsetzen einer Handlung wie in *ʾāl kilma waḥda w ṛāḥ ʾāʿid* „er sagte ein Wort und setzte sich hin“ [SP]; *ʾana lli xadt ilʿaṛabiyya b-nafsi, wu ruḥtī ḥaṭṭēt fīha lward* „ich nahm selbst das Auto und legte die Blumen hinein“ [MA]. Es kommt aber nicht zur Partikelbildung wie bei *ʾām*, denn *ṛāḥ* bleibt immer flektiert.

Zu *ṛāḥ, yirūḥ* als Prozeßkopula s. 5.1.1 e.

5.7.4.3 *gih, yīgi*

Auch bei *gih* ist die lexikalische Bedeutung gelegentlich noch zu finden, wenn eine konkrete Ortsveränderung des Agens im Satz zu verstehen ist: Auch bei *gih*, das wesentlich seltener vorkommt als *ʾām* und *ṛāḥ*, kann man die lexikalische Bedeutung noch feststellen, etwa wenn das Geschehen einen Bezug zum deiktischen Zentrum oder zum Agens hin hat: *mumkin abʾa ʾāgi akkallim maʿāki?* „kann ich mal kommen und mit dir reden?“ [ST]; *kallimtu fi ttilifōn innahaṛda ṣṣubḥī ʿašān yīgi yifṭar maʿāya – wi gih faṭar maʿāki?* „ich habe ihn heute morgen angerufen, damit er zu mir frühstücken kommt. – Und ist er zu dir frühstücken gekommen?“ [ST].

So auch in Verbindung mit *xad, yāxud* „nehmen“ zur Wiedergabe von „abholen, wegholen“: *humma ʾahalīku dōl muš mitʿawwidīn yīgu yaxdūku min ilbāb ilʿumūmi?* „ist eure Familie nicht gewohnt, euch vom Haupteingang abzuholen?“ [ST]. Und mit *zāṛ, yizūr* „besuchen“: *awwil ma tuxrugi tīgi tzurīni* „sobald du herauskommst, kommst du mal zu mir auf Besuch“ [ST]; *gozha huwwa lli gih zaṛha* „ihr Mann war es, der sie besuchen kam“ [ST], s. dazu *ṛāḥ zāṛ* in 5.7.4.2.

Nicht mehr mit einer Ortsveränderung des Agens verbunden, sondern im Sinne von „sich daranmachen, darangehen und ...“ oder „soweit sein und ...“: *lamma tīgi tiggawwiz tiʾūl liʾahlī mṛātak innak btištaġal ṭabbāx walla ṣufragi* „wenn du soweit bist und heiratest, sagst du zu den Leuten deiner Frau, daß du Koch oder Kellner bist" [ST]. Mit Perfekt: *tāni yōm ʿala ṭūl gih fasax ilxuṭūba* „am nächsten Tag ging er sofort her und löste die Verlobung auf" [ST]; *fa gat nās ʾalūli ...* „da kamen Leute und sagten mir ..." [MA]. Habituelle Sachverhalte verlangen jedoch das Imperfekt: *innama lamma gēna nitʿašša ʿirift inn iḥna baʾēna badal ilḥanakēn xamsa* „aber wenn wir uns ans Abendessen machten, merkte ich, daß wir anstatt zwei Mäulern fünf geworden waren" [SP].

Dies entwickelt sich weiter bis zum Sinne von „beginnen zu": *ʾilla w ilxawāga ilʾuṣṭa kkibīr bitaʿhum abu šanab yīgi yurṭun maʿa lwād iddablān* „auf einmal begann der Xawāga, ihr großer Meister, mit dem schwindsüchtigen Jüngling Nubisch zu reden" [SP]. Schließlich kann die Sequenz geradezu den Sinn von „wollen" erhalten: *tīgi tṣīdu yṣīdak* „du willst ihn jagen, doch er jagt dich" [SP]; *gēt argaʿ lākin infaḍaḥt* „ich wollte wieder [ins Geschäft] zurückkehren, doch ich war angeschwärzt worden" [SP].

5.7.5 Verbpaare

Verbpaare sind Sequenzen wie *baʿat gāb* „holen lassen", *daxal nām* „sich schlafen legen", *baṣṣi laʾa* „gewahr werden", die als feste Verbindungen und semantische Einheiten vorliegen. Beide Verben folgen direkt aufeinander, ohne daß ein weiteres Satzglied dazwischentritt. Vgl. auch oben *ṛāḥ zāṛ* „besuchen gehen" in 5.7.4.2 und *gih zāṛ* „zu Besuch kommen" in 5.7.4.3.

5.7.5.1 *baʿat gāb* „holen lassen"

Zu *baʿat, yibʿat* „schicken" tritt kein Objekt, das den Beauftragten angibt. Das Subjekt der beiden Verben ist koreferent und kann nicht zwischen V^1 und V^2 treten: *lāzim nibʿat nigīb Kassāb ḥālan* „wir müssen sofort nach Kassāb schicken" [ST]. Beide Verben stehen im selben Tempus/Aspekt/Modus: *yibʿatu ygību min maṣri fsīx* „sie lassen aus Kairo Salzfisch bringen" [SP]. Gleiches gilt für den Imperativ: *ibʿat hathum* „lasse sie holen!" [SP]. Wenn das *ma-* des Nachdrucks das y-Impferfekt verlangt, dann gilt dies auch für V^2: *ma-tibʿat tigibhulna b-surʿa!* „laß ihn uns doch schnell holen!" [ST]. Die Präfixe *bi-* und *ḥa-* beim V^1 werden bei V^2 nicht wiederholt.

Ist der Auftrag bereits ausgeführt und damit Tatsache, stehen beide Verben im Perfekt: *baʿat gāb ʿilbitēn sagāyir* „er ließ zwei Schachteln Zigaretten holen" [SP]. Ist dies nicht der Fall, so steht V^2 im Imperfekt und ist damit V^1 untergeordnet: *ma-txafš ya Bilya baʿatu yigību lwinš* „keine Angst, Bilya, sie haben schon nach dem Kran geschickt [aber er ist noch nicht da]" [ST].

Wie *gāb, yigīb* kann auch *xad, yāxud* zusammen mit *baʿat, yibʿat* gebraucht werden, woraus sich dann die Bedeutung „holen lassen, abholen" ergibt: *kān fakirna baʿatna xadnāha* „er dachte, wir hätten es abholen lassen" [ST]; *ḥanibʿat nāxud ilʿagala lē?* „warum sollten wir das Rad abholen lassen?" [ST].

5.7.5.2 *daxal nām* „sich schlafen legen"
daxal ist hier als „sich in die Privatgemächer zurückziehen" zu verstehen. Das Verbpaar drückt die beiden Aspekte „hineingehen" und „sich hinlegen" aus: *ṭabʿan kullina tbaṣaṭna w daxalna nimna* „wir freuten uns natürlich alle und gingen schlafen" [MA]; *huwwa daxal nām w ana nzilt igginēna* „er legte sich schlafen und ich ging hinunter in den Garten" [ST]; *ana ḥadxul anām, taʿbāna šwayya* „ich werde mich schlafen legen, ich bin ein wenig müde" [ST].

5.7.5.3 *baṣṣi la'a* „gewahr werden, bemerken"
Beide Verben stehen stets im selben Tempus, wobei eventuelle Präfixe nur bei V^1 auftreten.

Im Imperfekt: *fi 'ayyuha makān tibuṣṣi tlā'i nūr* „überall bemerkst du Licht" [SP]; *kamān sana 'aw sanatēn ḥatbuṣṣi tlā'i 'ibnak kibir* „noch ein, zwei Jahre und dann siehst du auf einmal, daß dein Sohn groß geworden ist" [SB]. Im Perfekt: *'ām ithayya'lu innu yiʿṛaf iṣṣōt da baṣṣi la'āha 'Ummi Kamāl* „da schien ihm, daß er diese Stimme kannte, [und] er merkte, daß es Umm Kamāl war" [SP].

Oft ist *baṣṣ* semantisch so verblaßt (Ausbleichung), daß es der Grundbedeutung von *la'a* „finden, bemerken, feststellen" wenig anderes hinzufügt als eine Nuance des Überraschtseins, die sich etwa mit „auf einmal" wiedergeben läßt: *baʿdi ma ḥakēt ilḥikāya, baṣṣēt la'ēt bint ibni ʿammāla tʿayyaṭ* „nachdem ich die Geschichte erzählt hatte, bemerkte ich auf einmal, daß meine Enkelin weinte" [SP]; *baṣṣēna la'ēna nafsina binhazzaṛ maʿa baʿḍina* „wir merkten auf einmal, daß wir miteinander scherzten" [SP].

6.0 Syntax IV: Negation

Die Negationspartikeln sind *miš, ma-...-š, ma-, la ... wala ..., wala, ġēr* und *la'*. Das Auftreten dieser Partikeln ist durch die Art des Prädikats und die Leistungsebenen der Sprache (Darstellung, Kundgabe, Appell) bestimmt.

6.1 Prädikative Negation

6.1.1 *miš ~ muš*

miš steht in Aussagesätzen der Darstellungsebene vor dem Prädikat, wenn dieses nominal, präpositional in Sätzen der Struktur S + P, ein ḥa-Imperfekt, ein *ʿammāl*-Imperfekt oder ein aktives Partizip ist.

Ḥasan mudarris	>	*Ḥasan miš mudarris*	„Ḥasan ist kein Lehrer“
da kwayyis	>	*da miš kuwayyis*	„das ist nicht gut“
irrayyis hina	>	*irrayyis miš hina*	„der Chef ist nicht hier“
ilʿiyāl fi gginēna	>	*ilʿiyāl miš fi gginēna*	„die Kinder sind nicht im Garten“
ilmuftāḥ maʿāya	>	*ilmuftāḥ miš maʿāya*	„ich habe den Schlüssel nicht bei mir“
ḥayirgaʿ	>	*miš ḥayirgaʿ*	„er kommt nicht zurück“
ilbitti ʿammāla tzākir	>	*ilbitti miš ʿammāla tzākir*	„das Mädchen ist nicht dauernd dabei zu lernen“
ana ʿārif	>	*ana miš ʿārif*	„ich weiß nicht“

Anmerkung: Neben *miš* kommt *muš* vor, das früher häufiger gewesen zu sein scheint, denn in älteren Texten wird nicht selten {mwš} geschrieben. Selten wird das ḥa-Imperfekt mit *ma-...-š* verneint: *ma-ḥayuxrugš* „er wird nicht hinausgehen“.

Zu *miš* vor bi-Imperfekt s. 6.1.2.1, zu Kontrastnegation s. 6.4, zu rhetorischen Fragen s. 8.1.5.2.

6.1.2 *ma-...-š*

Die diskontinuierliche Negation *ma-...-š* wird bei den anderen als in 6.1.1. genannten verbalen Prädikaten d.h. beim Perfekt, y-Imperfekt, bi-Imperfekt, gebraucht sowie bei Existentialsätzen der Struktur P + S (s. 3.1.3). Zum Ersatz von *ma-...-š* durch *ma-* s. 6.1.4 und 6.3.

6.1.2.1 Verbalsätze

Der Gebrauch von *ma-...-š* beschränkt sich auf das Perfekt, das y-Imperfekt und das bi-Imperfekt, während das ḥa-Imperfekt und das aktive Partizip mit *miš* negiert werden.

katab	„er schrieb"	>	*ma-katabš*	„er hat nicht geschrieben"
yiktib	„er soll schreiben"	>	*ma-yiktibš*	„er soll nicht schreiben"
biyiktib	„er schreibt"	>	*ma-byiktibš*	„er schreibt nicht"

Der Imperativ kann nicht direkt negiert werden. Dafür tritt die 2. Person des y-Imperfekts mit *ma-...-š* ein:

iftaḥ	„mach auf!"	>	*ma-tiftaḥš*	„mach nicht auf!"
ʿayyaṭ	„weine!"	>	*ma-tʿayyaṭš*	„weine nicht!"
igri	„lauf schnell!"	>	*ma-tigrīš*	„lauf nicht schnell!"
kul	„iß!"	>	*ma-takulš*	„iß nicht!"

Zu *taʿāla* „komm!" entsprechend *ma-tgīš* „komm nicht!" und zu *hāt* „gib her!" *ma-tiddīš* „gib nicht her!", s. 2.3.5.3 und 2.3.5.4. Auch kohortativ: *ma-niḍrabūš li lmōt* „wir wollen ihn nicht totschlagen!" [ST]. Zu Imperativpartikeln mit negativem Sinn s. 5.7.1.7.7.

Anstelle von *ma-...-š* wird neuerer Zeit nicht selten *miš* vor dem bi-Imperfekt gebraucht: *ana miš baḥibbu* „ich liebe ihn nicht" [ME]; *ana miš baḥlam* „ich träume nicht" [ST]; *bandahlik miš bitruddi lē?* „ich rufe dich, warum antwortest du nicht?" [MF]. Zu *miš* im Fragesatz s. 8.1.5.2.

6.1.2.2 Präpositionalsätze

Auch hier tritt *ma-...-š* beim präpositionalen Prädikat auf:

ʿandu flūs	>	*ma-ʿandūš filūs*	„er hat kein Geld"
maʿāya ʾalam	>	*ma-maʿīš ʾalam*	„ich habe keinen Stift bei mir"
luh maʿna	>	*ma-lūš maʿna*	„das hat nichts zu bedeuten"
fī ḥall	>	*ma-fīš ḥall*	„es gibt keine Lösung"

Desgleichen bei den anderen Präpositionen, die in Präpositionalsätzen auftreten, s. 3.1.3: *iḥna ma-ʿalenāš iddōr* „die Reihe ist nicht an uns" [ST]; *ikkalām ma-minnūš fayda* „Reden bringt nichts" [ST]; *ma-ḥawalakš illa ṭult illisān* „du kennst nur Frechheit" [ST]; *ma-gambūš ḥadd* „niemand ist neben ihm" [MI]; *ma-ʾuddamkīš ḥallī tāni* „du hast keine andere Lösung vor dir" [MF]; *ma-waṛayīš ḥaddī t'ulūlu ḥāga* „ich hinterlasse niemanden, dem ihr etwas sagen könntet" [ST]; *kānit ḥirtu ma-baʿdahāš ḥīra* „seine Verblüffung konnte nicht größer sein" [SB]; *ma-wayyahumšī ḥadd* „niemand ist bei ihnen" [ME].

A n m e r k u n g 1: Auch wenn das präpositionale Prädikat mit einem Substantiv gebildet ist, kann *ma-...-š* gebraucht werden: *ma-b-yaddīš ḥīla* „ich bin machtlos" [SP]; *wiliyya maskīna ma-b'idhāš ḥīla* „eine arme Frau, die sich nicht zu helfen weiß" [ST]; *ma-f-'albahāš ṛaḥma* „in ihrem Herzen ist kein Erbarmen" [ST].
A n m e r k u n g 2: Auch Adverbien und Partikeln werden mit *ma-...-š* negiert, etwa um Einwände zu unterbinden: *aywa bass ... – ma-bassiš* „ja, allerdings .... – Kein ‚allerdings'!" [ST] (auch *ma-tbassiš*); *lākin ... – ma-lakinš* „aber ..." – Kein ‚aber'!" [ST]; *ṭabʿan w iza ma-ṭabʿanš* „natürlich?! Und wenn es mal nicht mehr ‚natürlicht'?" [ST].
A n m e r k u n g 3: Selten fungiert *-š* allein als Negationspartikel: *law kuntiš šuftak* „wenn ich dich nicht gesehen hätte" [ST].
A n m e r k u n g 4: Unkonditionierter Gebrauch von *ma-* kommt vor allem in Märchentexten und Sprichwörtern vor: *itgawwwiz waḥda ʿa'la w kamla w ma-fīha ʿēba* „er heiratete ein kluge, perfekte Frau, an der nichts auszusetzen war" [SP]; *uknus bētak wi ruššu ma-tiʿṛaf mīn yixuššu* „fege dein Haus und besprühe den Boden mit Wasser, du weißt nicht, wer es betritt!". Zum konditionierten Gebrauch s. 6.3 und 6.8.1.1 Anm.

6.2 Nicht-prädikative Negation

6.2.1 Vertauschbare nicht-prädikative Negation

6.2.1.1 Personalpronomen
Ist ein Personalpronomen Subjekt eines Satzes der Struktur S + P, der mit *miš* negiert werden muß, so kann *miš* vor das Prädikat oder *ma-...-š* um das Pronomen treten.

ana miš ʿarfāk	=	*ma-nīš ʿarfāk*	„ich kenne dich nicht"
huwwa miš mawgūd	=	*ma-huwwāš mawgūd*	„er ist nicht da"
hiyya miš sahla	=	*ma-hiyyāš sahla*	„es ist nicht leicht"

Anstelle von *ma-huwwāš* und *ma-hiyyāš* findet sich auch *ma-hūš* bzw. *ma-hīš* Auch bei ḥa-Imperfekt: *ma-ntāš ḥatsāfir maʿāya* „du wirst nicht mit mir reisen" [ST]. Ebenso bei koordinierendem *wala*: *ana ma-nīš xaddām wala-nīš kātib bi tisʿa gnēh* „ich bin weder ein Diener noch ein Schreiber für zehn Pfund" [ST]. Zur Morphologie s. 2.1.1.

6.2.1.2 Substantive
Einige Substantive mit Possessivsuffix werden mit *ma-...-š* oder *miš* negiert, wenn sie als Subjekt vor nominalem Prädikat stehen. Diese sind *ism* „Name", *'aṣd* „Ab-

sicht“, *ḥīla* „Besitz“: *ma-smūš wād ya Hind, da smu dduktūr ʿĀṭif* „der heißt nicht ‚Junge‘, Hind, der heißt ‚Doktor ʿĀṭif‘ “ [ST]; *ana ma-ʾaṣdīš ḥāga* „ich habe keine [bestimmte] Absicht“ [ST]; *ma-ḥilithumš illaḍa* „sie besitzen keinen Pfennig“ [ME].

ʾaṣd und *ism* werden auch mit *miš* negiert: *miš ʾaṣdi taftīš ilMaḥrūsa* „es ist nicht meine Absicht, ilMaḥrūsa zu inspizieren“ [ST]; *da miš ismu bōkar, di smaha sirʾa* „das heißt nicht Poker, das nennt man Diebstahl“ [ST]. Für *ḥīla* gibt es dagegen keine entsprechenden Belege.

Anmerkung: In älteren Texten findet sich auch ein *ʿilm* „Wissen“ auf diese Weise negiert: *axūha yiṭlaʿ yiṣṭād wi yīgi wala-ʿilmūš* „ihr Bruder ging auf die Jagd und kam zurück, ohne etwas zu merken“ [SG].

6.2.1.3 *ʿumr-* „niemals“

In Sätzen mit *ʿumr-* kann *ma-...-š* sowohl beim Prädikat als auch bei *ʿumr-* stehen, ohne daß ein Bedeutungsunterschied erkennbar wäre: *ma-ʿumrīš kalti zayyu* „niemals habe ich dergleichen gegessen“ [SP] und *ana ʿumri ma šribtaha f-ḥayāti* „noch nie in meinem Leben habe ich das getrunken“ [ST].

6.2.2 Nicht vertauschbare nicht-prädikative Negation

6.2.2.1 *ma-ḥaddiš* „niemand“

ma-ḥaddiš „niemand“ nimmt stets die Subjektstelle in Sätzen der Struktur S + P ein. In Aussagesätzen ist Vertauschen mit prädikativer Negation nicht möglich: *ma-ḥaddiš šafni* „niemand sah mich“, aber *¢ḥaddi ma-šafnīš*, da *ḥadd* „jemand“ nur in Fragesätzen und untergeordneten Sätzen in Subjektsposition stehen kann. In diesem Fall weicht die Bedeutung freilich ab: *ḥaddi ma-šafnīš?* „hat mich jemand nicht gesehen?“. Tritt *ḥadd* aber hinter das negierte Prädikat, bleibt der ursprüngliche Sinn bewahrt: *ma-šafnīš ḥadd = ma-ḥaddiš šafni* „niemand hat mich gesehen“.

6.2.2.2 Präverbien

Bei *ʾaṣd+* „Absicht; beabsichtigen“, *nifs+* „Lust; gerne tun“ und *bidd+* „Wunsch; wollen“ als Präverbien, s. oben 5.7.3.2.1.1.3, tritt *ma-...-š* als Negationspartikel auf: *ana ma-ʾaṣdīš adayʾak* „es war nicht meine Absicht, dich zu ärgern“ [ST]; *ma-nifsīš asmaʿ ṣōtu* „ich habe keine Lust, seine Stimme zu hören“ [ME]; *ana biddi aksab ma-biddīš axṣar* „ich will gewinnen, ich will nicht verlieren“ [SG].

6.2.2.3 Negation von Konstituenten

Wenn der Fokus der Negation sich auf eine bestimmte Konstituente im Satz beschränkt, kann *miš* vor diese treten. Meistens geschieht dies in Kontrastierung zu einer positiven Konstituente. Diese kann wiederum asyndetisch oder syndetisch mit einer adversativen Konjunktion eingeführt werden.

a. Ohne Kontrastierung
Gelegentlich findet sich *miš* vor dem Prädikatsnomen von Kopulaverben wie *ṭiliʿ* „werden zu, sich herausstellen als" und *baʾa* „werden", z.B.: *baʾēt miš inta ya Mitwalli* „ du bist nicht mehr du selbst, Mitwalli!" [ST]; *inta ṭliʿti miš ibni balad* „du bist zu einem nicht mehr Einheimischen geworden" [ST]. Ebenso vor dem Subjekt: *ʿād fī fāhim wi miš fāhim* „es gibt noch solche, die verstehen und solche, die nicht verstehen" [ST]. *miš* negiert hier nicht den Nexus zwischen S und P sondern das Nomen, das als Prädikat fungiert.

Negation des Wortes allein liegt auch vor, wenn *miš* zu attributiven Adjektiven tritt: *ḥāga miš maʿʾūla* „eine unglaubliche Sache" [ME]; *fi waʾti miš munāsib* „zu einer unpassenden Zeit" [ST]. Es kann dabei auch mit dem bestimmten Artikel versehen werden: *ilʿadāt il-miš-maʾbūla* „die nicht annehmbaren Bräuche" [SP]. Meist tritt bei Determination jedoch das Relativpronomen *illi* ein, wie in *bintēn miš šuʾaʾa* „zwei Schwestern, die nicht volle Schwestern sind" [SP] > *ilbintēn illi miš šuʾaʾa* [MI]. Vor attributivem *bitāʿ*: *ana rāgil miš bitāʿ mašākil* „ich bin einer, der keine Probleme macht" [SG]. *miš* ist hier mit *ġēr* vertauschbar: *iṣṣanfi ġēr mawgūd* „die Sorte ist nicht vorhanden" [ST]; *fi waʾti ġēr munāsib* „die nicht annehmbaren Bräuche" [ST].

b. Mit Kontrastierung
Auch bei antithetisch gegenübergestellten Konstituenten wird *miš* zur Negation der zweiten verwendet. Dies geschieht bei allen Satzteilen, wobei die kontrastierende Konstituente folgt, gelegentlich aber auch voransteht: *huwwa lmuznib, muš inta* „er ist der Schuldige, nicht du" [SG]; *xud lak mīt xitm miš xitmi wāḥid bass* „nimm dir hundert Stempel, nicht nur einen" [SG]; *da šuġlu miš šuġlina* „das ist seine Arbeit, nicht die unsere"; *lākin Faṭma kān ġaṛadha tiggawwiz miš tinām wayyā* „aber Faṭma hatte die Absicht zu heiraten, nicht mit ihm zu schlafen" [SP]; *hatli kkitāb ittaḥtāni xāliṣ miš ilfoʾāni* „bring mir das untere Buch, nicht das obere" [SG]; *iḥna gayyīn nihạyyaṣ miš nitxāniʾ* „wir kommen um uns zu vergnügen, nicht um zu streiten" [ST]. Weiterführung mit *wala* unterbleibt hier: *aḥibbi kull ilḥayawanāt miš ilʾuṭaṭ w ikkilāb bass* „ich liebe alle Tiere, nicht nur die Katzen und die Hunde" [SP]. Voranstehend: *ana gēt muš ʿalašān xallaṣt ilmaʿṛad, ʿalašān uxtak Nadya baʿatitli tiliġrāf* „ich bin gekommen, nicht weil du die Ausstellung beendet hast, (sondern) weil deine Schwester Nadya mir ein Telegramm geschickt hat" [ST]. S. ferner 6.4.1.

Die kontrastierende Konstituente kann auch syndetisch mit *wi* eingeführt werden: *iḥna gayyīn nitfassaḥ fi ṣṣaʿīd wi miš ʿalašān niʿallim ʾahlaha zzōʾ fi llibs* „wir sind gekommen, um im Ṣaʿīd spazieren zu fahren, nicht um den Leuten beizubringen, wie man sich fein anzieht" [SP].

6.3 Negation durch *ma-*

6.3.1 Wunschsätze

Bei Wunschsätzen, die durch Partikeln wie *yarēt, inšaḷḷa, ʿannu, iyyāk, aḷḷāh* oder *ṛabbina* eingeleitet werden, kann bei besonderem Affektgehalt *ma-* für die gewöhnliche Negationspartikel eintreten: *yarētu ma ʿamal* „hätte er es doch nicht getan!" [SP]; *rabbina ma-ywarrīk sāʿa zayyídi* „der Herr möge dich keine solche Stunde erleben lassen!" [ST]; *inšaḷḷa ma kkallimt* „von mir aus brauchst du nicht zu reden!" [ST]; *ʿanha ma-rigʿit* „meinetwegen braucht sie nicht zurückzukommen!" [ST]. Mit der Negation *ma-...-š*: *iyyāki ma-kunši dayiʾtik* „hoffentlich habe ich dich nicht belästigt!" [SP] und *yaretni ma-ʿamaltiš kida* „wenn ich es doch nicht getan hätte!" [SP].

6.3.2 Beteuerungen und Schwüre

a. Bei Beteuerungen und Schwüren, die mit *waḷḷāhi, wi nnabi, wi ḥyātak* etc. eingeleitet werden, kann *ma-* bei besonderem Nachdruck sowohl *ma-...-š* als auch *miš* vor Verbalformen ersetzen: *lā ma-tinzilš, wi nnabi ma-tinzil* „nein, steig nicht herunter, beim Propheten, du wirst nicht heruntersteigen!" [ST]; *wi ktāb aḷḷāh... ana ma-kunti nāwi aʿattib hina tāni* „beim Buch Allahs, ich hatte nicht die Absicht, nochmal über dieses Schwelle zu schreiten!" [ST]. Bei *ḥadd*: *min bukṛa wi ḥyātik ma-ḥaddi ḥayitʿab ʿandaha* „von morgen an, bei deinem Leben, wird keiner mehr bei ihr müde werden!" [ST]. Ebenso in Präpositionalsätzen: *waḷḷāhi iḥna ma-līna zamb* „bei Gott, uns trifft keine Schuld" [SP]. Mit der Negation *ma-...-š*: *waḷḷāhi ma-bašṛabš* „bei Gott, ich trinke nicht!" [ME]. Anstelle von *miš*: *ya sitt, miš ḥayigṛa ḥāga, winnabi ma-ḥayigṛa ḥāga* „es wird nichts passieren, Frau, beim Propheten, nichts wird passieren!" [ST]; *waḷḷāhi ma-mṣaḥbā tāni* „bei Gott, ich werde nie mehr mit ihm befreundet sein!" [ST].

Bei pronominalem Subjekt wird *ma-* satzeinleitend vorangestellt: *ana miš ʿārif* > *waḷḷāhi ma-na ʿārif* „bei Allah, ich weiß nicht!" [ME]; *waḷḷāhi ma-nta nāzil min hina w inta zaʿlān* „bei Allah, du sollst das Haus hier nicht zornig verlassen" [ST]; *waḷḷāhi ma-huwwa minni* „das ist nicht meine Schuld" [ST].

b. Bei Schwursätzen in Form von Bedingungssätzen kann *ma-* sowohl in der Protasis wie in der Apodosis stehen: *winnabi law ma-kunti sitt, ma-kunt aggawwiz* „beim Propheten, wenn ich keine Frau wäre, würde ich nicht heiraten!" [ST]; *talāta billāhi lʿaẓīm ʾin ma-nkatamt, ma-na ʾāʿid maʿāk* „dreimal [will ich geschieden sein] bei Gott, dem Allmächtigen, wenn du nicht den Mund hältst, bleibe ich nicht bei dir!" [ST].

Genauso wird *ma-* gebraucht in Sätzen, die dem Verb *ḥilif, yiḥlif* „schwören" untergeordnet sind, ohne daß diese eigentliche Schwursätze sind: *wi ḥilfit ma-hiyya ʾaʿda* „und sie schwor, daß sie nicht dableiben werde" [ST]; *ana ḥālif ma-yiṭlaʿ min īdi* „ich habe geschworen, daß er mir nicht aus der Hand kommt" [ST]; *innama nta ḥlifti ʾuddāmu inni ma kān maʿāk filūs* „aber du schworst vor ihm, daß du kein Geld dabei hattest" [ST]. Und selbst bei *ḥallif* „schwören lassen" wird *ma-* gebraucht: *ḥalliftu bi ṭṭalāʾ ma-yišṛabha hina* „ich habe ihn bei seiner Scheidung schwören lassen, daß er es nicht hier trinkt" [ST].

c. *ʿumr-* in Verbindung mit einer Negation drückt „niemals" aus, wörtlich „nie im Leben". Die Negation kann wie oben beschrieben an *ʿumr-* treten, *was ma-ʿumrūš* etc. egibt, sie kann aber auch beim Prädikat stehen. In diesem Falle steht meist *ma-*, wie in *yitfaṛṛag ʿala ḥagāt ʿumr ilʿēn ma šafitha* „er schaut sich Dinge an, die kein Auge jemals gesehen hat" [SP]; *ʿumrik ma šufti zayyaha* „nie hast du dergleichen gesehen!" [ST]; *ʿumru ma-ḥayixlaṣ ʾabadan* „er wird niemals zu einem Ende kommen" [ST]. Auch mit nicht-emphatischer Negation: *inta ʿumrak ma-šribtiš šambanya f-ḥayātak?* „hast du nie in deinem Leben Champagner getrunken?" [ST].

A n m e r k u n g : Das Suffix an *ʿumr-* kongruiert meist mit dem Subjekt des Verbs, doch ist dies nicht obligatorisch. Das Suffix kann auch als Topic fungieren und sich auf einen anderen Satzteil beziehen: *ana ʿumri ma ḥaddi nadahli b-ġēr ismi* „niemals hat mich jemand bei etwas anderem gerufen als bei meinem Namen".

ʿumr- regiert in diesen Fällen ein Suffix oder ein Substantiv. In anderen Fällen, wie in *ʿumri ma ḥaddi yikrah ilfilūs* „niemals verabscheut jemand das Geld" [ST], liegt bereits ein Adverb *ʿumri ma* „niemals" vor (Grammatikalisierung), denn *ma-ḥadd* kann wie *ma-ḥaddiš* nicht die Stelle eines Genitivs einnehmen. Ferner: *ʿumri ma tīgi stimāṛa mistawfiyya* „niemals kommt ein vollständiges Formular" [ST]. *ma* verhält sich wie das Infinitiv-*ma* der Konjunktionen *baʿdi ma, ʾabli ma* etc. und wie bei diesen kann das unabhängige Personalpronomen folgen: *bassi b-šaṛafi w ʿumr ana ma ʿamalti ḥāga* „doch, bei meiner Ehre, niemals habe ich etwas getan" [ST].

d. *ma-* ist auch häufig bei folgendem *illa* „außer" zu finden: *ma-ʿalēna illa nġayyaṛ hudumna fi ḍḍalma* „wir müssen nur unsere Kleider im Dunkeln wechseln". S. ferner bei *illa* 6.8.1.

6.4 Nachdruck und Kontrastierung mittels *miš*

6.4.1 *miš* zum Nachdruck

Zum besonderen Nachdruck kann *miš* vor eine Konstituente treten, wobei der Scopus auf diese beschränkt ist: *iggōz wi ggōza miš tamalli yḥibbu baʿḍ* „es ist nicht immer so, daß Mann und Frau sich lieben!" [ST]; *gozha rigiʿ miš fi maʿādu* „ihr Mann kam nicht zur gewohnten Zeit zurück" [ST]; *miš da lmaṭlūb* „nicht das ist das Gewünschte!" [ME]; *miš ana ssabab fi lli gaṛālik* „nicht ich bin der Grund für das, was dir passiert ist!" [ST]. Die betreffende Konstituente steht vor dem Prädikat oder wird, falls nötig, vorangestellt: *miš li kida txala't* „nicht dazu bist du geschaffen!" [ST]. Es erfolgt keine Weiterführung der Negation mit *wala*: *aḥibb kull ilḥayawanāt muš il'uṭat wi kkilāb bass* „ich liebe alle Tiere, nicht nur die Katzen und die Hunde" [SP].

Insbesondere wird diese Möglichkeit gebraucht, wenn ein negierter und ein positiver Sachverhalt antithetisch gegenübergestellt werden: *da miš biyḥibbak, da biyḥibbi nafsu* „der liebt nicht dich, sondern der liebt sich selbst" [ST]; *ṛabbina subḥānu wa taʿāla muš xala'ni da šalfaṭni* „Gott, Preis sei ihm, hat mich nicht erschaffen, der hat mich entstellt!" [ST]. Daher auch üblicherweise vor Spaltsätzen: *miš ana lli kunti batāgir fīha* „nicht ich habe damit gehandelt!" [ST]; *miš da lli ana ʿawzu!* „nicht das ist es, was ich will!" [ST]. Positiv entspricht hier der Spaltsatz mit einleitendem *huwwa*: *huwwa da bi ẓẓabṭ illi ana ʿayzu* „das ist genau das, was ich will!" [ST].

6.4.2 Rhetorische Fragen

6.4.2.1 *miš* als Ersatz für andere Negationspartikel
In rhetorischen Fragen ersetzt *miš* die anderen Negationspartikeln: *hiyya miš iggawwizit wi šibʿit* „hat sie denn nicht geheiratet und es reicht ihr jetzt?" [ST]; *miš nisra' aḥsan?* „sollten wir nicht besser stehlen?" [SP]; *ḥaḍritak muš lak ʿiyāda hina fi lmarkaz* „haben Sie etwa nicht eine Praxis hier im Center?" [ST]; *miš ba'ullak* „sag ich es dir nicht schon dauernd?" [ME]. Dabei kann sich *miš* im Satz weiter nach vorn bewegen, so daß es nicht mehr vor dem Prädikat steht: *inti miš maṛṛa gēti ššuġli w šuftīni 'ana?* „bist du nicht mal zur Arbeit gekommen und hast mich gesehen?" [ST]; *huwwa muš ḥa''ina sābit fi l'awrā'* „steht denn unser Recht in den Papieren fest?" [ST]. Auch vor dem Subjekt und satzeinleitend: *miš ikkinīsa biʿīda ʿalēk šuwayya* „ist die Kirche nicht ein bißchen weit weg für dich?" [SG]; *inti miš xaltik mātit il'usbūʿ illi fāt?* „ist deine Tante nicht vorige Woche gestorben?" [ST]. Auch hier erfolgt keine Weiterführung der Negation mit *wala*: *hiyya miš insān wi līha mašāʿir* „ist sie etwa kein Mensch und hat sie keine Gefühle?" [MF].

6.4.2.2 *miš* mit y- und ḥa-Imperfekt
Durch *miš* negierte rhetorische Fragesätze mit y- oder ḥa-Imperfekt sind direktiv und drücken energische Aufforderung aus: *miš tixalli bālak w inta sāyi'* „paß doch auf, wenn du fährst!" [MF]; *miš nixalli lmawḍūʿ da baʿdēn aḥsan?* „sollten wir das Thema nicht besser aufschieben?" [ST]; *miš ḥatxalli bālak w inta sāyi'?!* „willst du wohl aufpassen, wenn du fährst!" [MF].

A n m e r k u n g : Die Aufforderung *yaḷḷa* „auf!" wird in diesem Fall wie ein Imperfekt behandelt und erhält ein *ti-* präfigiert: *miš tiyaḷḷa ba'a tikammil iddars* „mach dich doch auf und mach die Lektion fertig!" [ME]. Vgl auch *ma-tyaḷḷa* „auf geht's!".

6.5 *wala* „auch nicht, nicht einmal"

6.5.1 *wala* anstelle von *miš* oder *ma-...-š*

Der Fokus des adversativen *wala* „auch nicht, nicht einmal" beschränkt sich auf den Satzteil, der ihm folgt. *wala* kann satzeinleitend vor dem Subjekt stehen: *ya salām ʿala lḥubbi yiʿmil kida, wala ggawāz yiʿmil kida* „wie wundersam ist doch die Liebe, die das fertigbringt, nicht einmal das Heiraten bewirkt das!"[ST]; *w inta wala nta hina!* „und du tust, als ob du nicht hier wärst!" [MF]. Mit indeterminiertem Nomen zur kategorialen Verneinung: *wala taksi wiʾif* „kein einziges Taxi blieb stehen!" [ST]; *wala ḥitta f-gismi miš wagʿāni* „nicht ein Stück an meinem Körper tut mir nicht weh" [SG]. Im Sinne eines Verbots: *wala nafas!* „keinen Atemzug!" [ME]; *wala kilma* „kein Wort!" [ME].

Auch andere Satzteile können mit *wala* versehen und als Thema vorangestellt werden: *wala nōba šufti maʿā kīsit filūs* „kein einziges Mal sah ich bei ihm einen Geldbeutel" [SP]; *wala ʾādir aʾūl ilḥaʾūni* „ich kann nicht mal um Hilfe rufen!" [ST]. Im Präpositionalsatz: *w ana wala ʿandi fikra!* „und ich habe nicht mal eine Ahnung davon!" [ST].

Für satzeinleitendes *ma-ḥaddiš* „niemand" kann *wala wāḥid* „nicht ein einziger" eintreten, wobei sich der Affektgehalt, nicht aber die Bedeutung des Satzes ändert: *ma-ḥaddiš fīku xad bālu* „keiner von euch hat aufgepaßt" [ST], aber *izzāy wala wāḥid fīna xad bālu* „wieso hat denn nur kein einziger von uns aufgepaßt!" [ST]. *wala wāḥid* „kein einziger" kann auch die Objektstelle im Satz einnehmen, wie in *ḥanlāʾi wala wāḥid māši salīm* „wir werden nicht einen finden, der sich korrekt verhält" [SP].

6.5.2 Satzeinleitendes *wala*

Negative Antworten und Feststellungen im Dialog als Reaktion auf vorangehende Fragen oder Aussagen werden oft mit *wala* „ auch nicht, nicht einmal" eingeleitet: *inta xadti minnu ḥāga – wala šuftu* „hast du ihm was weggenommen? – Ich habe ihn nicht einmal gesehen!" [ST]; *w inti ya Naʿsa biywaʿdik ʿala ʾē – wala ʿala ḥāga* „und du Naʿsa, wofür macht er dir Versprechungen? – Für gar nichts!" [ST]; *bass ana basʾal – wala tisʾal* „ich frage ja nur! – Nicht mal fragen sollst du!" [ST]; *dōl ma-ʿanduhumši tāni – wala ʾana* „die haben keinen anderen. – Ich auch nicht!" [ST]; *yaʿni ma-nsitīš ḥāga fi ggihāz? – wala ʾibra!* „du hast also nichts von der Aussteuer vergessen? – Nicht mal eine Nadel!" [ST]. Oft in gängigen Phrasen wie *wala yhimmak!* „mach dir nichts draus!" [ME]; *wi baʿdēn ... – wala ʾablēn* „und wird's bald ...! – Wird schon werden!" [ME].

Dies ist nicht nur bei eingliedrigen Sätzen oder Satzteilen der Fall, sondern geschieht auch bei Vollsätzen: *lākin inti nimti ya Laṭīfa – wala šuft innōm bi ʿēni* „aber du hast doch geschlafen, Laṭīfa? – Kein Auge habe ich zugemacht!" [ST];

biyisra'na – wala ʿāmil iʿtibāṛ liḥadd „er bestiehlt uns. – Er nimmt auch auf gar niemanden Rücksicht!" [ST]; *ana miš fāhim – wala iḥna fahmīn* „ich verstehe nicht! – Wir verstehen auch nicht!" [ST].

6.5.3 Hervorhebung durch *wala*

Satzteile, die dem negierten Prädikat folgen, können durch *wala* besonders hervorgehoben werden, das die Negation nicht aufhebt. Es tritt vor Begriffe, die als zählbar gesehen werden: *ma-fīš wala ʿaṛabiyya fātit* „kein einziges Auto ist vorbeigekommen" [ST]; *miš sāmiʿ wala kilma* „ich höre kein einziges Wort" [ST]; *da ma-dafaʿši wala lʿarbūn!* „der hat nicht mal den Vorschuß gezahlt!" [ST]; *ma-fihumši wala wāḥid ẓarīf* „unter ihnen ist kein einziger netter"; *iṛṛāgil da ma-'azakši wala maṛṛa?* „hat dir dieser Mann nicht ein einziges Mal weh getan?" [ST]. Auch in untergeordneten Satzteilen: *miš ḥayu'af fi wala maḥaṭṭa* „er hält bei keiner einzigen Haltestelle" [ST] und untergeordneten Sätzen: *ma-fīš ḥaddi minna 'ādir yitkallim wala kilma* „keiner von uns war in der Lage auch nur ein Wort zu sagen" [SP]. Ebenso nach Ausdrücken, die semantisch eine Verneinung involvieren: *iwʿi tinsi wala kilma min illi ḥaffaẓhālik* „vergiß bloß nicht ein Wort von denen, die er dir beigebracht hat!" [ST]; *min ġēr wala kilma* „ohne ein einziges Wort".

Anmerkung 1: Bei Nomina wie *ḥāga*, die man sowohl als zählbar oder als nicht zählbar auffassen kann, ist *wala* mit *'ayy* vertauschbar: *ma-gablīš wala ḥāga = ma-gablīš 'ayyi ḥāga* „er brachte mir gar nichts" [SG].
Anmerkung 2: Sätze der Struktur P + *wala* + S können transformiert werden in solche mit satzeinleitendem *wala*: *ma-fḍilši fiha wala nu'ṭa* „kein einziger Tropfen blieb darin" > *wala nu'ṭa fiḍlit fiha* „nicht ein einziger Tropfen blieb darin" [MI]. Dabei tritt keine Negation mehr ans Prädikat, s. oben 6.5.1.

6.5.4 *wala* „besser als, mehr als; wie nicht einmal"

In Ausrufen wie *'afl iddukkān wala bēʿ ilxusāṛa* „den Laden schließen und nicht mit Verlust verkaufen!" oder *'uṭṭa milk wala gamal širk* „eine Katze als Eigentum und nicht ein Kamel als Teilbesitz!" entwickelt sich *wala* durch Reinterpretation von „und nicht" zu „besser als, mehr als; wie nicht einmal", so daß obiges Beispiel auch als „den Laden schließen ist besser als mit Verlust verkaufen" übersetzt werden kann. Daß dieser semantische Übergang vollzogen ist, zeigt sich daran, daß *wala* auch außerhalb dieser Kontexte in diesem Sinne gebraucht wird: *da kān ṛāgil wala kull irriggāla* „das war ein Mann besser als alle anderen" [SP]; *da lāzim ʿandu wala māl 'arūn* „der muß mehr Geld als (König) Qarūn haben" [LP]; *da wala šurb izzirnīx walla 'akli simm ilfirān* „das ist schlimmer als Arsen trinken oder Rattengift essen" [SP]; *da-nti dilwa'ti wala banāt maṣr* „du bist jetzt so wie nicht einmal die Mädchen von Kairo" [ST]; *ya salām! da wala f-'amrīka!* „du lieber Himmel! Das ist ja wie nichtmal in Amerika!" [ST]. Zusammen mit Zahlen bedeutet *wala* ebenso „mehr als": *ruḥti dort ilmayya wala ʿašaṛ maṛṛāt* „ich ging mehr als zehnmal aufs Klo" [SP]; *ana ʿandi wala mīt ṛāgil wi sitti mustaʿiddīn yiḥlifu* „ich habe mehr als hundert Männer und Frauen, die bereit sind zu schwören“ [ST].

6.6 Weiterführung und Koordination bei Negation

Unter Weiterführung ist zu verstehen, daß auf ein negiertes Prädikat zwei oder mehr parallele Satzglieder folgen, die mittels *wala* verbunden sind. Bei Koordination werden selbständige Sätze, die eine Negation enthalten, miteinander verknüpft, was durch *wala* oder *wala ...-š* geschehen kann. In beiden Fällen kann die erste Negationspartikel durch *la*, gelegentlich auch *wala* ersetzt werden und ist mit „weder ... noch ...“ zu übersetzen.

6.6.1 Weiterführung

6.6.1.1 Einfache Weiterführung

Alle Satzglieder können mit *wala* weitergeführt werden, woraus sich das Übersetzungsäquivalent „weder ... noch ...“ ergibt: *ma-ʿanduhumši zōʾ wala tarbiyya* „sie haben weder Geschmack noch Erziehung“ [SP]; *ilḥamdu li llāh illi ma ddētik ittorta wala lgatō* „Gottseidank habe ich dir weder die Torte noch den Kuchen gegeben“ [ST]; *ma-banamš illēl wala nnahāṛ* „ich schlafe weder bei Nacht noch bei Tag“ [ST].

Ist das weiterzuführende Satzglied einer Präposition, einem Substantiv oder einem Verb untergeordnet, so brauchen letztere nicht wiederholt zu werden: *ma-saʾališ fi lʾakli wala ššurb* „sie fragte weder nach Essen noch Trinken“; *ilwād ma-gabši sīrit abū wala ummu* „der Junge sagte nichts über seinen Vater noch über seine Mutter“ [SP]; *wi ma-kanši yiʿṛaf yiʾṛa wala yiktib* „und er konnt weder lesen noch schreiben.

6.6.1.2 Hervorhebung der Parallelität mit *la* und *wala*

Zur Hervorhebung der Parallelität kann vor das Satzglied, dem ein paralleles *wala* folgt, noch *la* gesetzt werden: *ma-ʿandukūš la šāy wala sukkaṛ wala zēt* „ihr habt weder Tee noch Zucker noch Öl“ [ST]; *ana miš ʿāwiz la nišān wala ḥāga* „ich will weder einen Orden noch sonst etwas“ [ST]. Auch *wala* kann die Stelle vor dem ersten parallelen Satzglied einnehmen: *ma-maʿahši wala taman wiski wala šambanya wala kunyāk* „er hat weder das Geld für einen Whisky noch für einen Champagner, noch für einen Cognac dabei“ [SP].

Schließlich kann zusätzlich noch *la* für alle prädikativen Negationspartikeln eintreten: *hiyya la kān ʿandaha binti wala yaḥzanūn* „sie hatte weder eine Tochter noch sonst was“ [SP]; *la raḍya tākul wala tišṛab* „sie will weder essen noch trinken“ [SP]; *intu la ʿayzīn la firʾa ʾadīma wala gdīda* „ihr wollt weder eine neue noch eine alte Truppe“ [ST]. *la* kann dann auch satzeinleitend vor dem Subjekt stehen: *la sittak tiʾdaṛ tiʿmil ḥāga wala ʾayyi maxlūʾ* „weder deine Herrin kann etwas tun, noch sonst irgendein Geschöpf" [ST]; *li'anni la l'izāʿa zaʿitha wala ttilivizyōn kamān* „weil es weder vom Radio noch vom Fernsehen gebracht worden ist" [ST].

Anmerkung: Weiterführung der Negation tritt genauso bei einer Reihe von Ausdrücken der Bedeutung ‚ohne' ein, die semantisch eine Verneinung involvieren: *min ġēr šuġla wala mašġala* „ohne irgendeine Beschäftigung" [ST]; *bidūn munasba wala rtibāṭ* „ohne Anlaß und Zusammenhang" [SP]; *min ġēr la 'akli wala šurb* „ohne Essen und Trinken" [MF]. Sie kann freilich auch unterbleiben: *min ġēr budra w aḥmar* „ohne Puder und Rouge" [ST].

6.6.1.3 *la ... wala ...* beim Subjekt

Stehen zwei Subjekte voran, so können diese mit *la ... wala ...* negiert werden, ohne daß eine prädikative Negationspartikel folgt. Dabei kann das Prädikat kongruieren oder auch nicht: *lākin la lmuẓaharāt wala lwafdi hayinfaʿūni* „aber weder die Demonstrationen noch die Abordnung wird mir nützen" [SP], aber *la walad wala rāgil yigri ʿalayya* „weder ein Sohn noch ein Mann kümmern sich um mich" [SP]. Auch im Nominalsatz: *la tīn wala ʿinab zayyak* „weder Feigen noch Trauben sind [so süß] wie du" [ME].

6.6.1.4 Unterbleiben der Weiterführung

Weiterführung unterbleibt bei Kontrastnegation und bei rhetorischen Fragen, s. 6.4.1 und 6.4.2.1; ferner dann, wenn die Aussage nicht für jedes einzelne der aufgezählten Satzglieder gilt, sondern nur für deren Gesamtheit: *il'ōḍa dayya'a wala tsaʿši srīr wi kursi w ṭarabēẓa w kanaba w sandū' ilhidūm wi wāḥid biyṣalli kamān* „weil das Zimmer eng ist und nicht groß genug für ein Bett, einen Stuhl, ein Sofa, den Kleiderkasten und noch dazu für einen, der betet" [SP].

6.6.2 Koordination

6.6.2.1 Verbindung eines positiven mit einem negierten Satz

Ein negierter Satz kann an einen vorangehenden gleichgeordneten positiven mit *wi* „und" angeschlossen werden: *fardit kawitši ḍarabit wi ma-lḥi'tiš aḥaddan yimīn* „ein Reifen platzte und ich konnte nicht nach rechts ausweichen" [SB]; *duxt issabaʿ doxāt wi miš 'ādir awṣal liḥall* „ich habe mich dumm und dämlich gesucht und kann keine Lösung finden" [ST].

wi + ma-...-š oder *wi miš* können durch *wala-...-š* ersetzt werden, was einen nachdrücklicheren adversativen Sinn ergibt: *d-ana garrabti kulli ḥāga wala-fīš fayda* „ich habe alles versucht und doch hat es nichts genützt" [ST]; *yistaḥmilu wala yizʿalši minnu* „er soll ihn ertragen, aber sich nicht über ihn ärgern" [ST]. Unter harab. Einfluß auch durch *wala*: *ana rāgiʿ iggabha wala yumkin astanna ḥayy* „ich gehe zurück an die Front und werde unmöglich am Leben bleiben" [ST].

6.6.2.2 Verbindung zweier negierter Sätze

Zwei negierte Sätze können einfach mit *wi* „und" verbunden sein: *ana ma-ʿamaltiš ḥāga wi ma-barmīš balāwi ʿala ḥadd* „ich habe nichts getan und füge niemand ein Unglück zu" [ST]. Für *wi ma-...-š* kann auch *wala-...-š* gebraucht werden: *ana ma-fīš ʿandi ʾuwwa li ṭṭalʾa baʾa wala-fiyyāš nafas yitfi ftīla* „ich habe nicht die Kraft für die Wehen und nicht den Atem, um eine Kerze auszublasen" [SP] bzw. *wala* für *wi miš,* wie in *ilmasʾala di miš ʿagbāni wala daxla f-mazāgi* „die Sache gefällt mir nicht und ist nicht nach meinem Geschmack" [ST]. *la* kann dabei die Negation des ersten Satzes ersetzen: *la ʿandi ʾuwwa aʿmil fāʿil wala līš wišš ašḥat* „ich habe nicht die Kraft als Bauarbeiter zu arbeiten, noch die Stirn zu betteln" [SG].

In den meisten Fällen unterbleibt ...*-š* nach *wala*: *yaʿni liʾinn šuṛbit ilʾarānib bitibʾa ma-hiyyāš tiʾīla wala hiyya xafīfa ʾawi* „denn die Kaninchenbrühe ist nicht schwer, aber auch nicht sehr leicht" [MA]. Auch hier erfolgt die Negation des ersten Satzes oft durch *la* und das so entstandene *la* ... *wala* ... „weder ... noch ..." kann als parataktische Konjunktion gesehen werden: *la kallimtu wala kallimni* „weder habe ich mit ihm, noch er mit mir gesprochen" [ST]; *ʿašān la tšūf irriggāla wala rriggāla tšufha* „damit weder sie Männer sieht, noch die Männer sie sehen" [SP]. *la* steht dann auch vor dem Subjekt, das sowohl determiniert wie indeterminiert sein kann: *innama nnatīga la di xallifit wala di xallifit* „aber das Ergebnis: weder die eine noch die andere brachte ein Kind zur Welt" [ST]; *la lkibīr kibīr wala ṣṣuġayyaṛ ṣuġayyaṛ* „weder ist der Große groß, noch der Kleine klein" [ST]. Für *la* kann dann auch noch *wala* eintreten: *wala lli byištaġal baʾa yištaġal wala lli biynām baʾa ynām* „weder arbeitete der weiter, der arbeitete, noch schlief der weiter, der schlief" [SP].

Anmerkung: Koordination mit *wala* tritt auch bei einer Reihe von Ausdrücken ein, die eine Verneinung involvieren: *nizil min ġēr ma yifṭar wala yišṛab šāy* „er ging aus dem Haus ohne gefrühstückt noch Tee getrunken zu haben" [SP]; *ʾiwʿa tikallim ḥaddi wala tismaʿ kalām ḥadd* „sprich bloß nicht jemand an, noch höre auf jemand!" [SP].

6.7 Zum Gebrauch von *laʾ*

6.7.1 Als emphatische Zurückweisung

In Ausrufen können einzelne Sachverhalte durch die nachstehende Negationspartikel *laʾ*, s. 6.7.2, sehr ausdrücklich verneint werden. Dabei verläuft die Intonation zunächst steigend wie bei Fragen, um dann bei *laʾ* stark abzufallen: *dusehāt ʿala lmaktab laʾ* „Akten auf dem Schreibtisch? Nein!" [SG]; *timši fi ššāriʿ illi hnak, awwil taqāṭuʿ laʾ* „du fährst auf der Straße dort, die erste Kreuzung nicht!" [SG]. Oft gefolgt von einem korrigierenden Nachtrag: *mugrim laʾ*

innama insān „Verbrecher, nein! Aber ein Mensch!" [ST]; *ṃayya la', fī bīra* „Wasser, nein! Es gibt Bier!" [ST]. S. zu *la'* auch 2.8 10.

6.7.2 Als anaphorische Proform

la' ~ *la''a* kann einen ganzen Satz vertreten, der dann negiert zu verstehen ist. So in einem adversativen Nachtrag: *inta lak mustaqbal lākin humma la'* „du hast eine Zukunft, aber sie nicht" [ST]; *ilbitt ikkibīra mitġāẓa nn uxtaha btilbis wi btākul wi hiyya la'* „das ältere Mädchen war wütend, weil ihre Schwester Kleider und Essen hatte und sie nicht" [SP]. Bei Alternativfragen: *tāxud ilxamsa walla la'* „nimmst du die fünf oder nicht?" [SP], und untergeordnet: *ʿašān yišūf iza kān iggumguma fīha ḥāga walla la''a* „um zu sehen, ob in dem Schädel etwas ist oder nicht" [MA]. Nach dem Frageadverb *lē* „warum?" in *lē la'* „warum nicht?" [ME]; *miš ʿārif lē la'* „ich weiß nicht, warum nicht" [ME].

In adversativen Nachsätzen weist *la'* auf den vorgehenden Satz und negiert diesen gleichzeitig. Dazu gehört auch *ʿala 'addi ma aʿṛaf la'* „so weit ich weiß, nein!" [ME]; *gāyiz wi gāyiz la'* „vielleicht und vielleicht auch nicht" [ST]; *aftikir la'* „ich denke ‚nein'" [ME] und *aftikir aywa* „ich denke ‚ja'" [ST], daneben auch *ma-ftikirš* bzw. *aftikir*.

6.8 Der Gebrauch von *illa* und *ġēr* als Ausnahmepartikeln

6.8.1 *illa*

Die Ausnahmepartikel *illa* „außer" steht in positiven wie negativen Sätzen und besagt, daß der auf *illa* folgende Begriff aus einem vorhergenannten Sachverhalt ausgeschlossen wird. Zu satzeinleitendem *illa* s. 2.8 2.

6.8.1.1 In negierten Sätzen
illa „nicht ..., außer ...; nur" steht immer nach dem Satzteil, der die Negation trägt, und vor dem Auszuschließenden: *ma-yxuššiš ilbarlamān illa lfallāḥ* „nur der Fellache soll ins Parlament kommen" [ST]; *ma-fīš wala 'utubīs wi'if 'illa btaʿkum* „kein einziger Bus hat gehalten außer dem euren" [ST]; *miš ḥakkallim 'illa 'uddām ilmaḥkama* „ich werde nur vor dem Gericht sprechen" [ST]; *miš mumkin illa ywaṣṣalha* „er konnte nichts anderes tun, als sie hinzubringen" [SP]; *ana ʿumri ma šuft ilmaktab illa w huwwa mbahdil kida* „ich habe den Schreibtisch nie gesehen, es sei denn, in diesem verwahrlosten Zustand" [ST]; *ma-'daṛš āxud qarāṛ 'illa lamma ašāwir abūya* „ich kann keinen Beschluß fassen, bevor ich nicht meine Vater um Rat frage" [ST]. Zu *'illa ma* „es sei denn, daß ..." s. 9.12. Dabei kann sich die Negation auch auf einen untergeordneten Satz erstrecken: *miš masmūḥ luhum innuhum yikkallimu illa bi lluġa rrusiyya* „sie durften nur Russisch sprechen" [SP].

Anmerkung: In Sprichwörtern und Phrasen wird auch *ma-* als Negationspartikel verwendet: *ma-ygibha lla riggalha* „das schaffen nur die richtigen Männer" [ST]. Vor einem indeterminierten Substantiv existentiell verneinend: *ma tiʿbān illa-nta* „es gibt keine Schlange außer dir" [ST].

Folgt das Subjekt nach *illa*, so braucht ein vorangehendes Prädikat nicht zu kongruieren: *iḥna ma-yxawwifnāš illa ṛasha* „nur ihr Kopf macht uns Angst" [ST]. *illa* nimmt keine Suffixe an, statt dessen tritt das unabhängige Personalpronomen ein: *ma-laʾetšī ʾilla ʾana?* „hast du nur mich gefunden?" [ST]; *yaʿni ma-šuftūš ʾilla ʾana* „habt ihr also nur mich gesehen?" [MA].

Vor *illa* kann der Oberbegriff des Ausgeschlossenen stehen: *ma-mʿīš filūs illa dōl* „ich habe kein Geld außer diesem dabei" [SG]; *yitkallimu f-kullī ḥāga lla lli ḥaṣal* „sie sprechen über alles, außer über das, was geschehen ist" [SP]. So häufig bei *ma-ḥaddiš* „niemand": *ma-ḥaddiš yiʿṛaf sirru lla ana w inta* „niemand kennt sein Geheimnis außer mir und dir" [SP].

6.8.1.2 In positiven Sätzen

illa „außer" schließt auch Begriffe aus einem positiven Sachverhalt aus, wenn deren Oberbegriff im vorhergehenden Satz genannt ist. Insbesondere ist dies nach *kull* „alle" der Fall: *ṛāḥu kulluhum fi nnōm ʾilla ššāṭir Muḥammad* „alle schliefen ein außer dem klugen Muḥammad" [SP]; *kullī šēʾ kān mutawaqqaʿ ʾilla lli ḥaṣal* „alles war zu erwarten, außer dem, was passierte" [MF]; *kullu ʾilla ggawāz* „alles außer dem Heiraten!" [ST]; *biyiftikir kull innās maganīn illa huwwa* „er denkt, daß alle Leute verrückt sind, nur er nicht" [ST].

Bei Zahlangaben wird mittels *illa* ein Teil vom Ganzen abgezogen: *issāʿa tisʿa lla rubʿ* „es ist Viertel vor neun" [ME]; *xamsa lla tilt* „zwanzig vor fünf" [ME]; *ginē lla rubʿ* „ein dreiviertel Pfund" [ME]. Auch: *ʾaṭaʿum rās arbaʿīn rāgil illa wāḥid* „sie schlugen die Köpfe von vierzig Mann außer einem ab" [SP].

6.8.2 *ġēr*

In gehobener Sprache kann *ġēr* zur Negation von Nomina dienen: *xōfak da f-ġēr maḥallu* „diese deine Furcht ist nicht am Platze" [ST]; *irrudūd iṣṣarīḥa lġēr mutawaqqaʿa* „die unerwarteten ehrlichen Antworten" [SP]. *miš* kann hier die Stelle von *ġēr* einnehmen, s. 6.2.2.3 a. Zu *ġēr* s. ferner 4.3.4.2.5 und 7.5.2.

Ebenso wie *illa* führt *ġēr* „ander-" auch nach einer Negation das Ausgenommene ein, und der Satz gewinnt die Bedeutung „nichts anderes als" = „nur": *w ana miš ḥamšī ġēr bi ttawkīl mamḍi* „und ich gehe nur mit unterschriebener Vollmacht weg" [ST]; auch vor uS: *ma-lhumšī šuġlāna ġēr innuhum byigību f-sirt innās* „sie haben nichts anderes zu tun, als über die Leute zu tratschen" [SP]; *ma-ʿṛafš aštaġal ġēr lamma ykūn wāliʿ* „ich kann nur arbeiten, wenn er an ist" [ST]. Mit *ma-* anstelle von *ma-...-š*: *w ana ma ʿalayya ġēr aʾūl mamnūʿ* „und ich habe nichts anderes zu sagen als ‚verboten'" [ST].

Anders als die Partikel *illa* kann *ġēr* als Träger einer NP dienen, wie in *ma-maʿanāš ġēr šikāt* „wir haben nur Schecks dabei“ [ST] und auch Possessivsuffixe tragen: *ma-līš ġerha* „ich habe keine andere“ [ST]; *ma-lhāš ḥaddi fi ddunya di ġēri* „sie hat niemand auf dieser Welt außer mich“ [MF]. Die NP mit *ġēr* kann als Topic vorangestellt werden: *wi ġēr kida ma-fīš* „etwas anderes gibt es nicht“ [ME]. Zu *ġēr* „ander-“ s. 4.3.4.2.5.

6.9 Modifikation negierter Sätze durch Partikel

6.9.1 *lissa*

lissa „noch“ steht in negierten Sätzen an einer beliebigen Stelle im Satz: *ṭayyib bass ana lissa ma-šuftiš ilʿarūsa* „gut, aber ich habe die Braut noch nicht gesehen“ [SP]; *liss-ana ma-ʾultiš ʿala taman iṣṣalaṭa* „noch habe ich nichts über den Preis des Salats gesagt“ [SG]; *lākin ma-tiftaḥuhāš lissa* „öffnet sie aber noch nicht!“; *wi nnaggāṛ ma-kanši lissa xallaṣ issirīr* „und der Zimmermann hatte das Bett noch immer nicht fertiggestellt“ [SP]. S. zu *lissa* ferner 5.7.1.6.

Alleinstehend als Antwort auf eine Frage oder eine Feststellung gewinnt *lissa* negative Bedeutung im Sinne von „noch nicht“: *huwwa lissa ma-gāš? – lissa, zamānu gayy* „ist er noch nicht gekommen?“ – Noch nicht, er wird gleich kommen“ [ST]; *fattištu lbēt? – laʾ, lissa* „habt ihr das Haus untersucht? – Nein, noch nicht“ [ST]. Ebenso als Imperativ in Appellfunktion: *lissa ya Girgis* „noch nicht, Girgis!“ [SP]. Auch nach *walla* in Alternativfragen ganz wie *laʾ*: *ʾaṛetūha walla lissa?* „habt ihr es gelesen oder noch nicht?“ [ST].

6.9.2 *ʾabadan* „überhaupt nicht“

ʾabadan verstärkt die Negation und steht meist am Ende des Satzes: *di masʾala miš sahla ʾabadan* „das ist gar keine leichte Angelegenheit!“ [ST]; *miš mumkin ʾabadan* „völlig unmöglich!“ [ME]. Auch in rhetorischen Fragen: *huwwa-nta maʿāna ʾabadan* „bist du etwa jemals unserer Meinung?!“ [ST].

7.0 Syntax V: Zur Syntax des Personalpronomens

In diesem Kapitel werden einige Besonderheiten des Gebrauchs des Personalpronomens (PNP) beschrieben.

7.1 Epexegese mit dem selbständigen PNP

7.1.1 Nachdruck und Konstrastierung

Zum Nachdruck und häufig zur Konstrastierung wird das selbständige PNP wiederholt: *izzayyak? – w izzayyak inta?* „Wie geht es dir? – Und wie geht es d i r ?" [ME]; *di ḥāga txuṣṣini ʾana – wi ma-txuṣṣinīš ʾana* „das betrifft m i c h ! – Und nicht m i c h !" [ST].

Um Nachdruck zu geben, wird auch Imperativen nicht selten das PNP der 2.Sg.m. oder f. nachgesetzt: *uṭbux inta* „koch d u !" [ME]; *ʾūmu ʾintum nāmu* „legt i h r euch schlafen!" [SP].

Häufig auch vor und nach vor anderen konjugierten Verbalformen: *inti bitxarrafi tʾūli ʾē?* „was erzählst du da für Unsinn?" [ST]; *ma-ḥaddiš ʿārif iḥna ḥanifḍal maʿa baʿḍi hina ʾaddi ʾē* „niemand weiß, wie lange wir hier zusammen bleiben" [ST]; *kunt ana ʿandi ʿašar sinīn* „ich war zehn Jahre alt" [ST]; *ʿēb lamma niʿmil iḥna kida* „eine Schande ist das, wenn wir sowas tun!" [ST].

Zum Pronomen im Relativsatz, s. 4.3.3.3.1.2.

7.1.2 Enumerativer Plural

Ein enumerativer Plural wird durch Expansion der Pronominalphrase gebildet, indem mittels *wi* eine weitere NP angeschlossen wird: *liḥaddi ma wiʾʿit hiyya w ʿašiʾha ʿa lʾarḍi* „bis sie und ihr Liebhaber zu Boden fielen" [SP]; *itrahinna ʾana w Si ʿAbd iṣṢabūr* „wir schlossen eine Wette ab, ich und *Si ʿAbd iṣṢabūr*" [ST]; *illagna mukawwana minni ʾana w inta* „die Kommission besteht aus mir und aus dir" [ME].

Eine auf diese Weise gebildete Pronominalphrase der 2.sg. mit einem Pronomen der 3.sg. umschreibt nicht selten den Plural: *ma-bitruddīš lē inti w hiyya?* „warum antwortest du nicht, du und sie?" [ST]; *yikūn fi maʿlūmak inta w huwwa* „du sollst es wissen, und er auch" [ST]. Häufig wird dies in Aufforderungen getan, die damit einen drohenden Unterton erhalten können: *iṭlaʿ barra inta w hiyya* „raus mit dir, und mit ihr!" [ST]; *maʿāya inta w hiyya ʿala lʾism* „[marsch,] mit mir aufs Revier, du und sie!" [ST]; *itlammi ya bitt inti w huwwa!* „nimm dich zusammen, Mädchen, und er auch!" [ST]; *itfaḍḍali inti w hiyya* „bitte schön, ihr beiden!" [ST]; *istanna inta w huwwa* „wartet ihr beiden!" [ST].

7.2 PNP als Kopula

huwwa, hiyya und *humma* werden als Kopulapronomen gebraucht, wenn das Subjekt als Topic besonders hervorgehoben werden soll, s. 3.3.1. Das PNP kongruiert mit dem Subjekt: *ạ ya wād, bēt abūya huwwa fēn?* „ach Junge, wo ist das Haus meines Vaters?“ [ST]; *ilfilūs hiyya ssabab* „das Geld ist der Grund“ [MF]; *ilᶜaya huwwa hwayitha lumfaḍḍala* „Kranksein ist ihr liebstes Hobby“ [ST]. *kān* als Anzeiger für Vergangenheit tritt vor das Subjekt: *wi kānit ṭarī'it nuṭ'aha wi 'uslubha hiyya ṭarī'it Silimān wi 'uslūbu* „die Art ihrer Sprechweise und ihres Stils waren genau die von Silimān und seines Stils“ [SP].

Besonders üblich ist dies bei Spaltsätzen, s. 8.1.2.3, bei denen ein durch *illi* eingeleiteter Relativsatz das Prädikat bildet: *gozha huwwa lli gih zaṛha* „es war ihr Mann, der sie besuchen kam“ [ST]. Satzspaltung tritt auch beim uS auf: *iftakarit inn Ummi ᶜAli hiyya lli dala'it ilṃayya bi lᶜinya* „sie dachte, daß Umm ᶜAli es gewesen sei, die das Wasser absichtlich ausgeschüttet hätte“ [SP]. Ebenso wenn ein Relativsatz als Subjekt voransteht: *illi tirsi ᶜalēh il'urᶜa huwwa lmalik* „derjenige, auf den das Los fällt, ist der König“ [SP].

7.3 Ausdruck der Identität

Wenn das gleiche Personalpronomen sowohl Subjekts- wie Prädikatsstelle einnimmt, wird Identität ausgedrückt: *huwwa huwwa* „er ist der gleiche“ [ME]; *Maṣri hiyya hiyya* „Kairo ist immer noch das gleiche Kairo“ [ME]. Entsprechend gibt *miš* vor prädikativem *huwwa, hiyya* die Nicht-Identität an: *ilḥibri miš huwwa* „die Tinte ist nicht die gleiche“ [ST]. Vgl. auch *miš huwwa, miš hiyya* „nicht so besonders, nicht das Richtige, nicht das Gewünschte“, wie in *'aṣl ilmazāg illelādi miš huwwa* „die Stimmung ist heute abend nämlich nicht die wahre“ [ME].

7.4 Das unabhängige PNP als Objekt

Nach *'illa* kann das unabhängige Personalpronomen als Objekt auftreten: *mala'etši 'illa 'ana lli tixtāṛu li lmawqif da lēh?* „warum hast du nur mich gefunden, damit du ihn dir für diese Situation aussuchst?“ [ST].

7.5 Pronominalwörter als Statusanzeiger

Pronominalwörter sind *nafs, ġēr, zayy, min* und *baᶜḍ*, die mit den Possessivsuffixen versehen als NP die Stelle eines Subjekts oder Objekts im Satz einnehmen. Sie vergleichen ein Individuum aus einer Menge mit einem anderen aus derselben Menge und stellen Identität, Nicht-Identität und Gleichartigkeit fest.

7.5.1 *nafs*

nafs+suffix drückt Identität mit dem Subjekt aus, s. 4.3.4.2.1: *nafsi* „ich selbst“; *iʿṛafi nafsik* „erkenne dich selbst!“ [SP]; *waddēt nafsak fi dahya* „du hast dich selbst ins Unglück gebracht“ [ST]; *aʿṛaf adāfiʿ ʿan nafsi kwayyis ʾawi* „ich kann mich sehr gut selbst verteidigen“ [ST]; *ʿaḍḍi widni nafsu* „er biß sich in sein eigenes Ohr“ [SP]. Es dient daher zum Ausdruck der Reflexivität, ebenso wie *rūḥ* in niedrigerer Umgangssprache: *ḥatirmi ruḥha fi ššāriʿ min xāmis dōr* „sie wird sich aus dem fünften Stock auf die Straße werfen“ [ST], s. dazu unten 7.8.2.

7.5.2 *ġēr*

ġēr+suffix drückt Nicht-Identität und Ungleichheit aus: *ġēri* „ein anderer als ich“; *rāḥit wi gih ġerha* „sie ging und eine andere kam“ [SP]; *ilbanki kān biyraʾʾi ġērak* „die Bank hat einen anderen als dich befördert“ [ST]; *mīn šāf balwit ġēru yihūn ʿalē balwitu* „wer das Unglück anderer (Leute) sieht, dem fällt sein eigenes leicht“ [SPR]. S. ferner 4.3.4.2.5.

7.5.3 *zayy*

zayy+suffix drückt die Gleichartigkeit aus: *fī zayyu ktīr* „es gibt viele wie er“ [ME]; *nādir ilwāḥid yilāʾi zayyak* „selten findet man einen wie dich“ [ST]; *zayyu zayy illubya* „die ist genau wie die Lubya-Bohne“ [SP]; *zayyi zayyak* „ich bin wie du“ [ME]; *wi yibʾa zayyi zayyi ġēri* „dann bin ich wie alle anderen“ [ST]. S. auch 4.3.4.2.4.

7.5.4 *min*

min+suffix drückt aus, daß es sich um den Teil einer Menge handelt: *minni* „einer von meiner Sorte, einer wie ich, meinesgleichen, ich“; *ana law minnak* „wenn ich du wäre“ [ME]; *ma-fīš minnak ʾabadan* „deinesgleichen gibt es nicht wieder“ [ST]. S. ferner bei *min* 2.6.3 37.

7.5.5 *baʿḍ*

baʿḍ mit Genitiv oder ohne Possessivsuffix bedeutet zunächst, daß der Teil einer Menge betroffen ist: *baʿḍuhum* „einige von ihnen, manche“, s. Quantoren 4.3.4.1.3. Dies wird gebraucht um Reziprozität „einander“ auszudrücken: *kullitha zayyi baʿḍaha* „sie sind ja doch alle einander gleich!“ [ST]; *bitākul fi baʿḍaha zayy issamak* „sie fressen einander auf wie die Fische“ [SP], s. 7.9.1. Das Suffix kann entfallen: *gambi baʿḍ* „nebeneinander“; *bitḥibbu baʿḍ* „ihr liebt einander“ [ST].

7.6 Relationsanzeige mittels *bitāʿ*

bitāʿ, bitāʿit, bitūʿ+suffix drückt die Zugehörigkeit aus: *bitāʿi* „der zu mir gehörige [= der meinige]"; *bitaʿti* „die meinige"; *bitūʿi* „die meinigen"; *ṛāḥ miballaġ iẓẓābiṭ bitāʿu* „da machte er Meldung bei seinem Offizier" [SP]; *iddakatra btūʿ ittaʾmīn iṣṣiḥḥi* „die Ärzte von der Krankenversicherung" [SP]; *zayyi dakakīn iggāz bitāʿit zamān* „wie die Petroleumläden von früher" [SP]. S. ferner 4.3.5.2.

7.7 Attribute zu Personalpronomina

Die Personalpronomina können wie die Substantive durch ein präpositionales Attribut semantisch modifiziert werden.

nafs+ :	*ana b-nafsi*	„ich selbst"	*huwwa b-nafsu*	„er selbst" etc.
waḥd+ :	*ana l-waḥdi*	„ich allein"	*hiyya l-waḥdaha*	„sie allein" etc.

Für *bi nafs* wird auch *bi ʿēn* und *zāt* gebraucht: *hiyya b-ʿenha* „sie selbst" [ST]; *ilwazīr zātu* „der Wezir selbst" [ST]. Auch *zāt nafsu*, wie in *abūya zāt nafsu gih maʿāha fi kkalām* „mein Vater höchstpersönlich pflichtete ihr bei" [SP].

ittāni als adjektivisches Attribut: *huwwa ttāni* „er auch, auch er" [ST]; *hiyya ttanya* „auch sie", *humma ttanyīn* „sie auch [pl.]"; ebenso *ana ṛāxaṛ* m. „ich auch", *ana ṛaxṛa* ~ *ṛuxṛa* f., *iḥna ṛaxrīn* ~ *ṛuxrīn* „wir auch" etc.

7.8 Reflexivität

Reflexivität, d.h. der Bezug einer Handlung auf das Subjekt, wird synthetisch durch die Verbalstämme t-I und t-II (7.8.1), analytisch durch die Pronominalwörter *nafs* und *rūḥ* ~ *rōḥ* (7.8.2) ausgedrückt, oder bleibt unbezeichnet, s. 7.8.3).

7.8.1 t-I und t-II

Der t-I-Stamm, der I-t-Stamm und der t-II-Stamm haben – neben der passiven – oft eine reflexive Bedeutung: *itʾalab* „sich überschlagen", *itlamm* „sich versammeln, sich zusammenreißen", *itsalla* „sich amüsieren", *itwassax* „sich beschmutzen"; *atḥaraʾ ana b-gāz* „soll ich mich mit Petroleum verbrennen?!" [ST]; *ma- tithaddi ya wuliyya* „beruhige dich, Frau!" [ST]; *itramēt ʿala sidraha* „ich warf mich ihr an die Brust" [SP]; *kulli šwayya yiltifit waṛā* „alle paar Augenblicke dreht er sich um" [ST]. Zur Bildung der Passiv-Reflexivstämme, s. 2.3.3.2.3.

7.8.2 *nafs* und *rūḥ*

Das Pronominalwort *nafs* „selbst" im Standardkairenischen, im Substandard *rūḥ* ~ *rōḥ,* bezeichnet den reflexiven Bezug. *nafs* und *rūḥ* treten in identischen Kontexten auf wie in *kuntį ḥamawwit rūḥi* „ich hätte mich beinah selbst umgebracht" [MF] und *ana antaḥir amawwit nafsi aḥsan* „ich sollte besser Selbstmord begehen, mich umbringen" [ST]. Beide kommen aber auch im gleichen Satz vor: *illi dalaʾ ʿala nafsu ggāz wi wallaʿ fi rūḥu* „der sich mit Kersosin überschüttete und sich anzündete" [ST].

Als Attribut zu einem PNP wird es durch *bi* eingeführt: *ana b-nafsi* „ich selbst"; *humma b-nafsuhum* „sie selbst"; daneben auch *ʿēn* wie in *hiyya b-ʿenha* „sie selbst" [ST]. Als Objekt: *iʿrafi nafsik* „erkenne dich selbst!" [ME]; *law kān iṛṛāgil da ʾatal nafsu* „wenn dieser Mann sich selbst umgebracht hat" [ST]; *in ḥabbį yirmi rūḥu lbaḥr* „wenn er sich in den Kanal werfen möchte" [SP]; *iṛṛāgil biykallim rūḥu* „der Mann spricht mit sich selbst" [ST]; *niʿmil nafsina naymīn* „wir tun, als ob wir schliefen" [SP]; *xallīni adāfiʿ ʿan nafsi* „erlaube mir, mich zu verteidigen" [ST]; *titfaṛṛagi ʿala nafsik* „du betrachtest dich selbst" [ST]; *ʾafla ʿala ruḥha bi lmuftāḥ* "sie hat sich eingeschlossen" [ST]. Als nomen rectum: *awwil wāḥid kān yimši f-ganāzit nafsu* „der erste, der auf seinem eigenen Begräbnis mitging" [ST]. Zu *nafs* als Statusanzeiger in einer Nominalphrase s. 4.3.4.2.1.

Im Unterschied zu den reflexiven Verben wird bei *nafs, rūḥ* der Wille stärker betont: *itrimi ʿa lʾarḍį b-surʿa* „wirf dich schnell zu Boden!" [ST], aber: *ḥatirmi ruḥha fi ššāriʿ min xāmis dōr* „sie wird sich aus dem fünften Stock auf die Straße werfen" [ST]; *itlamm!* „nimm dich zusammen!", aber *limm nafsak!* „reiß dich zusammen!"; *itḥašar, yitḥišir fi ḥ* „s. einmischen", aber *ḥašar, yuḥšur nafsu fi ḥ* „s. aufdringen".

Anmerkung: In idiomatischen Ausdrücken kann *rūḥ* nicht mit *nafs* vertauscht werden: *šaxx ʿala rūḥu* „er pinkelte sich voll"; *biynām ʿala rūḥu* „er ist unaufmerksam".

7.8.3 *nafs* ~ *ṛūḥ* ~ Objektsuffix

Wenn der reflexive Bezug aus dem Kontext klar ist, wird oft nur das Pronominalsuffix gebraucht, wo *nafs* oder *rūḥ* zu erwarten wären: *xallīk hina* – ¢*xalli nafsak hina* „bleib hier!" [ME]; *baṣṣį laʾāhum ʾuddāmu* „da fand er sie vor sich" [SP]; *ṛāḥit šaddāha ʿalēha* „sie zog sie zu sich heran" [SP]; *kullį wāḥid fīku yinaʾʾīlu tuṛba* „ein jeder von euch wähle sich ein Grabmal" [ST]; *wi kullį ma ybuṣṣį ḥawalē dahšitu tzīd* „und jedesmal wenn er sich umsah, staunte er noch mehr" [SP]; *daxalit izzinzāna w ʾafalit ʿalēha* „sie ging in die Zelle und schloß sich [darin] ein" [ST].

7.9 Reziprozität

Reziprozität wird synthetisch durch den t-III-Stamm (7.9.1) und analytisch durch das Pronominalwort *baʿḍ* (7.9.2) ausgedrückt. Zwischen den beiden Möglichkeiten ist kein semantischer Unterschied festzustellen, doch empfinden manche Informanten den t-III-Stamm eher als Harab.

7.9.1 t-III-Stamm

Zur Morphologie s. 2.3.3.2.3 c: *yitʾablu* „sie treffen einander"; *yitxanʾu* „sie streiten miteinander"; *yitġamzu* „sie zwinkern einander zu"; *yitšatmu* „sie beschimpfen einander"; *yitḥasbu* „sie rechnen miteinander ab"; *yitsamḥu* „sie verzeihen einander"; *yitʿazmu* „sie laden einander ein".

Der t-III-Stamm ist mit dem III-Stamm + *baʿḍ* vertauschbar: *yitʾablu* ~ *yiʾablu baʿḍ* „sie treffen einander"; *yitsamḥu* ~ *yisamḥu baʿḍ* „sie verzeihen einander"; *yixanʾu baʿḍ* ~ *yitxanʾu* „sie streiten miteinander"; *yiḥasbu baʿḍ* ~ *yitḥasbu* „sie rechnen miteinander ab"; *yišawru baʿḍ* ~ *yitšawru* „sie ziehen einander zu Rate". Der t-III-Stamm kann aber auch mit *baʿḍ* gebraucht werden: *ruḥna mitgahlīn baʿḍ* „wir ignorierten einander" [SP].

7.9.2 *baʿḍ*

Das Pronominalwort *baʿḍ* kann mit oder ohne ein Possessivsuffix gebraucht werden, das auf das Subjekt des Satzes rückverweist: *wi nnās ʿammāla tsābiʾ baʿḍaha* „und die Leute überholen einander immerzu" [SP]; *binhazzaṛ maʿa baʿḍina* „wir scherzen miteinander" [ME]. Ohne Suffix: *kulluhum biysaʿdu baʿḍ* „alle helfen einander" [ST]; *wi yʾūlu lbaʿḍ* „und sie sagen zueinander" [ST]. Die *baʿḍ*-Phrase als nom. rectum: *ibtadēna nimsik idēn baʿḍīna* „wir begannen einander bei den Händen zu halten"; *fi ḥuḍnі baʿḍ* „in gegenseitiger Umarmung" [SP]. Mit Präpositionen zum Ausdruck von „einander": *gambi baʿḍ* „nebeneinander" [ME]; *talat ʾuwaḍ gambi baʿḍuhum* „drei Zimmer nebeneinander" [ST]; *yomēn wara baʿḍi samak!* „zwei Tage hintereinander Fisch!" [ME]; *kull irriggāla zayyi baʿḍ* „alle Männer sind einander gleich" [ST]. Zu *baʿḍ* s. ferner 7.5.5 und 4.3.4.1.3.

7.10 Neutraler Sachverhalt

Mit neutralem Sachverhalt sind Sachverhalte gemeint, die nicht spezifisch oder determiniert sind, wie sie etwa im Deutschen oft mit „es" angedeutet werden. Hier wird im Kairenischen sowohl beim Verb wie beim Verweis mittels Pronomen meist die 3.sg.f. gebraucht. Ferner zählt hierher der Verweis auf eine unspezifiert Gruppe von Personen im Sinne von „man".

7.10.1 3.sg.f. *-ha*

Das Pronominalsuffix der 3.sg.f. *-ha* weist auf einen vorerwähnten Sachverhalt zurück, wie in *ḥatʾaṭṭaʿ ilḥēṭa, ʿamalitha ʾablī kida* „sie wird die Wand in Stücke schlagen, das hat sie schon vorher mal getan" [ST]; *ʿiriftaha mitʾaxxar ʾawi* „ich habe es sehr spät erfahren" [SP]; *wi humma xadūha gadd* „und sie nahmen es ernst" [SP]; *wi baʿdaha amūt w ana mistarayyaḥ* „danach will ich getrost sterben" [ST]. Kataphorisch vorausweisend: *wi kān fīha ʾē lamma kān yistanna hina* „was wäre schon dabei gewesen, wenn er hiergeblieben wäre" [ST]. Auf allgemeine Sachverhalte verweisend: *da ṛabbina fatiḥha ʿalē ʾawi lyomēn dōl* „unser Herr meint es doch sehr gut mit ihm in diesen Tagen" [ST]; *da mḥabbikha ʾawi* „der ist aber sehr streng" [ME].

Sehr geläufig ist *-ha* als Referenz auf räumliche oder zeitliche Abstände, so häufig mit *xad, yāxud* und folgendem Verbalnomen: *xadtaha garyi lġāyit ilmaṣnaʿ* „ich lief bis zur Fabrik" [MF]; *baʿdi ma farraġ iṭṭabanga xadha zaḥfi min baṭn ittirʿa* „nachdem er das Gewehr leergeschossen hatte, schlich er sich längs des Kanalbetts davon" [SP]; *ṭūl ʿumru byaxudha kaʿʿābi* „schon immer läuft er zu Fuß" [SP]. Auch mit intransitiven Verben wie *miši* „gehen", *rigiʿ* „zurückkehren": *Ḥasan mišīha ḥāfi* „Ḥasan lief [diese Strecke] barfuß" [ST]; *ma-nta lli rgiʿtaha māši ʿala riglēk* „du bist ja der, der den Rückweg zu Fuß zurückgelegt hat" [ST]. Temporal in *kullaha* mit Zeitangabe: *kullaha kām šahṛ biyfūtu b-surʿa* „es dauert nur ein paar Monate, die schnell vorbei sind" [ME]; *kullaha daʾāyiʾ wi nimši* „es dauert nur einige Minuten, dann gehen wir" [ST].

Sachverhalte und Anspielungen, die stillschweigend verstanden werden, so Tabus wie etwa „Geschlechtsverkehr" im folgenden Satz: *gōzi ʿAbd iḍḌārr kān yākul ʾablaha wi baʿdaha yrūḥ mišaxxaṛ ʿala ṭūl* „mein Mann ʿAbd iḍḌārr pflegte davor zu essen und danach gleich loszuschnarchen" [SP]; oder „Nässen", wie in *ʿamalitha ʿalayya* „sie hat mich vollgemacht" [ME] bzw. „Stuhlgang haben", wie in *ʿamalha ʿala rūḥu* „er hat sich in die Hosen gemacht" [ME].

7.10.2 Demonstrativa *di* und *da*

Direkt auf einen vorgehenden Satz weist das Demonstrativpronomen *di* anaphorisch zurück: *ṭabb, wi ḥanākul izzāy? – di baʾa min ixtiṣaṣkum* „gut, und wie werden wir essen? – Das nun ist eure Angelegenheit" [ST]; *ē kida di lli nta ʿammāl tiʾūl ʿalēha* „was ist denn das, wovon du dauernd sprichst?" [ST]. Dagegen kataphorisch: *wi di tīgi barḍu ya Si Gamīl baʿd illi ḥaṣal imbāriḥ yixuššu tāni, da bēnu wi benhum maḥākim wi damm* „und geht das denn, Si Gamīl, nach alldem was gestern passiert ist, kommen sie wieder herein, denn zwischen denen gibt es Prozesse und Blut" [ST].

In derselben Bedeutung ist auch das maskuline *da* zu finden: *ana min yōm ma nʾabaḍ ʿalayya ma-ḥaṣalši maʿāya ġēr taḥʾīʾ wāḥid wi da liʾann inniyāba ma-ʿandahāš ʾayyi ʾadilla ḍiddi* „seitdem ich verhaftet worden bin, hat man mich nur einmal verhört, und das weil die Staatsanwaltschaft keinerlei Beweise gegen mich hat" [ST]; *ilxamasṭāšar yōm bitūʿ issigni da kōm tāni* „die vierzehn Tage Gefängnis, das ist eine andere Sache" [ST].

7.10.3 Ausdruck am Verbum

7.10.3.1 3.sg.f.
Zum Ausdruck des neutralen Subjekts dient zunächst die 3.sg.f.: *wi lamma tīgi li lfilūs* „wenn es dann ums Geld geht" [SP]; *wi f-yōm ṣadfit innuhum ...* „eines Tages wollte es der Zufall, daß ..." [SP]; *ṭilʿit ʿalayya inni bagraḥ izzabāyin* „es ging die Rede über mich, daß ich die Kunden verletze" [ST]; *zayyi ma tīgi ya Mlīgi* „wie es kommt, Milīgi!" [Sprichwort].

Seltener dagegen die 3.sg.m.: *law fi dmaġhum ḥāga tanya ḥaybān* „wenn sie etwas anderes im Kopf haben, dann wird sich das zeigen" [MF].

7.10.3.2 3.pl.
Sind weiter nicht definierte Personen im Sinne von „man" gemeint, steht das Verb häufig in der 3.pl.: *tibʾa mufagʾa ... da ḥatta yimkin yiktibūha fi ggaṛāyid* „das wird eine Überraschung, das schreibt man vielleicht sogar in den Zeitungen" [ST]; *ʾuġma ʿalēh fi xēmit l-imtiḥān, wi naʾalūh li lmustašfa* „er wurde im Prüfungszelt ohnmächtig, und man brachte ihn ins Krankenhaus" [SP].

7.10.3.3 Passiv
Zum selben Zwecke dient das Passiv in der 3.sg.m.: *ana min yōm ma nʾabaḍ ʿalayya* „seitdem man mich verhaftet hat" [ST]; *innūr da ma-yitʾirīš fi* „bei diesem Licht kann man nicht lesen" [SB]; *law nāṣiḥ ma-kanš itnaṣab ʿalē* „wenn er gewitzt wäre, hätte man ihn nicht hereingelegt" [ST]. Auch intransitive Verben bilden dazu das Passiv: *biyiddiḥik ʿalē* „man legt ihn herein" [MF]; *miš ana lli yitbaṣṣili kida!* „mich schaut man nicht so an!" [ST]; *di masʾala ma-yitsikitši ʿalēha ʾabadan* „das ist eine Sache, die man keinesfalls verschweigen darf" [ST]. S. auch 2.3.3.3.3 Anm.

8.0 Syntax VI: Satztypen

8.1 Fragesätze

8.1.1 Entscheidungsfragen

Entscheidungsfragen stellen den Befragten vor die Alternative, mit „ja" oder „nein" zu antworten.

8.1.1.1 Ohne Fragepartikel
a. Entscheidungsfragen können nur durch steigende Intonation gekennzeichnet sein: *inta mitʾakkid?* „bist du sicher?" [ME]; *ilmuttahamīn mawgudīn?* „sind die Angeklagten da?" [ST]; *uxtik gat?* „ist deine Schwester gekommen?" [ST]; *inti ʿazmāhum innaharda?* „hast du sie für heute eingeladen?" [ST]; *fihimtī kullī ḥāga ṣaḥḥ?* „hast du alles richtig verstanden?" [MF]; *ḥassa b-ḥāga?* „fühlst du etwas?" [ST]; *maʿāk ʿarabiyya?* „hast du ein Auto dabei?" [ME]; *ḥaṣal ḥāga?* „ist etwas passiert?" [ST]; *kān fīha flūs?* „war Geld darin?" [SP].

Anmerkung: Auch mit Einzelwörtern können Fragen gestellt werden: *tāni?* „nochmal?" [ME]; *mitʾakkid?* „bist du sicher" [ME].

b. Nachtragsstellung des Subjekts, so daß es dem Prädikat folgt, kommt nicht selten vor und drückt ein gewisses Erstaunen aus, s. 3.5: *fīha ḥāga di?* „ist denn da was dabei?" [ST]; *ma-btiʾrāš garayid siyadtak?* „lesen Sie denn keine Zeitungen?" [ST]; *muḥaḍra hiyya walla ʾē?!* „ist denn das eine Vorlesung oder was?!" [ST].

8.1.1.2 Fragepartikel *-š*
Die Partikel *-š* wird dem satzeinleitenden Prädikat suffigiert, wenn dieses aus einer PräpPh oder einem y-Imperfekt besteht. Sie verleiht der Frage einen dubitativen Sinn: *maʿakšī sigāra salaf* „kannst du mir vielleicht eine Zigarette leihen?" [ST]; *taxudšī fi xamsīn ʾiršī w tiddihūli* „würdest du vielleicht fünfzig Piaster dafür nehmen und ihn mir geben?" [SP]. Dieser dubitative Sinn wird oft durch einleitendes *yikūn* verstärkt, an welches *-š* tritt: *ʾā ya wād, bēt abūya huwwa fēn? walla akunšī ġliṭṭi fi ššāriʿ* „ach, Junge, wo ist denn das Haus meines Vaters? Oder sollte ich mich in der Straße geirrt haben?" [ST]; *yikunš idduktūr?* „sollte es etwa der Doktor sein?" [ST], s. 5.7.2.1 f, g.

8.1.1.3 Anhangfragen: *miš kida?, walla ʾē?*
miš kida „nicht wahr?" und *walla ʾē* „oder wie?" dienen als Anhangfragen (tag-questions). Sie stehen nach positiven wie negativen Sätzen und sind eigentlich rhetorische Fragen (Suggestivfragen), die eine nachdrückliche Behauptung intendieren: *b-arbaʿ riglēn hiyya miš kida?* „er hat vier Beine, nicht wahr?" [ST]; *xāyif*

ʿalēki laḥsan tiṭīri miš kida? „er hat Angst, daß du (ihm) wegläufst, nicht wahr?" [ST]. Mit *walla ʾē: bitkallimi nafsik walla ʾē?!* „du sprichst wohl mit dir selbst, oder wie?" [ST]; *ma-ḥaddiš ʿāwiz yiruddi ʿalayya walla ʾē?* „es will mir wohl niemand antworten, oder wie?" [SP].

8.1.2 Ergänzungsfragen

Ergänzungsfragen enthalten Fragewörter, die einen bestimmten Satzteil erfragen. Die unmarkierte Position der Fragewörter ist die Stelle im Satz, die der erfragte Satzteil im entsprechenden Aussagesatz einnimmt. Da Objekt und adverbiale Ergänzungen meist auf das Prädikat folgen, stehen auch die entsprechenden Fragewörter in diesen Positionen und damit gegen Ende des Satzes:

subj	präd	obj	adv.temp	adv.loc
Ḥasan	*šāf*	*ʿAli*	*fi lmadrasa*	*imbāriḥ*
mīn	*šāf*	*ʿAli*	*fi lmadrasa?*	*imbāriḥ?*
Ḥasan	*šāf*	***mīn***	*fi lmadrasa?*	*imbāriḥ?*
Ḥasan	*šāf*	*ʿAli*	***fēn***	*imbāriḥ?*
Ḥasan	*šāf*	*ʿAli*	*fi lmadrasa*	***imta**?*
„Ḥasan	sah	ʿAli	in der Schule	gestern"

Fragewörter sind einzuteilen in Fragepronomina, Frageadverbien und Fragepartikel. Fragepronomina fragen nach Nominalphrasen, die verschiedene Funktionen im Satz ausüben können. Sie beziehen sich auf Personen, Sachen, Numeralia oder Eigenschaften. Für Personen steht *mīn* „wer?", für Sachen *ē(h)* „was?", für Numeralphrasen *kām* „wie viele" oder *ʾaddi ʾē* „wieviel?", für Eigenschaften *ʾayy, āni* oder *anhi* „welch-", s. 2.2.4. Frageadverbien fragen nach temporalen, lokalen, kausalen und anderen Ergänzungen, s. 2.2.11. Zu Fragepartikeln s. 8.1.4 und 8.1.1.2.

8.1.2.1 Fragepronomina

Die Frage nach dem Subjekt erfolgt mit *mīn, ē, anhu, kām* in Sätzen der Struktur S + P: *mīn ʾallak kida?* „wer hat dir das gesagt?" [ME]; *ē ṛaʾy ilBē lMudīr?* „was meint der Herr Direktor?" [ST]; *kām nigḥu* „wieviele haben bestanden?" [ME]; *anhu zabāyin illi ʾarfīnak dōl?* „welche Kunden sind das, die dich anwidern?" [ST]. In Sätzen der Struktur P + S folgt das Fragepronomen dementsprechend dem Prädikat: *kān yigṛa ʾē* „was wäre da schon passiert?" [SP].

Ebenso die Frage nach dem Objekt: *agawwizlik mīn* „wen soll ich mit dir verheiraten?" [ST]; *ʿāwiz ʾē?* „was willst du?" [ME]; *inti mḥawwišālu kām* „wieviel hast du für ihn gespart?" [ST]. Die erfragte NP als Prädikat: *inti mīn ya sitt inti?* „wer bist du, Frau?" [ST]; *zambi ʾē ʾana bass?* „was ist nur meine Schuld?" [MF]; *innaharda kām fi ššahṛ* „den Wievielten haben wir heute?" [ME].

Die erfragte NP in Abhängigkeit von einer Präposition: *ḥaykūn nāwi ʿala ʾē bass?* „was sollte er schon vorhaben?" [MF]; *aġsil li lʿiyāl hidumhum fi ʾē?* „worin soll ich den Kindern die Wäsche waschen?" [ST]. Das Fragepronomen als nomen rectum: *ḥayḥinnu ʿalēki b-sabab ʾē?* „aus welchem Grunde sollten sie liebevoll zu dir sein?" [SP]; *innaharda yōm ʾē* „welcher Wochentag ist heute?" [ME]. Als Attribut (*āni, anhi*): *inta tlammēt ʿalayya min āni sikka?* „wo habe ich dich nur aufgegabelt?" [SP]; *tāxud min ʾanhi ṣanf* „von welcher Sorte nimmst du?" [ST]. Als Numeralphrase (*kām*): *kunti ḥatištaġali b-kām?* „für wieviel hättest du gearbeitet?" [ST]; *inti f-sana kām?* „in welchem (Schul)jahr bist du?" [ME].

8.1.2.2 Frageadverbien

Frageadverbien dienen zum Erfragen von adverbialen Ergänzungen temporaler (*imta, min imta* etc.), lokaler (*fēn, minēn* etc.), kausaler (*lē*) und zirkumstantieller Art (*izzāy ~ izzayy*), die im Satz ebenso wie die entsprechenden Frageadverbien oft auf das Prädikat folgen: *tīgi imta ummāl?* „wann kommst du denn?" [ST]; *sākit lē?* „warum schweigst du?" [ST]; *humma gayyīn imta?* „wann kommen sie?" [ST]; *ḥattanni ʾāʿid hina lġāyit imta* „bis wann bleibe ich hier sitzen?" [ST]; *ṭabb, wi ḥanākul izzāy?* „gut und wie werden wir essen?" [ST]; *rayḥa fēn issaʿādi* „wohin gehst du um diese Zeit?" [ST]; *gālu flūs minēn* „woher hat er Geld bekommen?" [SP].

Anmerkung: Zu *ē* kann ein spezifierendes asyndetisches Substantiv treten: *kān fīha ʾē ġarīb* „was war da Seltsames dabei?" [ME]; *ʿanduku ʾē samak innaharda?* „was habt ihr für Fisch heute?" [ME].

8.1.2.3 Abweichende Stellung

Wie beim Aussagesatz kann sich die Position der Satzglieder im Fragesatz in Abhängigkeit von pragmatischen Faktoren wie Thema und Fokus ändern. So können Satzglieder vor das Prädikat an den Satzbeginn treten. Dementsprechend verhalten sich auch die Fragewörter und stehen daher oft auch satzeinleitend. Deutlich für mehr Nachdruck voranstehend z.B. in *bitfukku lē? ʿalašān ʾē bitfukku?* „warum machst du ihn los? Wozu machst du ihn los?" [ST]: *itnēn wi ḥabbu baʿḍ, ē lġarīb fi kida?* „zwei, die sich lieben, was ist da schon Seltsames dabei?" [MF]; *wi mīn ilmuwaẓẓafīn illi hina?* „wer sind die Angestellten hier?" [ST]; *fēn huwwa ggawāb illi baʿtu?* „wo ist er, der Brief, den er geschickt hat?" [ST]; *izzāy ʿAli Mubāṛak Bāša fatitu lḥikāya di?* „wie konnte dem ʿAli Mubāṛak Bāša diese Sache entgehen?" [ST]; *wi lē baʾa lʾistiʿgāl da* „und warum denn diese Eile?" [ST]; *bikām kīlu lmuluxiyya?* „wieviel kostet das Kilo Miluxiyya?" [MA]; *min ʾaddi ʾē lwāḥid ma-šafš innās hina?* „seit wie lange schon hat man hier keine Leute mehr gesehen?" [ST]; *minēn ʿirif inni liyya ʿilāqa bi ssiyāsa* „woher hat er erfahren, daß ich eine Beziehung zur Politik habe?" [ST].

Auf Frageadverbien des Zeitpunkts (*min imta*) oder der Zeitdauer (*min ʾaddi ʾē*) kann wie beim Aussagesatz ein Zustandssatz folgen: *min imta baʾa w inta bi lḥāla di?* „seit wann bist du in diesem Zustand?" [ST]; *min ʾaddī ʾē w iḥna hina?* „seit wie lange sind wir hier?" [ST].

8.1.2.4 Spaltsätze als Fragesätze

Mit den Fragepronomina, die nach einer NP fragen (*mīn, ē, ʾanhi*), werden häufig Spaltsätze mittels *illi* gebildet: *ēh illi nazzilu maṣr?* „was hat ihn dazu veranlaßt, nach Kairo zu fahren?" [ST]; *ēh illi inta ʾāʿid tixarraf wi ʿammāl tiʾūlu da?* „was schwätzt und erzählst du denn da dauernd?" [ST]; *anhu zabāyin illi ʾarfīnak dōl?* „welche Kunden sind das, die dich anwidern?" [ST]; *mīn illi ʾamarhum* „wer hat es ihnen befohlen" [SP]. Mit Pronomen vor *illi*: *ē huwwa lli ġalaṭ?* „was ist da falsch?" [ST].

Oft mit dem Fragepronomen als Genitiv: *mawḍūʿ ʾē ill inta ʿāwiz tifhamu?* „was für ein Thema willst du denn begreifen?" [ST]; *ḥumār mīn illi ʾāl kida?* „was für ein Esel hat denn das gesagt?" [ST]; *qanūn ʾēh illi yimnaʿak* „was für ein Gesetz denn sollte dir das verbieten?" [ST]. Im untergeordneten Satz: *ana ʿārif ʾēh illi wara ggawāz da* „ich weiß, was hinter dieser Heirat steckt?" [ST].

Anmerkung: Im Erzählstil wird gerne durch eingeschobene Fragen mit *ē* und direkter Antwort der Stil lebendiger gemacht: *wi ʾaʿad rāḥ ʾē, miṭallaʿ ilḥašīš wi mṭallaʿ ilḥāga w rāḥu ʾaʿdīn miḥaššišīn* „und was tat er? er zog das Haschisch heraus und die Gerätschaft und sie machten sich ans Haschischrauchen" [MA]; *ana baʾa ʾē? xayfa ʿa lli f-baṭni* „und ich? ich habe Angst um das, was ich im Bauch habe" [ST].

8.1.3 Fragesätze mit einleitendem *huwwa, hiyya, humma*

Ein Personalpronomen der 3. Personen, das ein Nomen oder Demonstrativpronomen im Satz antizipiert, kann den Fragesatz einleiten, worauf eine topikalisierte NP folgt:

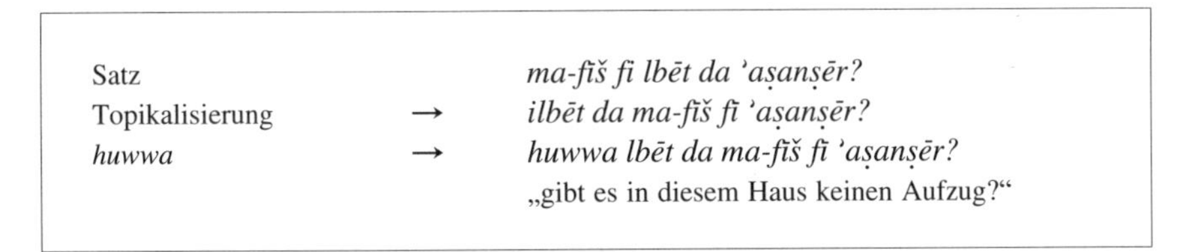

Satz		*ma-fīš fi lbēt da ʾaṣanṣēr?*
Topikalisierung	→	*ilbēt da ma-fīš fi ʾaṣanṣēr?*
huwwa	→	*huwwa lbēt da ma-fīš fi ʾaṣanṣēr?*
		„gibt es in diesem Haus keinen Aufzug?"

8.1.3.1 Mit Kongruenz

Das einleitende PNP kann mit dem direkt folgenden determinierten Nomen kongruieren: *huwwa lʿarīs gih?* „ist der Bräutigam schon da?" [ST]; *hiyya ssittī di mumassila?* „ist diese Frau Schauspielerin?" [ST]; *humma dōl ahammī talat t-iyyām fi ḥayāt ilʾinsān?* „sind das die drei wichtigsten Tage im Leben des Menschen?" [ST]. Die folgende NP braucht nicht das Subjekt zu sein: *hiyya lmawasīr di bidayitha fēn?* „wo beginnen diese Rohre?" [ST].

Auch Ergänzungsfragen werden auf diese Weise eingeleitet: *huwwa btāʿ ilḥalāwa ḥayīgi imta?* „wann kommt der *ḥalāwa*-Mann?" [ST]; *hiyya ssāʿa kām?* „wie spät ist es?" [ME]; *hiyya flūs ilmaʾzūn ʿala mīn?* „wer bezahlt den Maʾzūn?" [ST].

Dabei kann das Fragewort auf das einleitende Pronomen folgen, so daß das Subjekt in Nachtragsstellung gerät: *huwwa mīn iṛṛāgil da* „wer ist der Mann da?" [ME]; *hiyya fēn ilʾahwa lli ḥanruḥha* „wo ist es, das Café, wo wir hingehen werden?" [SP]; *hiyya ʾē lḥikāya bi ẓẓabṭ* „was ist nun eigentlich genau los?" [MF].

8.1.3.2 Ohne Kongruenz

huwwa kann auch allein ohne direkten Bezug auf ein Nomen und ohne folgende NP, also ohne Kongruenz, satzeinleitend gebraucht werden: *huwwa fī aktaṛ min kida xaṭar?!* „gibt es eine größere Gefahr als sowas?" [MF]. In dieser grammatikalisierten Form braucht es auch bei direkt folgendem Nomen nicht zu kongruieren: *huwwa ḥaḍritik maṣriyya* „sind Sie Ägypterin?" [ST]; *huwwa ma-fīš ḥāga ʿāwiz tiʿmilha?* „gibt es nichts, was du tun willst?" [ST]. Obligatorisch ist dies mit folgendem Personalpronomen der 1. oder 2. Person: *huww-ana ʿamaltī fīki ḥāga wiḥša?* „habe ich dir etwas Böses getan?" [SP]; *huwwa nti ma-daxaltīš sirkī w inti ṣġayyaṛa?* „bist du nie im Zirkus gewesen, als du klein warst?" [SP]; *huwwa ntu lissa mṣammimīn ʿala lfaṛaḥ?* „seid ihr noch immer dazu entschlossen, Hochzeit zu feiern?" [SP].

Auch im untergeordneten Fragesatz: *lidaṛagit inni miš ʿārif huwwa lmafrūḍ aʾullaha ʾē* „so sehr daß ich nicht weiß, was ihr sagen soll" [ST].

8.1.4 Fragepartikeln

8.1.4.1 *hal*

Aus dem Harab. entlehntes *hal* leitet gelegentlich Fragesätze ein und ist als Kennzeichen höheren Stils zu betrachten: *hal ikkalām da ṣaḥīḥ?* „stimmt das?" [SB]; *hal ilwalad da ḥayingaḥ?* „wird der Junge bestehen?" [SB].

8.1.4.2 *ya taṛa*

ya taṛa steht satzeinleitend oder am Satzende, oft mehr im dubitativen Sinne, und auch zusammen mit anderen Frageadverbien: *ya taṛa Ḥasan mawgūd* „ist Ḥasan da?" [ME]; *ya taṛa haykūn mīn?* „wer das wohl sein wird?" [SP]; *ya taṛa hiyya ʿayša zzāy* „wie sie wohl lebt?" [SP]; *ma-gāš lē ya taṛa* „warum wohl ist er nicht gekommen?" [SB]; *mīn da ya-taṛa?* „wer ist denn das wohl?" [ST]. Oder kombiniert mit *hal* oder mit *huwwa* oder *hiyya*: *ya taṛa hal fī ganna li lmisiḥiyyīn wi ganna li lmuslimīn?* „ob es wohl ein Paradies für die Christen und eines für die Muslime gibt?" [SP]; *ya haltaṛa ḥayiḥṣal ʾē?* „was wird nun wohl passieren?" [SP]; *ya taṛa hiyya di lḥadāsa?* „ob das wohl die Modernität ist?" [SP].

8.1.4.3 *māl* und *išmiʿna*

Nach dem Grund fragen *māl* „wieso? was ist mit ...?" und *išmiʿna* „wieso? warum?"; sie stehen immer satzeinleitend. *māl* kann noch als *mā li+ mit folgendem Fragesatz erkannt werden: *malha ʾalfāẓi?!* „was ist mit meinen Ausdrücken?" [ST]; *mālik taʿbāna? – ʾabadan!* „was hast du? Bist du müde?" – „Nein, gar nicht!" [MF]; *mālak itxaḍḍēt kida* „wieso bist du so erschrocken?" [ST]; *malha kida maḥrūʾa* „wieso ist sie so verbrannt?" [SP]. Dabei kann die Frage mittels *lē* „warum?" übercharakterisiert werden: *ya sātir māl šaʿrik kullu ʾamlī kida lē?* „o Gott, wieso ist dein ganzes Haar so voller Läuse?" [ST].

8.1.4.4 *ummāl*

ummāl wird bei insistierenden Entscheidungs- wie Ergänzungsfragen gebraucht als Reaktion auf eine Aussage: *miš hiyya di lʾazma! – ummāl ē ʾazmitak bass?* „das ist nicht die Krise! – Was ist denn dann deine Krise?" [ST]; *mīn illi ʾāl inni gayya aʿatbik? – ummāl gayya lē?* „wer hat denn gesagt, daß ich komme, um dir Vorwürfe zu machen? – Wozu solltest du sonst kommen?" [ST]; *aywa, inta, ummāl ʾana?* „ja, du! Ich etwa vielleicht?!" [ST]. Auch in Nachstellung: *tīgi imta mmāl?* „wann kommst du dann?" [ST]. S. auch 2.8 4.

8.1.4.5 *baʾa*

Einleitendes *baʾa* „also" faßt vorhergehende Aussagen zusammen und verleiht Entscheidungsfragen wie Aussagesätzen eine resultierende Nuance: *baʾa lḥukūma timnaʿ ilxawagāt?* „die Regierung verbietet also die Ausländer?" [SP]; *baʾa miš ʿagbik itnēn ginēh?* „zwei Pfund passen dir also nicht? [ST]; *baʾa lmalik miš naʾṣu ġēr šurbitak?* „dem König fehlt also nichts als deine Suppe?" [SP]. S. auch 5.7.2.2.3.3.

8.1.4.6 *yaʿni*

yaʿni, eigentlich „das bedeutet", im Frage- und Ausrufesatz vor oder nachgesetzt, stellt im Dialog den Anschluß zum Vorgehenden her und die Frage als Folgerung daraus dar: *yaʿni dilwaʾti yibʾa nāʾiṣ ʾē?* „was fehlt jetzt noch?" [ST]; *yaʿni syadtak miš ʿāwiz minni ḥāga tāni?* „Sie wollen also nichts weiteres von mir?" [ST]. Dies kann auch rhetorisch gemeint sein: *ḥalaʾīk? – yaʿni ḥarūḥ fēn?* „werde ich dich finden? – Wohin sollte ich denn gehen?" [ST]; *ḥatkūn rāḥit fēn yaʿni?* „wohin soll sie wohl gegangen sein?" [MF]; *hataxdu tiʿmil bī ʾē yaʿni* „was willst du damit machen?" [MA]. Mit Nachstellung des Subjekts: *yaʿni šaklu ʾē bētik da?* „wie sieht dein Haus nun aus?" [ST]. Ferner *ē yaʿni* exklamativ „was heißt das schon!": *ē yaʿni lamma lḥikāya titʾaggil isbūʿ?* „was heißt das schon, wenn die Sache eine Woche verschoben wird?" [ST].

8.1.4.7 Häufung der Fragepartikeln

Nicht selten treten Fragepartikeln gehäuft auf: *huwwa yaʿni ma-laʾetš ġēr ilḥitta di tgaʿʿaṛ fīha?!* „heißt das, du hast nur diesen Platz gefunden um herumzubrüllen?!"

[ST]; *huwwa yaʿni ʿašān ʾarmala tibʾi wiḥša?!* „bist du etwa häßlich, weil du eine Witwe bist?“ [ST]; *ummāl yaʿni ḥayibʾa maʾbūḍ ʿalayya f-ʾē?* „weswegen hat man mich denn dann wohl verhaftet?“ [ST].

8.1.5 Rhetorische Fragen

Rhetorische Fragen sind subjektive Darstellungen eines Sachverhalts in Form einer Entscheidungs- oder Ergänzungsfrage, die erkennen läßt, welche Antwort – positiv oder negativ – der Fragende erwartet. Sie sind an der Intonation erkennbar, die im Gegensatz zur steigenden Form der eigentlichen Frage eher fallend ist.

8.1.5.1 Positiver Fragesatz mit negativem Sinn
Ein einfacher Satz ohne Markierung kann rhetorisch intoniert werden: *ana ʿārif?!* „woher soll ich das wissen!“ [ME]; *ḥaddi ḥayšak?!* „hindert dich jemand?!“ [ME]; *ana lissa ʾulti ḥāga?!* „hab ich denn schon was gesagt?!“ [ME]; *inti tištaġali?!* „du willst arbeiten?! (du und Arbeit?!)“ [MF].

Meistens wird eine rhetorische Frage mit satzeinleitendem PNP der 3. Person eingeleitet, s. dazu auch 8.1.3.2: *wi huwwa da waʾtu barḍu* „und ist das vielleicht die Zeit dazu?“ [ST]; *hiyya ddinya ṭārit?* „ist die Welt etwa weggeflogen?“ [ST]; *huwwa fēn iṣṣēd ilʾayyām di?* „wo ist schon Jagdwild heutzutage?“ [SP]; *humma sittāt biyiḥbalu ṭūl ʿumruhum?!* „werden die Frauen etwa ihr Leben lang schwanger?“ [SP]. Oft auch nur *huwwa* ohne Kongruenz: *huwwa lʿiyāl yifhamu ṭaʿm irrūmi mi ṭṭaʿmiyya* „können die Kinder vielleicht den Geschmack des Truthahns von dem der Bohnenklößchen unterscheiden?“ [SP]. Vor PNP der 1. und 2. Person steht ausschließlich *huwwa*: *huwwa-na aṭraš!* „bin ich vielleicht taub!“ [ME]; *huwwa nti nawya ḥatgībi mulḥaq* „kalkulierst du etwa mit einer Nachprüfung?“ [ST]. Auch vor rhetorischen Fragen, die bereits durch *miš* eingeleitet sind: *huwwa miš ʿĀdil gablu dduktūr?* „hat ihn etwa nicht ʿĀdil zum Doktor gebracht?“ [ST].

Rhetorische Fragen als Antwort auf eine Feststellung im Dialog werden oft durch *wi* mit Personalpronomen eingeleitet: *ʿawizni askut, ʿarfāk! – w ana aʾdar asakkitik?!* „du willst, daß ich schweige, ich kenne dich! – Bin ich etwa imstande, dich zum Schweigen zu bringen?!“ [ST]; *ana lissa miš ʿārif atlammi ʿala nafsi – w iḥna lli ʿarfīn ?!* „ich kann mich immer noch nicht zurückhalten. – Und können wir das vielleicht?!“ [ST]. Häufig sind hier auch Spaltsätze zu finden: *ma-tiskut baʾa ma-tʿaṭṭalnīš! – ana barḍu lli baʿaṭṭalak?!* „sei schon still und halte uns nicht auf! – Bin ich es vielleicht, der dich aufhält!“ [ST]; *ana barḍu lli ʿakistak?!* „jetzt war ich es wieder, der dich belästigt hat!“ [ST].

Positive rhetorische Fragen kommen negierten Sätzen gleich und können daher mittels *ʾabadan* Nachdruck erhalten: *huwwa-nta maʿāna ʾabadan* „bist du vielleicht jemals unserer Meinung?!“ [ST]. Ebenso gebraucht man *lissa* „noch“ wie in negierten Sätzen: *inta lissa šufti ḥāga?!* „hast du vielleicht schon was gesehen?“ [MF]. Desgleichen kann eine rhetorische Frage mit den Ausschlußpartikeln *ʾilla* und *ġēr* kombiniert werden: *hiyya nnās ba'it laha šuġlāna ġēr ikkalām?!* „haben die Leute etwa etwas anderes zu tun als zu schwätzen?!“ [SP].

8.1.5.2 Negierter Fragesatz mit positivem Sinn

Die Negation kann den üblichen Regeln folgen: *huwwa yaʿni ma-la'etš ġēr ilḥitta di tgaʿʿaṛ fīha?!* „hast du nur diesen Platz gefunden um herumzubrüllen?!“ [ST].

Häufig zeichnen sich jedoch solche Fragen durch den Gebrauch der Negationspartikel *miš* vor dem Prädikat anstelle von *ma-...-š* aus: *inta miš xadt?* „hast du nicht schon genommen?“ [ST]; *hiyya lwara'a miš waṣalitik?* „ist das Papier etwa nicht bei dir angekommen?“ [ST]; *miš ba'ullak?!* „sag ich es dir nicht schon dauernd?!“ [ST]. Dabei kann *miš* von seiner Position vor dem Prädikat weiter nach vorne treten: *inta miš imbāriḥ dala't ilfanagīn?!* „hast du nicht gestern die Tassen ausgegossen?“ [ST]. Schließlich auch direkt satzeinleitend: *miš inta ʿārif lamimhum izzāy?!* „weißt du etwa nicht, wie ich sie gesammelt habe?!“ [ST]; *miš law kuntᵢ smiʿtᵢ kalāmi wi rkibna 'utubīs kān ba'a aḥsan?!* „wäre es nicht besser gewesen, du hättest auf mich gehört, und wir hätten einen Bus genommen?“ [ST]. In Kombination mit dem Spaltsatz: *miš inta lli ballaġtᵢ ʿan iggarīma?!* „hast nicht du das Verbrechen gemeldet?!“ [ST]. Und auch in Kombination mit einleitendem *huwwa*: *huwwa miš ilmuḥāmi 'allik inšā' aḷḷāh mu'abbad?!* „hat dir der Advokat nicht gesagt, lebenslänglich, so Gott will?! “ [ST].

Durch *miš* negierte Fragesätze mit rhetorischer Intonation und y-Imperfekt drücken eine positive Aufforderung aus: *muš tiṭlaʿi baṛṛa?!* „solltest du nicht hinausgehen? [= du solltest ...!]“ [SP]; *miš tākul lu'ma l'awwil?!* „solltest du nicht zuerst ein bißchen was essen?!“ [ST], s. 5.7.1.2.2 a.

Bei rhetorischen Fragen erfolgt keine Weiterführung der Negation: *ana miš 'ultilak ya Sāmi w ṃāṃa 'alitlak w naṣaḥitak w ma-smiʿtiš kalamha* „habe ich es dir nicht gesagt, Sāmi, und hat es dir Mama nicht gesagt und dir gut zugeraten, aber du hast nicht auf sie gehört?“ [SP].

8.1.5.3 Fragen mit *izzāy*

Fragen, die mit *izzāy* „wie kann es sein, daß ... ?!“ eingeleitet werden, haben deutlich rhetorische Bedeutung: *izzāy ti'ūli kida!* „wie kannst du das nur sagen?! [= das kannst du doch nicht sagen!“] [MF]; *izzāy tiṭalla' miṛātak wi hiyya ḥāmil?!* „wie kannst du deine Frau verstoßen, wenn sie schwanger ist!“ [MF]; *ana zzāy fatitni nnu'ṭa di?!* „wie konnte mir dieser Punkt nur entgehen!“ [MF].

8.1.6 Untergeordnete Fragesätze

Verben der geistigen Tätigkeit und der Wahrnehmung können Fragesätze unterordnen. Deren Form unterscheidet sich nicht von derjenigen der unabhängiger Fragesätze, nur daß Entscheidungsfragen durch Konjunktionen eingeleitet werden können, die denen der Bedingungssätze entsprechen. Kontaminationen mit Objektsätzen kommen vor.

8.1.6.1 Untergeordnete Entscheidungsfragen

8.1.6.1.1 Asyndetisch

Asyndetisch untergeordnete Fragesätze werden immer als Alternative mit *walla* „oder" formuliert: *ana ma-bas'alakšī dilwa'ti ʿamaltī walla ma-ʿamaltiš* „ich frage dich jetzt nicht, ob du [es] getan hast oder nicht" [ST]. Mit Vorwegnahme des Subjekts als Objekt: *illi ma-ḥaddī ʿarfu ḥayyi walla māt* „von dem niemand weiß, ob er lebt oder gestorben ist" [SP]. Für die zweite Möglichkeit kann *la'* „nein" gesetzt werden, das dann entsprechend mit „nicht" übersetzt werden muß: *šūfi ḥayuṭrudik walla la'* „schau, ob er dich verstößt oder nicht" [ST].

8.1.6.1.2 Syndetisch

Syndetisch werden Fragesätze mittels der Bedingungspartikel *iza* untergeordnet, gelegentlich auch mit *in*. Auf diese folgt obligatorisch *kān*, und es braucht keine Alternative formuliert zu werden: *wi nšūf iza kānit ilfilūs ġayyaritu* [SP]; *wi šūf iza kān ʿandaha tilifōn* „und schau, ob sie ein Telefon hat" [ST]. Als Alternative: *ʿašān yišūf iza kān iggumguma fīha ḥāga walla la''a* „um zu sehen, ob in dem Schädel etwas drin sei oder nicht" [MA]. Mit *in*: *ma-kuntiš darya in kuntī ḥayya walla mayyita* „ich wußte nicht, ob ich lebend oder tot war" [SP]. Mit Vorwegnahme des Subjekts als Objekt am übergeordneten Verb: *ma-ḥaddiš ʿarfik in kunti min maṣrī walla min 'ubruṣ* „niemand weiß von dir, ob du aus Ägypten oder Zypern bist" [SP]. Bei Alternativen dieser Art kann die Bedingungspartikel entfallen und Asyndese eintreten: *ma-yhimmiš (iza) gum walla ma-gūš* „es ist nicht wichtig, ob sie kommen oder nicht" [SG].

Auch die Unterordnung mittels Fragepartikeln wie *hal* und *ya ṭara* kommt vor: *šūf 'uwwitu 'addī 'ē wi hal yimkin nidaxxalu ssana ttalta walla la'* „schau, wie kräftig er ist und ob es möglich ist, daß wir ihn ins dritte Jahr tun oder nicht" [SP]; *'aʿad yifakkaṛ ya ṭaṛa yiddi lxamsa gnē l-Sayyida walla yxallīhum li nafsu* „er dachte nach, ob er die fünf Pfund Sayyida geben oder für sich behalten solle" [SP].

Als Kreuzung zwischen Objektsatz und Fragesatz ist die Einführung mit *inn* zu sehen: *illi ybayyinlak innu bintī walla walad huwwa lḥammām* „was dir zeigt, ob es ein Mädchen oder ein Junge ist, ist das Bad" [SP]; *yarēt aʿraf innuhum ḥayīgu walla la'* „ich wollte, ich wüßte, ob sie kommen oder nicht" [SP].

8.1.6.1.3 Untergeordnete Ergänzungsfragen

Die Position der Fragewörter folgt den gleichen Regeln wie im unabhängigen Fragesatz. Sie stehen da, wo der erfragte Satzteil steht, können aber auch aus Gründen der Expressivität den Fragesatz einleiten: *ḥa'ullik hiyya malṭūṭa b-anhi ginn* „ich will dir sagen, von welchem Zār-Dämon sie besessen ist" [ST]; *ana ʿarfa 'addī 'ē waldak kān ġāli ʿalēk* „ich weiß, wie teuer dir dein Vater war" [ST]; *fahhimīni fēn iggamāʿa* „erklär mir, wo die Familie ist" [ST]; *šufti ttasrīḥa ḥilwa ʿalēki zzāy!* „siehst du, wie gut dir die Frisur steht!" [MF]; *fikrik Fahīm yikūn ṭalla' miṛātu lē?*

„was meinst du, warum Fahīm wohl seine Frau verstoßen hat?" [ST]; *huwwa nta miš ʿārif ana mīn?* „weißt du etwa nicht, wer ich bin?" [SP].

Mit Vorwegnahme: *irfaʿīha šwayya lamma ašufha tbān izzāy wi hiyya mitʿalla'a* „heb sie ein wenig hoch, damit ich sehe, wie sie aussieht, wenn sie aufgehängt ist" [ST]; *ʿāyiz iṛṛabʿa tiʿmil bīha 'ē* „was willst du mit der vierten tun?" [SP].

Selten wird der Fragesatz vorangestellt: *innama byištaġal 'ē hnāk ma-ʿṛafš* „aber was er dort für eine Arbeit hat, weiß ich nicht" [ST].

8.2 Ausrufesätze

Ausrufesätze sind formal nicht von rhetorischen Fragen zu unterscheiden, s. oben 8.1.5, und können ebenso mit bestimmten Fragewörtern verknüpft sein. Es treten auch dieselben Satztypen auf wie bei diesen. Der Unterschied liegt vor allem in der Intonation.

8.2.1 Lexikalische Mittel

Immer nachstehend findet sich *izzāy* im Sinne des Ausrufs „wieso denn ...!", eigentlich „wie kommst du dazu zu sagen ...!": *fiḍīḥa izzāy?* „wieso denn ein Skandal!" [ST]; *ma-fīš dāʿi zzāy?!* „was heißt hier, es gibt keinen Anlaß!" [ST]. In ähnlichem Sinne auch nachstehendes *ē* „was heißt hier ...!": *miggawwiz 'ē wi mṭalla' 'ē? ana miš fahma ḥāga xāliṣ!* „was heißt hier verheiratet, was heißt hier geschieden! Ich verstehe gar nichts mehr!" [ST].

Voranstehend und den Grad der Bewunderung oder des Entsetzens angebend *'addi 'ē* „wie sehr ...!": *ya salām 'addi 'ē iggawwi ẓarīf hina!* „wie ist die Atmosphäre doch nett hier!" [MF]; *'addi 'ēh issitti di gamīla!* „wie schön ist doch diese Frau!" [SB]. Mit *yāma* „wie oft ...!" für die Frequenz: *yāma txani'tu maʿa baʿḍ!* „wie oft habt ihr miteinander gestritten!" [SP]; *yāma kkallimti maʿāki ʿanha!* „wie oft habe ich mit dir darüber gesprochen!" [SP].

Mit *amma* „was für ein ...!": *amma ḥittit film!* „was für ein Film!" [MF]; *amma ḥaṛṛ!* „was für eine Hitze!" [ME]. Zu Ausrufen mit *yādi s.* 4.4.5.

8.2.2 Syntaktische Mittel

Mit einleitendem Pronomen der 3. Person und dem Subjekt in Nachtragstellung: *hiyya kida l'igṛa'āt!* „so sind sie nunmal, die Maßnahmen!" [MF]; *hiyya di lḥa'ī'a!* „das ist die Wahrheit!" [ST]; *huwwa da ttamsīl!* „das ist Schauspielkunst!" [ST].

Oft auch in Form von Spaltsätzen: *huwwa da lli ana miš ʿarfu!* „das ist es, was ich nicht weiß!" [MF]; *miš da lli ana ʿawzu!* „das ist es nicht, was ich will!" [ME].

Als Subjektsatz eingeleitet mit *inn* emphatisch vorangestellt: *inni aṭallaʿ ilʿafrīt min ʿalēha, mustaḥīl!* „daß ich ihr den Dämon hätte austreiben können, unmöglich!" [ST]; *inn ilbitti tlīn, 'abadan!* „daß das Mädchen nachgeben würde, ausgeschlossen!" [ST].

8.3 Wunschsätze

8.3.1 Ohne einleitende Partikel

In Wunschsätzen wird das y-Imperfekt gebraucht, so in allerlei Phrasen mit Segnungen und Verwünschungen, s. 5.7.1.2 g. Segnungen: *tislam 'īdak* „möge deine Hand heil bleiben!"; *allā yirḥamu* „Gott erbarme sich seiner!"; *ṛabbina ma-ywarrīk sāʿa zayyídi* „möge der Herr dich keine Stunde wie diese erleben lassen!" [ST]. Verwünschungen: *yixrib bētak!* „verdammt nochmal! (= möge er dich ruinieren!)"; *'abṛi ylimmak!* „ins Grab mit dir!"; *muṣība lamma tšīlak* „ein Unglück raffe dich hinweg!". Mit Paronomasie als ärgerliche Replik auf ein Wort: *ya Ṣafiyya! – yiṣaffūk fi maṣfit il'ūṭa* „Ṣafiyya! – Durchs Tomatensieb möge man dich seihen!" [ST].

Oft werden Wunschsätze mit einer Invokation wie *waḷḷāhi* „bei Gott", oder *wi nnabi* „beim Propheten", *wi ḥyātak* „bei deinem Leben", *in šā' aḷḷāh* „so Gott will" etc. eingeleitet: *wi nnabi ya Šēx ʿAbd isSalām ti'ṛāli lwara'a di?* „beim Propheten, Scheich ʿAbd isSalām, könntest du mir diesen Zettel vorlesen?" [SP]; *in šā' aḷḷāh il'aḥwāl tikūn mašya kwayyis maʿāk* „hoffentlich geht es gut mit dir!" [ST].

Bei Vergangenheitsbezug mit *kān*: *kunt aḥibb tismaʿi kkalām da min ġēri* „ich hätte gern gehabt, daß du das von jemand anderem als mir hörtest" [ST]; *ṭalla'ni yaʿni xalāṣ kulli šē' benna ntaha, ṭab kān yistanna lamma axrug wi baʿdēn yiṭalla'ni zayyi ma huwwa ʿāyiz* „und er schied mich, d.h. Schluß, alles zwischen uns ist aus, nun gut, hätte er doch gewartet, bis ich herauskomme, dann hätte er mich scheiden können wie er will" [ST]. Mit *kān* + Perfekt: *Hanā' ya sitti mitšaʿla'a fiyya, alla tīgi maʿāya – kunti gibtīha* „Hanā', gnädige Frau, war nicht mehr loszukriegen, sie wollte doch mitkommen! – Hättest du sie doch mitgebracht!" [ST]; *ya retni ma kutti rgiʿt* „wäre ich doch nicht zurückgekehrt!" [ME]. S. auch *kān* + Imperativ 5.7.2.1.1.6 und 8.3.4.

In einigen festen Phrasen auch mit Perfekt: *ʿāš mīn šāfak!* „möge leben, wer dich gesehen hat!" (gesagt, wenn jemand lange abwesend war); *ṛaḥimakumu ḷḷāh* „Gott erbarme sich eurer!" (gesagt, wenn jemand niest); *'ūmi 'āmit 'iyamtik!* „steh auf! Möge dein Jüngster Tag angebrochen sein!" [ST]. Oft auch, wenn vorher genanntes Wort wieder aufgenommen wird: *Ṣafiyya ya ḥabibti! – ḥabbak burṣi w ʿašaṛa xurṣ* „Ṣafiyya, mein Liebling! – Ein Gecko soll dich lieben und zehn Stumme!" [ST]; *ruddi ya walad ṛaddit ilmayya f-zōrak!* „antworte, Junge, dir soll das Wasser im Hals stecken bleiben!" [ST]. Ähnlich wird auch *lamma* + y-Imperfekt gebraucht, s. 8.3.2.7.

Auch Nominalsätze mit vorangehendem Prädikat (P + S) wie in *malʿūn abu di šuġlāna!* „verflucht sei der, der uns das eingebrockt hat!" [ST].

8.3.2 Mit einleitender Partikel

8.3.2.1 *yarēt*

Auf die Wunschpartikel *yarēt* folgt ein einfaches Imperfekt oder Perfekt für die Zukunft, für die Vergangenheit ebenfalls Perfekt oder *kān* mit Perfekt. Als Negationspartikel dient wie in allen emphatischen Sätzen *ma-*. *yarēt* kann mit Suffixen versehen werden:

Mit Imperfekt mit Bezug auf Gegenwart oder Zukunft: *yarētu ykūn lissa ḥayy* „wäre er doch noch am Leben!“ [ST]; *yarētak tīgi tištaġal maʿāna* „wenn du doch mit uns arbeiten würdest!“ [SP]. In gleicher Bedeutung findet sich auch das Perfekt: *yarētu ma kān abūya* „ach, wäre er doch nicht mein Vater!“ [ST]; *yarētu kān lissa ʿāyiš* „wenn er doch noch am Leben wäre!“ [ST].

Mit Perfekt für die Vergangenheit: *yaretni ma ṭliʿti bint!* „wenn ich doch kein Mädchen geworden wäre!“ [SP]. Mit *kān* + Perfekt: *yaretni kunti nimti ṭūl ʿumri* „ach hätte ich nur mein ganzes Leben lang geschlafen!“ [ST]; *yarētak kunti šuftu ya Mitwalli!* „hättest du ihn nur gesehen, Mitwalli!“ [ST].

8.3.2.2 *iyyāk*

iyyāk „hoffentlich“ mit y-Imp. leitet ebenfalls Wunschsätze ein, die sich sowohl auf die Zukunft wie auf die Vergangenheit beziehen können: *iyyāk yigilna minha fayda* „hoffentlich haben wir einen Nutzen davon!“ [ST]. Auch im untergeordneten Satz: *ʾumt atmašša fi lʾōḍa iyyāk yigīli nōm* „ich begann im Zimmer auf und ab zu gehen, damit mir der Schlaf kommen möge“ [ST]. Als *iyyakš* mit der Fragepartikel *-š* und einer semantischen Entwicklung zum Ausdruck der Beliebigkeit: *mahu nās kitīr baʾu yʾūlu f-nafsuhum w ana māli, iyyakši tiwlaʿ, ištaġalti ma štaġalt* „viele Leute begannen sich zu sagen, was geht es mich an, von mir aus kann es abbrennen, ob ich nun arbeite oder nicht“ [SP].

Mit folgendem Perfekt oder Partizip als Befürchtung, die geradezu den Sinne eines Verbots annehmen kann: *iyyāk nisīt innak akbaṛ minni b-ʿišrīn sana* „hoffentlich hast du nicht vergessen, daß du zwanzig Jahre älter als ich bist“ [ST]; *iyyāk fākir mahiyyitak tikfīna* „denk bloß nicht, daß dein Gehalt uns reicht!“ [ST], s. dazu auch 5.7.1.7.7.

8.3.2.3 *gak* und *gatak*

Verwünschungen werden *gak* und *gatak* „es soll dich überkommen“ eingeleitet. Daß bereits Grammatikalsierung zur Partikel eingetreten ist, zeigt der Umstand, daß diese vor mask. wie fem. Subjekt stehen können: *gak ilhamm!* ~ *gatak ilhamm* „Sorgen sollen dich überkommen!“ [ST]; *gak ẓuġuṭṭa tuʾṣuf raʾabtak* „ein Schluckauf soll dir das Genick brechen!“ [ST]; *gatak wagaʿ fi ʾalbak!* „Herzschmerz treffe dich!“ [ME]; *gatak ilʾaṛaf!* „Ekel überkomme dich!“ [ME]; *gatak ilbala!* „Unglück soll dich treffen!“ [ME].

Sind die Betroffenen fem. oder pl. oder folgt kein Suffix, so wird nur *gat* gebraucht: *gatik ilhammi f-ummik* „Sorgen sollst du kriegen mit deiner Mutter!“ [SP];

gatku dahya „ein Unglück soll über euch hereinbrechen!“ [ST]; *gat dōl ilġamm!* „Sorgen sollen diese überkommen!“ [SP].

8.3.2.4 *aḥsan ~ laḥsan*

Befürchtungssätze und damit der Wunsch, daß etwas nicht der Fall sein möge, können auch durch *aḥsan ~ laḥsan* eingeleitet werden, das mit „hoffentlich nicht“ wiedergegeben werden kann: *muṣība, ʾaḥsan yikūnu ʾabaḍu ʿala ʾAmīna* „eine Katastrophe, hoffentlich haben sie nicht ʾAmīna verhaftet!“ [ST]; *aḥsan yikūn ʿawwaṛak!* „hoffentlich hat er dich nicht verletzt!“ [ME].

8.3.2.5 *inšaḷḷa*

inšaḷḷa, verkürzt aus *in šāʾ aḷḷāh* „wenn Gott will“, leitet Wunschsätze ein: *ḥaddi gaṛālu ḥāga? – axūk Aḥmad inšaḷḷa tʿīš!* „ist jemandem etwas passiert? – Dein Bruder Aḥmad, mögest du leben! [d.h. er ist gestorben]“ [MF]; *inšaḷḷa ma-tšufši wiḥiš* „möge dich nichts Übles überkommen!“ [ME]. Mit der Negationspartikel *ma* bezeichnet es die Irrelevanz im Sinne von „von mir aus nicht“: *miš ḥakkallim ʾilla ʾuddām ilmaḥkama – inšaḷḷa ma-kkallimt* „ich will nur vor dem Gericht reden! – Von mir aus brauchst du nicht zu reden!“ [ST]; *ya tismaʿūhum ya ʾinšaḷḷa ma smiʿtūhum* „entweder ihr hört sie oder von mir aus hört ihr sie auch nicht“ [ST]. S. dazu und zu gleichbedeutendem *ʿannu ma* 5.7.1.1.1.2 b.

Schließlich tritt es noch als Fokuspartikel im Sinne von „und sei es ...“ auf: *iwʿa tʾūl liḥaddi ʿala ʿunwanna, inšaḷḷa yikūn safīr maṣr!* „sag bloß niemand unsere Adresse, und sei es auch der ägyptische Botschafter!“.

8.3.2.6 *ḥabbaza*

Nicht selten wird auch das aus dem Harab. entlehnte *ḥabbaza* verwendet: *wi ḥabbaza law tiʿmilli sandawitš* „wie schön wäre es, wenn du mir ein Sandwich machen würdest!“ [ST]; *wi ya ḥabbaza law mūgaz ʾanbāʾ issāʿa ʿašaṛa* „und wenn es doch die Kurznachrichten von zehn Uhr wären!“ [ST].

8.3.2.7 *lamma*

Ausrufe mit *lamma* + y-Imperfekt beinhalten meist eine Verwünschung: *muṣība lamma tšīlak* „hol dich ein Unglück!“ [ME]; *milyūn ʿafrīt lamma yirkabūk* „mögen eine Million Dämonen in dich fahren!“ [ST]. So immer bei Repliken, bei denen ein Wort aus der Vorrede wieder aufgenommen wird: *aḥilli ʿannik izzāy ya Sithum, wi nnāṛ ilwalʿa? – nāṛ lamma tiḥraʾ badanak* „wie soll ich von dir lassen, Sithum? Und das brennende Feuer [der Liebe]? – Ein Feuer, das dir den Leib verbrennen soll!“ [ST]. Gerne sind diese Repliken dann paranomastisch, was zu komischen Effekten führen kann: *laʾ – laʾʾa lamma tluʾʾak* „nein! – Ein Nein, das dich scheppern lassen soll!" [ME]. Solche werden oft mechanisch geformt und sind nicht wörtlich übersetzbar wie z.B. *mat-bassi ya bitti ya Saniyya! – bitti lamma tbittak!* „jetzt reicht es aber, Mädchen, Saniyya! – Ein ‚Mädchen‘, für das du die Krätze kriegen sollst!“ [ST]. Vgl. auch oben 8.3.1 Ende, 9.5.1.

8.3.3 Bedingungssätze als Wunschsätze

Ein Wunsch kann durch einen Bedingungssatz (s. 9.1) mit *law* + y-Imperfekt ausgedrückt werden: *ʾāh law aʿṛaf wilād ilḥaṛām mīn dōl!?* „ach wenn ich nur wüßte, wer diese Verbrecher sind!" [ST]. Kontrafaktisch in der Vergangenheit mit *kān* + Perfekt: *bassi law ma-kanši ṭiliʿ* „wenn er doch nicht heraufgekommen wäre!" [SP].

8.3.4 *kān* + Imperativ

Die VP aus *kān* + Imperativ stellt ebenfalls einen Wunschsatz dar und bezieht sich stets kontrafaktisch auf die Vergangenheit: *kunti ʾulli innak ʿāyiz ginē kunt iddetū-lak* „hättest du mir doch gesagt, daß du ein Pfund willst, dann hätte ich dir eins gegeben!" [ST]; *kunt irḥam binti ʿašān ṛabbina yirḥamak* „hättest du dich doch meiner Tochter erbarmt, damit der Herr sich deiner erbarmt!" [ST]; *kuntu hatuhāli mi lʾawwil* „hättet ihr sie mir doch von Anfang an gebracht!" [ST]. S. auch oben 5.7.2.1.1.6.

9.0 Syntax VII: Untergeordnete Sätze

9.1 Bedingungssätze

Bedingungssätze bestehen aus einem uS (Vordersatz oder Protasis) und einem Hauptsatz (Nachsatz oder Apodosis), die semantisch dergestalt aufeinander bezogen sind, daß die Gültigkeit des Hauptsatzes von der Erfüllung der Bedingung im Vordersatz abhängt. Diese kann vom Sprecher verschieden gesehen werden: (a) als möglich und realistisch wie im realen Bedingungssatz (s. 9.1.1), (b) als wenig wahrscheinlich und hypothetisch wie im irrealen Bedingungssatz, oder (c) als unmöglich und den wahren Verhältnissen widersprechend wie im kontrafaktischen Bedingungssatz. Da (b) und (c) eine entscheidende strukturelle Gemeinsamkeit aufweisen – in beiden Fällen leitet *kān* den Hauptsatz ein – werden sie unter ‚Irreale Bedingung' (s. 9.1.2) zusammengefaßt.

9.1.1 Reale Bedingung

9.1.1.1 Vordersatz

iza, law und das weniger geläufige *in* leiten reale Bedingungssätze ein. Darauf folgt im Vordersatz das Perfekt oder *kān* mit einer anderen Verbalform, einer NP oder einer Präpositionalphrase.

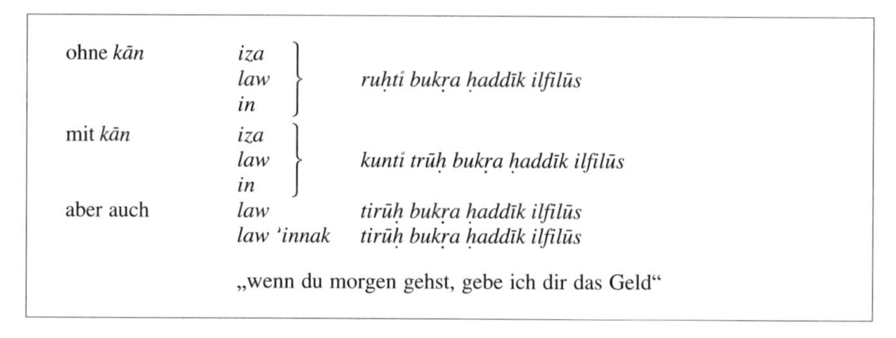

ohne *kān*	*iza* / *law* / *in*	*ruḥti̊ bukṛa ḥaddīk ilfilūs*
mit *kān*	*iza* / *law* / *in*	*kunti̊ trūḥ bukṛa ḥaddīk ilfilūs*
aber auch	*law*	*tirūḥ bukṛa ḥaddīk ilfilūs*
	law 'innak	*tirūḥ bukṛa ḥaddīk ilfilūs*
		„wenn du morgen gehst, gebe ich dir das Geld“

iza bei Gegenwartsbezug: *iza ṭalabik hizzi dmāġik* „wenn er dich auffordert, schüttle den Kopf!“ [SP]; *iza ma-dafaʿš il'aqsāṭ ilba'ya ḥayīgu yšilūha* „wenn er die restlichen Raten nicht zahlt, wird man ihn wegholen“ [ST]; *iza ma-kuntiš inta ḥatxaṛṛagu ana ḥaxaṛṛagu* „wenn du ihn nicht hinausschaffen willst, werde ich ihn hinausschaffen“ [ST]. Mit dem Subjekt direkt folgend: *iza ššaʾʾa ma-nafaʿitši̊ ḥanlā'i ġerha b-'izn illāh* „falls die Wohnung nichts taugt, finden wir, so Gott will, eine andere“ [ST]. Bei Vergangenheitsbezug mit *kān* + Perfekt im Vordersatz: *iza kānit il'izāʿa lissa ma-zaʿithāš wala ttilivizyōn kamān yib'a ana smiʿtaha fēn?*

„wenn es das Radio noch nicht ausgesendet hat und das Fernsehen auch nicht, wo soll ich es dann gehört haben?" [ST].

in bei Gegenwartsbezug: *in la'ēt ḥāga kallimni* „wenn du etwas findest, sag es mir!" [ST]; *in ma-ggawwiztīš ḥaḥra' rūḥi* „wenn du nicht heiratest, verbrenne ich mich!" [ST]. *in* herrscht in den ländlichen Dialekten vor und überwiegt auch in älteren Texten bis in die 30er Jahre. In Beteuerungen und Schwüren ist *in* andererseits sehr geläufig: *wallāhi in ḥaṣal li Šafʿi ḥāga la-katba fīk balāġ* „bei Gott, wenn Šafʿi was passiert, dann zeige ich dich schriftlich an!" [ST]; *aḥla' sitta būṣa min šanabi in hum 'iblu sti'altak*; „ich will sechs Zoll von meinem Schnurrbart abrasieren, wenn sie deinen Rücktritt annehmen!" [ST]. Ebenso in Sprichwörtern: *in diblit ilwarda riḥitha fīha* „auch wenn die Rose welkt, ihr Duft bleibt"; *in fātak ilmīri tmardaġ fi turābu* „wenn die Regierung bei dir vorbeigeht, dann wälze dich in ihrem Staub [= tu alles, um ein Regierungsbeamter zu werden!]".

law bei Gegenwartsbezug: *law la'enāha lissa txīna šwayya, nizawwid kamān šuwayyit šurba* „wenn wir sie noch ein bißchen dick finden, tun wir noch ein wenig Brühe daran" [MA]; *law ma-ṭliʿtiš ana ḥaḥra'ak* „wenn du nicht ausfährst, verbrenne ich dich" [MA]. Nach *law* kann jedoch auch das y-Imperfekt oder ein Nominalsatz folgen: *law tismaḥ* „wenn du gestattest" [ST] = *law samaḥt*; *innama huwwa law mawgūd, ana ma-ruḥš* „aber wenn er da ist, gehe ich nicht hin" [ME].

Anmerkung: Gelegentlich kongruiert *kān* nicht: *iza kān inta min awwil yōm lawīli būzak* „wenn du mir gegenüber vom ersten Tag an das Maul verziehst" [SP].

Zu den untergeordneten Entscheidungsfragen mit *iza* und *in* s. 8.1.6.1.2.

9.1.1.2 Nachsatz

Im Nachsatz folgen je nach Sachlage der Imperativ, y-Imperfekt oder *ḥa*-Imperfekt, s. die Beispiele oben. Mit aktivem Partizip: *law ma-ntāš ʿāwiz nafsak ya ʿAli, ana ʿayzāk* „wenn du dich selbst nicht willst, ich will dich! [ST]. Bei Schwüren und Beteuerungen kann der Nachsatz zum besonderen Nachdruck mit *la-* eingeleitet werden: *'asaman ʿaẓaman law rigiʿti la'ēt ḥadd iʿtada ʿala ḥaddi la-aftaḥ dimāġu* „wenn ich zurückkomme und finde daß jemand einen anderen angegriffen hat, dem reiß ich den Kopf ab!" [ST]; *wallāhi lʿaẓīm in ma xtašēt ʿala dammak la-akūn 'alʿa lli f-rigli* „bei Gott, wenn du dich nicht schämst, dann zieh ich aus, was ich am Fuß trage" [ST]. Mit voranstehendem Nachsatz: *ana 'āsif law kunti dayi'tak* „tut mir leid, wenn ich dich geärgert haben sollte" [ST].

9.1.2 Irreale Bedingung

Irreale Bedingungssätze geben an, daß der Sprecher (1) die Bedingung für hypothetisch hält, oder (2) daß sie den Fakten widerspricht. Syntaktisch sind diese Sätze in erster Linie dadurch gekennzeichnet, daß der Nachsatz durch *kān* eingeleitet wird. Folgt diesem ein Perfekt, so ergibt dies kontradiktorischen Sinn für die Vergangenheit. In allen anderen Fällen handelt es sich um hypothetische Bedingungen, deren Wahrscheinlichkeit auf Erfüllung als gering eingeschätzt wird.

9.1.2.1 Vordersatz und Nachsatz
Als einleitende Partikel dienen *law, iza* und seltener *in*; in schriftlichen Quellen überwiegt *law* bei weitem. Zu Wunschsätzen s. oben 8.3.3.

a. hypothetisch	*law* / *iza* / *in*	*kunt ašūfu kunt aḍrabu*
	„wenn ich ihn sähe, würde ich ich ihn schlagen“	
b. kontrafaktisch	*law* / *iza* / *in*	*kunti šuftu, kunti ḍarabtu*
	„wenn ich ihn gesehen hätte, hätte ich ihn geschlagen“	

a. Hypothetische Bedingungen beziehen sich auf Gegenwart oder Zukunft. Im Vordersatz steht meist *kān* + y- oder ḥa-Impferfekt, Partizip oder Prädikatsnomen und im Nachsatz ebenso: *ana law ma-kuntiš maṣri kunt atmanna inni akūn maṣri* „wenn ich kein Ägypter wäre, würde ich mir wünschen, einer zu sein“ [MF]; *law kunti fākir kunt aʾullak* „wenn ich mich erinnern würde, würde ich es dir sagen“ [MF]]. Doch kann *kān* im Vordersatz auch fehlen: *law ʾultilu kān ḥayāxud minni ḥaʾʾ iddibla* „wenn ich es ihm sagen würde, würde er mir das Geld für den Ring abnehmen“ [ST]; *law fi ḷambāt maḥrūʾa fi lfawanīs nigayyaṛha* „wenn es durchgebrannte Birnen in den Lampen gibt, tauschen wir sie aus“ [SP].

b. Kontrafaktische Bedingungen, die sich auf die Vergangenheit beziehen, enthalten *kān* + Perfekt im Vordersatz und ebenso im Nachsatz: *law kān ʾalli kutti ʾultilik* „wenn er es mir gesagt hätte, hätte ich es dir gesagt“ [ME]; *in ma-kuntīš gēti kunti zʿilti minnik xāliṣ* „wenn du nicht gekommen wärst, wäre ich sehr böse auf dich geworden“ [ST]. Gilt der Vordersatz auch für die Gegenwart, kann auf *kān* auch eine andere Verbalform als das Perfekt folgen: *iza kunti bitḥibbini b-ṣaḥīḥ kunt iggawwiztini min zamān* „wenn du mich wirklich lieben würdest, hättest du mich schon lange geheiratet“ [MF].

law kann auch ohne *kān* im Vordersatz Kontrafaktizität ausdrücken: *law hatuxrug kānu ʾalulha ʿala ṭūl* „wenn sie entlassen werden sollte, hätten sie ihr das sofort gesagt“ [ST]; *law ilwaʾti miš mitʾaxxaṛ kunti xadti hdūmi wi nzilt* „wenn es nicht schon so spät wäre, hätte ich meine Sachen gepackt und wäre gegangen“ [ST].

Nach *law* kann auch ein durch *inn* eingeleiteter Nominalsatz folgen: *law ʾinn ilʿaṛabiyya di ʿandina hina f-maṣr, kān ilmutūr itfakk w itʿamallu ʿamṛa kamla*

„wenn das Auto hier bei uns in Ägypten wäre, hätte man den Motor auseinandergenommen und vollständig überholt“ [SP].

Obligatorisch steht *in* in *'alīl in ma* „wenig hätte gefehlt und ...“ und ähnlichen Ausdrücken: *da 'alīl in ma-ġayyaṛš ismu* „wenig hätte gefehlt und er hätte seinen Namen geändert“.

A n m e r k u n g : Die obigen Regeln werden nicht immer befolgt und der Nachsatz wird nicht durch *kān* eingeleitet. Die Irrealität ist aber aus dem Kontext zu verstehen, wie in *ana law ʿandi lli ʿandik ma-fakkaṛš aggawwiz* „wenn ich das hätte, was du hast, würde ich nicht ans Heiraten denken“ [ST]; *law kunt aṭlub dilwa'ti tnāmi wayyāya tirḍi* „wenn ich jetzt von dir verlangen würde, daß du mit mir schläfst, würdest du einwilligen?“ [SP].

9.1.2.2 *lōla*

Auf *lōla* „wenn nicht ...“, das stets irreale Bedingungssätze einleitet, kann ein einzelnes Nomen folgen: *lōla bint ilʿaṭṭār ma-kunti ʿrift aṛawwaḥ l-ahli tāni* „wenn die Tochter des Drogisten nicht gewesen wäre, hätte ich nicht mehr zu meiner Familie heimkehren können“ [SP]; *lōla kida kunti waddethum kulluhum issign* „wenn dem nicht so gewesen wäre, hätte ich sie alle ins Gefängnis gebracht“ [ST]. Es kann auch suffigiert werden als *lolāk, loyāya* etc. „wenn ... nicht gewesen wäre, ... ; wenn ... nicht wäre, ... “: *lolāk ya kummi ma-kaltiš ya fummi* „wenn du nicht wärst, o mein Ärmel, würdest du nicht essen, o mein Mund“ [Sprichwort]. Auch *lōla 'inn*: *lōla 'innaha 'alašit min ʿala riglu kān 'ambilha fi ggōn* „wenn er ihm nicht vom Fuß gesprungen wäre, hätte er ihn ins Tor gebombt“ [ME].

Mit folgendem Verbalsatz: *lōla 'ana waṣalt kān mawwitha* „wenn ich nicht gekommen wäre, hätte er sie umgebracht“ [MF]; *ana lōla m'addaṛ mawqifak kunt itṣarrafti maʿāk taṣarruf tāni* „wenn ich nicht deinen Standpunkt respektieren würde, wäre ich anders mit dir umgesprungen“ [ST].

A n m e r k u n g : Nicht selten kommt auch *lōma* in gleicher Funktion vor: *lōma lʿēba kunt azaʿʿa'* „wenn es nicht eine Schande wäre, würde ich schreien“ [ST]; *wi kānu ḥayiḍrabu baʿḍ lōma rriggāla ḥašūhum* „sie hätten einander beinahe verprügelt, wenn die Männer sie nicht zurückgehalten hätten“ [ST]. Eine andere Variante ist *lolāš* wie in *wi makanhum iṭṭabīʿi lXanka lolāš bass iddakatra btūʿ itta'mīn iṣṣiḥḥi miš šayfīn šuġluhum* „ihr natürlicher Platz wäre [das Irrenhaus in] ilXanka, wenn nur die Ärzte der Krankenversicherung ihre Arbeit [ordentlich] tun würden“ [SP].

9.1.3 Konditionales *lamma*

Auch das eigentlich temporale *lamma* „wenn, als“ kann mit einer konditionalen Implikation gebraucht werden. Bei den Nachsätzen handelt es sich oft um Fragesätze: *lamma ana baṭaffiš iggawwiztini lē?* „wenn ich also zum Davonlaufen bin, warum hast du mich dann geheiratet?“ [ST]; *lamma huwwa bni ḥittitak kunti bitballaġ ʿannu lē?* „wenn er aus deinem Viertel ist, warum hast du ihn dann angezeigt?“ [ST].

9.1.4 *illa ma* „es sei denn, daß“

illa ma, eigentlich „außer wenn“, gewinnt nach negiertem Satz die Bedeutung „es sei denn, daß“: *ma-fīš di'ī'a illa ma titxan'um* „es gibt keine Minute, es sei denn, daß ihr streitet“ [ST]; *ma-fīš ḥāga warastaha illa ma biᶜtaha* „es gibt nichts, was ich geerbt habe, es sei denn, ich hätte es verkauft“ [ST]; *miš mumkin tila'ī hina 'illa ma nudur* „den kannst du hier nicht finden, es sei denn ganz selten“ [SB]. Zu *illa lamma ~ illa amma* s. 6.8.1.1.

9.1.5 Parataktische Bedingungssätze

In parataktischen Gefügen können die Teilsätze durch eine reale Konditionale Implikation verbunden sein: *nā'iṣ ᶜan igginēh mallīm, miš ḥabiᶜha* „fehlt ein Mallīm zu dem Pfund, verkaufe ich nicht!“ [ST]; *ma-fīš ġēr kida, ma-fīš ḥawādis ni'allif iḥna ḥadsa* „es gibt keine andere Möglichkeit: gibt es keine Unglücke, dann erfinden wir [eben] ein Unglück!“ [ST].

Als Vordersatz dient oft ein Imperativ, dem ein Satz folgt, der semantisch eine Folge ausdrückt und der aus einem asyndetischen y-Imperfekt besteht: *zayy issāᶜa l'utumatīk, hizzaha timši* „wie eine automatische Uhr, schüttle sie und sie läuft!“ [ST]; *w insi lhammi yinsāki* „und vergiß die Sorgen, dann vergessen sie dich“ [ST]. Der Nachsatz kann auch syndetisch mittels *wi* eingeleitet sein: *uhruši w ana agiblik kull illi nti ᶜayzā* „laß was springen und ich bringe dir alles, was du willst“ [ST]; *tiddīlu yāxud wi ma-yišbaᶜš* „wenn du ihm [etwas] gibst, nimmt er [es] und wird (doch) nicht satt“ [ST].

9.1.6 Disjunktive Bedingungssätze

Bei viergliedrigen disjunktiven Bedingungssätzen können der positive und der negative Satz einfach aufeinander folgen, wobei aus den Vordersätzen jeweils verschiedene Folgen resultieren: *iza kān mumkin tuxrug ḥayxaṛṛagūk w iza kān miš mumkin lāzim tistanna* „wenn du weggehen kannst, lassen sie dich weggehen, wenn du nicht kannst, dann mußt du warten“ [ST].

Im negativen Satz kann die Bedingungspartikel und eventuelles *kān* wegfallen: *iza gaṛālu ḥāga yib'a lba'yīn yišṛabu min ilbīr ittāni, ma-gaṛalūš ḥāga yib'a ᶜāl* „wenn ihm etwas passiert, dann trinken die Übrigen aus dem anderen Brunnen, passiert ihm aber nichts, dann ist das prima“ [ST]; *iza kuntᵊ tidfaᶜ diyūnak tirūḥ, ma-tidfaᶜšᵊ rāḥ tinḥibis* „wenn du deine Schulden bezahlst, kannst du gehen, bezahlst du sie [aber] nicht, wirst du eingesperrt“ [SG]. Mit konträrem Begriff anstelle des negativen Satzes: *in kān ḥalāl kalnā ḥaṛām kalnā* „wenn es erlaubt ist, essen wir es, ist es verboten, essen wir es auch“ [SP].

Schließlich können sie als parataktische asyndetische Gefüge auftreten: *tidfaᶜ asībak ma-tidfaᶜš amarmaṭ bīk tuṛāb il'arḍ* „zahlst du, so lasse ich dich los, zahlst du nicht, dann wisch ich mit dir den Dreck vom Boden auf“ [ST].

Wenn aus den beiden Vordersätzen die gleiche Folge eintritt, liegt ein konzessives Verhältnis der beiden Bedingungssätze vor: *ʿayyān barūḥ salīm barūḥ* „bin ich krank, gehe ich, bin ich gesund, gehe ich auch“ [ME]; *ḥaṛām kalnā ḥalāl kalnā* „[ist es] erlaubt, essen wir es, [ist es] verboten, essen wir es auch“ [ME]. S. unten 9.2.3.

9.2 Konzessivsätze

Konzessivsätze, die sich aus Bedingungssätzen herleiten, werden mit *walaw* „wenn auch“ oder *ḥatta walaw* „selbst wenn“ eingeleitet. *sawa ... ʾaw ~ walla ...*“ob ... oder ...“ bildet disjunktiv konzessive Sätze, die aber auch durch zwei Konditionale Vordersätze mit nur einem Nachsatz ausgedrückt werden können (dreigliedrige Konzessivsätze). Auch die Konjunktion *maʿa ʾinn* „obwohl“ leitet Konzessivsätze ein.

9.2.1 *walaw* „selbst wenn, wenn auch; wenigstens“

Für *walaw* tritt auch *walaw ʾinn* ein, und es kann mit *ḥatta* „sogar“ hervorgehoben werden: *walaw ilʾāḍi ma-saddaʾnīš saddaʾūni ʾintu* „wenn mir auch der Richter nicht glaubt, so glaubt ihr mir doch!“ [ST]; *w ana barḍu ḥaḥāwil addīha musakkināt walaw ʾinnaha miš ḥatfīd ʾawi* „ich werde auch probieren, ihr Beruhigungsmittel zu geben, wenn sie auch nicht viel nützen werden“ [ST]; *wal̤l̤āhi la-arkab ʾayyi ʾutubīs ḥatta walaw kān malyān* „bei Gott, ich werden jeden beliebigen Bus nehmen, selbst wenn er voll sein sollte“ [ST]; *ṛāgil ṭayyib walaw ʾinnu ʾaṭwāru ġarība šwayya* „ein guter Mann, wenn auch sein Verhalten etwas merkwürdig ist“ [ST].

walaw entwickelt sich weiter zu einer Konzessivpartikel „wenigstens“ und steht dann vor einzelnen Satzgliedern: *iddīni ḥaḍritik walaw ʾugrit ilʾaṭr* „geben Sie mir wenigstens die Zugkosten!“ [ST]; *iddīni walaw šuʿāʿ wāḥid min innūr illi kān biyimla ʾalbi zamān* „gib mir wenigstens einen Strahl von dem Licht, das mein Herz vor langer Zeit erfüllt hatte“ [ST]; *xallu fīh walaw taʿwīḍ basīṭ* „sie gaben dafür eine, wenn auch geringe, Kompensation“ [ST].

9.2.2 *sawa ... ʾaw ~ walla ...* „ob ... oder ...“

ilʾabwāb hina lāzim tinʾifil sawa kunna fi lbēt ʾaw fi lġēṭ „die Tore hier müssen geschlossen werden, gleich ob wir nun im Haus oder auf dem Feld sind“ [SP]. Verkürzt auf Satzteile: *sawa fi ġyābu walla fi ḥḍūru* „gleich ob es in seiner Ab- oder in seiner Anwesenheit ist“ [ME]; *ilʾūla di mašhūṛa ʾawi fi lmadāris kullaha, sawa ʾawlād aw banāt* „das ʾūla-Spiel ist sehr bekannt in allen Schulen, seien es Jungen- oder Mädchen[-Schulen]“ [MA].

9.2.3 Dreigliedrige Konzessivsätze

Bei dreigliedrigen Konzessivsätzen sind die beiden Vordersätze durch *walla* oder *ʾaw* verbunden, und es folgt ein Nachsatz. Da für beide Vordersätze die Möglichkeit besteht, wahr zu sein, wird als Schlußfolgerung impliziert, daß sie für den Wahrheitsgehalt des Nachsatzes irrelavant sind. Dreigliedrige Konzessivsätze können mit oder ohne einleitende Konditionale Konjunktion auftreten: *in kān ḥayidfaʿ walla ma-yidfaʿš, hiyya flūsak* „ob er zahlt oder nicht zahlt, [ist egal,] es ist doch dein Geld" [ST]; *yiktib walla ma-yiktibš, huwwa ḥurr* „ob er schreibt oder nicht schreibt, [ist egal,] er ist frei" [ST]; *ḥaṛām walla ḥalāl, ana ʾult ilfilūs tiḥill ilmašākil* „verboten oder erlaubt, [macht nichts aus,] ich habe [mir] jedenfalls gesagt, das Geld soll die Probleme lösen" [ST]. S. dazu oben 9.1.5.

Die disjunktiven Vordersätze folgen oft asyndetisch aufeinander: *bitḥibbaha ma-bitḥibbahāš, huwwa da maḥall usṭuwanāt* „ob du sie magst oder nicht magst, [ist egal,] ist das vielleicht ein Schallplattenladen?" [ST]; *tiġlaṭ ma-tiġlaṭš, miš šuġli* „ob sie es nun falsch macht oder nicht, [ist egal,] das geht mich nichts an" [MF]; *gaṛsōn ʿālim ma-yhimminīš* „ob Kellner oder Gelehrter, [ist egal,] das macht mir nichts aus" [ST].

9.2.4 *maʿa ʾinn* „obwohl"

ilmadmazēl samḥitak maʿa ʾinnak ma-tistahilš „das Fräulein hat dir verziehen, obwohl du es nicht verdienst" [ST]; *maʿa ʾinnu kān ʾayyamha mitʾaddimli nās min ʾaʿṛaq ʿāʾilāt ilbalad* „obwohl seinerzeit Leute aus den vornehmsten Familien der Stadt um mich angehalten haben" [ST]; *maʿa ʾinnu ġašīm wi ʿumru ma ʿamalha ʾabli kida* „obwohl er unbedarft war und es noch nie zuvor getan hatte" [SP].

9.3 Alternativsätze

Sätze, die mit *walla* ~ *waʾilla* „andernfalls, sonst" eingeleitet werden, geben die Folge an, die bei Negation des im vorangehenden Satz genannten Sachverhaltes eintreten würde. Alternativen dieser Art finden sich nach Aufforderungen, und zwar mit dem y-Imperfekt: *inta hāt issikkīna walla aʾūl l-abūk* „gib das Messer her, sonst sage ich es deinem Vater" [ST]; *ḥatiskuti walla awaddīki lʾaṛāfa ʿala ṭūl* „du wirst schweigen, sonst bringe ich dich sofort in die Totenstadt" [ST]; *ma-tinsāš tifāṣil maʿa lbayyāʿ waʾilla ḥayiḍḥak ʿalēk min ġēr šakk* „vergiß nicht mit dem Verkäufer zu feilschen, sonst legt er dich ohne Zweifel herein" [ST]. Mit *kān* jedoch bei Vergangenheitsbezug: *ʾaṣl iḥna ma-kunnāš mistaʿiddīn waʾilla kunna ʿamalna llāzim* „wir waren nämlich noch nicht bereit, sonst hätten wir das Nötige getan" [ST]; *waʾilla ḅāḅa kān ʾalli* „sonst hätte Papa es mir gesagt" [MF].

9.4 Finalsätze

Finalsätze geben an, in welcher Absicht und mit welchem Ziel der im übergeordneten Satz gegebene Sachverhalt ausgeführt wird. Sie können im Kairenischen syndetisch wie asyndetisch sein, und ihr Prädikat ist stets ein y-Imperfekt.

9.4.1 Syndetische Finalsätze

Zur Einleitung von Finalsätzen dient vor allem die Konjunktion *ʿašān* ~ *ʿašān xāṭir* „damit" bzw. „um zu": *bassi miš kitīr ʿašān ma-tibʾāš ḥarrāʾa ʾawi* „aber nicht viel, damit sie nicht sehr scharf wird" [MA]; *bastaʿiddi ʿašān aʾūm* „ich bereite mich vor, um aufzustehen" [SP]; *ninʾaʿu f-ṃayya w malḥ. šuwayya ṣġayyaṛa ʿašān xāṭir yibʾa sahl ilʾaliyya* „wir weichen es in Wasser und Salz ein. Ein klein wenig, damit es leicht gebraten werden kann" [MA]. Umgangssprachlich wird auch *lagl* in diesem Sinne gebraucht: *kānu biḥuṭṭūha fi zzīr lagli tisʾaʿ* „sie legten es zum Kühlen ins Wasserfaß" [SP]; *ma-tikkallimīš lagl ʿēnik tirūḥ fi nnōm* „sprich nicht, damit du einschläfst" [SP]. Nach Imperativen erhält auch *lamma* ~ *amma* finalen Sinn: *irfaʿīha šwayya lamma ašufha* „hebe sie ein bißchen hoch, damit ich sie sehe!" [ST]; *taʿāla lamma aʾullak* „komm her, damit ich es dir sage!" [ME]; *hāti īdik amma abusha* „gib mir deine Hand, damit ich sie küsse!" [ST].

A n m e r k u n g : Mit dem y-Imperfekt in seiner generellen Bedeutung ist *ʿašān* als kausal zu verstehen: *ʿayyaṭ, bassi min ġēr ṣōt ʿašān iṛṛāgil ma-yʿayyaṭš* „weine, aber still und leise, denn ein Mann weint nicht" [SP].

9.4.2 Asyndetische Finalsätze

Beinhaltet der übergeordnete Ausdruck bereits Finalität, kann auch ein asyndetisches y-Imperfekt folgen, so daß die beiden Möglichkeiten miteinander vertauschbar sind: *mustaʿidd aʿmil illi hiyya ʿayzā* „ich bin bereit zu tun, was sie will" [ST]; *fataḥt ittilivizyōn atfaṛṛag ʿala lmasṛaḥiyya* „ich machte den Fernseher an, um mir ein Theaterstück anzuschauen" [SP]; *argūk tiddīli furṣa akkallim!* „gib mit eine Chance zu sprechen!" [ST]; *gabha tištaġal maʿā hina* „er hat sie gebracht, damit sie mit ihm hier arbeitet" [ST]; *ma-mʿahši flūs yidfaʿ taman ilʾakl* „er hat nicht das Geld dabei, um das Essen zu bezahlen" [SP]; *muš laʾyīn yaklu* „sie finden nichts zu essen" [ST]; *indah abūk yākul maʿāna* „ruf deinen Vater, daß er mit uns ißt" [SP]. Besonders geläufig ist dies nach Bewegungsverben: *nizilt issūʾ aštiri wizza* „ich ging auf den Markt, um eine Gans zu kaufen" [SP]; *girīt bi surʿa aġsil wišši* „ich lief schnell, mein Gesicht zu waschen" [SP]; *ḥaxušš abusha* „ich werde hineingehen, um sie zu küssen" [ST]; *taʿāla awarrihālak* „komm, damit ich sie dir zeige!" [ST].

Nach indet. Substantiv, wenn ein pronominaler Rückweis erfolgt, ist der finale uS nicht zu unterscheiden von einem asynd. Relativsatz: *ṛabbina ddāna ʿaʾli nfakkaṛ bī* „Unser Herr hat uns einen Verstand gegeben, um damit zu denken [= womit wir denken können]" [MF]; *amma byiṭlaʿ biyḥuṭṭūlu šamʿa gamb iššamʿa di tiḥraʾu* „wenn er ausfährt, stellt man ihm eine Kerze neben diese Kerze, damit sie ihn verbrennt [= die ihn verbrennt]" [MA].

9.5 Konsekutivsätze

Konsekutive uS geben an, welche Folgen der Sachverhalt des üS hat. Sie sind nicht einfach von finalen uS zu unterscheiden, da sie auf dieselbe Weise gebildet werden, und nur der Kontext zur jeweiligen Interpretation führt.

9.5.1 Syndetische Konsekutivsätze

Konsekutive Interpretation von *ʿašān* bietet sich vor allem nach Fragen an: *ʿayyil ʿašān tidawwaṛu ʿalayya* „[bin ich etwa] ein Kind, daß ihr nach mir sucht?!" [MF]; *ana ʿamaltilak ʾē ʿašān tišawwaḥli?* „was habe ich dir getan, daß du so zu mir her gestikulierst?" [SP]; *inta ṣġayyar ya ʿAli ʿašān illi yʾullak taʿāla hina walla hina trūḥ maʿā!* „bist du etwa [noch] klein, daß du mit jedem, der sagt ‚komm hierher oder dorthin' mitgehst?" [ST]. Aber auch nach Aussagesätzen: *ana miš ṣuġayyaṛa ya ṃāṃa ʿašān tiḥasbīni ʿala kulli ḥāga aʿmilha* „ich bin nicht mehr klein, Mama, so daß du mich für alles, was ich tue, zur Rede stellen mußt" [ST].

Ebenso *lamma*: *xalāṣ iddinya xilṣit min irriggāla lamma aggawwizak inta* „es gibt wohl endgültig keine Männer mehr auf der Welt, so daß ich dich also heiraten muß!" [ST]; *ana ʿamaltilak ʾē lamma tiʿmil maʿāya kida* „was habe ich dir angetan, daß du das mit mir anstellst?" [SP]; *d-ana mitġāẓ lamma ḥaṭuʾʾ* „ich bin so wütend, daß ich gleich platze" [ST]; zu *lamma* in formelhaften Repliken, mit denen Worte oder ein Ansinnen entrüstet zurückgewiesen werden, s. 8.3.2.7. Und mit *lidaṛagit inn* „so sehr, daß": *lidaṛagit inni miš ʿārif huwwa lmafrūḍ aʾullaha ʾē* „so sehr, daß ich nicht weiß, was ich ihr sagen soll" [ST]; *min sinīn ya ʿammi, lidaṛagit inni ma-ftikrūš* „seit Jahren, Onkel, so sehr, daß ich mich nicht an ihn erinnere" [ST].

9.5.2 Asyndetische Konsekutivsätze

Auch asyndetisches y-Imperfekt kann konsekutiv verstanden werden: *ṭab w ana ẓambi ʾē atḥammil ilmasʾuliyya?* „gut, und was ist dann meine Schuld, daß ich die Verantwortung tragen soll?" [ST]; *ma-tʿallīš ṣōtak la-ykūn maʿāh silāḥ kida walla kida yiʾtilna* „schrei nicht so laut, nicht daß er irgendeine Waffe bei sich hat und uns tötet" [ST]; *lē ana kutti mġaffala aʿṭīhum ẓayyi ma yʾūlu* „warum hätte ich so dumm sein sollen, ihnen zu geben, wie sie sagten" [SP]; *kassil yiġaṭṭīha* „er war zu faul, um sie zu bedecken" [SP].

9.6 Befürchtungssätze

Der uS nach *xāf, yixāf* etc. „fürchten" kann mit *la-* und *aḥsan, laḥsan* (aus **la+aḥsan*), aber auch asyndetisch eingeleitet werden. In beiden Fällen mit y-Imperfekt: *xāyif laḥsan Nabīla tšufna* „ich fürchte, daß Nabīla uns sieht" [ST]; *xāf yidaxxalu guwwa lʿaṛabiyya* „er hatte Angst, sie in das Auto zu tun" [MA]. Wenn es sich um Befürchtungen bezogen auf die Zukunft handelt, kann im uS auch das *ḥa*-Imperfekt gebraucht werden: *ana xāyif ṣūrit Abu Dōma ḥatīgi ʿala ṭūl ʾuddām ʿenayya* „ich fürchte, daß das Bild von Abu Dōma mir direkt vor Augen kommt" [SP]. Bei Bezug auf vergangene oder ablaufende Sachverhalte dann mit *yikūn* mit der entsprechenden Verbalform: *xuft aḥsan tikūn misammima* „ich hatte Angst, daß sie vergiftet war" [SP]; *ana xāyif la-tkūn ilḥikāya di ʾana ʾalliftaha* „ich habe Angst, daß ich die Geschichte selbst ausgedacht habe" [SP]; *ana xāyif la-kūn baḥlam* „ich fürchte, daß ich träume" [MF]. *la-* braucht nicht unmittelbar vor dem Verb zu stehen: *muš xāyif la-mṛātak tiṭubbi ʿalēna?* „hast du nicht Angst, daß uns deine Frau überrascht?" [ST].

Auch nach *ḥāsib* „paß auf!" sind alle Möglichkeiten der Unterordnung gegeben: *ḥasbi ya binti la-tilmisīni* „paß auf, Mädchen, damit du mich nicht berührst!" [SP]; *ḥāsib ya ʿAbd isSalām aḥsan tifʾisak* „paß auf, ᶜAbd isSalām, sonst durchschaut sie dich!" [SP]; *ḥāsib ya ʿAbd isSalām laḥsan tinkišif* „paß auf, ᶜAbd isSalām, sonst wirst du entdeckt!" [SP]; *ḥāsib issamak yikūn bāyit* „paß auf, daß der Fisch nicht vom Vortag ist" [SG].

Befürchtungssätze liegen auch nach Aufforderungen vor: *limmi lsānak la-ḥatiʾlib ġammi ʿala nafūxak* „nimm deine Zunge zusammen, nicht daß du dir noch Kummer auf den Hals lädst" [SP]; *bi ṛṛāḥa la-tmūt* „langsam, damit sie nicht stirbt!"; *ma-tsibnīš li waḥdi laḥsan amūt* „laß mich nicht allein, sonst sterbe ich" [ST]; *iwʿa ʾīdi laḥsan ḥaṣarrax* „laß meine Hand los, sonst werde ich schreien" [ST]. Auch sonst nach üS, der eine Befürchtung aufkommen läßt: *anabbihu laḥsan yinsa nafsu* „ich will ihn warnen, damit er sich nicht selbst vergißt" [ST]; *ana ma-sibši farxiti l-waḥdaha la-ḥaddi yisraʾha* „ich lasse mein Huhn nicht allein, sonst stiehlt es noch jemand" [SP]; *gismi kullu byitriʿiš aḥsan akūn ʿamalti ḥāga wiḥša* „ich zitterte am ganzen Körper, daß ich vielleicht etwas Schlechtes getan haben könnte" [SP]; *ʾalʾāna aḥsan ma-ʿrafš akallim ʿAbdaḷḷa* „ich war besorgt, daß ich ᶜAbdaḷḷa nicht würde sprechen können" [SP].

Auch ohne üS leitet *aḥsan* wie *la-* mit folgendem *yikūn* Befürchtungssätze als Ausruf ein, die mit „daß ... nur nicht ...!, hoffentlich ... nicht ...!" wiedergegeben werden können: *aywa, hiyya, hiyya ma-fīš ġerha. aḥsan tikūn fiṭsit taḥt ilʿaṛabiyya* „ja, sie ist es, keine andere! Daß sie nur nicht unter dem Auto verendet ist! (Hoffentlich ist sie nicht ...!)" [ST]; *aḥsan yikūn ʿawwaṛak!* „hoffentlich hat er dich nicht verletzt!" [MF]; *ruḥti ṛafʿa ʾidayya ṭawwāli mdarya wišši, ʾulti la-ykūn ʿalēh ʿafrīt ismu ʾiḍrab* „ich hob meine Hände direkt, um mein Gesicht zu schützen. Ich sagte mir, er wird doch nicht von einem Dämon mit dem Namen ‚schlag zu!' besessen sein" [SP]. S. auch 5.7.2.1.2.1 e.

9.7 Temporalsätze

Temporalsätze sind Adverbialsätze und werden durch die entsprechenden Konjunktionen eingeleitet. Je nach der zeitlichen Lage des uS zum Hauptsatz sind vorzeitige, nachzeitige und gleichzeitige Temporalsätze zu unterscheiden. Zum temporalen Zustandssatz s. 9.16.

9.7.1 Vorzeitigkeit

Der Sachverhalt des uS liegt nach dem des Hauptsatzes. Zur Einleitung des uS stehen verschiedene Konjunktionen zur Verfügung, die möglichen Verbalformen entsprechen der Zeitlage der beschriebenen Sachverhalte. Zum vorzeitigen Zustandssatz s. 9.16.1.1.3.

9.7.1.1 „nachdem"
baʿdi̊ ma „nachdem" für Vergangenheit mit Perfekt und für Zukunft mit y-Imperfekt: (Vergangenheit) *ʾaʿad yiṛabbīha baʿdi̊ ma mātit uṃṃaha* „er zog sie auf, nachdem ihre Mutter gestorben war" [SP]; (Zukunft) *baʿdi̊ ma nḥammaṛ ilbidingān, niṭallaʿu nḥuṭṭu ʿala ʾayyi̊ ḥāga waraʾ* „nachdem wir die Auberginen angebraten haben, tun wir sie auf irgendetwas aus Papier" [MA].

9.7.1.2 „sobald, wie, sowie"
awwil ma „sobald, wie, sowie" gibt ebenfalls die unmittelbare Folge an und steht mit Imperfekt bei generellen Sachverhalten oder bei Gegenwartsbezug: *ʾawwil ma yiṣfaṛṛ, nirūḥ ḥaṭṭīn laban* „sobald es goldbraun wird, tun wir Milch darauf" [MA]; *filūsak ḥatitḥaṭṭilak fi lbanki̊ ʾawwil ma lmawḍūʿ yixlaṣ* „dein Geld wird dir auf die Bank gelegt, sobald die Sache zu Ende ist" [ST]. Mit Perfekt bei Vergangenheitsbezug: *ʾawwil ma daxalti̊ ʿalēhum baṭṭalu kalām* „wie ich hereinkam, hörten sie auf zu sprechen" [MF].

In gleicher Bedeutung *tawwi̊ ma* und *mugaṛṛad ma* mit Perfekt oder Imperfekt je nach Zeitlage: *tawwi̊ ma axlaṣ minnu ḥagīlak* „sowie ich mit ihm fertig bin, komme ich zu dir" [ST]; *tawwi̊ ma šafitni gat ʿala ṭūl* „sowie sie mich sah, kam sie sogleich" [ST]; *mugaṛṛad ma lʿaṛabiyya tidxul ilwarša yirūḥ nāṭiṭ ʿalēha magmūʿit mikanikiyya* „sowie das Auto in die Werkstatt kommt, stürzt sich eine Gruppe von Mechanikern darauf" [SP]. Ebenso *masāfit ma*: *da masāfit ma raʾad fi rīḥ Abu Zaṛṛa, ilmaġaṣ ṛāḥ ʿala ṭūl* „sowie er sich neben Abu Zaṛṛa gelegt hatte, ging das Bauchweh gleich weg" [ST].

9.7.1.3 *yadōb* „kaum ..., als ..."

Bei den Sätzen mit *yadōb* „kaum ..., als ..." handelt es sich um parataktische Gefüge. Der Satz mit *yadōb* leitet stets das Gefüge ein und ist im Gegensatz zu den untergeordneten Temporalsätzen nicht verschiebbar. Für die Vergangenheit steht hier das Perfekt, wie in *yadōb ʾalaʿti hdūmi bulīs ilʾadāb ṭabb* „kaum hatte ich meine Kleider ausgezogen, als die Sittenpolizei überraschend kam" [ST]. Bei habituellen Sachverhalten entsprechend mit dem bi-Imperfekt: *wi yadōbik biyīgi min iššuġli yḥuṭṭi ṛāsu ynām* „kaum kommt er von der Arbeit, da legt er schon seinen Kopf zum Schlafen hin" [ST]. Der Nachsatz kann mit *wi* + Perfekt angeschlossen werden: *yadōb riglēhum lamasit ʾarḍ igginēna wi smiʿna ṣarīxhum* „kaum hatten ihre Füße den Grund des Gartens berührt, als wir ihr Schreien hörten" [SP]. Ebenso *mugaṛṛad, wie in mugaṛṛad yomēn fātu wi Nabīl gih yisʾalni* „kaum waren einige Tage vergangen, als Nabīl kam und mich fragte" [SP]. Zu Gefügen mit *ma sadda'* in 5.7.3.2.3 f.

9.7.2 Nachzeitigkeit

Der Sachverhalt des uS liegt vor dem des Hauptsatzes. Der uS wird mit *ʾabli ma* „bevor" eingeleitet und bedingt ein y-Imperfekt: *ʾabli ma tiġli bi šwayya ṣġayyaṛa bingīb ṭāṣa ʿala nnaḥya ttanya min ilbutagāẓ* „kurz bevor es kocht, tun wir eine Pfanne auf die andere Seite des Gasherds" [MA]; *iʿmil ḥāga ya Ḥsēn ʾabl ilwād ʿiyāṛu ma yiflit* „tu was, Ḥisēn, bevor der Junge alle Maßstäbe verliert!" [ST] . So auch bei Vergangenheitsbezug: *ana ʾabli ma agīlik imbāriḥ ittaṣalti bi ttilifōn bi Sonya* „bevor ich gestern zu dir kam, rief ich Sonya an" [ST].

9.7.3 Gleichzeitigkeit

Hierfür stehen eine Reihe von Konjunktionen zur Verfügung wie *lamma, waʾti ma, sāʿit ma, waʾti ma, yōm ma, nahāṛ ma* „als, wenn, wie", *ṭūl ma* „so lange", *tawwi ma, awwil ma* „sobald", *kulli ma* „jedesmal wenn". Zum gleichzeitigen Zustandssatz s. 9.16.

9.7.3.1 *sāʿit ma* etc. „als, wie, wenn"

sāʿit ma, yōm ma, nahāṛ ma, waʾti ma „als, wie, wenn" mit Perfekt oder Imperfekt je nach Zeitlage: *wi sāʿit ma yīgi yimši iṭlaʿi maʿā* „wenn er weggeht, dann geh mit ihm" [ST]; *da ma-kanši hadafi yōm ma ttafaʾti maʿāk* „das war nicht mein Ziel, als ich [das] mit dir verabredete" [ST]; *iššahṛ illi fāt nahāṛ ma ṭliʿna ʿala ġābit bulunya* „vorigen Monat, als wir in den Bois de Bologne gingen" [SP]; *ma-ẓunniš innak kunti f maṣri waʾti ma ʾāl ...* „ich denke nicht, daß du in Ägypten warst, als er sagte ..." [SP]. Auch mit *wi* + Perfekt im Nachsatz: *ana sāʿit ma šuft ikkīs da wi rīʾi giri* „wie ich den Beutel da sah, lief mir das Wasser im Munde zusammen" [SP].

Ebenso *lamma ~ amma* „wenn, als": *ṣarraxit lamma šāfit iddammi nāzil min ṛāsi* „sie schrie, als sie sah, wie mir das Blut vom Kopf lief" [ST]; *ilʿafrīt lamma yuxrug yuxrug ba'a min ṣubāʿ irrigl iṣṣuġayyaṛ da* „wenn der Dämon ausfährt, dann durch diesen kleinen Zeh" [MA]; *ma-tib'āš tinsāni amma tuxrug* „vergiß mich nicht, wenn du herauskommst!" [ST]. Satzeinleitend als Reaktion auf einen Vorschlag entwickelt es sich von „erst wenn" zu „erst mal, ich will erst mal": *iftaḥi lbāb! – amma awallaʿ ʿūd kabrīt* „mach die Tür auf! – Erst mal ein Streichholz anzünden!" [ST]; *ʿan 'iẓnuku, lamma arūḥ agīb 'asbirīna* „Entschuldigung, ich hol erst mal eine Aspirin-Tablette" [ST]; *amma ašūf* „mal sehen!" [ME]; *miš lamma n'ūl l-abūk?* „wollen wir es nicht erst mal deinem Vater sagen?" [ST].

9.7.3.2 *kullì ma* „jedesmal wenn"

kullì ma „jedes Mal, wenn; immer wenn" und auch qualititativ „je mehr ... desto ..." mit y-Imperfekt in Vorder- und Nachsatz: *kullì ma yixlaṣ iṭṭaba' ʿammiti timlā* „jedesmal wenn der Teller leer wurde, füllte ihn meine Tante wieder" [SP]. Aber auch mit bi-Imperfekt: *kull innūr ma biy'ill ilʿēn bitiʿmil maghūd akbaṛ* „je weniger das Licht wird, desto mehr strengt sich das Auge an" [ST]. Bei Vergangenheitsbezug auch mit *kān* im Vorder- oder Nachsatz: *kullì ma kānit tīgi flūs kuntì baʿmil fīha ḥāga* „jedesmal wenn Geld hereinkam, habe ich etwas daran getan" [MA]; *kullì ma kānit ikkaḥka kbīra tib'a ʿalāma ʿala innaha maʿmūla fi bēt nās kuṛām* „je größer der Kuchen ist, desto mehr ist es ein Zeichen dafür, daß er im Hause von großzügigen Leuten gemacht ist" [SP]. Mit Parallelismus: *kullì ma ... kullì ma ...* „je ..., desto ...": *kullì ma lbanāt tikbaṛ kullì ma ṛṛāgil yiḥzan* „je größer die Mädchen wurden, desto trauriger wurde der Mann" [SP].

9.7.3.3 *ṭūl ma* „so lange"

ṭūl ma „solange": *ana la bākul wala bašṛab wala banām ṭūl ma hiyya bitṣaṛṛax* „weder esse ich, noch trinke ich, noch schlafe ich, solange sie schreit" [ST]. Häufig folgt ein Zustandssatz als Nachsatz: *ṭūl ma 'ana gamb ilmadām Ilhām w ana ʿayša fi naʿīm kullu* „so lange ich neben Frau Ilhām bin, lebe ich höchst bequem" [ST]. Mit Nominalsatz: *ṭūl ma huwwa kida waḥda ḥatirḍa tiggawwizu?* „solang er so ist, wird ihn da eine heiraten wollen?" [ST].

9.7.4 Zeitpunkt oder Sachverhalt in der Zukunft

Der uS gibt einen Sachverhalt oder Zeitpunkt an, der auf den Hauptsatz folgt. Zum Ausdruck von „bis" steht eine Reihe von Konjunktionen zur Verfügung.

liḥaddì ma, liġāyit ma, lamma „bis": *ana mṛātak liḥaddì ma tmūt* „ich bin deine Frau, bis du stirbst" [ST]; *mišīna lġāyit ma waṣalna lbalad* „wir liefen, bis wir den Ort erreichten" [SP]. Mit dem gleichbedeutenden *lamma* als Doppelkonjunktion: *nisibha lġāyit lamma tinšaf* „wir lassen sie, bis sie trocknet" [MA]. Und: *lamma ~ amma* allein: *ana fḍilt aṣaḥḥi fīk lamma ġlibt* „ich probierte weiter, dich aufzuwekken, bis ich nicht mehr konnte" [MF]; *yu'af yistanna amma yīgi dōru* „er soll warten bleiben, bis die Reihe an ihm ist" [ST].

ʿala ma, ʿala bāl ma ~ ʿabāl ma ~ ʿubāl ma, ʿuʾbāl ma „bis" mit y-Imperfekt für die Zukunft: *uʾʿudi rtāḥi ʿala ma aḥaḍḍarlik ana ssirīr* „setz dich und ruh dich solang aus, bis ich dir das Bett gemacht habe" [ST]; *gahhiz ilḥuʾna ʿabāl ma āgi* „mach inzwischen die Spritze fertig, bis ich komme" [ST]; *aʾʿud xamas sitti snīn ʿuʾbāl ma alāʾi šuġla* „ich brauche fünf sechs Jahre, bis ich eine Arbeit finde" [ST]. Mit Perfekt für die Vergangenheit: *ʿala ma wiṣlu kān ṛawwaḥ* „bis sie gekommen waren, war er [schon] nach Hause gegangen" [SP]. Mit *yikūn* + Perfekt im Hauptsatz bei Bezug auf eine abgeschlossene Handlung in der Zukunft: *ʿala ma lonha yiṣfaṛṛ, yikūn fi nafs ilwaʾt ilmuluxiyya fi nnaḥya ttanya fāṛit* „bis sie sich gelbbraun färbt, hat die Muluxiyya auf der anderen Seite schon gekocht" [MA].

masāfit ma „bis": *masāfit ma aʿmillukum iššāy ḥaykūnu waṣalu* „bis ich euch den Tee gemacht habe, werden sie angekommen sein" [MF].

9.7.5 Zeitpunkt oder Sachverhalt in der Vergangenheit

Für die Vorzeitigkeit „seit, seitdem" stehen mehrere Konjunktionen wie *min sāʿit ma, min yōm ma, min waʾti ma, min ʾawwil ma, min nahāṛ ma* zur Verfügung: *min yōm ma ḥagg baṭṭal šurb* „seit er die Pilgerfahrt gemacht hat, hat er aufgehört zu trinken" [ST]; *min sāʿit ma smiʿti ʿaʾli ṭār* „seitdem ich das gehört habe, ist mir der Verstand davongegflogen" [ST]; *min nahāṛ ma tʿallimit tisūʾ ʾutumbīl fihmit inni kulli ṛāgil fi ddinya ʿibāṛa ʿan ʾutumbīl* „seit sie autofahren gelernt hat, glaubt sie, daß jeder Mann soetwas wie ein Auto ist" [ST].

Häufig folgt hier der Nachsatz in Form eines Zustandssatzes: *da min ʾawwil ma daxal wi huwwa kamšān fi nafsu zayy ilʾunfid* „vom ersten Augenblick an wie er hereingekommen ist, ist er in sich eingerollt wie ein Igel" [ST]; *min sāʿit ma wiʿīt w ana kida* „seit ich mich erinnern kann, bin ich so" [ST]. Auch mit *wi* + Perfekt im Nachsatz: *ana min sāʿit ma šuftak w ana ʾalbi infataḥlak* „seit dem Moment, daß ich dich gesehen habe, hat sich dir mein Herz geöffnet" [ST].

9.8 Lokalsätze

Lokalsätze werden mit *maṭraḥ ma* „wo; da, wo" eingeleitet: *maṭraḥ ma yḥuṭṭi ṛāṣu, yiḥuṭṭi riglēh* „wo er seinen Kopf hinlegt, da soll er auch seine Füße hinlegen [= er kann mir den Buckel runterrutschen]" [SPR]; *rūḥ waddi lwalad maṭraḥ ma gibtu* „geh und bring den Jungen dorthin, wo du ihn hergebracht hast" [ST]. Seltener und eher ländlich *minēn ma* „wo, wohin": *wi minēn ma alāʾi ḥāga titṣād aṣidha* „da, wo ich etwas zum Jagen finde, jage ich es" [SP]; *rigli ʿala riglak minēn ma trūḥ* „mein Fuß folgt deinem Fuß, wohin du auch gehst" [SP].

9.9 Kausalsätze

Von kausalen Konjunktionen wie *li'inn* und *ʿašān*, aber auch *madām* und *ikminn* eingeleitete Kausalsätze sind frei verschiebbar und können vor ihrem üS stehen. Im Gegensatz dazu sind *aḥsan* ~ *laḥsan* und *illi* nicht soweit in die Adverbialsätze integriert und folgen stets auf ihren übergeordneten Ausdruck.

9.9.1 *li'inn*

Zur Einleitung von Kausalsätzen dient zunächst *li'inn* ~ *li'ann* „weil“: *xayfīn na'arṛab minnu, li'innị šaklu ḍaxm* „wir hatten Angst, uns ihr zu nähern, denn sie sah riesig aus“ [MA]; *ana law akūn min ilmaḥkama aṭallaʿu baṛā'a li'annu magnūn* „wenn ich das Gericht wäre, würde ich ihn freisprechen, weil er verrückt ist“ [ST]. Und voranstehend: *bassị li'innu byib'a zaḥma 'awi biy'ūlu mūlid* „nur weil da ein richtiger Tumult ist, sagt man *mūlid*“ [MA].

9.9.2 *ḥēs inn*

Der Gebrauch von *ḥēs inn* „in Anbetracht dessen, daß; da“ demonstriert ein höheres sprachliches Niveau und kommt vor allem in älteren Texten vor: *'ultị f-nafsi ḥēs innị ṣabaḥna full arūḥ aṣabbaḥ ʿalē* „ich sagte mir, in Anbetracht dessen, daß es so ein schöner Morgen ist, will ich ihm einen Morgenbesuch abstatten“ [SP]; *ḥēs innak ḥalaftini a'ullak innị da ṣaḥīḥ* „in Anbetracht dessen, daß du mir geschworen hast, sage ich dir, daß das stimmt“ [SP].

9.9.3 *ʿašān* ~ *ʿalašān*

Wenn der uS eine andere Verbalform als das y-Imperfekt oder einen Nominalsatz enthält, hat *ʿašān* kausale Bedeutung: *wi 'ablī kunna haddēna ba'a ʿašān ġayyaṛna kkahṛaba kullaha* „und davor hatten wir [die Mauern] eingerissen, weil wir die ganze Elektrik änderten“ [MA]; *kamān xalli bālak ʿašān hināk hatšūf mūlid* „paß auch auf, denn dort wirst du einen Tumult erleben“ [MA]; *ʿašān inta aṭraš wi miš sāmiʿ ḥatiggannin* „weil du taub bist und nicht hörst, wirst du verrückt werden“ [ST]. Auch *ʿašān xāṭir*: *bassị ma-naxudš il'išṛa gāmid ʿašān xāṭir taḥtaha byib'a fi vitamināt* „wir schälen aber nicht dick, denn darunter befinden sich Vitamine“ [MA]. Gelegentlich auch *ʿašān ma*: *huwwa ʿašān ma nti 'atla yib'a kull illi biyxušš issignị 'attalīn* „sind denn nur deshalb, weil du eine Mörderin bist, alle, die ins Gefängnis kommen, Mörder?“ [ST]. Zu generellem y-Imperfekt s. oben 9.4.1 Anm.

9.9.4 *aḥsan* ~ *laḥsan* (< **la-aḥsan*)

Auch *aḥsan* ~ *laḥsan* hat, vor allem nach Aufforderungen, kausale Bedeutung „weil, denn“. Es folgt dann Perfekt oder bi-Imperfekt oder ein Nominalsatz: *iskuti laḥsan gat* „sei still, denn sie gekommen“ [ST]; *lāzim tiṣallaḥ ḥanafiyyit ilbē laḥsan bitšurr* „du mußt den Wasserhahn des Bey reparieren, denn er tropft“ [ST];

xudhum maʿāk laḥsan ana mašġūl „nimm sie mit, denn ich bin beschäftigt" [ST]; *ma balāš ilbibsi laḥsan da byitkarraʿ kitīr* „laß doch das Pepsi sein, denn der rülpst [sowieso schon] viel" [ST]. Der uS mit *aḥsan ~ laḥsan* folgt stets auf den üS.

9.9.5 *illi*

Nach Ausdrücken, die Gemütsbewegungen wie Bedauern, Irrtum, Zufriedenheit angeben, kann *illi* anstelle von *inn* oder *ʿašān* den uS einleiten, der den Grund für diese Gemütsbewegung angibt. *illi* steht hier in Kundgabefunktion und ist mit „weil" oder „daß" wiederzugeben. Häufig finden sich solche Sätze in der 1. Person: *ana ġalṭān illi ṣariḥtik bi xuṭṭitna* „es war ein Fehler von mir, daß ich dir ehrlich von unserem Plan erzählt habe" [ST]; *ana ʾāsif illi xaṛagti min ġēr ma aʾablak* „es tut mir leid, daß ich weggegangen bin, ohne dich zu treffen" [ST]; *ana mabṣūṭ illi ma-gāš* „ich bin glücklich, daß er nicht gekommen ist" [SG]; *ana ḥmāṛ illi saddaʾtak* „ich bin ein Esel, daß ich dir geglaubt habe" [ME]. Bei der 3. Person: *Muṣṭafa ḥayizʿal illi kalt issandawitši btāʿu* „Muṣṭafa wird böse sein, weil du sein Sandwich gegessen hast" [ST]. Auch sonst nach Verben mit emotionalem Gehalt: *ana ẓalamtik illi gibtik hina maʿa walditik* „ich habe dir Unrecht getan, daß ich dich mit deiner Mutter hierhergebracht habe" [ST]; *intum bitiḥsibūni inni zʿilt illi ḥabasū* „ihr denkt, daß ich wütend bin, weil sie ihn ins Gefängnis gesteckt haben" [SP].

Der uS mit *illi* folgt stets auf den üS und kann nicht vorangestellt werden. S. zu *illi* „daß" auch 9.15.1 b.

9.9.6 *madām*

Kausal konkludierend ist *madām* „da; nachdem": *madām basʾalu huwwa yibʾa huwwa lli ygāwib!* „da ich ihn frage, soll er es auch sein, der antwortet!" [ST]; *ʾūm būs rasha w ṣaliḥha madām ilḥaʾʾi ʿalēk* „ küß ihr den Kopf und schließe Frieden mit ihr, nachdem du unrecht hast" [ST]. Gelegentlich wird es noch als Verb flektiert, wie in *madumti miš ʿārif timsik lisānak* „da du es also nicht weißt, hältst du besser den Mund!" [ST]; *madāmit maẓlūma ma-rgiʿtilhāš lē* „nachdem ihr also Unrecht geschehen war, warum bist du dann nicht zu ihr zurückgekehrt?" [SP].

9.9.7 *ikminn* (< **ḥākim inn*)

ikminn „weil; da; denn" gibt einen Grund an: *w ikminnuhum kānu gaʿanīn ʾaʿadu yaklu lli fi kkīs* „und da sie hungrig waren, aßen sie was in der Tüte war" [SP]; *biyiḍrabūni kminni ḍaʿīfa* „sie schlagen mich, weil ich schwach bin" [MF]; *bassi bafakkaṛ fi ummi ikminnaha ʿagza w ʾaʿda l-waḥdīha* „ich denke nur an meine Mutter, denn sie ist alterschwach und lebt allein" [SP].

9.10 Vergleichssätze

9.10.1 Reale qualitative Vergleiche

9.10.1.1 *zayyi ma* „wie wenn"
Reale Vergleichssätze werden mit *zayyi ma* eingeleitet, wobei dieses keine bestimmte Rektion ausübt: *baʿdi kidahuwwat ḥaniʿmil zayyi ma biyʾūlu taxdīʿa* „danach machen wir, wie man sagt, einen Tomatensugo" [MA]; *adīni bastaʿiddi zayyi ma ḥaḍritak šāyif* „ich mache mich fertig, wie Sie sehen" [ME]; *kulli šēʾ zayyi ma huwwa* „alles ist, wie es war" [ST]; *ana miš ʾadra aḥkīha zayyi ma katabtaha inta* „ich kann sie nicht so erzählen, wie du sie geschrieben hast" [ST]; *zayyi ma nti ʿayza* „wie du willst" [ME]. Vorangestellt: *zayyi ma līku ʾahli liyya ʾahl* „wie ihr eine Familie habt, habe ich eine" [SP]. Mit Parallelismus des üS: *ilwāḥid zayyi ma biynām zayyi ma byiṣḥa* „wie man schläft, so wacht man auch auf" [ST], vgl. *ʾaddi ma* 9.10.3.

9.10.1.2 *aḥsan ma* „besser, als wenn"
Dieses leitet komparativische uS ein: *ʿandi amūt aḥsan ma aʿīš ḥarāmi w mugrim* „ich meine, es ist besser, wenn ich sterbe, als daß ich als Räuber und Verbrecher lebe" [ST]; *miš aḥsan ma nifḍal nimassil ʿala baʿḍ* „ist es so nicht besser, als wenn wir uns weiter etwas vorspielen?" [ST]. Auch andere Elative können so mittels *ma* als Konjunktion fungieren: *biyḥibbini ʾaktar ma baḥibbu* „er liebt mich mehr, als ich ihn" [SP].

9.10.1.3 *ʿala ma* „wie", *ġēr ma* „anders als"
Auch im Sinne von „wie": *innās dōlam ʿala ma asmaʿ bitʿizz ilmazzikatiyya xāliṣ* „denn diese Leute schätzen die Musikanten sehr, wie ich höre" [SP]. Auch *ġēr ma* „anders als" ist hierher zu stellen: *baʾa ḥāga tanya ġēr ma kān* „er ist etwas anderes geworden, anders als er war" [ST].

9.10.2 Irreale qualitative Vergleiche

9.10.2.1 *zayyi ma ykūn, akinn, zayy illi* „als ob"
Irreale Vergleiche können können auf verschiedene Weise gebildet werden. Meist werden sie durch *zayyi ma ykūn* eingeleitet: *ʾuddām ʿenayya zayyi ma tkūn ḥaṣalit imbāriḥ* „es steht mir vor Augen, als ob es gestern passiert wäre" [ST]; *ḥassēt zayyi ma tkūn ʿaʾārib bitildaʿni f-wišši* „ich hatte ein Gefühl, als ob mich Skorpione ins Gesicht stechen würden" [ST]. Dabei kann *yikūn* unveränderlich bleiben: *zayyi ma ykūn ḥatiftaḥīli taḥʾīʾ* „als ob du ein Verhör mit mir anstellen wolltest" [ST]; *zayyi ma ykūn ḍarabu ʿalēhum ṣarūx* „als ob sie eine Rakete auf sie abgefeuert hätten" [SP].

Mit *akinn* (< **ʾa-kaʾinn*): *da ʾakinnu matlu ʿazīz* „mit dem ist es so, als ob ihm ein geliebter Mensch weggestorben wäre" [MF]; *iʿmili akinnik ʿayyāna* „tu so, als ob du krank wärst" [SP].

Aus einer Reinterpretation von *zayy illi* „wie derjenige, der" entstand *zayy illi* „als ob": *iʿmil zayy illi muġma ʿalēk* „tu so, als ob du ohnmächtig wärst" [ME]; *innama zayy illi fī ḥāga bēni w benha* „aber es ist, als ob etwas zwischen ihr und mir wäre" [ST].

9.10.2.2 *kaʾinn, wala kaʾinn* „als ob"

In höherem Stil mit dem aus dem Harab. entlehnten *kaʾinn* „als ob": *bitraḥḥab biyya kaʾinni ṣahbak* „du begrüßt mich, als ob ich dein Freund wäre" [ME]. Dieses kann zum negativen Vergleich mit *wala* „nicht einmal, mehr als", s. 6.5.1, zu *wala kaʾinn* „als ob nicht" verbunden werden: *tirgaʿ ilʾarḍi nḍīfa wala kaʾinni ḥāga ḥaṣalit* „die Erde wird wieder rein, als ob nichts passiert wäre" [ST]; *abūki zayy ilʿāda wala kaʾinnu hina* „mit deinem Vater ist es wie gewöhnlich so, als ob er nicht hier wäre" [ST]. Enthält der Vergleich bereits eine Negation, dient *wala* nur zur expressiven Verstärkung der Negation: *dawwarit wiššaha w mišyit wala kaʾinnaha ʿumraha ma šafitni* „die drehte sich um und ging weg, als ob sie mich nie gesehen hätte" [ST]; *wala kaʾinnina iḥna miš mawgudīn* „als ob wir nicht existierten" [ST]. Schließlich verliert es seine negative Bedeutung und dient nur noch zur Hervorhebung des Vergleichs: *dana wala kaʾinn inkatabli ʿumri gdīd* „ich bin, als ob mir eine neues Leben geschrieben wäre" [ST].

9.10.2.3 *tiʾulš ~ ma-tʾulš* „als ob"

Aus der Paraphrase *tiʾulš ~ ma-tʾulš* „könntest du nicht sagen ...?" entwickelt sich die Partikel „es war, als ob": *labsa ʾamīṣ aḥmar min ġēr ikmām wi riglēha ʿiryāna, ma-tʾulši ladaʿitni ʿaʾraba* „sie trug eine rote Bluse ohne Ärmel und ihre Füße waren nackt, es war, als ob mich ein Skorpion gestochen hätte" [ST]; *wi manfūx ʿa lʾāxir tiʾulši raʾīs wizāra* „und unendlich aufgeblasen, als ob er ein Ministerpräsident wäre" [ST]. Meist kongruiert es nicht mehr mit dem Angesprochenen, jedoch kommt in älteren Texten Kongruenz noch vor: *tiʾulīš illa byiʿmilu xalṭit mūna* „man könnte sagen, schau an, sie rühren den Mörtel an" [SP]; *wi lmōg ṭāliʿ nāzil tiʾulūš milāya ḥarīr zarʾa* „und die Wellen gingen auf und nieder, man hätte sagen können, ein tiefblauer seidener Überwurf" [SP].

9.10.3 Quantitative Vergleiche

Quantitative Vergleichssätze werden mit *ʾaddi ma* oder *ʿala ʾaddi ma* „so sehr wie, so viel wie" eingeführt: *iddinya ʾaddi ma hiyya kbīra fa hiyya ẓġayyaṛa ʾadd ikkaff* „so groß die Welt auch ist, sie ist doch so klein wie die Handfläche" [ST]; *ana ma-bafakkaṛši fi lʾaḍiyya ʾaddi ma bafakkaṛ fi Sanāʾ* „ich denke nicht so viel an das Gerichtsvrfahren, wie ich an Sanāʾ denke" [ST]; *fa ṭabʿan ḍarabt ilfaṛāmil ʿala ʾaddi ma ʾdirt* „ich bremste natürlich so stark, wie ich konnte" [MA]; *ʿala ʾaddi ma aʿṛaf laʾ* „so weit ich weiß, nein!" [ME]. Mit Parallelismus des üS: *ʿala*

ʾaddi ma yisman ʿala ʾaddi ma yibxal „je dicker er wird desto geiziger wird er" [ST], vgl. *zayyi ma* 9.10.1.1.

9.11 Privativer uS

Dieser wird mit *min ġēr ma* oder *bidūn ma* „ohne daß" , beide mit folgendem y-Imperfekt gebildet: *ana ʾāsif illi xaṛagti min ġēr ma aʾablak* „es tut mir leid, daß ich weggegangen bin, ohne dich getroffen zu haben" [ST]; *wi min ġēr ana ma aftaḥ buʾʾi ʾaʿad yištikīli hammu* „und ohne daß ich den Mund aufmachte, begann er mir seine Sorgen zu erzählen" [SP]; *ḥatrūḥ ʿalē li lʾabad bidūn ma yistaʿmilha* „sie werden ihm auf ewig verlorengehen, ohne daß er Gebrauch davon macht" [SP]. Weiterführung erfolgt mit *wala*: *nizil min ġēr ma yifṭar wala yišṛab šāy* „er ging aus dem Haus, ohne zu frühstücken oder Tee zu trinken" [SK].

9.12 Exklusiver uS

Dieser wird mit *ġēr ma* ~ *ġēr inn* „abgesehen davon, daß" gebildet: *da ġēr ma tāxud ilḥukūma nuṣṣi maksabhum ḍarība* „dies abgesehen davon, daß die Regierung die Hälfte ihres Verdienstes als Steuer nimmt" [SP]; *inṭaraš w itʿama da ġēr innu mkassaḥ kamān* „er ist taub und blind geworden, abgesehen davon, daß er auch noch verkrüppelt ist" [ST]. Nach Negation ergibt sich die Bedeutung „nichts anderes als": *ma-lhumši šuġlāna ġēr innuhum byigību f-sirt innās* „sie haben nichts anderes zu tun, als über die Leute zu tratschen" [SP].

9.13 Substituierter uS

An die Stelle des im uS genannten Sachverhalts tritt ein anderer. Der uS wird durch *badal ma* ~ *bidāl ma* „anstatt" eingeleitet, dem y-Imperfekt folgt, wenn es sich um nicht-faktische Sachverhalte handelt: *badal ma yikkallimu yištaġalu* „anstatt zu reden, sollen sie arbeiten" [ST]; *bidāl ma tibʾi šāhida tibʾi muttahama* „anstatt daß du Zeugin bist, bist du Angeklagte" [ST]; *rama ssāʿa fi nnīl badal ma yirmi lxašaba* „er warf die Uhr in den Nil anstatt das Stück Holz" [SP]. Bei faktischen Sachverhalten dagegen die entsprechende Verbalform, so z.B. Perfekt bei Vergangenheit: *lākin bidāl ma ʿamal kida ʾām wi xad baʿḍu* „aber anstatt das zu tun, stand er auf und ging weg" [SP], oder ein Nominalsatz bei Gegenwart: *min ḥaʾʾi inni aggawwiz wi yibʾāli bēt badal ma ana mʿallaʾa kida* „ich habe ein Recht darauf, daß ich heirate und eine Familie habe, anstatt daß ich so in der Luft hänge" [ST].

9.14 Assumptiver uS

ʿala ʾinn „in der Annahme, daß ...; mit der Unterstellung, daß ...": *kallimitni ʿala ʾinni ʾana ʿAli* „sie redete mit mir in der Annahme, daß ich ᶜAli sei" [ST]; *yilimmu ššurṭa wi yṭallaʿūk ʿala ʾinnak wiʾiʿtì fīha* „sie holen die Polizei herbei und ziehen dich heraus in der Annahme, daß du hineingefallen seiest" [ST]

9.15 Eingebettete uS (Komplementsätze)

Anstelle einer NP läßt sich ein Satz einbetten, der die gleiche syntaktische Funktion ausübt wie die NP. Dieser kann asyndetisch eingefügt oder syndetisch durch *inn* „daß" eingeleitet werden, wobei Syndese und Asyndese vielfach vertauschbar sind. Obligatorisch ist *inn* nach Präpositionen und bei Abhängigkeit des uS von Substantiven. Eingebettete uS finden sich nach Ausdrücken der sinnlichen Wahrnehmung, der geistigen Tätigkeit und des Feststellens (konstatierender uS) sowie nach Ausdrücken modalen Sinnes (qualifizierender uS). Zur Form von *inn* s. 2.7.1. Zu Ausrufesätzen mit *inn-* wie in *tikkallim tikkallim ʾinni ʾafham ʾabadan* „sie spricht und spricht, daß ich etwas verstehen würde, keineswegs!" [SP] s. oben 8.2.2.

Die Tendenz zur Asyndese ist bei qualifizierend-modalen übergeordneten Ausdrücken stärker als bei konstatierend-faktischen. So wird *nisi* im Sinne von „vergessen zu" eher asyndetisch gebraucht, als im Sinne von „vergessen, daß": *nisīt asʾalu* „ich habe vergessen, ihn zu fragen" [ST], aber *nisīt inn iḥna ṣaʿayda* „du hast vergessen, daß wir Oberägypter sind" [SP]. Ebenso *ballaġ* „Bescheid geben, zu" und „Bescheid geben, daß": *ballaġni attiṣil bi zzimīl ilmuhandis Fawzi* „er gab mir Bescheid, den Kollegen, Ingenieur Fawzi zu kontaktieren", aber *ballaġni mbāriḥ inni kasabt ilʾaḍiyya* „er teilte mir mit, daß ich den Prozeß gewonnen habe" [SP].

9.15.1 Als Subjekt

a. Als Subjekt steht der uS mit *inn* nach dem Prädikat, das oft aus einem impersonalen Ausdruck besteht: *biyiʿgibni fīk innak saʿāt tiʾlib baniʾādam wi tifham* „mir gefällt an dir, daß du dich manchmal in einen Menschen verwandelst und verstehst" [SP]; *yihimmini innu yitsigin* „es kommt mir darauf an, daß er ins Gefängnis kommt" [ST]; *ana mithayyaʾli innaha tiʿrafik* „mir scheint, daß sie dich kennt" [ST]; *wi kfāya nnu ḥayibʾa bnì wāḥid ismu ʿAbd idḌārr* „es ist genug, daß er der Sohn von jemand ist, der ᶜAbd iḍḌārr heißt" [SP]; *kān masmūḥ li lli yirgaʿ innu yidxul wi maʿā ʿaṛabiyya* „es war den Rückkehrern erlaubt, bei der Einreise ein Auto dabeizuhaben" [SP]. Auch asyndetisch: *ana ma-yhimminīš aʿṛaf* „es kommt mir nicht darauf an, das zu wissen" [ST]; *biyithayyaʾli rukabi salīma* „mir scheint, meine Knie sind in Ordnung" [ST]; *masmūḥ luhum bass yitkallimu ʿan ʾingazāt iddawla* „es war ihnen nur erlaubt, über die Errungenschaften des Staates zu sprechen“ [SP].

Auch beim Präpositionalsatz kann ein uS die NP in der Präpositionalphrase vertreten: *ma-lūš innu yixtāṛ* „er hat die die Möglichkeit zu wählen“ [ST]. Auch asyndetisch: *inti ma-maʿakīš tsaddidi ddiyūn* „du hast nicht genug dabei, um die Schulden zu bezahlen“ [ST].

Ebenso gibt es nach *illa* und *ġēr* beide Möglichkeiten: so syndetisch, wie in *mafīš illa nnak tiṭalla'ha* „es bleibt nur noch, daß du sie scheidest“ [ST]; *ma-ba'āš 'uddamna ġēr inn iḥna nnām* „uns bleibt nur noch übrig zu schlafen“ [SP]. Aber asyndetisch: *ma-ʿalēna 'illa nġayyaṛ hudumna fi ḍḍalma* „wir müssen nur unsere Kleider im Dunkeln wechseln“ [SP]; *ma-b-yaddi ġēr awasīk* „ich kann dich nur noch trösten“ [ST].

b. Stets syndetisch dagegen mit *inn-* in *kuwayyis inn* ... „gut, daß ...“: *kuwayyis innak ṣiḥīt* „gut, daß du aufgewacht bist“ [ST], wobei hier *inn* in emotionalerem Kontext durch *illi* ersetzt werden kann: *da kwayyis illi mišyit liḥaddi hina* „es ist gut, daß es bis hierher gefahren ist“ [ST], s. dazu 9.9.5. Und so stets nach emotionalen Ausrufen wie *ilḥamdu lillāh* „gottseidank, daß ...!“; *baṛaka illi* „ein Segen, daß ...!“; *baṛaka illi fakkaṛtīni* „ein Segen, daß du mich erinnert hast“ [ST]; *da 'alfi nhāṛ abyaḍ illi rgiʿti bi ssalāma* „was für ein Glück, daß du heil zurückgekehrt bist“ [ST].

9.15.2 Als Objekt

Als Objekt bei konstatierendem wie qualifizierendem üS findet sich *inn-*: *ma na 'ayillak innaha ḥatmūt* „ich sagte dir doch, daß sie sterben wird“ [ST]; *inti fahma nnik bitinfaʿi Ṛamzi* „du glaubst, daß du Ramzi was nützt“ [ST]; *ṭallaʿit ʿalayya inni bagraḥ izzabāyin* „sie setzte das Gerücht über mich in Umlauf, daß ich die Kunden verletze“ [ST]; *'amaṛ iẓẓābiṭ ilʿasākir innaha tfattiš ilbēt* „der Offizier befahl den Soldaten, daß sie das Haus durchsuchen“ [SP]; *fahhimūhum inn iḥna gayyīn nākul lu'mithum* „sie erklärten ihnen, daß wir ihnen das Brot wegnehmen wollten“ [SP]; *ma-tinsīš inn iḥna madrasit luġāt* „vergiß nicht, daß wir eine Sprachenschule sind“ [ST]; *ifriḍ inn issā'il da miš bitrōl* „gesetzt den Fall, daß diese Flüssigkeit kein Erdöl ist“ [ST].

Auch hier ist Asyndese möglich: *'ālu kida aḥsanlu* „sie sagten, so ist es besser für ihn“ [ST]; *'amaṛ ilḥaras yirmūha fi ssign* „er befahl den Wachen, sie ins Gefängnis zu werfen“ [SP]; *nisīt as'alu* „ich vergaß ihn zu fragen“ [ST]; *inta fāhim iḥna kunna f-'Urubba mirtaḥīn?* „du denkst wohl, daß es uns gut ging in Europa?“ [ST]; *ana hafahhimak di miš širkit ʿaṛabiyyāt bass* „ich werde dir erklären, daß das nicht nur eine Autofirma ist“ [ST]; *ma-tinsīš ana gayyi tāni* „vergiß nicht, daß ich wiederkomme“ [SP]; *ifriḍ wāḥid ḥabbi yifḍal wā'if* „gesetzt den Fall, daß einer stehenbleiben will“ [ST].

9.15.3 Als Prädikat eines Nominalsatzes

Als Prädikat eines Nominalsatzes eingeleitet mit *inn-*: *ana ṛa'yi innak tistaṛayyaḥ* „meine Meinung ist, daß du dich ausruhen solltest" [ST]; *illi a'ṣudu innī ṛabbina biyḥibbi 'uxtak* „was ich meine, ist, daß Unser Herr deine Schwester liebt" [ST]; *iẓẓāhir inni gēt fi wa'tī ġēr munāsib* „es ist offensichtlich, daß ich zu unpassender Zeit gekommen bin" [ST]; *ilmuhimm innina lissa binḥibbi baʿḍ* „wichtig ist, daß wir einander noch lieben" [SP]; *fikrik inni ḥa'daṛ aʿīš maʿā baʿdi kida taḥtī sa'fi wāḥid* „denkst du, ich kann mit ihm danach noch unter einem Dach leben?" [ST]. Auch hier ist Asyndese möglich: *ilmuhimmi ma-tġibš* „Hauptsache, du bleibst nicht lange weg" [ST]; *iẓẓāhir huwwa da lġalaṭ* „offensichtlich ist das der Fehler" [ST]; *fikrak ma-kuntiš a'daṛ* „denkst du, ich hätte nicht gekonnt?" [ST].

9.15.4 In Abhängigkeit von einer Präposition

In Abhängigkeit von einer Präposition ist *inn* obligatorisch: *huwwa 'azka min innu ysibha f-'ayyi makān* „er ist zu intelligent, als daß er sie irgendwo liegenlassen würde" [MF]; *ilḥubbi huwwa ssabab fi 'innina twaladna* „die Liebe ist der Grund dafür, daß wir geboren wurden" [SP].

Handelt es sich um ein Präpositionalobjekt, kann die Präposition wegfallen: *ḥassēt bi 'inni ba'ēt zayyuhum* „ich hatte das Gefühl, daß ich wie sie geworden war" [ST], meist jedoch ohne *bi*: *ḥassēt inni rgiʿti tāni ʿayyila* „ich hatte das Gefühl, daß ich wieder ein kleines Mädchen geworden war" [SP]. Mit *ʿala*: *ana miš miwāfi' ʿala 'innina ngaṛṛab tagrubit ilmōt di* „ich bin nicht einverstanden, daß wir diesen tödlichen Versuch unternehmen" [ST], aber *mīn min 'ahli wafi'lak innak tiggawwizni* „wer von meiner Familie hat dir Zustimmung gegeben, daß du mich heiratest" [SP].

Schließlich kann bei manchen Verben *inn* noch entfallen: *ittafa'u ʿala 'innuhum yirūḥu l-wāḥid ma'zūn* „sie verabredeten, zu einem gewissen Maʾzūn zu gehen" [SP], ohne Präposition *ittafa'na inni baʿdi yomēn agīlu* „wir verabredeten, daß ich in zwei Tagen zu ihm kommen solle" [SP] und schließlich ohne Präposition und ohne *inn*: *ittafa'na nit'ābil 'uddām bāb ilmaḥkama* „wir verabredeten, uns vor der Tür des Gerichts zu treffen" [SP]. Ebenso *'anaʿ, yi'niʿ w* „j.den überzeugen, daß".

9.15.5 In Abhängigkeit von einem Substantiv

Als Modifikator in der Genitivverbindung, s. 4.3.2.2, wird der uS stets mit *inn* eingeleitet: *wi kamān miš 'adra agīb sīrit inni baḥibbi Yūsif* „ich kann auch das Thema, daß ich Yūsif liebe, nicht [zur Sprache] bringen" [SP]; *miš miwāfi' ʿala fikrit inni aštaġal* „er stimmt der Idee, daß ich arbeite, nicht zu" [ME]; *'ādi natīgit innak tixalli nnās ḥuṛṛa f tasmiyyit nafsuhum* „da hast du das Resultat davon, daß du den Leuten die Freiheit läßt, sich einen Namen zu geben" [ST].

9.15.6 Vorwegnahme des pronominalen Subjekts des uS

Das Subjekt des uS kann als Objekt des üS aufgefaßt werden und als Objektspronominalsuffix an das übergeordnete Verb treten: *mistanẓirāh innu yxaṭṭi lʿataba huwwa lawwil* „ich wartete auf ihn, daß er die Schwelle zuerst übertrete“ [SP]. Dies tritt meist bei asyndetischer Unterordnung ein: *kunna fahminku bitḥibbu baʿḍ* „wir dachten, ihr liebt einander“ [ST]; *inta fakirni miš fahmak?*“ meinst du etwa, ich verstehe dich nicht?“ [ST]; *iftakaṛtak ḥatġīb* „ich dachte, du würdest wegbleiben“ [ST]; *inta ʿarifni bi llēl ma-bašufši kwayyis* „du weißt, bei Nacht sehe ich nicht gut“ [ST]; *wi fagʾa laʾētu biybūs kaffi* „und plötzlich merkte ich, daß er mir die Hand küßte“ [SP]. Vorwegnahme kann bei *ʿāwiz* unterbleiben: *ʿayzāni aṭallaʾha* „sie will, daß ich sie verstoße“ [SP], aber *ʿāwiz ništaġal gasūs* „er will, daß wir als Spione arbeiten“ [SP].

Anmerkung: Vorwegnahme kommt auch beim untergeordneten Fragesatz vor: *šufīha maʿāha kām waḥda* „schau nach, wie viele sie bei sich hat!“ [ST].

9.16 Zustandssätze

Zustandssätze fungieren als Temporalsätze oder als Modalsätze. Ein temporaler Zustandssatz gibt die Gleichzeitigkeit eines beliebigen Sachverhalts zum Sachverhalt des übergeordneten Satzes an: *ma-ḥaddiš yiʾaṭiʿni w ana bakkallim* „niemand soll mich unterbrechen, während ich spreche“ [MF]. Ein modaler Zustandssatz gibt einen Aspekt eines komplexen Sachverhalts an, wobei dieser Aspekt als Begleitumstand betrachtet wird. Dieser manifestiert sich am Subjekt oder Objekt des übergeordneten Satzes und bildet ein Prädikativum zu ihnen: *wāʾif atfaṛṛag w ana sākit* „ich stehe da und schaue schweigend zu“ [ME]; *māši yitmāyil yimīn wi šmāl* „er läuft nach rechts und nach links schwankend“ [ME]. Es besteht hier also ein referentieller Zusammenhang zwischen üS und Zustandsatz. Fehlt dieser, ist letzterer stets als temporal zu interpretieren: *kān ḥayakulha w ana nāyim* „er hätte es beinah aufgegessen, während ich schlief“ [ST.

Es sind drei Formtypen zu unterscheiden, wobei Formtyp 1 meist syndetisch, Formtyp 2 syndetisch wie asyndetisch, und Formtyp 3 nur asyndetisch auftritt. Die Formtypen sind Minimalgestalten, die durch weitere Satzglieder ergänzt werden können.

9.16.1 Formtyp 1

Der Formtyp 1 tritt in einer syndetischen, unter Einschänkungen auch in einer asyndetischen Variante auf. Formtyp 1 ist am häufigsten von allen Formtypen und auch semantisch am vielseitigsten. Er kann temporal wie modal sein.

9.16.1.1 Syndetischer Formtyp 1
Die Minimalgestalt dieses Formtyps ist:

üS +	*wi* + Subjekt + Prädikat	
'allaha	*wi huwwa nāzil*	„er sagte zu ihr, während er hinunterging" = „beim Hinuntergehen"

Das Subjekt kann ein Substantiv oder ein Pronomen sein. Als Prädikat treten Nomen, Adverb, Präpositionalphrase, ein Satz (Topic-comment), Verb im bi-Imperfekt, *ḥa*-Imperfekt oder Partizip auf: (temporal) *ʿašān ma-tibṛadši w inta btištaġal* „damit es dir nicht kalt wird, während du arbeitest" [ST]; (modal) *'alli w ʿenēh malyāna dmūʿ* „er sagte mir mit tränengefüllten Augen" [SP]; (modal) *iṭlaʿ w inta ṛāfiʿ idēk* „komm heraus mit erhobenen Händen" [MF]; (modal) *daxalit ʿand ilmuḥāmi w hiyya ʿammāla titmaxtaṛ* „sie kam bei dem Rechtsanwalt hereinstolziert" [SP]; (modal) *lawa l'ukra w zaqq ilbāb wi qalbu ḥaynuṭṭi min sidru* „er drehte den Türknopf herum und stieß die Tür auf, derweil ihm das Herz fast aus der Brust sprang" [SP]; (modal) *nizlit taḥt wi lwād gaṛṛāh waṛāha* „sie stieg hinunter, wobei sie den Jungen hinter sich her zog" [SP].

Während der modale Formtyp 1 stets dem übergeordneten Satz bzw. dem Prädikat desselben folgt, kann der temporale Formtyp 1, wie andere Temporalsätze auch, vorangehen: *w ana dāxil ikkaʿbilt* „als ich hineinging, strauchelte ich" [SP]; *w iḥna f-sinnak kunna bin'ūl kida* „als wir in deinem Alter waren, pflegten wir so zu sagen" [ST]; *katabti w iḥna fi ssikka wara'a* „ich schrieb, wie wir unterwegs waren, einen Zettel" [SP].

Formtyp 1 kann auch einem nichtverbalen üS folgen und ist dann stets temporal, wie in *ma-fīš ḥāga smaha gūʿ w inta btur'uṣ* „wenn du tanzst, dann gibt es nichts, was Hunger heißt" [ST]. Ebenso in Abhängigkeit von einer Präposition, wie in *min w ana ṣġayyaṛ* „seit meiner Kindheit" [ME]; *sabithumlak sittak min w inta fi llaffa* „die hat dir deine Großmutter hinterlassen, als du noch in den Windeln lagst" [MF]. Auf ein Possessivpronomen referierend: *hāti ṣurtik w inti ʿiryāna* „hol das Bild von dir, wo du nackt drauf bist" [SP].

9.16.1.2 Asyndetischer Formtyp 1
Der Formtyp 1 folgt asyndetisch nach Verben, die zu der Gruppe gehören, die auch den asyndetischen Formtyp 3 erlaubt, s. 9.16.3. Als Subjekt des Zustandssatzes fungiert dabei ein inalienabler Teil des Subjekts des üS, meist Körperteile, wobei ein rückweisendes Pronomen den Zustandssatz mit dem üS verbindet: *ana ʿāwiz anām ḍamīri mirtāḥ* „ich möchte mit ruhigem Gewissen schlafen" [ST]; *ana daxalt issignī nifsi masdūda min iddinya* „ich ging ins Gefängnis, wobei mir die Lust auf die Welt vergangen war" [ST]; *ana ggawwizti ʿumri ḥdāšar sana* „ich heiratete mit

elf Jahren“ [SP]. Auch ohne solchen Rückweis: *rigiʿtī l-ʾahli ʾīd waṛa w ʾīd ʾuddām* „ich kam mit leeren Händen zu meiner Famile zurück“ [ST].

Asyndese ist hier fakultativ und Syndese ist ebenso möglich: *gayyi w ʾalbu maḥrūʾ* „er kam mit verbranntem Herzen [= mit großer Sorge]“ [ST]; *ilḥaššāš ṛāḥ maʿāhum wi rukabu sayba* „der Haschischraucher ging mit ihnen mit schlotternden Knien“ [SP].

9.16.1.3 Formtyp 1 mit Perfekt
Zusammen mit *lissa* tritt das Perfekt im Formtyp 1 auf und markiert die Vorzeitigkeit, d.h. daß etwas bei Eintreten eines bestimmen Sachverhalts noch nicht der Fall war: *ahli gawwizūni w ana lissa ma-kammiltiš xamasṭāšar sana* „meine Familie verheiratete mich, als ich noch keine fünfzehn Jahre vollendet hatte“ [SP]; *tirūḥu maṣr izzāy w intu ʿumrukum ma xaṛagtum min Kafr inNigīla* „wie wollt ihr nach Kairo gehen, wo ihr doch euer Lebtag lang nicht aus Kafr inNigīla herausgekommen seid?“ [ST].

9.16.1.4 Formtyp 1 mit *lissa*
Asyndetisch voranstehend und mit *lissa* eingeleitet hebt Formtyp 1 die Gleichzeitigkeit besonders hervor: *lissa babusha kida laʾetha suxna wi mfaṛfaṛa* „ich hatte sie noch gar nicht richtig geküßt, da merkte ich, daß sie erhitzt war und zuckte“ [ST]; *wi lissa batḥaṛṛak min sirīri simiʿtī ṣōṭ ṃāṃa bitṣarrax fi ḅāḅa* „während ich mich noch vom Bett erhob, hörte ich wie meine Mutter meinen Vater anschrie“ [SP]; *ana yadōb lissa badʿak ṛāsi laʾēt ilbāb xabbaṭ* „während ich mir noch den Kopf massierte, hörte ich ein Klopfen an der Tür“ [SP]. S. auch unten 9.16.2.2.

9.16.2 Formtyp 2

Der Formtyp 2 ist stets modal und folgt auf einen Verbalsatz. Die Minimalgestalt ist:

üS	*(wi)* +	Prädikat +	Subjekt
rigiʿ	*wi*	*maʿā*	*šanṭa blastik*
„er kam zurück	und	mit ihm	eine Plastiktüte“
(= „wobei er eine Plastiktüte dabeihat“)			

Die Satzstruktur ist P + S, da es sich ausschließlich um Präpositionalsätze handelt: *itwalad wi f-buʾʾu maʿlaʾa dahab* „er wurde mit einem goldenen Löffel im Mund geboren“ [ME]; *rigiʿ kulli wāḥid minhum wi maʿā ʿaṛabiyya mirsīdis* „jeder von ihnen kehrte zurück und hatte einen Mercedes dabei“ [SP].

Asyndese ist bei den Verben im üS möglich, die auch mit Formtyp 3 gebraucht werden können, s. 9.16.3: *ṭiliᶜ min hināk maᶜāh iddiblōm ikkibīr* „er ging von dort weg (= er verließ die Schule) mit dem großen Diplom" [SP]; *xaṛagti mi lxinā'a di ma-mᶜayīš ḥāga* „ich ging aus diesem Streit mit nichts [= mit leeren Händen] hervor" [ST].

Durch Einfügen eines entsprechenden Personalpronomens kann der Formtyp 2 in den Formtyp 1 überführt werden: *kān nifsi argaᶜ w ana maᶜāya flūs* „ich wäre gerne mit Geld zurückgekommen" [ST].

9.16.3 Formtyp 3

Der Formtyp 3 besteht aus einem bi-Imperfekt, y-Imperfekt, Partizip, oder Adjektiv. Diese kongruieren in Genus und Numerus mit dem Bezugsnomen und folgen asyndetisch einem Verbalsatz. Die Minimalgestalt ist:

üS	Prädikat
biyimši	*yzukk*
„er geht	hinkend"

Der Formtyp 3 ist wie alle asyndetischen Zustandssatz modal zu interpretieren. Bezugsnomen kann das Subjekt oder ein anderes nominales Element des üS sein. Mit Bezug auf das Subjekt: *daxalti ᶜalēna bitṭawwaḥ gurnān f-īdak* „du kamst bei uns herein, eine Zeitung in der Hand schwenkend" [SP]; *waṭṭit ᶜAzīza ṛasha w mišyit tibuṣṣi fi l'arḍ* „ᶜAzīza senkte den Kopf und ging weg, den Blick zu Boden gesenkt" [SP]; *ruḥt ilmaktab fākir ḥalā'i lmudīr* „ich ging ins Büro in der Meinung, daß ich den Direktor dort finden würde" [MF]; *di ra'da miš darya bi ddinya w illi fīha* „die schläft, ohne sich der Welt und was darin ist, bewußt zu sein" [MF]; *niᶜaddi lbaḥr il'aḥmar ṭayrīn* „wir fliegen über das Rote Meer" [ST]; *biyinzilu min baṭn ummuhum mayyitīn* „sie kommen tot aus den Bäuchen ihrer Mütter" [ST]. Mit Bezug auf das Objekt: *ḥabasha f-'ōḍa mᶜalla'a min šuᶜurha* „er sperrte sie aufgehängt an ihren Haaren in einem Zimmer ein" [SP]; *ana sayibha btin'il fi ᶜafšaha* "ich habe sie verlassen, wie sie dabei war, ihre Möbel zu transportieren" [ST]. Mit Bezug auf ein präpositionales Objekt: *ᶜitru ᶜalēha marmiyya fi ššāriᶜ* „sie stießen auf sie, wie sie auf die Straße geworfen dalag" [SP].

Formtyp 3 tritt nur nach bestimmten semantisch definierten Verben auf, und zwar bei Subjektsbezug bei translativen Verben (Bewegungsverben) wie *yiṛawwaḥ* „nach Hause gehen", *yirgaᶜ* „zurückkehren", *yimši* „gehen", *yirūḥ* „gehen", *yīgi* „kommen", *yuxrug* „hinausgehen", *yudxul* „hineingehen", *yiᶜaddi* „vorbeigehen", *yinzil* „hinuntergehen", *yiṭlaᶜ* „hinaufgehen", *yu'aᶜ* „fallen", *yiwṣal* „ankommen", *yi'ūm* „aufstehen", *yitmašša* „spazierengehen", *yifūt* „verbeigehen", *yigri* „laufen", *yixušš* „hineingehen". Ebenso bei einer Reihe von Verben, die eine Situation angeben, in der sich das Subjekt befindet, wie *yiᶜīš* „leben", *yimūt* „sterben", *yu'af*

„stehen“, *yinām* „schlafen“, *yirʾud* „liegen“, *yibuṣṣ* „schauen“, *yiʾaḍḍi* „verbringen“. Mit Bezug auf das Objekt oder ein anderes Nomen sind es meist verba sentiendi und Verben des Auffindens und Verlassens wie *yišūf* „sehen“, *yismaʿ* „hören“, *yiḥiss bi ḥ* „fühlen“, *yiʾābil* „begegnen“, *yilāʾi* „finden“, *yiʿtar ʿala ḥ* „stoßen auf“, *yisīb* „verlassen“. Ferner translokative Verben, bei denen das Objekt bewegt wird: *yibʿat* „schicken“, *yišīl* „tragen“, *yigīb* „bringen“, *yiraggaʿ* „zurückbringen“.

Es sind dies die gleichen Verben, die auch die asyndetischen Formen der Formtypen 1 und 2 erlauben. Alle anderen Verben erlauben nur die syndetischen Varianten. Aus einem *ʾalli wi huwwa byidḥak* (Formtyp 1) „er sagte lachend zu mir“ [SP] kann das *wi huwwa* nicht weggelassen werden, wohl aber bei einem *xaṛag wi huwwa biyʾūl ʿandu maʿād* (Formtyp 1) → *xaṛag biyʾūl ʿandu maʿād* „er ging hinaus, wobei er sagte, er habe eine Verabredung“ (Formtyp 3).

Anmerkung: Formal gleichen dem Typ 3 auch die epexegetisch zu einem Nomen angefügten Zustandssätze: *ġammaḍti ʿenayya, fataḥtuhum ʿala ṣōt ilʾadān biyiddan* „ich schloß die Augen und öffnete sie erst wieder bei der Stimme des Gebetsrufs, wie er ertönte“ [SP]; *fuʾti ʿala gismi byirtiʿiš* „ich wurde wach wegen meines Körpers, wie er zitterte“ [SP]; *baḥissi b-ʾalbi biyduʾʾi gāmid* „ich fühle mein Herz, wie es heftig schlägt“ [SB]. Hier findet sich auch das Perfekt, wie in *fuʾti ʿala gaṛas ilbāb ranni maṛṛa* „ich kam zu mir durch die Türklingel, wie sie einmal ging“ [SP], so daß es fraglich ist, ob hier Zustandssätze vorliegen.

9.16.4 Zum Gebrauch des Zustandssatzes

9.16.4.1 Zeitangaben

Sätze mit einer Angabe von Zeitdauer oder Zeitpunkt können so transfomiert werden, daß diese voransteht und der Hauptsatz als Zustandsatz vom Formtyp 1 folgt:

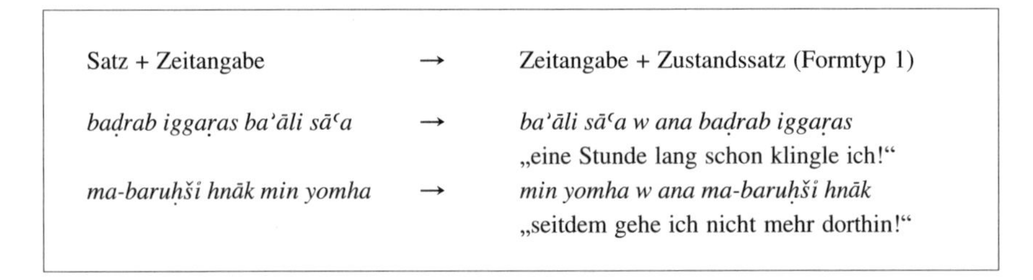

Satz + Zeitangabe	→	Zeitangabe + Zustandssatz (Formtyp 1)
baḍrab iggaṛas baʾāli sāʿa	→	*baʾāli sāʿa w ana baḍrab iggaṛas* „eine Stunde lang schon klingle ich!“
ma-baruḥši hnāk min yomha	→	*min yomha w ana ma-baruḥši hnāk* „seitdem gehe ich nicht mehr dorthin!“

Weitere Beispiele: *baʾalha sbūʿ wi hiyya bitṣarrax* „seit einer Woche schreit sie schon“ [ST]; *min imbāriḥ wi hiyya ʿala kida* „seit gestern ist sie in diesem Zustand“ [ST]; *talat saʿāt w ana ʿammāl adawwaṛ* „seit drei Stunden schon suche ich fortwährend“ [SP].

Die Zeitangabe kann auch aus einem Nebensatz bestehen, so daß der Zustandssatz als übergeordneter Satz fungiert: *min sāʿit inta ma xaṛagt wi hiyya bitsaṛṛax* „seitdem du weggegangen bist, schreit sie“ [ST]; *d-ana min yōm ma raʾaṣti maʿāki fi l'uberž w ana ʿa'li ḥayṭīr min dimāġi* „seitdem ich mit dir in der Auberge getanzt habe, fliegt mir beinahe der Verstand aus dem Kopf" [ST].

9.16.4.2 Inzidenzschema

Typisch für den Gebrauch des temporalen Zustandssatzes ist die Wiedergabe des Inzidenzschemas „x war gerade der Fall, als y geschah". Hier tritt in erster Linie der voranstehende syndetische Formtyp 1 mit *wi* ein: *wi humma 'aʿdīn biyaklu ftakaṛit Aḥmad* „während sie am Essen waren, dachte sie an Aḥmad" [SP], s. oben 9.16.1. Daneben findet sich hier auch eine asyndetische Variante desselben: *ilbinti mašya la'at ṭā'a maftūḥa* „wie das Mädchen so ging, fand es ein offenes Fensterloch" [SP]; *ana māši kida baṣṣēt la'ētu 'āṭiʿ issikka* „wie ich so ging, bemerkte ich, daß er mir den Weg abgeschnitten hatte" [ST].

Dabei braucht ein pronominales Subjekt nicht angegeben zu werden, wenn dieses bereits im Verb inhärent vorhanden ist: *wi lissa haxušš anām gambaha la'ēt abūki biyiftaḥ ilbāb* „und während ich mich drinnen neben sie hinlegen wollte, bemerkte ich deinen Vater, wie er die Tür öffnete" [SP]. Auch diese Variante kommt asyndetisch vor: *lissa babuṣṣi kida la'ēt izzumalā' gayyīn* „während ich noch so schaute, merkte ich, daß die Kollegen kamen" [SP]. S. auch oben 9.16.1.4.

9.16.4.3 Sinnesverben (verba sentiendi)

Nach Sinnesverben im üS wie *šāf, yišūf* „sehen", *simiʿ, yismaʿ* „hören", *lamaḥ, yilmaḥ* „beobachten", *ḥass, yiḥiss bi ḥ* „fühlen" folgt ein Zustandssatz, der sich auf das Objekt des üS bezieht und der angibt, was dieses im Augenblick des Sehens, Hörens usw. tat. Alle drei Formtypen sind hier möglich:

(Formtyp 1) *miš ʿāwiz ašūfak w inta bti'til itnēn* „ich will dich nicht sehen, wie du zwei umbringst" [ST]; *yismaʿni w ana bakkallim fi ssiyāsa* „er hört mich über Politik sprechen" [ST].

(Formtyp 2) *d-ana šayfāk bi ʿēni ṣṣubḥ fi 'īdak iggōza* „ich sah dich mit eigenen Augen heute morgen mit der Wasserpfeife in der Hand" [ST].

(Formtyp 3) *ana samʿā biyindah* „ich höre ihn rufen" [ST]; *lamma šafūha nayma* „als sie sie schlafen sahen" [ST]; *lamaḥt ilma'mūr biyiktib ḥāga bi ššakli da* „ich sah den Maʾmūr, wie er so etwas schrieb"[ST]; *baḥissi b-'albi biydu''i gāmid* „ich fühle mein Herz heftig schlagen" [SB].

Der syndetische Formtyp 1 kann hier nicht voranstehen. Bei indeterminiertem Objekt sind diese Sätze syntaktisch zweideutig und können auch als Relativsätze gesehen werden: *simiʿ ṣōṭ biy'ūl* „er hörte eine Stimme sagen ~ die sagte" [SP]; *šāf ʿan buʿdi šē' biyilmaʿ fi ššams* „er sah in der Ferne etwas in der Sonne glänzen ~ das in der Sonne glänzte" [SP].

Anmerkung: Bei Vergangenheitsbezug kommt es auch vor, daß der Zustandssatz durch ein Verb im Perfekt ersetzt ist: *ḥassēt bi dmāġi laffit šuwayya* „ich fühlte meine Kopf sich ein wenig drehen" [SP]; *wi marra šafū kān ʿāwiz yirmi nafsu taḥt ilmitru* „und einmal sahen sie ihn, wie er sich unter die Metro werfen wollte" [ST]; *ana ma-smiʿtikīš ʾulti f-ḥaddi kilma wiḥša* „ich habe dich nicht gehört, wie du über jemanden ein böses Wort gesagt hast" [SP].

9.17 Asyndetische Verben zur Einführung von Pseudo-Komplementen

Zu intransitiven Verben kann ein zweites Verb treten, das semantisch den Oberbegriff darstellt und das selbst transitiv ist. Durch Kombination der beiden Verben wird die Valenz des intransitiven Verbs mit einem Pseudo-Komplement erweitert. Intransitive Bewegungsverben wie *miši, yimši* „gehen, weggehen" können so mit einer Richtungsangabe und Verben des Mitteilens mit dem Inhalt der Mitteilung verbunden werden.

9.17.1 Richtungsangabe

Das Verb *miši, yimši* „gehen, weggehen" kann nicht mit einer Ergänzung versehen werden, die die Richtung angibt, noch kann diese mit dem Frageadverb *fēn* „wo? wohin?" erfragt werden. Um dennoch die beiden semantischen Aspekte „weggehen" und „wohin?" (Zielangabe) in einem Satz zusammen gebrauchen zu können, wird *miši* mit dem Verb *ṛāḥ* komplettiert, das die Kombination mit *fēn* erlaubt. Beide Verben gebrauchen dieselbe Verbalform: *nimši nrūḥ fēn?* „wohin sollen wir gehen?" [ST]; *mišyit ṛāḥit fēn?* „wohin ist sie gegangen?" [ST]. Im Aussagesatz: *fa miši ṛāḥ hināk ʿandi mṛātu* „er ging dann dorthin zu seiner Frau" [SP].

Wie *miši* werden auch andere Verben wie *xaṛag* „ausgehen", *ʿazzil* „umziehen", *hāgir* „auswandern", *hirib* „fliehen" gebraucht: *ana xārig. – xārig ṛāyiḥ fēn?* „ich gehe aus. – Wohin gehst du aus?" [MF]; *kunti xarga rayḥa Banziyōn* „ich war zu Benzion gegangen" [ST]; *niʿazzil nirūḥ fēn?* „wohin sollen wir umziehen?" [ST]; *yihṛabu yrūḥu fēn?* „wohin sollten sie fliehen?" [ST]; *nizil ṛāḥ iššuġl* „er ging zur Arbeit" [SK].

Ein anderes Verb, das auf diese Weise die Richtungsangabe liefert, ist *wadda* „hinbringen": *ḥanšīlu nwaddīh fēn* „wo werden wir ihn hintragen?" [ST]; *imbāriḥ bi llēl šalha waddāha lbēt* „gestern abend hat er ihn [scil. den Kühlschrank] nach Hause weggeholt" [ST].

Andere Kombinationen dieser Art: *naṭṭi nizil ilfilūka* „er sprang in die Filuka hinab" [SG]; *law kānit innamla di ḥatiʾdaṛ tigurri fatfūtit ilʿēš tiṭallaʿha fōʾ issillima yibʾa šŠēx ʿAbd isSalām ḥayuxrug* „wenn diese Ameise den Brotkrümel auf die Stufe hinaufschleppen kann, wird der Šēx ʿAbd isSalām herauskommen" [ST].

9.17.2 Angabe der Rede

Eine Reihe von Verben, die eine Art und Weise des Sprechens in weitestem Sinne bezeichnen, sind intransitiv und können nicht mit dem Fragepronomen *ē* „was?“ verknüpft werden. Um dennoch den Inhalt der Rede angeben zu können, werden diese Verben mit *ʾāl, yiʾūl* „sagen“ verbunden und so mit einem Pseudokomplement versehen. Meist geschieht dies in Fragesätzen, wobei beide Verben in der gleichen Form stehen: *bitbarṭam bitʾūl ʾē?* „was brummelst du da?“ [ME]; *bitwašwišu bitʾūlu ʾē?* „was flüstert ihr da?“ [ME]; *bitxaṛṛaf bitʾūl ʾē?* „was redest du da für einen Unsinn?“ [ST]; *ana kuttᵢ baġanni baʾūl ʾē?* „was habe ich gesungen?“ [MF]; *biynādi ʿa lfūl biyʾūl ʾē?* „wie ruft er die Saubohnen aus?“ [ME]; *ma-tgāwib! – agāwib aʾūl ʾē bass?* „antworte doch! – Was soll ich nur antworten?“ [MF]; *ma-tikkallim! – akkallim aʾūl ʾē?* „sprich doch! – Was soll ich schon sagen?“ [ST]. Imperfektpräfixe brauchen nicht wiederholt zu werden: *biydallaʿūki yʾulūlik ʾē?* „Was haben sie dir für einen Kosenamen gegeben?“ [MF].

Im Aussagesatz und mit Perfekt: *wāḥid ʾablᵢ ma ymūt waṣṣa ʾahlu ʾalluhum lamm-amūt* ... „bevor er starb, gab einer seiner Familie seinen letzten Willen mit folgenden Worten kund: ‚Wenn ich sterbe ...‘“ [MA] (*waṣṣa w ʿala ḥ*); *wi huwwa ṛaddᵢ ʿalēk ʾallak ʾē?* „was hat er dir geantwortet?“ [SP].

Auch syndetisch mit *wi*: *ḥafḍal ana abarṭam w aʾūl....* „ich werde weiter brummeln“ [ST]; *w abūya kān yidallaʿni wi yʾulli ya Lelti* „mein Vater rief mich mit dem Kosenamen Lelti“ [ST].

10.0 Bibliographie

Die Literatur zum Kairenischen, bzw. zum Ägyptisch-Arabischen ist in den letzten Jahren sehr angewachsen und umfaßt mehr als 1000 Titel. Eine vollständige Bibliographie würde den gebotenen Rahmen daher bei weitem sprengen. Daher beschränken wir uns hier auf eine Auswahl der wichtigsten Titel.

1. Allgemeines

Behnstedt, Peter – Woidich, Manfred: Ägypten. *Arabische Dialekte.* TAVO-Karte A VIII. Wiesbaden 1983.

Behnstedt, Peter – Woidich, Manfred: *Die Ägyptisch-Arabischen Dialekte.* Band 1: Einleitung und Anmerkungen zu den Karten. Wiesbaden 1985.

Behnstedt, Peter – Woidich, Manfred: *Die Ägyptisch-Arabischen Dialekte.* Band 2: Dialektatlas von Ägypten. Wiesbaden 1985.

Brustad, Karen E.: *The Syntax of Spoken Arabic.* A Comparative Study of Moroccan, Egyptian, Syrian, and Kuwaiti Dialects. Washington DC 2000.

Maas, Utz – Selmy, El-Sayed – Ahmed, Mostafa: *Perspektiven eines typologisch orientierten Sprachvergleichs. Deutsch-Arabisch, Arabisch-Deutsch.* Kairo: Echnaton, 2000.

Taymūr Bāšā, Aḥmad: *Muʿǧam Taymūr al-kabīr fī alfāẓ al-ʿāmmīya.* Taḥqīq: Duktūr Ḥusayn Naṣṣār. al-ǧuzʾ al-ʾawwal, al-Qāhira 1971. al-ǧuzʾ aṯ-ṯānī, al-Qāhira 1978. al-ǧuzʾ aṯ-ṯāliṯ, al-Qāhira 1994: al-hayʾa al-miṣrīya al-ʿāmma li al-kitāb. al-ǧuzʾ ar-rābiʿ, al-Qāhira 2001 al-ǧuzʾ al-xāmis, al-Qāhira 2001: maṭbaʿat dār al-kutub al-miṣrīya.

Woidich, Manfred: Das Ägyptisch-Arabische. In: W. Fischer – O. Jastrow, *Handbuch der arabischen Dialekte.* Wiesbaden 1980, S. 207–242.

Woidich, Manfred: Cairo Arabic and the Egyptian Dialects. In: D. Caubet – M. Vanhove (Hrsg.), *Actes des premières journées internationales de dialectologie arabe de Paris.* Institut National des Langues et Cultures Orientales. Paris 1994, S. 493–507.

Woidich, Manfred: Rural dialects of Egypt. In: *Bulletin du CEDEJ: Egypte-Monde Arabe* 27-28. Kairo 1996, S. 325–354.

2. Soziolinguistik

Allam, Jehan: Youngsters and new vocabulary. In: *Al-Logha,* Second Issue. November 2000, S. 111–135.

Badawī, Al-Saʿīd: *Mustawayāt al-ʿarabīya al-muʿāṣira fī miṣr.* al-Qāhira: Dār al-Maʿārif 1973.

Blanc, Haim: The *nekteb – nektebu* imperfect in a variety of Cairene Arabic. In: *Israel Oriental Studies* IV. 1974, S. 206–226.

Diem, Werner: *Hochsprache und Dialekt. Untersuchungen zur heutigen arabischen Zweisprachigkeit.* Wiesbaden 1974.

Doss, Madiha: Les variétés linguistiques en usage à la télévision égyptienne. In: *Bulletin du CEDEJ: Egypte-Monde Arabe* 21. Kairo 1987, S. 63–73.

Eid, Mushira: The non-randomness of diglossic variation in Arabic. In: *Glossa* 16. 1982, S. 54–84.

Eid, Mushira: Principles for code-switching between Standard and Egyptian Arabic. In: *Al-ʿArabiyya* 21. 1988, S. 51–79.

El-Dash, Linda – Tucker, A. Richard: Subjective reactions to various speech styles in Egypt. In: *Linguistics* 166. 1975, S. 33–54.

Elgibali, Alaa: Stability and language variation in Arabic: Cairene and Kuwaiti Dialects. In: Mushira Eid – Clive Holes (Hrsg.), *Perspectives on Arabic Linguistics* V. Amsterdam/Philadelphia 1993, S.75–96.

Haeri, Niloofar: Conceptualizing Heterogeneity in Arabic. In: *Bulletin du CEDEJ: Egypte-Monde Arabe* 27–28. Kairo 1996, S. 301–315.

Haeri, Niloofar: *The Sociolinguistic Market of Cairo: Gender, Class and Education.* London 1996.

Killean, Carolyn G.: Demonstrative variation in oral media Arabic in Egypt. In: *Studies in the Linguistic Sciences* 10,2. 1980, S. 165-178.

Mejdell, Gunvor: Aspects of Formal Spoken Arabic in Egypt – Lugha Wusta or Lughat al-Muthaqqafiin. A View from the North. In: *Al-Logha,* Second Issue. Kairo, November 2000, S. 7–27.

Mejdell, Gunvor: *Somewhere between order and chaos: mixed style in spoken Arabic in Egypt. A case study of academic panel discussions.* Det humanistiske fakultet, University of Oslo 2005.

Miller, Catherine: Variation and change in Arabic urban vernaculars. In: M. Haak, R. de Jong, K. Versteegh (Hrsg.), Leiden – Boston 2004, S. 177–206.

Miller, Catherine: Between accomodation and resistance: Upper Egyptian migrants in Cairo. In: *Linguistics* 43–5. 2005, S. 903–956.

Mitchell, Terence F.: Soziolinguistische und stilistische Aspekte des gesprochenen Arabisch der Gebildeten (educated spoken Arabic) in Ägypten und der Levante. In: *Sitzungsberichte der Sächsischen Akademie der Wissenschaften,* Leipzig, phil.-hist. Klasse 123, 6. Berlin 1984.

Rowson, Everett K.: Cant and Argot in Cairo Colloquial Arabic. In: *Bulletin of the American Research Center in Egypt* 122. 1983, S. 13–24.

Tadié, Arlette: Les Syriens en Égypte. In: D. Caubet – M. Vanhove (Hrsg.), *Actes des Premières Journées Internationales de Dialectologie Arabe de Paris.* Paris 1994, S. 481–492.

Wilmsen, David W.: Codeswitching, Codemixing, and Borrowing in the Spoken Arabic of a Theatrical Community in Cairo. In: Eid, Mushira – Parkin-son, Dilworth (Hrsg.), *Perspectives on Arabic Linguistics* IX. Amsterdam/ Philadelphia 1996, S. 69-92.

Woidich, Manfred: Einige Aspekte der Diglossie im heutigen Ägypten. In: M. Woidich (Hrsg.), *Amsterdam Middle Eastern Studies*. Amsterdam 1990, S.131-159.

3. Sprachgeschichte

Behnstedt, Peter: Weitere koptische Lehnwörter im Ägyptisch-Arabischen. In: *Die Welt des Orients* XII. 1981, S. 81-98.

Birkeland, Harris: *Growth and Structure of the Egyptian Arabic Dialect*. Avhandlinger utgitt av Det Norske Videnskaps-Akademi i Oslo: II. Hist.-filos. Klasse Nr.2, Oslo 1952.

Blanc, Haim: La perte d'une forme pausale dans le parler arabe du Caire. In: *Mélanges de l'Université Saint Joseph* 48. 1973–74, S. 375–390.

Davies, Humphrey T.: *Seventeenth-Century Egyptian Arabic: A Profile of the Colloquial Material in Yūsuf Al-Širbīni's «HAZZ AL-QUHŪF FĪ ŠARḤ QAṢĪD ABĪ ŠADŪF»*. Ph.Diss., University of California, Berkeley 1981.

Ihsanoğlu, Ekmeleddin – Saᶜdāwī, Ṣāliḥ Ṣ.: *aṯ-ṯaqāfa at-turkīya fī miṣr. ǧawānib at-tafāʿul al-ḥaḍarī bayna al-miṣrīyīna wa al-ʾatrāk. maʿa muʿǧam li l-ʾalfāẓ at-turkīya fī al-ʿāmmīya al-miṣrīya*. Istanbul 2003.

Prokosch, Erich: *Osmanisches Wortgut im Ägyptisch-Arabischen*. Berlin 1983.

Vittmann, G.: Zum koptischen Sprachgut im Ägyptisch-Arabischen. In: *Wiener Zeitschrift für die Kunde des Morgenlandes* 81, S. 197-227.

Woidich, Manfred: Das Kairenische im 19. Jh.: Gedanken zu Tantawi's Traité de langue arabe vulgaire. In: *Dialectologia Arabic. A Collection of Articles in Honour of the Sixth Birthday of Prof. Heikki Palva*. Studia Orientalia 75, Helsinki 1995, S. 271–287.

4. Grammatik: Beschreibungen

Abdel-Massih, Ernest.T. – Abdel-Malek, Zaki N. – Badawi, El-Said M.: *A Comprehensive Study of Egyptian Arabic*. Vol. Three: *A Reference Grammar of Egyptian Arabic*. Ann Arbor 1978.

Gairdner, W.H.T.: *Egyptian Colloquial Arabic*. Kairo 1926.

Gary, Judith – Gamal-Eldin, Saad M.: *Cairene Egyptian Colloquial Arabic*. Lingua Descriptive Series, Vol. 6. Amsterdam 1982. (reissued by Crooms Helms, 1985).

Mitchell, Terence F.: *Colloquial Arabic. The Living Language of Egypt*. Teach Yourself Series. London 1962.

Nallino, Carlo A.: *L'arabo parlato in Egitto*. Mailand 1939. (2. Aufl. Mailand 1913, 1. Aufl. 1900).

Spitta-Bey, Wilhelm: *Grammatik des arabischen Vulgärdialectes von Ägypten*. Leipzig 1880.

Tomiche, Nada: *Le parler arabe du Caire*. Paris 1964.

Vollers, Carl: *The Modern Egyptian Dialect of Arabic*. Translated by F.C. Burkitt. Cambridge 1896. (Reprint 1972).

Willmore, J. S.: *The Spoken Arabic of Egypt*. 2.Aufl. London 1905. 3.Aufl. London 1919.

Wise, Hilary: *A Transformational Grammer of Spoken Egyptian Arabic*. Oxford 1975.

5. Grammatik: Einzelstudien

Abdel-Malek, Zaki N.: *The Closed-List Classes of Colloquial Egyptian Arabic*. The Hague/Paris 1972.

Aboul-Fetouh, Helmy M.: *A Morphological Study of Egyptian Colloquial Arabic*. The Hague/Paris 1969.

Ambros, Arne A. – Ghanem, Hamdi: Ein Experiment zur freien Variation in der Kairinisch-Arabischen Syntax. In: *Wiener Zeitschrift für die Kunde des Morgenlandes* 71. 1979, S. 63–82.

Ahmed, Mostafa: Ägyptisch-arabische Aspektualgefüge und ihre Entsprechungen im Neuhochdeutschen. In: Maas, Utz et alii (Hrsg.), *Perspektiven eines typologisch orientierten Sprachvergleichs. Deutsch-Arabisch, Arabisch-Deutsch*. Kairo: Echnaton, 2000, S. 111-127.

Ahmed, Mostafa – Selmy, El-Sayed: Komplexe Prädikate im Ägyptisch-Arabischen. In: Maas, Utz et alii (Hrsg.), *Perspektiven eines typologisch orientierten Sprachvergleichs. Deutsch-Arabisch, Arabisch-Deutsch*. Kairo: Echnaton, 2000, S. 46–85.

Carter, Michael: Signs of Change in Egyptian Arabic. In: Elgibali, Alaa (Hrsg.), *Understanding Arabic. Essays in Honor of El-Said Badawi*. Kairo 1996, S. 137–143.

Diem, Werner: *Translokative Verben im Arabischen. Eine diachronische Studie*. Wiesbaden 2002.

Doss, Madiha: The Position of the Demonstrative da, di in Egyptian Arabic: A Diachronic Inquiry. In: *Annales Islamologiques* XV. 1979, S. 349-357.

Doss, Madiha: Valeurs et emplois des formes verbales en arabe du Caire. In: *Matériaux arabes et sudarabiques. Publications du Groupe d'Études de Linguistique et de Littératures arabes et sudarabiques* (MAS-GELLAS). Recherches en cours 1985–1986. Paris 1986.

Eid, Mushira: On the communicative function of subject pronouns in Arabic. In: *Journal of Linguistics* 19. 1983, S. 287–303.

Eid, Mushira: The copula function of pronouns. In: *Lingua* 55/2. 1983, S. 197–207.

Eid, Mushira: On the Function of Pronouns in Egyptian Arabic. In: Wirth, Jessica R. (Hrsg.), *Beyond the Sentence: Discourse and Sentential Form*. Ann Arbor 1985, S. 31–44.

Eisele, John C.: *Arabic Verbs in Time: Tense and Aspect in Cairene Arabic*. Wiesbaden 1999.

Gamal-Eldin, Saad M.: *A Syntactic Study of Egyptian Colloquial Arabic*. The Hague/ Paris 1967.

Harrell, Richard S.: *The Phonology of Colloquial Egyptian Arabic*. New York 1957.

Mahgoub, Fatma M.: *A Linguistic Study of Cairene Proverbs*. Bloomington 1968.

Mitchell, Terence F.: Educated Spoken Arabic in Egypt and the Levant. With special reference to participle and tense. In: *Journal of Linguistics* 14,2. 1978, S. 227–258.

Mitchell, Terence F. und A.S. al-Hassan: *Modality. Mood and Aspect in Spoken Arabic. With special reference to Egypt and the Levant*. London and New York 1994.

Stewart, Devin J.: Root-Echo response in Egyptian Arabic Politeness Formulae. In: El-Gibali, Alaa (Hrsg.), *Understanding Arabic. Essays in Honor of El-Said Badawi*. Kairo 1996, S. 157–180.

Woidich, Manfred: Zur Funktion des aktiven Partizips im Kairenisch-Arabischen. In: *Zeitschrift der Deutschen Morgenländischen Gesellschaft* 125. 1975, S. 273–299.

Woidich, Manfred: *illi* als Konjunktion im Kairenischen. In: Diem, Werner – Wild, Stefan (Hrsg.), *Studien aus Arabistik und Semitistik. Anton Spitaler zum siebzigsten Geburtstag von seinen Schülern überreicht*. Wiesbaden 1980, S. 224–238.

Woidich, Manfred: Langform versus Kurzform: die Kardinalzahlwörter von 3 bis 10 im Kairenischen. In: *Jerusalem Studies in Arabic and in Islam* 12. 1989, S. 199–232.

Woidich, Manfred: /a/: ein vernachlässigtes Kapitel aus der Phonologie des Kairenischen. In: Woidich, Manfred (Hrsg.), *Amsterdam Middle Eastern Studies*. Amsterdam 1990, S. 99–130.

Woidich, Manfred: Short /a/ in Cairo Arabic Morphophonology. In: Kaye, Alan S. (Hrsg.), *Semitic Studies. In honor of Wolf Leslau. On the occasion of his eighty-fifth birthday November 14th, 1991*. Vol. II. Wiesbaden 1991, S. 1632-1651.

Woidich, Manfred: Die Konjunktion *aḥsan* ~ *laḥsan* im Kairenischen. In: Martin Forstner (Hrsg.), *Festgabe für Hans-Rudolf Singer*, Teil 1, Frankfurt 1991, S. 175-193.

Woidich, Manfred: Die Formtypen des Zustandssatzes im Kairenischen. In: *Zeitschrift für Arabische Linguistik* 23. 1991, S. 66–98.

Woidich, Manfred: Vorangestellte Demonstrativa im Kairenischen. In: *Jerusalem Studies in Arabic and Islam* 15. 1992, S. 195–219.

6. Lehrbücher

Abdel-Massih, Ernest T.: *An Introduction to Egyptian Arabic*. Ann Arbor 1981.

Abdel-Massih, Ernest T. – Abdel-Malek, Zaki N. – Badawi, El-Said M.: *A Comprehensive Study of Egyptian Arabic*. Vol. One: Conversations, Cultural Texts, Sociolinguistic Notes. Ann Arbor 1978.

Ahmad, Mukhtar: *Lehrbuch des Ägyptisch-Arabischen*. Wiesbaden 1981.

Harrell, Richard S. – Selim, Laila Y.– Tewfik, George D., *Lessons in Colloquial Egyptian Arabic*. Washington D.C. 1963.

Jomier, Jaques – Khouzam, J.: *Manuel d'arabe égyptien*. 2. Aufl. Paris 1977.

Mitchell, Terence F.: *An Introduction to Colloquial Egyptian Arabic*. London 1956.

Ondraš, František: *Egyptian Colloquial Arabic*. Oxford 2005.

Salib, Maurice B.: *Spoken Arabic of Cairo*. 2. Aufl., Kairo: AUC Press, 1987.

al-Tonsi, Abbas: *Egyptian Colloquial Arabic: A Structure Review*. 5. Aufl. Arabic Language Institute. Kairo 1992.

al-Tonsi, Abbas – Al-Sawi, Laila: *An Intensive Course in Egyptian Colloquial Arabic*. Parts 1–2, Center for Arabic Studies Abroad. Kairo 1990.

al-Tonsi, Abbas – Brustad, Kristen: *An Advanced Reader in Egyptian Colloquial Arabic*. Parts 1–2, Center for Arabic Studies Abroad. Kairo 1981.

Vollers, Carl: *The Modern Egyptian Dialect of Arabic*. Transl. by F.C. Burkitt. Cambridge 1896. Reprint 1972.

Woidich, Manfred: *Ahlan wa Sahlan. Eine praktische Einführung in die Kairoer Umgangssprache*. Wiesbaden 1990. Schlüssel dazu 1991.

Woidich, Manfred – Heinen-Nasr, Rabha: *Kullu Tamām. Inleiding tot de Egyptische omgangstaal*. 4. Aufl., Amsterdam 2004.

Woidich, Manfred – Heinen-Nasr, Rabha: *Kullu Tamām. An introduction to Egyptian Colloquial Arabic*. Kairo: AUC Press 2004.

7. Literatur und Verschriftung

Davies, Humphrey: Dialect Literature. In: *Encyclopedia of Arabic Language and linguistics*, Volume I, S. 597–604. Leiden – Boston 2005.

Doss, Madiha: Réflexions sur les débuts de l'écriture dialectale en Égypte. In: *Bulletin du CEDEJ: Egypte-Monde Arabe* 27–28, Kairo 1996, S.119–145.

Doss, Madiha: Dialecte égyptien et questions de langue au XIXe siècle: Le cas de ᶜAbd Allah Nadīm. In: *Matériaux arabes et sudarabiques, Publications du Groupe d'Études de Linguistique et de Littératures arabes et sud-arabiques* (MAS-GELLAS) 8 (nouvelle édition) 1997, S. 143–170.

El-Farnawany, Refaat: *Ägyptisch-Arabisch als geschriebene Sprache. Probleme der Verschriftung einer Umgangssprache*. Dissertation, Erlangen 1981.

Malina, Renate: *Zum schriftlichen Gebrauch des Kairinischen Dialekts anhand ausgewählter Texte von Saʿdaddīn Wahba*. Berlin 1987.

Rosenbaum, Gabriel M.: „Fuṣḥāmmiyya“: Alternating Style in Egyptian Prose. In: *Zeitschrift für Arabische Linguistik* 38. 2000, S. 68–87.

Rosenbaum, Gabriel M.: Egyptian Arabic as a Written Language. In: *Jerusalem Studies in Arabic and Islam* 29. 2004, S. 281–340.

Saᶜīd, Naffūsa Z.: *Tārīx ad-daʿwā ilā al-ʿāmmīya*. al-Qāhira 1964.

Zack, Liesbeth: The Use of Colloquial Arabic in Prose Literature: Laban ilᶜaṣfūr by Yūsuf al-Qaᶜīd. In: *Quaderni di Studi Arabi* 19. 2001, S. 193–219.

8. Ältere Literatur

Abdel-Malek, Kamal: *A Study of the Vernacular Poetry of Aḥmad Fuʾād Nigm*. Leiden 1990.

Booth, Marylin: *Bayram al-Tunisi's Egypt. Social Criticism and Narrative Strategies*. Exeter 1990.

al-Maġribī, Yūsuf ibn Zakariyyāᵓ: *Dafʿ al-ʾisr ʿan kalām ahl Miṣr*. Hrsg. von ᶜAbd as-Salām Aḥmad ᶜAwwād. Moskau 1968.

9. Sprachführer

Elsässer, Hans-Hermann: *Sprachführer Ägyptisch-Arabisch*. Leipzig 1989.

Munzel, Kurt: *Ägyptisch-Arabischer Sprachführer*. 2., verbesserte und erweiterte Auflage. Wiesbaden 1983.

10. Texte in arabischer Schrift

ᶜAbd al-Ḥalīm, Ḥusayn: *Bāzl (Puzzle). Riwāya*. al-Qāhira: Dār Mērīt, 2005.

ᶜAbd al-Munᶜim, Ṣafāᵓ: *Min ḥalāwit irrūḥ. Riwāya bi l-ʿāmmiyya*. al-Qāhira: Sanābil li n-našr wa t-tawzīᶜ, 2005

al-ᶜAssāl, Fatḥīya: *Ḥuḏn ilʿumr. as-sīra aḏ-ḏātīya*. 3 Bände. Al-Qāhira: al-Hayᵓa al-miṣrīya al-ᶜāmma li l-kitāb, 2002.

ᶜĀšūr, Nuᶜmān: *Masraḥ Nuʿmān ʿĀšūr. al-guzʾ al-awwal 1955–1960*. Al-Qāhira: al-Hayᵓa al-miṣrīya al-ᶜāmma li l-kitāb 1974. Ibid., *al-guzʾ aṯ-ṯānī 1960–1970*. Al-Qāhira: al-Hayᵓa al-miṣrīya al-ᶜāmma li l-kitāb, 1976. Ibid., *al-guzʾ aṯ-ṯāliṯ*. Al-Qāhira: al-Hayᵓa al-miṣrīya al-ᶜāmma li l-kitāb, 1986.

Farag, Sāmiḥ: *Bānhūf ištrāsa. Ḥikayt ilʾuṣṭa kkahṛabāʾi. Riwāya bi l-ʿammīya l-miṣrīya*. Al-Qāhira: al-markaz al-miṣrī al-ᶜarabī, 1999.

Ǧāhīn, Ṣalāḥ: *illēla kkibīra. Wa xamsu masraḥīyāt*. al-Qāhira: Markaz al-Ahrām li-t-tarǧama wa-n-našr, 1992.

al-Ḥakīm, Tawfīq: *al-masraḥ al-munawwaʿ, 1923–1966*. al-Qāhira o.J.

Mégally, Samir: *L'Égypte chantée. Oum Kalthoum*. Paris 1997. (mit Transkription).

Mégally, Samir: *L'Égypte chantée. Abd El-Halim Hafez.* Paris 1998. (mit Transkription).
Mušarrafa, Muṣṭafa: *Qanṭara allaḏī kafar.* al-Qāhira o.J.
Nāṣir, Muḥammad: *'ūla 'awwil.* al-Qāhira: al-Mağlis al-aᶜlā li ṯ-ṯaqāfa, 2000.
Nigm, Aḥmad Fuᵓād: *ilFagūmi. as-sīra aḏ-ḏātīya al-kāmila.* Al-Qāhira: Dār al-Aḥmadī li-n-našr, o.J.
al-Qaᶜīd, Yūsuf: *Laban ilᶜaṣfūr.* Al-Qāhira: Dāṛ al-Hilāl 1994.
Rušdī, Rašād: *Masraḥ Rašād Rušdī.* Band 1, Al-Qāhira: al-Hayᵓa al-miṣrīya al-ᶜāmma li-l-kitāb 1975. Band 2, Al-Qāhira: al-Hayᵓa al-miṣrīya al-ᶜāmma li-l-kitāb, 1978.
Ṣabrī, ᶜUṯmān: *Riḥla fi nNīl.* Iskindiriyya 1965
Wahba, Saᶜd ad-Dīn: *ilWazīr šāl ittallāga wa masraḥīyāt 'uxrā.* Al-Qāhira: al-Hayᵓa al-miṣrīya al-ᶜāmma li l-kitāb, 1980.

11. Textsammlungen in Transkription
Behnstedt, Peter – Woidich, Manfred: *Die Agyptisch-Arabischen Dialekte.* Band 3: *Texte.* Teil 1, *Nildelta.* Wiesbaden 1987.
Behnstedt, Peter – Woidich, Manfred: *Die Agyptisch-Arabischen Dialekte.* Band 3: *Texte.* Teil 2, *Niltal und Oasen.* Wiesbaden 1988.
Elder, E.E.: *Egyptian Colloquial Reader.* Cairo 1927.
Hassan, Motie Ibrahim: *In-nâs wil-malik.* Kopenhagen 1971.
Hassan, Motie Ibrahim: *'aġṛâb fi-baladhum. Qiṣaṣ maktûba bil-lahga l-qâhiriyya ᶜan il-mugtamaᶜ il-maṣri fi-'awā'il il-xamsînât bil-ḥurûf il-ᶜaṛabiyya wil-lâtiniyya.* Kopenhagen 1981.
Nakano, Akio: *Folktales of Lower Egypt. 1. Texts in Egyptian Arabic.* Studia Culturae Islamicae 18. Tokio 1982.
Nūr, ᶜAbd is-Salām ᶜAli (Hrsg.): *Adventures and Opinions of Hadji Darwîš and Umm Ismâᶜîl. Dictations taken by Ḥisēn Šafīq il-Maṣri. Roman Transcription by Karl-G. Prasse.* Kopenhagen 1980.
Prasse, Karl-G. – Blandford, Katrine – Moestrup, Elisabeth A. – El-Shoubary, Iman: *5 Egyptian-Arabic One Act Plays. A First Reader.* Kopenhagen 2000.
Rasmussen, Stig T.: *Maḥmūd Taymūr, il-maxba' raqam talattâšaṛ.* An annotated phonemic transcription by Stig T. Rasmussen. Kopenhagen 1979.
Spitta Wilhelm: *Contes arabes modernes.* Leiden 1883.

12. Sprichwörter und Redensarten
ᶜAṭalla, Samya: *al-amṯāl aš-šaᶜbīya al-miṣrīya.* Kairo – Beirut 1984.
al-Baqlī, Muḥammad Qandīl: *al-amṯāl aš-šaᶜbīya.* Kairo 1987.
Jacob J.A.: Maximes et proverbes populaires arabes. In: *Mélanges de l'Institut dominicain d'études orientales du Caire* 6. 1959, S. 403-404. 7, 1962-63, S. 35-80.

Kotb, Sigrid: *Körperteilbezogene Phraseologismen im Ägyptisch-Arabischen*. Wiesbaden 2002.

Mahgoub, Fatma M.: *A Linguistic Study of Cairene Proverbs*. Bloomington, Indiana 1968.

Šaᶜlān, Ibrāhīm: *Mawsūʿat al-amṯāl aš-šaʿbīya al-miṣrīya*. Kairo 1992.

Tadié, Arlette: *Le sel de la conversation. 3000 proverbes d'Égypte*. Paris 2002.

Taymūr Bāšā, Aḥmad: *al-amṯāl al-miṣrīya*. aṭ-ṭabᶜa aṯ-ṯāliṯa. al-Qāhira 1970.

Taymūr Bāšā, Aḥmad: *al-kināyāt al-ʿāmmīya*. aṭ-ṭabᶜa aṯ-ṯāliṯa. al-Qāhira 1970.

13. Wortlisten und Wörterbücher

Abdel-Massih, Ernest T.: *A Comprehensive Study of Egyptian Arabic*. Volume 4, Lexicon. Ann Arbor: Center for Near Eastern and North African Studies, 1978.

Abdel-Massih, Ernest T. – Abdel-Malek, Zaki N. – Badawi, El-Said M.: *A Comprehensive Study of Egyptian Arabic*. Vol. Four: Lexicon Part I: Egyptian Arabic-English. Lexicon Part II: English-Egyptian Arabic. Ann Arbor 1978.

Arnaudiès, Alain – Boutros, Wadie: *Lexique pratique des chantiers de Fouilles et de restauration. Français – Égyptien, Égyptien – Français*. Institut Français d'archéologie orientale. Kairo 1996.

Behnstedt, Peter – Woidich, Manfred: *Die Ägyptisch-Arabischen Dialekte*. Band 4: Glossar Arabisch-Deutsch. TAVO B 50/4, Wiesbaden 1994.

Behnstedt, Peter – Woidich, Manfred: *Die Ägyptisch-Arabischen Dialekte*. Band 5: Glossar Deutsch-Arabisch. TAVO B 50/5, Wiesbaden 1999.

Hinds, Martin – Badawi, El-Said: *A Dictionary of Egyptian Arabic. Arabic - English*. Beirut 1986.

Jomier, Jacques: *Lexique pratique français-arabe*. (Parler du Caire). Kairo 1976.

Spiro, Socrates: *An English-Arabic Dictionary of the Colloquial Arabic of Egypt containing the vernacular idioms and expressions, slang phrases, vocables, etc., used by the native Egyptians*. 1. Aufl. 1905. Reprint Beirut 1974.

Spiro, Socrates: *Arabic-English Dictionary of the Modern Arabic of Egypt*. 2. Aufl. Cairo 1923.

Stevens, Virginia – Salib, Maurice: *A Pocket Dictionary of the Spoken Arabic of Cairo*. Kairo: AUC Press, 1987. 2. Aufl. 2004.

Vial, Charles: *L'Egyptien tel qu'on l'écrit. Glossaire établi d'après un choix d'oeuvres littéraires égyptiennes contemporaines*. Kairo 1983.

11.0 Paradigmen

Paradigma 1 Personalpronomen

				mit Negation		
	3.pers.	2.pers.	1.pers.	3.pers.	2.pers.	1.pers
sg.m.	*huwwa*	*inta*	*ana*	*ma-huwwāš*	*ma-ntāš*	*ma-nīš*
sg.f.	*hiyya*	*inti*	*ana*	*ma-hiyyāš*	*ma-ntīš*	*ma-nīš*
pl.c.	*humma*	*intu*	*iḥna*	*ma-hummāš*	*ma-ntūš*	*ma-ḥnāš*

Paradigma 2 Nomen mit Possessivsuffixen

	nach -vK	*walad* „Junge“		nach -v̄K	*bēt* „Junge“	
	3.pers.	2.pers.	1.pers.	3.pers.	2.pers.	1.pers.
sg.m.	*waladu*	*waladak*	*waladi*	*bētu*	*bētak*	*bēti*
sg.f.	*waladha*	*waladik*	*waladi*	*betha*	*bētik*	*bēti*
pl.c.	*waladhum*	*waladku*	*waladna*	*bethum*	*betku*	*betna*

	nach KāKiK	*ṣāḥib* „Freund“		nach -KK	*bint* „Mädchen“	
	3.pers.	2.pers.	1.pers.	3.pers.	2.pers.	1.pers.
sg.m.	*ṣaḥbu*	*ṣaḥbak*	*ṣaḥbi*	*bintu*	*bintak*	*binti*
sg.f.	*ṣaḥibha*	*ṣaḥbik*	*ṣaḥbi*	*bintaha*	*bintik*	*binti*
pl.c.	*ṣaḥibhum*	*ṣaḥibku*	*ṣaḥibna*	*bintuhum*	*bintuku*	*bintina*

	nach -v	*abu-* „Vater“		nach -v	*ḅāḅa* „Papa“	
	3.pers.	2.pers.	1.pers.	3.pers.	2.pers.	1.pers.
sg.m.	*axū(h)*	*axūk*	*axūya*	*ḅaḅā(h)*	*ḅaḅāk*	*ḅaḅāya*
sg.f.	*axūha*	*axūki*	*axūya*	*ḅaḅāha*	*ḅaḅāki*	*ḅaḅāya*
pl.c.	*axūhum*	*axūku*	*axūna*	*ḅaḅāhum*	*ḅaḅāku*	*ḅaḅāna*

Paradigma 3 Grundstamm des starken Verbs – Perfekt

	a-Perfekt	*katab* „er schrieb“		i-Perfekt	*širib* „er trank“	
	3.pers.	2.pers.	1.pers.	3.pers.	2.pers.	1.pers.
sg.m.	*katab*	*katabt*	*katabt*	*širib*	*širibt*	*širibt*
sg.f.	*katabit*	*katabti*	*katabt*	*širbit*	*širibti*	*širibt*
pl.c.	*katabu*	*katabtu*	*katabna*	*širbu*	*širibtu*	*širibna*

Paradigma 4 Grundstamm des starken Verbs – Imperfekt

	i-Imperfekt	*yiktib* „er schreibt“		a-Imperfekt	*yišṛab* „er trinkt“	
	3.pers.	2.pers.	1.pers.	3.pers.	2.pers.	1.pers.
sg.m.	*yiktib*	*tiktib*	*aktib*	*yišṛab*	*tišṛab*	*ašṛab*
sg.f.	*tiktib*	*tiktibi*	*aktib*	*tišṛab*	*tišṛabi*	*ašṛab*
pl.c.	*yiktibu*	*tiktibu*	*niktib*	*yišṛabu*	*tišṛabu*	*nišṛab*

Paradigma 5 Verbum mit Suffixen des direkten Objekts

„er fragte ihn“	*sa'al*	3.pers.	2.pers.	1.pers.
	sg.m.	*sa'alu*	*sa'alak*	*sa'alni*
	sg.f.	*sa'alha*	*sa'alik*	*sa'alni*
	pl.c.	*sa'alhum*	*sa'alku*	*sa'alna*

„er sah ihn“	*šāf*	3.pers.	2.pers.	1.pers.
	sg.m.	*šāfu*	*šāfak*	*šafni*
	sg.f.	*šafha*	*šāfik*	*šafni*
	pl.c.	*šafhum*	*šafku*	*šafna*

„sie sah ihn“	*šāfit*	3.pers.	2.pers.	1.pers.
	sg.m.	*šafítu*	*šafítak*	*šafítni*
	sg.f.	*šafítha*	*šafítik*	*šafítni*
	pl.c.	*šafíthum*	*šafítku*	*šafítna*

„sie sahen ihn“	*šāfu*	3.pers.	2.pers.	1.pers.
	sg.m.	*šafū́(h)*	*šafūk*	*šafūni*
	sg.f.	*šafūha*	*šafūki*	*šafūni*
	pl.c.	*šafūhum*	*šafūku*	*šafūna*

„er sieht ihn“	*šāyif*	3.pers.	2.pers.	1.pers.
	sg.m.	*šayfu*	*šayfak*	*šayifni*
	sg.f.	*šayifha*	*šayfik*	*šayifni*
	pl.c.	*šayifhum*	*šayifku*	*šayifna*

„sie sieht ihn“	*šayfa*	3.pers.	2.pers.	1.pers.
	sg.m.	*šayfā́(h)*	*šayfāk*	*šayfāni*
	sg.f.	*šayfāha*	*šayfāki*	*šayfāni*
	pl.c.	*šayfāhum*	*šayfāku*	*šayfāna*

„er stellte ihn“	*ḥaṭṭ*	3.pers.	2.pers.	1.pers.
	sg.m.	*ḥaṭṭu*	*ḥaṭṭak*	*ḥaṭṭini*
	sg.f.	*ḥaṭṭaha*	*ḥaṭṭik*	*ḥaṭṭini*
	pl.c.	*ḥaṭṭuhum*	*ḥaṭṭuku*	*ḥaṭṭina*

„er sah ihn nicht“	*ma-šafš*	3.pers.	2.pers.	1.pers.
	sg.m.	*ma-šafūš*	*ma-šafakš*	*ma-šafnīš*
	sg.f.	*ma-šafhāš*	*ma-šafkīš*	*ma-šafnīš*
	pl.c.	*ma-šafhumš*	*ma-šafkūš*	*ma-šafnāš*

„sie sah ihn nicht“	*ma-šafitš*	3.pers.	2.pers.	1.pers.
	sg.m.	*ma-šafitūš*	*ma-šafitakš*	*ma-šafitnīš*
	sg.f.	*ma-šafithāš*	*ma-šafitkīš*	*ma-šafitnīš*
	pl.c.	*ma-šafithumš*	*ma-šafitkūš*	*ma-šafitnāš*

„sie sahen ihn nicht“	*ma-šafūš*	3.pers.	2.pers.	1.pers.
	sg.m.	*ma-šafuhūš*	*ma-šafukš*	*ma-šafunīš*
	sg.f.	*ma-šafuhāš*	*ma-šafukīš*	*ma-šafunīš*
	pl.c.	*ma-šafuhumš*	*ma-šafukūš*	*ma-šafunāš*

Paradigma 6 Verbum mit Suffixen des indirekten Objekts

„er sagte zu ihm“	*ʾāl*	3.pers.	2.pers.	1.pers.
	sg.m.	*ʾallu*	*ʾallak*	*ʾalli*
	sg.f.	*ʾallaha*	*ʾallik*	*ʾalli*
	pl.c.	*ʾalluhum*	*ʾalluku*	*ʾallina*

„sie sagten zu ihm“	*ʾālu*	3.pers.	2.pers.	1.pers.
	sg.m.	*ʾalūlu*	*ʾalūlak*	*ʾalūli*
	sg.f.	*ʾalulha*	*ʾalūlik*	*ʾalūli*
	pl.c.	*ʾalulhum*	*ʾalulku*	*ʾalulna*

„er gab ihm zurück“	*ṛadd*	3.pers.	2.pers.	1.pers.
	sg.m.	*ṛaddilu*	*ṛaddilak*	*ṛaddili*
	sg.f.	*ṛaddilha*	*ṛaddilik*	*ṛaddili*
	pl.c.	*ṛaddilhum*	*ṛaddilku*	*ṛaddilna*

„er sagte ihm nicht“	*ma-ʾalš*	3.pers.	2.pers.	1.pers.
	sg.m.	*ma-ʾallūš*	*ma-ʾallakš*	*ma-ʾallīš*
	sg.f.	*ma-ʾallahāš*	*ma-ʾallikīš*	*ma-ʾallīš*
	pl.c.	*ma-ʾalluhumš*	*ma-ʾallukūš*	*ma-ʾallināš*

Paradigma 7 Verbum mit Suffixen des direkten und des indirekten Objekts
Zur Variation *-u-* ~ *-hu-* und *-uhu-* s. 2.1.2.2.

„er brachte es ihm"	*gābu*	3.pers.	2.pers.	1.pers.
	sg.m.	*gabhūlu*	*gabhūlak*	*gabhūli*
	sg.f.	*gabhulha*	*gabhūlik*	*gabhūli*
	pl.c.	*gabhulhum*	*gabhulku*	*gabhulna*

„sie brachte es ihm"	*gabítu*	3.pers.	2.pers.	1.pers.
	sg.m.	*gabithūlu*	*gabithūlak*	*gabithūli*
	sg.f.	*gabithulha*	*gabithūlik*	*gabithūli*
	pl.c.	*gabithulhum*	*gabithulku*	*gabithulna*

„ich brachte es ihm"	*gibtu*	3.pers.	2.pers.	1.pers.
	sg.m.	*gibtuhūlu*	*gibtuhūlak*	*gibtuhūli*
	sg.f.	*gibtuhulha*	*gibtuhūlik*	*gibtuhūli*
	pl.c.	*gibtuhulhum*	*gibtuhulku*	*gibtuhulna*

Paradigma 8 Verbum mit Suffixen des direkten und des indirekten Objekts
mit Negation. Zur Variation *-u-* ~ *-hu-* und *-uhu-* s. 2.1.2.2.

„er brachte es ihm nicht"	3.pers.	2.pers.	1.pers.
sg.m.	*ma-gabhulūš*	*ma-gabhulakš*	*ma-gabhulīš*
sg.f.	*ma-gabhulhāš*	*ma-gabhulkīš*	*ma-gabhulīš*
pl.c.	*ma-gabhulhumš*	*ma-gabhulkūš*	*ma-gabhulnāš*

„sie brachten es ihm nicht"	3.pers.	2.pers.	1.pers.
sg.m.	*ma-gabuhulūš*	*ma-gabuhulakš*	*ma-gabuhulīš*
sg.f.	*ma-gabuhulhāš*	*ma-gabuhulkīš*	*ma-gabuhulīš*
pl.c.	*ma-gabuhulhumš*	*ma-gabuhulkūš*	*ma-gabuhulnāš*

„du (f.) brachtest es ihm nicht"	3.pers.	2.pers.	1.pers.
sg.m.	*ma-gibtihulūš*		*ma-gibtihulīš*
sg.f.	*ma-gibtihulhāš*		*ma-gibtihulīš*
pl.c.	*ma-gibtihulhumš*		*ma-gibtihulnāš*

„du (f.) brachtest sie ihm nicht"	3.pers.	2.pers.	1.pers.
sg.m.	*ma-gibtihalūš*		*ma-gibtihalīš*
sg.f.	*ma-gibtihalhāš*		*ma-gibtihalīš*
pl.c.	*ma-gibtihalhumš*		*ma-gibtihalnāš*

Paradigma 9 Abgeleitete Stämme des starken Verbs

II. Stamm *baṭṭal, yibaṭṭal* „aufhören“

a-Typ	Perfekt 3.pers.	2.pers.	1.pers.	Imperfekt 3.pers.	2.pers.	1.pers.
sg.m.	*baṭṭal*	*baṭṭalt*	*baṭṭalt*	*yibaṭṭal*	*tibaṭṭal*	*abaṭṭal*
sg.f.	*baṭṭalit*	*baṭṭalti*	*baṭṭalt*	*tibaṭṭal*	*tibaṭṭali*	*abaṭṭal*
pl.c.	*baṭṭalu*	*baṭṭaltu*	*baṭṭalna*	*yibaṭṭalu*	*tibaṭṭalu*	*nibaṭṭal*

ṭawwil, yiṭawwil „verlängern“

i-Typ	3.pers.	2.pers.	1.pers.	3.pers.	2.pers.	1.pers.
sg.m.	*ṭawwil*	*ṭawwilt*	*ṭawwilt*	*yiṭawwil*	*tiṭawwil*	*aṭawwil*
sg.f.	*ṭawwilit*	*ṭawwilti*	*ṭawwilt*	*tiṭawwil*	*tiṭawwili*	*aṭawwil*
pl.c.	*ṭawwilu*	*ṭawwiltu*	*ṭawwilna*	*yiṭawwilu*	*tiṭawwilu*	*niṭawwil*

III. Stamm *ḥāwil, yiḥāwil* „versuchen“

	Perfekt 3.pers.	2.pers.	1.pers.	Imperfekt 3.pers.	2.pers.	1.pers.
sg.m.	*ḥāwil*	*ḥawilt*	*ḥawilt*	*yiḥāwil*	*tiḥāwil*	*aḥāwil*
sg.f.	*ḥawlit*	*ḥawilti*	*ḥawilt*	*tiḥāwil*	*tiḥawli*	*aḥāwil*
pl.c.	*ḥawlu*	*ḥawiltu*	*ḥawilna*	*yiḥawlu*	*tiḥawlu*	*niḥāwil*

t-I-Stamm *itmasak, yitmisik* „gepackt werden“

	Perfekt 3.pers.	2.pers.	1.pers.	Imperfekt 3.pers.	2.pers.	1.pers.
sg.m.	*itmasak*	*itmasakt*	*itmasakt*	*yitmisik*	*titmisik*	*atmisik*
sg.f.	*itmasakit*	*itmasakti*	*itmasakt*	*titmisik*	*titmiski*	*atmisik*
pl.c.	*itmasaku*	*itmasaktu*	*itmasakna*	*yitmisku*	*titmisku*	*nitmisik*

t-II-Stamm (V) *itfassaḥ, yitfassaḥ* „spazieren gehen“

a-Typ	Perfekt 3.pers.	2.pers.	1.pers.	Imperfekt 3.pers.	2.pers.	1.pers.
sg.m.	*itfassaḥ*	*itfassaḥt*	*itfassaḥt*	*yitfassaḥ*	*titfassaḥ*	*atfassaḥ*
sg.f.	*itfassaḥit*	*itfassaḥti*	*itfassaḥt*	*titfassaḥ*	*titfassaḥi*	*atfassaḥ*
pl.c.	*itfassaḥu*	*itfassaḥtu*	*itfassaḥna*	*yitfassaḥu*	*titfassaḥu*	*nitfassaḥ*

itkallim, yitkallim „sprechen“

i-Typ	3.pers.	2.pers.	1.pers.	3.pers.	2.pers.	1.pers.
sg.m.	*itkallim*	*itkallimt*	*itkallimt*	*yitkallim*	*titkallim*	*atkallim*
sg.f.	*itkallimit*	*itkallimti*	*itkallimt*	*titkallim*	*titkallimi*	*atkallim*
pl.c.	*itkallimu*	*itkallimtu*	*itkallimna*	*yitkallimu*	*titkallimu*	*nitkallim*

t-III-Stamm (VI) *itxāniʾ, yitxāniʾ* „miteinander raufen"

	Perfekt 3.pers.	2.pers.	1.pers.	Imperfekt 3.pers.	2.pers.	1.pers.
sg.m.	*itxāniʾ*	*itxaniʾt*	*itxaniʾt*	*yitxāniʾ*	*titxāniʾ*	*atxāniʾ*
sg.f.	*itxanʾit*	*itxaniʾti*	*itxaniʾt*	*titxāniʾ*	*titxanʾi*	*atxāniʾ*
pl.c.	*itxanʾu*	*itxaniʾtu*	*itxaniʾna*	*yitxanʾu*	*titxanʾu*	*nitxāniʾ*

n-I-Stamm (VII) *inkatab, yinkitib* „geschrieben werden"

	Perfekt 3.pers.	2.pers.	1.pers.	Imperfekt 3.pers.	2.pers.	1.pers.
sg.m.	*inkatab*	*inkatabt*	*inkatabt*	*yinkitib*	*tinkitib*	*ankitib*
sg.f.	*inkatabit*	*inkatabti*	*inkatabt*	*tinkitib*	*tinkitbi*	*ankitib*
pl.c.	*inkatabu*	*inkatabtu*	*inkatabna*	*yinkitbu*	*tinkitbu*	*ninkitib*

I-t-Stamm (VIII) *iftakaṛ, yiftikir* „meinen; denken"

	Perfekt 3.pers.	2.pers.	1.pers.	Imperfekt 3.pers.	2.pers.	1.pers.
sg.m.	*iftakaṛ*	*iftakaṛt*	*iftakaṛt*	*yiftikir*	*tiftikir*	*aftikir*
sg.f.	*iftakaṛit*	*iftakaṛti*	*iftakaṛt*	*tiftikir*	*tiftikri*	*aftikir*
pl.c.	*iftakaṛu*	*iftakaṛtu*	*iftakaṛna*	*yiftikru*	*tiftikru*	*niftikir*

IX. Stamm *iḥmaṛṛ, yiḥmaṛṛ* „rot werden"

	Perfekt 3.pers.	2.pers.	1.pers.	Imperfekt 3.pers.	2.pers.	1.pers.
sg.m.	*iḥmaṛṛ*	*iḥmaṛṛēt*	*iḥmaṛṛēt*	*yiḥmaṛṛ*	*tiḥmaṛṛ*	*aḥmaṛṛ*
sg.f.	*iḥmaṛṛit*	*iḥmaṛṛēti*	*iḥmaṛṛēt*	*tiḥmaṛṛ*	*tiḥmaṛṛi*	*aḥmaṛṛ*
pl.c.	*iḥmaṛṛu*	*iḥmaṛṛētu*	*iḥmaṛṛēna*	*yiḥmaṛṛu*	*tiḥmaṛṛu*	*niḥmaṛṛ*

X. Stamm *istaʿbaṭ, yistaʿbaṭ* „für dumm halten"

a-Typ	Perfekt 3.pers.	2.pers.	1.pers.	Imperfekt 3.pers.	2.pers.	1.pers.
sg.m.	*istaʿbaṭ*	*istaʿbaṭt*	*istaʿbaṭt*	*yistaʿbaṭ*	*tistaʿbaṭ*	*astaʿbaṭ*
sg.f.	*istaʿbaṭit*	*istaʿbaṭti*	*istaʿbaṭt*	*tistaʿbaṭ*	*tistaʿbaṭi*	*astaʿbaṭ*
pl.c.	*istaʿbaṭu*	*istaʿbaṭtu*	*istaʿbaṭna*	*yistaʿbaṭu*	*tistaʿbaṭu*	*nistaʿbaṭ*

X. Stamm *istaʿgil, yistaʿgil* „sich beeilen"

i-Typ	Perfekt 3.pers.	2.pers.	1.pers.	Imperfekt 3.pers.	2.pers.	1.pers.
sg.m.	*istaʿgil*	*istaʿgilt*	*istaʿgilt*	*yistaʿgil*	*tistaʿgil*	*astaʿgil*
sg.f.	*istaʿgilit*	*istaʿgilti*	*istaʿgilt*	*tistaʿgil*	*tistaʿgili*	*astaʿgil*
pl.c.	*istaʿgilu*	*istaʿgiltu*	*istaʿgilna*	*yistaʿgilu*	*tistaʿgilu*	*nistaʿgil*

Paradigma 10 Vierradikalige Verben

I. Stamm *ġarbil, yiġarbil* „sieben"

	Perfekt			Imperfekt		
	3.pers.	2.pers.	1.pers.	3.pers.	2.pers.	1.pers.
sg.m.	*ġarbil*	*ġarbilt*	*ġarbilt*	*yiġarbil*	*tiġarbil*	*aġarbil*
sg.f.	*ġarbilit*	*ġarbilti*	*ġarbilt*	*tiġarbil*	*tiġarbili*	*aġarbil*
pl.c.	*ġarbilu*	*ġarbiltu*	*ġarbilna*	*yiġarbilu*	*tiġarbilu*	*niġarbil*

t-I-Stamm *itkaʿbil, yitkaʿbil* „straucheln"

	Perfekt			Imperfekt		
	3.pers.	2.pers.	1.pers.	3.pers.	2.pers.	1.pers.
sg.m.	*itkaʿbil*	*itkaʿbilt*	*itkaʿbilt*	*yikaʿbil*	*titkaʿbil*	*atkaʿbil*
sg.f.	*itkaʿbilit*	*itkaʿbilti*	*itkaʿbilt*	*titkaʿbil*	*titkaʿbili*	*atkaʿbil*
pl.c.	*itkaʿbilu*	*itkaʿbiltu*	*itkaʿbilna*	*yitkaʿbilu*	*titkaʿbilu*	*nitkaʿbil*

Paradigma 11 Verba mediae geminatae

I. Stamm *fakk, yifukk* „lösen"

	Perfekt			Imperfekt		
	3.pers.	2.pers.	1.pers.	3.pers.	2.pers.	1.pers.
sg.m.	*fakk*	*fakkēt*	*fakkēt*	*yifukk*	*tifukk*	*afukk*
sg.f.	*fakkit*	*fakkēti*	*fakkēt*	*tifukk*	*tifukki*	*afukk*
pl.c.	*fakku*	*fakkētu*	*fakkēna*	*yifukku*	*tifukku*	*nifukk*

II. Stamm *sabbib, yisabbib* „verursachen"

	Perfekt			Imperfekt		
	3.pers.	2.pers.	1.pers.	3.pers.	2.pers.	1.pers.
sg.m.	*sabbib*	*sabbibt*	*sabbibt*	*yisabbib*	*tisabbib*	*asabbib*
sg.f.	*sabbibit*	*sabbibti*	*sabbibt*	*tisabbib*	*tisabbibi*	*asabbib*
pl.c.	*sabbibu*	*sabbibtu*	*sabbibna*	*yisabbibu*	*tisabbibu*	*nisabbib*

t-I-Stamm *itfakk, yitfakk* „gelöst werden"

	Perfekt			Imperfekt		
	3.pers.	2.pers.	1.pers.	3.pers.	2.pers.	1.pers.
sg.m.	*itfakk*	*itfakkēt*	*itfakkēt*	*yitfakk*	*titfakk*	*atfakk*
sg.f.	*itfakkit*	*itfakkēti*	*itfakkēt*	*titfakk*	*titfakki*	*atfakk*
pl.c.	*itfakku*	*itfakkētu*	*itfakkēna*	*yitfakku*	*titfakku*	*nitfakk*

t-II-Stamm (V) *itraddid, yitraddid* „zögern"

	Perfekt 3.pers.	2.pers.	1.pers.	Imperfekt 3.pers.	2.pers.	1.pers.
sg.m.	*itraddid*	*itraddidt*	*itraddidt*	*yitraddid*	*titraddid*	*atraddid*
sg.f.	*itraddidit*	*itraddidti*	*itraddidt*	*titraddid*	*titraddidi*	*atraddid*
pl.c.	*itraddidu*	*itraddidtu*	*itraddidna*	*yitraddidu*	*titraddidu*	*nitraddid*

VIII. Stamm *ihtamm, yihtamm* „sich kümmern"

	Perfekt 3.pers.	2.pers.	1.pers.	Imperfekt 3.pers.	2.pers.	1.pers.
sg.m.	*ihtamm*	*ihtammēt*	*ihtammēt*	*yihtamm*	*tihtamm*	*ahtamm*
sg.f.	*ihtammit*	*ihtammēti*	*ihtammēt*	*tihtamm*	*tihtammi*	*ahtamm*
pl.c.	*ihtammu*	*ihtammētu*	*ihtammēna*	*yihtammu*	*tihtammu*	*nihtamm*

X. Stamm *ista'all, yista'all* „unterschätzen"

	Perfekt 3.pers.	2.pers.	1.pers.	Imperfekt 3.pers.	2.pers.	1.pers.
sg.m.	*ista'all*	*ista'allēt*	*ista'allēt*	*yista'all*	*tista'all*	*asta'all*
sg.f.	*ista'allit*	*ista'allēti*	*ista'allēt*	*tista'all*	*tista'alli*	*asta'all*
pl.c.	*ista'allu*	*ista'allētu*	*ista'allēna*	*yista'allu*	*tista'allu*	*nista'all*

Paradigma 12 Verba mediae infirmae

I. Stamm *'ām, yi'ūm* „aufstehen"

u-Typ	Perfekt 3.pers.	2.pers.	1.pers.	Imperfekt 3.pers.	2.pers.	1.pers.
sg.m.	*'ām*	*'umt*	*'umt*	*yi'ūm*	*ti'ūm*	*a'ūm*
sg.f.	*'āmit*	*'umti*	*'umt*	*ti'ūm*	*ti'ūmi*	*a'ūm*
pl.c.	*'āmu*	*'umtu*	*'umna*	*yi'ūmu*	*ti'ūmu*	*ni'ūm*

šāl, yišīl „tragen"

i-Typ	Perfekt 3.pers.	2.pers.	1.pers.	Imperfekt 3.pers.	2.pers.	1.pers.
sg.m.	*šāl*	*šilt*	*šilt*	*yišīl*	*tišīl*	*ašīl*
sg.f.	*šālit*	*šilti*	*šilt*	*tišīl*	*tišīli*	*ašīl*
pl.c.	*šālu*	*šiltu*	*šilna*	*yišīlu*	*tišīlu*	*nišīl*

t-I-Stamm *itšāl, yitšāl* „getragen werden"

	Perfekt			Imperfekt		
	3.pers.	2.pers.	1.pers.	3.pers.	2.pers.	1.pers.
sg.m.	*itšāl*	*itšalt*	*itšalt*	*yitšāl*	*titšāl*	*atšāl*
sg.f.	*itšālit*	*itšalti*	*itšalt*	*titšāl*	*titšāli*	*atšāl*
pl.c.	*itšālu*	*itšaltu*	*itšalna*	*yitšālu*	*titšālu*	*nitšāl*

I-t-Stamm (VIII) *irtāḥ, yirtāḥ* „ausruhen"

	Perfekt			Imperfekt		
	3.pers.	2.pers.	1.pers.	3.pers.	2.pers.	1.pers.
sg.m.	*irtāḥ*	*irtaḥt*	*irtaḥt*	*yirtāḥ*	*tirtāḥ*	*artāḥ*
sg.f.	*irtāḥit*	*irtaḥti*	*irtaḥt*	*tirtāḥ*	*tirtāḥi*	*artāḥ*
pl.c.	*irtāḥu*	*irtaḥtu*	*irtaḥna*	*yirtāḥu*	*tirtāḥu*	*nirtāḥ*

X. Stamm *istafād, yistafīd* „profitieren"

	Perfekt			Imperfekt		
	3.pers.	2.pers.	1.pers.	3.pers.	2.pers.	1.pers.
sg.m.	*istafād*	*istafadt*	*istafadt*	*yistafīd*	*tistafīd*	*astafīd*
sg.f.	*istafādit*	*istafadti*	*istafadt*	*tistafīd*	*tistafīdi*	*astafīd*
pl.c.	*istafādu*	*istafadtu*	*istafadna*	*yistafīdu*	*tistafīdu*	*nistafīd*

Paradigma 13 Verba tertiae infirmae

I. Stamm *rama, yirmi* „werfen"

	Perfekt (a-Typ)			Imperfekt (i-Typ)		
	3.pers.	2.pers.	1.pers.	3.pers.	2.pers.	1.pers.
sg.m.	*rama*	*ramēt*	*ramēt*	*yirmi*	*tirmi*	*armi*
sg.f.	*ramit*	*ramēti*	*ramēt*	*tirmi*	*tirmi*	*armi*
pl.c.	*ramu*	*ramētu*	*ramēna*	*yirmu*	*tirmu*	*nirmi*

nisi, yinsa „vergessen"

	Perfekt (i-Typ)			Imperfekt (a-Typ)		
	3.pers.	2.pers.	1.pers.	3.pers.	2.pers.	1.pers.
sg.m.	*nisi*	*nisīt*	*nisīt*	*yinsa*	*tinsa*	*ansa*
sg.f.	*nisyit*	*nisīti*	*nisīt*	*tinsa*	*tinsi*	*ansa*
pl.c.	*nisyu*	*nisītu*	*nisīna*	*yinsu*	*tinsu*	*ninsa*

II. Stamm *ġaṭṭa, yiġaṭṭi* „zudecken“

	Perfekt 3.pers.	2.pers.	1.pers.	Imperfekt 3.pers.	2.pers.	1.pers.
sg.m.	*ġaṭṭa*	*ġaṭṭēt*	*ġaṭṭēt*	*yiġaṭṭi*	*tiġaṭṭi*	*aġaṭṭi*
sg.f.	*ġaṭṭit*	*ġaṭṭēti*	*ġaṭṭēt*	*tiġaṭṭi*	*tiġaṭṭi*	*aġaṭṭi*
pl.c.	*ġaṭṭu*	*ġaṭṭētu*	*ġaṭṭēna*	*yiġaṭṭu*	*tiġaṭṭu*	*niġaṭṭi*

III. Stamm *dāra, yidāri* „verbergen“

	Perfekt 3.pers.	2.pers.	1.pers.	Imperfekt 3.pers.	2.pers.	1.pers.
sg.m.	*dāra*	*darēt*	*darēt*	*yidāri*	*tidāri*	*adāri*
sg.f.	*dārit*	*darēti*	*darēt*	*tidāri*	*tidāri*	*adāri*
pl.c.	*dāru*	*darētu*	*darēna*	*yidāru*	*tidāru*	*nidāri*

t-I-Stamm *itrama, yitrimi* „geworfen werden“

	Perfekt 3.pers.	2.pers.	1.pers.	Imperfekt 3.pers.	2.pers.	1.pers.
sg.m.	*itrama*	*itramēt*	*itramēt*	*yitrimi*	*titrimi*	*atrimi*
sg.f.	*itramit*	*itramēti*	*itramēt*	*titrimi*	*titrimi*	*atrimi*
pl.c.	*itramu*	*itramētu*	*itramēna*	*yitrimu*	*titrimu*	*nitrimi*

t-II-Stamm *itʿašša, yitʿašša* „zu Abend essen“

	Perfekt 3.pers.	2.pers.	1.pers.	Imperfekt 3.pers.	2.pers.	1.pers.
sg.m.	*itʿašša*	*itʿaššēt*	*itʿaššēt*	*yitʿašša*	*titʿašša*	*atʿašša*
sg.f.	*itʿaššit*	*itʿaššēti*	*itʿaššēt*	*titʿašša*	*titʿašši*	*atʿašša*
pl.c.	*itʿaššu*	*itʿaššētu*	*itʿaššēna*	*yitʿaššu*	*titʿaššu*	*nitʿašša*

t-III-Stamm *iddāra, yiddāra* „sich verbergen“

	Perfekt 3.pers.	2.pers.	1.pers.	Imperfekt 3.pers.	2.pers.	1.pers.
sg.m.	*iddāra*	*iddarēt*	*iddarēt*	*yiddāra*	*tiddāra*	*addāra*
sg.f.	*iddārit*	*iddarēti*	*iddarēt*	*tiddāra*	*tiddāri*	*addāra*
pl.c.	*iddāru*	*iddarētu*	*iddarēna*	*yiddāru*	*tiddāru*	*niddāra*

I-t-Stamm (VIII) *ištara, yištiri* „kaufen“

	Perfekt 3.pers.	2.pers.	1.pers.	Imperfekt 3.pers.	2.pers.	1.pers.
sg.m.	*ištara*	*ištarēt*	*ištarēt*	*yištiri*	*tištiri*	*aštiri*
sg.f.	*ištarit*	*ištarēti*	*ištarēt*	*tištiri*	*tištiri*	*aštiri*
pl.c.	*ištaru*	*ištarētu*	*ištarēna*	*yištiru*	*tištiru*	*ništiri*

X. Stamm *istaḫla, yistaḫla* „für schöner finden“

	Perfekt			Imperfekt		
	3.pers.	2.pers.	1.pers.	3.pers.	2.pers.	1.pers.
sg.m.	*istaḫla*	*istaḫlēt*	*istaḫlēt*	*yistaḫla*	*tistaḫla*	*astaḫla*
sg.f.	*istaḫlit*	*istaḫlēti*	*istaḫlēt*	*tistaḫla*	*tistaḫli*	*astaḫla*
pl.c.	*istaḫlu*	*istaḫlētu*	*istaḫlēna*	*yistaḫlu*	*tistaḫlu*	*nistaḫla*

Paradigma 14 Unregelmäßige Verben

I. Stamm *kal, yākul* „essen“

	Perfekt			Imperfekt		
	3.pers.	2.pers.	1.pers.	3.pers.	2.pers.	1.pers.
sg.m.	*kal*	*kalt*	*kalt*	*yākul*	*tākul*	*ākul*
sg.f.	*kalit*	*kalti*	*kalt*	*tākul*	*takli*	*ākul*
pl.c.	*kalu*	*kaltu*	*kalna*	*yaklu*	*taklu*	*nākul*

I. Stamm *wiʾiʿ, yuʾaʿ* „fallen“

	Perfekt			Imperfekt		
	3.pers.	2.pers.	1.pers.	3.pers.	2.pers.	1.pers.
sg.m.	*wiʾiʿ*	*wiʾiʿt*	*wiʾiʿt*	*yuʾaʿ*	*tuʾaʿ*	*aʾaʿ*
sg.f.	*wiʾʿit*	*wiʾiʿti*	*wiʾiʿt*	*tuʾaʿ*	*tuʾaʿi*	*aʾaʿ*
pl.c.	*wiʾʿu*	*wiʾiʿtu*	*wiʾiʿna*	*yuʾaʿu*	*tuʾaʿu*	*nuʾaʿ*

I. Stamm *idda, yiddi* „geben“

	Perfekt			Imperfekt		
	3.pers.	2.pers.	1.pers.	3.pers.	2.pers.	1.pers.
sg.m.	*idda*	*iddēt*	*iddēt*	*yiddi*	*tiddi*	*addi*
sg.f.	*iddit*	*iddēti*	*iddēt*	*tiddi*	*tiddi*	*addi*
pl.c.	*iddu*	*iddētu*	*iddēna*	*yiddu*	*tiddu*	*niddi*

I. Stamm *gih, yīgi* „kommen“

	Perfekt			Imperfekt		
	3.pers.	2.pers.	1.pers.	3.pers.	2.pers.	1.pers.
sg.m.	*gih*	*gēt*	*gēt*	*yīgi*	*tīgi*	*āgi*
sg.f.	*gat*	*gēti*	*gēt*	*tīgi*	*tīgi*	*āgi*
pl.c.	*gum*	*gētu*	*gēna*	*yīgu*	*tīgu*	*nīgi*

12.0 Sachindex

1. und 2. Personen 201
3.sg.f. *-ha* 126, 355
3.sg.f. Perfekt 26, 28, 30, 35

Abfälle 93, 96, 98, 103
Absicht 303, 318
Abstrakta 58
abwertend 99, 102, 104, 107
ad sensum 324, 325, 326, 327, 328
Adjektiv 124, 191, 212, 196
adverbiale Angabe 264
Adverbien 43, 45, 100, 132, 174, 177, 191, 193, 235, 236, 336
adversativ 342, 347
affizierende Verben 267
Agens 195, 255, 259, 303. 330, 331
a-Imperfekt 62
aktives Partizip 83, 248, 252, 280, 283, 284, 289, 290, 294, 295, 314, 323
aktuelle Gegenwart 280, 281, 282
Akzent 27, 29
alienabel 202
alle 204
Allegrostil 23
Alliterationen 15
Alternative 366
Alternativfragen 347
Alternativsätze 378
anaphorisch 46, 224, 347, 355, 199
Anbindung 311
Angabe 175, 177
Angabe der Rede 401
Angabe der Zeitdauer 263
Anhangfragen 358
Annexion 186, 188, 189
Anredeformen 238
a-Perfekt 61, 62
Apodosis 372 ↗ Nachsatz
Appellativa 238
Appositionen 214, 226, 237, 228, 242
Approximanten 18
Approximativzahl 130, 132
Artikel 123, 207, 212, 213
Aspekt 270
Aspektangabe 152
Assimilation 19
assumptiver uS 391
Asyndese 311, 391, 392, 396, 397
asyndetisch 397
asyndetischer Relativsatz 199, 201
asyndetisches Substantiv 360
atelisch 152, 153
Attribut 196, 220, 237, 240
Attribute zu Personalpronomina 352
attributiv 225, 338
attributive Verbindungen 186
attributive Zahlwörter 216
Aufforderung 341, 381
Auflösung der Genitivverbindung 193
Aufsprengung 32
Aufzählungen 219, 230
Ausbleichung 330, 331, 333
Ausbreitung der Emphase 25
Ausnahmepartikeln 251, 347
Ausruf der Bewunderung 127
Ausrufesätze 127, 183, 367
Auxiliarelement 310
Auxiliarverb 300

badal-NP 189, 220, 201, 217, 221, 226, 229, 230
Bedingungspartikel 366, 376,
Bedingungssatz 278, 339, 372, 373 ↗ Konditionalsatz
Befürchtungssätze 306, 307, 370, 381

Begleitumstand 394
benefaktiv 255
Berufe 95, 98, 106, 107, 108
Berufsbezeichnungen 228, 239
Bestellsituation 115, 219
Beteuerung 276, 296, 339
Bewegungsverben 147, 262, 269, 280, 284, 295, 305, 400 ↗ translative Verben
bi-Imperfekt 61, 153, 275, 280, 281, 282, 283, 284, 289, 291, 312, 319, 320, 323, 335, 381, 383, 395
Bruchzahlen 136, 226
Buchstaben 111

Datum 133
Dauer 303, 305, 309, 323, 324
Dauer in der Gegenwart 307, 308
Deemphatisierung 25
deiktisches Zentrum 329, 331
Demonstrativa 44, 191
Demonstrativa *di* und *da* 355
Demonstrativadverbien 47
Demonstrativpronomen 45, 181, 198, 200, 205
denominal 87
deontisch 275, 308, 312, 322
deontisch-direktiv 275, 278
deontisch-intentional 276
deontisch-prohibitiv 276
deontische Modalität 314
Derivationssuffixe 105
desiderativ 273
Determination 123, 175, 184, 190, 206, 207, 208, 209, 217, 218, 219, 220, 221, 223, 226
determiniert 182, 184
Diminutiv 64, 100, 107
Diminutiva 93, 95, 96, 98, 99, 100, 103, 104, 105
Diphthongbildung 32
dipräpositionale Verben 262
direktiv 273, 341 ↗ deontisch
Direktiva 296, 299, 314, 322
disjunktiv 378
disjunktive Bedingungssätze 376
Dissimilation 20
Distribution 55, 184, 244
Distribution der Vokale 10
Distribution der segmentalen Phoneme 16
distributiv 53
Distributivpronomina 55
Distributivzahlen 133
ditransitive Verben 255
ditransitiv-präpositionale Verben 259
dreigliedrige Konzessivsätze 378
Dual 122, 128, 132, 137, 221, 250 ↗ Zweizahl
Dualsuffix 113, 220
dubitativ 279, 309, 358
Dubitativfragen 166, 305, 306
Dummy-verb 246, 306, 307, 308
Dutzend 133
dynamische Sachverhalte 329

Eigennamen 124, 182, 185, 229, 238, 239
einander 354
eingebettete uS 391
Einzahl 54, 112, 216, 220 ↗ Singular
Elativ 125, 184, 188, 214, 236, 269
elidierbar 36
Elision von *-a-* 22, 30
Elision von *-i-* und *-u-* 22, 30
Elision von Hamza 27f, 35
Elision von Konsonanten 20
Ellipse 23, 159
elliptisch 183
Emphase 23ff, 27
emphatisch 7, 8, 11, 19, 23, 24, 64, 68
Enklise 29, 32, 35, 45, 121
enklitisch 33

Entlehnungen aus dem Harab. 10, 22, 25, 29, 35, 46, 47, 56, 62, 70, 88, 116, 136, 137, 153, 158, 159, 160, 163, 173, 191, 225, 236, 272, 322, 362, 370, 387
Entscheidungsfragen 358, 366
Entsonorisierung 15, 18
enumerative NP 252
enumerativer Plural 350
enumeratives Subjekt 250
Epenthese von *-i-* 32
Epexegese 350
epexegetisch 398
episodisches Perfekt 270
epistemisch 275, 278, 304, 305, 313, 322
epistemisch-antizipierend 279
epistemisch-assertorisch 277
epistemisch-desiderativ 277
epistemisch-dubitativ 277
epistemisch-potential 277
epistemische Modalität 320
Epistemizität 270
Ergänzungen 262
Ergänzungsfragen 359, 362, 366
Erzählstil 159, 164, 328, 361
exhortativ 326
Existentialpartikel 173, 174
Existentialsatz 173, 174, 183, ↗ Präpositionalsatz
exklusiver uS 390
Experiencer 147, 154, 156, 255, 259
externe Kongruenz 189
externer Plural 115, 124

faktisch 275, 390 ↗ nicht-faktisch
faktitive Verben 261
faktiv 324, 325, 327
Faktizität 312
Faktum 326
Familienmitglieder 143, 218
Farben 101, 106
Farbadjektive 125
Femininendung 32, 112, 120, 124
Ferndeixis 46
final 175, 264, 323
Finalsätze 379f
Flexion 74f, 112f, 124f, 299, 307, 310
Flexionsbasis 60, 61, 66, 67, 70, 78, 83
Fokus 175, 176, 232, 360
Fokuspartikel 164, 370
Fokussierung 177
Formtypen 394
Frageadverbien 56, 360, 362
Fragepartikel 358, 362, 363
Fragepronomen 49, 237, 359, 361
Fragesatz 180, 337, 358, 360, 361, 362, 364, 366, 401
Fragesuffix *-š* 358
Fragewörter 191, 193, 359, 360, 366
Frauen 9, 107, 113
freie Angaben 174, 176
futurum exactum 270, 306

ganz 204
Gattungsbegriffe 105, 112, 206
Gegenwart 61, 283, 284, 291, 323
Gegenwartsbezug 270, 283, 325, 326, 372, 373
Geminatenreduktion 16
generelle Sachverhalte 184, 275, 279, 281, 319, 320
Genitivattribute 50
Genitivexponent 59, 114, 122
genitivus objectivus 231
genitivus subjectivus 231
Genitivverbindung 33, 120, 186, 189, 193, 198, 214, 216, 220, 223, 224, 225, 230, 231, 232, 241, 393
Genus 74, 111, 186, 189, 201, 236, 247, 248, 281, 397
Geschlecht der Substantive 111
Gezähltes 215, 216
Gleichartigkeit 187, 209, 210, 228, 352

Gleichzeitigkeit 383, 394, 396
Glottisschlag 35
Gradadverbien 236
grammatikalisiert 243, 323
Grammatikalisierung 189, 208, 314, 316, 340, 343, 369
Grundrechnungsarten 135
Grundstamm 60, 61, 66, 83, 86
↗ Verbalstämme

ḥa-Imperfekt 61, 270, 273, 276, 278, 279, 280, 313, 314, 315, 322, 334, 335, 336, 341, 372, 373, 379, 393
haben 141, 144, 173
habituell 61, 273, 281, 282, 283, 284, 302, 303, 309, 332
Hauptsatz 372
Herkunft 107
Hervorhebung durch *wala* 343
Hiatustilgung 37
Hierarchien 230
historisches Präsens 282
holistische Verben 265
Homophone 24
hortativ 275
Hunderter 131, 220
hypothetisch 372

Identität 187, 209, 350, 351
identifizierend 194
i-Imperfekt 63
Imāla 9, 14, 16, 27
Imperativ 43, 76, 276, 297, 298, 314, 324, 326, 328, 335, 349, 371, 376, 379
Imperativpartikeln 276, 299, 313
Imperfekt 62
Imperfektpräfixe und -suffixe 75
implikativ-prospektiv 279
impliziert 279, 280, 284
implorativ 296
inalienabel 142, 143, 395
inchoative Paraphrasen 312, 329
inchoative Sachverhalte 281, 283, 284, 289
inchoative Verben 244, 270, 281, 289
indefinit 182, 227
Indefinitpronomen 52, 187, 204
Indetermination 123, 184
indeterminiert 46, 54, 123, 182, 185, 200, 203, 214, 225, 226, 253, 254, 342, 346, 399
indeterminierte NP 175, 176, 178, 180, 182, 183, 184, 199, 204, 213, 224, 227, 229
indirekte Objektsuffixe 41
individualisierbar 231
individualisierend 184, 210, 213, 234
Individualisierung 231, 232
Individualisierungsgrad 112, 175, 192, 212, 249, 250, 253
individuell 198, 249, 253, 254, 303
individuelle Sachverhalte 274, 275, 281, 282, 319, 320
Individuum 106, 113, 209, 210, 212, 352
Infinitiv 37, 86, 93, 234
Infinitiv-*ma* 340
inhärentes Subjekt 247
Inklusion 242
inneres Objekt 55, 254, 268
inseriertes *-i-* 35
inseriertes *-i̊* 29
Insertion 21, 65, 114
instrumentale Angaben 266, 267
Instrumente 93, 96, 99, 100, 101, 102, 103
Intensität 323, 324
Intensiva 95, 96
Intention 61, 278, 280, 304, 309
Interjektionen 110, 299
interne Kongruenz 189
interne Pluralbildung 116
interner Plural 125

Intonation 346
intransitiv 400, 401
intransitive Verben 254, 264, 356
Invokation 368
Inzidenzschema 399
IPA-Umschrift 8
i-Perfekt 61, 62, 74
irreale Bedingungssätze 321, 373, 375
irreale qualitative Vergleiche 388
irrealer Vergleich 306, 307, 308
irreale Vergleichssätze 308
Irrealis der Vergangenheit 272, 301
Irrealität 375
Isolierung mit *wi* 179

Jahreszahlen 134
jeder 204

Kardinalzahlen 127, 132, 136, 137, 197
kataphorisch 44, 166, 180, 356, 357
Kausalsätze 386
Kausativ-Faktitiv 62
kida als Adverb 48
Kindersprache 111
Klassifikation 221, 231
kohortativ 335
Koinzidenzfall 272, 296
Kollektiva 112, 113, 114, 189, 206, 249, 254
Kollektivbegriff, 222
komparativ 127
komparativische uS 388
Komplementsätze 391
komplexe NP 185, 191, 202
komplexe Numeralphrase 215
komplexe Verbalphrasen 310
konditionale Implikation 201, 375
Konditionalsatz 201, 274, 300, 302, 304 ↗ Bedingungssatz
Kongruenz 170, 172, 173, 189, 196, 197, 198, 202, 205, 206, 207, 208, 211, 215, 220, 248, 251, 253, 316, 361, 362, 364
Konjunktionen 157
Konsekutivsätze 380
konsiderative Verben 260
Konsonanten 11
Konsonantenbündel 15, 17
Konstrastierung 349
Kontextform 117
kontinuativ 273
kontrafaktisch 301, 302, 304, 371, 374
Kontrafaktizität 374
Kontrastierung 337, 338, 340
Kontrastnegation 181, 345
konzessiv 377
Konzessivpartikel 377
Konzessivsätze 377
Koordination 273, 282, 344, 345, 346
koordinierende Konjunktionen 158
Kopulapronomen 170, 350
Kopulaverb 170 245, 247, 252, 253, 325, 338
koreferent 301, 325, 326, 332
Koreferenz 311, 312, 317, 318, 326, 327
Körperteile 103, 104, 111, 142, 143, 151, 155, 231, 395
Kosenamen 109
Kraftausdruck 328
Krankheiten 93, 142
Kundgabe 239, 241, 284, 290, 334, 387
Kurzform der Zahlwörter 127, 128, 129, 204, 215, 216
Kürzung langer Vokale 29, 31

Ländernamen 111
Langform der Zahlwörter 127, 128, 213, 214, 215, 216, 218, 221
Längung auslautender Vokale 34
Lehnwörter 21, 32, 93, 94, 96, 99, 105, 110, 115, 116, 219, 221, 229
lento 7, 29, 36, 38

limitative Ergänzung 263
Linksverschiebung 177, 178
Liquiden 14, 18, 19, 22
Litotes 114
Lokaladverb 234
lokale Angaben 233
lokale Ergänzung 262
Lokalsätze 385

Maß- und Wertangaben 147
Maßangabe 58, 262, 263
Maße 58
Maßeinheit 115, 219, 220
manipulativ 312, 325
Massen- und Stoffnamen 105, 112, 114, 219
medio-passivische Verben 255
Mehrzahl 115, 224 Plural
Metathesis 20
Million 131
minderwertig 95, 96, 98, 104
modal 273, 275, 278, 300, 304, 391, 394, 396, 397
Modalausdrücke 305, 314
Modalität 246, 270, 312 ↗ deontisch, epistemisch
Modalsätze 394
Modalverben 303
Modifikator 186, 190, 191, 192, 198, 202, 209, 214, 215, 216, 219, 226, 393
Morphophonologie 29
mīm-Alliteration 15

Nachdruck 340, 349, 360
Nachsatz 300, 372, 373, 374, 376
Nachstellung 44, 159, 199, 205, 363
Nachtrag 176, 347
Nachtragsstellung 175, 180, 322, 358, 367
Nachzeitigkeit 383
Nahdeixis 44
narrativer Imperativ 300
Nasale 14, 19, 22
Negation 39, 177, 210, 246, 280, 334, 348, 365 ↗ Verneinung
Negation von *yīgi* 30
Negationspartikel 138, 177, 334, 369
Negationssuffix 42, 43
neutraler Sachverhalt 74, 355f
n-I (VII) Stamm 67, 69, 84
nicht-alienabel 202, 230
nicht-faktisch 273, 312, 390
Nicht-Faktizität 272, 312
Nicht-Identität 187, 351, 352
nicht-inchoative Verben 291
nicht-individualisierbar 184
nicht-intervallische Sachverhalte 280
nicht-prädikative Negation 336
nicht-stative Sachverhalte 280, 281
nicht-zählbar 184, 219
niemand 52, 213, 337, 343, 348
Nisba-Adjektive 106, 115, 126, 197, 257
Nisba-Endung 22, 113, 122, 124
Nomen 90, 140, 169, 179, 198, 213, 216, 219, 241, 299, 324, 338, 342, 361, 375
nomen rectum 122, 182, 188, 191, 213, 354, 355
nomen regens 120, 188
nomen unitatis 105, 107, 112, 222
nomen vicis 89, 95, 268
Nominalisierung 185, 269
Nominalphrase 43, 55, 157, 177, 182ff
Nominalphrase mit *bitāʿ* 228
Nominalsatz 169f, 175ff, 245, 313, 322, 368, 374, 393
Nominalschemata 90, 116, 124
Numeralphrase 56, 127, 215, 249
Numeralphrase I 188, 189, 204
Numeralphrase II 189
Numeralphrase mit Zählwörtern 222
Numeralphrase-Langform 218

Numerus 74, 112, 125, 186, 189, 201, 236, 247, 248, 283
Numeruskongruenz 218, 219
Objekt 269
Objekt der VP 254
Objektsergänzungen 247, 254
Objektsatz 366
Objektsuffixe 40, 42
Obligation 314, 315, 316
obligativ 273
onomatopoetisch 64, 65
optativ 273
Ordinalzahlen 57, 135, 184, 188, 197, 225, 269
Ortsadverbien 47
Ortsangabe 323
Ortsnamen 111, 182
Ortsveränderung 331

Paar 133
parallele Satzstrukturen 183
Parallelität 344
parataktisch 282, 346, 377
parataktische Bedingungssätze 376
Paronomasie 268, 368
Partikel 349
Partikelbildung 330, 331
Partikeln 162, 314, 336
partitiv 155
Partizipien 83, 115, 124, 126
Passiv 247, 255, 316, 357
passives Partizip 78, 85, 295, 296
passiver Satz 267
Passivsatz 266, 267
Passivtransformation 257, 258, 260
Pausa 15, 16
Pausal-Imāla 16
Perfekt 270, 284, 289, 290, 295, 307, 324, 325, 326, 327, 328, 332, 368, 396
Perfektsuffixe 75
Periphrase 328, 329
Permissiva 317
Personalpronomen der 1. und 2. Personen 48
Personalpronomen 39, 181, 239, 242, 241, 248, 336, 361, 364, 397
Personenbezeichnung 122, 216, 218
Personenkollektiva 250
Personennamen 182
Pflanzen 96, 98, 100, 103, 231
Pharyngal 19, 63, 67
Pharyngalisierung 23
Phonologie 7
Phonotaktik 15
physische Fähigkeit 319
Plural 115, 206, 349 ↗ Mehrzahl
Pluralbildung 124, 191
Plurale von Personen 249
Plurale von Sachen 249
Pluralformen 117
Plusquamperfekt 301
polyseme Verben 289
Possessivsuffixe 40, 43, 205
possessivische Genitivverbindung 189, 192
Possessor 141, 142, 143, 144
Possessum 141, 143
postmodifizierende NP 186
potential 273, 280
Potentialia 319, 322
Potenz 303
prädikativ 59, 124, 351
prädikative Negation 334, 337
Prädikativum 262, 271, 394
Prädikatsnomen 245, 267, 338
pragmatisch 179
prämodifizierend 186, 204, 209, 212
präpositionale Verben 261
Präpositionalobjekt 393
Präpositionalphrase 191, 233, 234, 251
Präpositionalsatz 141, 172, 173, 176, 245, 251, 325, 335, 339, 342, 392, 396 ↗ Existentialsatz
Präpositionen 43, 138, 145
Präsentativpartikel 40, 43

Präverbien 310, 313, 314, 323, 337
Preis- und Wertangaben 227
primäre Emphase 24
privativer uS 389
Prohibitiv 297, 298, 299
Pronomina 200, 212
pronominalisierbar 267
Pronominalisierung 257, 260, 263, 265, 266
Pronominalsuffixe 40
Pronominalwörter 350, 352, 353, 354
prospektiv 273, 304
Protasis 372 ↗ Vordersatz
Prozeßkopula 246, 247, 331
Pseudodual 122, 216, 250
Pseudo-Komplemente 399
Pseudoobjekte 262
psychisch-mentale Fähigkeit 319
punktuellen Verben 282

qualitative Prädikationen 264
Quantitäten 58
Quantitative Vergleiche 145, 389
Quantoren 55, 187, 189, 204, 207, 208, 249

reale Bedingungssätze 372
reale qualitative Vergleiche 388
Reanalyse 298
Rechnen 156
Rechtsverschiebung 180
Reduplikation 53, 64, 66, 184, 244
redupliziert 64, 102, 244
reflexive Verben 353
Reflexivität 52, 352, 354
Reflexiv-Passiv 66, 73, 87, 261
Reflexiv-Passiv-Stämme 66
Reflexivpronomina 52
Relationen 230
Relationsanzeige 352
Relativpronomen 51
Relativsatz zur 1. oder 2. Person 199
Relativsatz 51, 55, 183, 191, 199, 219, 234, 239, 248, 263, 350
resultatives Partizip 283, 284, 288, 291, 294, 323
Reziprokpronomen 52
Reziprozität 74, 351, 353, 354, 355
Rhema 176, 183, 238, 242, 253, 254
rhetorische Frage 50, 57, 167, 272, 279, 304, 341, 345, 358, 364
Richtung 152, 329, 331
Richtungsangabe 400
Richtungsbezug 57
rückweisende Pronomen 199

Sachverhalt 270, 294
Sandhi 21, 31, 32, 38
Satzadverbien 174
Satzdeixis 180
Satzhierarchie 179
Satzperspektive 175
Satztypen 169
schwache Verben 60, 68, 69, 77
schwache Wurzeln 64
schwere Sequenzen 28
Schwur 276, 339
Schwur- und Beteuerungssätze 165, 339
sekundäre Emphase 24
selbständige Personalpronomen 39
selbständige Relativsätze 201
selbständiger (substantivierter) Relativsatz 200
Silbenellipse 22, 23, 139 140
Silbenstruktur 20, 110
Singular 112 ↗ Einzahl
Singularität 182
Singulativ 105, 107
Sinnesverben 398
Sonorisierung 17
Spaltsätze 200, 350, 361, 368
spezifizierend 183, 210, 230

spezifizierende Gentivverbindung 189, 192, 194
spezifizierendes Nomen 47, 50, 127
Spezifizierung 58, 231, 237
Spezifizität 252, 253
Sprichwörter 273, 336, 348
Stammbildung 66
starke Verben 60, 61, 67, 68
stative Sachverhalte 281, 305, 329
statives Kopulaverb 245
stative Verben 283
status constructus 112, 120
Statusanzeiger 187, 189, 209, 350
Stimmhaftigkeit 17
Stimmtonassimilation 18
Straßenrufe 241
Subjekt 183, 247, 269
Subjektsatz 368
Subjektswechsel 253
subordinierende Konjunktionen 161
Substandard 33, 34, 40, 55, 207, 353
Substantive 236, 336
substituierter uS 390
Suffigierbarkeit 192
Suggestivfrage 309
Superlativ 127
suprasegmental 23
Syndese 311, 396
syndetisch 318, 398, 401
syndetischer Relativsatz nach indet. NP 199, 199

Tausender 131
Teil einer Menge 351
telisch 152, 153
temporal 150, 273
Temporalsatz 327, 382, 394
Tempus 270
Thema 253, 342, 343, 360
Tier- und Pflanzennamen 227
Tierbezeichnungen 212
Tiernamen 98
Titel 238, 239
türkische ~ 238
Topic 56, 175, 340
topic-comment-Satz 157, 173, 178, 179
topic-comment-Struktur 44
topikalisiert 205
Topikalisierung 192, 200, 209
Träger 186, 191, 207, 226
transitive Verben 255, 264
transitiv-lokative Verben 259
translative Verben 262, 280, 284, 295, 397 ↗ Bewegungsverben
translokative Verben 255, 257
t-Stämme 69, 73

Übersetzungsäquivalent 50, 173, 334
Uhrzeit 134, 137, 237
u-Imperfekt 63
Umschreibung der 2.pl. 39, 297
Umschreibung der Genitivverbindung 154, 229, 231
Umschreibung des Passivs 247
unbelebtes Subjekt 143, 144, 152, 319
unbestimmter Artikel 123
Ungleichheit 211, 352
Univerbierungen 109
unregelmäßige Verben 80
unspezifiziert 175, 254, 356
untergeordnete Fragesätze 365
untergeordnete Sätze 372

Valenz 247, 400
Varianten 14
Velarisierung 23
Verba cogitandi 274, 303, 305
Verba med.gem. 60, 68, 71, 80
Verba med.inf. 60, 68, 71, 77, 84
Verba prim.w 70, 81
Verba sentiendi 274, 281, 282, 284, 303, 305, 399
Verba tert.inf. 60, 61, 68, 71, 78
Verbalflexion 172

Verbalnomen 86, 153, 154, 189, 193, 203, 231, 233, 237, 242, 268, 269, 324
Verbalphrase 245, 270
Verbalsatz 171, 176, 335, 396
Verbalstämme 77, 79, 80, 84, 87, 89
  I-t (Stamm VIII) 69, 84, 88
  II. Stamm 66, 67, 72, 84
  III. Stamm 66, 68, 73, 84
  IV. Stamm 62
  IX. Stamm 71, 74, 84
  VII. Stamm 69
  VIII. Stamm 69
  t-I Stamm 67, 69, 73, 84, 352
  t-II Stamm 67, 70, 74, 84, 85, 352
  t-III-Stamm 67, 70, 74, 85, 354
  X. Stamm 65, 67, 74
  ista-Stamm 67, 70, 74, 78, 85
  ista-+II. oder III. Stamm 71
  Grundstamm
Verben des Benennens 261
Verben mit starkem /w/, /y/ 78
Verbpaare 332
Vergangenheit 270, 289, 291, 295, 301, 302, 303, 324, 325
Vergangenheitsbezug 273, 279, 289, 312, 316, 320, 321, 325, 326, 368
Vergleich 127, 150
Vergleichssätze 308, 387
Vermutung 307
Verneinung 343, 345, 346 ↗ Negation
Verwandtschaftsbeziehungen 114
Verwandtschaftsbezeichnungen 230
Verwünschungen 369, 370
vierradikalige Nomina 102
vierradikalige Verben 70, 71, 85, 89
vierradikalige Wurzeln 64, 66
Vierzahl 133
Vokale 7
  kurze ~ 7, 9
  lange ~ 8, 10
Vokativ 121, 300
Vokativpartikel 198
Vokativphrase 180, 239
Volitiva 317
Voranstellung 45
Voranstellung der Dem.Pron 198
Vordersatz 300, 302, 372, 374, 376
Vorvergangenheit 301
Vorwegnahme 366, 367, 394
Vorzeitigkeit 271, 382, 396

Weiterführung der Negation 341, 344, 345, 365, 345
Wiederaufnahme 178, 263
Willen 303
Wochentage 134
Wortakzent 27
Wortstellung 175ff
Wunsch 43, 318
Wunschpartikel 40, 165, 369
Wunschperfekt 272
Wunschsätze 168, 183, 302, 307, 305, 339, 368, 369, 370, 371
Wurzel 60
Wurzelkombinationen 66
Wurzelkonsonanten 126

y-Imperfekt 273, 296, 314, 323, 327, 365, 368, 379, 380, 390

Zahladverbien 133
Zahlangaben 237, 348
Zahlwort 127, 132, 215, 217
Zahlwörter 1 und 2 128
Zahlwörter von 1 bis 10 128
Zahlwörter von 3 bis 10 129
Zahlwörter von 11 bis 19 130
zählbar 184, 212, 249, 343
Zählform 128, 130, 134, 219, 224
Zählwort 222, 224
Zehner 130
Zeitadverbien 46, 48
Zeitangaben 167, 220, 398

Zeitdauer 134, 361
Zeitpunkt 264, 361
Zeitreferenz 313
zirkumstantielle Prädikation 265
Zischlaute 19
Zugehörigkeit 352
Zukunft 61, 278, 280, 281, 289, 295, 304, 308, 309
Zurückweisung 346
zusammengesetzte Zahlen 132
Zustandssatz 279, 282, 283, 361, 385, 394, 398
Zustandsverben 62, 63, 84, 254
zweiradikalige Verben 60, 81
Zweizahl 39, 40, 113, 114, 216, 220, 223, 250 ↗ Dual

13.0 Wortindex

Stichworte, die mit einem Bindestrich beginnen, stehen extra voran. Sodann folgen die Vokale, dann die Konsonanten. /ʔ/ aus *ʾ (Hamz) folgt den Vokalen und steht vor /b/. /ʔ/ aus *q steht nach /f/.

-a 29, 32, 34, 116
-a- 30, 31, 35, 105
-at 33-*ū-* 31
-angi 109
-ā- 31
-āt 33, 108, 115
-āti 108, 116
-āna 107
-āni 108, 116
-āh 109
-āwi 107
-āya 107
-i 32, 34, 106, -116
-i- 30, 32, 33, 35
-it- ~ *-it* 29, 33, 34, 35
-ikš 43
-iyya 33, 34, 106, 116
-iyyan 236
-iyyit- 33
-ī- 31
-īt- 33
-īn 115
-īha 140
-ē- 29, 31, 32, 35
-ēra 109
-ēn 116
-ō- 31
-u 34, 109
-u(h) 138
-u- 30, 32
-uhu- 138
-ʾāt 116
-ti 109
-gi 108, 116, 122, 136
-xāna 109
-š 306, 336, 358
-li 109, 116
-ingi 136
-ww- 32
-(h) 138
-ha 126, 356
-wāt 116
-ya 32, 34, 138
-yi 138
-yya 116
-Ø 116

abb ~ *abu* 34, 226, 227
aḥsan 306, 307, 370, 379, 381, 386
aḥsan ma 388
axx ~ *axu* 34, 227
aġlab 206
aḷḷāh 339
akinn 388
aktaṛ 206, 237
alla 163
amma 163, 367, 379, 383
anhi ~ *anhī* 51, 361
anhu ~ *anhū* 49, 51, 359
awwil 215
awwil ma 381, 383
aywa 166, 347

ē 50, 264, 265
ēš 50

ib'a 298
ibn 227
ittāni 353
itxamad, yitximid 328
itraza, yitrizi 328
itnēn 215, 216
itnayyil 328
idda, yiddi 82
iddan, yiddan 82, 83
irtaza, yirtizi 328
iza 366, 371, 374
izzāy 57, 183, 360, 365, 367
išmiʿna 59, 363
ism 336
ikminn 387
il- 182, 184
illa 137, 163, 251, 340, 347, 348, 351, 392
illa ma 376
ilQāhíra 29
illi 199, 200, 234, 387, 392
ilmaṛḥūm 238
imta 57, 360
in 372, 374, 375
in šā' aḷḷāh 368
inta w huwwa 39, 297
ingaṛṛ 328
inšaḷḷa 339, 370
inšaḷḷa ma 272
inn 178, 374, 389, 391, 392, 393
innama 158
iwʿa 276, 299, 306, 307, 308, 313
iyyā+ 235, 313
iyyāk 272, 276, 306, 307, 339, 369

uxt 36, 226, 228
umm 226, 227
ummāḷ 163, 363

/'/ 12, 17, 18, 35, 37
'abadan 35, 162, 349
'aṣl 158
'ayy 35, 187, 210, 343
'ayyitha 210
'ayyuha 210
'āxir 215

badal ma 390
baṛṛa 140, 145
barḍu, 163
bass 158, 299, 336
baṣṣ 313, 333
baṭṭal 299, 164, 312, 325, 338
baʿat 273
baʿat, yibʿat 333
baʿat gāb 332
baʿat yigīb 313
baʿd 146, 173, 301, 382
baʿdīha 140
baʿḍ 56, 205, 351, 352, 355
ba'a, yib'a 170, 245, 246, 325
ba'iyyit+ 205
bala 146
balāš 276, 299, 313
bayinnu 23
ḅāḅa 34, 185
Bāša 238
bi ḥāl- 204, 234
bi ʿēn 156, 353
bi kkitīr 236
bēn 146
bi ktīr 236
bi nafs 234
bi 29, 138, 146, 194, 234, 261, 269, 354
bitāʿ 228, 230, 231, 232, 353
bitt 241
bidāl ma 390
bidd+ 314, 318, 337
bidūn 345
bidūn ma 390
bikām 58
bint 227

biyib'a 310
biykūn + Verb 309
taba' 233
taḥt 140, 147, 173
taḥtī(h) 140
ta'āla 298, 335
ta'rīban ,36
tamām 196
tann+ 164, 298, 323, 313, 324
taw'am 159, 219, 202, 203
taww 164, 382, 383
taww+ 289
tawwi̊ ma 381
tāni 136, 197, 246, 325
ti'ulš 389
tilt 137

gatak 369
ga'ān 19
gak 369
gamā'a 213
gamb 140, 147, 173
gāyiz 313, 321
giddan 235
gih 313
gih yīgi 247, 328, 331
giri, yigri + 328
gōz 222
guwwa 139, 147

ḥabba 222
ḥabbaza 370
ḥabbit+ 206
ḥatta 164
ḥadd 210, 213
ḥaṣal 252
ḥa''+ 316
ḥawalēn 139, 147, 173
ḥaykūn + *aktives Partizip* 309
ḥaykūn + Perfekt 309
ḥaykūn + Verb 309
ḥāga 201, 214, 252, 253, 254, 343
ḥāsib 380
ḥākim 158
ḥēs 148
ḥēs inn 385
ḥitta 208, 222
ḥittit+ 207
ḥizma 222
ḥilif, yiḥlif 339
ḥīla 337

xad, yāxud 81, 331, 332, 356
xal' 250
xalāṣ 273
xalla 273, 313
xalla, yixalli 326
xallīk 297, 299, 326, 354
xāf, yixāf 381
xāliṣ 235
xilāl 148
xud + Vokativ 243

da 29, 35, 44, 180, 198, 357
daxal nām 333
daxal yinam 313
dakaṛ 222
dann 164, 298, 324
dawwa, dawwat, dawwan 44
dawwaṛ + 324
dāṛ + 324
dār, yidūr 323
di 29, 35, 44, 181, 198, 356
dilwa'ti 19, 270, 271
diyya, diyyat, diyyan 44
dōl 44, 181, 198
dōla, dōli, dōlat, dōlan, dōlam 44
duġri 196
dūn 148

ṛabbina 339
ṛaġm 148

raqam 237
ṛāḥ, yirūḥ 247, 313, 328, 331, 400
ṛāḥ zāṛ 332
ṛāḥa 20
rākib 221
ṛāyiḥ ~ *ṛāḥ* 280
rigiʿ, yirgaʿ 245, 246, 273, 313, 325
rōḥ 353
rubʿ 137, 207
rūḥ 298, 353, 354
ṛūḥ ~ *ṛōḥ* 14

zamān+ 165, 253, 314, 321
zayy 148, 187, 210, 242, 351, 352, 386, 388
zayy illi 388, 389
zāṛ, yizūr 332
zāt 209, 353
zet ḥāṛ 31
zirr 222

sawa ... ʾaw ~ *walla ...* 377
sāb, yisīb 313, 326
sāda 196
sāʿa 220
sāʿit ma 383
sībak 299

šēʾ 214
šiʾīʾ 227
šilin 220
šuwayyit+ 206

ṣaḥb ilbēt 31
ṣafḥa 224
ṣubāʿ 222

ḍarūri 253, 311, 313, 315, 322
ḍidd 148
ḍimn 156

ṭab 23
ṭabʿan 336
ṭāẓa 196
ṭiliʿ, yiṭlaʿ 245, 246, 338
ṭūl 148
ṭūl ma 383, 384

ʿa lʾaʾall 236
ʿabnawwil 20
ʿašān 149, 377, 378, 379, 385
ʿašān ē 58, 59
ʿašān xāṭir 379
ʿašān ma 386
ʿala 22, 139, 141, 149, 173, 198, 261
ʿala bāl ma ~ *ʿabāl ma* ~ *ʿubāl ma* 385
ʿala ʾadd 389
ʿala ʾinn 391
ʿala fēn 57
ʿala ma 385, 388
ʿalašān 149, 386
ʿammāl 282
ʿamnawwil 19
ʿan 140, 150, 261
ʿand 141, 150, 173
ʿannu 339
ʿannu ma 272
ʿāgib 252
ʿād 312, 327
ʿārif 320
ʿālam 250
ʿāwiz 311, 312, 313, 316, 318
ʿāyiz 318
ʿēn 354
ʿirif, yiʿṛaf 270, 313, 319, 320
ʿilm 337
ʿuʾbāl 165
ʿuʾbāl ma 385
ʿumr- 337, 340
ʿūd 222

ġaraḍ+ 313, 318
ġaṣbin ʿan 151
ġēr 151, 187, 197, 211, 251, 347, 348, 351, 352, 388, 390, 392

fa 159
farda, 208, 223
farxa 27
faṣṣ 223
fāt 252
fāḍil 252
fēn 56, 360, 400
fēnhu 39
fī 30, 138, 141, 144, 151, 173, 194, 235, 261, 269
fiḍil 323, 312
fiḍil, yifḍal 323
fīʾi 16
fī(h) 141, 173, 174
fōʾ 140, 153, 173
fuḍḍak 299

ʾabl 145, 383
ʾaḇla 238
ʾadd 145, 367, 389
ʾadd ē 58
ʾaṛṛab + 327
ʾaṛṛab, yiʾaṛṛab 312
ʾaṛn 223
ʾaṣd 314, 318, 336, 337
ʾaʿad 312, 324, 323
ʾaʿad, yuʾʿud 323, 328
ʾalam 223
ʾalīl in ma 375
ʾaw 160
ʾawi 235
ʾādir 319
ʾāʿid 312
ʾāl, yiʾūl 247, 401
ʾām 313, 331
ʾām, yiʾūm 328, 329
ʾidir, yiʾdaṛ 311, 313, 319
ʾiwwa 32
ʾubāl 145
ʾuddām 145, 173
ʾurb 145
ʾuṣād 145
ʾum 331
ʾūm 298

ka- 153
kaʾinn 389
kat 23
katkūta 27
kaza 47, 56, 208, 224
kazālik 47
kaʿān 19
kakūla 23
kal, yākul 81
kamān 165
kām 56, 57, 208, 224, 359
kāmil 204
kān 317, 368, 372, 375, 376, 384
kān, yikūn 170, 172, 174, 245, 251, 297, 313, 300
kān + aktives Partizip 305
kān + bi-Imperfekt 303
kān + ḥa-Imperfekt 303
kān + Imperativ 305
kān + Perfekt 301
kān + y-Imperfekt 302
kēt 47
kitīr 196
kida 47, 48, 236
kifāya 299
kull 55, 187, 204, 205, 383, 384
kūz 223
kūsa ~ *kōsa* 14

la 344
la ... wala ... 159, 345
la yumkin 311, 322
la- 165, 306, 307, 308, 379, 381
laʾ 166, 346

labudd 313, 314, 315, 322
lagl 153, 379
laḥsan 307, 370, 381, 386
la''a 166, 347
lamma 370, 375, 379, 380, 383, 384
law 371, 372, 374
law 'inn 375
laha 328
lā, 166
lāzim 252, 253, 311, 313, 314, 322
lākin 159, 336
lē 58, 360
li 29, 138, 141, 142, 143, 154, 173, 184, 193, 214, 235, 257, 261, 263, 269
li waḥd+ 234
liḥadd 154, 384
liḥi', yilḥa' 273, 324
lidaṛagit inn 380
lissa 167, 272, 289, 290, 291, 295, 349, 394
liġāyit 154
liġāyit lamma 384
liġāyit ma 384
li'inn 386
lolāš 375
lōla 375
lōla 'inn 377
lōma 375
lu'ma 223

ma 167, 201
ma- 23, 298, 299, 336, 339, 340
ma-...-š 138, 297, 334, 335, 336, 337, 339, 365
ma-ba'āš 325
ma-tkunš 297
ma-trūḥ 298
ma-t'ulš 389
ma-tyaḷḷa 341
ma-ḥaddiš 213, 337, 342
ma-sadda' 327
ma-ʿadš 247
ma-ʿalešš 139
ma-ʿuttiš 20
ma-fīš 141
ma-hīš 39
ma-hūš 39
ma-ysadda' 327
mat- 298
magbūr 316
madām 387
madyūn 19
masāfit ma 385
masmūḥ li w 317
maẓbūṭ 196
maʿa 'inn 376, 377
maʿa 23, 139, 141, 142, 156, 173, 261
maʿa 'inn 377, 378
maʿād 19
maʿla'a 223
mafrūḍ 253, 314, 315
malla 168
māl 59, 363
ṃāṃa 185
mitr 220
mitēn 33, 128, 131
miriwwa 32
miziz 22
misīr+ 313, 321
miš 197, 296, 335, 336, 337, 338, 339, 340, 341, 365
miš ~ muš 334
miš kida 358
miš tiyaḷḷa 299
miši, yimši 400
mifrid 196
milli 220
min 22, 140, 155, 173, 234, 261, 351, 352, 360
min imta 361

min ḫēs 156
min sāʿit ma 385
min ḍimn 156
min ġēr 151, 345, 390
min ʿala 141
min ʾadd 361
min waʾt 385
min yōm ma 385
minēn 56
miyya 119, 131, 216, 220
miyyit+ 33
mīt 217
mīn 49, 201, 359, 361
mugaṛṛad 187, 210, 383
mugaṛṛad ma 383
muš 334
muḍṭarr 316
muʿẓam 206
mumkin 253, 313, 317, 319, 320, 322

nafs 187, 209, 351, 352, 353, 354
nahāṛ ma 383
nās 213, 250, 254
nāzil + 324
nāʾiṣ 252
nifs+ 253, 312, 314, 318, 337
nimṛa 224, 237
nuṣṣ 137, 207

habbib 328
hal 362, 366
hamm 252
hāt 243, 335
hi 39
hiyya 170, 361
hu 39
humma 170, 361
huwwa 170, 361, 362

waḥd+ 353
waṛa 139, 140, 157, 173
waʾilla 378
waʾt 383
wala 177, 187, 342, 343, 344, 346, 389
wala kaʾinn 389
wala wāḥid 53, 342
wala-...-š 345, 346
walad 241
walākin 159
walaw 377
walaw ʾinn 376
walla 160, 244, 377
walla ʾē 358
wayya 139, 157, 173
waẓwūẓa 27
waḷḷāhi 339, 368
wāḥid 187, 210, 211, 213, 214, 215, 216, 218, 221
wāḥid ṣaḥbi 213
wād 23, 240
wi 159, 168, 179, 235, 300, 345, 346, 383, 395
wi ḥyātak 339, 368
wi nnabi 339, 368
wi hāt ya + 243, 300
widd+ 318

ya 198, 239, 241, 242
ya ... ya ... 160
ya taṛa 362, 366
yadōb 168, 289, 383
yarēt 168, 272, 339, 369
yaʿni 363
yaʾimma ... ya ..., 160
yaʾimma ... yaʾimma ..., 160
yaḷḷa 299, 341
yādi 198, 243
yāma 183
yibʾa 253
yiʾdaṛ 317, 323
yikūn 253, 381
yikūn + ḥa-Imperfekt 307

yikūn + aktives Partizip 308
yikūn + bi-Imperfekt 307
yikūn + Perfekt 305, 322
yikunš 358
yimkin 313, 320
yinʿan 19
yīgi 30, 236
yōm ḷạṛḅạʿ 27
yōm ma 383

Porta Linguarum Orientalium. Neue Serie

Herausgegeben von Werner Diem und Lutz Edzard

Volume 1: Nicholas Poppe

Grammar of Written Mongolian

4th, unrev. printing 1991. XV, 195 pages, pb
ISBN 3-447-00684-6
€ 34,– (D) / sFr 59,–

Band 2: Hans Kähler

Grammatik der Bahasa Indonésia mit Chrestomathie und Wörterverzeichnis

3., rev. Auflage 1983. VII, 325 Seiten, br
ISBN 3-447-02345-7
€ 39,– (D) / sFr 68,–

Volume 5: Franz Rosenthal

A Grammar of Biblical Aramaic

With an index of Biblical Citations Compiled by Daniel M. Gurtner

7th, exp. edition 2006. X, 107 pages, pb
ISBN 3-447-05251-1
€ 24,– (D) / sFr 42,20

Volume 6: Sabatino Moscati (Ed.)

An Introduction to the Comparative Grammar of the Semitic Languages

Phonology and Morphology

3rd, unrev. printing 1980. VIII, 185 pages, pb
ISBN 3-447-00689-7
€ 41,– (D) / sFr 71,–

Band 7: Richard F. Kreutel

Osmanisch-Türkische Chrestomathie

1965. XXII, 284 Seiten, br
ISBN 3-447-00690-0
€ 39,– (D) / sFr 68,–

Band 8: Heinz Grotzfeld

Syrisch-Arabische Grammatik

Dialekt von Damaskus

1965. VIII, 171 Seiten, br
ISBN 3-447-00691-9
€ 39,– (D) / sFr 68,–

Volume 9: John Andrew Boyle

Grammar of Modern Persian

1966. IX, 111 pages, pb
ISBN 3-447-00692-7
€ 29,– (D) / sFr 51,–

Volume 10: Franz Rosenthal (Ed.)

An Aramaic Handbook

1,1: Texts

1967. XII, 70 pages, ill., pb
ISBN 3-447-00693-5
€ 22,– (D) / sFr 38,70

1,2: Glossary

1967. VI, 76 pages, pb
ISBN 3-447-00694-3
€ 22,– (D) / sFr 38,70

2,1: Texts

1967. VI, 81 pages, ill., pb
ISBN 3-447-00695-1
€ 22,– (D) / sFr 38,70

2,2: Glossary

1967. VI, 120 pags, pb
ISBN 3-447-00696-X
€ 27,– (D) / sFr 47,30

HARRASSOWITZ VERLAG · WIESBADEN
www.harrassowitz-verlag.de · verlag@harrassowitz.de